高中学科强基丛书

丛书主编　方鸿辉

数学 习题详解

Mathematics

华东师范大学第二附属中学 数学教研组

刘初喜　蔡东山　施洪亮　编著

 上海教育出版社
SHANGHAI EDUCATIONAL
PUBLISHING HOUSE

为民族复兴"强基"
（代序）

2020年1月15日，教育部发布了《关于在部分高校开展基础学科招生改革试点工作的意见》，决定自2020年起，在部分高校开展基础学科招生改革试点，即考生可在高考前申请参加"强基计划"招生，将考生高考成绩、高校综合考核结果及综合素质评价情况等按比例合成，以精准选拔并培养有志于服务国家重大战略需求，且综合素养优秀或基础学科拔尖的学生，以真正培育一大批日后能为解决科学技术上"卡脖子"项目而攻关的学科人才梯队。

可见，"强基计划"是在实现中华民族伟大复兴的关键时刻，选拔并培养有志于服务国家重大战略需求且综合素养优秀或基础学科拔尖的学生，让他们的创新思想能"捅破天"，日后为高端芯片与软件、智能科技、新材料、先进制造和国家安全等关键领域作出卓越贡献。通过"强基计划"录取学生的高校要制定单独的人才培养方案和激励机制，配备一流的师资，提供一流的学习条件，创造一流的学术环境与氛围，畅通学子们成长发展的通道，以培育一流的拔尖创新人才。

一位教育家曾说："大学关乎天、关乎人。"

所谓"关乎天"就是寻求真理，与自然与社会与人类能和谐相处；"关乎人"则指能用所学到的知识有效地回馈社会，造福全人类。也就是说，无论将来干哪一行，无论"热门"还是"冷门"，都努力成为这个行业的翘楚。这就是每一位参加"强基计划"人才应有的抱负。

这套"高中学科强基丛书"是由华东师范大学第二附属中学、上海市上海中学等名校名师们以服务国家人才战略目标，为高中菁英同学精心编撰的学科系列读本。从人才培养的连续性和持久性来说，我们理解的"强基"，并不仅仅从高校培养起始，更该着意于同学们的中学阶段。就如同建造雄伟的金字塔，必须将其基础夯实，地基拓宽，这只有从垒塔打桩基起始就着意"强基"，方能矗立千年而不倒。人才造就也同此理。为此，这套供"强基"实验用的系列读本旨在夯实学科基础，拓宽学科眼界，能更完备更扎实地体现高中数学、语文、物理、化学、生物、英语等各门学科的基础知识体系。

我们认为：基础知识越扎实的读本越具有普适性。再说，"因材施教"在一定程度上也应该让不同学力的高中同学有机会用到多样的教育读本，否则因不同基础的同学均使用同一套读本终究会呈现既有"吃不了"又有"吃不饱"的现象,其直接的后果是错失培育时机,造成人才资源的极大浪费,也不利于国家人才"强基"战略目标的实现。

"高中学科强基丛书"的主要特色:力求合理构建知识体系,尽可能厚实知识内容,讲解细致精到,并关照思考能力、综合能力、自学能力与其他各种能力的培养,让学有余力的同学们有一套较理想的课外自学读本,以辅助并充实课堂学习。这套系列读本也适当地补充了学科发展的脉络与沿革;不仅讲授知识,也传授方法,并融入人文理念;还专注于同学们学科知识的通透和综合学养的提高,并关照学科间的呼应和通感。对于系统知识传递中所呈现的大量例题,不仅有详细的解题过程,还适时地点拨解题思路,强调逻辑与缜密的思考方法,能起到巩固所学并举一反三之功效,有助于提高学习效率与自习能力。

为了更好地服务于使用本丛书的同学们,我们还请丛书编写者,为各门学科"自己练"的每道习题按学科编配了独立的习题详解读本,并点明了相关问题的解题思路和方法,有助知识脉络的整理归纳和视野的拓宽。有些学科还在每一章的末尾开辟了饶有趣味的"强基园地",并在相关的习题详解读本中匠心独到地配以"强基拓展题",有助于同学们更深入、更扎实地把握本章的学科思想与知识架构。由于每一道题目及相关插图在各学科的习题详解读本中仍完整地予以呈现,因此浏览这几本习题详解,对理解相关学科的解题思路和技巧也有裨益。

应该说,"高中学科强基丛书"系列读本的读者对象是很明确的,就是为打算参加"强基计划"的同学们服务的,即让那些逻辑推理能力较强、学科功底较扎实的高中同学能学得更有成效,并有望进入高校育人的"强基计划"之中。当然,对于暂时没有参加"强基计划"打算的同学们,通过本丛书的阅读来拓宽人生的广度、思维的深度,相信也能为未来的前程打下坚实的基础。

这套"高中学科强基丛书"的《数学(上册)》《数学(下册)》及《数学习题详解》是由华东师范大学第二附属中学数学教研组的资深教师刘初喜、蔡东山、施洪亮等撰稿。该校一贯重视数学教育在传授知识的基础上教会同学们运用学到的知识去发现和解决新问题的能力,并注重培养学生的观察力、想象力和创造力。本套读本分为上、下两册,上册9章,下册9章。每一章除了有完整的知识点讲解,还有与这些知识点相关的综合运用的探讨,以及所体现的数学思想方法。教材中细细分析大量有代表性和启发性的例题,每一节后配备了供同学们自行巩固而精心挑选的"基础练习"与"能力提高"的练习题。为方便同学们自学,这些练习题的详解都集中起来,特意编辑了《数学习题详解》。我们要感谢华东师范大学第二附属中学历届保送清华大学和北京大学的部分热心的同学们,他们也曾为此书的撰写与校对,提出了不少很好的建议。

期盼参加"强基计划"的同学们都热切地表示:"强基计划"有着非常强大的导师配置和学术资源,在培养模式上也给予同学们更大的自由度。"强基计划"的实施,是国家为人才的培育与发展开通的良好途径,我们非常期待能用自己的所学为国家和社会作贡献。

各地有抱负的学子也都自信地认为:"强基计划"要培养的是能为打造国之重器服务的人才,现在国家需要这样的人才,为什么那个人不是我呢?

热切期盼同学们的基础扎实再扎实,报国之路宽些再宽些。

方鸿辉

2021 年 10 月

目　　录

集合与命题

Sets and Proposition

§1.1 集合及其表示法

1. 用描述法表示下列集合:

(1) $\{1,4,9,16,25,36,49\}$.

(2) $\left\{0,\pm\dfrac{1}{2},\pm\dfrac{2}{5},\pm\dfrac{3}{10},\pm\dfrac{4}{17},\cdots\right\}$.

解: (1) $\{y\,|\,y=x^2,1\leqslant x\leqslant 7,x\in\mathbf{N}^*\}$.

(2) $\left\{x\,\middle|\,x=\pm\dfrac{n-1}{(n-1)^2+1},n\in\mathbf{N}^*\right\}$.

2. 用列举法表示下列集合:

(1) $\{x\,|\,x$ 是 20 的正约数$\}$.

(2) $\{x\,|\,x^2-3x-4<0,x\in\mathbf{Z}\}$.

解: (1) $\{1,2,4,5,10,20\}$.

(2) 解不等式得: $-1<x<4\Rightarrow\{0,1,2,3\}$.

3. 设三元素的集合 $\left\{a,\dfrac{b}{a},0\right\}$ 也可表示为 $\{a^2,a+b,-1\}$,求 $a^{2010}+b^{2011}$ 的值.

解: 由已知有 $(a,b)=(1,-1)$,故有 $a^{2010}+b^{2011}=0$.

4. 已知全集 $M=\left\{a\,\middle|\,\dfrac{6}{5-a}\in\mathbf{N}$ 且 $a\in\mathbf{Z}\right\}$,求集合 M.

解: 由已知 $5-a=1,2,3,6$,则 $a=-1,2,3,4$,故 $M=\{-1,2,3,4\}$.

5. 给定三元集合 $\{1,x,x^2-x\}$,求实数 x 的取值范围.

解: 由集合元素的互异性知 $x\neq 0,1,2,\dfrac{\sqrt{5}+1}{2},\dfrac{-\sqrt{5}+1}{2}$.故实数 x 的取值范围是

$\left(-\infty,\dfrac{-\sqrt{5}+1}{2}\right)\cup\left(\dfrac{-\sqrt{5}+1}{2},0\right)\cup(0,1)\cup\left(1,\dfrac{\sqrt{5}+1}{2}\right)\cup\left(\dfrac{\sqrt{5}+1}{2},2\right)\cup(2,+\infty)$.

6. 若集合 $A=\{x\,|\,ax^2+2x+1=0,a\in\mathbf{R},x\in\mathbf{R}\}$ 中只有一个元素,求 a.

解: 当 $a=0$ 时,方程只有一个根 $-\dfrac{1}{2}$,则 $a=0$ 符合题意.

当 $a\neq0$ 时,则关于 x 的方程 $ax^2+2x+1=0$ 是一元二次方程,由于集合 A 中只有一个元素,则一元二次方程 $ax^2+2x+1=0$ 有两个相等的实数根,所以 $\Delta=4-4a=0$,解得 $a=1$.

综上所得,$a=0,1$.

7. 若集合 $A=\{x,xy,xy-1\}$,其中 $x\in\mathbf{Z},y\in\mathbf{Z}$ 且 $y\neq0$,若 $0\in A$,求 A 中元素之和.

解: 由已知及集合元素的互异性知 $x,y\neq0$,则 $xy-1=0$.

由于　$x\in\mathbf{Z},y\in\mathbf{Z}$,

则　$(x,y)=(1,1)(舍)$或$(-1,-1)$,

则　A 中元素之和为 0.

8. 设集合 $S=\{a_0,a_1,a_2,a_3\}$,在 S 上定义运算为:$a_i\oplus a_j=a_k$,其中 k 为 $i+j$ 被 4 除的余数,$i,j=0,1,2,3$,则求满足关系式 $(x\oplus x)\oplus a_2=a_0$ 的 $x(x\in S)$ 的个数.

解: 由于　$(x\oplus x)\oplus a_2=a_0$

则　$(x\oplus x)\equiv\pm2(\bmod4)\Rightarrow x\equiv\pm1(\bmod4)$.

只有 a_1,a_3 符合所给关系式,则 x 的个数为 2.

9. 已知 S 是由实数构成的集合,且满足 1)$1\notin S$;2)若 $a\in S$,则 $\dfrac{1}{1-a}\in S$.如果 $S\neq\varnothing$,S 中至少含有多少个元素? 说明理由.

解: 若 S 中只有 1 个元素则 $a=\dfrac{1}{1-a}$(无解),若 S 中只有 2 个元素则 $a=\dfrac{a-1}{a}$(无解),而 $S=\left\{2,-1,\dfrac{1}{2}\right\}$ 符合条件,则 S 中至少含有 3 个元素.

10. 若实数 a 为常数,且 $a\in A=\left\{x\left|\dfrac{1}{\sqrt{ax^2-x+1}}=1\right.\right\}$,则 $a=$ _____.

解: $a=0$ 时符合条件,$a\neq0$ 时 $x=0,\dfrac{1}{a}$,则 $a=\dfrac{1}{a}$,$a=\pm1$.故 $a=0,\pm1$.

11. 平面点集 $M=\{(x,y)|x^2-2x+2\leqslant y\leqslant6x-x^2-3,$ 且 $x,y\in\mathbf{Z}\}$,求 M 中元素的个数.

解: 首先 $x^2-2x+2\leqslant6x-x^2-3\Rightarrow1\leqslant x\leqslant3$,

进而得 $M=\{(1,1),(1,2),(2,2),(2,3),(2,4),(2,5),(3,5),(3,6)\}$,

则 M 中元素的个数为 8.

12. 定义集合 A,B 的一种运算:$A*B=\{x|x=x_1+x_2,x_1\in A,x_2\in B\}$,若 $A=\{1,2,3\}$,$B=\{1,2\}$,则 $A*B$ 中的所有元素之和为 _____.

解: $A*B=\{2,3,4,5\}$,则 $A*B$ 中的所有元素之和为 14.

13. 已知集合 A 的元素全为实数,且满足:若 $a\in A$,则 $\dfrac{1+a}{1-a}\in A$.

(1) 若 $a=-3$,求出 A 中其他所有元素.

(2) 0 是不是集合 A 中的元素? 请你设计一个实数 $a\in A$,再求出 A 中的所有元素.

(3) 根据(1)(2),你能得出什么结论?

解:（1）A 中元素为 $-3,-\dfrac{1}{2},\dfrac{1}{3},2$.

（2）0 不是 A 的元素.若 $0\in A$,则 $\dfrac{1+0}{1-0}=1\in A$,

而当 $1\in A$ 时,$\dfrac{1+a}{1-a}$ 不存在,故 0 不是 A 的元素.

取 $a=3$,可得 $A=\left\{3,-2,-\dfrac{1}{3},\dfrac{1}{2}\right\}$.

（3）猜想:① A 中没有元素 $-1,0,1$;② A 中有 4 个元素,且每两个互为负倒数.

由上题知:$0,1\notin A$.若 $-1\in A$,则 $\dfrac{1+a}{1-a}=-1$ 无解.故 $-1\notin A$.

设 $a_1\in A$,则 $a_1\in A\Rightarrow a_2=\dfrac{1+a_1}{1-a_1}\in A\Rightarrow a_3=\dfrac{1+a_2}{1-a_2}=-\dfrac{1}{a_1}\in A\Rightarrow a_4=\dfrac{1+a_3}{1-a_3}=\dfrac{a_1-1}{a_1+1}\in A\Rightarrow a_5=\dfrac{1+a_4}{1-a_4}=a_1\in A$,

又由集合元素的互异性知,A 中最多只有 4 个元素 a_1,a_2,a_3,a_4,且 $a_1a_3=-1,a_2a_4=-1$.显然 $a_1\neq a_3,a_2\neq a_4$.

若 $a_1=a_2$,则 $a_1=\dfrac{1+a_1}{1-a_1}$,得:$a_1^2=-1$ 无实数解.同理,$a_1\neq a_4$.故 A 中有 4 个元素.

14. 非空集合 $M\subseteq N$,且同时满足条件"若 $a\in M$,则 $\dfrac{30}{a}\in M$".

（1）写出所有含有 2 个元素的集合 M.

（2）只有 3 个元素的集合 M 是否存在?若存在,写出集合 M,若不存在,请说明理由,并适当改变题目的条件,使满足题意的集合 M 可以只有 3 个元素.

（3）用 $s(M)$ 表示集合 M 中所有元素之和,求 $s(M)$ 的最大值.

（4）从以上的工作中你可以得到哪些一般性的结论（规律）?

解:（1）$\{1,30\},\{2,15\},\{3,10\},\{5,6\}$.

（2）不存在.若 M 中有 3 个元素,则有 $a=\dfrac{30}{a}$ 成立,这显然是不符题意的.如将 30 改成 36（合理情形均可）,此时 M 的一种情形为 $\{1,6,36\}$ 符合条件.

（3）$M=\{1,2,3,5,10,15,30\}$ 时,$s(M)$ 最大,此时 $s(M)=72$.

（4）如:正整数 n 为完全平方数的充分必要条件是 n 的所有正因子个数为奇数.

15. 集合 $A=\{1,2,3,\cdots,2n,2n+1\}$ 的子集 B 满足:对任意的 $x,y\in B,x+y\notin B$,求集合 B 中元素个数的最大值.

解:设 $B=\{b_1,b_2,\cdots,b_k\}$,$b_1<b_2<\cdots<b_k$.$B\subseteq A$,

则 $b_k-b_1,b_k-b_2,\cdots,b_k-b_{k-1}$ 都不在 B 中,设 $M=\{b_k-b_1,b_k-b_2,\cdots,b_k-b_{k-1}\}$,

且 $M\cap B=\varnothing$.所以 $k+k-1\leqslant 2n+1$,得 $k\leqslant n+1$.

构造 $B=\{1,3,5,\cdots,2n+1\}$.

§1.2　集合之间的关系

1. 已知集合 $P=\{a,aq,aq^2\}$，$Q=\{a,a+d,a+2d\}$，其中 $a\neq0$，且 $a\in\mathbf{R}$，若 $P=Q$，则实数 $q=$ _____.

解： 若 $aq=a+d$，$aq^2=a+2d$，则 $q=1$（舍）.

若 $aq=a+2d$，$aq^2=a+d$，则 $q=1$（舍）或 $-\dfrac{1}{2}$，故 $q=-\dfrac{1}{2}$.

2. 已知集合 $M=\{x\mid x^2-3x+2=0\}$，$N=\{x\mid ax+1=0\}$，若 $N\subseteq M$，则由满足条件的实数 a 组成的集合 $P=$ _____.

解： $M=\{1,2\}$，此时 $a=0,-1,-\dfrac{1}{2}$，故 $P=\left\{0,-1,-\dfrac{1}{2}\right\}$.

3. 已知 $A=\{x\mid x<2\}$，$B=\{x\mid x\leqslant a\}$，且 $A\subseteq B$，则常数 a 的取值范围是 _____.

解： $a\geqslant2$.

4. 若非空集合 S 满足 $S\subseteq\{1,2,3,4,5\}$，且若 $a\in S$，则 $6-a\in S$，那么符合要求的集合 S 有 _____ 个.

解： $\{1,5\}$、$\{3\}$、$\{2,4\}$ 都是符合要求，然后自由组合一下，所以答案为 7.

5. 集合 $P=\{x\mid x^2+x-6=0\}$，$M=\{x\mid mx-1=0\}$，且 $M\subseteq P$，则满足条件的 m 值构成的集合为 _____.

解： $P=\{-3,2\}$，此时 $m=0,\dfrac{1}{2},-\dfrac{1}{3}$，故满足条件的 m 值构成的集合为 $\left\{0,\dfrac{1}{2},-\dfrac{1}{3}\right\}$.

6. 已知集合 $A=\{x,xy,x+y\}$，$B=\{0,|x|,y\}$，且 $A=B$，则 $x=$ _____，$y=$ _____.

解： 由于 $x,y\neq0$，则 $x+y=0\Rightarrow(x,y)=(1,-1)$.

7. 集合 $A=\{x-y,x+y,xy\}$，$B=\{x^2+y^2,x^2-y^2,0\}$，且 $A=B$，则 $x+y=$ _____.

解： 利用集合 B 中的元素 0 的特殊性来分类讨论，$(x,y)=(0,1),(0,-1)$，故 $x+y=1,-1$.

8. 已知集合 $A=\{x\mid x<0\}$，$B=\left\{z\;\middle|\;z=\dfrac{m^2x-1}{mx+1},x>2\right\}$，$B\neq\varnothing$，且 $B\subseteq A$，则实数 m 的取值范围是 _____.

解： 原题即求实数 m 的取值范围，使得 $\dfrac{m^2x-1}{mx+1}<0(x>2)$ 恒成立.

若 $m^2x-1>0$，$mx+1<0(x>2)$ 恒成立，$m\leqslant-\dfrac{\sqrt{2}}{2}$.

若 $m^2x-1<0$，$mx+1>0(x>2)$ 恒成立，$m=0$.

故 $m\in\left(-\infty,-\dfrac{\sqrt{2}}{2}\right]\bigcup\{0\}$.

9. 集合 $M=\{u\mid u=12m+8n+4l,m,l,n\in\mathbf{Z}\}$，集合 $N=\{u\mid u=20p+16q+12r,p,q,r\in\mathbf{Z}\}$，求集合 M 与 N 的关系.

解： $M=N=\{u\mid u=4k,k\in\mathbf{Z}\}$.

10. 设集合 $M=\{1,2,3,\cdots,2010\}$,集合 A 满足:$A\subseteq M$,且当 $x\in A$ 时,$15x\notin A$,则 A 中元素最多有多少个.

解: 一方面 $A=\{1,2,3,4,5,6,7,8,135,136,137,\cdots,2009,2010\}$符合要求,此时 A 中元素有 1884 个.另一方面,对于 $\{9,135\}$,$\{10,150\}$,$\cdots$,$\{134,2010\}$ 这 126 个集合每个集合中的 2 个元素至多只有一个属于 A,故 A 中元素个数最多有 1884 个.

11. 设集合 $M=\{1,2,3,4,5,6\}$,$S_1,S_2,\cdots,S_k$ 都是 M 的含两个元素的子集,且满足:对任意的 $S_i=\{a_i,b_i\}$,$S_j=\{a_j,b_j\}$($i\neq j$,i、$j\in\{1,2,3,\cdots,k\}$),都有 $\min\left\{\dfrac{a_i}{b_i},\dfrac{b_i}{a_i}\right\}\neq\min\left\{\dfrac{a_j}{b_j},\dfrac{b_j}{a_j}\right\}$($\min\{x,y\}$表示两个数 x,y 中的较小者),求 k 的最大值.

解: 对每一个 $S_i=\{a_i,b_i\}$($i\in\{1,2,3,\cdots,k\}$),$\min\left\{\dfrac{a_i}{b_i},\dfrac{b_i}{a_i}\right\}$ 的取值只有 11 种,故 k 的最大值为 11.

12. 对于函数 $f(x)$,若 $f(x)=x$,则称 x 为 $f(x)$ 的"不动点",若 $f[f(x)]=x$,则称 x 为 $f(x)$ 的"稳定点",函数 $f(x)$ 的"不动点"和"稳定点"的集合分别记为 A 和 B,即 $A=\{x\mid f(x)=x\}$,$B=\{x\mid f[f(x)]=x\}$.

(1) 求证:$A\subseteq B$.

(2) 若 $f(x)=ax^2-1$($a\in\mathbf{R},x\in\mathbf{R}$),且 $A=B\neq\varnothing$,求实数 a 的取值范围.

解: (1) 若 $A=\varnothing$,则 $A\subseteq B$ 显然成立.

若 $A\neq\varnothing$,设 $t\in A$,则 $f(t)=t$,$f(f(t))=f(t)=t$,即 $t\in B$,从而 $A\subseteq B$.

(2) A 中元素是方程 $f(x)=x$ 即 $ax^2-1=x$ 的实根.

由 $A\neq\varnothing$,知 $a=0$ 或 $\begin{cases}a\neq 0,\\ \Delta=1+4a\geqslant 0,\end{cases}$ 即 $a\geqslant-\dfrac{1}{4}$.

B 中元素是方程 $a(ax^2-1)^2-1=x$ 即 $a^3x^4-2a^2x^2-x+a-1=0$ 的实根.

由 $A\subseteq B$,知上方程左边含有一个因式 ax^2-x-1,即方程可化为
$$(ax^2-x-1)(a^2x^2+ax-a+1)=0.$$

因此,要 $A=B$,即要方程 $a^2x^2+ax-a+1=0$①,要么没有实根,要么实根是方程 $ax^2-x-1=0$②的根.

若①没有实根,则 $\Delta_2=a^2-4a^2(1-a)<0$,由此解得 $a<\dfrac{3}{4}$;

若①有实根且①的实根是②的实根,则由②有 $a^2x^2=ax+a$,代入①有 $2ax+1=0$.

由此解得 $x=-\dfrac{1}{2a}$,再代入②得 $\dfrac{1}{4a}+\dfrac{1}{2a}-1=0$,由此解得 $a=\dfrac{3}{4}$.

故 a 的取值范围是 $\left[-\dfrac{1}{4},\dfrac{3}{4}\right]$.

§1.3　集合之间的运算

1. 分别用集合符号表示图 1-5 的阴影部分：

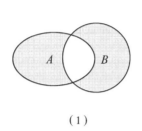

（1）

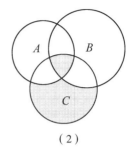

（2）

图　1-5

解：（1）$A\bigcup B\bigcap \complement_U(A\bigcap B)$.

（2）$C\bigcap \complement_U A\bigcap \complement_U B\bigcup (A\bigcap B\bigcap C)$.

2. 设集合 $A=\{(x,y)|3x-y=7\}$，集合 $B=\{(x,y)|2x+y=3\}$，求 $A\bigcap B$.

解：联立 $\begin{cases}3x-y=7,\\2x+y=3,\end{cases}$ 可得：$A\bigcap B=\{(2,-1)\}$.

3. 集合 $A=\{x|y=2x+1,x\in \mathbf{R}\}$，$B=\{y|y=-x^2+9,x\in \mathbf{R}\}$，则 $A\bigcap B=$ _____.

解：$A=\mathbf{R}$，$B=(-\infty,9]$，则 $A\bigcap B=(-\infty,9]$.

4. 设 $B=\{x|(2a-1)x^2-2x+1=0\}$，$C=\left\{-1,-\dfrac{1}{2},\dfrac{1}{3},1\right\}$，若 $B\subsetneqq C$，求实数 a 的所有值.

解：$a=\dfrac{1}{2}$ 时，不符合题意. $a\neq \dfrac{1}{2}$ 时，有 $B=\varnothing$ 或 $B=\left\{-1,\dfrac{1}{3}\right\}$，进而得 $a\geqslant 1$ 或 $a=-1$.

5. 设全集 $U=\mathbf{R}$，集合 $A=\{x|x^2+ax-12=0\}$，$B=\{x|x^2+bx+b^2-28=0\}$，若 $A\bigcap \complement_U B=\{2\}$，求 a、b 的值.

解：由已知 $x=2$ 是 $x^2+ax-12=0$ 的一个根，得 $a=4$，进而有 $A=\{-6,2\}$，故 $x=-6$ 是 $x^2+bx+b^2-28=0$ 的一个根，$b=2$ 或 4（舍），故 $a=4$，$b=2$.

6. 已知 $A=\{(x,y)|y=a|x|\}$，$B=\{(x,y)|y=x+a\}$，$C=A\bigcap B$，又 C 为单元素集合，求实数 a 的取值范围.

解：数形结合可知 $a\in [-1,1]$.

7. $I=\{1,2,3,4,5,6,7,8,9\}$，$A\subseteq I$，$B\subseteq I$，$A\bigcap B=\{2\}$，$(\complement_U A)\bigcap (\complement_U B)=\{1,9\}$，$(\complement_U A)\bigcap B=\{4,6,8\}$，则 $A\bigcap (\complement_U B)=$ _____.

解：$A=\{2,3,5,7\}$，$B=\{2,4,6,8\}$，$A\bigcap (\complement_U B)\{3,5,7\}$.

8. 已知集合 $A=\{x|10+3x-x^2\geqslant 0\}$，$B=\{x|m+1\leqslant x\leqslant 2m-1\}$，当 $A\bigcap B=\varnothing$ 时，实数 m 的取值范围是 _____.

解：当 $B=\varnothing$ 时，$m<2$，当 $B\neq \varnothing$ 时，$m>4$，故 $m\in (-\infty,2)\bigcup (4,+\infty)$.

9. 集合 $M=\{m^2,m+1,-3\}$，$N=\{m-3,2m-1,m^2+1\}$，若 $M\bigcap N=\{-3\}$，则 $m=$ _____.

解：由已知及集合元素的互异性有 $m-3=-3$(舍)或 $2m-1=-3$ 或 $m^2+1=-3$(舍)，故 $m=-1$.

10. 集合 $A=\{a\mid a=5x+3,x\in\mathbf{N}^*\}$，$B=\{b\mid b=7y+2,y\in\mathbf{N}^*\}$，则 $A\bigcap B$ 中的最小元素是_____.

解：枚举可得：23.

11. 设全集 $U=\{(x,y)\mid x,y\in\mathbf{R}\}$，集合 $A=\left\{(x,y)\left|\dfrac{y-3}{x-2}=1,x,y\in\mathbf{R}\right.\right\}$.

(1) 若 $B=\{(x,y)\mid y=x+1,x,y\in\mathbf{R}\}$，求 $\complement_U(A\bigcap B)$.

(2) 若 $B=\{(x,y)\mid y\neq x+1,x,y\in\mathbf{R}\}$，求 $\complement_U(A\bigcup B)$.

解：(1) $\{(2,3)\}$.

(2) $\{(2,3)\}$.

12. 某公司有 120 人，其中乘轨道交通上班的 84 人，乘公共汽车上班的 32 人，两种都乘的 18 人，求：

(1) 只乘轨道交通上班的人数.

(2) 不乘轨道交通上班的人数.

(3) 乘坐交通工具的人数.

(4) 不乘交通工具而步行的人数.

(5) 只乘一种交通工具的人数.

解：画韦恩图和容斥原理可得：(1)66.(2)36.(3)98.(4)22.(5)80.

13. 已知 $A=\{(x,y)\mid x=n,y=an+b,n\in\mathbf{Z}\}$，$B=\{(x,y)\mid x=m,y=3m^2+15,m\in\mathbf{Z}\}$，$C=\{(x,y)\mid x^2+y^2\leqslant144\}$，问是否存在实数 a,b，使得 $A\bigcap B\neq\varnothing$，$(a,b)\in C$ 同时成立？

解：由于 $A=\{(x,y)\mid y=ax+b,x\in\mathbf{Z}\}$，$B=\{(x,y)\mid y=3x^2+15,x\in\mathbf{Z}\}$，

由于 $A\bigcap B\neq\varnothing$，则 $\begin{cases}y=ax+b,\\y=3x^2+15\end{cases}(x\in\mathbf{Z})$ 有解，即 $3x^2-ax+(15-b)=0$ 有整数解，

由 $\qquad\Delta=a^2-12(15-b)\geqslant0\Rightarrow a^2\geqslant180-12b$ ①

而 $\qquad a^2+b^2\leqslant144$ ②

由①②得

$144\geqslant a^2+b^2\geqslant180-12b+b^2\Rightarrow(b-6)^2\leqslant0\Rightarrow b=6$，代入①、②得

$\begin{cases}a^2\geqslant108,\\a^2\leqslant108\end{cases}\Rightarrow a^2=108$，由于 $a=\pm6\sqrt{3}$，则 $3x^2\pm6\sqrt{3}x+9=0\Rightarrow x=\pm\sqrt{3}\notin\mathbf{Z}$，故这样的实数 a,b 不存在.

14. 设集合 $A=\{x\mid x^2-3x+2=0\}$，$B=\{x\mid x^2+2(a+1)x+(a^2-5)=0\}$，

(1) 若 $A\bigcap B=\{2\}$，求实数 a 的值.

(2) 若 $A\bigcup B=A$，求实数 a 的取值范围.

(3) 若 $U=R$，$A\bigcap\complement_U B=A$，求实数 a 的取值范围.

解：(1) 由于 $A=\{1,2\}$，$A\bigcap B=\{2\}$，则 $2\in B$，代入 B 中的方程，

得 $a^2+4a+3=0\Rightarrow a=-1$ 或 $a=-3$.

当 $a=-1$ 时，$B=\{x\mid x^2-4=0\}=\{-2,2\}$，满足条件；

当 $a=-3$ 时，$B=\{x\mid x^2-4x+4=0\}=\{2\}$，满足条件；

综上，a 的值为 -1 或 -3.

(2) 对于集合 B，$\Delta=4(a+1)^2-4(a^2-5)=4(2a+6)$. 由于 $A\cup B=A$，则 $B\subseteq A$，

① 当 $\Delta<0$，即 $a<-3$ 时，$B=\varnothing$ 满足条件；

② 当 $\Delta=0$，即 $a=-3$ 时，$B=\{2\}$，满足条件；

③ 当 $\Delta>0$，即 $a>-3$ 时，$B=A=\{1,2\}$.

由韦达定理得 $\begin{cases}1+2=-2(a+1),\\1\times2=a^2-5,\end{cases}\Rightarrow\begin{cases}a=-\dfrac{5}{2},\\a^2=7,\end{cases}$ 矛盾；综上，a 的取值范围是 $a\leqslant-3$.

(3) $A\cap\complement_U B=A$，则 $A\subseteq\complement_U B$，则 $A\cap B=\varnothing$；

① 若 $B=\varnothing$，则 $\Delta<0\Rightarrow a<-3$ 适合；

② 若 $B\neq\varnothing$，则 $a\geqslant-3$，此时 $1\notin B$ 且 $2\notin B$；

将 2 代入 B 的方程得 $a=-1$ 或 $a=-3$，将 1 代入 B 的方程得

$a^2+2a-2=0\Rightarrow a=-1\pm\sqrt{3}$，则 $a\neq-1$ 且 $a\neq-3$ 且 $a\neq-1\pm\sqrt{3}$；

综上，a 的取值范围是 $a<-3$ 或 $-3<a<-1-\sqrt{3}$ 或 $-1-\sqrt{3}<a<-1$ 或 $-1<a<-1+\sqrt{3}$ 或 $a>-1+\sqrt{3}$.

15. 设集合 $A=\{(x,y)\mid y^2-x-1=0\}$，$B=\{(x,y)\mid 4x^2+2x-2y+5=0\}$，$C=\{(x,y)\mid y=kx+b\}$，问：是否存在 $k,b\in\mathbf{N}$，使得 $(A\cup B)\cap C=\varnothing$，并证明你的结论.

解： 要使 $(A\cup B)\cap C=(A\cap C)\cup(B\cap C)=\varnothing$，必须 $A\cap C=\varnothing$ 且 $B\cap C=\varnothing$，

由 $\begin{cases}y^2=x+1,\\y=kx+b\end{cases}\Rightarrow k^2x^2+(2kb-1)x+b^2-1=0$，

当 $k=0$ 时，方程有解 $x=b^2-1$，不合题意；

当 $k\neq0$ 时由 $\Delta_1=(2kb-1)^2-4k^2(b^2-1)<0$ 得 $b>\dfrac{4k^2+1}{4k}$　　　　①

又由 $\begin{cases}4x^2+2x-2y+5=0,\\y=kx+b\end{cases}\Rightarrow 4x^2+2(1-k)x+5-2b=0$，

由 $\Delta_2=4(1-k)^2-16(5-2b)<0$ 得 $b<\dfrac{20-(k-1)^2}{8}$　　　　②

由①、②得 $b>k+\dfrac{1}{4k}>1$，而 $b<\dfrac{20}{8}$，

由于 b 为自然数，则 $b=2$，代入①、②得 $k=1$.

16. 集合 A 和 B 各含有 12 个元素，$A\cap B$ 含有 4 个元素，试求同时满足下列条件的集合 C 的个数：

(1) $C\subseteq A\cup B$ 且 C 中含有 3 个元素.

(2) $C\cap A\neq\varnothing$.

解： $C_{20}^3-C_8^3=\dfrac{20\times19\times18}{3\times2\times1}-\dfrac{8\times7\times6}{3\times2\times1}=1084$.

17. 判断以下命题是否正确：设 A，B 是平面上两个点集，$\complement_r=\{(x,y)\mid x^2+y^2\leqslant r^2\}$，若

对任何 $r \geqslant 0$,都有 $\complement_r \cup A \subseteq \complement_r \cup B$,则必有 $A \subseteq B$,证明你的结论.

解:命题不正确.如取 $A = \{(0,0)\}$, $B = \{(1,1)\}$.

§1.4 容斥原理与抽屉原理

1. 对某学校的 100 名学生进行调查,了解他们喜欢看球赛、看电影和听音乐的情况.其中 58 人喜欢看球赛,38 人喜欢看电影,52 人喜欢听音乐,既喜欢看球赛又喜欢看电影的有 18 人,既喜欢听音乐又喜欢看电影的有 16 人,三种都喜欢的有 12 人,问有多少人只喜欢听音乐?

解:由容斥原理可得有 22 人只喜欢听音乐.

2. 正方体各面上涂上红色或蓝色的油漆(每面只涂一种色),证明正方体一定有三个面颜色相同.

证明:把两种颜色当作两个抽屉,把正方体六个面当作物体,那么 $6 = 2 \times 2 + 2$,根据抽屉原则(2),至少有三个面涂上相同的颜色.

3. 从自然数 $1, 2, 3, \cdots, 99, 100$ 这 100 个数中随意取出 51 个数来,求证:其中一定有两个数,它们中的一个是另一个的倍数.

解:构造抽屉:(1)不超过 50 个;(2)每个抽屉里的数(除仅有的一个外),其中一个数是另一个数的倍数,一个自然数的想法是从数的质因数表示形式入手.

设第一个抽屉里放进数:$1, 1 \times 2, 1 \times 2^2, 1 \times 2^3, 1 \times 2^4, 1 \times 2^5, 1 \times 2^6$;

第二个抽屉里放进数:$3, 3 \times 2, 3 \times 2^2, 3 \times 2^3, 3 \times 2^4, 3 \times 2^5$;

第三个抽屉里放进数:$5, 5 \times 2, 5 \times 2^2, 5 \times 2^3, 5 \times 2^4$;

……

第二十五个抽屉里放进数:$49, 49 \times 2$;

第二十六个抽屉里放进数:51.

……

第五十个抽屉里放进数:99.

那么随意取出 51 个数中,必有两个数同属一个抽屉,其中一个数是另一个数的倍数.

4. 任意给定 7 个不同的自然数,求证其中必有两个整数,其和或差是 10 的倍数.

解:这些数队以 10 的余数即个位数字,以 $0, 1, \cdots, 9$ 为标准制造 10 个抽屉,标以 $[0]$, $[1], \cdots, [9]$.若有两数落入同一抽屉,其差是 10 的倍数,只是仅有 7 个自然数,似不便运用抽屉原则,再作调整:$[6], [7], [8], [9]$ 四个抽屉分别与 $[4], [3], [2], [1]$ 合并,则可保证至少有一个抽屉里有两个数,它们的和或差是 10 的倍数.

5. 在一条笔直的马路旁种树,从起点起,每隔一米种一棵树,如果把三块"爱护树木"的小牌分别挂在三棵树上,那么不管怎样挂,至少有两棵挂牌的树之间的距离是偶数(以米为单位),这是为什么?

解:如图,设挂牌的三棵树依次为 A, B, C. $AB = a$, $BC = b$,若 a, b 中有一为偶数,命题得证.否则 a, b 均为奇数,则 $AC = a + b$ 为偶数,命题得证.

下面我们换一个角度考虑:给每棵树上编上号,于是两棵树之间的距离就是号码差,由于树的号码只能为奇数和偶数两类,那么挂牌的三棵树号码至少有两个同为奇数或偶数,它们的差必为偶数,问题得证.

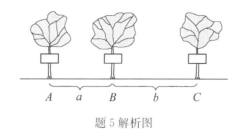

题5解析图

6. 以(x,y,z)表示三元有序整数组,其中x,y,z为整数,试证:在任意七个三元整数组中,至少有两个三元数组,它们的x,y,z元中有两对都是奇数或都是偶数.

解:设七个三元素组为$A_1(x_1,y_1,z_1),A_2(x_2,y_2,z_2),\cdots,A_7(x_7,y_7,z_7)$.现在逐步探索,从$x$元开始,由抽屉原则,$x_1,x_2,\cdots,x_7$这七个数中,必定有四个数具有相同的奇偶性,不妨设这四个数是$x_1,x_2,\cdots,x_4$且为偶数,接着集中考虑A_1,A_2,A_3,A_4这四组数的y元,若y_1,y_2,y_3,y_4中有两个是偶数,则问题已证,否则至多有一个是偶数,比如y_4是偶数,这时我们再来集中考虑A_1,A_2,A_3的z元.在z_1,z_2,z_3中,由抽屉原则必有两个数具有相同的奇偶性,如z_1,z_2,这时无论它们是奇数,还是偶数,问题都已得到证明.

7. 任选6人,试证其中必有3人,他们互相认识或都不认识.

解:用A,B,C,D,E,F表示这6个人,首先以A为中心考虑,他与另外5个人B,C,D,E,F只有两种可能的关系:认识或不认识,那么由抽屉原则,他必定与其中某3人认识或不认识,现不妨设A认识B,C,D3人,当B,C,D3人都互不认识时,问题得证;当B,C,D3人中有两人认识,如B,C认识时,则A,B,C互相认识,问题也得证.

8. a,b,c,d为四个任意给定的整数,求证:以下六个差数$b-a,c-a,d-a,c-b,d-b,d-c$的乘积一定可以被12整除.

解:把这6个差数的乘积记为p,我们必须且只须证明:3与4都可以整除p,以下分两步进行.

第一步,把a,b,c,d按以3为除数的余数来分类,这样的类只有三个,故知a,b,c,d中至少有2个除以3的余数相同,例如,不妨设为a,b,这时3可整除$b-a$,从而3可整除p.

第二步,再把a,b,c,d按以4为除数的余数来分类,这种类至多只有四个,如果a,b,c,d中有两个数除以4的余数相同,那么与第一步类似,我们立即可作出4可整除p的结论.

设a,b,c,d四数除以4的余数不同,由此推知,a,b,c,d之中必有两个奇数(不妨设为a,b)也必有两个偶数(设为c,d),这时$b-a$为偶数,$d-c$也是偶数,故4可整除$(b-a)(d-c)$,自然也可得出4可整除p.

(如果能进一步灵活运用原则,不仅制造抽屉,还根据问题的特征,制造出放进抽屉的物体,则更可收到意想不到的效果.)

9. 求证:从任意n个自然数$a_1,a_2,\cdots,a_n$中可以找到若干个数,使它们的和是n的倍数.

解:以$0,1,\cdots,n-1$即被n除的余数分类制造抽屉是合理的,但把什么样的数作为抽屉里的物体呢? 扣住"和",构造下列和数:

$S_1 = a_1$,

$S_2 = a_1 + a_2$,

$S_3 = a_1 + a_2 + a_3$,

......

$S_n = a_1 + a_2 + \cdots + a_n$,

其中任意两个和数之差仍为和数,若他们之中有一个是 n 的倍数,问题得证,否则至少有两个数被 n 除余数相同,则它们的差即它们中若干数(包括 1 个)的和是 n 的倍数,问题同样得证.

10. 910 瓶红、蓝墨水,排成 130 行,每行 7 瓶,证明:不论怎样排列,红、蓝墨水瓶的颜色次序必定出现下述两种情况之一种:

(1) 至少有三行完全相同.

(2) 至少有两组(四行)每组的两行完全相同.

解: 910 瓶红、蓝墨水排成 130 行,每行 7 瓶,对一行来说,每个位置上有红、蓝两种可能,因此,一行的红、蓝墨水排法有 $2^7 = 128$ 种,对每一种不同排法设为一种"行式",共有 128 种行式.

现有 130 行,在其中任取 129 行,依抽屉原则知,必有两行 A,B 行式相同.

除 A,B 外余下 128 行,若有一行 P 与 A 行式相同,知满足(1)至少有三行 A,B,P 完全相同,若没有一行 P 与 A 行式相同,那么这 128 行至多有 127 种行式,依抽屉原则,必有两行 C,D 具有相同行式,这样便找到了 (A,B),(C,D) 两组(四行),且两组两行完全相同.

§1.5　命题的形式及等价关系

1. 已知命题"两个有理数的和是有理数"为某命题的逆命题.试写出原命题、否命题、逆否命题,并判断这些命题的真假.

解: 原命题:如果两个数的和是有理数,那么这两个数都是有理数(假);

否命题:如果两个数的和不是有理数,那么这两个数不都是有理数(真);

逆否命题:如果两个数不都是有理数,那么和也不是有理数(假).

2. 写出命题"已知 a,$b \in \mathbf{Z}$,若 a,b 是奇数,则 ab 是奇数"的逆否命题:＿＿＿＿＿＿.

解: 已知 a,$b \in \mathbf{Z}$,若 ab 不是奇数,则 a 不是奇数,或 b 不是奇数.

3. 下列四个命题中的真命题是　　　　　　　　　　　　　　　　（　　）.

(A) 已知 a,$b \in \mathbf{R}$,若 $a \times b$ 是无理数,则 a,b 都是无理数

(B) 已知 a,$b \in \mathbf{R}$,若 $a \times b$ 是有理数,则 a,b 都是有理数

(C) 已知 a,$b \in \mathbf{R}$,若 $a + b$ 是无理数,则 a 是无理数或 b 是无理数

(D) 已知 a,$b \in \mathbf{R}$,若 $a + b$ 是有理数,则 a 是有理数或 b 是有理数

解: C.

4. 命题"若 p 不正确,则 q 不正确"的逆命题的等价命题是　　　　　（　　）.

(A) 若 q 不正确,则 p 不正确　　　　(B) 若 q 不正确,则 p 正确

(C) 若 p 正确,则 q 不正确　　　　　(D) 若 p 正确,则 q 正确

解：D(逆命题为 A,逆命题的等价命题为 D).

5. "若 $b^2-4ac<0$,则 $ax^2+bx+c=0$ 没有实根",其否命题是 （　　）.

（A） 若 $b^2-4ac>0$,则 $ax^2+bx+c=0$ 没有实根

（B） 若 $b^2-4ac>0$,则 $ax^2+bx+c=0$ 有实根

（C） 若 $b^2-4ac\geqslant0$,则 $ax^2+bx+c=0$ 有实根

（D） 若 $b^2-4ac\geqslant0$,则 $ax^2+bx+c=0$ 没有实根

解：C.

6. 写出命题"各位数字之和是 3 的倍数的正整数,能被 3 整除"的逆命题、否命题、逆否命题,并判断其真假.

解：逆命题:能被 3 整除的正整数各位数字之和是 3 的倍数(真);

否命题:各位数字之和不是 3 的倍数的正整数不能被 3 整除(真);

逆否命题:不能被 3 整除的正整数各位数字之和不是 3 的倍数(真).

7. 用反证法证明:不存在整数 m,n,使得 $m^2=n^2+1998$.

证：若存在整数 m,n,使得 $m^2=n^2+1998$.则左边$\equiv0$ 或 1(mod4),

右边$\equiv2$ 或 3(mod4),故无论何种情形左边$\neq$右边,矛盾!

故不存在整数 m,n,使得 $m^2=n^2+1998$.

§1.6　充分条件与必要条件

1. 若 a、b、c 是常数,则函数 $y=ax^2+bx+c$ 恒大于 0 的充要条件是　　　　　　.

解：$a=b=0$ 且 $c>0$,或 $a>0$ 且 $b^2-4ac<0$.

2. 若非空集合 $M\subsetneqq N$,则"$a\in M$ 或 $a\in N$"是"$a\in M\bigcap N$"的　　　　　　条件.

解：必要非充分.

3. "$a\neq1$ 且 $b\neq-1$"是"$a+b\neq0$"的 （　　）.

（A） 充分不必要条件　　　　　　（B） 必要不充分条件

（C） 充要条件　　　　　　（D） 既不充分又不必要条件

解：D.

4. "三个数 a、b、c 不全为零"的充要条件是 （　　）.

（A） a、b、c 都不为零　　　　　　（B） a、b、c 中至多有一个为零

（C） a、b、c 中只有一个为零　　　　　　（D） a、b、c 中至少有一个不为零

解：D.

5. 设 x、$y\in\mathbf{R}$.命题"$x^2+y^2>1$"是命题"$|x|+|y|>1$"的 （　　）.

（A） 充分不必要条件　　　　　　（B） 必要不充分条件

（C） 充要条件　　　　　　（D） 既不充分也不必要条件

解：A.

6. 若 $A=\{y\,|\,y=x^2-4x+6\}$,$B=\left\{x\,\Big|\,\dfrac{x}{a}>1\right\}$.试证明"$a>5$"是"$B\subseteq A$"的一个充分且非

必要条件.

解：$A=\{y\,|\,y\geqslant 2\}$，故 $a>5$ 时 $B\subseteq A$，但反之不成立.

7. 已知关于 x 的方程 $(1-a)x^2+(a+2)x-4=0,a\in\mathbf{R}$，求：

（1）方程有两个正根的充要条件.

（2）方程至少有一个正根的充要条件.

解：（1）$\begin{cases}1-a\neq 0,\\ \Delta\geqslant 0,\\ x_1+x_2=\dfrac{a+2}{a-1}>0,\\ x_1x_2=\dfrac{4}{a-1}>0\end{cases}\Rightarrow 1<a\leqslant 2$ 或 $a\geqslant 10$；

（2）分两类情形：①有一个正根，②有两个正根.

① $a=1$ 或 $\begin{cases}1-a\neq 0,\\ \Delta=0,\\ x_1+x_2=\dfrac{a+2}{a-1}>0,\\ x_1x_2=\dfrac{4}{a-1}>0,\end{cases}$ 或 $\begin{cases}1-a\neq 0,\\ \Delta>0,\\ x_1+x_2=\dfrac{a+2}{a-1}>0,\\ x_1x_2=\dfrac{4}{a-1}<0,\end{cases}$ ② $\begin{cases}1-a\neq 0,\\ \Delta>0,\\ x_1+x_2=\dfrac{a+2}{a-1}>0,\\ x_1x_2=\dfrac{4}{a-1}>0.\end{cases}$

解得：$a\leqslant 2$ 或 $a\geqslant 10$.

8.（1）已知实数集合 $A=\{x\,|\,a_1x=b_1,a_1b_1\neq 0\}$，$B=\{x\,|\,a_2x=b_2,a_2b_2\neq 0\}$

求 $A=B$ 的充要条件.

（2）试对两个一元二次不等式的解集写出类似的结果，并加以证明.

解：（1）$A=\left\{x\,\Big|\,x=\dfrac{b_1}{a_1}\right\}$，$B=\left\{x\,\Big|\,x=\dfrac{b_2}{a_2}\right\}$，$A=B\Leftrightarrow\dfrac{b_1}{a_1}=\dfrac{b_2}{a_2}\Leftrightarrow\dfrac{a_1}{a_2}=\dfrac{b_1}{b_2}$.

（2）如果系数 a_1,b_1,c_1 和 a_2,b_2,c_2 都是非零实数，不等式 $a_1x^2+b_1x+c_1>0$ 和 $a_2x^2+b_2x+c_2>0$ 的解集分别是 A 和 B，则"$\dfrac{a_1}{a_2}=\dfrac{b_1}{b_2}=\dfrac{c_1}{c_2}$"是"$A=B$"的既不充分也不必要条件.可以举反例加以说明.

若 $\dfrac{1}{-1}=\dfrac{-2}{2}=\dfrac{-3}{3}$，$A=(-\infty,-1)\cup(3,+\infty)$，$B=(-1,3)$，则 $A\neq B$；

若 $A=B=R$，取 $x^2+x+10>0,x^2+x+100>0$，则 $\dfrac{a_1}{a_2}=\dfrac{b_1}{b_2}\neq\dfrac{c_1}{c_2}$.

9. 已知 $a>0$，函数 $f(x)=ax-bx^2$，

（1）当 $b>0$ 时，若对任意 $x\in\mathbf{R}$ 都有 $f(x)\leqslant 1$，证明：$a\leqslant 2\sqrt{b}$.

（2）当 $b>1$ 时，证明：对任意 $x\in[0,1]$，$|f(x)|\leqslant 1$ 的充要条件是：$b-1\leqslant a\leqslant 2\sqrt{b}$.

（3）当 $0<b\leqslant 1$ 时，讨论：对任意 $x\in[0,1]$，$|f(x)|\leqslant 1$ 的充要条件.

解：（1）依题设，对任意 $x\in\mathbf{R}$，都有 $f(x)\leqslant 1$.

$$\because f(x) = -b\left(x - \frac{a}{2b}\right)^2 + \frac{a^2}{4b},$$

$$\therefore f\left(\frac{a}{2b}\right) = \frac{a^2}{4b} \leqslant 1,$$

$$\because a > 0, b > 0,$$

$$\therefore a \leqslant 2\sqrt{b}.$$

(2)（必要性）,对任意 $x \in [0,1]$, $|f(x)| \leqslant 1 \Rightarrow -1 \leqslant f(x)$ 据此可推出 $-1 \leqslant f(1)$

即 $a - b \geqslant -1$, $\therefore$ $a \geqslant b - 1$. 对任意 $x \in [0,1]$, $|f(x)| \leqslant 1 \Rightarrow f(x) \leqslant 1$,

因为 $b > 1$, 可推出 $f\left(\frac{1}{\sqrt{b}}\right) \leqslant 1$. 即 $a \cdot \frac{1}{\sqrt{b}} - 1 \leqslant 1$, $\therefore$ $a \leqslant 2\sqrt{b}$, 所以 $b - 1 \leqslant a \leqslant 2\sqrt{b}$.

（充分性）:因 $b > 1$, $a \geqslant b - 1$, 对任意 $x \in [0,1]$, 可以推出:

$ax - bx^2 \geqslant b(x - x^2) - x \geqslant -x \geqslant -1$, 即: $ax - bx^2 \geqslant -1$;

因为 $b > 1$, $a \leqslant 2\sqrt{b}$, 对任意 $x \in [0,1]$,

可推出 $ax - bx^2 \leqslant 2\sqrt{b} - bx^2 \leqslant 1$, 即 $ax - bx^2 \leqslant 1$, $\therefore$ $-1 \leqslant f(x) \leqslant 1$.

综上, 当 $b > 1$ 时, 对任意 $x \in [0,1]$, $|f(x)| \leqslant 1$ 的充要条件是: $b - 1 \leqslant a \leqslant 2\sqrt{b}$.

(3) 因为 $a > 1, 0 < b \leqslant 1$ 时, 对任意 $x \in [0,1]$.

$f(x) = ax - bx^2 \geqslant -b \geqslant -1$, 即 $f(x) \geqslant -1$;

$f(x) \leqslant 1 \Rightarrow f(1) \leqslant 1 \Rightarrow a - b \leqslant 1$, 即 $a \leqslant b + 1$; $a \leqslant b + 1 \Rightarrow f(x) \leqslant (b+1)x - bx^2 \leqslant 1$, 即 $f(x) \leqslant 1$.

所以, 当 $a > 1, 0 < b \leqslant 1$ 时, 对任意 $x \in [0,1]$, $|f(x)| \leqslant 1$ 的充要条件是: $a \leqslant b + 1$.

10. 设定数 A, B, C 使得不等式 $A(x-y)(x-z) + B(y-z)(y-x) + C(z-x)(z-y) \geqslant 0$ 对一切实数 x, y, z 都成立, 问 A, B, C 应满足怎样的条件?（要求写出充分必要条件, 而且限定用只涉及 A, B, C 的等式或不等式表示条件）

解: 充要条件为 $A, B, C \geqslant 0$ 且 $A^2 + B^2 + C^2 \leqslant 2(AB + BC + CA)$ ①

先证必要性, 题设可改写为 $A(x-y)^2 - (B - A - C)(y-z)(x-y) + C(y-z)^2 \geqslant 0$ ②

若 $A = 0$, 则由②对一切 $x, y, z \in \mathbf{R}$ 成立, 则只有 $B = C$, 再由题设知 $B = C = 0$,

若 $A \neq 0$, 则因为②恒成立, 所以 $A > 0$, $\Delta = (B - A - C)^2 (y-z)^2 - 4AC(y-z)^2 \leqslant 0$ 恒成立, 所以 $(B - A - C)^2 - 4AC \leqslant 0$,

即 $A^2 + B^2 + C^2 \leqslant 2(AB + BC + CA)$ 同理有 $B \geqslant 0$, $C \geqslant 0$, 所以必要性成立.

再证充分性, 若 $A, B, C \geqslant 0$ 且 $A^2 + B^2 + C^2 \leqslant 2(AB + BC + CA)$,

(1) 若 $A = 0$, 则由 $B^2 + C^2 \leqslant 2BC$ 得 $(B-C)^2 \leqslant 0$, 所以 $B = C$, 所以 $\Delta = 0$, 所以②成立, 题设成立.

(2) 若 $A > 0$, 则 $\Delta \leqslant 0$, 所以②成立, 所以题设成立.

综上, 充分性得证.

11. 设 p, q 是实数, 证明: 方程 $x^2 + p|x| = qx - 1$ 有 4 个实根的充要条件是 $p + |q| + 2 < 0$.

证: 显然 $x = 0$ 不是方程的根.

若方程有正根, 则满足 $x^2 + (p - q)x + 1 = 0$ ①

若方程有负根,则满足 $x^2-(p+q)x+1=0$ ②

易知:若原方程有 4 个实根,则①有两不同正实根,②有两不同负实根.

故 $(p-q)^2-4>0,(p+q)^2-4>0$ ③

且有 $\dfrac{q-p-\sqrt{(p-q)^2-4}}{2}>0,\dfrac{p+q+\sqrt{(p+q)^2-4}}{2}<0.$

$\dfrac{q-p-\sqrt{(p-q)^2-4}}{2}>0\Leftrightarrow q-p>\sqrt{(p-q)^2-4}(\geqslant 0),$ 即 $q-p>0.$

结合 $(p-q)^2-4>0,$ 得 $q-p>2\Leftrightarrow p-q+2<0.$ 可知①有两个不同正实根当且仅当 $p-q+2<0.$ 同理 $\dfrac{p+q+\sqrt{(p+q)^2-4}}{2}<0,(p+q)^2-4>0\Leftrightarrow p+q+2<0.$

可知②有两个不同负实根当且仅当 $p+q+2<0.$

综上,当且仅当 $p+|q|+2<0$ 时,①有两个不同正实根,②有两个不同负实根,从而原命题得证.

§1.7　集合的综合运用

1. 已知集合 A,B,C(不必相异)的并集 $A\cup B\cup C=\{1,2,\cdots,n\}$,则满足条件的有序三元组 (A,B,C) 个数是_____.

解:由集合的文氏图可知,对于 $\{1,2,\cdots,n\}$ 中的每一个元素,都有 7 种可能的放置方法,故满足条件的有序三元组 (A,B,C) 个数是 7^n.

2. 已知集合 $A=\{(x,y)|ax+y=1\},B=\{(x,y)|x+ay=1\},C=\{(x,y)|x^2+y^2=1\}$,问:

(1) 当 a 取何值时,$(A\cup B)\cap C$ 为恰有 2 个元素的集合? 说明理由.

(2) 若改为 3 个元素集合,结论如何?

解:显然 $(0,1)\in A\cap C,(1,0)\in B\cap C,$ 所以,$(0,1),(1,0)\in(A\cup B)\cap C.$

(1) $a=0$ 时,直线 $ax+y=1$ 与 $x+ay=1$ 均与圆 $x^2+y^2=1$ 相切,$(A\cup B)\cap C=\{(0,1),(1,0)\}.$

$a=1$ 时,直线 $ax+y=1$ 与 $x+ay=1$ 重合,即连接 $(0,1),(1,0)$ 的直线.

$a\neq 0,1$ 时,直线 $ax+y=1$ 与圆 $x^2+y^2=1$ 有一个不同于 $(0,1),(1,0)$ 的交点,$(A\cup B)\cap C$ 的元素个数 $\geqslant 3.$

因此 $a=0,1.$

(2) 这时 $a\neq 0,1,$ 而且直线 $ax+y=1$ 与圆 $x^2+y^2=1$ 的另一个交点也是直线 $x+ay=1$ 与圆 $x^2+y^2=1$ 的另一个交点,即这点是 $ax+y=1$ 与 $x+ay=1$ 的交点,从而 $x=y=\dfrac{1}{a+1},$ 代入 $x^2+y^2=1$ 得 $x=y=\pm\dfrac{1}{\sqrt{2}},a=-1\pm\sqrt{2}.$

3. 求集合 B 和 C,使得 $B\cup C=\{1,2,\cdots,10\},B\cap C=\varnothing,$ 并且 C 的元素乘积等于 B 的元素和.

解:B 中元素的和 $\leqslant 1+2+3+\cdots+10=55$ 而 $1\times 2\times 3\times 4\times 5=120>55$ 可知集合 C 至多有四个元素,故可由 $|C|=1$ 来进行讨论.

(1) $|C|=1\Rightarrow C$ 的元素的乘积 $\leqslant 10$,

B 的元素和 $\geqslant 1+2+3+\cdots+9=45$,

故此情况不成立.

(2) $|C|=2$,不妨设 $C=\{x,y\},(x<y)$,

由已知,得 $x\cdot y=55-x-y\Rightarrow(x+1)(y+1)=56$.

因 $x+1<y+1<11$,解得 $\begin{cases}x+1=7,\\y+1=8.\end{cases}$

故 $C=\{6,7\},B=\{1,2,3,4,5,8,9,10\}$.

(3) $|C|=3$,不妨设 $C=\{x,y,z\},(x<y<z)$,

由已知,得 $x\cdot y\cdot z=55-x-y-z$.

当 $x=1$ 时 $y\cdot z=54-y-z\Rightarrow(y+1)(z+1)=55$.

则 $y=4,z=10$.

故 $C=\{1,4,10\},B=\{2,3,5,6,7,8,9\}$,

当 $x=2$ 时 $2y\cdot z=53-y-z\Rightarrow2y\cdot z+y+z=53\Rightarrow4yz+2y+2z=106$.

则 $(2y+1)(2z+1)=107$.

因为 107 为质数,所以无解.

若 $x\geqslant3$,显然 $x\cdot y\cdot z\geqslant3\times4\times5=60>55-x-y-z$ 无解.

(4) $|C|=4$,不妨设 $C=\{x,y,z,t\}(x<y<z<t)$,

必有 $x=1$,否则 $x\cdot y\cdot z\cdot t\geqslant2\times3\times4\times5=120>55$.

此时 $1\cdot y\cdot z\cdot t=55-1-y-z-t\Leftrightarrow y\cdot z\cdot t=54-y-z-t,2\leqslant y<z<t$.

同(3)$y\geqslant3$ 时无解.

必有 $y=2$,则 $2\cdot z\cdot t+z+t=52,\Rightarrow(2z+1)(2t+1)=105=7\times15\Rightarrow z=3,t=7$,

故 $C=\{1,2,3,7\},B=\{4,5,6,8,9,10\}$.

综上,$C=\{6,7\},B=\{1,2,3,4,5,8,9,10\}$,或 $C=\{1,4,10\},B=\{2,3,5,6,7,8,9\}$,

或 $C=\{1,2,3,7\},B=\{4,5,6,8,9,10\}$.

4. S 是 Q 的子集且满足:若 $r\in Q$,则 $r\in S,-r\in S,r=0$ 恰有一个成立,并且若 $a\in S$,

$b\in S$,则 $ab\in S,a+b\in S$,试确定集合 S.

解:设任意的 $r\in Q,r\neq0$,由已知 $r\in S$ 或 $-r\in S$ 之一成立.又若 $r\in S$,则 $r^2\in S$;若

$-r\in S$,则 $r^2=(-r)\cdot(-r)\in S$.总之,$r^2\in S$.

取 $r=1$,则 $1\in S$.再由 $p+q\in S$,得 $2=1+1\in S,3=1+2\in S$,可知全体正整数都属于 S.

设 $p,q\in S$,由①$pq\in S$,又由前证知 $\frac{1}{q^2}\in S$,所以 $\frac{p}{q}=pq\cdot\frac{1}{q^2}\in S$.因此,$S$ 含有全体正有

理数.

再由已知,0 及全体负有理数不属于 S.即 S 是由全体正有理数组成的集合.

5. 集合 $S=\{1,2,3,4,5,6,7,8,9,10\}$ 的若干个五元子集满足:S 中的任何两个元素至多

出现在两个不同的五元子集中,问:至多有多少个五元子集?

解:设 $A_1,A_2,\cdots,A_k$ 是 S 的子集(满足要求的),则满足(1) $|A_i|=5(1\leqslant i\leqslant k)$;

(2) $|A_i\cap A_j|\leqslant2(1\leqslant i<j\leqslant k)$.

作 $10 \times k$ 的数表,其中第 i 行第 j 列处的数为 $a_{ij}=1(i \in A_j)$,$a_{ij}=0(i \notin A_j)(i=1,2,3 \cdots,10,j=1,2,\cdots,k)$

于是,表中第 i 行元素之和 $l_i=\sum_{j=1}^{k} a_{ij}$ 表示 i 属于 $A_1,A_2,\cdots A_k$ 中 l_k 个集合,表中第 j 列元素之和 $|A_j|=\sum_{i=1}^{10} a_{ij}$ 为集合 A_j 中元素的个数,由(1)得:

$$\sum_{i=1}^{10} l_i = \sum_{i=1}^{10} \sum_{j=1}^{k} a_{ij} = \sum_{j=1}^{k} \sum_{i=1}^{10} a_{ij} = \sum_{j=1}^{k} |A_j| = 5k \cdots\cdots \quad ①$$

若 $r \in A_i \cap A_j (i \neq j)$,则将 $\{A_i,A_j,r\}$ 组成三元组,这种三元组的个数记为 S.一方面 $r(1 \leqslant r \leqslant 10)$ 属于 $A_1,A_2,\cdots A_k$ 中 l_r 个集合,可形成 $C_{l_r}^2$ 个含 r 的三元组,所以 $S=\sum_{r=1}^{10} C_{l_r}^2$(约定 $l_r=0,1$ 时 $C_{l_r}^2=0$).

另一方面,对任意 $i,j(1 \leqslant i \leqslant j \leqslant k)$ 有 $|A_i \cap A_j|$ 个元属于 $A_i \cap A_j$,可形成 $|A_i \cap A_j|$ 个含 $A_i \cap A_j$ 的三元组,所以 $S=\sum_{1 \leqslant i < j \leqslant k} |A_i \cap A_j|$,于是

$$\sum_{1 \leqslant i < j \leqslant k} |A_i \cap A_j| = \sum_{r=1}^{10} C_{l_r}^2 = \frac{1}{2}\left(\sum_{r=1}^{10} l_r^2 - \sum_{r=1}^{10} l_r\right) \cdots \quad ②$$

由①、②并利用已知条件(2)和柯西不等式得

$$k(k-1) \geqslant C_k^2 \geqslant \sum_{1 \leqslant i < j \leqslant k} |A_i \cap A_j| \geqslant \frac{1}{2}\left[\frac{1}{10}\left(\sum_{r=1}^{10} l_r^2 - \sum_{r=1}^{10} l_r\right)\right]$$

$$= \frac{1}{20}\left[(5k)^2 - 10(5k)\right] = \frac{5}{4}k(k-2)$$

所以 $k \leqslant 6$.

其次,下列 6 个集合满足题设条件:

$A_1=\{1,2,3,4,5\}$,$A_2=\{1,2,6,7,8\}$,$A_3=\{1,3,6,9,10\}$,
$A_4=\{2,4,7,9,10\}$,$A_5=\{3,5,7,8,10\}$,$A_6=\{4,5,6,8,9\}$.

综上可知,所求 k 的最大值为 6.

6. S_1,S_2,S_3 是三个非空整数集,已知对于 1,2,3 的任意一个排列 i,j,k,如果 $x \in S_i$,$y \in S_j$,则 $x-y \in S_k$.求证:S_1,S_2,S_3 中必有两个相等.

证:若 $x \in S_i$,$y \in S_j$,则 $y-x \in S_k$,$(y-x)-y=-x \in S_i$.

所以每个集合中均有非负元素.

当三个集合中的元素都为零时,命题显然成立.

否则,设 S_1,S_2,S_3 中的最小正元素为 a,不妨设 $a \in S_1$,设 b 为 S_2,S_3 中最小的非负元素,不妨设 $b \in S_2$,则 $b-a \in S_3$.

若 $b>0$,则 $0 \leqslant b-a < b$,与 b 的取法矛盾.所以 $b=0$.

任取 $x \in S_1$,因 $0 \in S_2$,故 $x-0=x \in S_3$.所以 $S_1 \subseteq S_3$,同理 $S_3 \subseteq S_1$.

所以 $S_1=S_3$.

7. 求证:集合 $\{1,2,\cdots,1989\}$ 可以划分为 117 个互不相交的子集 $A_i(i=1,2,\cdots,117)$,使得

(1) 每个 A_i 恰有 17 个元素.

（2）每个 A_i 中各元素之和相同.

证明：将集合 $\{1,2,\cdots,1989\}$ 中的数从小到大顺次分成 17 段，每段含 117 个数.

从第 4 段数开始，将偶数段的数从小到大依次放入 $A_1,A_2,\cdots,A_{117}$ 中，将奇数段的数从大到小依次放入这 117 个子集中.易见，所有集合中的 14 个数之和都相等.于是问题归结为如何将前三段数 $\{1,2,\cdots,351\}$ 每 3 个一组分别放入每个集中，且使每组 3 数之和都相等.

把这些数中 3 的倍数抽出来从大到小排好：$\{351,348,345,\cdots,6,3\}$，共 117 个数，依次放入 $A_1,A_2,\cdots,A_{117}$ 中，其余的 234 个数从小到大排列并分成两段，每段 117 个数，即 $\{1,2,4,5,7,\cdots,173,175\}$ 和 $\{176,178,179,\cdots,349,350\}$.将这两段数分别顺次放入 $A_1,A_2,\cdots,A_{117}$ 之中便满足要求.事实上，若将这两段数中的数顺次相加，则其和为 $\{177,180,183,186,\cdots,522,525\}$.由此可见，放入每个 A_i 的三个数之和都是 528.

8. 设 $a_1,a_2,\cdots,a_{20}$ 是 20 个两两不同的整数，且集合 $\{a_i+a_j\mid 1\leqslant i\leqslant j\leqslant 20\}$ 中有 201 个不同的元素，求集合 $\{|a_i-a_j|\mid 1\leqslant i<j\leqslant 20\}$ 中不同元素个数的最小可能值.

解：所给集合的元素个数的最小值为 100.

首先，令 $a_i=10^{11}+10^i$，$a_{10+i}=10^{11}-10^i$，$i=1,2,\cdots,10$.则 $\{a_i+a_j\mid 1\leqslant i\leqslant j\leqslant 20\}$ 中共有 $(1+2+3+\cdots+20)-10+1=201$ 个不同的元素，而 $\{|a_i-a_j|\mid 1\leqslant i<j\leqslant 20\}=\{2\times 10^i\mid i=1,2,\cdots,10\}\bigcup\{|10^i\pm 10^j|\mid 1\leqslant i<j\leqslant 10\}$ 共有 $10+2C_{10}^2=100$ 个不同的元素.

下面用反证法证明：所给集合的不同元素的个数不小于 100.

若存在一个使所给集合的元素个数小于 100 的集合 $S=\{a_1,a_2,\cdots,a_{20}\}$，我们计算 S 的"好子集"$\{x,y,z,w\}$ 的个数，这里 $x<y<z<w$，且 $x+w=y+z$.

对 S 中满足 $b>c$ 的数对 (b,c)（共 190 对），考虑它们的差 $b-c$，由于至多有 99 个不同的差（这里用到反证法假设），故必有至少 91 个数对 (b,c)，使得存在 $b',c'\in S$，满足 $b'<b,c'<c$ 且 $b-c=b'-c'$.对这样的 91 个数对 (b,c)，它与其相应的 b',c' 形成 S 的一个 4 元集 $\{b,c,b',c'\}$，可得到 S 的一个"好子集"$\{x,y,z,w\}$，且至多两个数对 (b,c) 形成相同的子集 $\{x,y,z,w\}$（只能是 $(b,c)=(w,z),(w,y)$）.故 S 的"好子集"至少有 46 个.

另一方面，S 的"好子集"$\{x,y,z,w\}$ 的个数等于 $\sum\dfrac{1}{2}s_i(s_i-1)$，这里 s_i 为 S 中满足 $b+c=i$，$b\leqslant c$ 的数对 (b,c) 的个数，其中 i 为正整数.

注意到，对每个 i，S 中的每个元素 s 至多出现在上面的一个数对 (b,c) 中（事实上，当 $s\leqslant i-s$ 时，s 出现在数对 $(s,i-s)$ 中，其余情况出现在 $(i-s,s)$ 中）于是 $s_i\leqslant 10$，从而在 $s_i\neq 0$ 时，$1\leqslant s_i\leqslant 10$，故 $\dfrac{1}{2}s_i(s_i-1)\leqslant 5s_i-5$.

由于集合 $\{a_i+a_j\mid 1\leqslant i\leqslant j\leqslant 20\}$ 中有 201 个不同的元素，故使得 $s_i\geqslant 1$ 的正整数 i 有 201 个，设 T 为这样的 i 组成的集合.

易知 S 中有 C_{20}^2 对 (b,c) 满足 $b<c$，有 20 对 (b,c) 满足 $b=c$，所以 $\sum\limits_{i\in T}s_i=C_{20}^2+20=210$.

于是 $\sum\limits_{i\in T}\dfrac{1}{2}s_i(s_i-1)\leqslant\sum\limits_{i\in T}(5s_i-5)=5\times(210-201)=45$，这与 S 的"好子集"至少有 46 个矛盾.

所以，所给集合中，至少有 100 个不同的元素.

9. 设 $A=\{1,2,3,4,5,6\}$，$B=\{7,8,9,\cdots,n\}$，在 A 中取三个数，B 中取两个数组成五个元素的集合 A_i，$i=1,2,\cdots,20$，$|A_i\bigcap A_j|\leqslant 2$，$1\leqslant i<j\leqslant 20$. 求 n 的最小值.

解：$n_{\min}=16$.

设 B 中每个数在所有 A_i 中最多重复出现 k 次，则必有 $k\leqslant 4$. 若不然，数 m 出现 k 次（$k>4$），则 $3k>12$. 在 m 出现的所有 A_i 中，至少有一个 A 中的数出现 3 次，不妨设它是 1，就有集合 $\{1,a_1,a_2,m,b_1\}$，$\{1,a_3,a_4,m,b_2\}$，$\{1,a_5,a_6,m,b_3\}$，其中 $a_i\in A$，$1\leqslant i\leqslant 6$，为满足题意的集合. a_i 必各不相同，但只能是 $2,3,4,5,6$ 这 5 个数，这不可能，所以 $k\leqslant 4$.

20 个 A_i 中，B 中的数有 40 个，因此至少是 10 个不同的，所以 $n\geqslant 16$.

当 $n=16$ 时，如下 20 个集合满足要求：

$\{1,2,3,7,8\}$，　　$\{1,2,4,12,14\}$，　　$\{1,2,5,15,16\}$，　　$\{1,2,6,9,10\}$，

$\{1,3,4,10,11\}$，　$\{1,3,5,13,14\}$，　　$\{1,3,6,12,15\}$，　　$\{1,4,5,7,9\}$，

$\{1,4,6,13,16\}$，　$\{1,5,6,8,11\}$，　　　$\{2,3,4,13,15\}$，　　$\{2,3,5,9,11\}$，

$\{2,3,6,14,16\}$，　$\{2,4,5,8,10\}$，　　　$\{2,4,6,7,11\}$，　　　$\{2,5,6,12,13\}$，

$\{3,4,5,12,16\}$，　$\{3,4,6,8,9\}$，　　　　$\{3,5,6,7,10\}$，　　　$\{4,5,6,14,15\}$.

第二章　　不 等 式

Inequality

§2.1　不等式的性质

1. 判断下列命题是否成立,并说明理由.

(1) 如果 $a>b,c<d$,那么 $a+c>b+d$.

(2) 如果 $a>b,c>d$,那么 $a-2c>b-2d$.

(3) 如果 $a>b,c>d$,那么 $ac>bd$.

解: (1) 不成立,(2) 不成立,(3) 不成立.

2. 对于实数 a,b,c 中,判断下列命题的真假:

① 若 $a>b$,则 $ac^2>bc^2$.

② 若 $ac^2>bc^2$,则 $a>b$.

③ 若 $a<b<0$,则 $a^2>ab>b^2$.

④ 若 $a<b<0$,则 $\dfrac{1}{a}<\dfrac{1}{b}$.

⑤ 若 $a<b<0$,则 $\dfrac{b}{a}>\dfrac{a}{b}$.

⑥ 若 $a<b<0$,则 $|a|>|b|$.

⑦ 若 $c>a>b>0$,则 $\dfrac{a}{c-a}>\dfrac{b}{c-b}$.

⑧ 若 $a>b,\dfrac{1}{a}>\dfrac{1}{b}$,则 $a>0,b<0$.

解: ②③⑥⑦⑧是真命题.

3. 设 $n>-1$,且 $n\neq1$,则 n^3+1 与 n^2+n 的大小关系是_____.

解: 分解因式或作差法可得:$n^3+1>n^2+n$.

4. 比较下列两个数的大小:

(1) $\sqrt{2}-1$ 与 $2-\sqrt{3}$.

(2) $2-\sqrt{3}$ 与 $\sqrt{6}-\sqrt{5}$.

(3) 从以上两小题的结论中,你能否得出更一般的结论? 并加以证明.

解: (1) $\sqrt{2}-1>2-\sqrt{3}$.

(2) $2-\sqrt{3}>\sqrt{6}-\sqrt{5}$.

(3) $\sqrt{n+1}-\sqrt{n}<\sqrt{n}-\sqrt{n-1}$，$n\in\mathbf{N}^{*}$.

证明过程如下：$\sqrt{n+1}-\sqrt{n}<\sqrt{n}-\sqrt{n-1}$

$\Leftrightarrow \dfrac{1}{\sqrt{n+1}+\sqrt{n}}<\dfrac{1}{\sqrt{n}+\sqrt{n-1}}$

$\Leftrightarrow \sqrt{n+1}+\sqrt{n}>\sqrt{n}+\sqrt{n-1}$

$\Leftrightarrow \sqrt{n+1}>\sqrt{n-1}$.

5. 已知 $f(x)=ax^2-c$，$-4\leqslant f(1)\leqslant -1$，$-1\leqslant f(2)\leqslant 5$，求 $f(3)$ 的取值范围.

解： $f(x)=ax^2-c$，

$\begin{cases}f(1)=a-c,\\f(2)=4a-c\end{cases}\Rightarrow\begin{cases}a-c=f(1),\\4a-c=f(2).\end{cases}$

$\begin{cases}a=\dfrac{1}{3}\left[f(2)-f(1)\right],\\c=\dfrac{1}{3}f(2)-\dfrac{4}{3}f(1).\end{cases}$　可得：$f(3)=\dfrac{8}{3}f(2)-\dfrac{5}{3}f(1)$.

由于 $-4\leqslant f(1)\leqslant -1$，$-1\leqslant f(2)\leqslant 5$，则：$-1\leqslant f(3)\leqslant 20$.

6. 若不等式 $(a-2)x^2+2(a-2)x-4<0$ 对一切 $x\in\mathbf{R}$ 成立，求 a 的取值范围.

解： 当 $a=2$ 时，显然成立.

当 $a\neq 2$ 时，则 $\begin{cases}a-2<0\\\Delta<0\end{cases}\Rightarrow -2<a<2$.

综上：$a\in(-2,2]$.

7. 若关于 x 的方程 $x^2+ax+a^2-1=0$ 有一正根和一负根，求 a 的取值范围.

解： 由 $f(0)<0$ 可得：$(-1,1)$.

8. 关于 x 的方程 $m(x-3)+3=m^2x$ 的解为不大于 2 的实数，求 m 的取值范围.

解： $\begin{cases}m\neq m^2,\\x=\dfrac{3m-3}{m-m^2}\leqslant 2\end{cases}$，解不等式得：$\left(-\infty,-\dfrac{3}{2}\right]\cup(0,1)\cup(1,+\infty)$.

9. 已知 6 枝玫瑰与 3 枝康乃馨的价格之和大于 24 元，4 枝玫瑰与 5 枝康乃馨的价格之和小于 22 元，则 2 枝玫瑰的价格和 3 枝康乃馨的价格比较结果是　　　　　　　　（　　）.

（A）2 枝玫瑰价格高　　　　　　（B）3 枝康乃馨价格高

（C）价格相同　　　　　　　　　（D）不确定

解： 这是一个大小比较问题.可先设玫瑰与康乃馨的单价分别为 x 元、y 元，

则由题设得　　　　　　　　　　$6x+3y>24$　　　　　　　　　　①

且　　　　　　　　　　　　　　$4x+5y<22$　　　　　　　　　　②

问题转化为在条件①②的约束下，比较 $2x$ 与 $3y$ 的大小，2 枝玫瑰价格高.故选 A.

§2.2 一元二次不等式及其解法

1. 设 a_1,b_1,c_1,a_2,b_2,c_2 均为非零实数,不等式 $a_1x^2+b_1x+c_1>0$,$a_2x^2+b_2x+c_2>0$ 的解集分别是集合 M,N,则"$\dfrac{a_1}{a_2}=\dfrac{b_1}{b_2}=\dfrac{c_1}{c_2}$"是"$M=N$"的充要条件对吗?

解: 不是.

反例:$x^2+3x+1>0$,$-2x^2-6x-1>0$,则 $\dfrac{a_1}{a_2}=\dfrac{b_1}{b_2}=\dfrac{c_1}{c_2}\Rightarrow M=N$ 不成立.

$x^2+3x+100>0$,$x^2+3x+1000>0$,则 $M=N\Rightarrow\dfrac{a_1}{a_2}=\dfrac{b_1}{b_2}=\dfrac{c_1}{c_2}$ 不成立.

2. 已知不等式 $ax^2+bx+c>0$ 的解集为 $\{x\mid 2<x<4\}$,求不等式 $cx^2+bx+a<0$ 的解集.

解: 由不等式 $ax^2+bx+c>0$ 的解集为 $\{x\mid 2<x<4\}$,可得:$\begin{cases}a<0,\\[2pt]-\dfrac{b}{a}=6,\\[2pt]\dfrac{c}{a}=8.\end{cases}$

$cx^2+bx+a<0\Rightarrow 8ax^2-6ax+a<0\Rightarrow 8x^2-6x+1>0\Rightarrow\left\{x\,\middle|\,x>\dfrac{1}{2},x<\dfrac{1}{4}\right\}$.

3. 不等式 $ax^2+(ab+1)x+b>0$ 的解是 $1<x<2$,求 a,b 的值.

解: $\begin{cases}a<0,\\[2pt]\dfrac{b}{a}=2,\\[2pt]-\dfrac{ab+1}{a}=3\end{cases}\Rightarrow 2a^2+3a+1=0$,解得 $\begin{cases}a=-1,\\b=-2,\end{cases}$ 或 $\begin{cases}a=-\dfrac{1}{2},\\[2pt]b=-1.\end{cases}$

4. 若不等式 $-x^2+kx-4<0$ 的解集为 $\mathbf{R}$,求实数 k 的取值范围.

解: $k^2-16<0$,则 $-4<k<4$.

5. 已知不等式 $ax^2-3x+6>4$ 的解集为 $\{x\mid x<1$ 或 $x>b\}$.

(1) 求 a、b.

(2) 解不等式 $\dfrac{x-c}{ax-b}>0$(c 为常数).

解: (1) 由题知,1 和 b 不是方程 $ax^2-3x+2=0$ 的两根,即 $\begin{cases}b=\dfrac{2}{a},\\[2pt]1+b=\dfrac{3}{a},\end{cases}$ 则 $a=1$,$b=2$.

(2) 当 $c>2$ 时,解集为 $\{x\mid x>c$ 或 $x<2\}$;当 $c<2$ 时,解集为 $\{x\mid x<c$ 或 $x>2\}$;当 $c=2$ 时,解集为 $\{x\mid x\neq 2,x\in\mathbf{R}\}$.

6. 若关于 m 的不等式 $mx^2-(2m+1)x+m-1\geqslant0$ 的解集为空集，求 m 的取值范围.

解：$m=0$ 时不符题意，$m\neq0$ 时，$\begin{cases}m<0,\\ \Delta<0,\end{cases}$ 有 $m<-\dfrac{1}{8}$，故 $m<-\dfrac{1}{8}$.

7. 已知不等式组 $\begin{cases}x^2-x+a-a^2<0,\\ x+2a>1\end{cases}$ 的整数解恰好有两个，求 a 的取值范围.

解：a 的取值范围是 $1<a\leqslant2$.（提示：可以因式分解，分别对 $a=\dfrac{1}{2}$，$a>\dfrac{1}{2}$，$a<\dfrac{1}{2}$ 这三种情况进行讨论）.

8. 已知 $f(x)=ax^2+bx+c$ 在 $[0,1]$ 上满足 $|f(x)|\leqslant1$，试求 $|a|+|b|+|c|$ 的最大值.

解：首先 $f(0)=|c|$，$f(1)=|a+b+c|$，$f\left(\dfrac{1}{2}\right)=\left|\dfrac{a}{4}+\dfrac{b}{2}+c\right|\leqslant1$.

于是 $|b|=\left|4\left(\dfrac{a}{4}+\dfrac{b}{2}+c\right)-(a+b+c)-3c\right|\leqslant\left|4\left(\dfrac{a}{4}+\dfrac{b}{2}+c\right)\right|+|(a+b+c)|+|3c|\leqslant8$.

$|a|=\left|4\left(\dfrac{a}{4}+\dfrac{b}{2}+c\right)-2(a+b+c)-2c\right|\leqslant\left|4\left(\dfrac{a}{4}+\dfrac{b}{2}+c\right)\right|+|2(a+b+c)|+|2c|\leqslant8$.

$|a|+|b|+|c|\leqslant8+8+1=17$.

又当 $a=8$，$b=-8$，$c=1$ 时，$f(x)=8x^2-8x+1\in[-1,1]$，所以 $|a|+|b|+|c|$ 的最大可能值为 17.

§2.3　分式不等式

1. 解下列不等式：

(1) $\dfrac{x^2-3x+2}{x^2-2x-3}<0$.

(2) $\dfrac{x-3}{x-2}\geqslant0$.

(3) $x>\dfrac{1}{x}$.

(4) $\dfrac{(x-2)^2\cdot(x+1)^3}{x^2+x+1}>0$.

(5) $\dfrac{15x^2-11x+2}{-2x^2+3x+2}<0$.

解：(1) $(-1,1)\bigcup(2,3)$.

(2) $(-\infty,2)\bigcup(3,+\infty)$.

(3) $(-1,0)\bigcup(1,+\infty)$.

(4) $(-1,2)\bigcup(2,+\infty)$.

(5) $\left(-\infty,-\dfrac{1}{2}\right)\bigcup\left(\dfrac{1}{3},\dfrac{2}{5}\right)\bigcup(2,+\infty)$.

2. 已知关于 x 的不等式 $\dfrac{k}{x+a}+\dfrac{x+b}{x+c}<0$ 的解集为 $(-2,-1)\bigcup(2,3)$，求关于 x 的不等

式 $\dfrac{kx}{ax-1}+\dfrac{bx-1}{cx-1}<0$ 的解集.

解： $\dfrac{kx}{ax-1}+\dfrac{bx-1}{cx-1}<0\Rightarrow\dfrac{k}{\left(-\dfrac{1}{x}\right)+a}+\dfrac{\left(-\dfrac{1}{x}\right)+b}{\left(-\dfrac{1}{x}\right)+c}<0\Rightarrow x\in\left(-\dfrac{1}{2},-\dfrac{1}{3}\right)\cup\left(\dfrac{1}{2},1\right)$.

3. 若 $a>b>c$，a、b、c 为常数，求关于 x 的不等式 $\dfrac{(x-a)(x-c)}{(x-b)^2}>0$ 的解集.

解： 由 $\begin{cases}(x-a)(x-c)>0,\\ x\neq b\end{cases}$ 可得：$(-\infty,c)\cup(a,+\infty)$.

4. 解不等式 $\dfrac{1}{x+4}+\dfrac{1}{x+5}>\dfrac{1}{x+6}+\dfrac{1}{x+3}$.

解： $\dfrac{1}{x+5}-\dfrac{1}{x+6}>\dfrac{1}{x+3}-\dfrac{1}{x+4}\Leftrightarrow\dfrac{1}{(x+5)(x+6)}>\dfrac{1}{(x+3)(x+4)}$

$\dfrac{1}{(x+5)(x+6)}-\dfrac{1}{(x+3)(x+4)}>0\Leftrightarrow\dfrac{-4x-18}{(x+3)(x+4)(x+5)(x+6)}>0$

$\Leftrightarrow\left(x+\dfrac{9}{2}\right)(x+3)(x+4)(x+5)(x+6)<0$.

解得：$\left(-\infty,-6,\right)\cup\left(-5,-\dfrac{9}{2}\right)\cup(-4,-3)$.

5. 若不等式 $\dfrac{x+a}{x^2+4x+3}\geqslant0$ 的解集为 $\{x\mid-3<x<-1\ \text{或}\ x\geqslant2\}$，求实数 a 的值.

解： $\begin{cases}x^2+4x+3\neq0,\\ (x+a)(x+1)(x+3)\geqslant0\end{cases}$ 的解集为 $\{x\mid-3<x<-1,x\geqslant2\}$，所以 $a=-2$.

6. 若 $m>n>0$，求关于 x 的不等式 $\dfrac{(mx-n)(x-2)}{x-1}\geqslant0$ 的解集.

解： $\dfrac{(mx-n)(x-2)}{x-1}\geqslant0\Rightarrow\begin{cases}x\neq1,\\ (x-1)\left(x-\dfrac{n}{m}\right)(x-2)\geqslant0\end{cases}\Rightarrow\left[\dfrac{n}{m},1\right)\cup[2,+\infty)$.

7. 不等式 $\dfrac{2x^2+2kx+k}{4x^2+6x+3}<1$ 的解为一切实数，求实数 k 的取值范围.

解： $\because\ 4x^2+6x+3$ 恒大于 0，故原不等式 $\Leftrightarrow 2x^2+2kx+k<4x^2+6x+3\Leftrightarrow2x^2+(6-2k)x+3-k>0$，结合题意可知 $(6-2k)^2-8(3-k)<0$，故 $k>3$ 或 $k<1$.

§2.4 　高次不等式

1. 解不等式 $x^3+3x^2>2x+6$.

解： $(-3,-\sqrt{2})\cup(\sqrt{3},+\infty)$.

2. 解不等式 $(x^2-4x-5)(x^2+x+2)<0$.

解： $(x^2-4x-5)(x^2+x+2)<0\Leftrightarrow x^2-4x-5<0\Leftrightarrow x\in(-1,5)$.

3. 解不等式 $(x+2)^2(x-1)^3(x+1)(x-2)<0$.

解：$(-\infty,-2)\bigcup(-2,-1)\bigcup(1,2)$.

4. 对于一切 $x\in\left[-2,\dfrac{1}{2}\right]$，不等式 $ax^3-x^2+x+1\geqslant 0$ 恒成立，求实数 a 的取值范围.

解：分离参数法解题，$-10\leqslant a\leqslant -1$.

5. 设 $P=x^4+6x^3+11x^2+3x+31$，求使 P 为完全平方数的整数 x 的值.

解：$P=(x^2+3x+1)^2-3(x-10)$.所以，当 $x=10$ 时，$P=131^2$ 是完全平方数.

下证没有其他整数 x 满足要求.

(1) 当 $x>10$ 时，有 $P<(x^2+3x+1)^2$，

又 $P-(x^2+3x)^2=2x^2+3x+31>0$，所以 $P>(x^2+3x)^2$，

从而 $(x^2+3x)^2<P<(x^2+3x+1)^2$.又 $x\in\mathbf{Z}$，所以此时 P 不是完全平方数.

(2) 当 $x<10$ 时，有 $P>(x^2+3x+1)^2$.令 $P=y^2,y\in\mathbf{Z}$，

则 $|y|>|x^2+3x+1|$，即 $|y|-1\geqslant|x^2+3x+1|$，所以 $y^2-2|y|+1\geqslant(x^2+3x+1)^2$，

即 $-3(x-10)-2|x^2+3x+1|+1\geqslant 0$.

解此不等式,得 x 的整数值为 $\pm2,\pm1,0,-3,-4,-5,-6$，但它们对应的 P 均不是完全平方数.

综上所述，使 P 为完全平方数的整数 x 的值为 10.

6. 已知 $x>0,y>0,a=x+y,b=\sqrt{x^2+xy+y^2},c=m\sqrt{xy}$，问是否存在正数 m 使得对于任意正数 x,y 可使 a,b,c 为三角形的三边构成三角形，如果存在，求出 m 的值，如果不存在，请说明理由.

解：因为 $x>0,y>0$，所以 $a=x+y=\sqrt{x^2+2xy+y^2}>b,a=x+y\geqslant 2\sqrt{xy}$.

当 $m\leqslant 2$ 时，有 $a\geqslant c$.若要使 a,b,c 为三角形的三边，则应有 $b+c>a$，即 $m\sqrt{xy}+\sqrt{x^2+xy+y^2}>x+y=\sqrt{x^2+2xy+y^2}$，整理得 $m>\sqrt{\dfrac{x}{y}+2+\dfrac{y}{x}}-\sqrt{\dfrac{x}{y}+1+\dfrac{y}{x}}$.设 $t=\dfrac{x}{y}+\dfrac{y}{x}$，则 $t\geqslant 2$.即要使 $m>\sqrt{t+2}-\sqrt{t+1}$，对所有 $t\geqslant 2$ 恒成立.即 $m>\dfrac{1}{\sqrt{t+2}+\sqrt{t+1}}$ 恒成立.

$m>\left(\dfrac{1}{\sqrt{t+2}+\sqrt{t+1}}\right)_{\max}=\dfrac{1}{\sqrt{4}+\sqrt{3}}=2-\sqrt{3}$($t=2$ 时取得).所以 $2-\sqrt{3}<m\leqslant 2$.

当 $m>2$ 时，若要使 a,b,c 为三角形的三边，则应有 $b+c>a,a+b>c$ 同时成立.由 $b+c>a$ 可得 $m>2-\sqrt{3}$.由 $a+b>c$，即 $x+y+\sqrt{x^2+xy+y^2}>m\sqrt{xy}$，得 $m<\sqrt{\dfrac{x}{y}+2+\dfrac{y}{x}}+\sqrt{\dfrac{x}{y}+1+\dfrac{y}{x}}$.设 $t=\dfrac{x}{y}+\dfrac{y}{x}$，则 $t\geqslant 2$，即要使 $m<\sqrt{t+2}+\sqrt{t+1}$，对所有 $t\geqslant 2$ 恒成立.所以有 $m<2+\sqrt{3}$.所以 $2<m<2+\sqrt{3}$.

综上所述，存在正数 $m\in(2-\sqrt{3},2+\sqrt{3})$ 使得对于任意正数 x,y 可使 a,b,c 为三角形的三边构成三角形.

7. 已知函数 $f(x)=\dfrac{x^4+(k^2+2k-4)x^2+4}{x^4+2x^2+4}$ 的最小值是 0，求非零实数 k 的值.

解：$f(x)=1+(k^2+2k-6)\dfrac{x^2}{x^4+2x^2+4}$，　因为 $x^4+4\geqslant 4x^2$，故 $0\leqslant\dfrac{x^2}{x^4+2x^2+4}\leqslant\dfrac{1}{6}$.

当 $k^2+2k-6\geqslant 0$ 时，$f_{min}=1$，不合题意；

当 $k^2+2k-6<0$ 时，$f_{max}=1$，$f_{min}=1+\dfrac{1}{6}(k^2+2k-6)$.

由条件知 $1+\dfrac{1}{6}(k^2+2k-6)=0$，解得 $k=-2$.

§2.5　无理不等式

1. 解下列不等式：

(1) $\sqrt{2x-3}+\sqrt{3x-5}>\sqrt{5x-6}$.

(2) $3x-3+\sqrt{x+3}<3x+\sqrt{x+3}$.

(3) $\sqrt{4-\sqrt{1-x}}>\sqrt{2-x}$.

(4) $(x-1)\sqrt{x^2-x-2}\geqslant 0$.

解：(1) $(2,+\infty)$.

(2) $[-3,+\infty)$.

(3) $\left(\dfrac{-5+\sqrt{13}}{2},1\right]$.

(4) $\{-1\}\bigcup[2,+\infty)$.

2. 解不等式 $\sqrt{9-x^2}+\sqrt{6x-x^2}>3$.

解：移项平方再平方可得：$(0,3)$.

3. 解不等式 $\sqrt{2x+1}>\sqrt{x+1}-1$.

解：分类讨论，然后两边平方可得：$\left[-\dfrac{1}{2},+\infty\right)$.

4. 解不等式 $\sqrt[3]{2-x}+\sqrt{x-1}>1$.

解：$(1,2)\bigcup(10,+\infty)$.

5. 满足 $3-x\geqslant\sqrt{x-1}$ 的 x 的集合为 A；满足 $x^2-(a+1)x+a\leqslant 0$ 的 x 的集合为 B.

(1) 若 $A\subseteq B$，求 a 的取值范围.

(2) 若 $A\supseteq B$，求 a 的取值范围.

(3) 若 $A\bigcap B$ 为仅含一个元素的集合，求 a 的值.

解：$A=[1,2]$，$B=\{x\mid(x-1)(x-a)\leqslant 0\}$.

(1) $[2,+\infty)$.(2) $[1,2]$.(3) $(-\infty,1]$.

6. 求不等式 $\dfrac{4x^2}{(1-\sqrt{1+2x})^2}<2x+9$ 的解集.

解：由 $1-\sqrt{1+2x}\neq 0$ 得 $x\geqslant-\dfrac{1}{2}$，$x\neq 0$.

原不等式可变为 $(1+\sqrt{1+2x}\,)^2<2x+9$,解得 $x<\dfrac{45}{8}$.

故原不等式的解集为 $\left[-\dfrac{1}{2},0\right)\cup\left(0,\dfrac{45}{8}\right)$.

7. 求使关于 x 的不等式 $\sqrt{x-3}+\sqrt{6-x}\geqslant k$ 有解的实数 k 的最大值.

解: $\sqrt{x-3}+\sqrt{6-x}$ 的最大值为 $\sqrt{6}$,结合题意知实数 k 的最大值为 $\sqrt{6}$.

§2.6　绝对值不等式

1. 解不等式 $x-1<|x^2+x+1|$.

解: 一切实数.

2. 已知 $A=\{x\,|\,|2x-3|<a\}$,$B=\{x\,|\,|x|\leqslant 10\}$,且 $A\subsetneqq B$,求实数 a 的取值范围.

解: $A=\left(\dfrac{3-a}{2},\dfrac{a+3}{2}\right)$,$B=[-10,10]\Rightarrow a\in(-\infty,17]$.

3. 求不等式 $|x+2|>\dfrac{3x+14}{5}$ 的解集.

解: 分类讨论或由几何性质可得:$(-\infty,-3)\cup(2,+\infty)$.

4. 求不等式 $|x-1|+|x-5|<7$ 的解集.

解: 分类讨论或由几何性质可得:$\left(-\dfrac{1}{2},\dfrac{13}{2}\right)$.

5. (1) 对任意实数 x,$|x+1|+|x-2|>a$ 恒成立,求 a 的取值范围.

(2) 对任意实数 x,$|x-1|-|x+3|<a$ 恒成立,求 a 的取值范围.

解: (1) 由几何意义可知,$(|x+1|+|x-2|)_{\min}=3$,则 $a\in(-\infty,3)$.

(2) 由几何意义可知,$(|x-1|-|x+3|)_{\max}=4$,$a\in(4,+\infty)$.

6. 在一条公路上,每隔 100 km 有个仓库(如图 $2-6$),共有 5 个仓库. 一号仓库存有 10 t 货物,二号仓库存 20 t,五号仓库存 40 t,其余两个仓库是空的. 现在想把所有的货物放在一个仓库里,如果每吨货物运输 1 km 需要 0.5 元运输费,那么最少要多少运费才行?

图　$2-6$

解: 以一号仓库为原点建立坐标轴,

则五个点坐标分别为 $A_1:0$,$A_2:100$,$A_3:200$,$A_4:300$,$A_5:400$,

设货物集中于点 $B:x$,则所花的运费 $y=5|x|+10|x-100|+20|x-200|$,

当 $0\leqslant x\leqslant 100$ 时,$y=-25x+9000$,此时,当 $x=100$ 时,$y_{\min}=6500$;

当 $100<x<400$ 时,$y=-5x+7000$,此时,$5000<y<6500$;

当 $x\geqslant 400$ 时,$y=35x-9000$,此时,当 $x=400$ 时,$y_{\min}=5000$.

综上可得,当 $x=400$ 时,$y_{\min}=5000$,即将货物都运到五号仓库时,花费最少,为 5000 元.

7. 若关于 x 的不等式 $|x-4|+|x+3|<a$ 的解集不是空集,求 a 的范围.

解: 利用几何意义可知,$(|x-4|+|x+3|)_{\min}=7$,$a\in(7,+\infty)$.

§2.7 绝对值的不等式的性质

1. $ab>0$,则① $|a+b|>|a|$,② $|a+b|<|b|$,③ $|a+b|<|a-b|$,④ $|a+b|>|a-b|$ 四个式中正确的是 ( ).

(A) ①②   (B) ②③

(C) ①④   (D) ②④

解: C.

2. x 为实数,且 $|x-5|+|x-3|<m$ 有解,则 m 的取值范围是 ( ).

(A) $m>1$ (B) $m\geqslant1$ (C) $m>2$ (D) $m\geqslant2$

解: C.

3. 不等式 $\dfrac{|a+b|}{|a|+|b|}\leqslant1$ 成立的充要条件是 ( ).

(A) $ab\neq0$ (B) $a^2+b^2\neq0$ (C) $ab>0$ (D) $ab<0$

解: B.

4. 已知 $|a|\neq|b|$,$m=\dfrac{|a|-|b|}{|a-b|}$,$n=\dfrac{|a|+|b|}{|a+b|}$,那么 m、n 之间的大小关系为 ( ).

(A) $m>n$ (B) $m<n$ (C) $m=n$ (D) $m\leqslant n$

解: D.

5. 已知 $f(x)=x^2+ax+b(a,b\in\mathbf{R})$,求证:$|f(1)|+2|f(2)|+|f(3)|\geqslant2$.

解: $|f(1)|+2|f(2)|+|f(3)|\geqslant|f(1)-2f(2)+f(3)|=2$.

6. 实数 x_1、x_2、$\cdots$、$x_{2007}\in\mathbf{R}$,满足 $|x_2-x_1|+|x_3-x_2|+\cdots+|x_{2007}-x_{2006}|=2007$,设 $y_k=\dfrac{x_1+x_2+\cdots+x_k}{k}$,$k=1,2,3,\cdots,2007$.求:$|y_2-y_1|+|y_3-y_2|+\cdots+|y_{2007}-y_{2006}|$ 的最大值.

解: 对 $k=1,2,\cdots,2006$,有

$$|y_k-y_{k+1}|=\left|\frac{1}{k}(x_1+x_2+\cdots+x_k)-\frac{1}{k+1}(x_1+x_2+\cdots+x_{k+1})\right|$$

$$=\frac{1}{k(k+1)}|x_1+x_2+\cdots+x_k-kx_{k+1}|$$

$$=\frac{1}{k(k+1)}|(x_1-x_2)+2(x_2-x_3)+\cdots+k(x_k-x_{k+1})|$$

$$\leqslant\frac{1}{k(k+1)}\left[|(x_1-x_2)|+2|(x_2-x_3)|+\cdots+k|(x_k-x_{k+1})|\right].$$

所以 $|y_1-y_2|+|y_2-y_3|+\cdots+|y_{2006}-y_{2007}|$

$$\leqslant|x_1-x_2|\left(\frac{1}{1\cdot2}+\frac{1}{2\cdot3}+\cdots+\frac{1}{2006\cdot2007}\right)+2|x_2-x_3|\left(\frac{1}{2\cdot3}+\frac{1}{3\cdot4}+\cdots+\frac{1}{2006\cdot2007}\right)+\cdots$$

$+2006\,|\,x_{2006}-x_{2007}\,|\left(\dfrac{1}{2006\cdot2007}\right)$

$=|\,x_1-x_2\,|\left(1-\dfrac{1}{2007}\right)+2\,|\,x_2-x_3\,|\left(\dfrac{1}{2}-\dfrac{1}{2007}\right)+\cdots+2006\,|\,x_{2006}-x_{2007}\,|\left(\dfrac{1}{2006}-\dfrac{1}{2007}\right)$

$=|\,x_1-x_2\,|\left(1-\dfrac{1}{2007}\right)+|\,x_2-x_3\,|\left(\dfrac{2}{2007}\right)+\cdots+|\,x_{2006}-x_{2007}\,|\left(1-\dfrac{2006}{2007}\right)$

$\leqslant\left(1-\dfrac{1}{2007}\right)(\,|\,x_1-x_2\,|+|\,x_2-x_3\,|+\cdots+|\,x_{2006}-x_{2007}\,|\,)$

$=2006.$

所以$|\,y_1-y_2\,|+|\,y_2-y_3\,|+\cdots+|\,y_{2006}-y_{2007}\,|$的最大值为 2006.

§2.8 含字母系数的不等式

1. 设 $a>0,b>0$,解关于 x 的不等式:$|\,ax-2\,|\geqslant bx$.

解: 当 $a>b>0$ 时,原不等式解集为$\left(-\infty,\dfrac{2}{a+b}\right]\cup\left[\dfrac{2}{a-b},+\infty\right)$,

当 $0<a\leqslant b$ 时,原不等式解集为$\left(-\infty,\dfrac{2}{a+b}\right]$.

2. 解关于 x 的不等式:$\dfrac{2x^2-(a+1)x+1}{x(x-1)}>1$(其中 $a>1$).

解: $\dfrac{2x^2-(a+1)x+1}{x(x-1)}>1\Leftrightarrow x(x-1)(x^2-ax+1)>0$,

$1<a\leqslant2$ 时,$x>1$ 或 $x<0$;

$a>2$ 时,$x<0$ 或$\dfrac{a-\sqrt{a^2-4}}{2}<x<1$ 或 $x>\dfrac{a+\sqrt{a^2-4}}{2}$.

3. 解关于 x 的不等式:$(m+1)x^2-4x+1\leqslant0$($m\in\mathbf{R}$).

解: $m=-1$ 时,$x\geqslant\dfrac{1}{4}$;二次项系数为 0.

$m>3$ 时,$x\in\varnothing$;$\Delta<0$ 时,开口向上.

$m=3$ 时,$x=2$;$\Delta=0$ 时,开口向上.

$-1<m<3$ 时,$X\in\left[\dfrac{2-\sqrt{3-m}}{m+1},\dfrac{2+\sqrt{3-m}}{m+1}\right]$;$\Delta>0$,开口向上.

$m<-1$ 时,$\left(-\infty,\dfrac{2+\sqrt{3-m}}{m+1}\right]\cup\left[\dfrac{2-\sqrt{3-m}}{m+1},+\infty\right]$,$\Delta>0$,开口向下.

4. 解关于 x 的不等式:$\dfrac{ax-1}{x^2-x-2}>0$.

解: $a=0$ 时,$-1<x<2$;

$a=-1$ 时,$x<-1$ 或 $1<x<2$;

$a=\dfrac{1}{2}$ 时,$x>2$ 或 $-1<x<2$;

$a < -1$ 时, $\frac{1}{a} < x < 2$ 或 $x < -1$;

$-1 < a < 0$ 时, $-1 < x < 2$ 或 $x < \frac{1}{a}$;

$0 < a < \frac{1}{2}$ 时, $x > \frac{1}{a}$ 或 $-1 < a < 2$;

$a > \frac{1}{2}$ 时, $x > 2$ 或 $-1 < x < \frac{1}{a}$.

5. 关于 x 的不等式 $(m+1)x^2 - 2(m-1)x + 3(m-1) < 0$ 的解是一切实数,求实数 m 的取值范围.

解: $\Delta < 0$ 且 $m+1 < 0$ 得: $m \in (-\infty, -2)$.

6. 设 $m \in \mathbf{R}, m \neq 0$,解关于 x 的不等式 $x^2 - \left(m + \frac{1}{m}\right)x + m - \frac{1}{m} < 0$.

解: $\Delta = m^2 - 4m + 2 + \frac{4}{m} + \frac{1}{m^2} = \frac{1}{m^2}(m - \sqrt{2} - 1)^2 (m + \sqrt{2} - 1)^2 \geqslant 0$.

当 $m \in (-\infty, 1-\sqrt{2}) \cup (0, \sqrt{2}+1)$ 时, $x \in \left(m-1, 1+\frac{1}{m}\right)$;

当 $m \in (1-\sqrt{2}, 0) \cup (\sqrt{2}+1, +\infty)$ 时, $x \in \left(1+\frac{1}{m}, m-1\right)$;

当 $m = 1-\sqrt{2}$ 或 $\sqrt{2}+1$ 时, $x \in \varnothing$.

7. 设不等式 $(2x-1) > m(x^2-1)$ 对满足 $|m| \leqslant 2$ 的一切实数 m 的值都成立,求 x 的取值范围.

解: 令 $f(m) = (x^2-1)m - (2x-1)$,

原题等价于,对满足 $|m| \leqslant 2$ 的一切实数 m 的值, $f(m) = (x^2-1)m - (2x-1) < 0$ 恒成立.

则 $\begin{cases} f(-2) < 0, \\ f(2) < 0, \end{cases}$ 可得: $\frac{\sqrt{7}-1}{2} < x < \frac{1+\sqrt{3}}{2}$.

8. 若关于 x 的不等式 $|ax+2| < 6$ 的解集是 $(-1, 2)$,求不等式 $\frac{x}{ax+2} \leqslant 1$ 的解集.

解: $a = -4 \Rightarrow \left(-\infty, \frac{2}{5}\right] \cup \left(\frac{1}{2}, +\infty\right)$.

9. 设不等式 $x^2 - 2ax + a + 2 \leqslant 0$ 的解集为 M,如果 $M \subseteq [1, 4]$,求实数 a 的取值范围.

解: 令 $f(x) = x^2 - 2ax + a + 2$,

分为两类情形: $\Delta < 0$ 或 $\begin{cases} \Delta \geqslant 0, \\ f(1) \geqslant 0, \\ f(4) \geqslant 0, \\ 1 < a < 4. \end{cases}$

由此可得: $a \in \left(-1, \frac{18}{7}\right]$.

10. 已知不等式 $xy \leqslant ax^2 + 2y^2$ 对于 $x \in [1, 2]$, $y \in [2, 3]$ 恒成立,求 a 的取值范围.

解：由于 $x^2 > 0$，则 $a \geqslant \dfrac{xy - 2y^2}{x^2} = -2\left(\dfrac{y}{x}\right)^2 + \dfrac{y}{x} \Rightarrow a \in [-1, +\infty)$.

§2.9　基本不等式及其应用

1. 已知 a,b,c 都是正数，求证：$(a+b)(b+c)(c+a) \geqslant 8abc$.

解： $a+b \geqslant 2\sqrt{ab}$；$b+c \geqslant 2\sqrt{bc}$；$c+a \geqslant 2\sqrt{ac}$，三个不等式相乘，即可得证.

2. 设 $a,b,c \in \mathbf{R}^+$，且 $ab+bc+ca = 108$，求 $\dfrac{ab}{c} + \dfrac{bc}{a} + \dfrac{ca}{b}$ 的最小值.

解： 由不等式：$a^2 + b^2 + c^2 \geqslant ab + bc + ca \Leftrightarrow \dfrac{1}{2}\left[(a-b)^2 + (b-c)^2 + (c-a)^2\right] \geqslant 0$ 可知：

$$\dfrac{ab}{c} + \dfrac{bc}{a} + \dfrac{ca}{b} \geqslant \sqrt{\dfrac{ab}{c}}\sqrt{\dfrac{bc}{a}} + \sqrt{\dfrac{ca}{b}}\sqrt{\dfrac{ab}{c}} + \sqrt{\dfrac{bc}{a}}\sqrt{\dfrac{ca}{b}} = a + b + c,$$

$$\left(\dfrac{ab}{c} + \dfrac{bc}{a} + \dfrac{ca}{b}\right)^2 \geqslant (a+b+c)^2 = a^2 + b^2 + c^2 + 2(ab+bc+ca) \geqslant 3(ab+bc+ca) = 324.$$

$\left(\dfrac{ab}{c} + \dfrac{bc}{a} + \dfrac{ca}{b}\right)_{\min} = 18$，当且仅当 $a = b = c = 6$ 时等号成立.

3. (1) 若 $x > 0$，求 $f(x) = 4x + \dfrac{9}{x}$ 的最小值.

(2) 若 $x < 0$，求 $f(x) = 4x + \dfrac{9}{x}$ 的最大值.

解： (1) 12. (2) -12.

4. (1) 若 $x \neq 0$，求 $x + \dfrac{1}{x}$ 的取值范围.

(2) 若 $ab = 1$，求 $a + b$ 的取值范围.

(3) 若 $x < \dfrac{5}{4}$，求 $4x - 2 + \dfrac{1}{4x - 5}$ 的最大值.

(4) 若 $x > 2$，求 $\dfrac{x^2 - 3x + 3}{x - 2}$ 的最小值.

(5) 若 $x,y > 0$，且 $\dfrac{1}{x} + \dfrac{9}{y} = 1$，求 $x + y$ 的最小值.

(6) 若 $x,y > 0$，且 $x + y = 1$，求 $\dfrac{4}{x} + \dfrac{1}{y}$ 的最小值.

(7) 求 $y = \dfrac{x^2 + 13}{\sqrt{x^2 + 4}}$ 和 $y = \dfrac{x^2 + 5}{\sqrt{x^2 + 4}}$ 的最小值.

(8) 若 $a,b > 0$，且 $ab = a + b + 3$，求 ab 的取值范围.

解： (1) $x + \dfrac{1}{x} \geqslant 2$ 或 $x + \dfrac{1}{x} \leqslant -2$.

(2) $a + b \geqslant 2$ 或 $a + b \leqslant -2$.

(3) 1.

(4) $\dfrac{x^2-3x+3}{x-2}\geqslant 3$.

(5) 16.

(6) 9.

(7) 6 和 $\dfrac{5}{2}$.

(8) $ab\geqslant 9$.

5. 某工厂要建造一个长方体无盖贮水池,其容积为 4800 m^3,深为 3 m,如果池底每 1 m^2 的造价为 150 元,池壁每 1 m^2 的造价为 120 元,问怎样设计水池能使总造价最低,最低总造价是多少元?

解: 297600 元,当池底为 40×40 的正方形时取等号.

6. 某房屋开发公司用 100 万元购得一块土地,该地可以建造每层 1000m^2 的楼房,楼房的总建筑面积(即各层面积之和)每平方米平均建筑费用与建筑高度有关,楼房每升高一层,整幢楼房每平方米建筑费用提高 5%.已知建筑 5 层楼房时,每平方米建筑费用为 400 元,公司打算造一幢高于 5 层的楼房,为了使该楼房每平方米的平均综合费用最低(综合费用是建筑费用与购地费用之和),公司应把楼层建成几层?

解: 7 层.

7. 用水清洗一堆蔬菜上残留的农药.对用一定量的水清洗一次的效果作如下假定:用 1 个单位量的水可洗掉蔬菜上残留农药量的 $\dfrac{1}{2}$,用水越多洗掉的农药量也越多,但总还有农药残留在蔬菜上.设用 x 单位量的水清洗一次以后,蔬菜上残留的农药量与本次清洗前残留的农药量之比为函数 $f(x)$.

(1) 试规定 $f(0)$ 的值,并解释其实际意义.

(2) 试根据假定写出函数 $f(x)$ 应该满足的条件和具有的性质.

(3) 设 $f(x)=\dfrac{1}{1+x^2}$,现有 $a(a>0)$ 单位量的水,可以清洗一次,也可以把水平均分成 2 份后清洗两次,试问用哪种方案清洗后蔬菜上残留的农药量比较少? 说明理由.

解: (1) $f(0)=1$ 表示没有用水洗时,蔬菜上的农药量将保持原样.

(2) 函数 $f(x)$ 应该满足的条件和具有的性质是:$f(0)=1,f(1)=\dfrac{1}{2}$.

在 $[0,+\infty]$ 上 $f(x)$ 单调递减,且 $0<f(x)\leqslant 1$.

(3) 设仅清洗一次,残留的农药量为 $f_1=\dfrac{1}{1+a^2}$,

清洗两次后,残留的农药量为 $f_2=\left[\dfrac{1}{1+\left(\frac{a}{2}\right)^2}\right]^2=\dfrac{16}{(4+a^2)^2}$,

则 $f_1-f_2=\dfrac{1}{1+a^2}-\dfrac{16}{(4+a^2)^2}=\dfrac{a^2(a^2-8)}{(1+a^2)(4+a^2)^2}$.

于是,当 $a>2\sqrt{2}$ 时,$f_1>f_2$;

当 $a=2\sqrt{2}$ 时, $f_1=f_2$;

当 $0<a<2\sqrt{2}$ 时, $f_1<f_2$;

当 $a>2\sqrt{2}$ 时,清洗两次后残留的农药量较少;

当 $a=2\sqrt{2}$ 时,两种清洗方法具有相同的效果;

当 $0<a<2\sqrt{2}$ 时,一次清洗残留的农药量较少.

8. 设 $a_1>-1$, $a_1\neq\sqrt{2}$, $a_2=1+\dfrac{1}{1+a_1}$.

(1) 证明: $\sqrt{2}$ 介于 a_1 , a_2 之间.

(2) a_1 , a_2 中哪一个更接近于 $\sqrt{2}$.

(3) 根据以上事实,设计一种求 $\sqrt{2}$ 近似值的方案,并说明理由.

解: (1) $(\sqrt{2}-a_1)(\sqrt{2}-a_2)=\dfrac{(1-\sqrt{2})(\sqrt{2}-a_1)^2}{1+a_1}<0$,则 $\sqrt{2}$ 介于 a_1 与 a_2 之间.

(2) ∵ $\left|\sqrt{2}-a_2\right|=\left|\dfrac{(1-\sqrt{2})(\sqrt{2}-a_1)}{1+a_1}\right|=\dfrac{\sqrt{2}-1}{1+a_1}\left|a_1-\sqrt{2}\right|<\left|a_1-\sqrt{2}\right|$,

∴ a_2 比 a_1 更接近于 $\sqrt{2}$.

(3) 依次令 $a_{n+1}=1+\dfrac{1}{1+a_n}$ ($n\in\mathbf{N}$),则 $\left|\sqrt{2}-a_n\right|=\dfrac{\sqrt{2}-1}{1+a_{n-1}}\left|\sqrt{2}-a_{n-1}\right|<$

$\dfrac{\sqrt{2}-1}{2}\left|\sqrt{2}-a_{n-1}\right|<\left(\dfrac{\sqrt{2}-1}{2}\right)^2\left|\sqrt{2}-a_{n-1}\right|<\cdots<\left(\dfrac{\sqrt{2}-1}{2}\right)^{n-1}\left|\sqrt{2}-a_1\right|$.

而 $\left|\sqrt{2}-a_n\right|<\left|\sqrt{2}-a_{n-1}\right|<\cdots<\left|\sqrt{2}-a_2\right|<\left|\sqrt{2}-a_1\right|$.

故 $a_1,a_2,a_3,\cdots,a_n$ 依次更接近于 $\sqrt{2}$,且 $\lim\limits_{n\to\infty}a_n=\sqrt{2}$.

9. 设常数 $a,b\in\mathbf{R}^+$,试探求不等式 $ax^2-(a+b-1)x+b>0$ 对任意 $x>1$ 成立的充要条件.

解: $ax^2-(a+b-1)x+b>0\Leftrightarrow b(x-1)<ax^2-ax+x$

$\Leftrightarrow b<ax+\dfrac{x}{x-1}$ (由于 $x>1$)

$\Leftrightarrow b<a(x-1)+\dfrac{1}{x-1}+a+1$,

又由 $a(x-1)+\dfrac{1}{x-1}+a+1\geqslant 2\sqrt{a}+a+1=(\sqrt{a}+1)^2$ (当 $x=1+\dfrac{1}{\sqrt{a}}$ 时等式成立),

得到 $b<(\sqrt{a}+1)^2$,故所求的充要条件为 $\sqrt{b}<\sqrt{a}+1$.

10. 已知集合 $D=\{(x_1,x_2)\,|\,x_1>0,x_2>0,x_1+x_2=k\}$ (其中 k 为正常数).

(1) 设 $u=x_1x_2$,求 u 的取值范围.

(2) 求证:当 $k\geqslant 1$ 时,不等式 $\left(\dfrac{1}{x_1}-x_1\right)\left(\dfrac{1}{x_2}-x_2\right)\leqslant\left(\dfrac{k}{2}-\dfrac{2}{k}\right)^2$ 对任意 $(x_1,x_2)\in D$ 恒成立.

（3）求使不等式 $\left(\dfrac{1}{x_1}-x_1\right)\left(\dfrac{1}{x_2}-x_2\right)\geqslant\left(\dfrac{k}{2}-\dfrac{2}{k}\right)^2$ 对任意 $(x_1,x_2)\in D$ 恒成立的 k^2 的范围.

解：（1）$x_1x_2\leqslant\left(\dfrac{x_1+x_2}{2}\right)^2=\dfrac{k^2}{4}$，当且仅当 $x_1=x_2=\dfrac{k}{2}$ 时等号成立，

故 u 的取值范围 $\left(0,\dfrac{k^2}{4}\right]$.

（2）$\left(\dfrac{1}{x_1}-x_1\right)\left(\dfrac{1}{x_2}-x_2\right)=\dfrac{1}{x_1x_2}+x_1x_2-\dfrac{x_1}{x_2}-\dfrac{x_2}{x_1}=x_1x_2+\dfrac{1}{x_1x_2}-\dfrac{x_1^2+x_2^2}{x_1x_2}=x_1x_2-$

$\dfrac{k^2-1}{x_1x_2}+2=u-\dfrac{k^2-1}{u}+2.$

由 $0<u\leqslant\dfrac{k^2}{4}$，又 $k\geqslant1$，$k^2-1\geqslant0$，则 $f(u)=u-\dfrac{k^2-1}{u}+2$ 在 $\left(0,\dfrac{k^2}{4}\right]$ 上是严格增函数，

所以 $\left(\dfrac{1}{x_1}-x_1\right)\left(\dfrac{1}{x_2}-x_2\right)=u-\dfrac{k^2-1}{u}+2\leqslant\dfrac{k^2}{4}-\dfrac{k^2-1}{\dfrac{k^2}{4}}+2=\dfrac{k^2}{4}-2+\dfrac{4}{k^2}=\left(\dfrac{2}{k}-\dfrac{k}{2}\right)^2$，

即当 $k\geqslant1$ 时不等式 $\left(\dfrac{1}{x_1}-x_1\right)\left(\dfrac{1}{x_2}-x_2\right)\leqslant\left(\dfrac{k}{2}-\dfrac{2}{k}\right)^2$ 成立.

（3）记 $\left(\dfrac{1}{x_1}-x_1\right)\left(\dfrac{1}{x_2}-x_2\right)=u+\dfrac{1-k^2}{u}+2=f(u)$，则 $\left(\dfrac{k}{2}-\dfrac{2}{k}\right)^2=f\left(\dfrac{k^2}{4}\right)$，

即求使 $f(u)\geqslant f\left(\dfrac{k^2}{4}\right)$ 对 $u\in\left(0,\dfrac{k^2}{4}\right]$ 恒成立的 k 的范围.

由（2）知，要使 $\left(\dfrac{1}{x_1}-x_1\right)\left(\dfrac{1}{x_2}-x_2\right)\geqslant\left(\dfrac{k}{2}-\dfrac{2}{k}\right)^2$ 对任意 $(x_1,x_2)\in D$ 恒成立，必有 $0<k<1$，

因此 $1-k^2>0$，则函数 $f(u)=u+\dfrac{1-k^2}{u}+2$ 在 $\left(0,\sqrt{1-k^2}\right]$ 上严格递减，在

$\left[\sqrt{1-k^2},+\infty\right)$ 上严格递增，要使函数 $f(u)$ 在 $\left(0,\dfrac{k^2}{4}\right]$ 上恒有 $f(u)\geqslant f\left(\dfrac{k^2}{4}\right)$，必有

$\dfrac{k^2}{4}\leqslant\sqrt{1-k^2}$，

即 $k^4+16k^2-16\leqslant0$，解得 $0<k^2\leqslant4\sqrt{5}-8$.

11. 已知 $a,b,c\in\mathbf{R}^+$，且满足 $\dfrac{kabc}{a+b+c}\geqslant(a+b)^2+(a+b+4c)^2$，求 k 的最小值.

解： 因为 $(a+b)^2+(a+b+4c)^2=(a+b)^2+\left[(a+2c)+(b+2c)\right]^2$

$\geqslant(2\sqrt{ab})^2+(2\sqrt{2ac}+2\sqrt{2bc})^2$

$=4ab+8ac+8bc+16c\sqrt{ab}$，

所以 $\dfrac{(a+b)^2+(a+b+4c)^2}{abc}\cdot(a+b+c)=\dfrac{4ab+8ac+8bc+8c\sqrt{ab}+8c\sqrt{ab}}{abc}\left(\dfrac{a}{2}+\dfrac{a}{2}+\dfrac{b}{2}+\dfrac{b}{2}+c\right)$

$\geqslant8\left(5\sqrt[3]{\dfrac{1}{2a^2b^2c^2}}\right)\cdot\left(5\sqrt[5]{\dfrac{a^2b^2c}{2^4}}\right)=100.$

当 $a=b=2c>0$ 时等号成立.故 k 的最小值为 100.

§2.10　不等式的证明

1. (1) 若 $x>1$,求证:$x^3>x+\dfrac{1}{x}-1$.

(2) 若 $a,b\in\mathbf{R}$,求证:$a^2+b^2\geqslant ab+a+b-1$.

(3) 若 $a<b<0$,求证:$\dfrac{a^2+b^2}{a^2-b^2}<\dfrac{a+b}{a-b}$.

(4) 若 $a>0,b>0$,求证:$a^ab^b\geqslant a^bb^a$.

解:(1) 原不等式$\Leftrightarrow\dfrac{1}{x}(x-1)(x^3+x^2+1)>0$.

(2) 原不等式$\Leftrightarrow\dfrac{1}{2}\left[(a-b)^2+(a-1)^2+(b-1)^2\right]\geqslant0$.

(3) 原不等式$\Leftrightarrow\dfrac{2ab}{a^2-b^2}>0$.

(4) 原不等式$\Leftrightarrow\left(\dfrac{a}{b}\right)^a\geqslant\left(\dfrac{a}{b}\right)^b$.

2. 若 $x,y,z\in\mathbf{R},a,b,c\in\mathbf{R}^+$,则$\dfrac{b+c}{a}x^2+\dfrac{c+a}{b}y^2+\dfrac{a+b}{c}z^2\geqslant2(xy+yz+zx)$.

解:原不等式$\Leftrightarrow\left(\sqrt{\dfrac{b}{a}}x-\sqrt{\dfrac{a}{b}}y\right)^2+\left(\sqrt{\dfrac{c}{b}}y-\sqrt{\dfrac{b}{c}}z\right)^2+\left(\sqrt{\dfrac{c}{a}}x-\sqrt{\dfrac{a}{c}}z\right)^2\geqslant0$.

3. 若 a,b,c 为不全相等的正数,则 $a^2b+ab^2+b^2c+bc^2+a^2c+ac^2>6abc$.

解:原不等式$\Leftrightarrow a(b-c)^2+b(a-c)^2+c(a-b)^2\geqslant0$.

4. 已知 $a,b\in\mathbf{R}^+$,且 $a\neq b$,求证:$(a-b)^2(a^2-ab+b^2)<(a^2-b^2)^2$.

解:原不等式$\Leftrightarrow3ab(a-b)^2>0$.

1. 求证:$\sqrt{3}+\sqrt{7}<2\sqrt{5}$.

解:提示:两边平方.

2. 设 $x>0,y>0$,证明不等式:$(x^2+y^2)^{\frac{1}{2}}>(x^3+y^3)^{\frac{1}{3}}$.

解:提示:两边六次方.

3. 已知 a,b,c 分别为一个三角形的三边之长,求证:$\dfrac{c}{a+b}+\dfrac{a}{b+c}+\dfrac{b}{c+a}<2$.

解:$\dfrac{c}{a+b}+\dfrac{a}{b+c}+\dfrac{b}{c+a}<\dfrac{c+c}{a+b+c}+\dfrac{a+a}{b+c+a}+\dfrac{b+b}{c+a+b}=2$.

4. 若 $x,y,z\in\mathbf{R}^+$,且 $x+y+z=xyz$,证明不等式$\dfrac{y+z}{x}+\dfrac{z+x}{y}+\dfrac{x+y}{z}\geqslant2\left(\dfrac{1}{x}+\dfrac{1}{y}+\dfrac{1}{z}\right)^2$.

解:原不等式$\Leftrightarrow x^2y^2z^2\left(\dfrac{y+z}{x}+\dfrac{z+x}{y}+\dfrac{x+y}{z}\right)\geqslant2(xy+yz+zx)^2$

$\Leftrightarrow xyz\cdot\left[yz(y+z)+zx(z+x)+xy(x+y)\right]\geqslant2(xy+yz+zx)^2$

$\Leftrightarrow(x+y+z)(y^2z+yz^2+z^2x+zx^2+x^2y+xy^2)$

$\geqslant2(x^2y^2+y^2z^2+z^2x^2)+4(x^2yz+xy^2z+xyz^2)$

$\Leftrightarrow y^3z+yz^3+z^3x+zx^3+x^3y+xy^3\geqslant2x^2yz+2xy^2z+2xyz^2$

$$\Leftrightarrow yz(y-z)^2+zx(z-x)^2+xy(x-y)^2+x^2(y-z)^2+y^2(z-x)^2+z^2(x-y)^2\geqslant0.$$

5. 已知 $x,y,z\in\mathbf{R}^+$,且 $x^2+y^2+z^2=1$,求证:$\dfrac{x}{1-x^2}+\dfrac{y}{1-y^2}+\dfrac{z}{1-z^2}\geqslant\dfrac{3\sqrt{3}}{2}$.

解:提示:先证 $\dfrac{x}{1-x^2}\geqslant\dfrac{3\sqrt{3}}{2}x^2\Leftrightarrow(1-x^2)x\leqslant\dfrac{2}{3\sqrt{3}}$,分析法可证明,证明如下:

$$(1-x^2)^2x^2=(1-x^2)(1-x^2)x^2=\dfrac{1}{2}(1-x^2)(1-x^2)2x^2\leqslant\dfrac{1}{2}\left(\dfrac{2}{3}\right)^3=\dfrac{4}{27}.$$

6. 已知 $0\leqslant a,b,c\leqslant1$,求证:$\dfrac{a}{bc+1}+\dfrac{b}{ca+1}+\dfrac{c}{ab+1}\leqslant2$.

解:提示:先证 $\dfrac{a}{bc+1}\leqslant\dfrac{2a}{a+b+c}$,累加可证明.

1. 求证:$-\dfrac{1}{2}\leqslant x\sqrt{1-x^2}\leqslant\dfrac{1}{2}$.

解:提示:两边平方得 $x^2(1-x^2)\leqslant\dfrac{1}{4}$.

2. 已知 $a,b,c\in\mathbf{R}$,求证:$a^2+b^2+c^2\geqslant ab+bc+ac$.

解:原不等式 $\Leftrightarrow\dfrac{1}{2}[(a-b)^2+(b-c)^2+(c-a)^2]\geqslant0$.

3. 已知 $x,y\in\mathbf{R}$,求证:$x^2+y^2+1\geqslant xy+x+y$.

解:原不等式 $\Leftrightarrow\dfrac{1}{2}[(x-y)^2+(x-1)^2+(y-1)^2]\geqslant0$.

4. 已知 $a,b,c\in\mathbf{R}$,求证:$a^2+b^2+c^2\geqslant\dfrac{1}{3}(a+b+c)^2$.

解:原不等式 $\Leftrightarrow\dfrac{1}{3}[(a-b)^2+(b-c)^2+(c-a)^2]\geqslant0$.

5. 已知 $a,b,c\in\mathbf{R}^+$,求证:$\dfrac{bc}{a}+\dfrac{ac}{b}+\dfrac{ab}{c}\geqslant a+b+c$.

解:原不等式 $\Leftrightarrow\dfrac{1}{2}[c^2(a-b)^2+a^2(b-c)^2+b^2(c-a)^2]\geqslant0$.

6. 设 $a_n=\sqrt{1\times2}+\sqrt{2\times3}+\cdots+\sqrt{n\times(n+1)}(n\in\mathbf{N})$,求证:$\dfrac{n(n+1)}{2}<a_n<\dfrac{(n+1)^2}{2}$.

解:$a_n>1+2+\cdots+n=\dfrac{n(n+1)}{2}$;$a_n<\dfrac{1}{2}[3+5+\cdots+(2n+1)]<\dfrac{(n+1)^2}{2}$.

§2.11　几个常用的不等式

1. 是否存在最小的正整数 t,使得不等式 $(n+t)^{n+t}>(1+n)^3n^nt^t$ 对任何正整数 n 恒成立,证明你的结论.

证:取 $(t,n)=(1,1),(2,2),(3,3)$,容易验证知 $t=1,2,3$ 时均不符合要求.

当 $t=4$ 时,若 $n=l$,式①显然成立.$n\geqslant2$,则

$$4^4 n^n (n+1)^3 = n^{n-2}(2n)^2(2n+2)^3 \times 2^3$$

$$\leqslant \left[\frac{(n-2)n+2\times 2n+3(2n+2)+2^3}{n+4}\right]^{n+4} = \left(\frac{n^2+8n+14}{n+4}\right)^{n+4}$$

$$< \left(\frac{n^2+8n+16}{n+4}\right)^{n+4} = (n+4)^{n+4}.$$

故题式成立.因此 $t=4$ 满足对任何正整数 n,题式恒成立.

2. 设 $\triangle ABC$ 三边长分别为 a,b,c,且 $a+b+c=3$.求 $f(a,b,c)=a^2+b^2+c^2+\dfrac{4}{3}abc$ 的最小值.

解: $f(a,b,c)=a^2+b^2+c^2+\dfrac{4}{3}abc=(a+b+c)^2-2(ab+bc+ca)+\dfrac{4}{3}abc=9-$

$2\left(ab+bc+ca-\dfrac{2}{3}abc\right).$

因为 a,b,c 是 $\triangle ABC$ 三边长,且 $a+b+c=3$,所以 $0<a,b,c<\dfrac{3}{2}$,

于是 $\left(\dfrac{3}{2}-a\right)\left(\dfrac{3}{2}-b\right)\left(\dfrac{3}{2}-c\right)\leqslant\left[\dfrac{\dfrac{3}{2}-a+\dfrac{3}{2}-b+\dfrac{3}{2}-c}{3}\right]^3=\dfrac{1}{8}.$

即 $ab+bc+ca-\dfrac{2}{3}abc\leqslant\dfrac{7}{3}.$

则 $f(a,b,c)\geqslant 9-2\times\dfrac{7}{3}=\dfrac{13}{3}.$等号当且仅当 $a=b=c=1$ 时取到,

故 $f(a,b,c)$ 的最小值为 $\dfrac{13}{3}.$

3. 设 $\displaystyle\sum_{i=1}^n x_i=1,x_i>0$,求证:$\displaystyle n\sum_{i=1}^n x_i^2-\sum_{i<j}\dfrac{(x_i-x_j)^2}{x_i+x_j}\leqslant 1.$

证: 因为 $\displaystyle\sum_{i=1}^n x_i=1$,所以有 $\displaystyle\sum_{i=1}^n x_i^2+2\sum_{i<j}x_i x_j=1$.又 $x_i>0$,故有 $x_i+x_j<1$.

$$n\sum_{i=1}^n x_i^2-\sum_{i<j}\dfrac{(x_i-x_j)^2}{x_i+x_j}\leqslant n\sum_{i=1}^n x_i^2-\sum_{i<j}(x_i-x_j)^2$$

$$=n\sum_{i=1}^n x_i^2-(n-1)\sum_{i=1}^n x_i^2+2\sum_{i<j}x_i x_j$$

$$=\sum_{i=1}^n x_i^2+2\sum_{i<j}x_i x_j=1.$$

4. 已知 x,y,z 均为正数,

(1) 求证:$\dfrac{x}{yz}+\dfrac{y}{zx}+\dfrac{z}{xy}\geqslant\dfrac{1}{x}+\dfrac{1}{y}+\dfrac{1}{z}.$

(2) 若 $x+y+z\geqslant xyz$,求 $u=\dfrac{x}{yz}+\dfrac{y}{zx}+\dfrac{z}{xy}$ 的最小值.

证: (1) 由于 x,y,z 均为正数,则原不等式 $\Leftrightarrow x^2+y^2+z^2\geqslant xy+yz+zx$

$\Leftrightarrow (x-y)^2+(y-z)^2+(z-x)^2\geqslant 0.$

解：（2）$x+y+z \geqslant xyz \Rightarrow \dfrac{1}{xy}+\dfrac{1}{xz}+\dfrac{1}{yz} \geqslant 1$，

因为，$(a+b+c)^2 \geqslant 3(ab+bc+ac) \Leftrightarrow a^2+b^2+c^2 \geqslant ab+bc+ac$，

$u=\dfrac{x}{yz}+\dfrac{y}{zx}+\dfrac{z}{xy} \geqslant \dfrac{1}{x}+\dfrac{1}{y}+\dfrac{1}{z}=\sqrt{\left(\dfrac{1}{x}+\dfrac{1}{y}+\dfrac{1}{z}\right)^2} \geqslant \sqrt{3\left(\dfrac{1}{xy}+\dfrac{1}{xz}+\dfrac{1}{yz}\right)} \geqslant \sqrt{3}$，

当且仅当 $x=y=z=\sqrt{3}$ 时，等号成立.

5. 给定两组数 $x_1,x_2,\cdots,x_n$ 和 $y_1,y_2,\cdots,y_n$

（1）$x_1 > x_2 > \cdots > x_n > 0$，$y_1 > y_2 > \cdots > y_n > 0$；

（2）$x_1 > y_1, x_1+x_2 > y_1+y_2, \cdots, x_1+x_2+\cdots+x_n > y_1+y_2+\cdots+y_n > 0$.

求证：对于任何自然数 k，都有如下不等式成立：$x_1^k+x_2^k+\cdots+x_n^k > y_1^k+y_2^k+\cdots+y_n^k$.

证：要证明上述不等式，先证以下命题：若 $a_1 > a_2 > \cdots > a_n > 0$，

则 $a_1x_1+a_2x_2+\cdots+a_nx_n > a_1y_1+a_2y_2+\cdots+a_ny_n$ ①

由于 $a_1 > a_2 > \cdots > a_n > 0$，

设 $a_n=b_1, a_{n-1}=b_1+b_2, \cdots, a_1=b_1+b_2+\cdots+b_n$.

则 $a_1x_1+a_2x_2+\cdots+a_nx_n$

$=x_1(b_1+b_2+\cdots+b_n)+x_2(b_1+b_2+\cdots+b_{n-1})+\cdots+b_1x_n$

$=b_1(x_1+x_2+\cdots+x_n)+b_2(x_1+x_2+\cdots+x_{n-1})+\cdots+b_nx_1$

$> b_1(y_1+y_2+\cdots+y_n)+b_2(y_1+y_2+\cdots y_{n-1})+\cdots+b_ny_1$

$=y_1(b_1+b_2+\cdots+b_n)+y_2(b_1+b_2+\cdots+b_{n-1})+\cdots+b_1y_n$

$=a_1y_1+a_2y_2+\cdots+a_ny_n$.

则①式成立.

取 $a_1=x_1^{k-1}, a_2=x_2^{k-1}, \cdots, a_n=x_n^{k-1}$ 代入①

$x_1^k+x_2^k+\cdots+x_n^k > x_1^{k-1}y_1+x_2^{k-1}y_2+\cdots+x_n^{k-1}y_n$.

取 $a_1=x_1^{k-2}y_1, a_2=x_2^{k-2}y_2, \cdots, a_n=x_n^{k-2}y_n$ 代入①

$x_1^{k-1}y_1+x_2^{k-1}y_2+\cdots+x_n^{k-1}y_n > x_1^{k-2}y_1^2+x_2^{k-2}y_2^2+\cdots+x_n^{k-2}y_n^2$.

取 $a_1=y_1^{k-1}, a_2=y_2^{k-1}, \cdots, a_n=y_n^{k-1}$ 代入①

$x_1y_1^{k-1}+x_2y_2^{k-1}+\cdots+x_ny_n^{k-1} > y_1^k+y_2^k+\cdots+y_n^k$.

则 $x_1^k+x_2^k+\cdots+x_n^k > y_1^k+y_2^k+\cdots+y_n^k$.

原不等式得证.

6. n 为正整数，证明：$n\left[(1+n)^{\frac{1}{n}}-1\right] < 1+\dfrac{1}{2}+\dfrac{1}{3}+\cdots+\dfrac{1}{n} < n-(n-1)n^{\frac{-1}{n-1}}$.

证：先证左边不等式

$n\left[(1+n)^{\frac{1}{n}}-1\right] < 1+\dfrac{1}{2}+\dfrac{1}{3}+\cdots+\dfrac{1}{n} \Leftrightarrow (1+n)^{\frac{1}{n}}-1 < \dfrac{1+\dfrac{1}{2}+\dfrac{1}{3}+\cdots+\dfrac{1}{n}}{n}$

$\Leftrightarrow (1+n)^{\frac{1}{n}} < \dfrac{1+\dfrac{1}{2}+\dfrac{1}{3}+\cdots+\dfrac{1}{n}+n}{n}$

$$\Leftrightarrow (1+n)^{\frac{1}{n}} < \frac{(1+1)+\left(\frac{1}{2}+1\right)+\left(\frac{1}{3}+1\right)+\cdots+\left(\frac{1}{n}+1\right)}{n}$$

$$\Leftrightarrow \sqrt[n]{1+n} < \frac{2+\frac{3}{2}+\frac{4}{3}+\cdots+\frac{n+1}{n}}{n} \quad (*)$$

$$\frac{2+\frac{3}{2}+\frac{4}{3}+\cdots+\frac{n+1}{n}}{n} > \sqrt[n]{2 \times \frac{3}{2} \times \frac{4}{3} \times \cdots \times \frac{n+1}{n}} = \sqrt[n]{n+1}.$$

∴ (∗)式成立,故原左边不等式成立.

其次证右边不等式

$$1+\frac{1}{2}+\frac{1}{3}+\cdots+\frac{1}{n} < n-(n-1)\cdot n^{-\frac{1}{n-1}}$$

$$\Leftrightarrow n^{-\frac{1}{n-1}} < \frac{n-\left(1+\frac{1}{2}+\frac{1}{3}+\cdots+\frac{1}{n}\right)}{n-1} \Leftrightarrow \sqrt[n-1]{\frac{1}{n}} < \frac{\left(1-\frac{1}{2}\right)+\left(1-\frac{1}{3}\right)+\cdots+\left(1-\frac{1}{n}\right)}{n-1}$$

$$\Leftrightarrow \sqrt[n-1]{\frac{1}{n}} < \frac{\frac{1}{2}+\frac{2}{3}+\cdots+\frac{n-1}{n}}{n-1} \quad (**)$$

(∗∗)式恰符合均值不等式,故原不等式右边不等号成立.

§2.12 不等式的应用

1. 今有一台坏天平,两臂长不等,其余均精确,有人说要用它称物体的重量,只需将物体放在左右托盘各称一次,则两次称量结果的和的一半就是物体的真实重量,这种说法对吗? 并说明你的结论.

解:错,$m=\sqrt{m_1 m_2}$.

2. 已知水渠在过水断面面积为定值的情况下,过水湿周越小,其流量越大.现有以下两种设计,如图 2-14 的过水断面为等腰△ABC,AB=BC,过水湿周 $l_1=AB+BC$.

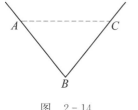

图 2-14

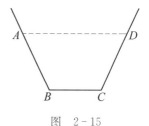

图 2-15

图 2-15 的过水断面为等腰梯形 ABCD,AB=CD,AD∥BC,∠BAD=60°,过水湿周 $l_2=AB+BC+CD$.若△ABC 与梯形 ABCD 的面积都为 S,

(1) 分别求 l_1 和 l_2 的最小值.

(2) 为使流量最大,给出最佳设计方案.

解:(1) 在图 2-14 中,设 ∠ABC=θ,AB=BC=a,则 $S=\frac{1}{2}a^2\sin\theta$,

由于 S，a，$\sin\theta$ 均为正值，

则当且仅当 $\sin\theta=1$，即 $\theta=\dfrac{\pi}{2}$ 时取等号，$l_1\geqslant 2\sqrt{2S}$.

在图 2-15 中，设 $AB=CD=m$，$BC=n$，由 $\angle BAD=\dfrac{\pi}{3}$，

可求得：$AD=m+n(m,n>0)$.

由 $S=\dfrac{\sqrt{3}}{4}m(n+m+n)$，

则 $l_2=2m+n\geqslant 2\sqrt{\sqrt{3}S}=2\sqrt[4]{3}\cdot\sqrt{S}$，$l_2\geqslant 2\sqrt{\dfrac{3S}{\sqrt{3}}}$.

（2）由于 $2\sqrt{2S}\geqslant 2\sqrt{\dfrac{3S}{\sqrt{3}}}$，故在方案②中当 l_2 取得最小值时的设计方案为最佳方案.

3. 设 x，y，a 都是实数，且 $x+y=2a-1$，$x^2+y^2=a^2+2a-3$，求 xy 的最小值及相应的 a 的值.

解： 利用柯西不等式求解，取 $a=\dfrac{2-\sqrt{2}}{2}$ 时，$xy=3-3\sqrt{2}$.

4.（1）已知：a，b，x 均是正数，且 $a>b$，求证：$1<\dfrac{a+x}{b+x}<\dfrac{a}{b}$.

（2）当 a，b，x 均是正数，且 $a<b$，对真分数 $\dfrac{a}{b}$，给出类似上小题的结论，并予以证明.

（3）证明：$\triangle ABC$ 中，$\dfrac{\sin A}{\sin B+\sin C}+\dfrac{\sin B}{\sin C+\sin A}+\dfrac{\sin C}{\sin A+\sin B}<2$（可直接应用第（1）、（2）小题结论）.

（4）自己设计一道可直接应用第（1）、（2）小题结论的不等式证明题，并写出证明过程.

解：（1）由于 $a+x>b+x>0$，则 $1<\dfrac{a+x}{b+x}$，

又 $\dfrac{a+x}{b+x}-\dfrac{a}{b}=\dfrac{x(b-a)}{b(b+x)}<0$，则 $1<\dfrac{a+x}{b+x}<\dfrac{a}{b}$.

（2）由于 $a<b$，则 $\dfrac{b}{a}>1$，应用第（1）小题结论，得 $1<\dfrac{b+x}{a+x}<\dfrac{b}{a}$，取倒数，得 $\dfrac{b}{a}<\dfrac{b+x}{a+x}<1$.

（3）由正弦定理，原题 $\Leftrightarrow\triangle ABC$ 中，求证：$\dfrac{a}{b+c}+\dfrac{b}{c+a}+\dfrac{c}{a+b}<2$.

证明： 由（2）的结论得，a，b，$c>0$，且 $\dfrac{a}{b+c}$，$\dfrac{b}{c+a}$，$\dfrac{c}{a+b}$ 均小于 1，

则 $\dfrac{a}{b+c}<\dfrac{2a}{a+b+c}$，$\dfrac{b}{c+a}<\dfrac{2b}{a+b+c}$，$\dfrac{c}{a+b}<\dfrac{2c}{a+b+c}$，

$\dfrac{a}{b+c}+\dfrac{b}{c+a}+\dfrac{c}{a+b}<\dfrac{2a}{a+b+c}+\dfrac{2b}{a+b+c}+\dfrac{2c}{a+b+c}=2$.

解：(4) 在四边形 $ABCD$ 中，求证：$\dfrac{a}{b+c+d}+\dfrac{b}{c+d+a}+\dfrac{c}{a+b+d}+\dfrac{d}{a+b+c}<2$.

凸 n 边形 $A_1A_2A_3\cdots A_n$ 中，边长依次为 $a_1,a_2,\cdots,a_n$，可证：

$$\frac{a_1}{a_2+a_3+\cdots+a_n}+\frac{a_2}{a_1+a_3+\cdots+a_n}+\cdots+\frac{a_n}{a_1+a_2+\cdots+a_{n-1}}<2.$$

$\{a_n\}$ 为各项为正数的等差数列，$(d\neq0)$，求证：

$$\frac{a_1}{a_2}+\frac{a_2}{a_3}+\cdots+\frac{a_{2n-1}}{a_{2n}}<\frac{a_2}{a_3}+\frac{a_4}{a_5}+\cdots+\frac{a_{2n}}{a_{2n+1}}.$$

5. 设 $\dfrac{3}{2}\leqslant x\leqslant5$，证明不等式 $2\sqrt{x+1}+\sqrt{2x-3}+\sqrt{15-3x}<2\sqrt{19}$.

解：$(a+b+c+d)^2=a^2+b^2+c^2+d^2+2(ab+ac+ad+bc+bd+cd)\leqslant4(a^2+b^2+c^2+d^2)$，

$\therefore$ $a+b+c+d\leqslant2\sqrt{a^2+b^2+c^2+d^2}$（当且仅当 $a=b=c=d$ 时取等号）．

取 $a=b=\sqrt{x+1}$，$c=\sqrt{2x-3}$，$d=\sqrt{15-3x}$，则

$2\sqrt{x+1}+\sqrt{2x-3}+\sqrt{15-3x}\leqslant2\sqrt{(x+1)+(x+1)+(2x-3)+(15-3x)}=$

$2\sqrt{x+14}\leqslant2\sqrt{19}$.

$\because$ $\sqrt{x+1}$，$\sqrt{2x-3}$，$\sqrt{15-3x}$ 不能同时相等，

$\therefore$ $2\sqrt{x+1}+\sqrt{2x-3}+\sqrt{15-3x}<2\sqrt{19}$.

6. 设 a,b,c 是大于 1 的整数，求 $u=\dfrac{a+b+c}{2}-\dfrac{[a,b]+[b,c]+[c,a]}{a+b+c}$ 的最小值．其中 $[x,y]$ 表示正整数 x,y 的最小公倍数．

解：不妨设 $a\geqslant b\geqslant c$．当 $(a,b,c)=(2,2,2),(3,2,2),(3,3,3),(4,2,2)$ 时，

$u=2,\dfrac{3}{2},\dfrac{17}{8},\dfrac{7}{2},\dfrac{11}{4}$，下证：当 $a+b+c\geqslant9$ 时，有 $u\geqslant\dfrac{3}{2}$.

$\dfrac{a+b+c}{2}-\dfrac{[a,b]+[b,c]+[c,a]}{a+b+c}\geqslant\dfrac{3}{2}$

$\Leftrightarrow(a+b+c)^2-2([a,b]+[b,c]+[c,a])\geqslant3(a+b+c)$

$\Leftrightarrow a^2+b^2+c^2+2(ab-[a,b])+2(bc-[bc])+2(ca-[c,a])\geqslant3(a+b+c)$.

因为 $xy\geqslant[x,y]$，所以只需证 $a^2+b^2+c^2\geqslant3(a+b+c)$.

由于 $a+b+c\geqslant9$，且由柯西不等式 $3(a^2+b^2+c^2)\geqslant(a+b+c)^2$，

所以 $a^2+b^2+c^2\geqslant\dfrac{(a+b+c)^2}{3}=3(a+b+c)\cdot\dfrac{(a+b+c)}{9}\geqslant3(a+b+c)$.

故 $u\geqslant\dfrac{3}{2}$．当 $(a,b,c)=(3,2,2)$ 时等式成立．

所以，u 的最小值为 $\dfrac{3}{2}$.

7. 设实数 a,b 满足 $3^a+13^b=17^a$，$5^a+7^b=11^b$．证明：$a<b$.

证：假设 $a\geqslant b$，则 $13^a\geqslant13^b$，$5^a\geqslant5^b$．由 $3^a+13^b=17^a$，得 $3^a+13^a\geqslant17^a$，即

$\left(\dfrac{3}{17}\right)^a+\left(\dfrac{13}{17}\right)^a\geqslant 1$. 由于 $f(x)=\left(\dfrac{3}{17}\right)^x+\left(\dfrac{13}{17}\right)^x$ 严格递减，$f(1)=\dfrac{3}{17}+\dfrac{13}{17}=\dfrac{16}{17}<1$，

且 $f(a)\geqslant 1>f(1)$，则 $a<1$.

由 $5^a+7^b=11^b$，得 $5^b+7^b\leqslant 11^b$，即 $\left(\dfrac{5}{11}\right)^b+\left(\dfrac{7}{11}\right)^b\leqslant 1$.

由于 $g(x)=\left(\dfrac{5}{11}\right)^x+\left(\dfrac{7}{11}\right)^x$ 严格递减，$g(1)=\dfrac{5}{11}+\dfrac{7}{11}=\dfrac{12}{11}>1$，且 $g(b)\leqslant 1<g(1)$，

则 $b>1$. 因此，$a<1<b$，与 $a\geqslant b$ 矛盾. 所以，$a<b$.

第三章 函 数
Function

§3.1 函数与映射

1. 已知集合 $M=\{(x,y)\mid x+y=1\}$,映射 $f:M\rightarrow N$,在 f 作用下点 (x,y) 的像是 $(2^x,2^y)$,则集合 $N=$ ( ).

(A) $\{(x,y)\mid x+y=2,x>0,y>0\}$

(B) $\{(x,y)\mid xy=1,x>0,y>0\}$

(C) $\{(x,y)\mid xy=2,x<0,y<0\}$

(D) $\{(x,y)\mid xy=2,x>0,y>0\}$

解: D.(解法要点:因为 $x+y=1$,所以 $2^x \cdot 2^y=2^{x+y}=2$.)

2. 设集合 $M=\{-1,0,1\}$,$N=\{-2,-1,0,1,2\}$,如果从 M 到 N 的映射 f 满足条件:对 M 中的每个元素 x 与它在 N 中的像 $f(x)$ 的和都为奇数,则映射 f 的个数是 ( ).

(A) 8 个   (B) 12 个   (C) 16 个   (D) 18 个

解: D.(解法要点:∵ $x+f(x)$ 为奇数,∴ 当 x 为奇数 $-1,1$ 时,它们在 N 中的像只能为偶数 $-2,0$ 或 2,所以方法有 $3^2=9$ 种;而当 $x=0$ 时,它在 N 中的像为奇数 -1 或 1,共有 2 种对应方法.故映射 f 的个数是 $9\times2=18$.)

3. 在下列四组函数中,$f(x)$ 与 $g(x)$ 表示同一函数的是 ( ).

(A) $f(x)=x-1$,$g(x)=\dfrac{x^2-1}{x+1}$

(B) $f(x)=|x+1|$,$g(x)=\begin{cases}x+1 & (x\geqslant-1),\\ -x-1 & (x<-1)\end{cases}$

(C) $f(x)=x+2,x\in\mathbf{R}$,$g(x)=x+2,x\in\mathbf{Z}$

(D) $f(x)=\sqrt{x^2}$,$g(x)=(\sqrt{x})^2$

解: B.(解法要点:解析式和定义域都需要一致.)

4. 若函数 $y=x^2-4x-2$ 的定义域为 $[0,m]$,值域为 $[-6,-2]$,则 m 的取值范围是 ( ).

(A) $(0,4]$ (B) $[2,4]$ (C) $(0,2]$ (D) $(2,4)$

解: B.(解法要点:画图即可得.)

5. 给定映射 $f:(x,y)\rightarrow(2x+y,xy)$,求点 $\left(\dfrac{1}{6},-\dfrac{1}{6}\right)$ 的原像.

解: $f:(x,y)\rightarrow(2x+y,xy)$,$\left(\dfrac{1}{3},-\dfrac{1}{2}\right)$ 或 $\left(-\dfrac{1}{4},\dfrac{2}{3}\right)$.

6. 已知 $X=\{-1,0,1\}$,$Y=\{-2,-1,0,1,2\}$,映射 $f:X\rightarrow Y$ 满足:对任意的 $x\in X$,它在 Y 中的像 $f(x)$ 使得 $x+f(x)$ 为偶数,这样的映射有_____个.

解: 奇数自变量所对应值也为奇数,故 ±1 各有 2 种对应,0 有 3 种对应.所以 $2\times3\times2=12$.

7. 给定 $A=\{1,2,3\}$,$B=\{-1,0,1\}$ 和映射 $f:X\rightarrow Y$,若 f 为单射,则 f 有_____个;若 f 为满射,则 f 有_____个;满足 $f[f(x)]=f(x)$ 的映射有_____个.

解:(1) 由定义可得:6 个;

(2) 由定义可得:6 个;

(3) 枚举可得:1 个.

8.(1) 已知函数 $f(x)$ 的定义域为 $[0,1]$,求 $f(x^2-1)$ 的定义域.

(2) 已知函数 $f(x^2-1)$ 的定义域是 $[-1,1]$,求函数 $f(x)$ 的定义域.

(3) 已知函数 $f(x+3)$ 的定义域为 $[1,3)$,求函数 $f(x-1)$ 的定义域.

(4) 已知函数 $f(x)$ 的定义域是 $(-3,2)$,求函数 $f(1-2x)-f(2x+1)$ 的定义域.

解:(1) $\left[-\sqrt{2},-1\right]\cup\left[1,\sqrt{2}\right]$.

(2) $[-1,0]$.

(3) $[5,7)$.

(4) $\left[-\dfrac{1}{2},\dfrac{1}{2}\right]$.

9. 已知 $f(x)$ 是一次函数,且 $f\{f[f(x)]\}=8x+7$.求 $f(x)$ 的解析式.

解: 设 $f(x)=ax+b(a\neq0)$,$f\{f[f(x)]\}=a^3x+a^2b+ab+b=8x+7\Rightarrow f(x)=2x+1$.

10. 求出解析式为 $f(x)=x^2$,值域为 $\{1,4\}$ 的所有函数.

解: $(\pm1)^2=1$,$(\pm2)^2=4$,有下列 7 种情形:

① $f(x)=x^2$,$x\in\{1,2\}$;

② $f(x)=x^2$,$x\in\{-1,-2\}$;

③ $f(x)=x^2$,$x\in\{-1,1,2\}$;

④ $f(x)=x^2$,$x\in\{-1,1,-2\}$;

⑤ $f(x)=x^2$,$x\in\{1,-2,2\}$.

⑥ $f(x)=x^2$,$x\in\{-1,-2,2\}$.

⑦ $f(x)=x^2$,$x\in\{-1,1,-2,2\}$.

11. f 是集合 $P=\{a,b,c,d,e\}$ 到集合 $Q=\{0,1,2\}$ 的映射,满足 $f(a)+f(b)+f(c)+f(d)+f(e)=5$ 的映射有多少个?

解: 将 0,1,2 三个元素设想为 0 号盒、1 号盒和 2 号盒三个盒子.只要 5 个元素 a,b,c,d,e 全部放入盒子(允许有空盒)便可得到 1 个映射.设放入 1 号盒的元素个数为 x,放入 2 号盒的元素个数为 y,则放入 0 号盒的元素个数为 $5-x-y$ 个,$0\leqslant x,y\leqslant5$.则有

$$f(a)+f(b)+f(c)+f(d)+f(e)=0\cdot(5-x-y)+1\cdot x+2\cdot y=x+2y,$$

由条件 $x+2y=5$,考虑到 $x,y\in\mathbf{N}$ 且 $0\leqslant x,y\leqslant 5$,

故上述方程的解是 $\begin{cases}x=1,\\y=2,\end{cases}\begin{cases}x=3,\\y=1,\end{cases}\begin{cases}x=5,\\y=0.\end{cases}$

因此满足条件的元素的放法有三类.

第一类:放入 1 号盒 1 个元素,放入 2 号盒 2 个元素,其余元素放入 0 号盒,放法种数是: 30 种.

第二类:放入 1 号盒 3 个元素,放入 2 号盒 1 个元素,其余元素放入 0 号盒,放法种数是: 20 种.

第三类:全部 5 个元素都放入 1 号盒,放法种数为 1 种.

所以放法总数为 30+20+1=51 种.故符合条件的映射有 51 个.

12. 求下列函数的值域:

(1) 求函数 $y=x+\sqrt{2x+1}$ 的值域.

(2) 函数 $y=x+\sqrt{x^2-3x+2}$ 的值域为_____.

(3) 求函数 $y=(\sqrt{1+x}+\sqrt{1-x}+2)(\sqrt{1-x^2}+1),x\in[0,1]$ 的值域.

解：(1) $y=x+\sqrt{2x+1}$

$$=\frac{1}{2}(2x+1+2\sqrt{2x+1}+1)-1$$

$$=\frac{1}{2}(\sqrt{2x+1}+1)^2-1\geqslant\frac{1}{2}-1$$

$$=-\frac{1}{2}.$$

当 $x=-\frac{1}{2}$ 时,$y=-\frac{1}{2}$,所以函数值域是 $\left[-\frac{1}{2},+\infty\right)$.

(2) 先平方去掉根号,由题设得 $(y-x)^2=x^2-3x+2$,

则 $x=\frac{y^2-2}{2y-3}$.由 $y\geqslant x$,得 $y\geqslant\frac{y^2-2}{2y-3}$.

解得 $1\leqslant y<\frac{3}{2},y\geqslant 2$.由于 $\sqrt{x^2-3x+2}$ 能达到下界 0,

所以函数的值域为 $\left[1,\frac{3}{2}\right)\cup[2,+\infty)$.

(3) 令 $\sqrt{1+x}+\sqrt{1-x}=u$,因为 $x\in[-1,1]$,所以 $u^2=2+2\sqrt{1-x^2}\in[2,4]$,所以 $\sqrt{2}\leqslant u\leqslant 2$.

显然 $y=(u+2)\frac{u^2}{2}$ 在 $u\in[\sqrt{2},2]$ 严格递增.

所以该函数值域为 $[2+\sqrt{2},8]$.

13. 设 $f(x)$ 在 $[0,1]$ 上有定义,要使函数 $f(x-a)+f(x+a)$ 有定义,则 a 的取值范围为 _____.

解：$\because\ x-a\in[0,1],x+a\in[0,1]\Rightarrow\begin{cases}a\leqslant x\leqslant a+1,\\-a\leqslant x\leqslant 1-a\end{cases}$ 有解，

等价于考虑 $\begin{cases}a\leqslant x\leqslant a+1,\\-a\leqslant x\leqslant 1-a\end{cases}$ 无解，等价于 $a+1<-a$ 或 $1-a<a$，则 $a\in\left[-\dfrac{1}{2},\dfrac{1}{2}\right]$.

14. 已知函数 $f(x)$ 和 $g(x)$ 的图像关于原点对称，且 $f(x)=x^2+2x$.

（1）求函数 $g(x)$ 的解析式.

（2）解不等式 $g(x)\geqslant f(x)-|x-1|$.

解：（1）设函数 $y=g(x)$ 图像上一点为 $P(x,g(x))$，其关于原点对称点 $(-x,-g(x))$ 在函数 $y=f(x)$ 上，则有 $-g(x)=(-x)^2+2(-x)$.则有 $g(x)=-x^2+2x$.

（2）原不等式等价于 $|x-1|\geqslant 2x^2$.当 $x\geqslant 1$ 时，有 $x-1\geqslant 2x^2$ 解集为空集.

当 $x<1$ 时，$1-x\leqslant 2x^2$ 的解集为 $\left\{x\left|-1\leqslant x\leqslant\dfrac{1}{2}\right.\right\}$.故原式解集 $\left\{x\left|-1\leqslant x\leqslant\dfrac{1}{2}\right.\right\}$.

15. 函数 $f(x)=\sqrt{1+x}+\sqrt{1-x}$.

（1）求函数 $f(x)$ 的值域.

（2）设 $F(x)=m\sqrt{1-x^2}+f(x)$，记 $F(x)$ 的最大值为 $g(m)$，求 $g(m)$ 的表达式.

（3）在第（2）条件下，试求满足不等式 $g(-m)>\left(\dfrac{9}{4}\right)^m$ 的实数 m 的取值范围.

解：（1）要使 $f(x)$ 有意义，必须 $1+x\geqslant 0$ 且 $1-x\geqslant 0$，即 $-1\leqslant x\leqslant 1$.

由于 $f^2(x)=2+2\sqrt{1-x^2}\in[2,4]$，且 $f(x)\geqslant 0$，

则 $f(x)$ 的值域是 $[\sqrt{2},2]$.

（2）设 $f(x)=t$，则 $\sqrt{1-x^2}=\dfrac{1}{2}t^2-1$，

则 $F(x)=m\left(\dfrac{1}{2}t^2-1\right)+t=\dfrac{1}{2}mt^2+t-m,t\in[\sqrt{2},2]$.

由题意知 $g(m)$ 即为函数 $m(t)=\dfrac{1}{2}mt^2+t-m,t\in[\sqrt{2},2]$ 的最大值，

由于直线 $t=-\dfrac{1}{m}$ 是抛物线 $m(t)=\dfrac{1}{2}mt^2+t-m$ 的对称轴，

则可分以下几种情况进行讨论：

1°当 $m>0$ 时，函数 $y=m(t),t\in[\sqrt{2},2]$ 的图像是开口向上的抛物线的一段，

由 $t=-\dfrac{1}{m}<0$ 知 $m(t)$ 在 $t\in[\sqrt{2},2]$ 上严格递增，故 $g(m)=m(2)=m+2$；

2°当 $m=0$ 时，$m(t)=t,t\in[\sqrt{2},2]$，有 $g(m)=2$；

3°当 $m<0$ 时，函数 $y=m(t),t\in[\sqrt{2},2]$ 的图像是开口向下的抛物线的一段，

若 $t=-\dfrac{1}{m}\in(0,\sqrt{2}]$ 即 $m\leqslant-\dfrac{\sqrt{2}}{2}$ 时，$g(m)=m(\sqrt{2})=\sqrt{2}$.

若 $t=-\dfrac{1}{m}\in(\sqrt{2},2]$ 即 $m\in\left(-\dfrac{\sqrt{2}}{2},-\dfrac{1}{2}\right]$ 时，$g(m)=m\left(-\dfrac{1}{m}\right)=-m-\dfrac{1}{2m}$，

若 $t=-\dfrac{1}{m}\in(2,+\infty)$ 即 $m\in\left(-\dfrac{1}{2},0\right)$ 时，$g(m)=m(2)=m+2$.

综上所述，有 $g(m)=\begin{cases}m+2 & \left(m>-\dfrac{1}{2}\right),\\[2mm] -m-\dfrac{1}{2m} & \left(-\dfrac{\sqrt{2}}{2}<m\leqslant-\dfrac{1}{2}\right),\\[2mm] \sqrt{2} & \left(m\leqslant-\dfrac{\sqrt{2}}{2}\right).\end{cases}$

（3）由(2)得到：$g(-m)=\begin{cases}-m+2 & \left(m<\dfrac{1}{2}\right),\\[2mm] m+\dfrac{1}{2m} & \left(\dfrac{1}{2}\leqslant m<\dfrac{\sqrt{2}}{2}\right),\\[2mm] \sqrt{2} & \left(m\geqslant\dfrac{\sqrt{2}}{2}\right).\end{cases}$

当 $m<\dfrac{1}{2}$ 时，$g(-m)=-m+2$ 严格递减，$y=\left(\dfrac{9}{4}\right)^{m}$ 严格递增，

则 $g(-m)>-\dfrac{1}{2}+2=\dfrac{3}{2}=\left(\dfrac{9}{4}\right)^{\frac{1}{2}}>\left(\dfrac{9}{4}\right)^{m}$ 恒成立.

当 $\dfrac{1}{2}\leqslant m<\dfrac{\sqrt{2}}{2}$ 时，由于 $y=g(-m)=m+\dfrac{1}{2m}$，则 $y'=1-\dfrac{1}{2m^{2}}<0$，

则 $g(-m)=m+\dfrac{1}{2m}$ 严格递减，又由于 $y=\left(\dfrac{9}{4}\right)^{m}$ 严格递增，

则 $g(-m)\leqslant\dfrac{1}{2}+\dfrac{1}{2\times\dfrac{1}{2}}=\dfrac{3}{2}\leqslant\left(\dfrac{9}{4}\right)^{\frac{1}{2}}\leqslant\left(\dfrac{9}{4}\right)^{m}$，所以 $g(-m)>\left(\dfrac{9}{4}\right)^{m}$ 恒不成立.

当 $m\geqslant\dfrac{\sqrt{2}}{2}$ 时，$g(-m)=\sqrt{2}<\dfrac{3}{2}<\left(\dfrac{9}{4}\right)^{\frac{1}{2}}<\left(\dfrac{9}{4}\right)^{m}$ 所以：$g(-m)>\left(\dfrac{9}{4}\right)^{m}$ 恒不成立.

综上：满足不等式 $g(-m)>\left(\dfrac{9}{4}\right)^{m}$ 的实数 m 的取值范围是：$m<\dfrac{1}{2}$.

16. 已知函数 $f(x)=\left|1-\dfrac{1}{x}\right|$.

（1）是否存在实数 $a,b(a<b)$，使得函数 $f(x)$ 的定义域和值域都是 $[a,b]$？若存在，请求出 a,b 的值；若不存在，请说明理由.

（2）若存在实数 $a,b(a<b)$，使得函数 $f(x)$ 的定义域是 $[a,b]$，值域是 $[ma,mb](m\neq0)$，求实数 m 的取值范围.

解：（1）不存在实数 $a,b(a<b)$ 满足条件.事实上，若存在实数 $a,b(a<b)$ 满足条件，则

有 $x\geqslant a>0$.故 $f(x)=\begin{cases}1-\dfrac{1}{x} & (x\geqslant1),\\[2mm] \dfrac{1}{x}-1 & (0<x<1).\end{cases}$

（ⅰ）当 $a,b\in(0,1)$ 时，$f(x)=\dfrac{1}{x}-1$ 在 $(0,1)$ 上为严格减函数，所以 $\begin{cases}f(a)=b,\\f(b)=a,\end{cases}$ 即 $\begin{cases}\dfrac{1}{a}-1=b,\\\dfrac{1}{b}-1=a.\end{cases}$

由此推得 $a=b$，与已知矛盾，故此时不存在实数 $a,b(a<b)$ 满足条件.

（ⅱ）当 $a,b\in[1,+\infty)$ 时，$f(x)=1-\dfrac{1}{x}$ 在 $[1,+\infty)$ 上为严格增函数，所以 $\begin{cases}f(a)=a\\f(b)=b\end{cases}$，

即 $\begin{cases}1-\dfrac{1}{a}=a,\\1-\dfrac{1}{b}=b.\end{cases}$

于是 a,b 为方程 $x^2-x+1=0$ 的实根.而此时方程无实根，故此时也不存在实数 a,b $(a<b)$ 满足条件.

（ⅲ）当 $a\in(0,1),b\in[1,+\infty)$ 时，显然 $1\in[a,b]$，而 $f(1)=0$，所以 $0\in[a,b]$，矛盾.

综上可知，不存在实数 $a,b(a<b)$ 满足条件.

（2）若存在实数 $a,b(a<b)$ 满足 $f(x)$ 定义域是 $[a,b]$，值域是 $[ma,mb]$，$m\neq0$，易得 $m>0,a>0$.

仿（1）知，当 $a,b\in(0,1)$ 或 $a\in(0,1),b\in[1,+\infty)$ 时，满足条件的实数 $a,b(a<b)$ 不存在.

只有当 $a,b\in[1,+\infty)$ 时，$f(x)=1-\dfrac{1}{x}$ 在 $[1,+\infty)$ 上为严格增函数，有 $\begin{cases}f(a)=ma,\\f(b)=mb,\end{cases}$

即 $\begin{cases}1-\dfrac{1}{a}=ma,\\1-\dfrac{1}{b}=mb.\end{cases}$ 于是 a,b 为方程 $mx^2-x+1=0$ 的两个大于 1 的实根.

则 $\begin{cases}\Delta=1-4m>0,\\x=\dfrac{1\pm\sqrt{1-4m}}{2m}>1,\end{cases}$ 只须 $\begin{cases}m>0,\\1-4m>0,\\1-\sqrt{1-4m}>2m,\end{cases}$ 解得 $0<m<\dfrac{1}{4}$.

所以 m 的取值范围为 $0<m<\dfrac{1}{4}$.

17. 函数 $f(x)$ 定义在整数集上，且满足 $f(n)=\begin{cases}n-3 & (n\geqslant1000),\\f[f(n+5)] & (n<1000),\end{cases}$ 求 $f(100)$ 的值.

解：定义：$f_{(n)}(x)=f(f\cdots f(x))$，其中等式右边有 n 层 f 函数.

$$f(100)=f_{(2)}(105)=f_{(3)}(110)=\cdots=f_{(181)}(1000)$$
$$=f_{(180)}(997)=f_{(181)}(1002)=f_{(180)}(999)=f_{(181)}(1004)$$
$$=f_{(180)}(1001)=f_{(179)}(998)=f_{(180)}(1003)=f_{(179)}(1000)$$

因为 $f_{(181)}(1000)=f_{(179)}(1000)$，根据周期性，所以 $f_{(181)}(1000)=f_{(1)}(1000)$，

$f_{(181)}(1000)=f_{(1)}(1000)=997.$

18. 已知函数 $f(x)=\dfrac{2x^2+4x+a}{x}$，$x\in[1,+\infty)$

(1) 当 $a=2$ 时，求函数 $f(x)=\dfrac{2x^2+4x+a}{x}$ 的最小值.

(2) 若对任意 $x\in[1,+\infty)$，$f(x)>0$ 恒成立，试求实数 a 的取值范围.

解：(1) 当 $a=2$ 时，$f(x)=2x+\dfrac{2}{x}+4$，

由于 $f(x)$ 在 $[1,+\infty)$ 上是严格增函数，

则 $f(x)$ 在 $[1,+\infty)$ 上有最小值 $f(1)=8$.

(2) 在 $[1,+\infty)$ 上，$f(x)=\dfrac{2x^2+4x+a}{x}>0$ 恒成立，等价于

$2x^2+4x+a>0$ 恒成立，令 $g(x)=2x^2+4x+a=2(x+1)^2+a-2$，

则 $g(x)$ 在 $[1,+\infty)$ 上是严格增函数，当 $x=1$ 时，有最小值 $6+a$，

由 $f(x)>0$ 恒成立，得 $6+a>0$，故 $a>-6$.

19. 设 a,b 为常数，$M=\{f(x)\,|\,f(x)=a\cos x+b\sin x\}$；$F$：把平面上任意一点 (a,b) 映射为函数 $a\cos x+b\sin x$.

(1) 证明：不存在两个不同点对应于同一个函数.

(2) 证明：当 $f_0(x)\in M$ 时，$f_1(x)=f_0(x+t)\in M$，这里 t 为常数.

(3) 对于属于 M 的一个固定值 $f_0(x)$，得 $M_1=\{f_0(x+t),t\in\mathbf{R}\}$，在映射 F 的作用下，M_1 作为像，求其原像，并说明它是什么图像.

解：(1) 假设有两个不同的点 (a,b)，(c,d) 对应同一函数，即 $F(a,b)=a\cos x+b\sin x$ 与 $F(c,d)=c\cos x+d\sin x$ 相同，即 $a\cos x+b\sin x=c\cos x+d\sin x$ 对一切实数 x 均成立.特别令 $x=0$，得 $a=c$；令 $x=\dfrac{\pi}{2}$，得 $b=d$ 这与 (a,b)，(c,d) 是两个不同点矛盾，假设不成立.故不存在两个不同点对应同函数.

(2) 当 $f_0(x)\in M$ 时，可得常数 a_0,b_0，使

$$f_0(x)=a_0\cos x+b_0\sin x,$$
$$f_1(x)=f_0(x+t)$$
$$=a_0\cos(x+t)+b_0\sin(x+t)$$
$$=(a_0\cos t+b_0\sin t)\cos x+(b_0\cos t-a_0\sin t)\sin x,$$

由于 a_0,b_0,t 为常数，设 $a_0\cos t+b_0\sin t=m$，$b_0\cos t-a_0\sin t=n$，则 m,n 是常数.从而 $f_1(x)=m\cos x+n\sin x\in M$.

(3) 设 $f_0(x)\in M$，由此得 $f_0(x+t)=m\cos x+n\sin x$，其中 $m=a_0\cos t+b_0\sin t$，$n=b_0\cos t-a_0\sin t$，在映射 F 之下，$f_0(x+t)$ 的原像是 (m,n)，则 M_1 的原像是

$$\{(m,n)\,|\,m=a_0\cos t+b_0\sin t,n=b_0\cos t-a_0\sin t,t\in\mathbf{R}\}.$$

消去 t 得 $m^2+n^2=a_0^2+b_0^2$，即在映射 F 之下，M_1 的原像 $\{(m,n)\,|\,m^2+n^2=a_0^2+b_0^2\}$ 是以原点为圆心，$\sqrt{a_0^2+b_0^2}$ 为半径的圆.

20. 设 $f(x)=x^2+a$.记 $f^1(x)=f(x)$，$f^n(x)=f[f^{n-1}(x)]$，$n=2,3,\cdots$，

$M=\{a\in\mathbf{R}\,|$ 对所有正整数 n , $|f^n(0)|\leqslant2\}$.证明: $M=\left[-2,\dfrac{1}{4}\right]$.

证明: (1) 如果 $a<-2$,则 $|f^1(0)|=|a|>2$, $a\notin M$.

(2) 如果 $-2\leqslant a\leqslant\dfrac{1}{4}$,由题意 $f^1(0)=a$, $f^n(0)=(f^{n-1}(0))^2+a$, $n=2,3,\cdots$. 则

① 当 $0\leqslant a\leqslant\dfrac{1}{4}$ 时, $|f^n(0)|\leqslant\dfrac{1}{2}(\forall n\geqslant1)$.

事实上,当 $n=1$ 时, $|f^1(0)|=|a|\leqslant\dfrac{1}{2}$,设 $n=k-1$ 时成立($k\geqslant2$ 为某整数),则对 $n=k$,

$$|f^k(0)|\leqslant|f^{k-1}(0)|^2+a\leqslant\left(\dfrac{1}{2}\right)^2+\dfrac{1}{4}=\dfrac{1}{2}.$$

② 当 $-2\leqslant a<0$ 时, $|f^n(0)|\leqslant|a|$ ($\forall n\geqslant1$).

事实上,当 $n=1$ 时, $|f^1(0)|\leqslant|a|$,设 $n=k-1$ 时成立($k\geqslant2$ 为某整数),则对 $n=k$,有 $-|a|=a\leqslant f^k(0)=(f^{k-1}(0))^2+a\leqslant a^2+a$.注意到当 $-2\leqslant a<0$ 时,总有 $a^2\leqslant-2a$,即 $a^2+a\leqslant-a=|a|$. 从而有 $|f^k(0)|\leqslant|a|$.由归纳法,推出 $\left[-2,\dfrac{1}{4}\right]\subseteq M$.

(3) 当 $a>\dfrac{1}{4}$ 时,记 $a_n=f^n(0)$,则对于任意 $n\geqslant1$, $a_n>a>\dfrac{1}{4}$ 且

$$a_{n+1}=f^{n+1}(0)=f(f^n(0))=f(a_n)=a_n^2+a.$$

对于任意 $n\geqslant1$, $a_{n+1}-a_n=a_n^2-a_n+a=\left(a_n-\dfrac{1}{2}\right)^2+a-\dfrac{1}{4}\geqslant a-\dfrac{1}{4}$,则 $a_{n+1}-a_n\geqslant a-\dfrac{1}{4}$.

所以, $a_{n+1}-a=a_{n+1}-a_1\geqslant n\left(a-\dfrac{1}{4}\right)$.

当 $n>\dfrac{2-a}{a-\dfrac{1}{4}}$ 时, $a_{n+1}\geqslant n\left(a-\dfrac{1}{4}\right)+a>2-a+a=2$,即 $f^{n+1}(0)>2$.因此 $a\notin M$.

综合(1)(2)(3),我们有 $M=\left[-2,\dfrac{1}{4}\right]$.

§3.2　函数关系的建立

1. 某商场在节日期间推出一项促销活动,"满 100 送 30",即当消费额超过 100 元当场抵扣 30 元,例如消费额为 180 元抵扣 30 元,实际支付费用为 150 元;消费额 200 元抵扣 60 元,实际支付费用为 140 元;依此类推.

(1) 建立实际支付费用 y 与消费额 x 之间的函数关系.

(2) 消费金额不同,实际支付的费用能否相同?

解: (1) 则 $y=x-\left[\dfrac{x}{100}\right]\times30$, $x\in[0,+\infty)$.

(2) 消费金额不同,实际支付的费用可能相同,如消费额 170 元时,实际支付费用为 140

元,而消费额 200 元时,实际支付的费用也为 140 元.

2. 某种衬衫进货价为每件 30 元,若以 40 元一件售出,则每天可以卖出 40 件;若每件提价 1 元,则每天卖出的件数将减少一件.试写出每天出售衬衫的净收入与销售价格之间的函数关系.

解: $y=80x-x^2,x\in\{x\mid40\leqslant x\leqslant80,x\in\mathbf{N}^*\}$.

3. 投寄本埠平信,每封信不超过 20 克时付邮费 0.6 元,超过 20 克不超过 40 克时付邮费 1.2 元,依此类推,每增加 20 克需增加邮费 0.6 元(重量在 100 克以内),如果某人投一封重量 为 72.5 克的信,求他应付的邮费.

解: $0.6\times4=2.4$ 元.

4. 图如 3-1 所示,一长方形泳池中相邻的两条泳道 A_1B_1 和 A_2B_2(看成两条互相平行的线段分别长 90 米,甲在泳道 A_1B_1 上从 A_1 处出发,以 3 米/秒的速度到达 B_1 以同样的速度返回 A_1 处,然后重复上述过程;乙在泳道 A_2B_2 上从 B_2 处出发,以 2 米/秒的速度到达 A_2 以同样的速度游回 B_2 处,然后重复上述过程.(不考虑每次折返时的减速和转向时间).两人同时开始运动.

(1) 设甲离开池边 B_1B_2 处的距离为 y 米,当时间 $t\in[0,60]$(单位:秒)时,写出 y 关于 t 的函数解析式.

(2) 试在直角坐标系中,x 轴表示时间 $t\in[0,180]$(单位:秒),y 轴表示离开池边 B_1B_2 处的距离.画出甲、乙两人各自运动的函数图像(实线表示甲的图像,虚线表示乙的图像).

(3) 请根据图像判断从开始运动起到 3 分钟为止,甲乙的相遇次数.

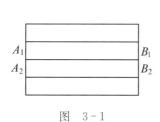

图　3-1

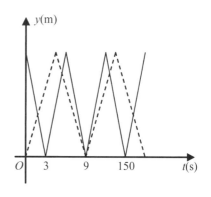

题 4(2)解题配图

解: (1) $y=\begin{cases}90-3t,t\in[0,30],\\3t-90,t\in(30,60].\end{cases}$　　(2) 如上右图.

(3) 图线交点代表相遇,可见相遇五次.

5. 某学校要建造一个面积为 10000 平方米的运动场.如图 3-2,运动场是由一个矩形 $ABCD$ 和分别以 AD、BC 为直径的两个半圆组成.跑道是一条宽 8 米的塑胶跑道,运动场除跑道外,其他地方均铺设草皮.已知塑胶跑道每平方米造价为 150 元,草皮每平方米造价为 30 元.

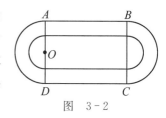

图　3-2

(1) 设半圆的半径 $OA=r$(米),试建立塑胶跑道面积 S 与 r 的函数关系 $S(r)$.

(2) 由于条件限制 $r\in[30,40]$,问当 r 取何值时,运动场造价最低?(精确到元)

解：（1）塑胶跑道面积 $S=\dfrac{80000}{r}+8\pi r-64\pi\left(0<r<\dfrac{100}{\sqrt{\pi}}\right)$.

（2）设运动场造价为 $y=300000+120\left(\dfrac{80000}{r}+8\pi r\right)-7680\pi$，在 $r\in[30,40]$ 上单调递增.

当 $r=40$，运动场造价最低位 636510 元.

6. 国际上常用恩格尔系数（记作 n）来衡量一个国家和地区人民生活水平的状况，它的计算公式为：$n=\dfrac{食品消费支出总额}{消费支出总额}\times100\%$，各种类型家庭的 n 如下表所示：

家庭类型	贫　困	温　饱	小　康	富　裕	最富裕
n	$n>60\%$	$50\%<n\leqslant60\%$	$40\%<n\leqslant50\%$	$30\%<n\leqslant40\%$	$n\leqslant30\%$

根据某市城区家庭抽样调查统计，2003 年初至 2007 年底期间，每户家庭消费支出总额每年平均增加 720 元，其中食品消费支出总额每年平均增加 120 元.

（1）若 2002 年底该市城区家庭刚达到小康，且该年每户家庭消费支出总额 9600 元，问 2007 年底能否达到富裕？请说明理由.

（2）若 2007 年比 2002 年的消费支出总额增加 36%，其中食品消费支出总额增加 12%，问从哪一年底起能达到富裕？请说明理由.

解：（1）2007 年底能达到富裕.

（2）（解题提示：通过支出增加的比例与实际量，算出 2002 年的消费支出总额）6 年后即 2008 年底起达到富裕.

7. 某公司为帮助尚有 26.8 万元无息贷款没有偿还的残疾人商店，借出 20 万元将该商店改建成经营状况良好的某种消费品专卖店，并约定用该店经营的利润逐步偿还债务（所有债务均不计利息）.

已知该种消费品的进价为每件 40 元；该店每月销售量 q（百件）与销售价 p（元/件）之间的关系用图 3-3 中的一条折线（实线）表示；职工每人每月工资为 600 元，该店应交付的其他费用为每月13200 元.

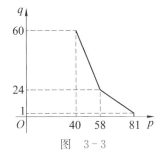
图　3-3

（1）若当销售价 p 为 52 元/件时，该店正好收支平衡，求该店的职工人数.

（2）若该店只安排 40 名职工，则该店最早可在几年后还清所有债务，此时每件消费品的价格定为多少元？

解：（1）设该店的月利润为 S 元，有职工 m 名.

所以，$S=\begin{cases}(-2p+140)(p-40)\times100-600m-13200 & (40\leqslant p\leqslant58),\\(-p+82)(p-40)\times100-600m-13200 & (58<p\leqslant81).\end{cases}$

由已知，当 $p=52$ 时，$S=0$，即

$(-2p+140)(p-40)\times100-600m-13200=0$，解得 $m=50$.即此时该店有 50 名职工.

（2）若该店只安排 40 名职工，则月利润

$$S=\begin{cases}(-2p+140)(p-40)\times100-37200 & (40\leqslant p\leqslant58),\\(-p+82)(p-40)\times100-37200 & (58<p\leqslant81).\end{cases}$$

当 $40\leqslant p\leqslant58$ 时,求得 $p=55$ 时,S 取最大值 7800 元.

当 $58<p\leqslant81$ 时,求得 $p=61$ 时,S 取最大值 6900 元.

综上,当 $p=55$ 时,S 有最大值 7800 元.

设该店最早可在 n 年后还清债务,依题意,有 $12n\times7800-268000-200000\geqslant0$.

解得 $n\geqslant5$.

所以,该店最早可在 5 年后还清债务,此时消费品的单价定为 55 元.

8. 某厂生产一种仪器,由于受生产能力和技术水平的限制,会产生一些次品,根据经验知道,该厂生产这种仪器,次品率 P 与日产量 x(件)之间大体满足关系

$$P=\begin{cases}\dfrac{1}{96-x}, & 1\leqslant x\leqslant c,x\in\mathbf{N},\\[2mm]\dfrac{2}{3}, & x>c,x\in\mathbf{N}.\end{cases}$$ (其中 c 为小于 96 的正常数)其中次品率 $P=\dfrac{次品数}{生产量}$,如

$P=0.1$ 表示生产 10 件产品,约有 1 件次品,其余为合格品.已知每生产一件合格的仪器可以盈利 A 元,但每生产一件次品将亏损 $\dfrac{A}{2}$ 元.故厂方希望定出合适的日产量.

(1) 试将生产这种仪器每天的盈利额 T(元)表示为日产量 x(件)的函数.

(2) 当日产量为多少时,可获得最大利润?

解:(1) 当 $x>c$ 时,$P=\dfrac{2}{3}$,所以,每天的盈利额 $T=\dfrac{1}{3}xA-\dfrac{2}{3}x\cdot\dfrac{A}{2}=0$.

当 $1\leqslant x\leqslant c$ 时,$P=\dfrac{1}{96-x}$,所以,每日生产的合格仪器约有 $\left(1-\dfrac{1}{96-x}\right)x$ 件,次品约有 $\left(\dfrac{1}{96-x}\right)x$ 件.则每天的盈利额

$$T=\left(1-\dfrac{1}{96-x}\right)xA-\left(\dfrac{1}{96-x}\right)x\cdot\dfrac{A}{2}=\left(x-\dfrac{3x}{2(96-x)}\right)A.$$

综上,日盈利额 T(元)与日产量 x(件)的函数关系为:

$$T=\begin{cases}\left[x-\dfrac{3x}{2(96-x)}\right]A & (1\leqslant x\leqslant c)\\0 & (x>c)\end{cases}.$$

(2) 由(1)知,当 $x>c$ 时,每天的盈利额为 0.

当 $1\leqslant x\leqslant c$ 时,$T=\left(x-\dfrac{3x}{2(96-x)}\right)A$.

为表达方便,令 $96-x=t$,则 $0<96-c\leqslant t\leqslant95$.故

$$T=\left(96-t-\dfrac{3(96-t)}{2t}\right)A=\left(97\dfrac{1}{2}-t-\dfrac{144}{t}\right)A\leqslant\left(97\dfrac{1}{2}-2\sqrt{t\cdot\dfrac{144}{t}}\right)A=\dfrac{147}{2}A>0.$$ 等

号当且仅当 $t=\dfrac{144}{t}$,即 $t=12$(即 $x=88$)时成立.所以,

① 当 $c \geqslant 88$ 时，$T_{\max} = \dfrac{147}{2} A$（等号当且仅当 $x = 88$ 时成立）.

② 当 $1 \leqslant c < 88$ 时，由 $1 \leqslant x \leqslant c$ 得 $12 < 96 - c \leqslant t \leqslant 95$，易证函数 $g(t) = t + \dfrac{144}{t}$ 在 $t \in (12, +\infty)$ 上单调递增（由函数图像易知）. 所以，$g(t) \geqslant g(96 - c)$. 因此，

$$T = \left(97\tfrac{1}{2} - t - \dfrac{144}{t}\right) A \leqslant \left(97\tfrac{1}{2} - (96 - c) - \dfrac{144}{96 - c}\right) A = \left(\dfrac{144 + 189c - 2c^2}{192 - 2c}\right) A > 0.$$

即 $T_{\max} = \left(\dfrac{144 + 189c - 2c^2}{192 - 2c}\right) A.$（等号当且仅当 $x = c$ 时取得）

综上，若 $88 \leqslant c < 96$，则当日产量为 88 件时，可获得最大利润；若 $1 \leqslant c < 88$，则当日产量为 c 时，可获得最大利润.

9. 某医院研究所开发一种新药，如果成人按规定的剂量使用，据监测，服药后每毫升血液中的含药量 y 与时间 t 之间近似满足如图 3-4 所示的曲线.

（1）写出服药后 y 与 t 之间的函数关系式.

（2）据测定，每毫升血液中含药量不少于 4 微克时治疗疾病有效，假若某病人一天中第一次服药为 7:00，问一天中怎样安排服药时间、次数，效果最佳？

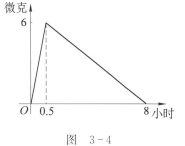

图 3-4

解：（1）依题意，得 $y = \begin{cases} 12t & (0 \leqslant t \leqslant 0.5), \\ -\dfrac{4}{5}t + \dfrac{32}{5} & (0.5 \leqslant t \leqslant 8). \end{cases}$

（2）设第二次服药时，在第一次服药后 t_1 小时，则 $-\dfrac{4}{5}t_1 + \dfrac{32}{5} = 4$，$t_1 = 3$（小时）.

因而第二次服药应在 10:00.

设第三次服药在第一次服药后 t_2 小时，则此时血液中含药量应为两次服药后含药量之和，即有 $-\dfrac{4}{5}t_2 + \dfrac{32}{5} - \dfrac{4}{5}(t_2 - 3) + \dfrac{32}{5} = 4$，解得 $t_2 = 7$（小时），因而第三次服药应在 14:00.

设第四次服药在第一次服药后 t_3 小时（$t_3 > 8$），则此时第一次服的药已吸收完，此时血液中含药量应为第二、三次之和 $-\dfrac{4}{5}(t_3 - 3) + \dfrac{32}{5} + \left[-\dfrac{4}{5}(t_3 - 7) + \dfrac{32}{5}\right] = 4$，

解得 $t_3 = 10.5$（小时），故第四次服药应在 17:30.

10. 居民自来水收费规定：月总费用＝基本费用 3 元＋保险金 C 元＋超额费（C 为定值且 $C \leqslant 5$ 元）；每月每户用量不超出基本限额 A 米³ 付基本费 3 元和保险费，超出 A 部分付 B 元/米³，某户近三月费用见下表，求 A、B、C.

月序号	用水量（米³）	费用（元）
1	4	4
2	25	14
3	35	19

解： 费用 $y=\begin{cases}3+c & (0\leqslant x\leqslant A),\\ 3+c+(x-A)B & (x>A),\end{cases}$ 由于 $3+c\leqslant 8$，故 2 月，3 月都超额.

(1) 1 月不超额，$4=1+c,c=1$；又 $\begin{cases}14=4+(25-A)B,\\ 19=4+(35-A)B,\end{cases}$ 故 $\begin{cases}A=5,\\ B=0.5.\end{cases}$

(2) 如果 1 月也超额，将数据代入 $y=3+c(x-A)B$，无解.

综合之，$A=5,B=0.5,C=1$.

11. 如图 $3-5$，在单位正方形内作两个互相外切的圆，同时每一个圆又与正方形的两相邻边相切，记其中一个圆的半径为 x，两圆的面积之和为 S，将 S 表示为 x 的函数，求函数 $S=f(x)$ 的解析式及 $f(x)$ 的值域.

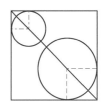

图　$3-5$

解： 设另一个圆的半径为 y，

则 $\sqrt{2}x+x+\sqrt{2}y+y=\sqrt{2}\Rightarrow(\sqrt{2}+1)(x+y)=\sqrt{2}$

$\Rightarrow x+y=\dfrac{\sqrt{2}}{\sqrt{2}+1}=2-\sqrt{2}$，

则 $S=f(x)=\pi(x^2+y^2)=\pi\left[x^2+(2-\sqrt{2}-x)^2\right]$

$\qquad=\pi\left[2x^2-2(2-\sqrt{2})x+(6-4\sqrt{2})\right]$

$\qquad=\pi\left[2\left(x-\dfrac{2-\sqrt{2}}{2}\right)^2+(3-2\sqrt{2})\right]$，

因为当一个圆为正方形内切圆时半径最大，而另一圆半径最小，

所以函数的定义域为 $\dfrac{3}{2}-\sqrt{2}\leqslant x\leqslant\dfrac{1}{2}$.

因为 $\dfrac{2-\sqrt{2}}{2}\in\left[\dfrac{3}{2}-\sqrt{2},\dfrac{1}{2}\right]$，所以 $S_{\min}=\pi(3-2\sqrt{2})$；

因为 $f\left(\dfrac{3}{2}-\sqrt{2}\right)=f\left(\dfrac{1}{2}\right)=\dfrac{3}{2}(3-2\sqrt{2})$，

所以 $S_{\max}=\dfrac{3\pi}{2}(3-2\sqrt{2})$，所以函数 $S=f(x)$ 的值域为 $\left[\pi(3-2\sqrt{2}),\dfrac{3\pi}{2}(3-2\sqrt{2})\right]$.

§3.3　函数的运算及图像

1. 已知函数 $y=f(x)$ 的图像如图 $3-10$ 所示，那么，函数 $y=|f(x+1)|$ 的图像是图 $3-9$ 中的 （　　）.

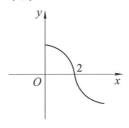

图　$3-9$

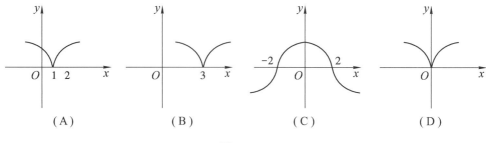

图 3-10

解：A.(解题提示：将图像向左平移 1 个单位，将 x 轴以下部分向上翻折即可)

2. 甲、乙两人沿同一方向去 B 地,途中都使用两种不同的速度 $v_1,v_2(v_1 < v_2)$.甲一半路程使用速度 v_1,另一半路程使用速度 v_2,乙一半时间使用速度 v_1,另一半时间使用速度 v_2,甲、乙两人从 A 地到 B 地的路程与时间的函数图像及关系,图 3-11 中 4 个不同的图示分析(其中横轴 t 表示时间,纵轴 S 表示路程),其中正确的图示分析为　　　　( ).

(A) (1)　　　　　　　　　　(B) (3)

(C) (1)或(4)　　　　　　　(D) (1)或(2)

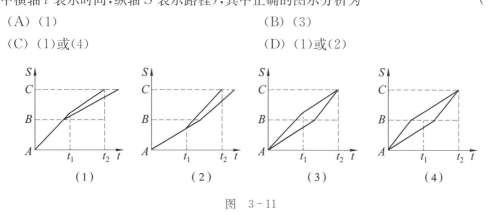

图 3-11

解：D.(解题提示：速度相同,图线斜率相同)

3. 定义域和值域均为 $[-a,a]$(常数 $a>0$)的函数 $y=f(x)$ 和 $y=g(x)$ 的图像如图3-12所示,给出下列四个命题:

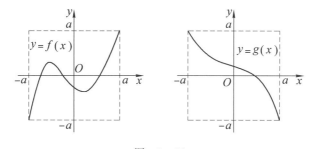

图 3-12

(1) 方程 $f[g(x)]=0$ 有且仅有三个解;

(2) 方程 $g[f(x)]=0$ 有且仅有三个解;

(3) 方程 $f[f(x)]=0$ 有且仅有九个解;

(4) 方程 $g[g(x)]=0$ 有且仅有一个解.

那么,其中正确命题的个数是 ( ).

(A) 1   (B) 2

(C) 3   (D) 4

解:B.(1),(4)正确.

4. 如图 3-13 所示,向高为 H 的水瓶 A,B,C,D 同时以等速注水,注满为止.

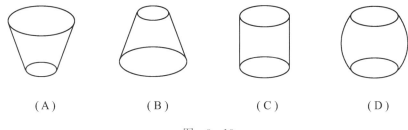

(A)   (B)   (C)   (D)

图 3-13

(1) 若水深 h 与注水时间 t 的函数图像是图 3-14 中的 (a),则水瓶的形状是_____.

(2) 若水量 v 与水深 h 的函数图像是图 3-14 中的 (b),则水瓶的形状是_____.

(3) 若水深 h 与注水时间 t 的函数图像是图 3-14 中的 (c),则水瓶的形状是_____.

(4) 若注水时间 t 与水深 h 的函数图像是图 3-14 中的 (d),则水瓶的形状是_____.

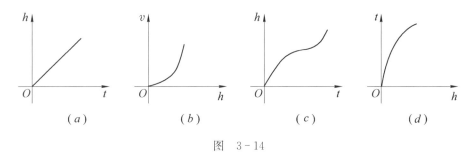

(a) (b) (c) (d)

图 3-14

解:(1) C.(2) A.(3) D.(4) B.

5. 已知 $f(x)=|x+1|+|x+2|+\cdots+|x+2007|+|x-1|+|x-2|+\cdots+|x-2007|$ $(x\in\mathbf{R})$,且 $f(a^2-3a+2)=f(a-1)$,则 a 的值有 ( ).

(A) 2 个   (B) 3 个

(C) 4 个   (D) 无数个

解:D.(解题提示:满足 $-1\leqslant a^2-3a+2\leqslant 1$,且 $-1\leqslant a-1\leqslant 1$ 的 a 都可以)

6. 已知 $f(x)=\sqrt{x-2}$,$g(x)=-\sqrt{x-2}$,求 $f(x)+g(x)$ 和 $f(x)\cdot g(x)$.

解:$f(x)+g(x)=0$,$x\in[2,+\infty)\Rightarrow f(x)\cdot g(x)=-x+2$,$x\in[2,+\infty)$.

7. 根据函数 $f(x)=x$,$g(x)=\dfrac{1}{x}$ 作出下列函数的图像:

① $x+\dfrac{1}{x}$,   ② $x-\dfrac{1}{x}$.

解： $x+\dfrac{1}{x}$ 的图像如 (a)　　　　　$x-\dfrac{1}{x}$ 的图像如 (b)

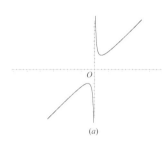　　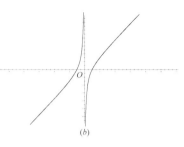

题 7 解题配图

8. 已知 $f(x)=|1-2x|,x\in[0,1]$，那么方程 $f(f(f(x)))=x$ 的解的个数是＿＿＿＿＿＿.

解： 作图像可得 8 个.

9. 设曲线 C 的方程是 $y=x^3-x$，将 C 沿 x 轴、y 轴正方向分别平移 $t,s(t\neq0)$ 个单位长度后得到曲线 C_1，

（1）写出曲线 C_1 的方程.

（2）证明曲线 C 与 C_1 关于点 $A\left(\dfrac{t}{2},\dfrac{s}{2}\right)$ 对称.

（3）如果曲线 C 与 C_1 有且仅有一个公共点，证明：$s=\dfrac{t^2}{4}-t$.

解：（1）曲线 C_1 的方程为 $y=(x-t)^3-(x-t)+s$.

（2）证明：在曲线 C 上任意取一点 $B_1(x_1,y_1)$，设 $B_2(x_2,y_2)$ 是 B_1 关于点 A 的对称点，

则有 $\dfrac{x_1+x_2}{2}=\dfrac{t}{2},\dfrac{y_1+y_2}{2}=\dfrac{s}{2}$，　$\therefore$　$x_1=t-x_2,y_1=s-y_2$ 代入曲线 C 的方程，

得 x_2,y_2 的方程：$s-y_2=(t-x_2)^3-(t-x_2)$，

即 $y_2=(x_2-t)^3-(x_2-t)+s$ 可知点 $B_2(x_2,y_2)$ 在曲线 C_1 上.

反过来，同样证明，在曲线 C_1 上的点 A 的对称点在曲线 C 上.

因此，曲线 C 与 C_1 关于点 A 对称.

（3）证明：由于曲线 C 与 C_1 有且仅有一个公共点，

$\therefore$　方程组 $\begin{cases} y=x^3-x,\\ y=(x-t)^3-(x-t)+s \end{cases}$ 有且仅有一组解，

消去 y，整理得 $3tx^2-3t^2x+(t^3-t-s)=0$，这个关于 x 的一元二次方程有且仅有一个根，

则 $\Delta=9t^4-12t(t^3-t-s)=0$，即得 $t(t^3-4t-4s)=0$，

因为 $t\neq0$，所以 $s=\dfrac{t^3}{4}-t$.

10.（1）试作出函数 $y=x+\dfrac{1}{x}$ 的图像.

（2）对每一个实数 x，三个数 $-x,x,1-x^2$ 中最大者记为 y，试判断 y 是否是 x 的函数.

解:(1) 由于 $f(x)=x+\dfrac{1}{x}$,则 $f(x)$ 为奇函数,从而可以作出 $x>0$ 时 $f(x)$ 的图像,

又由于 $x>0$ 时,$f(x)\geqslant 2$,

则 $x=1$ 时,$f(x)$ 的最小值为 2,图像最低点为 $(1,2)$,

又由于 $f(x)$ 在 $(0,1)$ 上为严格减函数,在 $(1,+\infty)$ 上是严格增函数,

同时 $f(x)=x+\dfrac{1}{x}>x(x>0)$ 即以 $y=x$ 为渐近线,

于是 $x>0$ 时,函数的图像应为下图①,$f(x)$ 图像为图②:

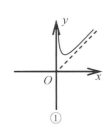 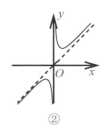 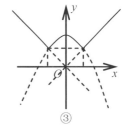

题 10 解题配图

(2) y 是 x 的函数,作出 $g_1(x)=x$,$g_2(x)=-x$,$g_3(x)=1-x^2$ 的图像可知,$f(x)$ 的图像是图③中实线部分.定义域为 **R**;值域为 $[1,+\infty)$.

11. 设函数 $f(x)=|x^2-4x-5|$.

(1) 在区间 $[-2,6]$ 上画出函数 $f(x)$ 的图像.

(2) 设集合 $A=\{x\,|\,f(x)\geqslant 5\}$,$B=(-\infty,-2]\cup[0,4]\cup[6,+\infty)$.试判断集合 A 和 B 之间的关系,并给出证明.

(3) 当 $k>2$ 时,求证:在区间 $[-1,5]$ 上,$y=kx+3k$ 的图像位于函数 $f(x)$ 图像的上方.

解:(1) 如右图所示,

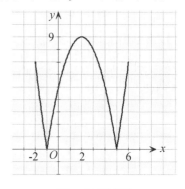

题 11 解题配图

(2) 方程 $f(x)=5$ 的解分别是 $2-\sqrt{14}$,$0,4$ 和 $2+\sqrt{14}$,

由于 $f(x)$ 在 $(-\infty,-1]$ 和 $[2,5]$ 上严格递减,

在 $[-1,2]$ 和 $[5,+\infty)$ 上严格递增,因此

$A=(-\infty,2-\sqrt{14}\,]\cup[0,4]\cup[2+\sqrt{14},+\infty)$.

由于 $2+\sqrt{14}<6$, $2-\sqrt{14}>-2$,则 $B\subset A$.

(3) 当 $x\in[-1,5]$ 时,$f(x)=-x^2+4x+5$.

$g(x)=k(x+3)-(-x^2+4x+5)=x^2+(k-4)x+(3k-5)$

$\qquad =\left(x-\dfrac{4-k}{2}\right)^2-\dfrac{k^2-20k+36}{4}$,

由于 $k>2$,则 $\dfrac{4-k}{2}<1$. 又 $-1\leqslant x\leqslant 5$,

① 当 $-1\leqslant\dfrac{4-k}{2}<1$,即 $2<k\leqslant 6$ 时,取 $x=\dfrac{4-k}{2}$,

$g(x)_{\min}=-\dfrac{k^2-20k+36}{4}=-\dfrac{1}{4}\left[(k-10)^2-64\right]$.

由于 $16\leqslant(k-10)^2<64$,则 $(k-10)^2-64<0$,则 $g(x)_{\min}>0$.

② 当 $\dfrac{4-k}{2}<-1$,即 $k>6$ 时,取 $x=-1$,$g(x)_{\min}=2k>0$.

由①、②可知,当 $k>2$ 时,$g(x)>0$,$x\in[-1,5]$.

因此,在区间 $[-1,5]$ 上,$y=k(x+3)$ 的图像位于函数 $f(x)$ 图像的上方.

12. 已知集合 $A=\{(x,y)\mid |x|+|y|=a,a>0\}$,$B=\{(x,y)\mid |xy|+1=|x|+|y|\}$.若 $A\cap B$ 是平面上正八边形的顶点所构成的集合,则 a 的值为_____.

解:点集 A 是顶点为 $(a,0)$,$(0,a)$,$(-a,0)$,$(0,-a)$ 的正方形的四条边(如右图).

将 $|xy|+1=|x|+|y|$,变形为 $(|x|-1)(|y|-1)=0$,

所以,集合 B 是由四条直线 $x=\pm1$,$y=\pm1$ 构成.

欲使 $A\cap B$ 为正八边形的顶点所构成,

只有 $a>2$ 或 $1<a<2$ 这两种情况.

(1) 当 $a>2$ 时,由于正八边形的边长只能为 2,

显然有 $\sqrt2 a-2\sqrt2=2$,故 $a=2+\sqrt2$.

(2) 当 $1<a<2$ 时,设正八边形边长为 l,则

$l\cos45°=\dfrac{2-l}{2}$,$l=2\sqrt2-2$,这时,$a=1+\dfrac{l}{2}=\sqrt2$.

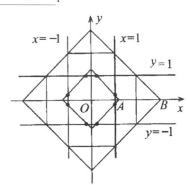

题 12 解题配图

综上所述,a 的值为 $2+\sqrt2$ 或 $\sqrt2$,如图中 $A(\sqrt2,0)$,$B(2+\sqrt2,0)$.

13. 记函数 $f(x)$ 的定义域为 **D**,若存在 $x_0\in$ **D**,使 $f(x_0)=x_0$ 成立,则称 (x_0,y_0) 为坐标的点为函数 $f(x)$ 图像上的不动点.

(1) 若函数 $f(x)=\dfrac{3x+a}{x+b}$ 图像上有两个关于原点对称的不动点,求 a,b 应满足的条件.

(2) 在(1)的条件下,若 $a=8$,记函数 $f(x)$ 图像上有两个不动点分别为 A_1,A_2,P 为函数 $f(x)$ 图像上的另一点,其纵坐标 $y_p>3$,求点 P 到直线 A_1A_2 距离的最小值及取得最小值时的坐标.

(3) 下述命题:"若定义在 **R** 上的奇函数 $f(x)$ 图像上存在有限个不动点,则不动点有奇数个"是否正确?若正确,给予证明;若不正确,请举一反例.

解:(1) 若 (x_0,y_0) 为函数 $f(x)$ 不动点,则有 $f(x_0)=\dfrac{3x_0+a}{x_0+b}=x_0$,

整理得 $x_0^2+(b-3)x_0-a=0$ ①

根据题意可判断方程①有两个根,且这两个根互为相反数,得

$\Delta=(b-3)^2+4a>4a$ 且 $x_1+x_2=3-b=0$,$x_1\cdot x_2=-a<0$,

所以 $b=3$,$a>0$,而 $f(x)=3+\dfrac{a-9}{x+3}$,所以 $a\neq9$.

即 $b=3$,$a>0$,且 $a\neq9$.

(2) 在(1)的条件下,当 $a=8$ 时,$f(x)=\dfrac{3x+8}{x+3}$.

由 $x=\dfrac{3x+8}{x+3}$，解得两个不动点为 $A_1(2\sqrt{2},2\sqrt{2})$，$A_2(-2\sqrt{2},-2\sqrt{2})$，

设点 $P(x,y)$，则 $y>3$，即 $\dfrac{3x+8}{x+3}>3$，解得：$x<-3$.

设点 $P(x,y)$ 到直线 A_1A_2 的距离为 d，则 $d=\dfrac{|x-y|}{\sqrt{2}}=\dfrac{1}{\sqrt{2}}\left|x-\dfrac{3x+8}{x+3}\right|=\cdots=$

$\dfrac{1}{\sqrt{2}}\left|(-x-3)+\dfrac{1}{-x-3}+6\right|\geqslant\dfrac{1}{\sqrt{2}}(2+6)=4\sqrt{2}$.

当且仅当 $-x-3=\dfrac{1}{-x-3}$，即 $x=-4$ 时取等号，此时 $P(-4,4)$.

（3）命题正确.

因为 $f(x)$ 定义在 **R** 上的奇函数，所以 $f(-0)=-f(0)$，所以 0 是奇函数 $f(x)$ 的一个不动点.设 $c\neq0$ 是奇函数 $f(x)$ 的一个不动点，则 $f(c)=c$，由 $f(-c)=-f(c)=-c$，所以 $-c$ 也是 $f(x)$ 的一个不动点.所以奇函数 $f(x)$ 的非零不动点如果存在，则必成对出现，故奇函数 $f(x)$ 的不动点数目是奇数个.

§3.4 函数的奇偶性和函数的单调性

1. 已知 $f(x)$ 是偶函数，$x\in$**R**，当 $x>0$ 时，$f(x)$ 为严格增函数，若 $x_1<0,x_2>0$，且 $|x_1|<|x_2|$，则 （ ）.

(A) $f(-x_1)>f(-x_2)$　　　　(B) $f(-x_1)<f(-x_2)$

(C) $-f(x_1)>f(-x_2)$　　　　(D) $-f(x_1)<f(-x_2)$

解：B.

2. 判断下列各函数的奇偶性：

(1) $f(x)=(x-1)\sqrt{\dfrac{1+x}{1-x}}$.

(2) $f(x)=\begin{cases}x^2+x & (x<0),\\ -x^2+x & (x>0).\end{cases}$

解：(1) 由定义域不对称，可知 $f(x)$ 为非奇非偶函数.

(2) 由定义可知 $f(x)$ 为奇函数.

3. 已知 $f(x)$ 是定义在 $(0,+\infty)$ 上的严格减函数，若 $f(2a^2+a+1)<f(3a^2-4a+1)$ 成立，求 a 的取值范围.

解：$2a^2+a+1>3a^2-4a+1$，

且 $2a^2+a+1>0$，$3a^2-4a+1>0\Rightarrow 0<a<\dfrac{1}{3}$ 或 $1<a<5$.

4. 已知定义域为 $(-\infty,0)\bigcup(0,+\infty)$ 的函数 $f(x)$ 是偶函数，并且在 $(-\infty,0)$ 上是严格增函数，若 $f(-3)=0$，求不等式 $\dfrac{x}{f(x)}<0$ 的解集.

解：即 x 与 $f(x)$ 异号.$(-3,0)\bigcup(3,+\infty)$.

5. 已知 $f(x)$ 是 **R** 上的奇函数,且当 $x\in(0,+\infty)$ 时,$f(x)=x(1+\sqrt[3]{x})$,求 $f(x)$ 的解析式.

解: $f(x)=\begin{cases}x(1+\sqrt[3]{x}) & (x\geq 0),\\ x(1-\sqrt[3]{x}) & (x<0).\end{cases}$

6. 若 $f(x)$ 为奇函数,且在 $(-\infty,0)$ 上是严格减函数,又 $f(-2)=0$.求 $x\cdot f(x)<0$ 的解集.

解: 画 $f(x)$ 的大致图像,可知 $(-\infty,-2)\bigcup(2,+\infty)$.

7. 设 $a>0$,$f(x)=\dfrac{e^x}{a}+\dfrac{a}{e^x}$ 是 **R** 上的偶函数.

(1) 求 a 的值.

(2) 证明 $f(x)$ 在 $(0,+\infty)$ 上为严格增函数.

解: (1) 依题意,对一切 $x\in\mathbf{R}$,有 $f(-x)=f(x)$,即 $\dfrac{1}{ae^x}+ae^x=\dfrac{e^x}{a}+\dfrac{a}{e^x}$,

则 $\left(a-\dfrac{1}{a}\right)\left(e^x-\dfrac{1}{e^x}\right)=0$ 对一切 $x\in\mathbf{R}$ 成立,则 $a-\dfrac{1}{a}=0$,

则 $a=\pm 1$,由于 $a>0$,则 $a=1$.

(2) 设 $0<x_1<x_2$,则 $f(x_1)-f(x_2)=e^{x_1}-e^{x_2}+\dfrac{1}{e^{x_1}}-\dfrac{1}{e^{x_2}}$

$$=(e^{x_2}-e^{x_1})\left(\dfrac{1}{e^{x_1+x_2}}-1\right)$$

$$=e^{x_1}(e^{x_2-x_1}-1)\dfrac{1-e^{x_2+x_1}}{e^{x_2+x_1}},$$

由 $x_1>0,x_2>0,x_2-x_1>0$,得 $x_1+x_2>0,e^{x_2-x_1}-1>0,1-e^{x_2+x_1}<0$,

则 $f(x_1)-f(x_2)<0$,即 $f(x_1)<f(x_2)$,则 $f(x)$ 在 $(0,+\infty)$ 上为严格增函数.

8. 已知函数 $f(x)$ 对一切 $x,y\in\mathbf{R}$,都有 $f(x+y)=f(x)+f(y)$,

(1) 求证:$f(x)$ 是奇函数.

(2) 若 $f(-3)=a$,用 a 表示 $f(12)$.

解: (1) 显然 $f(x)$ 的定义域是 **R**,它关于原点对称.在 $f(x+y)=f(x)+f(y)$ 中,

令 $y=-x$,得 $f(0)=f(x)+f(-x)$,令 $x=y=0$,得 $f(0)=f(0)+f(0)$,即 $f(0)=0$,

则 $f(x)+f(-x)=0$,即 $f(-x)=-f(x)$, $\therefore$ $f(x)$ 是奇函数.

(2) 由 $f(-3)=a$,$f(x+y)=f(x)+f(y)$ 及 $f(x)$ 是奇函数,

得 $f(12)=2f(6)=4f(3)=-4f(-3)=-4a$.

9. 设 $f(x)$ 是 **R** 上的偶函数,且在区间 $(-\infty,0)$ 上严格递增,若 $f(3a^2+2a+1)>f(2a^2-a+1)$ 成立,求 a 的取值范围.

解: $f(3a^2+2a+1)=f(-(3a^2+2a+1))>f(2a^2-a+1)=f(-(2a^2-a+1))$

由于 $3a^2+2a+1,2a^2-a+1$ 恒为正数,

则 $-(3a^2+2a+1)>-(2a^2-a+1)\Rightarrow a\in(-3,0)$.

10. 设函数 $f(x)$ 在 $(-\infty,0)\bigcup(0,+\infty)$ 上是奇函数,又 $f(x)$ 在 $(0,+\infty)$ 上是严格减函数且 $f(x)<0$,指出 $F(x)=\dfrac{1}{f(x)}$ 在 $(-\infty,0)$ 上的增减性,并证明.

解: 严格增函数,用单调性定义证明.

11. 已知函数 $y=x+\dfrac{a}{x}$ 有如下性质:如果常数 $a>0$,那么该函数在 $(0,\sqrt{a}]$ 上是严格减函数,在 $[\sqrt{a},+\infty)$ 上是严格增函数.

(1) 如果函数 $y=x+\dfrac{b^2}{x}(x>0)$ 的值域为 $[6,+\infty)$,求 b 的值.

(2) 研究函数 $y=x^2+\dfrac{c}{x^2}$(常数 $c>0$)在定义域内的单调性,并说明理由.

(3) 对函数 $y=x+\dfrac{a}{x}$ 和 $y=x^2+\dfrac{a}{x^2}$(常数 $a>0$)作出推广,使它们都是你所推广的函数的特例.研究推广后的函数的单调性(只须写出结论,不必证明).

解:(1) ±3.

(2) $(0,\sqrt[4]{c}]$ 上严格递减,$[\sqrt[4]{c},+\infty)$ 上严格递增,$(-\sqrt[4]{c},0)$ 上严格递增,$(-\infty,\sqrt[4]{c}]$ 上严格递减.

(3) $f(x)=x^n+\dfrac{a}{x^n}$,若 n 为奇数,则在 $(0,\sqrt[2n]{a})$ 上严格递减,$[\sqrt[2n]{a},+\infty)$ 上严格递增;在 $(-\sqrt[2n]{a},0)$ 上递减,在 $(-\infty,-\sqrt[2n]{a}]$ 严格递增.若 n 为偶数则在 $(0,\sqrt[2n]{a})$ 上严格递减,$[\sqrt[2n]{a},+\infty)$ 上严格递增;在 $(-\sqrt[2n]{a},0)$ 上递增,在 $(-\infty,-\sqrt[2n]{a}]$ 严格递减.

12. 定义在 $[-1,1]$ 上的奇函数 $f(x)$ 满足 $f(1)=2$,且当 $a,b\in[-1,1]$,$a+b\neq0$ 时,有 $\dfrac{f(a)+f(b)}{a+b}>0$.

(1) 判定函数 $f(x)$ 在 $[-1,1]$ 的单调性并加以证明.

(2) 若 $\dfrac{1}{2}f(x)\leqslant m^2+2am+1$ 对所有 $x\in[-1,1]$,$a\in[-1,1]$ 恒成立,求 m 的取值范围.

解:(1) 任取 $x_1,x_2\in[-1,1]$,且 $x_1<x_2$,则

$$f(x_1)-f(x_2)=f(x_1)+f(-x_2)=\frac{f(x_1)+f(-x_2)}{x_1+(-x_2)}[x_1+(-x_2)].$$

因为 $\dfrac{f(x_1)+f(-x_2)}{x_1+(-x_2)}>0$,$[x_1+(-x_2)]<0$,所以 $f(x_1)-f(x_2)<0$.

则 $f(x)$ 是 $[-1,1]$ 上的严格增函数.

这与假设矛盾,所以假设不成立,即不存在满足条件的 A,B 点.

(2) 要使得 $\dfrac{1}{2}f(x)\leqslant m^2+2am+1$ 对所有 $x\in[-1,1]$,$a\in[-1,1]$ 恒成立,

只须 $(f(x))_{\max}\leqslant2(m^2+2am+1)$,即 $1\leqslant m^2+2am+1$ 对任意的 $a\in[-1,1]$ 恒成立,

考虑 $g(a)=2ma+m^2$，只须 $\begin{cases} g(-1)=-2m+m^2\geqslant0, \\ g(1)=2m+m^2\geqslant0. \end{cases}$

解之得：$m\leqslant-2$ 或 $m\geqslant2$ 或 $m=0$.

13. 已知函数 $f(x)=\dfrac{\sqrt{3}x}{a}+\dfrac{\sqrt{3}(a-1)}{x}$ $(a\neq0$ 且 $a\neq1)$.

（1）试就实数 a 的不同取值，写出该函数的单调递增区间.

（2）已知当 $x>0$ 时，函数在 $(0,\sqrt{6})$ 上单调递减，在 $(\sqrt{6},+\infty)$ 上单调递增，求 a 的值并写出函数的解析式.

（3）记（2）中的函数的图像为曲线 C，试问是否存在经过原点的直线 l，使得 l 为曲线 C 的对称轴？若存在，求出 l 的方程；若不存在，请说明理由.

解：（1）① 当 $a<0$ 时，函数 $f(x)$ 的严格递增区间为 $(-\sqrt{a(a-1)},0)$ 及 $(0,\sqrt{a(a-1)})$，

② 当 $0<a<1$ 时，函数 $f(x)$ 的严格递增区间为 $(-\infty,0)$ 及 $(0,+\infty)$，

③ 当 $a>1$ 时，函数 $f(x)$ 的严格递增区间为 $(-\infty,-\sqrt{a(a-1)})$ 及 $(\sqrt{a(a-1)},+\infty)$.

（2）由题设及（1）中③知 $\sqrt{a(a-1)}=\sqrt{6}$ 且 $a>1$，解得 $a=3$，因此函数解析式为 $f(x)=\dfrac{\sqrt{3}x}{3}+\dfrac{2\sqrt{3}}{x}(x\neq0)$.

（3）假设存在经过原点的直线 l 为曲线 C 的对称轴，显然 x、y 轴不是曲线 C 的对称轴，故可设 $l:y=kx(k\neq0)$，

设 $P(p,q)$ 为曲线 C 上的任意一点，$P'(p',q')$ 与 $P(p,q)$ 关于直线 l 对称，且 $p\neq p'$，$q\neq q'$，则 P' 也在曲线 C 上，由此得 $\dfrac{q+q'}{2}=k\dfrac{p+p'}{2}$，$\dfrac{q-q'}{p-p'}=-\dfrac{1}{k}$，

且 $q=\dfrac{p}{\sqrt{3}}+\dfrac{2\sqrt{3}}{p}$，$q'=\dfrac{p'}{\sqrt{3}}+\dfrac{2\sqrt{3}}{p'}$，

整理得 $k-\dfrac{1}{k}=\dfrac{2}{\sqrt{3}}$，解得 $k=\sqrt{3}$ 或 $k=-\dfrac{\sqrt{3}}{3}$，

所以存在直线 $y=\sqrt{3}x$ 及 $y=-\dfrac{\sqrt{3}}{3}x$ 为曲线 C 的对称轴.

14. 定义在 **D** 上的函数 $f(x)$，如果满足：对任意 $x\in\mathbf{D}$，存在常数 $M>0$，都有 $|f(x)|\leqslant M$ 成立，则称 $f(x)$ 是 **D** 上的有界函数，其中 M 称为函数 $f(x)$ 的上界.

已知函数 $f(x)=1+a\cdot\left(\dfrac{1}{2}\right)^x+\left(\dfrac{1}{4}\right)^x$；$g(x)=\dfrac{1-m\cdot2^x}{1+m\cdot2^x}$.

（1）当 $a=1$ 时，求函数 $f(x)$ 在 $(-\infty,0)$ 上的值域，并判断函数 $f(x)$ 在 $(-\infty,0)$ 上是否为有界函数，请说明理由.

（2）若函数 $f(x)$ 在 $[0,+\infty)$ 上是以 3 为上界的有界函数，求实数 a 的取值范围.

（3）若 $m>0$，函数 $g(x)$ 在 $[0,1]$ 上的上界是 $T(m)$，求 $T(m)$ 的取值范围.

解：（1）当 $a=1$ 时，$f(x)=1+\left(\dfrac{1}{2}\right)^x+\left(\dfrac{1}{4}\right)^x$.

因为 $f(x)$ 在 $(-\infty,0)$ 上严格递减,所以 $f(x)>f(0)=3$,即 $f(x)$ 在 $(-\infty,0)$ 的值域为 $(3,+\infty)$.

故不存在常数 $M>0$,使 $|f(x)|\leqslant M$ 成立.

所以函数 $f(x)$ 在 $(-\infty,0)$ 上不是有界函数.

(2) 由题意知,$|f(x)|\leqslant 3$ 在 $[0,+\infty)$ 上恒成立.

$-3\leqslant f(x)\leqslant 3,-4-\left(\dfrac{1}{4}\right)^x\leqslant a\cdot\left(\dfrac{1}{2}\right)^x\leqslant 2-\left(\dfrac{1}{4}\right)^x$.

$\therefore\ -4\cdot 2^x-\left(\dfrac{1}{2}\right)^x\leqslant a\leqslant 2\cdot 2^x-\left(\dfrac{1}{2}\right)^x$ 在 $[0,+\infty)$ 上恒成立.

$\therefore\ \left[-4\cdot 2^x-\left(\dfrac{1}{2}\right)^x\right]_{\max}\leqslant a\leqslant\left[2\cdot 2^x-\left(\dfrac{1}{2}\right)^x\right]_{\min}$.

设 $2^x=t,h(t)=-4t-\dfrac{1}{t},p(t)=2t-\dfrac{1}{t}$,由 $x\in[0,+\infty)$ 得 $t\geqslant 1$,

设 $1\leqslant t_1<t_2,h(t_1)-h(t_2)=\dfrac{(t_2-t_1)(4t_1t_2-1)}{t_1t_2}>0$,

$p(t_1)-p(t_2)=\dfrac{(t_1-t_2)(2t_1t_2+1)}{t_1t_2}<0$,

所以 $h(t)$ 在 $[1,+\infty)$ 上严格递减,$p(t)$ 在 $[1,+\infty)$ 上严格递增,$h(t)$ 在 $[1,+\infty)$ 上的最大值为 $h(1)=-5$,$p(t)$ 在 $[1,+\infty)$ 上的最小值为 $p(1)=1$.

所以实数 a 的取值范围为 $[-5,1]$.

(3) $g(x)=-1+\dfrac{2}{m\cdot 2^x+1}$,由于 $m>0,x\in[0,1]$,则 $g(x)$ 在 $[0,1]$ 上严格递减,

则 $g(1)\leqslant g(x)\leqslant g(0)$,即 $\dfrac{1-2m}{1+2m}\leqslant g(x)\leqslant\dfrac{1-m}{1+m}$.

① 当 $\left|\dfrac{1-m}{1+m}\right|\geqslant\left|\dfrac{1-2m}{1+2m}\right|$,即 $m\in\left(0,\dfrac{\sqrt{2}}{2}\right]$ 时,$|g(x)|\leqslant\left|\dfrac{1-m}{1+m}\right|$,

此时 $T(m)\geqslant\left|\dfrac{1-m}{1+m}\right|$;

② 当 $\left|\dfrac{1-m}{1+m}\right|<\left|\dfrac{1-2m}{1+2m}\right|$,即 $m\in\left[\dfrac{\sqrt{2}}{2},+\infty\right)$ 时,$|g(x)|\leqslant\left|\dfrac{1-2m}{1+2m}\right|$,

此时 $T(m)\geqslant\left|\dfrac{1-2m}{1+2m}\right|$.

综上所述,当 $m\in\left(0,\dfrac{\sqrt{2}}{2}\right]$ 时,$T(m)$ 的取值范围是 $\left[\left|\dfrac{1-m}{1+m}\right|,+\infty\right)$;

当 $m\in\left[\dfrac{\sqrt{2}}{2},+\infty\right)$ 时,$T(m)$ 的取值范围是 $\left[\left|\dfrac{1-2m}{1+2m}\right|,+\infty\right)$.

15. 已知定义在 **R** 上的函数 $f(x)$ 满足:$f(1)=\dfrac{5}{2}$,且对于任意实数 x、y,总有 $f(x)f(y)$ $=f(x+y)+f(x-y)$ 成立.若对于任意非零实数 y,总有 $f(y)>2$.设有理数 x_1,x_2 满足

$|x_1|<|x_2|$,判断 $f(x_1)$ 和 $f(x_2)$ 的大小关系,并证明你的结论.

解:令 $x=1,y=0$,则 $f(1) \cdot f(0)=f(1)+f(1)$,又由于 $f(1)=\dfrac{5}{2}$,则 $f(0)=2$.

令 $x=0$,得 $f(0)f(y)=f(y)+f(-y)$,即 $2f(y)=f(y)+f(-y)$.

则 $f(y)=f(-y)$ 对任意的实数 y 总成立,则 $f(x)$ 为偶函数.

结论:$f(x_1)<f(x_2)$. 证明:由于 $y\neq 0$ 时,$f(y)>2$,

则 $f(x+y)+f(x-y)=f(x)f(y)>2f(x)$,即 $f(x+y)-f(x)>f(x)-f(x-y)$.

则令 $x=ky(k\in \mathbf{N}^+)$,故 $\forall k\in \mathbf{N}^+$,总有 $f[(k+1)y]-f(ky)>f(ky)-f[(k-1)y]$ 成立.

则 $f[(k+1)y]-f(ky)>f(ky)-f[(k-1)y]>f[(k-1)y]-f[(k-2)y]>\cdots>$ $f(y)-f(0)>0$

则对于 $k\in \mathbf{N}^+$,总有 $f[(k+1)y]>f(ky)$ 成立.

则对于 $m,n\in \mathbf{N}^+$,若 $n<m$,则有 $f(ny)<f[(n+1)y]<\cdots<f(my)$ 成立.

由于 $x_1,x_2\in \mathbf{Q}$,所以可设 $|x_1|=\dfrac{q_1}{p_1}$,$|x_2|=\dfrac{q_2}{p_2}$,其中 q_1,q_2 是非负整数,p_1,p_2 都是正整数,则 $|x_1|=\dfrac{q_1 p_2}{p_1 p_2}$,$|x_2|=\dfrac{p_1 q_2}{p_1 p_2}$,令 $y=\dfrac{1}{p_1 p_2}$,$t=q_1 p_2$,$s=p_1 q_2$,则 $t,s\in \mathbf{N}^+$.

由于 $|x_1|<|x_2|$,则 $t<s$,则 $f(ty)<f(sy)$,即 $f(|x_1|)<f(|x_2|)$.

由于函数 $f(x)$ 为偶函数,则 $f(|x_1|)=f(x_1)$,$f(|x_2|)=f(x_2)$.

则 $f(x_1)<f(x_2)$.

§3.5 函数的最值

1. 求下列函数的值域:

(1) $y=(x^2-5x+12)(x^2-5x+4)+21$.

(2) $y=x-2\sqrt{1-x}$.

(3) $y=x+\sqrt{10x-x^2-23}$.

(4) $f(x)=\sqrt{1+x}+\sqrt{1-x}$.

(5) $y=\dfrac{x^2-3x+4}{x^2+3x+4}$.

(6) $y=\dfrac{-x^2+30x}{x+2}$.

解:(1) 换元法解题,可得:$\left\{y\middle| y\geqslant 8\dfrac{1}{16}\right\}$;

(2) 函数单调递增,可得:$(-\infty,1]$;

(3) 三角换元,可得:$[5-\sqrt{2},7]$;

(4) 取平方解题,$[\sqrt{2},2]$;

(5) 判别式法解题，$\left[\dfrac{1}{7},7\right]$；

(6) 换元法解题，可得：$y\in(-\infty,18]\cup[50,+\infty)$.

2. 求函数 $f(x)=x+\dfrac{m}{x+3}$，$x\in[0,+\infty)$ 的最小值.

解：$m>9$ 时，最小值为 $2\sqrt{m}-3$；$m\leqslant9$ 时，最小值为 $\dfrac{m}{3}$.

3. 已知函数 $f(x)=\dfrac{ax^2+2ax-3}{x^2+2x+2}$.

(1) 若 $a=1$，求函数 $f(x)$ 的值域.

(2) 若对于任意的实数 x，$f(x)<0$ 恒成立，求实数 a 的取值范围.

解：(1) $f(x)=\dfrac{x^2+2x-3}{x^2+2x+2}=1-\dfrac{5}{x^2+2x+2}\Rightarrow f(x)\in[-4,1)$.

(2) 因为 $x^2+2x+2>0$ 恒成立 $\Rightarrow ax^2+2ax-3<0$ 恒成立，$a\in(-3,0]$.

4. 已知 $f(x)$ 的值域是 $\left[\dfrac{3}{8},\dfrac{4}{9}\right]$，试求 $y=f(x)+\sqrt{1-2f(x)}$ 的值域.

解：换元法解题，$t=\sqrt{1-2f(x)}$，$t\in\left[\dfrac{1}{3},\dfrac{1}{2}\right]$，

$y=f(x)+\sqrt{1-2f(x)}=-\dfrac{t^2}{2}+t+\dfrac{1}{2}\in\left[\dfrac{7}{9},\dfrac{7}{8}\right]$.

5. 若函数 $f(x)=-\dfrac{1}{2}x^2+\dfrac{13}{2}$ 在区间 $[a,b]$ 上的最小值为 $2a$，最大值为 $2b$，求 $[a,b]$.

解：当 $b<0$ 时，$\begin{cases}f(a)=2a,\\f(b)=2b,\end{cases}$ a,b 为 $-\dfrac{1}{2}x^2+\dfrac{13}{2}=2x$ 的两根，无解.

当 $a>0$ 时，$\begin{cases}f(b)=2a,\\f(a)=2b,\end{cases}$ 解得：$a=1,b=3$.

当 $ab<0$ 时，$2b=\dfrac{13}{2}$，

则 $[1,3]$ 或 $\left[-2-\sqrt{17},\dfrac{13}{4}\right]$.

6. 已知 $a,b(a\leqslant b)$ 为正整数，实数 x,y 满足 $x+y=4(\sqrt{x+a}+\sqrt{y+b})$，若 $x+y$ 的最大值为 40，则满足条件的数对 (a,b) 的个数为_____.

解：$x+y=4(\sqrt{x+a}+\sqrt{y+b})\leqslant4\sqrt{2(x+a+y+b)}\Rightarrow a+b=10$，

则有 $(1,9),(2,8),(3,7),(4,6),(5,5)$ 共 5 对.

7. 已知函数 $f(x)=2-x^2$，$g(x)=x$.若 $f(x)\times g(x)=\min\{f(x),g(x)\}$，那么 $f(x)\times g(x)$ 的最大值是_____.

解：画出上述函数的图像，所求的最大值为 1.

8. 如图 3-15,在锐角 $\triangle ABC$ 中,$BC=9$,$AH\perp BC$ 于点 H,且 $AH=6$,点 D 为 AB 边上的任意一点,过点 D 作 $DE\parallel BC$,交 AC 于点 E.设 $\triangle ADE$ 的高 AF 为 $x(0<x<6)$,以 DE 为折线将 $\triangle ADE$ 翻折,所得的 $\triangle A'DE$ 与梯形 $DBCE$ 重叠部分的面积记为 y(点 A 关于 DE 的对称点 A' 落在 AH 所在的直线上).

(1) 分别求出当 $0<x\leqslant 3$ 与 $3<x<6$ 时,y 与 x 的函数关系式.

(2) 当 x 取何值时,y 的值最大? 最大值是多少?

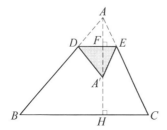 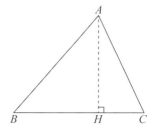

图　3-15

解:(1) $y=\dfrac{3}{4}x^2(0<x\leqslant 3)$,$y=-\dfrac{9}{4}x^2+18x-27(3<x<6)$.

(2) 当 $x=4$ 时,y 有最大值:$y_{最大}=9$.

9. 已知函数 $f(x)=\dfrac{1}{2^x-1}+a$ 是奇函数.

(1) 求常数 a 的值.

(2) 判断 $f(x)$ 的单调性并证明.

(3) 求函数 $f(x)$ 的值域.

解:(1) $\dfrac{1}{2}$.

(2) $f(x_1)-f(x_2)=\dfrac{1}{2^{x_1}-1}-\dfrac{1}{2^{x_2}-1}=\dfrac{2^{x_2}-2^{x_1}}{(2^{x_1}-1)(2^{x_2}-1)}$.

① 若 $0<x_1<x_2$,则 $1<2^{x_1}<2^{x_2}$,

于是 $2^{x_2}-2^{x_1}>0$,$2^{x_1}-1>0$,$2^{x_2}-1>0$,

故 $f(x_1)-f(x_2)>0$,即 $f(x_1)>f(x_2)$.

② 若 $x_1<x_2<0$,则 $2^{x_1}<2^{x_2}<1$,

于是 $2^{x_2}-2^{x_1}>0$,$2^{x_1}-1<0$,$2^{x_2}-1<0$,仍有 $f(x_1)>f(x_2)$.

综上,$f(x)$ 在 $(-\infty,0)$ 及 $(0,+\infty)$ 上都是严格减函数.

(3) 由 $y=\dfrac{1}{2^x-1}+\dfrac{1}{2}$ 得:$2^x=\dfrac{2y+1}{2y-1}>0$,解得 $y>\dfrac{1}{2}$ 或 $y<-\dfrac{1}{2}$,即函数值域是 $\left(-\infty,-\dfrac{1}{2}\right)\cup\left(\dfrac{1}{2},+\infty\right)$.

10. 甲、乙两地相距 s 千米,汽车从甲地匀速行驶到乙地,速度不得超过 c 千米/时.已知汽车每小时的运输成本(以元为单位)由可变部分和固定部分组成:可变部分与速度 v(千米/时)的平方成正比,比例系数为 b;

固定部分为 a 元.

（1）把全部运输成本 y（元）表示成 v（千米/时）的函数,并指出它的定义域.

（2）为使 y 最小,汽车应以多大速度行驶?

解：（1）依题意 $y=(bv^2+a)\dfrac{s}{v}$, $v\in(0,c]$.化简,得 $y=s\left(bv+\dfrac{a}{v}\right)$, $v\in(0,c]$.

（2）因 $bv+\dfrac{a}{v}=\left(\sqrt{bv}-\sqrt{\dfrac{a}{v}}\right)^2+2\sqrt{ab}$,当且仅当 $\sqrt{bv}=\sqrt{\dfrac{a}{v}}$,即 $v=\sqrt{\dfrac{a}{b}}$ 时, $bv+\dfrac{a}{v}$ 有

最小值 $2\sqrt{ab}$.

若 $\sqrt{\dfrac{a}{b}}\leqslant c$,则当 $v=\sqrt{\dfrac{a}{b}}$ （千米/时）时, $y=2s\sqrt{ab}$ 最小.

若 $\sqrt{\dfrac{a}{b}}>c$,设 $0<v_1<v_2\leqslant c$,考虑函数 $y=f(v)$ 的单调性.

$$f(v_2)-f(v_1)=s\left(bv_2-bv_1+\dfrac{a}{v_2}-\dfrac{a}{v_1}\right)$$

$$=s\left[b(v_2-v_1)+\dfrac{a(v_1-v_2)}{v_1v_2}\right]=\dfrac{s(v_2-v_1)}{v_1v_2}(bv_1v_2-a)$$

$$<\dfrac{s(v_2-v_1)}{v_1v_2}(bc^2-a)<\dfrac{s(v_2-v_1)}{v_1v_2}\left(b\cdot\dfrac{a}{b}-a\right)=0.$$

因此, $y=f(v)$ 是严格减函数.于是,当 $v=c$ （千米/时）, y 最小.

综上可知,当 $\sqrt{\dfrac{a}{b}}\leqslant c$ 时,取 $v=\sqrt{\dfrac{a}{b}}$ （千米/时）;当 $\sqrt{\dfrac{a}{b}}>c$ （千米/时）时,取 $v=c$,这样

可使 y 最小.

11. 要完成一项加工任务,其中包含 6000 个 A 零件,2000 个 B 零件.该厂有 214 名工人,每名工人加工 5 个 A 零件的时间可以加工 3 个 B 零件.现将工人分成两组,同时开始,分别加工这两种零件.为使该项任务尽快地全部完成,应如何分组?（每名工人只加工一种零件）

解：设加工 A 零件 x 人,加工 B 零件 $(214-x)$ 人,在单位时间内,每名工人可加工 A 零件 $5m$ 个,或者可以加工 B 零件 $3m$ 个,

则加工完 A 零件所需时间 $T_1=\dfrac{6000}{5m\cdot x}$,加工完零件所需时间 $T_2=\dfrac{2000}{3m(214-x)}$,

要使两项工作都完成,则取 T_1 , T_2 中最大的一个时间为 T .

由于 $T_1-T_2=\dfrac{6000}{5m\cdot x}-\dfrac{2000}{3m(214-x)}=\dfrac{2000}{m}\left[\dfrac{3}{5x}-\dfrac{1}{3(214-x)}\right]=\dfrac{2000(1926-14x)}{15m\cdot x(214-x)}$.

则当 $x\geqslant138$ 时, $T_1<T_2$, $T=T_2=\dfrac{2000}{3m(214-x)}$ 是关于 x 的严格增函数,当 $x=138$ 时,

$T_{\min}=\dfrac{2000}{3m\cdot76}$.

则当 $x\leqslant137$ 时, $T_1>T_2$, $T=T_1=\dfrac{6000}{5m\cdot x}$ 是关于 x 的严格减函数,当 $x=137$ 时,

$T_{\min}=\dfrac{6000}{5m\cdot137}$.

为使任务尽快完成,则要求 T 最小.

由于 $\dfrac{2000}{3m \cdot 76} > \dfrac{6000}{5m \cdot 137}$,

则当 $x = 137$ 时,所需时间最少.

故应安排 137 人完成 A 零件,应安排 77 人完成 B 零件.

12. 求函数 $f(x) = \sqrt{x^4 - 3x^2 - 6x + 13} - \sqrt{x^4 - x^2 + 1}$ 的最大值.

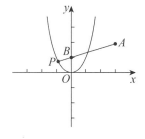

解: $f(x) = \sqrt{(x^2 - 2)^2 + (x - 3)^2} - \sqrt{(x^2 - 1)^2 + (x - 0)^2}$,

记点 $P(x, x^2)$,$A(3, 2)$,$B(0, 1)$,

则 $f(x)$ 表示动点 P 到点 A 和 B 距离的差,见右图.

因为 $|PA| - |PA| \leqslant |AB| = \sqrt{3^2 + (2-1)^2} = \sqrt{10}$,

当且仅当 P 为 AB 延长线与抛物线 $y = x^2$ 的交点时等号成立.

所以 $f(x)_{\max} = \sqrt{10}$.

题 12 解题配图

13. 已知函数 $f(x) = 2^x - \dfrac{a}{2^x}$.将 $y = f(x)$ 的图像向右平移两个单位,得到 $y = g(x)$ 图像.

(1) 求函数 $y = g(x)$ 的解析式.

(2) 若函数 $y = h(x)$ 与函数 $y = g(x)$ 图像关于直线 $y = 1$ 对称,求函数 $y = h(x)$ 解析式.

(3) 设 $F(x) = \dfrac{1}{a}f(x) + h(x)$,已知 $f(x)$ 的最小值是 m,且 $m > 2 + \sqrt{7}$,求实数 a 的取值范围.

解: (1) 由题设,$g(x) = f(x-2) = 2^{x-2} - \dfrac{a}{2^{x-2}}$.

(2) 设 (x, y) 在 $y = h(x)$ 的图像上,(x_1, y_1) 在 $y = g(x)$ 的图像上,则 $\begin{cases} x_1 = x, \\ y_1 = 2 - y, \end{cases}$

则 $2 - y = g(x)$,$y = 2 - g(x)$ 即 $h(x) = 2 - 2^{x-2} + \dfrac{a}{2^{x-2}}$.

(3) 由题设,$F(x) = \dfrac{2^x}{a} - \dfrac{1}{2^x} + 2 - 2^{x-2} + \dfrac{a}{2^{x-2}} = \left(\dfrac{1}{a} - \dfrac{1}{4} \right) 2^x + \dfrac{1}{2^x}(4a - 1) + 2$.

由于 $a \neq 0$,

① 当 $a < 0$ 时,有 $\dfrac{1}{a} - \dfrac{1}{4} < 0$,$4a - 1 < 0$,而 $2^x > 0$,$\dfrac{1}{2^x} > 0$,

则 $F(x) < 2$,这与 $F(x)$ 的最小值 $m > 2 + \sqrt{7}$,矛盾;

② 当 $0 < a \leqslant \dfrac{1}{4}$ 时,有 $\dfrac{1}{a} - \dfrac{1}{4} > 0$,$4a - 1 \leqslant 0$,$F(x)$ 在 **R** 上是严格增函数,故不存在最小值;

③ $a \geqslant 4$ 时,有 $\dfrac{1}{a} - \dfrac{1}{4} \leqslant 0$,$4a - 1 > 0$,此时 $F(x)$ 在 **R** 上是减函数,故不存在最小值;

④ 当 $\dfrac{1}{4} < a < 4$ 时,有 $\dfrac{1}{a} - \dfrac{1}{4} > 0$,$4a - 1 > 0$,$F(x) \geqslant 2\sqrt{\dfrac{(4-a)(4a-1)}{4a}} + 2$.

当且仅当 $2^x=\sqrt{\dfrac{4a(4a-1)}{4-a}}$ 时取得等号，$F(x)$ 取得最小值 $m=2\sqrt{\dfrac{(4-a)(4a-1)}{4a}}+2.$

又 $m>2+\sqrt{7}$ 及 $\dfrac{1}{4}<a<4,$ 得 $\begin{cases}\dfrac{(4-a)(4a-1)}{4a}>\dfrac{7}{4},\\[2mm]\dfrac{1}{4}<a<4,\end{cases}$ $\begin{cases}\dfrac{1}{2}<a<2,\\[2mm]\dfrac{1}{4}<a<4,\end{cases}$

则 $\dfrac{1}{2}<a<2.$

14. 已知函数 $f(x)=mx^2+(m-3)x+1$ 的图像与 x 轴的交点至少有一个在原点右侧，

（1）求实数 m 的取值范围.

（2）令 $t=-m+2$，求 $\left[\dfrac{1}{t}\right].$（其中 $[t]$ 表示不超过 t 的最大整数，例如：$[1]=1$，$[2.5]=2$，$[-2.5]=-3$）

（3）对（2）中的 t，求函数 $g(t)=\dfrac{t+\dfrac{1}{t}}{[t]\left[\dfrac{1}{t}\right]+[t]+\left[\dfrac{1}{t}\right]+1}$ 的值域.

解：（1）由于 $f(0)=1,$

① $m<0$ 时由图像易知，交点分布在原点两侧，

② $m=0$ 是 $f(x)=-3x-1$ 交 x 轴与 $\left(\dfrac{1}{3},0\right)$ 符合题意，

③ $m>0$ 时，$\begin{cases}\Delta=(m-3)^2-4m\geqslant0,\\[2mm]x_1+x_2=\dfrac{-m+3}{m}>0,\end{cases}$ 解得 $0<m\leqslant1$，则 $m\in(-\infty,1];$

（2）由于 $m\leqslant1$，则 $t=-m+2\geqslant1$，则 $t=1$ 时 $\left[\dfrac{1}{t}\right]=1$，$t>1$ 时 $\left[\dfrac{1}{t}\right]=0;$

（3）$t=1$ 时，$g(t)=\dfrac{1}{2}$；当 $t>1$ 时，设 $t=n+a,n\in\mathbf{N}^*,a\in[0,1),$

于是 $g(t)=\dfrac{m+a+\dfrac{1}{m+a}}{m+1}$，由于 $h(x)=x+\dfrac{1}{x}$ 在 $(1,+\infty)$ 上严格递增，

则 $\dfrac{m+\dfrac{1}{m}}{m+1}\leqslant\dfrac{m+a+\dfrac{1}{m+a}}{m+1}<\dfrac{m+1+\dfrac{1}{m+1}}{m+1}$，设 $a_n=\dfrac{n+1+\dfrac{1}{n+1}}{n+1}=1+\dfrac{1}{(n+1)^2}$，递减.

则 $a_1>a_2>\cdots>a_n>\cdots$，则 $(a_n)_{\max}=a_1=\dfrac{5}{4},$

设 $b_n=\dfrac{n+\dfrac{1}{n}}{n+1}=1+\dfrac{1-n}{(n+1)n}$，则 $b_{n+1}-b_n=\dfrac{n-2}{n(n+1)(n+2)},$

则 $b_1>b_2=b_3<b_4<b_5<\cdots<b_n<\cdots$，则 $(b_n)_{\min}=b_2=\dfrac{5}{6},$

则 $t>1$ 时, $g(t)$ 值域为 $[a_2,b_1)$ 即 $\left[\dfrac{5}{6},\dfrac{4}{5}\right)$,

综上, $g(t)$ 的值域为 $\left\{\dfrac{1}{2}\right\}\cup\left[\dfrac{5}{6},\dfrac{5}{4}\right)$.

15. 已知函数 $f(x)=ax^2-|x|+2a-1$ (a 为实常数).

(1) 若 $a=1$, 作函数 $f(x)$ 的图像.

(2) 设 $f(x)$ 在区间 $[1,2]$ 上的最小值为 $g(a)$, 求 $g(a)$ 的表达式.

(3) 设 $h(x)=\dfrac{f(x)}{x}$, 若函数 $h(x)$ 在区间 $[1,2]$ 上是严格增函数, 求实数 a 的取值范围.

解: (1) 当 $a=1$ 时, $f(x)=x^2-|x|+1$

$=\begin{cases}x^2+x+1 & (x<0),\\ x^2-x+1 & (x\geq 0).\end{cases}$ 作图(如右所示).

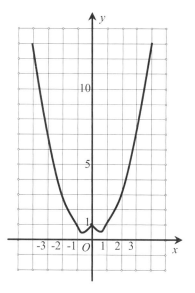

题 15(1)解题配图

(2) 当 $x\in[1,2]$ 时, $f(x)=ax^2-x+2a-1$.

若 $a=0$, 则 $f(x)=-x-1$ 在区间 $[1,2]$ 上是严格减函数,

$g(a)=f(2)=-3$.

若 $a\neq 0$, 则 $f(x)=a\left(x-\dfrac{1}{2a}\right)^2+2a-\dfrac{1}{4a}-1$, $f(x)$ 图像的对称轴是直线 $x=\dfrac{1}{2a}$.

当 $a<0$ 时, $f(x)$ 在区间 $[1,2]$ 上是严格减函数, $g(a)=f(2)=6a-3$.

当 $0<\dfrac{1}{2a}<1$, 即 $a>\dfrac{1}{2}$ 时, $f(x)$ 在区间 $[1,2]$ 上是严格增函数, $g(a)=f(1)=3a-2$.

当 $1\leq\dfrac{1}{2a}\leq 2$, 即 $\dfrac{1}{4}\leq a\leq\dfrac{1}{2}$ 时, $g(a)=f\left(\dfrac{1}{2a}\right)=2a-\dfrac{1}{4a}-1$.

当 $\dfrac{1}{2a}>2$, 即 $0<a<\dfrac{1}{4}$ 时, $f(x)$ 在区间 $[1,2]$ 上是严格减函数, $g(a)=f(2)=6a-3$.

综上可得 $g(a)=\begin{cases}6a-3, & 当\left(a<\dfrac{1}{4}\right),\\[2mm] 2a-\dfrac{1}{4a}-1, & 当\left(\dfrac{1}{4}\leq a\leq\dfrac{1}{2}\right),\\[2mm] 3a-2, & 当\left(a>\dfrac{1}{2}\right).\end{cases}$

(3) 当 $x\in[1,2]$ 时, $h(x)=ax+\dfrac{2a-1}{x}-1$, 在区间 $[1,2]$ 上任取 x_1,x_2, 且 $x_1<x_2$,

则 $h(x_2)-h(x_1)=\left(ax_2+\dfrac{2a-1}{x_2}-1\right)-\left(ax_1+\dfrac{2a-1}{x_1}-1\right)$

$=(x_2-x_1)\left(a-\dfrac{2a-1}{x_1x_2}\right)$

$$=(x_2-x_1)\cdot\frac{ax_1x_2-(2a-1)}{x_1x_2}.$$

因为 $h(x)$ 在区间 $[1,2]$ 上是严格增函数,所以 $h(x_2)-h(x_1)>0$,

因为 $x_2-x_1>0$, $x_1x_2>0$,所以 $ax_1x_2-(2a-1)>0$,即 $ax_1x_2>2a-1$,

当 $a=0$ 时,上面的不等式变为 $0>-1$,即 $a=0$ 时结论成立.

当 $a>0$ 时, $x_1x_2>\dfrac{2a-1}{a}$,由 $1<x_1x_2<4$ 得, $\dfrac{2a-1}{a}\leqslant1$,解得 $0<a\leqslant1$,

当 $a<0$ 时, $x_1x_2<\dfrac{2a-1}{a}$,由 $1<x_1x_2<4$ 得, $\dfrac{2a-1}{a}\geqslant4$,解得 $-\dfrac{1}{2}\leqslant a<0$,

所以,实数 a 的取值范围为 $\left[-\dfrac{1}{2},1\right]$.

16. 已知 $a>0$,函数 $f(x)=x|x-a|+1$ $(x\in\mathbf{R})$.

(1) 当 $a=1$ 时,求所有使 $f(x)=x$ 成立的 x 的值.

(2) 当 $a\in(0,3)$ 时,求函数 $y=f(x)$ 在闭区间 $[1,2]$ 上的最小值.

(3) 试讨论函数 $y=f(x)$ 的图像与直线 $y=a$ 的交点个数.

解: (1) $x|x-1|+1=x$,所以 $x=-1$ 或 $x=1$.

(2) $f(x)=\begin{cases}x^2-ax+1 & (x\geqslant a)\\ -x^2+ax+1 & (x<a)\end{cases}$,

1°. 当 $0<a\leqslant1$ 时, $x\geqslant1\geqslant a$,这时, $f(x)=x^2-ax+1$,对称轴 $x=\dfrac{a}{2}\leqslant\dfrac{1}{2}<1$,

所以函数 $y=f(x)$ 在区间 $[1,2]$ 上严格递增, $f(x)_{\min}=f(1)=2-a$;

2°. 当 $1<a\leqslant2$ 时, $x=a$ 时函数 $f(x)_{\min}=f(a)=1$;

3°. 当 $2<a<3$ 时, $x\leqslant2<a$,这时, $f(x)=-x^2+ax+1$,对称轴 $x=\dfrac{a}{2}\in\left(1,\dfrac{3}{2}\right)$,

$f(1)=a$, $f(2)=2a-3$,由于 $(2a-3)-a=a-3<0$,

所以函数 $f(x)_{\min}=f(2)=2a-3$;

(3) 因为 $a>0$,所以 $a>\dfrac{a}{2}$,所以 $y_1=x^2-ax+1$ 在 $[a,+\infty)$ 上严格递增;

$y_2=-x^2+ax+1$ 在 $\left(-\infty,\dfrac{a}{2}\right)$ 上严格递增,在 $\left[\dfrac{a}{2},a\right)$ 上严格递减.

因为 $f(a)=1$,所以当 $a=1$ 时,函数 $y=f(x)$ 的图像与直线 $y=a$ 有 2 个交点;

又 $f\left(\dfrac{a}{2}\right)=\dfrac{a^2}{4}+1\geqslant a$,当且仅当 $a=2$ 时,等号成立.

所以,当 $0<a<1$ 时,函数 $y=f(x)$ 的图像与直线 $y=a$ 有 1 个交点;

当 $a=1$ 时,函数 $y=f(x)$ 的图像与直线 $y=a$ 有 2 个交点;

当 $1<a<2$ 时,函数 $y=f(x)$ 的图像与直线 $y=a$ 有 3 个交点;

当 $a=2$ 时,函数 $y=f(x)$ 的图像与直线 $y=a$ 有 2 个交点;

当 $a>2$ 时,函数 $y=f(x)$ 的图像与直线 $y=a$ 有 3 个交点.

17. 设 a 为实数,设函数 $f(x)=a\sqrt{1-x^2}+\sqrt{1+x}+\sqrt{1-x}$ 的最大值为 $g(a)$.

(1) 设 $t=\sqrt{1+x}+\sqrt{1-x}$,求 t 的取值范围,并把 $f(x)$ 表示为 t 的函数 $m(t)$.

(2) 求 $g(a)$.

解:本小题主要考查函数、方程等基本知识,考查分类讨论的数学思想方法和综合运用数学知识分析问题、解决问题的能力.

(1) 令 $t=\sqrt{1+x}+\sqrt{1-x}$,

要使 t 有意义,必须 $1+x\geqslant0$ 且 $1-x\geqslant0$,即 $-1\leqslant x\leqslant1$,

则 $t^2=2+2\sqrt{1-x^2}\in[2,4]$,$t\geqslant0$ ①

t 的取值范围是 $[\sqrt{2},2]$.由①得 $\sqrt{1-x^2}=\frac{1}{2}t^2-1$,

则 $m(t)=a\left(\frac{1}{2}t^2-1\right)+t=\frac{1}{2}at^2+t-a$,$t\in[\sqrt{2},2]$.

(2) 由题意知 $g(a)$ 即为函数 $m(t)=\frac{1}{2}at^2+t-a$,$t\in[\sqrt{2},2]$ 的最大值.

注意到直线 $t=-\frac{1}{a}$ 是抛物线 $m(t)=\frac{1}{2}at^2+t-a$ 的对称轴,分以下几种情况讨论.

① 当 $a>0$ 时,函数 $y=m(t)$,$t\in[\sqrt{2},2]$ 的图像是开口向上的抛物线的一段,

由 $t=-\frac{1}{a}<0$ 知 $m(t)$ 在 $[\sqrt{2},2]$ 上严格递增,则 $g(a)=m(2)=a+2$.

② 当 $a=0$ 时,$m(t)=t$,$t\in[\sqrt{2},2]$,则 $g(a)=2$.

③ 当 $a<0$ 时,函数 $y=m(t)$,$t\in[\sqrt{2},2]$ 的图像是开口向下的抛物线的一段,

若 $t=-\frac{1}{a}\in[0,\sqrt{2}]$,即 $a\leqslant-\frac{\sqrt{2}}{2}$,则 $g(a)=m(\sqrt{2})=\sqrt{2}$.

若 $t=-\frac{1}{a}\in(\sqrt{2},2]$,即 $-\frac{\sqrt{2}}{2}<a\leqslant-\frac{1}{2}$,则 $g(a)=m\left(-\frac{1}{a}\right)=-a-\frac{1}{2a}$.

若 $t=-\frac{1}{a}\in(2,+\infty)$,即 $-\frac{1}{2}<a<0$,则 $g(a)=m(2)=a+2$.

综上有 $g(a)=\begin{cases} a+2, & a>-\frac{1}{2}, \\ -a-\frac{1}{2a}, & -\frac{\sqrt{2}}{2}<a<-\frac{1}{2}, \\ \sqrt{2}, & a\leqslant-\frac{\sqrt{2}}{2}. \end{cases}$

18. 求函数 $f(x)=\dfrac{x^4+4x^3+17x^2+26x+106}{x^2+2x+7}$ 在区间 $[-1,1]$ 上的值域.

解:$f(x)=x^2+2x+7+\dfrac{64}{x^2+2x+7}-1$,换元法求得:值域为 $\left[15,15\frac{2}{3}\right]$.

§3.6 函数的周期性

1. 已知 $f(x)$ 是定义在 **R** 上的偶函数,并且满足 $f(x+2)=-\dfrac{1}{f(x)}$,当 $2\leqslant x\leqslant 3$ 时,$f(x)=x$,求 $f(105.5)$ 的值.

解: $f(x+4)=f(x)\Rightarrow f(105.5)=f(1.5)=f(-1.5)=f(2.5)=2.5.$

2. 已知定义在 **R** 上的奇函数 $f(x)$ 满足 $f(x+2)=-f(x)$,求 $f(6)$ 的值.

解: $f(x+4)=f(x)\Rightarrow f(6)=f(2)=-f(0)=0.$

3. 已知 $f(x)$ 是定义在 **R** 上的函数,$f(1)=1$ 且对任意 $x\in\mathbf{R}$ 都有 $f(x+5)\geqslant f(x)+5$,$f(x+1)\leqslant f(x)+1$.若 $g(x)=f(x)+1-x$,则 $g(2002)=$ _____.

解: 由 $g(x)=f(x)+1-x$ 得:$f(x)=g(x)+x-1$,所以

$g(x+5)+(x+5)-1\geqslant g(x)+(x-1)+5$,

$g(x+1)+(x+1)-1\leqslant g(x)+(x-1)+1$.

即 $g(x+5)\geqslant g(x)$,$g(x+1)\leqslant g(x)$.

则 $g(x)\leqslant g(x+5)\leqslant g(x+4)\leqslant g(x+3)\leqslant g(x+2)\leqslant g(x+1)\leqslant g(x)$.

则 $g(x+1)=g(x)$.即 $g(x)$ 是周期为 1 的周期函数,又 $g(1)=1$,故 $g(2002)=1$.

4. 已知函数 $f(x)$ 的图像关于点 $\left(-\dfrac{3}{4},0\right)$ 对称,且满足 $f(x)=-f\left(x+\dfrac{3}{2}\right)$,又 $f(-1)=1$,$f(0)=-2$,求 $f(1)+f(2)+f(3)+\cdots+f(2006)$ 的值.

解: $f(x)$ 是周期为 3 的周期函数,且是偶函数.

$f(1)+f(2)+f(3)=0$,则 $f(1)+f(2)+f(3)+\cdots+f(2006)=2$.

5. 设 $f(x)$ 是定义在 **R** 上的奇函数,且 $y=f(x)$ 的图像关于直线 $x=\dfrac{1}{2}$ 对称,求 $f(1)+f(2)+f(3)+f(4)+f(5)$ 的值.

解: $f(x)$ 是周期为 1 的周期函数.

$f(1)+f(2)+f(3)+f(4)+f(5)=5f(0)=0.$

6. 实数 $a>0$,$y=f(x)$ 是定义在全体实数集 **R** 上的实值函数,对每一个实数 x,有 $f(x+a)=\dfrac{1}{2}+\sqrt{f(x)-[f(x)]^2}$,证明:$y=f(x)$ 是周期函数.

解: 将原式移项后两边平方,得

$$\left[f(x+a)-\dfrac{1}{2}\right]^2=f(x)-[f(x)]^2=\dfrac{1}{4}-\left[\dfrac{1}{2}-f(x)\right]^2,$$

即 $\left[f(x+a)-\dfrac{1}{2}\right]^2+\left[f(x)-\dfrac{1}{2}\right]^2=\dfrac{1}{4}$ ①

在①中用 $x+a$ 替换 x 后得

$\left[f(x+2a)-\dfrac{1}{2}\right]^2+\left[f(x+a)-\dfrac{1}{2}\right]^2=\dfrac{1}{4}$ ②

②－①得 $\left[f(x+2a)-\dfrac{1}{2}\right]^2=\left[f(x)-\dfrac{1}{2}\right]^2$ ③

但据原式知,对任意 $x \in \mathbf{R}$,$f(x) \geqslant \dfrac{1}{2}$,于是,由③得到

$f(x+2a)=f(x)$,此式表明 $f(x)$ 是以 $2a$ 为周期的周期函数.

7. 设 $f(x)$ $(x \in \mathbf{R})$ 对任意 $x \in \mathbf{R}$,有 $f(x+1989)=f(x+1988)+f(x+1990)$,试证,函数 $y=f(x)$ 为周期函数.

证: 用 x 替换上式中的 $x+1989$ 后得,$f(x)=f(x-1)+f(x+1)$ ①

进而有 $f(x+1)=f(x)+f(x+2)$ ②

①$+$②得 $f(x-1)+f(x+2)=0$,即 $f(x-1)=-f(x+2)$

所以,$f(x)=-f(x+3)$; ③

$f(x+3)=-f(x+6)$ ④

据③和④得 $f(x+6)=f(x)$,即 $y=f(x)$ 是以 6 为周期的周期函数.

本例可推广为:

若 $y=f(x)$ $(x \in \mathbf{R})$ 满足 $f(x)=f(x-m)+f(x+m)$,则 $y=f(x)$ 是以 $6m$ 为周期的周期函数 $(m \in \mathbf{R}^{+})$.(证略)

8. 设 n 为正整数,规定:$f_n(x)=\underbrace{f\{f[\cdots f(x)\cdots]\}}_{n \text{个} f}$,已知 $f(x)=\begin{cases} 2(1-x) & (0 \leqslant x \leqslant 1), \\ x-1 & (1 < x \leqslant 2). \end{cases}$

(1) 解不等式:$f(x) \leqslant x$.

(2) 设集合 $A=\{0,1,2\}$,对任意 $x \in A$,证明:$f_3(x)=x$.

(3) 求 $f_{2006}\left(\dfrac{8}{9}\right)$ 的值.

(4) 若集合 $B=\{x \mid f_{12}(x)=x, x \in [0,2]\}$,证明:$B$ 中至少包含有 8 个元素.

解: (1) ①当 $0 \leqslant x \leqslant 1$ 时,由 $2(1-x) \leqslant x$ 得,$x \geqslant \dfrac{2}{3}$. $\therefore$ $\dfrac{2}{3} \leqslant x \leqslant 1$.

②当 $1 < x \leqslant 2$ 时,因 $x-1 \leqslant x$ 恒成立. $\therefore$ $1 < x \leqslant 2$.

由①②得,$f(x) \leqslant x$ 的解集为 $\left\{x \mid \dfrac{2}{3} \leqslant x \leqslant 2\right\}$.

(2) $\because$ $f(0)=2,f(1)=0,f(2)=1$,

$\therefore$ 当 $x=0$ 时,$f_3(0)=f\{f[f(0)]\}=f[-f(2)]=f(1)=0$;

当 $x=1$ 时,$f_3(1)=f\{f[f(1)]\}=f[f(0)]=f(2)=1$;

当 $x=2$ 时,$f_3(2)=f\{f[f(2)]\}=f[f(1)]=f(0)=2$.

即对任意 $x \in A$,恒有 $f_3(x)=x$.

(3) $f_1\left(\dfrac{8}{9}\right)=2\left(1-\dfrac{8}{9}\right)=\dfrac{2}{9}$,

$f_2\left(\dfrac{8}{9}\right)=f\left[f\left(\dfrac{8}{9}\right)\right]=f\left(\dfrac{2}{9}\right)=\dfrac{14}{9}$,

$f_3\left(\dfrac{8}{9}\right)=f\left[f_2\left(\dfrac{8}{9}\right)\right]=f\left(\dfrac{14}{9}\right)=\dfrac{14}{9}-1=\dfrac{5}{9}$,

$f_4\left(\dfrac{8}{9}\right)=f\left[f_3\left(\dfrac{8}{9}\right)\right]=f\left(\dfrac{5}{9}\right)=2\left(1-\dfrac{5}{9}\right)=\dfrac{8}{9},\cdots$

一般地，$f_{4k+r}\left(\dfrac{8}{9}\right)=f_r\left(\dfrac{8}{9}\right)(k,r\in\mathbf{N})$.则 $f_{2006}\left(\dfrac{8}{9}\right)=f_2\left(\dfrac{8}{9}\right)=\dfrac{14}{9}$.

(4) 由(1)知，$f\left(\dfrac{2}{3}\right)=\dfrac{2}{3}$,则 $f_n\left(\dfrac{2}{3}\right)=\dfrac{2}{3}$.则 $f_{12}\left(\dfrac{2}{3}\right)=\dfrac{2}{3}$.则 $\dfrac{2}{3}\in B$.

由(2)知，对 $x=0$,或 1,或 2,恒有 $f_3(x)=x$,则 $f_{12}(x)=f_{4\times3}(x)=x$.则 $0,1,2\in B$.

由(3)知，对 $x=\dfrac{8}{9},\dfrac{2}{9},\dfrac{14}{9},\dfrac{5}{9}$,恒有 $f_{12}(x)=f_{4\times3}(x)=x$,则 $\dfrac{8}{9},\dfrac{2}{9},\dfrac{14}{9},\dfrac{5}{9}\in B$.

综上所述，$\dfrac{2}{3},0,1,2,\dfrac{8}{9},\dfrac{2}{9},\dfrac{14}{9},\dfrac{5}{9}\in B$. $\therefore$ B 中至少含有 8 个元素.(答案不唯一)

9. 设 $f(x)$ 是定义在 $\mathbf{R}$ 上以 2 为周期的函数，对 $k\in\mathbf{Z}$,用 I_k 表示区间 $(2k-1,2k+1)$,已知当 $x\in I_0$ 时，$f(x)=x^2$.

(1) 求 $f(x)$ 在 I_k 上的解析表达式.

(2) 对自然数 k,求集合 $M_k=\{a\,|\,$使方程 $f(x)=ax$ 在 I_k 上有两个不相等的实根$\}$.

解：(1) $f(x)=(x-2k)^2$.

(2) 对正整数 k,集合 $M_k=\left\{a\,\left|\,0<a\leqslant\dfrac{1}{2k+1}\right.\right\}$.

10. 设 $f(x)$ 是定义在 $(-\infty,+\infty)$ 上以 2 为周期的函数，且是偶函数，在 $[0,1]$ 上，$f(x)=-2(x-1)^2+4$.

(1) 求当 $x\in[1,2]$ 时的 $f(x)$ 的解析式.

(2) 若函数 $f(x)$ 的图形与过定点 $A(0,2)$ 的直线在 $x\in[0,+\infty)$ 上有 4 个不同的交点，求此直线斜率的取值范围.

解：(1) $f(x)=-2(x-1)^2+4$.

(2) 由数形结合可知：$(20-8\sqrt{6},12-8\sqrt{2})$.

11. 设 $f(x)=|1-2x|$,$x\in[0,1]$,记 $f_1(x)=f(x)$,$f_2(x)=f[f_1(x)]$,$f_3(x)=f[f_2(x)]$,$\cdots$,$f_{n+1}(x)=f[f_n(x)]$,试求方程 $f_n(x)=\dfrac{1}{2}x$ 在 $[0,1]$ 上有几个根？

解：由于函数 $f_1(x)=f(x)=2\left|\dfrac{1}{2}-x\right|$ 的图像关于直线 $x=\dfrac{1}{2}$ 对称，$(x\in[0,1])$

则 $f_2(x)=2^2\left|\dfrac{1}{2^2}-\left|\dfrac{1}{2}-x\right|\right|$ 的图像首先是关于 $x=\dfrac{1}{2}$ 对称，

又当 $0\leqslant x\leqslant\dfrac{1}{2}$ 时，$f_2(x)=2^2\left|x-\dfrac{1}{4}\right|$,其图像又关于

$x=\dfrac{1}{4}$ 为对称，于是，据例 1 的推广知，$y=f_2(x)$ 在 $[0,1]$ 上

以 $T=\dfrac{1}{2}$ 为周期，如图，易知方程 $f_2(x)=\dfrac{1}{2}x$ 有 2^2 个根.

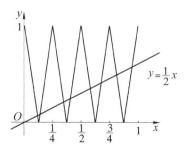

题 11 解题配图

同样的，$y=f_3(x)$ 的图像首先关于 $x=\dfrac{1}{2}$,$x\in(0,1)$ 对

称，又关于 $x=\dfrac{1}{4}\left[x\in\left(0,\dfrac{1}{2}\right)\right]$ 为对称，其三，关于 $x=\dfrac{1}{8}x$

$\in \left[0,\dfrac{1}{4}\right]$为对称,于是知$y=f_3(x)$在$[0,1]$上以$T=\dfrac{1}{4}$为周期,依上面讨论知$y=f_3(x)$的图像如上图,故方程$f_3(x)=\dfrac{1}{2}x$的根的个数为$2^3$个.

一般地,函数$y=f_n(x)$分别在区间$[0,1]$;$\left[0,\dfrac{1}{2}\right]$;$\left[0,\dfrac{1}{4}\right]$;$\cdots$;$\left[0,\dfrac{1}{2^{n-2}}\right]$上以$x=\dfrac{1}{2}$;$x=\dfrac{1}{4}$;$x=\dfrac{1}{8}$;$\cdots$;$x=\dfrac{1}{2^{n-1}}$为对称轴,且图像与$Ox$轴交点也恰好为这些对称轴与$Ox$轴的交点,故$y=f_n(x)$在$[0,1]$上以$T=\dfrac{1}{2^{n-1}}$为周期,于是,根据周期性可作出$y=f_n(x)$的图像(图略),它由$2^{n-1}$个"V"字连接而成,根据图像可知方程$f_n(x)=\dfrac{1}{2}x$在$[0,1]$上有$2^n$个根.

12. 函数f定义在实数集上,且对一切实数x满足等式:$f(2+x)=f(2-x)$和$f(7+x)=f(7-x)$.设$x=0$是$f(x)=0$的一个根,记$f(x)=0$在区间$-1000\leqslant x\leqslant 1000$中的根的个数为$N$.求$N$的最小值.

解: 由已知条件,有$f(x)=f[2+(x-2)]=f[2-(x-2)]=f(4-x)$　①

及 $f(x)=f(4-x)=f[7-(x+3)]=f(7+x+3)=f(x+10)$

在①中令$x=0$,得$f(4)=f(10)=0$.

区间$[-1000,1000]$是$f(x)$的 200 个周期.因此$[-1000,1000]$上$f(x)$至少有$1+200\times 2=401$个根.

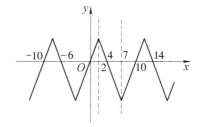

我们可以构造出一个"锯齿形"函数(如右图),满足上述所有条件,它在区间$[-1000,1000]$上有 401 个根,除此以外不再有其他根,因此,所求N的最小值为 401.

13. 对于实数x,当且仅当$n\leqslant x<n+1(n\in \mathbf{N}^*)$时,规定$[x]=n$,

题 12 解题配图

(1) 求不等式$4[x]^2-36[x]+45<0$的解.

(2) 某学校数学课外活动小组,在坐标纸上某沙漠设计植树方案如下:第k棵树种植在点$P_k(x_k,y_k)$处,其中$x_1=1,y_1=1$,当$k\geqslant 2$时,

$$\begin{cases} x_k=x_{k-1}+1-5\left[\dfrac{k-1}{5}\right]+5\left[\dfrac{k-2}{5}\right], \\ y_k=y_{k-1}+\left[\dfrac{k-1}{5}\right]-\left[\dfrac{k-2}{5}\right]. \end{cases}$$

求 2008 棵树种植点的坐标.

解: (1) $\begin{cases} \dfrac{3}{2}<[x]<\dfrac{15}{2}, \\ x>0, \end{cases}$ 则$[x]=2,3,4,5,6,7,x\in[2,8)$

(2) 令$f(k)=\left[\dfrac{k-1}{5}\right]-\left[\dfrac{k-2}{5}\right]$,则

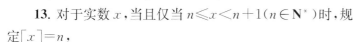

$$f(k+5)=\left[\frac{k+5-1}{5}\right]-\left[\frac{k+5-2}{5}\right]=\left[1+\frac{k-1}{5}\right]-\left[1+\frac{k-2}{5}\right]=\left[\frac{k-1}{5}\right]-\left[\frac{k-2}{5}\right]=f(k)$$

故 $f(k)$ 是周期为 5 的函数.

计算可知：$f(2)=0$；$f(3)=0$；$f(4)=0$；$f(5)=0$；$f(6)=1$. 所以，

$x_{2008}=x_{2007}+1-5f(2008)$；$x_{2007}=x_{2006}+1-5f(2007)$；$\cdots$；$x_2=x_1+1-5f(2)$.

以上各式叠加,得

$$\begin{aligned}x_{2008}&=x_1+2007-5\left[f(2)+f(3)+\cdots+f(2008)\right]\\&=x_1+2007-5\{401\left[f(2)+f(3)+\cdots+f(6)\right]+f(2)+f(3)\}\\&=x_1+2007-5\times401=3;\end{aligned}$$

同理可得 $y_{2008}=402$.所以,第 2008 棵树的种植点为 $(3,402)$.

14. 设 f 是一个从实数集 **R** 映射到自身的函数,并且对任何 $x\in\mathbf{R}$ 均有 $|f(x)|\leqslant1$,以及 $f\left(x+\frac{13}{42}\right)+f(x)=f\left(x+\frac{1}{6}\right)+f\left(x+\frac{1}{7}\right)$.证明：$f$ 是周期函数,即存在一个非零实数 c,使得对任何 $x\in\mathbf{R}$,成立 $f(x+c)=f(x)$.

证：因为对任何 $x\in\mathbf{R}$,有

$$\begin{aligned}f\left(x+\frac{7}{42}\right)-f(x)&=f\left(x+\frac{13}{42}\right)-f\left(x+\frac{6}{42}\right)=f\left(x+\frac{19}{42}\right)-f\left(x+\frac{12}{42}\right)\\&=\cdots=f\left(x+\frac{49}{42}\right)-f\left(x+\frac{42}{42}\right),\end{aligned}$$

即
$$f\left(x+\frac{42}{42}\right)-f(x)=f\left(x+\frac{49}{42}\right)-f\left(x+\frac{7}{42}\right)\tag{①}$$

同样,有

$$\begin{aligned}f\left(x+\frac{7}{42}\right)-f\left(x+\frac{1}{42}\right)&=f\left(x+\frac{14}{42}\right)-f\left(x+\frac{8}{42}\right)=f\left(x+\frac{21}{42}\right)-f\left(x+\frac{15}{42}\right)\\&=\cdots=f\left(x+\frac{49}{42}\right)-f\left(x+\frac{43}{42}\right)\end{aligned}$$

即
$$f\left(x+\frac{49}{42}\right)-f\left(x+\frac{7}{42}\right)=f\left(x+\frac{43}{42}\right)-f\left(x+\frac{1}{42}\right)\tag{②}$$

由①②

$$f\left(x+\frac{42}{42}\right)-f(x)=f\left(x+\frac{43}{42}\right)-f\left(x+\frac{1}{42}\right)=f\left(x+\frac{44}{42}\right)-f\left(x+\frac{2}{42}\right)=\cdots=f\left(x+\frac{84}{42}\right)$$
$$-f\left(x+\frac{42}{42}\right)$$

即 $f(x+1)-f(x)=f(x+2)-f(x+1)$.

则 $f(x+n)=f(x)+n(f(x+1)-f(x))$ 对所有 $n\in\mathbf{N}$ 成立.

又由于 $f(x)$ 有界,故只有 $f(x+1)-f(x)=0$.

则 $f(x+1)=f(x)$,$f(x)$ 为周期函数.

§3.7　简单的函数方程

1. 求下列函数方程的解：

(1) $2f(1-x)+1=xf(x)$.

(2) $xf(x)+2f\left(\dfrac{x-1}{x+1}\right)=1$.

(3) $f\left(\dfrac{x+1}{x}\right)=\dfrac{x^2+1}{x}+\dfrac{1}{x}$.

(4) $3f(x)+f\left(\dfrac{1}{x}\right)=3x$.

解：(1) $f(x)=\dfrac{x-3}{x^2-x+4}$.

(2) $f(x)=\dfrac{12}{17}+\dfrac{1}{17}\dfrac{7x^2+6x+3}{x(x^2-1)}$.

(3) $f(x)=2x-2+\dfrac{1}{x-1}$.

(4) $f(x)=\dfrac{9}{8}x-\dfrac{3}{8x}$.

2. 设函数 $f:\mathbf{R}\to\mathbf{R}$，满足 $f(0)=1$，且对任意 $x,y\in\mathbf{R}$，都有 $f(xy+1)=f(x)f(y)-f(y)-x+2$，求 $f(x)$.

解：由于对 $\forall x,y\in\mathbf{R}$，有 $f(xy+1)=f(x)f(y)-f(y)-x+2$，

则有 $f(xy+1)=f(y)f(x)-f(x)-y+2$.

则 $f(x)f(y)-f(y)-x+2=f(y)f(x)-f(x)-y+2$.

即 $f(x)+y=f(y)+x$，令 $y=0$，得 $f(x)=x+1$.

3. 已知函数 $f(x)$ 定义域为 $(0,+\infty)$ 且严格递增，满足 $f(4)=1$，$f(xy)=f(x)+f(y)$

(1) 证明：$f(1)=0$.

(2) 求 $f(16)$.

(3) 若 $f(x)+f(x-3)\leqslant 1$，求 x 的范围.

(4) 试证 $f(x^n)=nf(x)$ $(n\in\mathbf{N})$.

解：(1) 令 $x=1,y=4$，则 $f(4)=f(1\times 4)=f(1)+f(4)$，则 $f(1)=0$.

(2) $f(16)=f(4\times 4)=f(4)+f(4)=2$.

(3) $f(x)+f(x-3)=f(x(x-3))\leqslant 1=f(4)$，$f(x)$ 在 $(0,+\infty)$ 上单调递增.

则 $\begin{cases}x(x-3)\leqslant 4,\\ x-3>0,\\ x>0\end{cases}\Rightarrow\begin{cases}-1\leqslant x\leqslant 4,\\ x>3\end{cases}\Rightarrow 3<x\leqslant 4.$

则 $x\in(3,4]$.

(4) 由于 $f(xy)=f(x)+f(y)$，则 $f(x^n)=f(\underbrace{x\cdot x\cdot x\cdot\cdots\cdot x}_{n个})=nf(x)$.

4. 已知集合 M 是满足下列性质的函数 $f(x)$ 的全体：若存在非零常数 k，对任意 $x\in\mathbf{D}$，等式 $f(kx)=\dfrac{k}{2}+f(x)$ 恒成立.

（1）判断一次函数 $f(x)=ax+b$ $(a\neq0)$ 是否属于集合 M.

（2）证明 $f(x)=\log_2 x$ 属于集合 M，并找到一个常数 k.

（3）已知函数 $y=\log_a x(a>1)$ 与 $y=x$ 的图像有公共点，试证明：$f(x)=\log_a x\in M$.

解：（1）若 $f(x)=ax+b\in M$，则存在非零常数 k，对任意 $x\in D$ 均有 $f(kx)=akx+b=\dfrac{k}{2}+f(x)$，即 $a(k-1)x=\dfrac{k}{2}$ 恒成立，得 $\begin{cases}k-1=0,\\k=0\end{cases}$ 无解，则 $f(x)\notin M$.

（2）$\log_2(kx)=\dfrac{k}{2}+\log_2 x$，则 $\log_2 k=\dfrac{k}{2}$，$k=4$，$k=2$ 时等式恒成立，则 $f(x)=\log_2 x\in M$.

（3）由于 $y=\log_a x(a>1)$ 与 $y=x$ 有交点，由图像知，$y=\log_a x$ 与 $y=\dfrac{x}{2}$ 必有交点.

设 $\log_a k=\dfrac{k}{2}$，则 $f(kx)=\log_a(kx)=\log_a k+\log_a x=\dfrac{k}{2}+f(x)$，则 $f(x)\in M$.

5. 设函数 $y=f(x)$ 的定义域为 $\mathbf{R}$，当 $x<0$ 时，$f(x)>1$，且对任意的实数 $x,y\in\mathbf{R}$，有 $f(x+y)=f(x)f(y)$ 成立.证明 $f(x)$ 在 $\mathbf{R}$ 上为严格减函数.

证明：令 $x=-1,y=0$，得 $f(-1)=f(-1)f(0)$，$f(0)=1$，

当 $x_1,x_2\in\mathbf{R}$，$x>0$ 时，$-x<0$，$f(0)=f(x)f(-x)=1$，进而得 $0<f(x)<1$.

设 $x_1,x_2\in\mathbf{R}$，且 $x_1<x_2$，则 $x_2-x_1>0$，$f(x_2-x_1)<1$，

$f(x_1)-f(x_2)=f(x_1)-f(x_1+x_2-x_1)=f(x_1)[1-f(x_2-x_1)]>0$.

故 $f(x_1)>f(x_2)$，函数 $y=f(x)$ 在 $\mathbf{R}$ 上是严格减函数.

6. 已知 $f(x)$ 是定义在 $\mathbf{R}$ 上的函数，且对任意的 $x,y\in\mathbf{R}$，有 $f(x)+f(y)=2f\left(\dfrac{x+y}{2}\right)\cdot f\left(\dfrac{x-y}{2}\right)$，又知 $f\left(\dfrac{\pi}{4}\right)=0$，规定 $f(0)>0$，但 $f(x)$ 不恒为 0，且 $f(0)>0$，证明：$f(x)$ 为周期函数.

证明：在题设中令 $x=y=0$，得：　　　　　　　　　$2f(0)=2[f(0)]^2$，　　　　　　①

由于 $f(0)>0$，则 $f(0)=1$，　　　　　　②

注意 $f\left(\dfrac{\pi}{4}\right)=0$，并用 $\dfrac{\pi}{2}+x$ 和 x 分别替换题设中的 x 和 y 得

$$f\left(\dfrac{\pi}{2}+x\right)+f(x)=2f\left(\dfrac{\pi}{4}+x\right)\cdot f\left(\dfrac{\pi}{4}\right)=0.$$

所以，　　　　　　　　　　　　　　$f\left(\dfrac{\pi}{2}+x\right)=-f(x)$　　　　　　③

再据③有 $f(\pi+x)=f\left[\dfrac{\pi}{2}+\left(\dfrac{\pi}{2}+x\right)\right]=-f\left(\dfrac{\pi}{2}+x\right)=f(x)$，

则 $f(x)$ 是以 π 为周期的周期函数.

7. 设 $f(x)$ 定义在正整数集上，且 $f(1)=1$，$f(x+y)=f(x)+f(y)+xy$.求 $f(x)$.

解：令 $y=1$，得 $f(x+1)=f(x)+x+1$

再依次令 $x=1,2,\cdots,n-1$，有

$f(2)=f(1)+2$，

$f(3)=f(2)+3$，

......

$f(n-1)=f(n-2)+(n-1)$,

$f(n)=f(n-1)+n$,

依次代入,得

$$f(n)=f(1)+2+3+\cdots+(n-1)+n=\frac{n(n+1)}{2},$$

则 $f(x)=\dfrac{x(x+1)}{2}(x\in\mathbf{N}^*)$.

8. 函数 $f(x)$ 对一切实数 x,y 均有 $f(x+y)-f(y)=(x+2y+1)x$ 成立,且 $f(1)=0$,

(1) 求 $f(0)$ 的值.

(2) 对任意的 $x_1\in\left(0,\dfrac{1}{2}\right),x_2\in\left(0,\dfrac{1}{2}\right)$,都有 $f(x_1)+2<\log_a x_2$ 成立时,求 a 的取值范围.

解:(1) 由已知等式 $f(x+y)-f(y)=(x+2y+1)x$,令 $x=1,y=0$ 得 $f(1)-f(0)=2$,又由于 $f(1)=0$,则 $f(0)=-2$.

(2) 由 $f(x+y)-f(y)=(x+2y+1)x$,令 $y=0$ 得 $f(x)-f(0)=(x+1)x$,由(1)知 $f(0)=-2$,则 $f(x)+2=x^2+x$. 由于 $x_1\in\left(0,\dfrac{1}{2}\right)$,则 $f(x_1)+2=x_1^2+x_1=\left(x_1+\dfrac{1}{2}\right)^2-\dfrac{1}{4}$ 在 $x_1\in\left(0,\dfrac{1}{2}\right)$ 上严格递增,则 $f(x_1)+2\in\left(0,\dfrac{3}{4}\right)$.

要使任意 $x_1\in\left(0,\dfrac{1}{2}\right),x_2\in\left(0,\dfrac{1}{2}\right)$ 都有 $f(x_1)+2<\log_a x_2$ 成立,

当 $a>1$ 时,$\log_a x_2<\log_a\dfrac{1}{2}$,显然不成立.

当 $0<a<1$ 时,$\log_a x_2>\log_a\dfrac{1}{2}$,则 $\begin{cases}0<a<1\\\log_a\dfrac{1}{2}\geqslant\dfrac{3}{4}\end{cases}$,解得 $\dfrac{\sqrt[3]{4}}{4}\leqslant a<1$.

则 a 的取值范围是 $\left[\dfrac{\sqrt[3]{4}}{4},1\right)$.

9. 设集合 $P=\{f(x)\,|\,f(u-v)f(u+v)=f^2(u)-f^2(v),u\in\mathbf{R},v\in\mathbf{R}\}$.

(1) 试判断 $f_1(x)=\begin{cases}1 & (x\geqslant0),\\-1 & (x<0),\end{cases}$ $f_2(x)=\sin x$,是否属于集合 P?

(2) 若 $f(x)=kx+b(k,b$ 为常数,$k\neq0)$ 属于 P,试寻找其充要条件.

(3) 根据对第(1),(2)小题的研究,请你对属于集合 P 的函数从函数性质方面提出一个有价值的结论,说明理由;若 $f(x)=ax^2+bx+c$ $(a,b,c\in\mathbf{R},a\neq0)$,判断 $f(x)$ 与集合 P 的关系.

解:(1) 若 $u=v=0$ 时,$f_1(0-0)f_1(0+0)\neq f_1^2(0)-f_1^2(0)$,则 $f_1(x)\notin P$.

任取 $u,v\in\mathbf{R}$,$f_2(u-v)f_2(u+v)=\sin(u-v)\sin(u+v)=\sin^2 u\cos^2 v-\cos^2 u\sin^2 v=\sin^2 u-\sin^2 v=f_2^2(u)-f_2^2(v)$, $\therefore$ $f_2(x)\in P$.

(2) 若 $f(x) \in P$,则 $[k(u-v)+b] \cdot [k(u+v)+b]=(ku+b)^2-(kv+b)^2$ 对任意的 $u,v \in \mathbf{R}$ 恒成立,即 $b(2kv+b)=0$ 对任意的 $u,v \in \mathbf{R}$ 恒成立,由于 $k \neq 0$,则 $b=0$.

(3) 可得对属于集合 P 的函数是奇函数.

取 $u=v=0$,得 $f(0)=0$.

任取 $x \in \mathbf{R}$,令 $u=0,v=x$,得 $f(-x)f(x)=f^2(0)-f^2(x)$,

得 $f(x)[f(-x)+f(x)]=0$,则 $f(x)=0,f(-x)=-f(x)$.

则对属于集合 P 的函数必是奇函数.

因为如果一个函数不是奇函数,则此函数不属于集合 P,而二次函数 $f(x)=ax^2+bx+c,(a,b,c \in \mathbf{R},a \neq 0)$ 必定不是奇函数,所以 $f(x)=ax^2+bx+c,(a,b,c \in \mathbf{R},a \neq 0) \notin P$.

10. 对每一实数对 (x,y),函数 $f(t)$ 满足 $f(x+y)=f(x)+f(y)+xy+1$.若 $f(-2)=-2$,试求满足 $f(a)=a$ 的所有整数 $a=$ _____.

解:1 或 -2.令 $x=y=0$,得 $f(0)=-1$;

令 $x=y=-1$,由 $f(-2)=-2$,得 $f(-1)=-2$,又令 $x=1$,$y=-1$,可得 $f(1)=1$,

再令 $x=1$,得 $f(y+1)=f(y)+y+2$ ①

所以 $f(y+1)-f(y)=y+2$,即 y 为正整数时,$f(y+1)-f(y)>0$.

由 $f(1)=1$ 可知对一切正整数 y,$f(y)>0$,

因此 $y \in \mathbf{N}^*$ 时,$f(y+1)=f(y)+y+2>y+1$,即对一切大于 1 的正整数 t,恒有 $f(t)>t$.

由①得 $f(-3)=-1$,$f(-4)=1$.

下面证明:当整数 $t \leqslant -4$ 时,$f(t)>0$,

因 $t \leqslant -4$,故 $-(t+2)>0$,

由①得:$f(t)-f(t+1)=-(t+2)>0$,即 $f(-5)-f(-4)>0$,

$f(-6)-f(-5)>0,\cdots,f(t+1)-f(t+2)>0,f(t)-f(t+1)>0$.

相加得:$f(t)-f(-4)>0$,因为:$t \leqslant 4$,故 $f(t)>t$.

综上所述:满足 $f(t)=t$ 的整数只有 $t=1$ 或 $t=2$.

11. 定义在 $\mathbf{R}$ 上的函数 $f(x)$ 满足:对任意实数 m,n,总有 $f(m+n)=f(m) \cdot f(n)$,且当 $x>0$ 时,$0<f(x)<1$.

(1) 试求 $f(0)$ 的值.

(2) 判断 $f(x)$ 的单调性并证明你的结论.

(3) 设 $A=\{(x,y)|f(x^2) \cdot f(y^2)>f(1)\}$,$B=\{(x,y)|f(ax-y+\sqrt{2})=1,a \in \mathbf{R}\}$,若 $A \cap B=\varnothing$,试确定 a 的取值范围.

(4) 试举出一个满足条件的函数 $f(x)$.

解:(1) 在 $f(m+n)=f(m) \cdot f(n)$ 中,令 $m=1,n=0$.得:$f(1)=f(1) \cdot f(0)$.

因为 $f(1) \neq 0$,所以,$f(0)=1$.

(2) 要判断 $f(x)$ 的单调性,可任取 $x_1,x_2 \in \mathbf{R}$,且设 $x_1<x_2$.

在已知条件 $f(m+n)=f(m) \cdot f(n)$ 中,若取 $m+n=x_2,m=x_1$,则已知条件可化为:

$f(x_2)=f(x_1) \cdot f(x_2-x_1)$.由于 $x_2-x_1>0$,所以 $1>f(x_2-x_1)>0$.

为比较 $f(x_2)$、$f(x_1)$ 的大小,只需考虑 $f(x_1)$ 的正负即可.

在 $f(m+n)=f(m)\cdot f(n)$ 中,令 $m=x$,$n=-x$,则得 $f(x)\cdot f(-x)=1$.

由于 $x>0$ 时,$0<f(x)<1$,则当 $x<0$ 时,$f(x)=\dfrac{1}{f(-x)}>1>0$.

又 $f(0)=1$,所以,综上可知,对于任意 $x_1\in\mathbf{R}$,均有 $f(x_1)>0$.

则 $f(x_2)-f(x_1)=f(x_1)[f(x_2-x_1)-1]<0$.则函数 $f(x)$ 在 $\mathbf{R}$ 上严格递减.

(3) 首先利用 $f(x)$ 的单调性,将有关函数值的不等式转化为不含 f 的式子.

$f(x^2)\cdot f(y^2)>f(1)$ 即 $x^2+y^2<1$,$f(ax-y+\sqrt{2})=1=f(0)$,即

$ax-y+\sqrt{2}=0$.由 $A\cap B=\varnothing$,所以,直线 $ax-y+\sqrt{2}=0$ 与圆面 $x^2+y^2<1$ 无公共点.所

以,$\dfrac{\sqrt{2}}{\sqrt{a^2+1}}\geqslant 1$.解得:$-1\leqslant a\leqslant 1$.

(4) 如 $f(x)=\left(\dfrac{1}{2}\right)^x$.

12. 已知定义在 $\mathbf{R}$ 上的函数 $f(x)$ 满足:

(1) 值域为 $(-1,1)$,且当 $x>0$ 时,$-1<f(x)<0$;

(2) 对于定义域内任意的实数 x,y,均满足:$f(m+n)=\dfrac{f(m)+f(n)}{1+f(m)f(n)}$ 试回答下列问题:

① 试求 $f(0)$ 的值.

② 判断并证明函数 $f(x)$ 的单调性.

③ 若函数 $f(x)$ 存在反函数 $g(x)$,求证:$g\left(\dfrac{1}{5}\right)+g\left(\dfrac{1}{11}\right)+\cdots+g\left(\dfrac{1}{n^2+3n+1}\right)>g\left(\dfrac{1}{2}\right)$.

解: (1) 在 $f(m+n)=\dfrac{f(m)+f(n)}{1+f(m)f(n)}$ 中,令 $m>0$,$n=0$,则有 $f(m)=\dfrac{f(m)+f(0)}{1+f(m)f(0)}$.

即 $f(m)[1+f(m)f(0)]=f(m)+f(0)$.也即 $f(0)[(f(m))^2-1]=0$.

由于函数 $f(x)$ 的值域为 $(-1,1)$,所以,$[(f(m))^2-1]\neq 0$,所以 $f(0)=0$.

(2) 函数 $f(x)$ 的单调性必然涉及 $f(x)-f(y)$,于是,由已知 $f(m+n)=$

$\dfrac{f(m)+f(n)}{1+f(m)f(n)}$,我们可以联想到:是否有

① $$f(m-n)=\dfrac{f(m)-f(n)}{1-f(m)f(n)}$$

这个问题实际上是:$f(-n)=-f(n)$ 是否成立?

为此,我们首先考虑函数 $f(x)$ 的奇偶性,也即 $f(-x)$ 与 $f(x)$ 的关系.由于 $f(0)=0$,所

以,在 $f(m+n)=\dfrac{f(m)+f(n)}{1+f(m)f(n)}$ 中,令 $n=-m$,得 $f(m)+f(-m)=0$.

所以,函数 $f(x)$ 为奇函数.故①式成立.

② 所以,$f(m)-f(n)=f(m-n)[1-f(m)f(n)]$.

任取 x_1,$x_2\in\mathbf{R}$,且 $x_1<x_2$,则 $x_2-x_1>0$,故 $f(x_2-x_1)<0$ 且 $-1<f(x_2)$,$f(x_1)<1$.

所以,$f(x_2)-f(x_1)=f(x_2-x_1)[1-f(x_2)f(x_1)]<0$

所以,函数 $f(x)$ 在 $\mathbf{R}$ 上严格递减.

③ 由于函数 $f(x)$ 在 **R** 上严格递减,所以,函数 $f(x)$ 必存在反函数 $g(x)$,由原函数与反函数的关系可知:$g(x)$ 也为奇函数;$g(x)$ 在 $(-1,1)$ 上严格递减;且当 $-1<x<0$ 时,$g(x)>0$.

为了证明本题,需要考虑 $g(x)$ 的关系式.

在①式的两端,同时用 g 作用,得:$m-n=g\left[\dfrac{f(m)-f(n)}{1-f(m)f(n)}\right]$,

令 $f(m)=x$,$f(n)=y$,则 $m=g(x)$,$n=g(y)$,则上式可改写为:

$$g(x)-g(y)=g\left(\frac{x-y}{1-xy}\right).$$

不难验证:对于任意的 $x,y\in(-1,1)$,上式都成立(根据一一对应).

这样,我们就得到了 $g(x)$ 的关系式.这个式子给我们以提示:即可以将 $\dfrac{1}{n^2+3n+1}$ 写成 $\dfrac{x-y}{1-xy}$ 的形式,则可通过立项相消的方法化简求证式的左端.

事实上,由于

$$\frac{1}{n^2+3n+1}=\frac{1}{(n+1)(n+2)-1}=\frac{\frac{1}{(n+1)(n+2)}}{1-\frac{1}{(n+1)(n+2)}}=\frac{\frac{1}{n+1}-\frac{1}{n+2}}{1-\left(\frac{1}{n+1}\right)\cdot\left(\frac{1}{n+2}\right)}.$$

所以,$g\left(\dfrac{1}{n^2+3n+1}\right)=g\left(\dfrac{1}{n+1}\right)-g\left(\dfrac{1}{n+2}\right)$.

所以,$g\left(\dfrac{1}{5}\right)+g\left(\dfrac{1}{11}\right)+\cdots+g\left(\dfrac{1}{n^2+3n+1}\right)$

$=\left[g\left(\dfrac{1}{2}\right)-g\left(\dfrac{1}{3}\right)\right]+\left[g\left(\dfrac{1}{3}\right)-g\left(\dfrac{1}{4}\right)\right]+\cdots+\left[g\left(\dfrac{1}{n+1}\right)-g\left(\dfrac{1}{n+2}\right)\right]$

$=g\left(\dfrac{1}{2}\right)-g\left(\dfrac{1}{n+2}\right)$

$=g\left(\dfrac{1}{2}\right)+g\left(-\dfrac{1}{n+2}\right)>g\left(\dfrac{1}{2}\right).$

13. 设 $f(x)$ 是定义在 **D** 上的函数,若对任何实数 $\alpha\in(0,1)$ 以及 **D** 中的任意两数 x_1,x_2,恒有 $f[\alpha x_1+(1-\alpha)x_2]\leqslant\alpha f(x_1)+(1-\alpha)f(x_2)$,则称 $f(x)$ 为定义在 **D** 上的 C 函数.

(1) 试判断函数 $f_1(x)=x^2$,$f_2(x)=\dfrac{1}{x}$ $(x<0)$ 中哪些是各自定义域上的 C 函数,并说明理由.

(2) 已知 $f(x)$ 是 **R** 上的 C 函数,m 是给定的正整数,设 $a_n=f(n)$,$n=0,1,2,\cdots,m$,且 $a_0=0$,$a_m=2m$,记 $S_f=a_1+a_2+\cdots+a_m$.对于满足条件的任意函数 $f(x)$,试求 S_f 的最大值.

(3) 若 $f(x)$ 是定义域为 **R** 的函数,且最小正周期为 T,试证明 $f(x)$ 不是 **R** 上的 C 函数.

解: (1) $f_1(x)=x^2$ 是 C 函数,证明如下:对任意实数 x_1,x_2 及 $\alpha\in(0,1)$,

有 $f[\alpha x_1+(1-\alpha)x_2]-\alpha f(x_1)-(1-\alpha)f(x_2)$

$=[\alpha x_1+(1-\alpha)x_2]^2-\alpha x_1^2-(1-\alpha)x_2^2$

$=-\alpha(1-\alpha)x_1^2-\alpha(1-\alpha)x_2^2+2\alpha(1-\alpha)x_1x_2$

$= -\alpha(1-\alpha)(x_1-x_2)^2 \leqslant 0.$

即 $f[\alpha x_1+(1-\alpha)x_2] \leqslant \alpha f(x_1)+(1-\alpha)f(x_2).$

则 $f_1(x)=x^2$ 是 C 函数.

$f_2(x)=\dfrac{1}{x}(x<0)$ 不是 C 函数,证明如下:取 $x_1=-3,x_2=-1,\alpha=\dfrac{1}{2}$,

则 $f[\alpha x_1+(1-\alpha)x_2]-\alpha f(x_1)-(1-\alpha)f(x_2)$

$=f(-2)-\dfrac{1}{2}f(-3)-\dfrac{1}{2}f(-1)=-\dfrac{1}{2}+\dfrac{1}{6}+\dfrac{1}{2}>0.$

即 $f[\alpha x_1+(1-\alpha)x_2]>\alpha f(x_1)+(1-\alpha)f(x_2).$

则 $f_2(x)=\dfrac{1}{x}(x<0)$ 不是 C 函数.

(2) 对任意 $0 \leqslant n \leqslant m$,取 $x_1=m,x_2=0,\alpha=\dfrac{n}{m} \in [0,1].$

由于 $f(x)$ 是 $\mathbf{R}$ 上的 C 函数,$a_n=f(n)$,且 $a_0=0,a_m=2m$,

则 $a_n=f(n)=f[\alpha x_1+(1-\alpha)x_2] \leqslant \alpha f(x_1)+(1-\alpha)f(x_2)=\dfrac{n}{m} \times 2m=2n.$

那么 $S_f=a_1+a_2+\cdots+a_m \leqslant 2 \times (1+2+\cdots+m)=m^2+m.$

可证 $f(x)=2x$ 是 C 函数,且使得 $a_n=2n(n=0,1,2,\cdots,m)$ 都成立,此时 $S_f=m^2+m.$

综上所述,S_f 的最大值为 $m^2+m.$

(3) 假设 $f(x)$ 是 $\mathbf{R}$ 上的 C 函数.若存在 $m<n$ 且 $m,n \in [0,T)$,使得 $f(m) \neq f(n).$

若 $f(m)<f(n)$,记 $x_1=m,x_2=m+T,\alpha=1-\dfrac{n-m}{T}$,则 $0<\alpha<1$,且 $n=\alpha x_1+(1-\alpha)x_2.$

那么 $f(n)=f[\alpha x_1+(1-\alpha)x_2] \leqslant \alpha f(x_1)+(1-\alpha)f(x_2)$
$\qquad\qquad\qquad\qquad\qquad\quad =\alpha f(m)+(1-\alpha)f(m+T)=f(m).$

这与 $f(m)<f(n)$ 矛盾.若 $f(m)>f(n)$,

记 $x_1=n,x_2=n-T,\alpha=1-\dfrac{n-m}{T}$ 也可得到矛盾.

则 $f(x)$ 在 $[0,T)$ 上是常数函数,又因为 $f(x)$ 是周期为 T 的函数,所以 $f(x)$ 在 $\mathbf{R}$ 上是常数函数,这与 $f(x)$ 的最小正周期为 T 矛盾.所以 $f(x)$ 不是 $\mathbf{R}$ 上的 C 函数.

第四章 幂函数、指数函数、对数函数

Power Function. Exponential and Logarithmic Functions

§4.1 幂函数

1. 研究下列函数的性质,并作出其图像.

① $y = x^{-\frac{1}{6}}$;

② $y = x^{-\frac{1}{3}}$.

解:

$y = x^{-\frac{1}{6}}$ 的图像 $y = x^{-\frac{1}{3}}$ 的图像

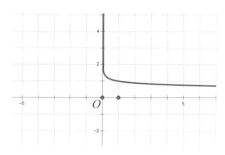 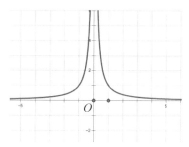

题 1 解题配图

2. 设 $\alpha \in \left\{ -2, -1, -\frac{1}{2}, -\frac{1}{3}, \frac{1}{2}, 1, 2, 3 \right\}$,已知幂函数 $y = x^{\alpha}$ 为偶函数,且在 $(0, +\infty)$ 上递减,试确定满足条件的幂函数,并作出它们的大致图像.

解: 函数 $y = x^{-2}$ 的图像   函数 $y = x^{-1}$ 的图像

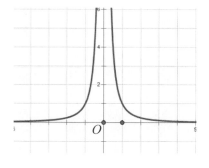 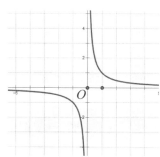

(接下页图)

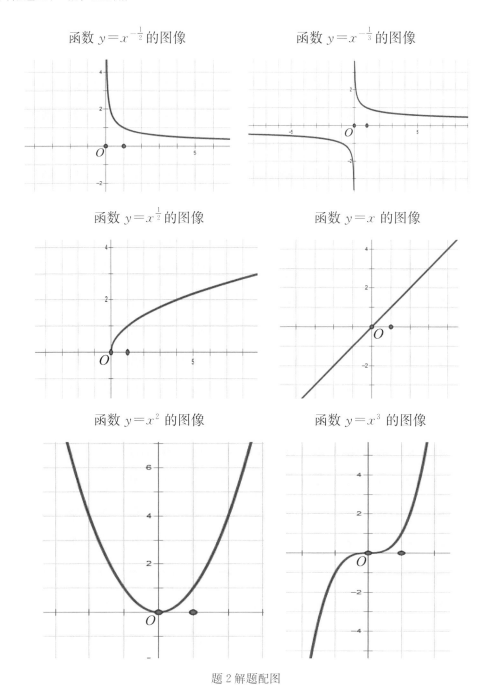

题 2 解题配图

3. 已知 $f(x)=(m^3+3m^2-4m-11)x^m,(x\neq 0)$ 是幂函数,其图像分布在第一、第三象限,求 $f(x)$ 的解析式.

解: 因为 $f(x)$ 是幂函数,所以 $m^3+3m^2-4m-11=1$,解得 $m=-3$ 或 $m=-2$ 或 $m=2$.

由于 $f(x)(x\neq 0)$ 是幂函数,且图像分布在第一、第三象限,故 $m=-3$.

所以 $f(x)=x^{-3}$.

4. 已知函数 $f(x)=x^{-2m^2+m+3}(m\in\mathbf{Z})$ 为偶函数,且 $f(3)<f(5)$,求 m 的值,并确定 $f(x)$ 的解析式.

解：由于 $f(x)$ 是偶函数，则 $-2m^2+m+3$ 应为偶数.

又由于 $f(3)<f(5)$，即 $3^{-2m^2+m+3}<5^{-2m^2+m+3}$，整理，得 $\left(\dfrac{3}{5}\right)^{-2m^2+m+3}<1$，

由于 $-2m^2+m+3>0$，则 $-1<m<\dfrac{3}{2}$.

又由于 $m\in\mathbf{Z}$，则 $m=0$ 或 1.

当 $m=0$ 时，$-2m^2+m+3=3$ 为奇数（舍去）；当 $m=1$ 时，$-2m^2+m+3=2$ 为偶数.

故 m 的值为 1，$f(x)=x^2$.

5. 若 $(m+1)^3<(3-2m)^3$，试求实数 m 的取值范围.

解：由于函数 $y=x^3$ 在 $(-\infty,+\infty)$ 上严格递增，所以 $m+1<3-2m$，解得 $m<\dfrac{2}{3}$.

6. 若 $(m+1)^{\frac{1}{2}}<(3-2m)^{\frac{1}{2}}$，试求实数 m 的取值范围.

解：由题 6 解题配图，$\begin{cases} m+1\geq 0, \\ 3-2m\geq 0, \\ 3-2m>m+1, \end{cases}$ 解得 $-1\leq m<\dfrac{2}{3}$.

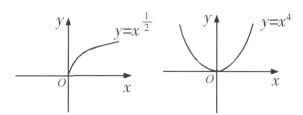

题 6 解题配图

7. 若 $(m+1)^4<(3-2m)^4$，试求实数 m 的取值范围.

解：作出幂函数 $y=x^4$ 的图像如题 7 解题配图所示.由图像知此函数在 $(-\infty,0)\bigcup(0,+\infty)$ 上不具有单调性，若分类讨论步骤较繁，把问题转化到一个单调区间上是关键.考虑 $\alpha=4$ 时，$x^4=|x|^4$.

于是有 $(m+1)^4<(3-2m)^4$，即 $|m+1|^4<|3-2m|^4$.

又由于幂函数 $y=x^4$ 在 $(0,+\infty)$ 上严格递增，

由于 $|m+1|<|3-2m|$，

解得 $m<\dfrac{2}{3}$，或 $m>4$.

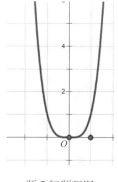

题 7 解题配图

8. 讨论函数 $y=(k^2+k)x^{k^2-2k-1}$ 在 $x>0$ 时随着 x 的增大其函数值的变化情况.

解：（1）当 $k^2+k=0$，即 $k=0$ 或 $k=-1$ 时，$y=0$ 为常值函数.

（2）当 $k^2-2k-1=0$ 时，$k=1-\sqrt{2}$ 或 $k=1+\sqrt{2}$，此时函数为常值函数.

（3）$\begin{cases} k^2+k>0, \\ k^2-2k-1<0, \end{cases}$ 即 $0<k<1+\sqrt{2}$ 时，函数为严格减函数，函数值随 x 的增大而减小.

（4）当 $\begin{cases} k^2+k>0, \\ k^2-2k-1>0, \end{cases}$ 即 $k<-1$ 或 $k>1+\sqrt{2}$ 时，函数为严格增函数，函数值随 x 的增大而增大.

（5）当 $\begin{cases} k^2+k<0, \\ k^2-2k-1<0, \end{cases}$ 即 $1-\sqrt{2}<k<0$ 时，函数为严格增函数，函数值随 x 的增大而增大.

（6）当 $\begin{cases} k^2+k<0, \\ k^2-2k-1>0, \end{cases}$ 即 $-1<k<1-\sqrt{2}$ 时，函数为严格减函数，函数值随 x 的增大而减小.

9. 已知幂函数 $f(x)=x^{m^2-2m-3}(m\in\mathbf{Z})$ 为偶函数，且在区间 $(0,+\infty)$ 上是减函数，求 $f(x)$ 的解析式，并讨论函数 $g(x)=a\sqrt{f(x)}-\dfrac{b}{xf(x)}$ 的奇偶性.

解： 因为幂函数 $f(x)=x^{m^2-2m-3}(m\in\mathbf{Z})$ 在区间 $(0,+\infty)$ 上是减函数，所以有 $m^2-2m-3<0$.

解上述不等式得到：$-1<m<3$，而 $m\in\mathbf{Z}$，所以 $m=0,1$ 或 2.

当 $m=0$ 或 2 时，$m^2-2m-3=-3$ 是奇数，不合题意，

当 $m=1$ 时，$m^2-2m-3=-4$ 是偶数，故 $f(x)=x^{-4}$；$g(x)=\dfrac{a}{x^2}-bx^3$.

（1）当 $a=0,b\neq0$ 时，$g(x)=-bx^3$ 是奇函数.

（2）当 $a\neq0,b=0$ 时，$g(x)=\dfrac{a}{x^2}$ 是偶函数.

（3）当 $a=b=0$ 时，$g(x)=0$ 既是奇函数又是偶函数.

当 $ab\neq0$ 时，$g(x)=\dfrac{a}{x^2}-bx^3$ 既不是奇函数，又不是偶函数.

10. 已知函数 $f(x)=x^{-k^2+k+2}(k\in\mathbf{Z})$，且 $f(2)<f(3)$.

（1）求 k 的值.

（2）试判断是否存在正数 p，使函数 $g(x)=1-p\cdot f(x)+(2p-1)x$ 在区间 $[-1,2]$ 上的值域为 $\left[-4,\dfrac{17}{8}\right]$；若存在，求出这个 p 的值；若不存在，说明理由.

解：（1）$-k^2+k+2>0\Rightarrow-1<k<2\Rightarrow k=0$ 或 1.

（2）假设存在 $p>0$ 满足题设，由（1）知 $g(x)=-px^2+(2p-1)x+1,x\in[-1,2]$.

由于 $g(2)=-1$，则两个最值点只能在端点 $(-1,g(-1))$ 和顶点 $\left(\dfrac{2p-1}{2p},\dfrac{4p^2+1}{4p}\right)$ 处取得.

由于 $g(x)$ 图像开口向下，又由于 $\dfrac{2p-1}{2p}\in[-1,2]$，

则 $g(x)_{\max}=\dfrac{4p^2+1}{4p}=\dfrac{17}{8}$，$g(x)_{\min}=g(-1)=2-3p=-4$. 解得 $p=2$.

则存在 $p=2$ 满足题意.

11. 设函数 $f(x)=a|x|+\dfrac{b}{x}$（a,b 为常数），且：

(1) $f(-2)=0$.

(2) $f(x)$ 有两个严格递增区间，写出一个同时满足上述两个条件的有序数对 (a,b).

解：$b=4a<0$，如 $(-1,-4)$.

12. 已知函数 $y=x+\dfrac{a}{x}$ 有如下性质：如果常数 $a>0$，那么该函数在区间 $(0,\sqrt{a}\,]$ 上是减函数，在区间 $[\sqrt{a}\,,+\infty)$ 上是增函数.

(1) 如果函数 $y=x+\dfrac{2^b}{x}$（$x>0$）的值域为 $[6,+\infty)$，求实数 b 的值.

(2) 研究函数 $y=x^2+\dfrac{c}{x^2}$（常数 $c>0$）在定义域内的单调性，并说明理由.

(3) 对函数 $y=x+\dfrac{a}{x}$ 和 $y=x^2+\dfrac{a}{x^2}$（常数 $a>0$）作出推广，使它们都是你所推广的函数的特例. 研究推广后的函数的单调性.

解：(1) $b=\log_2 9$.

(2) $(0,\sqrt[4]{c}\,]$ 上递减，$[\sqrt[4]{c}\,,+\infty)$ 上递增，$(-\sqrt[4]{c}\,,0)$ 上递增，$(-\infty,\sqrt[4]{c}\,]$ 上递减.

(3) $f(x)=x^n+\dfrac{a}{x^n}$，若 n 为奇数，则在 $(0,\sqrt[2n]{a}\,]$ 上递减，$[\sqrt[2n]{a}\,,+\infty)$ 上递增；在 $(-\sqrt[2n]{a}\,,0)$ 上递减，在 $(-\infty,-\sqrt[2n]{a}\,]$ 上递增，若 n 为偶数则在 $(0,\sqrt[2n]{a}\,]$ 上递减，$[\sqrt[2n]{a}\,,+\infty)$ 上递增；在 $(-\sqrt[2n]{a}\,,0)$ 上递增，在 $(-\infty,-\sqrt[2n]{a}\,]$ 上递减.

§4.2 指数函数

1. 利用指数函数的性质，比较下列各组中两个数的大小：

(1) $3^{\sqrt{2}}$ 和 $3^{1.414}$.

(2) $0.7^{-\frac{2}{3}}$ 和 $0.7^{-\frac{3}{4}}$.

(3) $\dfrac{2^{2007}+1}{2^{2008}+1}$ 和 $\dfrac{2^{2008}+1}{2^{2009}+1}$.

解：(1) $3^{\sqrt{2}}>3^{1.414}$.

(2) $0.7^{-\frac{2}{3}}<0.7^{-\frac{3}{4}}$.

(3) $\dfrac{2^{2007}+1}{2^{2008}+1}>\dfrac{2^{2008}+1}{2^{2009}+1}$.

2. 若函数 $f(x)=2^{-|x-1|}-m$ 的图像与 x 轴有交点，则实数 m 的取值范围是_____.

解：由于 $-|x-1|\leqslant 0$，则 $2^{-|x-1|}\in(0,1]\Rightarrow 0<m\leqslant 1$.

3. 设 $f(x)=\dfrac{4^x}{4^x+2}$，求出 $f\left(\dfrac{1}{1001}\right)+f\left(\dfrac{2}{1001}\right)+f\left(\dfrac{3}{1001}\right)+\cdots+f\left(\dfrac{1000}{1001}\right)$ 的值.

解：可证：$f(x)+f(1-x)=1$，进而可得：答案为 500.

4. 某工厂今年 1 月、2 月、3 月生产某产品分别为 1 万件、1.2 万件、1.3 万件，为了估测以后每个月的产量，以这三个月的产品数量为依据，用一个函数模拟该产品的月产量 y 与月份数 x 的关系，模拟函数可以选用二次函数或函数 $y=ab^x+c$（其中 a、b、c 为常数），已知四月份该产品的产量为 1.37 万件,请问用以上哪个函数作为模拟函数较好? 请说明理由.

解: $f_2(x) = -0.8 \times 0.5^x + 1.4$ 作为模拟函数较好.理由略.

5. 比较 $m^a + m^{-a}$ 与 $m^b + m^{-b}$ ($a > b > 0, m > 0$ 且 $m \neq 1$)的大小.

解: $m^a + m^{-a} - (m^b + m^{-b}) = (m^a - m^b)\left(1 - \dfrac{1}{m^{a+b}}\right)$,

$m > 1$ 时,则 $m^a + m^{-a} > m^b + m^{-b}$.

$m \in (0,1)$ 时,则 $m^a + m^{-a} > m^b + m^{-b}$.

综上,$m^a + m^{-a} > m^b + m^{-b}$.

6. 设 $f(x) = \dfrac{10^x - 10^{-x}}{10^x + 10^{-x}}$.

(1) 证明 $f(x)$ 在 $(-\infty, +\infty)$ 上是严格增函数.

(2) 求 $f(x)$ 值域.

解: (1) $\forall x_1 < x_2 \in \mathbf{R}$

$f(x_2) - f(x_1) = \dfrac{10^{x_2} - 10^{-x_2}}{10^{x_2} + 10^{-x_2}} - \dfrac{10^{x_1} - 10^{-x_1}}{10^{x_1} + 10^{-x_1}} = \dfrac{(10^{x_2 - x_1} - 10^{x_1 - x_2}) \times 2}{(10^{x_2} + 10^{-x_2})(10^{x_1} + 10^{-x_1})}$.

由于 $10^{x_2 - x_1} > 10^{x_1 - x_2}$,则 $f(x_2) > f(x_1)$,所以原函数单调递增.

(2) $f(x) = 1 - \dfrac{2 \times 10^{-x}}{10^x + 10^{-x}} = 1 - \dfrac{2}{10^{2x} + 1} \in (-1, 1)$.

7. 设函数 $f(x) = 2^{|x+1| - |x-1|}$,求使 $f(x) \geqslant 2\sqrt{2}x$ 的 x 取值范围.

解: $f(x) = \begin{cases} 4(x \geqslant 1), \\ 4^x (-1 < x < 1), \\ \dfrac{1}{4}(x \leqslant -1) \end{cases} \Rightarrow x \in (-\infty, \sqrt{2}]$.

8. (1) 求函数 $f(x) = 4^{-x} + \left(\dfrac{1}{2}\right)^x + 1$ ($x \geqslant 0$)的值域.

(2) 如果函数 $f(x) = 4^{-x} - \left(\dfrac{1}{2}\right)^{|x|} + a - 1$ 有两个不同的零点,求实数 a 的取值范围.

(3) 已知函数 $f(x) = \begin{cases} (2a-1)x + 7a - 2 & (x < 1), \\ a^x & (x \geqslant 1) \end{cases}$ 在 $(-\infty, +\infty)$ 上严格递减,求实数 a 的取值范围.

解: (1) 换元法解题,设 $t = \left(\dfrac{1}{2}\right)^x \in (0, 1]$,

则 $f(x) = g(t) = t^2 + t + 1 \in (1, 3]$;

(2) 当 $x \geqslant 0$ 时,设 $t = \left(\dfrac{1}{2}\right)^x \in (0, 1]$,则 $t^2 - t = 1 - a$.

当 $x \leqslant 0$ 时,设 $t = \left(\dfrac{1}{2}\right)^x \in [1, +\infty)$,则 $t^2 - \dfrac{1}{t} = 1 - a$.

通过画图可得:$-\dfrac{1}{4} < 1 - a < 0 \Rightarrow a \in \left(1, \dfrac{5}{4}\right)$.

(3) $\begin{cases} 2a - 1 < 0, \\ 0 < a < 1, \\ 9a - 3 \geqslant a \end{cases} \Rightarrow a \in \left[\dfrac{3}{8}, \dfrac{1}{2}\right)$.

9. 已知函数 $f(x)=\dfrac{|a-1|}{a^2-9}(a^x-a^{-x})$，$(a>0,a\neq1)$ 在 $(-\infty,+\infty)$ 上是严格增函数，求实数 a 的取值范围.

解： $f(x)=\dfrac{|a-1|}{(a-3)(a+3)}(a^x-a^{-x})$，

$a>1$ 时，a^x-a^{-x} 单调递增，则 $a>1$ 且 $a^2-9>0$；

$a\in(0,1)$ 时，a^x-a^{-x} 单调递减，则 $\dfrac{|a-1|}{a^2-9}<0$，

则 $a\in(0,1)\bigcup(3,+\infty)$.

10. 设 $f(x)=\dfrac{e^x-e^{-x}}{2}$，$g(x)=\dfrac{e^x+e^{-x}}{2}$；

(1) 求证：$f(2x)=2f(x)\cdot g(x)$ 且 $f(2x)$ 是奇函数.

(2) 求证：$g(2x)=2g^2(x)-1=2f^2(x)+1=f^2(x)+g^2(x)$ 且 $g(2x)$ 是偶函数.

证明：（1）$f(2x)=\dfrac{e^{2x}-e^{-2x}}{2}$，

$2f(x)g(x)=(e^x-e^{-x})\dfrac{e^x+e^{-x}}{2}=\dfrac{e^{2x}-e^{-2x}}{2}$.

则 $f(-2x)=\dfrac{e^{-2x}-e^{2x}}{2}=-f(2x)$，所以 $f(2x)$ 为奇函数.

（2）$g(2x)=\dfrac{e^{2x}+e^{-2x}}{2}$，

$2g^2(x)-1=\dfrac{e^{2x}+e^{-2x}}{2}$，$2f^2(x)+1=\dfrac{e^{2x}+e^{-2x}}{2}$，$f^2(x)+g^2(x)=\dfrac{e^{2x}+e^{-2x}}{2}$，

$g(2x)=g(-2x)$，则 $g(2x)$ 为偶函数.

11. 设 $0\leqslant x\leqslant2$，求函数 $y=4^{x-\frac{1}{2}}-a\cdot2^x+\dfrac{a^2}{2}+1$ 的最大值和最小值.

解： 当 $a\leqslant1$ 时，$y_{\min}=\dfrac{a^2}{2}-a+\dfrac{3}{2}$，$y_{\max}=\dfrac{a^2}{2}-4a+9$；

当 $1<a\leqslant\dfrac{5}{2}$ 时，$y_{\min}=1$，$y_{\max}=\dfrac{a^2}{2}-4a+9$；

当 $\dfrac{5}{2}<a<4$ 时，$y_{\min}=1$，$y_{\max}=\dfrac{a^2}{2}-a+\dfrac{3}{2}$；

当 $a\geqslant4$ 时，$y_{\min}=\dfrac{a^2}{2}-4a+9$，$y_{\max}=\dfrac{a^2}{2}-a+\dfrac{3}{2}$.

12. 定义在 **R** 上的增函数 $y=f(x)$ 对任意 $x,y\in$**R** 都有 $f(x+y)=f(x)+f(y)$.

(1) 求 $f(0)$.

(2) 求证 $f(x)$ 为奇函数.

(3) 若 $f(k\cdot3^x)+f(3^x-9^x-2)<0$ 对任意 $x\in$**R** 恒成立，求实数 k 的取值范围.

解：（1）令 $x=y=0$，可得 $f(0)=0$.

（2）令 $y=-x$，可证 $f(x)+f(-x)=f(0)=0$.

(3) 即 $k \cdot 3^x < -3^x + 9^x + 2 \Rightarrow k < 3^x + \dfrac{2}{3^x} - 1 \Rightarrow k < 2\sqrt{2} - 1$.

13. 已知集合 M 是满足下列性质的函数 $f(x)$ 的全体:存在非零常数 T,对任意 $x \in \mathbf{R}$,有 $f(x+T) = Tf(x)$ 成立.

(1) 函数 $f(x) = x$ 是否属于集合 M? 说明理由.

(2) 设函数 $f(x) = a^x (a > 0$,且 $a \neq 1)$ 的图像与 $y = x$ 的图像有公共点,证明:$f(x) = a^x \in M$.

(3) 若函数 $f(x) = \sin kx \in M$,求实数 k 的取值范围.

解:(1) 对于非零常数 T,$f(x+T) = x + T$,$Tf(x) = Tx$. 因为对任意 $x \in \mathbf{R}$,$x + T = Tx$ 不能恒成立,所以 $f(x) = x \notin M$.

(2) 因为函数 $f(x) = a^x (a > 0$ 且 $a \neq 1)$ 的图像与函数 $y = x$ 的图像有公共点,

所以方程组:$\begin{cases} y = a^x \\ y = x \end{cases}$ 有解,消去 y 得 $a^x = x$,

显然 $x = 0$ 不是方程 $a^x = x$ 的解,所以存在非零常数 T,使 $a^T = T$.

于是对于 $f(x) = a^x$ 有 $f(x+T) = a^{x+T} = a^T \cdot a^x = T \cdot a^x = Tf(x)$,故 $f(x) = a^x \in M$.

(3) 当 $k = 0$ 时,$f(x) = 0$,显然 $f(x) = 0 \in M$.

当 $k \neq 0$ 时,因为 $f(x) = \sin kx \in M$,所以存在非零常数 T,对任意 $x \in \mathbf{R}$,有 $f(x+T) = Tf(x)$ 成立,即 $\sin(kx + kT) = T\sin kx$.

因为 $k \neq 0$,且 $x \in \mathbf{R}$,所以 $kx \in \mathbf{R}$,$kx + kT \in \mathbf{R}$,于是 $\sin kx \in [-1, 1]$,$\sin(kx + kT) \in [-1, 1]$,故要使 $\sin(kx + kT) = T\sin kx$ 成立,只有 $T = \pm 1$,当 $T = 1$ 时,$\sin(kx + k) = \sin kx$ 成立,则 $k = 2m\pi$,$m \in \mathbf{Z}$.

当 $T = -1$ 时,$\sin(kx - k) = -\sin kx$ 成立,即 $\sin(kx - k + \pi) = \sin kx$ 成立,则 $-k + \pi = 2m\pi$,$m \in \mathbf{Z}$,即 $k = -2(m-1)\pi$,$m \in \mathbf{Z}$.

综合上述得,实数 k 的取值范围是 $\{k \mid k = m\pi, m \in \mathbf{Z}\}$.

14. 已知函数 $y = x + \dfrac{a}{x}$ 有如下性质:如果常数 $a > 0$,那么该函数在 $(0, \sqrt{a}]$ 上是严格减函数,在 $[\sqrt{a}, +\infty)$ 上是严格增函数.

(1) 如果函数 $y = x + \dfrac{2^b}{x} (x > 0)$ 在 $(0, 4]$ 上是严格减函数,在 $[4, +\infty)$ 上是严格增函数,求 b 的值;

(2) 设常数 $c \in [1, 4]$,求函数 $f(x) = x + \dfrac{c}{x} (1 \leqslant x \leqslant 2)$ 的最大值和最小值;

(3) 当 n 是正整数时,研究函数 $g(x) = x^n + \dfrac{c}{x^n} (c > 0)$ 的单调性,并说明理由.

解:(1) 由已知得 $\sqrt{2^b} = 4$,则 $b = 4$;

(2) 由于 $c \in [1, 4]$,则 $\sqrt{c} \in [1, 2]$,于是,当 $x = \sqrt{c}$ 时,函数 $f(x) = x + \dfrac{c}{x}$ 取得最小值 $2\sqrt{c}$.

$$f(1)-f(2)=\frac{c-2}{2},$$

当 $1\leqslant c\leqslant 2$ 时,函数 $f(x)$ 的最大值是 $f(2)=2+\dfrac{c}{2}$;

当 $2\leqslant c\leqslant 4$ 时,函数 $f(x)$ 的最大值是 $f(1)=1+c$.

(3) 设 $0<x_1<x_2$,$g(x_2)-g(x_1)=x_2^n+\dfrac{c}{x_2^n}-x_1^n-\dfrac{c}{x_1^n}=(x_2^n-x_1^n)\left(1-\dfrac{c}{x_1^n x_2^n}\right)$.

当 $\sqrt[2n]{c}<x_1<x_2$ 时, $g(x_2)>g(x_1)$,函数 $g(x)$ 在 $\left[\sqrt[2n]{c},+\infty\right)$ 上是严格增函数;

当 $0<x_1<x_2<\sqrt[2n]{c}$ 时,$g(x_2)>g(x_1)$,函数 $g(x)$ 在 $(0,\sqrt[2n]{c})$ 上是严格减函数.

当 n 是奇数时,$g(x)$ 是奇函数,

函数 $g(x)$ 在 $(-\infty,-\sqrt[2n]{c}]$ 上是严格增函数,在 $\left[-\sqrt[2n]{c},0\right)$ 上是严格减函数.

当 n 是偶数时,$g(x)$ 是偶函数,

函数 $g(x)$ 在 $(-\infty,-\sqrt[2n]{c}]$ 上是严格减函数,在 $\left[-\sqrt[2n]{c},0\right)$ 上是严格增函数.

15. 若 $f_1(x)=3^{|x-p_1|}$,$f_2(x)=2\cdot 3^{|x-p_2|}$,$x\in\mathbf{R}$,$p_1,p_2$ 为常数,且

$$f(x)=\begin{cases}f_1(x),&f_1(x)\leqslant f_2(x),\\f_2(x),&f_1(x)>f_2(x).\end{cases}$$

(1) 求 $f(x)=f_1(x)$ 对所有实数 x 成立的充要条件(用 p_1,p_2 表示).

(2) 设 a,b 为两实数,$a<b$ 且 $p_1,p_2\in(a,b)$,若 $f(a)=f(b)$,求证:$f(x)$ 在区间 $[a,b]$ 上的严格增区间的长度和为 $\dfrac{b-a}{2}$(闭区间 $[m,n]$ 的长度定义为 $n-m$).

解:(1) $f(x)=f_1(x)$ 恒成立 $\Leftrightarrow f_1(x)\leqslant f_2(x)\Leftrightarrow 3^{|x-p_1|}\leqslant 2\cdot 3^{|x-p_2|}$

$$\Leftrightarrow 3^{|x-p_1|-|x-p_2|}\leqslant 2$$

$$\Leftrightarrow |x-p_1|-|x-p_2|\leqslant\log_3 2 \tag{*}$$

若 $p_1=p_2$,则(*)$\Leftrightarrow 0\leqslant\log_3 2$,显然成立;若 $p_1\neq p_2$,记 $g(x)=|x-p_1|-|x-p_2|$.

当 $p_1>p_2$ 时,$g(x)=\begin{cases}p_1-p_2&(x<p_2),\\-2x+p_1+p_2&(p_2\leqslant x\leqslant p_1),\\p_2-p_1&(x>p_1).\end{cases}$

所以 $g(x)_{\max}=p_1-p_2$,故只需 $p_1-p_2\leqslant\log_3 2$.

当 $p_1<p_2$ 时,$g(x)=\begin{cases}p_1-p_2&(x<p_1),\\2x-p_1-p_2&(p_1\leqslant x\leqslant p_2),\\p_2-p_1&(x>p_2).\end{cases}$

所以 $g(x)_{\max}=p_2-p_1$,故只需 $p_2-p_1\leqslant\log_3 2$.

综上所述,$f(x)=f_1(x)$ 对所有实数 x 成立的充要条件是 $|p_1-p_2|\leqslant\log_3 2$.

(2) 第一,如果 $|p_1-p_2|\leqslant\log_3 2$,则 $f(x)=f_1(x)$ 的图像关于直线 $x=p_1$ 对称.如题 15 解题配图 (a).

因为 $f(a)=f(b)$,所以区间 $[a,b]$ 关于直线 $x=p_1$ 对称.

因为严格减区间为$[a,p_1]$,严格增区间为$[p_1,b]$,所以严格增区间的长度和为$\dfrac{b-a}{2}$.

第二,如果$|p_1-p_2|>\log_3 2$,不妨设$p_1<p_2$,则$p_2-p_1>\log_3 2$.

于是当$x\leqslant p_1$时,$f_1(x)=3^{p_1-x}<3^{p_2-x}<f_2(x)$,从而$f(x)=f_1(x)$.

当$x\geqslant p_2$时,$f_1(x)=3^{x-p_1}=3^{p_2-p_1}\cdot 3^{x-p_2}<3^{\log_3 2}\cdot 3^{x-p_2}=f_2(x)$,从而$f(x)=f_2(x)$.

当$p_1<x<p_2$时,$f_1(x)=3^{x-p_1}$及$f_2(x)=2\cdot 3^{p_2-x}$,

由方程$3^{x_0-p_1}=2\cdot 3^{p_2-x_0}$,得$x_0=\dfrac{p_1+p_2}{2}+\dfrac{1}{2}\log_3 2$ ①

显然$p_1<x_0=p_2-\dfrac{1}{2}[(p_2-p_1)-\log_3 2]<p_2$,表明$x_0$在$p_1$与$p_2$之间.

所以$f(x)=\begin{cases}f_1(x) & (p_1<x\leqslant x_0),\\ f_2(x) & (x_0<x<p_2).\end{cases}$

综上可知,在区间$[a,b]$上,$f(x)=\begin{cases}f_1(x) & (a\leqslant x\leqslant x_0),\\ f_2(x) & (x_0<x\leqslant b).\end{cases}$如题15解题配图$(b)$.

故由函数$f_1(x)$及函数$f_2(x)$的单调性可知,$f(x)$在区间$[a,b]$上的严格增区间的长度之和为$(x_0-p_1)+(b-p_2)$,由$f(a)=f(b)$,即$3^{p_1-a}=2\cdot 3^{b-p_2}$,得$p_1+p_2=a+b+\log_3 2$ ②

故由①得$(x_0-p_1)+(b-p_2)=b-\dfrac{1}{2}[p_1+p_2-\log_3 2]=\dfrac{b-a}{2}$,

综合上述两方面可知,$f(x)$在区间$[a,b]$上的严格增区间的长度和为$\dfrac{b-a}{2}$.

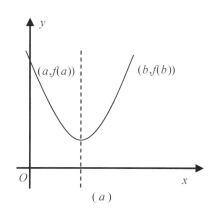 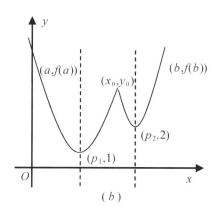

题 15 解题配图

§4.3 对数概念及其运算

1. 把下列各题的指数式写成对数式:

(1) $4^2=16$.   (2) $3^0=1$.

(3) $4^x=2$.   (4) $2^x=0.5$.

解:(1) $2=\log_4 16$.

（2）$0 = \log_3 1$.

（3）$x = \log_4 2$.

（4）$x = \log_2 0.5$.

2. 把下列各题的对数式写成指数式：

（1）$x = \log_5 27$.　　　　　　　　　　（2）$x = \log_8 7$.

（3）$x = \log_4 3$.　　　　　　　　　　（4）$x = \log_7 \dfrac{1}{3}$.

解：（1）$5^x = 27$.（2）$8^x = 7$.（3）$4^x = 3$.（4）$7^x = \dfrac{1}{3}$.

3. 计算下列各题：

（1）$2 \cdot \lg^2 \sqrt{2} + \lg\sqrt{2} \cdot \lg 5 + \sqrt{\lg^2 \sqrt{2} - \lg 2 + 1}$.

（2）$\lg 5(\lg 8 + \lg 1000) + (\lg 2^{\sqrt{3}})^2 + \lg \dfrac{1}{6} + \lg 0.06$.

（3）$\log_6^2 3 + \dfrac{\log_6 18}{\log_2 6}$.

（4）$7^{\lg 30} \cdot \left(\dfrac{1}{3}\right)^{\lg 0.7}$.

（5）$a^{\log_m b} \cdot b^{\log_m \frac{1}{a}}$.

（6）$\dfrac{\lg\sqrt{27} + \lg 8 - 3\lg\sqrt{10}}{\lg 1.2}$.

解：（1）1.（2）1.（3）1.（4）21.（5）1.（6）$\dfrac{3}{2}$.

4.（1）已知 $\log_5 3 = a$，$\log_5 4 = b$，试用 a、b 表示 $\log_{25} 12$.

（2）已知 $\log_{12} 27 = a$，求 $\log_6 16$.

（3）已知 $\log_{18} 9 = a$，$18^b = 5$，求 $\log_{36} 45$.

解：（1）$\dfrac{a+b}{2}$.（2）$\dfrac{4(3-a)}{3+a}$.（3）$\dfrac{a+b}{2-a}$.

5. 设 $x, y, z \in (0, +\infty)$ 且 $3^x = 4^y = 6^z$.

（1）求证：$\dfrac{1}{x} + \dfrac{1}{2y} = \dfrac{1}{z}$.

（2）比较 $3x, 4y, 6z$ 的大小.

解：（1）换元法，令 $3^x = 4^y = 6^z = m(m > 1)$，$\dfrac{1}{x} = \log_m 3$，$\dfrac{1}{y} = \log_m 4$，$\dfrac{1}{z} = \log_m 6$，即可证.

（2）由于 $\sqrt[6]{6} < \sqrt[4]{4} < \sqrt[3]{3}$，则 $3x < 4y < 6z$.

6. 用 $\log_a x, \log_a y, \log_a z$ 表示下列各式：

（1）$\log_a \dfrac{xy}{z}$.

（2）$\log_a \dfrac{x^2 \sqrt{y}}{\sqrt[3]{z}}$.

解：(1) $\log_a x + \log_a y - \log_a z$.

(2) $2\log_a x + \dfrac{1}{2}\log_a y - \dfrac{1}{3}\log_a z$.

7. 求解下列各题：

(1) 已知 $\lg 2 = a$，$10^b = 3$，试用 a，b 表示 $\log_{24} 15$.

(2) 已知 $\log_3 5 = a$，$\log_5 7 = b$，试用 a，b 表示 $\log_{75} 63$.

(3) 已知 $2^{6a} = 3^{3b} = 6^{2c}$，试建立 a、b、c 间的关系式.

解：(1) $\dfrac{b+1-a}{b+3a}$.

(2) $\dfrac{b+\dfrac{2}{a}}{2+\dfrac{1}{a}} = \dfrac{ab+2}{2a+1}$.

(3) $\dfrac{1}{a} + \dfrac{2}{b} = \dfrac{3}{c}$ 或 $a=b=c=0$.

8. 我们都处于有声世界里，不同场合，人们对音量会有不同的要求，音量大小的单位是分贝(dB)，对于一个强度为 I 的声波，分贝的定义是：$y = 10\lg \dfrac{I}{I_0}$. 这里 I_0 是人耳能听到的声音的最低声波强度，$I_0 = 10^{-12}$ W/m². 当 $I = I_0$ 时，$y = 0$，即 dB=0.

(1) 如果 $I = 1$ W/m²，求相应的分贝值.

(2) 70 dB 时声音强度 I 是 60 dB 时声音强度 I' 的多少倍？

解：(1) $I = 1$ W/m²，相应的分贝值为 120(dB).

(2) 70 dB 时声音强度 I 是 60 dB 时声音强度 I' 的 10 倍.

9. 科学研究表明，宇宙射线在大气中能够产生放射性碳 14. 碳 14 的衰变极有规律，其精确性可以称为自然界的"标准时钟"。动植物在生长过程中衰变的碳 14，可以通过与大气的相互作用得到补充，所以活着的动植物每克组织中的碳 14 含量保持不变. 死亡后的动植物，停止了与外界环境的相互作用，机体中原有的碳 14 按确定的规律衰减，我们已经知道其"半衰期"为 5730 年. 湖南长沙马王堆汉墓女尸出土时碳 14 的残余量约占原始含量的 76.7%，试推算马王堆古墓的年代.

解：马王堆古墓是近 2200 年前的遗址.

10. 设 $x>1$，$y>1$，且 $2\log_x y - 2\log_y x + 3 = 0$，求 $T = x^2 - 4y^2$ 的最小值.

解：令 $t = \log_x y(t>0)$，

则 $2t - \dfrac{2}{t} + 3 = 0$，$2t^2 + 3t - 2 = 0$，$t_1 = -2$，$t_2 = \dfrac{1}{2}$；

则 $\log_x y = \dfrac{1}{2}$，则 $\sqrt{x} = y$，

代入可得：$T = x^2 - 4x = (x-2)^2 - 4$.

可知：$T_{\min} = -4$，当且仅当 $x=2$，$y=\sqrt{2}$ 时取最小值.

11. (1) 设 a , b , c 都是正数,且 $3^a = 4^b = 6^c$,求 $\dfrac{-2ab+2bc+ac}{abc}$ 的值.

(2) 已知 a , b , $c > 0$,且 a , b , $c \neq 1$,求 $a^{\log_b c} + b^{\log_c a} + c^{\log_a b} - a^{\log_c b} - b^{\log_a c} - c^{\log_b a}$ 的值.

(3) 设 $f(x) = a \cdot x^{2009} + b \cdot \sqrt[2007]{x} + 2008$,若 $f(\log_{20} \log_{207} 209) = 2010$,求 $f(\log_{20} \log_{209} 207)$ 的值.

解:(1) 令 $m = 3^a = 4^b = 5^c$, $a = \log_3 m$, $b = \log_4 m$, $c = \log_5 m$,代入,原式 $= 0$.

(2) 利用公式: $a^{\log_b c} = c^{\log_b a}$,证明如下:

$a^{\log_b c} = c^{\log_b a} \Leftrightarrow \lg a^{\log_b c} = \lg c^{\log_b a} \Leftrightarrow \log_b c \lg a = \log_b a \lg c \Leftrightarrow \dfrac{\lg c}{\lg b} \lg a = \dfrac{\lg a}{\lg b} \lg c$,

可得:原式为 0 .

(3) 利用函数奇偶性,令 $g(x) = f(x) - 2008$,为奇函数,

由于 $\log_{20} \log_{209} 207 = -\log_{20} \log_{207} 209$,

则原式 $= 2006$.

12. 解方程组: $\begin{cases} x^{x+y} = y^{12}, \\ y^{x+y} = x^3 \end{cases}$ (其中 x , $y \in \mathbf{R}^+$).

解:方程组的解为 $\begin{cases} x_1 = 1, \\ y_1 = 1; \end{cases} \begin{cases} x_2 = 4, \\ y_2 = 2. \end{cases}$

13. 对于正整数 a , b , $c (a \leqslant b \leqslant c)$ 和实数 x , y , z , w ,若 $a^x = b^y = c^z = 70^w$,且 $\dfrac{1}{x} + \dfrac{1}{y} + \dfrac{1}{z} = \dfrac{1}{w}$,求证: $a + b = c$.

证明:由 $a^x = b^y = c^z = 70^w$ 取常用对数得 $x \lg a = y \lg b = z \lg c = w \lg 70$.

所以 $\dfrac{1}{w} \lg a = \dfrac{1}{x} \lg 70$, $\dfrac{1}{w} \lg b = \dfrac{1}{y} \lg 70$, $\dfrac{1}{w} \lg c = \dfrac{1}{z} \lg 70$,

相加得 $\dfrac{1}{w} (\lg a + \lg b + \lg c) = \left(\dfrac{1}{x} + \dfrac{1}{y} + \dfrac{1}{z} \right) \lg 70$,由题设 $\dfrac{1}{x} + \dfrac{1}{y} + \dfrac{1}{z} = \dfrac{1}{w}$,

所以 $\lg a + \lg b + \lg c = \lg 70$,所以 $\lg abc = \lg 70$.所以 $abc = 70 = 2 \times 5 \times 7$.

若 $a = 1$,则因为 $x \lg a = w \lg 70$,所以 $w = 0$ 与题设矛盾,所以 $a > 1$.

又 $a \leqslant b \leqslant c$,且 a , b , c 为 70 的正约数,所以只有 $a = 2$, $b = 5$, $c = 7$.

所以 $a + b = c$.

14. (1) 拉普拉斯称赞对数是一项"使天文学家寿命倍增"的发明.对数可以将大数之间的乘除运算简化为加减运算,请证明: $\log_a(x \cdot y) = \log_a x + \log_a y (a > 0, a \neq 1, x, y > 0)$

(2) 2017 年 5 月 23 日至 27 日,围棋世界冠军柯洁与 DeepMind 公司开发的程序 "AlphaGo" 进行三局人机对弈,以复杂的围棋来测试人工智能.围棋复杂度的上限约为 $M = 3^{361}$,而根据有关资料,可观测宇宙中普通物质的原子总数约为 $N = 10^{80}$. 甲、乙两个同学都估算了 $\dfrac{M}{N}$ 的近似值,甲认为是 10^{73} ,乙认为是 10^{93} .

现有两种定义:

(I) 若实数 x , y 满足 $|x - m| > |y - m|$,则称 y 比 x 接近 m .

（Ⅱ）若实数 x, y, m？且 $x=10^s, y=10^t, m=10^u$，满足 $|s-u|>|t-u|$，则称 y 比 x 接近 m.

请你任选取其中一种定义来判断哪个同学的近似值更接近 $\dfrac{M}{N}$，并说明理由.

解：（1）证明：

设 $N=\log_a x, M=\log_a y \Rightarrow x=a^N, y=a^M \Rightarrow x \cdot y=a^N a^M=a^{N+M} \Rightarrow N+M=\log_a(x \cdot y)$

即 $\log_a(x \cdot y)=\log_a x+\log_a y$

证毕.

（2）采用定义（Ⅰ）：

$$\frac{M}{N}=\frac{3^{361}}{10^{80}} \Rightarrow \lg\frac{M}{N}=361 \cdot \lg 3-80 \approx 92.24 \Rightarrow 10^{73}<\frac{M}{N}<10^{93}$$

而 $\quad \lg(2 \cdot 3^{361})=\lg 2+361 \cdot \lg 3 \approx 172.54<173=\lg 10^{173} \Rightarrow 2 \cdot 3^{361}<10^{173} \Rightarrow 2 \cdot 3^{361}<10^{173}+10^{153}$

$$\Rightarrow 2 \cdot \frac{3^{361}}{10^{80}}<10^{93}+10^{73} \Rightarrow \left|\frac{3^{361}}{10^{80}}-10^{73}\right|<\left|10^{93}-\frac{3^{361}}{10^{80}}\right|$$

所以甲同学的近似值更接近 $\dfrac{M}{N}$.

采用定义（Ⅱ）：

$$\frac{M}{N}=\frac{3^{361}}{10^{80}} \Rightarrow \lg\frac{M}{N}=361 \cdot \lg 3-80 \approx 92.24$$

甲的估值 $10^{73} \Rightarrow \lg 10^{73}=73$，乙的估值 $10^{93} \Rightarrow \lg 10^{93}=93$

因为 $\qquad \left|\lg 10^{73}-\lg\frac{M}{N}\right|>\left|\lg 10^{93}-\lg\frac{M}{N}\right|$，

所以乙同学的近似值更接近 $\dfrac{M}{N}$.

§4.4　反函数

1. 求下列函数的反函数：

（1）$y=5x-3$.

（2）$y=x^2-2\ (x \leqslant 0)$.

（3）$y=2x^3$.

（4）$y=\dfrac{2x+3}{x-2}\ (x \in \mathbf{R}$ 且 $x \neq 2)$.

解：（1）由 $y=5x-3$，得 $x=\dfrac{y+3}{5}$，将 x 与 y 互换，得 $y=\dfrac{x+3}{5}$.

（2）由 $y=x^2-2(x \leqslant 0)$，得 $x^2=y+2$，因为 $x \leqslant 0$，所以有 $x=-\sqrt{y+2}$.

将 x 与 y 互换，得 $y=-\sqrt{x+2}$，所以函数 $y=x^2-2(x \leqslant 0)$ 的反函数是

$$y=-\sqrt{x+2}\ (x \geqslant -2).$$

（3）由 $y=2x^3$，得 $x=\sqrt[3]{\dfrac{y}{2}}$，将 x 与 y 互换，得 $y=\sqrt[3]{\dfrac{x}{2}}$.

所以函数 $y=2x^3$ 的反函数是 $y=\sqrt[3]{\dfrac{x}{2}}$.

(4) 由 $y=\dfrac{2x+3}{x-2}$，得 $yx-2y=2x+3$，即 $(y-2)x=2y+3$.

当 $y\neq2$ 时，$x=\dfrac{2y+3}{y-2}$，将 x 与 y 互换，得 $y=\dfrac{2x+3}{x-2}(x\in\mathbf{R}$ 且 $x\neq2)$.

所以，函数 $y=\dfrac{2x+3}{x-2}(x\in\mathbf{R}$ 且 $x\neq2)$ 的反函数是 $y=\dfrac{2x+3}{x-2}(x\in\mathbf{R}$ 且 $x\neq2)$.

2. 若函数 $y=f(x)$ 存在反函数，则下列命题中不正确的是 ( ).

（A） 函数 $y=f(x)$ 与函数 $x=f(y)$ 的图像关于直线 $y=x$ 对称

（B） 若 $y=f(x)$ 是奇函数，则 $y=f^{-1}(x)$ 也是奇函数

（C） 若 $y=f(x)$ 在其定义域 $[a,b]$ 上是严格增函数，则 $y=f^{-1}(x)$ 在 $[f(a),f(b)]$ 上也是严格增函数

（D） 函数 $y=f(x)$ 与 $x=f^{-1}(y)$ 的图像重合.

解：C.

3. 函数 $f(x)=x^2-2ax-3$ 在区间 $[1,2]$ 上存在反函数的充要条件是 ( ).

（A） $a\in(-\infty,1]$ （B） $a\in[2,+\infty)$

（C） $a\in[1,2]$ （D） $a\in(-\infty,1]\cup[2,+\infty)$

解：抛物线只能是在单调区间上才存在反函数，D.

4. 已知 $f(x)=\dfrac{2x+3}{x-1}$，函数 $y=g(x)$ 的图像与 $y=f^{-1}(x+1)$ 的图像关于直线 $y=x$ 对称，则 $g(11)=$_____.

解：由于 $x+1=f(y)$，$x=f(y)-1=g(x)$，则 $g(x)=f(x)-1$，$g(11)=f(11)-1=\dfrac{3}{2}$.

5. 若点 $\left(2,\dfrac{1}{4}\right)$ 既在 $y=2^{ax+b}$ 的图像上，又在它的反函数图像上，则 $a=$_____；$b=$_____.

解：$\begin{cases}2^{2a+b}=\dfrac{1}{4},\\2^{0.25a+b}=2\end{cases}\Rightarrow\begin{cases}a=-\dfrac{12}{7},\\b=\dfrac{10}{7}.\end{cases}$

6. 若函数 $f(x)=\dfrac{x}{x+2}$ 的反函数是 $f^{-1}(x)$，则 $f^{-1}\left(\dfrac{1}{2}\right)=$_____.

解：解方程 $\dfrac{x}{x+2}=\dfrac{1}{2}$ 得 $f^{-1}\left(\dfrac{1}{2}\right)=2$.

7. 若定义在 $\mathbf{R}$ 上的函数 $y=f(x+1)$ 的反函数是 $y=f^{-1}(x-1)$，且 $f(0)=1$，则 $f(2008)=$_____.

解：$f(x+1)=f(x)+1$，可得：2009.

8. 已知函数 $y=f(x)$（定义域为 $\mathbf{D}$，值域为 A）有反函数 $y=f^{-1}(x)$，则方程 $f(x)=0$ 有 $x=a$，且 $f(x)>x(x\in\mathbf{D})$ 的充要条件是 $y=f^{-1}(x)$ 满足：_____.

解：$f^{-1}(0)=a$ 且 $f^{-1}(x)<x(x\in A)$.

9. 设函数 $f(x)=\dfrac{1-2x}{1+x}$，又函数 $g(x)$ 与 $y=f^{-1}(x+1)$ 的图像关于 $y=x$ 对称，求 $g(2)$ 的值.

解：由图像可知 $g(x)=f(x)-1\Rightarrow g(2)=-2$.

10. 若点 $(2,1)$ 既在函数 $f(x)=\sqrt{mx+n}$ 的图像上，又在它的反函数的图像上，求实数 m,n 的值.

解：$\begin{cases}f(2)=1,\\ f(1)=2\end{cases}\Rightarrow\begin{cases}m=-3,\\ n=7.\end{cases}$

11. (1) 设函数 $y=f(x)$（定义域为 $\mathbf{D}$，值域为 A）的反函数是 $y=f^{-1}(x)$，且函数 $y=f(x)$ 在 $\mathbf{D}$ 上严格递增，证明函数 $y=f^{-1}(x)$ 在 A 上也是严格增函数.

(2) 设函数 $y=f(x)$ 是 $\mathbf{D}$ 上的奇函数，证明函数 $y=f^{-1}(x)$ 也是 A 上的奇函数.

证明：(1) $\because$ $y=f(x)$ 在定义域 $\mathbf{D}$ 内单调递增，$\therefore$ $\forall x_1,x_2\in\mathbf{D}$ 且 $x_1>x_2$，则有 $y_1>y_2$. 又 $f^{-1}(x)$ 为 $f(x)$ 反函数，$\therefore$ $x_1=f^{-1}(y_1),x_2=f^{-1}(y_2)$.

$\because$ $y_1>y_2,x_1>x_2$. $\therefore$ $f^{-1}(y_1)>f^{-1}(y_2)$. $\therefore$ $f^{-1}(x)$ 在 A 上也是增函数.

(2) $\because$ $y=f(x)$ 在定义域 $\mathbf{D}$ 上奇函数，$\therefore$ $f(-x)=-f(x)$，又 $f^{-1}(x)$ 为 $f(x)$ 反函数，则有 $f^{-1}(-y)=f^{-1}[-f(x)]=f^{-1}f(-x)=-x=-f^{-1}(y)$. $\therefore$ $f^{-1}(-y)=-f^{-1}(y)$. $\therefore$ $f^{-1}(y)$ 在 A 上为奇函数.

12. 已知函数 $f(x)=\left(\dfrac{x+1}{x}\right)^2(x>0)$，

(1) 求函数 $f(x)$ 的反函数 $f^{-1}(x)$.

(2) 若 $x\geqslant2$ 时，不等式 $(x-1)\cdot f^{-1}(x)>a(a-\sqrt{x})$ 恒成立，试求实数 a 的取值范围.

解：(1) $f^{-1}(x)=\dfrac{1}{\sqrt{x}-1}(x>1)$，

(2) $(-1,1+\sqrt{2})$.

13. $f(x)=x^{\frac{1}{2}}-x^{-\frac{1}{2}}$.

(1) 证明函数 $f(x)$ 有反函数，并求出反函数.

(2) 反函数的图像是否经过 $(0,1)$ 点？反函数的图像与 $y=x$ 有无交点？

(3) 设反函数为 $y=f^{-1}(x)$，求不等式 $f^{-1}(x)\leqslant0$ 的解集.

解：(1) $f(x)$ 在正实数集上是严格增函数，则 $f(x)$ 有反函数，

$$f^{-1}(x)=\dfrac{1}{4}(x+\sqrt{x^2+4})^2\ (x\in\mathbf{R});$$

(2) $f^{-1}(x)$ 经过点 $(0,1)$；无交点；

(3) 解集为空集.

14. 已知函数 $y=f(x)$ 的反函数.定义：若对给定的实数 $a(a\neq0)$，函数 $y=f(x+a)$ 与

$y=f^{-1}(x+a)$ 互为反函数,则称 $y=f(x)$ 满足"a 和性质";若函数 $y=f(ax)$ 与 $y=f^{-1}(ax)$ 互为反函数,则称 $y=f(x)$ 满足"a 积性质".

(1) 判断函数 $g(x)=x^2+1\ (x>0)$ 是否满足"1 和性质",并说明理由.

(2) 求所有满足"2 和性质"的一次函数.

(3) 设函数 $y=f(x)\ (x>0)$ 对任何 $a>0$,满足"a 积性质".求 $y=f(x)$ 的表达式.

解:(1) 函数 $g(x)=x^2+1\ (x>0)$ 的反函数是 $g^{-1}(x)=\sqrt{x-1}\ (x>1)$,

由于 $g^{-1}(x+1)=\sqrt{x}\ (x>0)$.

而 $g(x+1)=(x+1)^2+1\ (x>-1)$,其反函数为 $y=\sqrt{x-1}-1\ (x>1)$,

故函数 $g(x)=x^2+1\ (x>0)$ 不满足"1 和性质".

(2) 设函数 $f(x)=kx+b\ (x\in\mathbf{R})$ 满足"2 和性质",$k\neq 0$.

则 $f^{-1}(x)=\dfrac{x-b}{k}\ (x\in\mathbf{R})$,则 $f^{-1}(x+2)=\dfrac{x+2-b}{k}$.

而 $f(x+2)=k(x+2)+b\ (x\in\mathbf{R})$,得反函数 $y=\dfrac{x-b-2k}{k}$.

由"2 和性质"定义可知 $\dfrac{x+2-b}{k}=\dfrac{x-b-2k}{k}$ 对 $x\in\mathbf{R}$ 恒成立,

则 $k=-1,b\in\mathbf{R}$,即所求一次函数为 $f(x)=-x+b\ (b\in\mathbf{R})$.

(3) 设 $a>0,x_0>0$,且点 (x_0,y_0) 在 $y=f(ax)$ 图像上,则 (y_0,x_0) 在函数 $y=f^{-1}(ax)$ 图像上,

故 $\begin{cases} f(ax_0)=y_0, \\ f^{-1}(ay_0)=x_0, \end{cases}$ 可得 $ay_0=f(x_0)=af(ax_0)$,

令 $ax_0=x$,则 $a=\dfrac{x}{x_0}$.　∴　$f(x_0)=\dfrac{x}{x_0}f(x)$,即 $f(x)=\dfrac{x_0f(x_0)}{x}$.

综上所述,$f(x)=\dfrac{k}{x}\ (k\neq 0)$,此时 $f(ax)=\dfrac{k}{ax}$,其反函数就是 $y=\dfrac{k}{ax}$,而 $f^{-1}(ax)=\dfrac{k}{ax}$,

故 $y=f(ax)$ 与 $y=f^{-1}(ax)$ 互为反函数.

§4.5　对数函数

1. 求下列函数的定义域:

(1) $y=\log_2(x-1)^2$.　　　　(2) $y=\sqrt{\log_{\frac{1}{2}}(x^2-1)}$.

(3) $y=\log_a\dfrac{1-x}{1+x}$.　　　　(4) $y=\sqrt{\log_{\frac{1}{3}}(x^2-2x-3)}$.

(5) $y=\dfrac{\sqrt{4-x^2}}{\lg|x-1|}$.　　　　(6) $y=\log_{(x-2)}x+\log_2(16-2^x)$.

解:(1) $(-\infty,1)\cup(1,+\infty)$.　　(2) $[-\sqrt{2},-1)\cup(1,\sqrt{2}]$.

(3) $(-1,1)$.　　　　(4) $[1-\sqrt{5},-1)\cup(3,1+\sqrt{5}]$.

(5) $[-2,0)\bigcup(0,1)\bigcup(1,2)$.   (6) $(2,3)\bigcup(3,4)$.

2. 求下列函数的值域:

(1) $y=\log_{\frac{1}{2}}(x^2-6x+17)$.

(2) $y=\log_{\frac{1}{3}}(-x^2+4x+5)$.

解: (1) $x^2-6x+17\in[8,+\infty)$, $y\in(-\infty,-3]$.

(2) $-x^2+4x+5\in(0,9]$, $y\in[-2,+\infty)$.

3. 利用对数函数的性质,比较下列各题中两个值的大小:

(1) $\log_{0.1}4$ 和 $\log_{0.1}\pi$;

(2) $\log_m\dfrac{2}{3}$ 和 $\log_m\dfrac{3}{4}$,其中 $m>0$, $m\neq1$;

(3) $\log_a3$ 和 $\log_b3$,其中 $0<a<b<1$.

解: (1) $\log_{0.1}4<\log_{0.1}\pi$.

(2) 当 $m>1$ 时, $\log_m\dfrac{2}{3}<\log_m\dfrac{3}{4}$,当 $0<m<1$ 时, $\log_m\dfrac{2}{3}>\log_m\dfrac{3}{4}$.

(3) $\log_a3>\log_b3$.

4. 函数 $y=\log_a(x^2-ax+2)$ 在 $[2,+\infty)$ 恒为正,求实数 a 的范围.

解: 首先,由于 x^2-ax+2 取值可以正无穷大,可知 $a>1$.

所以只要 x^2-ax+2 在 $[2,+\infty)$ 恒大于 1,即 $x^2-ax+2>1$ 在 $[2,+\infty)$ 上恒成立.

转化为: $x^2+1>ax$ 在 $[2,+\infty)$ 上恒成立.

即 $a<x+\dfrac{1}{x}$ 在 $[2,+\infty)$ 上恒成立. 则 $a<\left(x+\dfrac{1}{x}\right)_{\min}$.

因为 $y=x+\dfrac{1}{x}$ 在 $[2,+\infty)$ 上严格递增.则 $\left(x+\dfrac{1}{x}\right)_{\min}=\dfrac{5}{2}$,则 $1<a<\dfrac{5}{2}$.

5. 设 $f(x)=x^3+\log_2(x+\sqrt{x^2+1})$,则对任意实数 a,b, $a+b\geqslant0$ 是 $f(a)+f(b)\geqslant0$ 的什么条件?

解: $f(x)$ 是奇函数,且严格递增.

$f(a)+f(b)\geqslant0\Leftrightarrow f(a)\geqslant f(-b)\Leftrightarrow a\geqslant-b\Leftrightarrow a+b\geqslant0$

充分必要条件.

6. 已知函数 $f(x)=\dfrac{e^x-e^{-x}}{e^x+e^{-x}}$ 的反函数是 $f^{-1}(x)$,且 $\dfrac{|f^{-1}(-0.8)|}{|f^{-1}(0.6)|}=k$,求 k 的范围.

解: $f^{-1}(x)=\dfrac{1}{2}\ln\dfrac{y+1}{1-y}$,则 $k=\dfrac{1}{2}\dfrac{\left|\ln\dfrac{1}{9}\right|}{|\ln4|}=\log_23$.

7. 已知函数 $f(x)=\dfrac{1}{1-x}+\lg\dfrac{1+x}{1-x}$,

(1) 求函数 $f(x)$ 的定义域,并判断它的单调性(不用证明).

(2) 若 $f(x)$ 的反函数为 $f^{-1}(x)$,证明方程 $f^{-1}(x)=0$ 有解,且有唯一解.

（3）解关于 x 的不等式 $f[x(x+1)]>1$.

解：（1）$f(x)$ 的定义域为 $(-1,1)$，$f(x)$ 在定义域 $(-1,1)$ 内是严格增函数.

（2）令 $x=0$，得 $f(0)=1$. 即 $x=1$ 是方程 $f^{-1}(x)=0$ 的一个解.

设 $x_1\neq1$ 是 $f^{-1}(x)=0$ 的另一解，则由反函数的定义知 $f(0)=x_1\neq1$，这与 $f(0)=1$ 矛盾，故 $f^{-1}(x)=0$ 有且只有一个解.

（3）先计算定义域，然后

由于 $f(0)=1$，则 $x(x+1)>0\Rightarrow-\dfrac{1+\sqrt{5}}{2}<x<-1$ 或 $0<x<\dfrac{-1+\sqrt{5}}{2}$.

8. （1）已知 $y=\log_a(4-ax)$ 在区间 $[0,2)$ 上是 x 的严格减函数，求实数 a 的取值范围.

（2）函数 $f(x)=\log_a|ax^2-x|$，$(a>0,a\neq1)$ 在区间 $[3,4]$ 上是严格增函数，求实数 a 的取值范围.

（3）如果不等式 $x^2-\log_a x<0$ 在区间 $\left(0,\dfrac{1}{2}\right]$ 上恒成立，求实数 a 的取值范围.

解：（1）分类讨论可得 $(1,2]$.

（2）$a>1$，恒成立.

$a\in(0,1)$，$|ax^2-x|$ 在 $[3,4]$ 单调递减.

$\Delta>0$ 恒成立，故 $4\leqslant\dfrac{1}{a}$，$a\leqslant\dfrac{1}{8}$，且 $3\geqslant\dfrac{1}{2a}$，$a\in\left[\dfrac{1}{6},\dfrac{1}{4}\right)\cup(1,+\infty)$.

（3）易知 $a<1$，极限情况 $\log_a\dfrac{1}{2}=\left(\dfrac{1}{2}\right)^2\Rightarrow a\in\left(\dfrac{1}{16},1\right)$.

9. 若函数 $y=\log_a(x^2-3ax+a)$ 的值域为 **R**，求实数 a 的取值范围.

解：$x^2-3ax+a$ 可以取遍所有的正数，即 $\Delta\geqslant0\Rightarrow\left[\dfrac{4}{9},1\right)\cup(1,+\infty)$.

10. 已知函数 $f(x)=\log_a\dfrac{1-mx}{x-1}$ 是奇函数 $(a>0,a\neq1)$.

（1）求出实数 m 的值.

（2）根据（1）的结果，判断 $f(x)$ 在 $(1,+\infty)$ 上的单调性（不必证明）.

（3）如果当 $x\in(r,a-2)$ 时，$f(x)$ 的值域恰为 $(1,+\infty)$，求 a 和 r 的值.

解：（1）由定义可知 $m=-1$.

（2）$a>1$，$x\in(1,+\infty)$ 严格递减；$0<a<1$，$x\in(1,+\infty)$ 严格递增.

（3）即 $\dfrac{1-mx}{x-1}\in(a,+\infty)\Rightarrow r=1,a=2+\sqrt{3}$.

11. 设函数 $f(x)=\log_2\dfrac{x+1}{x-1}+\log_2(x-1)+\log_2(p-x)$，

（1）求函数的定义域.

（2）问 $f(x)$ 是否存在最大值与最小值？如果存在，请把它写出来；如果不存在，请说明理由.

解：(1) $f(x)$ 的定义域为 $(1,p)(p>1)$.

(2) 当 $\dfrac{p-1}{2} \leqslant 1$，即 $1<p \leqslant 3$ 时，函数 $f(x)$ 既无最大值又无最小值；

当 $1<\dfrac{p-1}{2}<p$，即 $p>3$ 时，函数 $f(x)$ 有最大值 $2\log_2(p+1)-2$，但无最小值.

12. 已知 $f(x)=\log_4(4^x+1)+kx(k \in \mathbf{R})$ 是偶函数.

(1) 求 k 的值.

(2) 证明：对任意实数 b，函数 $y=f(x)$ 的图像与直线 $y=\dfrac{1}{2}x+b$ 最多只有一个交点.

(3) 设 $g(x)=\log_4\left(a \cdot 2^x-\dfrac{4}{3}a\right)$，若函数 $f(x)$ 与 $g(x)$ 的图像有且只有一个公共点，求实数 a 的取值范围.

解：(1) $k=-\dfrac{1}{2}$，所以 $y=\log_4(4^x+1)-\dfrac{1}{2}x$.

(2) 由 $\log_4(4^x+1)-\dfrac{1}{2}x=\dfrac{1}{2}x+b$，

假设方程有两个不相同的实根 x_1、x_2，则 $4^{x_1}+1=4^b \cdot 4^{x_1}$ ①

$4^{x_2}+1=4^b \cdot 4^{x_2}$ ②

由②①得 $4^{x_2}-4^{x_1}=4^b(4^{x_2}-4^{x_1})$，因为 $4^{x_1} \neq 4^{x_2}$，所以 $4^b=1$，即 $b=0$，代入①或②不成立，假设错误，命题成立.

(3) 解法 1：由方程 $\log_4(4^x+1)-\dfrac{x}{2}=\log_4\left(a \cdot 2^x-\dfrac{4}{3}a\right)$ ＊

可变形为 $\begin{cases} \dfrac{4^x+1}{2^x}=a \cdot 2^x-\dfrac{4}{3}a & ① \\ a \cdot 2^x-\dfrac{4}{3}a>0 & ② \end{cases}$，由②得 $\begin{cases} a>0, \\ 2^x>\dfrac{4}{3}, \end{cases}$ 或 $\begin{cases} a<0, \\ 2^x<\dfrac{4}{3}, \end{cases}$

由①得 $a=1+\dfrac{4 \times 2^x+3}{3 \times (2^x)^2-4 \times 2^x}$，令 $4 \times 2^x+3=t$，则 $\begin{cases} a>0, \\ t>\dfrac{25}{3}, \end{cases}$ 或 $\begin{cases} a<0, \\ 3<t<\dfrac{25}{3}. \end{cases}$

则 $a=1+\dfrac{16t}{3t^2-34t+75}=1+\dfrac{16}{3t+\dfrac{75}{t}-34}$.

当 $t>\dfrac{25}{3}$ 时，$3t+\dfrac{75}{t}-34$ 单调递增，则 $3t+\dfrac{75}{t}-34>0$，则 $a>1$，此时方程＊有且只有一个解；

当 $3<t<\dfrac{25}{3}$ 时，$-4 \leqslant 3t+\dfrac{75}{t}-34<0$，$a=1+\dfrac{16}{3t+\dfrac{75}{t}-34} \leqslant -3$，当 $a=-3$ 时方程＊有且只有一个解.

当 $a=-3$ 或 $a>1$ 时，函数 $f(x)$ 与 $g(x)$ 的图像有且只有一个公共点.

解法 2：$\log_4(4^x+1)-\dfrac{x}{2}=\log_4\left(a\cdot 2^x-\dfrac{4}{3}a\right)$　（＊）$\Rightarrow\begin{cases}\dfrac{4^x+1}{2^x}=a\cdot 2^x-\dfrac{4}{3}a,\\[2mm] a\cdot 2^x-\dfrac{4}{3}a>0,\end{cases}$

$\Rightarrow(a-1)(2^x)^2-\dfrac{4}{3}a\cdot 2^x-1=0\Rightarrow(a-1)t^2-\dfrac{4}{3}a\cdot t-1=0$，

两个交点$\Rightarrow$（＊）式两相异正根$\Rightarrow\begin{cases}\Delta>0,\\[1mm]\dfrac{4a}{3(a-1)}>0,\\[2mm]\dfrac{-1}{a-1}>0\end{cases}\Rightarrow a<-3$，

一个交点$\Rightarrow$（＊）式只有一个正根$\Rightarrow$讨论得 $a\in\{-3\}\cup(1,+\infty)$，

综上：$a\in\{-3\}\cup(1,+\infty)$时，一个交点.

13. 已知 $f(x)=\log_2 x$，当点 $M(x,y)$ 在 $y=f(x)$ 的图像上运动时，点 $N(x-2,ny)$ 在函数 $y=g_n(x)$ 的图像上运动$(n\in\mathbf{N})$.

(1) 求 $y=g_n(x)$ 的表达式.

(2) 设 $H_n(x)=\left(\dfrac{1}{2}\right)^{g_n(x)}$，函数 $F(x)=H_1(x)-g_1(x)$ $(0<a\leqslant x\leqslant b)$ 的值域为 $\left[\log_2\dfrac{\sqrt[5]{2}}{b+2},\log_2\dfrac{\sqrt[4]{2}}{a+2}\right]$，求实数 a、b 的值.

解：(1) 由条件知$\begin{cases}x_0=x-2,\\ y_0=ny,\end{cases}$则$\dfrac{y_0}{n}=\log_2(x_0+2)$，

则 $g_n(x)=n\log_2(x+2)$.

(2) $F(x)=\dfrac{1}{x+2}-\log_2(x+2)$，且 $F(x)$ 在 $\mathbf{R}^+$ 单调递减.

则$\begin{cases}F(b)=\dfrac{1}{b+2}-\log_2(b+2)=\log_2\dfrac{\sqrt[5]{2}}{b+2},\\[3mm] F(a)=\dfrac{1}{a+2}-\log_2(a+2)=\log_2\dfrac{\sqrt[4]{2}}{a+2},\end{cases}$

$\begin{cases}\dfrac{1}{b+2}=\log_2\sqrt[5]{2},\\[3mm]\dfrac{1}{a+2}=\log_2\sqrt[4]{2}\end{cases}\Rightarrow a=2,b=3.$

14. 设 $f(x)=\lg\dfrac{1+2^x+\cdots+(n-1)^x+a\cdot n^x}{n}$，$a\in\mathbf{R}$，$n\in\mathbf{N}$ 且 $n\geqslant 2$. 若 $f(x)$ 当 $x\in(-\infty,1)$ 有意义，求 a 的取值范围.

解：$f(x)$ 在 $x\in(-\infty,1)$ 有意义，当且仅当 $1+2^x+\cdots+(n-1)^x+an^x>0$，对 $x\in(-\infty,1)$ 恒成立. 即函数 $g(x)=\left(\dfrac{1}{n}\right)^x+\left(\dfrac{2}{n}\right)^x+\cdots+\left(\dfrac{n-1}{n}\right)^x+a>0$ 对于任意的 $x\in(-\infty,1)$ 恒成立.

因为 $g(x)$ 在 $(-\infty,1)$ 上是严格减函数,其最小值为 $g(1)=\dfrac{1}{n}+\dfrac{2}{n}+\cdots+\dfrac{n-1}{n}+a=$

$\dfrac{1}{2}(n-1)+a$,所以 $g(x)>0$ 对 $x\in(-\infty,1)$ 恒成立的充要条件是 $\dfrac{n-1}{2}+a\geqslant 0$,即 $a\geqslant\dfrac{1-n}{2}$.

故所求实数 a 的范围为 $\left[\dfrac{1-n}{2},+\infty\right)$.

15. 已知 $f(x)=\dfrac{a2^x-1}{2^x+1}\ (a\in\mathbf{R})$,是 $\mathbf{R}$ 上的奇函数.

(1) 求 a 的值.

(2) 求 $f(x)$ 的反函数.

(3) 对任意的 $k\in(0,+\infty)$ 解不等式 $f^{-1}(x)>\log_2\dfrac{1+x}{k}$.

解:(1) 由题知 $f(0)=0$,得 $a=1$,此时

$f(x)+f(-x)=\dfrac{2^x-1}{2^x+1}+\dfrac{2^{-x}-1}{2^{-x}+1}=\dfrac{2^x-1}{2^x+1}+\dfrac{1-2^x}{1+2^x}=0$,即 $f(x)$ 为奇函数.

(2) 由于 $y=\dfrac{2^x-1}{2^x+1}=1-\dfrac{2}{2^x+1}$,得 $2^x=\dfrac{1+y}{1-y}(-1<y<1)$,

则 $f^{-1}(x)=\log_2\dfrac{1+x}{1-x}(-1<x<1)$.

(3) 由于 $f^{-1}(x)>\log_2\dfrac{1+x}{k}$,则 $\begin{cases}\dfrac{1+x}{1-x}>\dfrac{1+x}{k},\\ -1<x<1,\end{cases}$ 则 $\begin{cases}x>1-k\\ -1<x<1\end{cases}$.

① 当 $0<k<2$ 时,原不等式的解集 $\{x\,|\,1-k<x<1\}$;

② 当 $k\geqslant 2$ 时,原不等式的解集 $\{x\,|-1<x<1\}$.

16. 已知 $f(x)=\log_a(x+\sqrt{x^2+1})$,其中 $a>1$.

(1) 试求 $f(x)$ 的定义域和值域.

(2) 求出 $f(x)$ 的反函数 $f^{-1}(x)$.

(3) 判断函数 $f^{-1}(x)$ 的奇偶性和单调性.

(4) 若实数 m 满足 $f^{-1}(1-m)+f^{-1}(1-m^2)<0$,求 m 的取值范围.

解:(1) 由于 $\sqrt{x^2+1}>|x|$,所以,函数 $f(x)$ 的定义域为 $\mathbf{R}$.函数 $f(x)$ 的值域为 $\mathbf{R}$.

(2) 设 $y=f(x)$,则 $a^y=x+\sqrt{x^2+1}$,利用 $x+\sqrt{x^2+1}$ 与 $\sqrt{x^2+1}-x$ 互为倒数,可得

$a^{-y}=\sqrt{x^2+1}-x$,所以,$x=\dfrac{1}{2}(a^y-a^{-y})$.所以,$f^{-1}(x)=\dfrac{1}{2}(a^x-a^{-x})$,$x\in\mathbf{R}$.

(3) 任取 $x\in\mathbf{R}$,则 $f^{-1}(-x)=\dfrac{1}{2}(a^{-x}-a^x)=-f^{-1}(x)$,所以,函数 $f^{-1}(x)$ 为奇函数.

任取 $x_1,x_2\in\mathbf{R}$,且 $x_1<x_2$,则由 $a>1$ 及指数函数的性质可知:

$a^{x_1}<a^{x_2},a^{-x_1}>a^{-x_2}$,所以,$a^{x_1}-a^{-x_1}<a^{x_2}-a^{-x_2}$,即 $f(x_1)<f(x_2)$.所以,$f^{-1}(x)$ 在定义域内严格递增.

(4) 由 $f^{-1}(1-m)+f^{-1}(1-m^2)<0$ 得:$f^{-1}(1-m)<-f^{-1}(1-m^2)$,即

$f^{-1}(1-m) < f^{-1}(-1+m^2)$.

结合 $f^{-1}(x)$ 的单调性可知：上式等价于：$1-m < -1+m^2$，解之得：$m>1$ 或 $m<-2$.

17. 已知函数 $f(x)=\log_a(x+\sqrt{x^2-2})(a>0,a\neq1)$.

（1）求反函数 $f^{-1}(x)$，并求出其定义域.

（2）设 $P(n)=\dfrac{\sqrt{2}}{2}f^{-1}(n+\log_a\sqrt{2})$，如果 $P(n)<\dfrac{3^n+3^{-n}}{2}(n\in\mathbf{N})$，求 a 的取值范围.

解：（1）设 $y=f(x)=\log_a(x+\sqrt{x^2-2})(x\geqslant\sqrt{2})$.

则 $a^y=x+\sqrt{x^2-2}\Rightarrow a^y-x=\sqrt{x^2-2}$.

两端平方整理得：$a^{2y}-2xa^y+2=0\Rightarrow x=\dfrac{a^{2y}+2}{2a^y}=\dfrac{a^y+2a^{-y}}{2}$.

则 $f^{-1}(x)=\dfrac{a^x+2a^{-x}}{2}$

由于 $a>1$ 时，$f(x)=\log_a(x+\sqrt{x^2-2})$ 值域为 $\left[\log_a\sqrt{2},+\infty\right)$；

$0<a<1$ 时，$f(x)$ 的值域为 $\left(-\infty,\log_a\sqrt{2}\right]$.

则 $f^{-1}(x)$ 的定义域为：$a>1$ 时，$x\in\left[\log_a\sqrt{2},+\infty\right)$，

$\qquad\qquad\qquad\qquad\quad 0<a<1$ 时，$x\in\left(-\infty,\log_a\sqrt{2}\right]$.

（2）$P(n)=\dfrac{\sqrt{2}}{2}f^{-1}(n+\log_a\sqrt{2})=\dfrac{\sqrt{2}}{2}\left(\dfrac{\sqrt{2}}{2}a^2+\dfrac{\sqrt{2}}{2}a^{-n}\right)=\dfrac{1}{2}(a^n+a^{-n})$，

由 $P(n)<\dfrac{3^n+3^{-n}}{2}\Rightarrow\dfrac{a^n+a^{-n}}{2}<\dfrac{3^n+3^{-n}}{2}\Rightarrow a^n+a^{-n}<3^n+3^{-n}$，

即 $a^n+a^{-n}-(3^n-3^{-n})=\dfrac{(a^n-3^n)\left[(3a)^n-1\right]}{3^na^n}<0$.

由于 $(3a)^n>0$，则 $(a^n-3^n)\left[(3a)^n-1\right]<0\Rightarrow\dfrac{1}{3}<a<3$；

又由于 $n\in\mathbf{N}$，则 $n+\log_a\sqrt{2}>\log_a\sqrt{2}\Rightarrow a>1$，

即 $\begin{cases}\dfrac{1}{3}<a<3,\\ a>1\end{cases}\Rightarrow1<a<3$.

§4.6　指数方程和指数不等式

1. 解下列方程：

（1）$\dfrac{3^x+1}{9^x-1}=\dfrac{1}{3-3^{1-x}}$.

（2）$3\cdot16^x+36^x=2\cdot81^x$.

（3）$\left(\sqrt{5+2\sqrt{6}}\right)^x+\left(\sqrt{5-2\sqrt{6}}\right)^x=10$.

（4）$\sqrt[x]{9}-\sqrt[x]{6}=\sqrt[x]{4}$.

（5）$4^{x+\sqrt{x^2-2}}-5\cdot2^{x-1+\sqrt{x^2-2}}=6$.

(6) $(2x-1)^{x^2}=(2x-1)^{x-2}$.

解: (1) $x=1$.

(2) 0.5.

(3) ± 2.

(4) $\log_{\frac{1+\sqrt{5}}{2}} \frac{3}{2}$.

(5) $\frac{3}{2}$.

(6) $0, \frac{1}{2}, 1$.

2. 解下列不等式:

(1) $\left(\frac{1}{3}\right)^{x^2-8} > 3^{-2x}$.

(2) $\frac{1}{4^x-1} > \frac{1}{2^x-3}$.

(3) $2^{x^2}-2^{2-x} > 3^{-x^2}-3^{x-2}$.

解: (1) $(-2,4)$.

(2) $0 < x < \log_2 3$.

(3) $(1,+\infty) \bigcup (-\infty,-2)$.

3. 已知关于 x 的方程 $2a^{2x-2}-9a^{x-1}+4=0$ 有一根是 2.

(1) 求实数 a 的值.

(2) 若 $0 < a < 1$,求不等式 $2a^{2x-2}-9a^{x-1}+4 < 0$ 的解集.

解: (1) 将 $x=2$ 代入可得 $a=\frac{1}{2}$ 或 $a=4$.

(2) 设 $a^{x-1}=t$ 后解方程得 $(-1,2)$.

4. 设 $a > 0, a \neq 1$,求证:关于 x 的方程 $a^x+a^{-x}=2a$ 的根不在区间 $[0,1]$ 内.

证明: 用反证法证:

假设方程有解 $x_0 \in [0,1]$,

由不等式可知:$2a=a^x+a^{-x} \geq 2$,则 $a > 1$.

则 $2a=a^x+a^{-x} \leq a+1$,得出:$a \leq 1$,矛盾.

因此,题目结论成立.

5. 若 $x \in (-\infty,-1]$,不等式 $(m-m^2)4^x+2^x+1 > 0$ 恒成立,则实数 m 的取值范围是_____.

解: 令 $2^x=t$,则对于 $t \in \left(0,\frac{1}{2}\right]$,$(m-m^2)t^2+t+1 > 0$ 恒成立 $\Rightarrow -2 < m < 3$.

6. 设方程 $2^x \cdot |\log_2 x|=1$ 的两根为 $x_1,x_2(x_1 < x_2)$,则 ( ).

(A) $x_1 < 0, x_2 > 0$ (B) $0 < x_1 < 1, x_2 > 2$

(C) $x_1 x_2 > 1$ (D) $0 < x_1 x_2 < 1$

解：D.

7. 设 $t=\left(\dfrac{1}{2}\right)^x+\left(\dfrac{2}{3}\right)^x+\left(\dfrac{5}{6}\right)^x$，则关于 x 的方程 $(t-1)(t-2)(t-3)=0$ 的所有实数解之和为_____.

解：$t=\left(\dfrac{1}{2}\right)^x+\left(\dfrac{2}{3}\right)^x+\left(\dfrac{5}{6}\right)^x$，严格递减，且 $t(0)=3,t(1)=2,t(3)=1$，

所以答案为 4.

§4.7　对数方程和对数不等式

1. 解下列方程：

(1) $\log_3^2 x+\log_{\frac{1}{3}}x^2-3=0$.

(2) $\log_4(2^x+6)=x$.

(3) $\log_4(12-2^{x+1})=x+\dfrac{1}{2}$.

(4) $(\sqrt{x})^{\log_5 x-1}=5$.

(5) $10^{\lg^2 x}+x^{\lg x}=20$.

(6) $\log_2(2^{-x}-1)\cdot\log_{\frac{1}{2}}(2^{-x+1}-2)=-2$.

解：(1) $x=27$ 或 $x=\dfrac{1}{3}$.

(2) $x=\log_2 3$.

(3) $x=1$.

(4) 25 或 0.2.

(5) 10 或 $\dfrac{1}{10}$.

(6) $-\log_2 3$ 或 $-\log_2 \dfrac{5}{4}$.

2. 解下列不等式：

(1) $\left|\dfrac{1}{\log_{\frac{1}{2}}x}+2\right|>\dfrac{3}{2}$.

(2) $1-\log_x 2+\log_{x^2}9-\log_{x^2}64<0$.

(3) $\sqrt{\log_2 x-1}+\dfrac{1}{2}\log_{\frac{1}{2}}x^3+2>0$.

(4) $\log_x(2x^2+x-1)>\log_x 2-1$.

解：(1) $(0,1)\bigcup(1,2^{\frac{2}{7}})\bigcup(4,+\infty)$.

(2) $1<x<\dfrac{16}{3}$.

(3) $[2,4)$.

(4) $x>\dfrac{1}{2}$，且 $x\neq 1$.

3. 若函数 $f(x)=\lg(ax^2-4x+a-3)$ 的值域为 **R**,则实数 a 的取值范围是_____.

解: $a=0,\begin{cases}a>0,\\ \Delta\geqslant0\end{cases}\Rightarrow[0,4]$.

4. 求函数 $f(x)=\log_{\frac{1}{3}}(x^2-5x+6)$ 的单调递增区间.

解: 首先定义域为 $(-\infty,2)\bigcup(3,+\infty)$,

再根据复合函数的单调性的性质,可得:$(-\infty,2)$.

5. 已知 a,b 是方程 $\log_{3x}3+\log_{27}(3x)=-\dfrac{4}{3}$ 的两个根,求 $a+b$ 的值.

解: 换元法解题,$a+b=\dfrac{10}{81}$.

6. 如果 $x>0,y>0,\log_x y+\log_y x=\dfrac{10}{3},xy=144$,求 $x+y$ 的值.

解: 令 $\log_x y=t$,则 $t+\dfrac{1}{t}=\dfrac{10}{3}\Rightarrow26\sqrt{3}$.

7. 设集合 $A=\{x\mid\log_{\frac{1}{2}}(3-x)\geqslant-2\}$,$B=\left\{x\mid\dfrac{2a}{x-a}>1\right\}$,若 $A\bigcap B\neq\varnothing$,求实数 a 的取值范围.

解: $A=\{x\mid(3-x)\leqslant4\}\Rightarrow(-1,0)\bigcup(0,3)$.

8. 已知 $4^x-9\cdot2^{x+1}+32\leqslant0$,求函数 $y=\log_{\frac{1}{2}}\dfrac{x}{2}\cdot\log_{\frac{1}{2}}\dfrac{x}{8}$ 的最大、最小值.

解: 令 $2^x=t$,则 $t^2-18t+32\leqslant0\Rightarrow t\in[2,16]\Rightarrow y_{\min}=-1,y_{\max}=3$.

9. 有关于 x 的不等式 $\lg(|x+3|+|x-7|)>a$.

(1) 当 $a=1$ 时,解此不等式.

(2) 当 a 为何值时,此不等式的解集是 **R**.

解:(1) 当 $a=1$ 时,或 $x>7$ 或 $x<-3$.

(2) $|x+3|+|x-7|\in[10,+\infty)\Rightarrow a<1$ 时此不等式的解集是 **R**.

10. 已知 α 是函数 $f(x)=x\log_a x-2008,(a>1)$ 的一个零点,β 是函数 $g(x)=xa^x-2008$ 的一个零点,求 $\alpha\beta$ 的值.

解: $\log_a x=\dfrac{2008}{x}$,$a^x=\dfrac{2008}{x}$,$\log_a x$ 与 a^x 互为反函数,所以 $\alpha\beta=2008$.

11. 函数 $f(x)$ 的定义域为 **D**,若满足① $f(x)$ 在 **D** 内是严格单调函数,② 存在 $[m,n]\subseteq$ **D**,使 $f(x)$ 在 $[m,n]$ 上的值域为 $\left[\dfrac{1}{2}m,\dfrac{1}{2}n\right]$,那么就称 $y=f(x)$ 为"好函数".现有 $f(x)=\log_a(a^x+k),(a>0,a\neq1)$ 是"好函数",求 k 的取值范围.

解: $\log_a(a^x+k)=\dfrac{x}{2}$ 有两个实数解 $\Rightarrow k\in\left(0,\dfrac{1}{4}\right)$.

12. 已知 $a>0,a\neq1$,试求使方程 $\log_a(x-ak)=\log_{a^2}(\sqrt{x^2-a^2})$ 有解的 k 的取值范围.

解: 由对数性质知,原方程的解 x 应满足 $\begin{cases}(x-ak)^2=x^2-a^2 & ①\\ x-ak>0 & ②\\ x^2-a^2>0 & ③\end{cases}$

若①②同时成立,则③必成立,

故只需解 $\begin{cases} (x-ak)^2 = x^2 - a^2, \\ x-ak > 0. \end{cases}$

由①可得 $2kx = a(1+k^2)$ 　　　　　　　　　　　　　　　　④

当 $k=0$ 时,④无解;当 $k \neq 0$ 时,④的解是 $x = \dfrac{a(1+k^2)}{2k}$,代入②得 $\dfrac{1+k^2}{2k} > k$.

若 $k<0$,则 $k^2 > 1$,所以 $k < -1$;若 $k>0$,则 $k^2 < 1$,所以 $0 < k < 1$.

综上,当 $k \in (-\infty, -1) \cup (0, 1)$ 时,原方程有解.

13. 若 $\log_4 (x+2y) + \log_4 (x-2y) = 1$,求 $|x| - |y|$ 的最小值是_____.

解: $\sqrt{3}$.

$\begin{cases} x+2y > 0, \\ x-2y > 0, \\ (x+2y)(x-2y) = 4 \end{cases} \Rightarrow \begin{cases} x > 2|y|, \\ x^2 - 4y^2 = 4. \end{cases}$

由对称性只考虑 $y \geqslant 0$,因为 $x>0$,则只须求 $x-y$ 的最小值.令 $x-y=u$,代入 $x^2-4y^2=4$,有 $3y^2 - 2uy + 4 - u^2 = 0$,这个关于 y 的二次方程显然有实根,故 $\Delta = 16(u^2 - 3) \geqslant 0$.

14. 已知函数 $f(x) = \log_a \dfrac{1-m(x-2)}{x-3}$ $(a>0, a \neq 1)$,对定义域内的任意 x 都有 $f(2-x) + f(2+x) = 0$ 成立.

(1) 求实数 m 的值.

(2) 若当 $x \in (b, a)$ 时,$f(x)$ 的取值范围恰为 $(1, +\infty)$,求实数 a, b 的值.

解: (1) 由 $f(x) = \log_a \dfrac{1-m(x-2)}{x-3}$ 及 $f(2-x) + f(2+x) = 0$ 可得:

$$\log_a \frac{1-m[(2-x)-2]}{(2-x)-3} + \log_a \frac{1-m[(2+x)-2]}{(2+x)-3} = 0.$$

解之得:$m = \pm 1$.当 $m=1$ 时,函数 $f(x)$ 无意义,所以,只有 $m=-1$.

(2) $m=-1$ 时,$f(x) = \log_a \dfrac{x-1}{x-3}$,其定义域为 $(-\infty, 1) \cup (3, +\infty)$.

所以,$(b, a) \subset (-\infty, 1)$ 或 $(b, a) \subset (3, +\infty)$.

① $(b, a) \subset (3, +\infty)$,则 $3 \leqslant b < a$.

为研究 $x \in (b, a)$ 时 $f(x)$ 的值域,可考虑 $f(x) = \log_a \dfrac{x-1}{x-3}$ 在 $(3, +\infty)$ 上的单调性.

下证 $f(x)$ 在 $(3, +\infty)$ 上严格递减.任取 $x_1, x_2 \in (3, +\infty)$,且 $x_1 < x_2$,则

$\dfrac{x_1-1}{x_1-3} - \dfrac{x_2-1}{x_2-3} = \dfrac{2(x_2-x_1)}{(x_1-3)(x_2-3)} > 0.$

又 $a>1$,所以,$\log_a \dfrac{x_1-1}{x_1-3} > \log_a \dfrac{x_2-1}{x_2-3}$,即 $f(x_1) > f(x_2)$.

所以,当 $(b, a) \subseteq (3, +\infty)$,$f(x)$ 在 $(3, +\infty)$ 上严格递减.

由题:$x \in (b, a)$ 时,$f(x)$ 的取值范围恰为 $(1, +\infty)$,所以,必有 $b=3$ 且 $f(a)=1$,解之得:$a = 2 + \sqrt{3}$(因为 $a>3$,所以舍去 $a = 2 - \sqrt{3}$).

② 若 $(b,a)\subseteq(-\infty,1)$,则 $b<a\leqslant1$.又由于 $a>0$,$a\neq1$,所以,$0<a<1$.

此时,同上可证 $f(x)$ 在 $(-\infty,1)$ 上严格递增(证明过程略).

所以,$f(x)$ 在 (b,a) 上的取值范围应为 $(f(b),f(a))$,而 $f(a)$ 为常数,故 $f(x)$ 的取值范围不可能恰为 $(1,+\infty)$.

所以,在这种情况下,a,b 无解.综上,符合题意的实数 a,b 的值为 $a=2+\sqrt{3}$,$b=3$.

15. 设 $a,b,c\in(1,+\infty)$,证明:$2\left(\dfrac{\log_b a}{a+b}+\dfrac{\log_c b}{b+c}+\dfrac{\log_a c}{c+a}\right)\geqslant\dfrac{9}{a+b+c}$.

证明: 由于 $a,b,c\in(1,+\infty)$,$\log_b a$,$\log_c b$,$\log_a c$,都是正数,并且它们的乘积等于 1,

则 $\dfrac{\log_b a}{a+b}+\dfrac{\log_c b}{b+c}+\dfrac{\log_a c}{c+a}\geqslant3\sqrt[3]{\dfrac{\log_b a\cdot\log_c b\cdot\log_a c}{(a+b)(b+c)(c+a)}}=\dfrac{3}{\sqrt[3]{(a+b)(b+c)(c+a)}}$,

又由于 $2(a+b+c)=(a+b)+(b+c)+(c+a)\geqslant3\sqrt[3]{(a+b)(b+c)(c+a)}$,

则 $\dfrac{1}{\sqrt[3]{(a+b)(b+c)(c+a)}}\geqslant\dfrac{3}{(a+b)+(b+c)+(c+a)}=\dfrac{3}{2(a+b+c)}$,

则 $\dfrac{\log_b a}{a+b}+\dfrac{\log_c b}{b+c}+\dfrac{\log_a c}{c+a}\geqslant\dfrac{9}{2(a+b+c)}$,即 $2\left(\dfrac{\log_b a}{a+b}+\dfrac{\log_c b}{b+c}+\dfrac{\log_a c}{c+a}\right)\geqslant\dfrac{9}{a+b+c}$.

§4.8 函数的应用

1. 若 $n-m$ 表示 $[m,n]$($m<n$)的区间长度.函数 $f(x)=\sqrt{a-x}+\sqrt{x}$($a>0$)的值域区间长度为 $2(\sqrt{2}-1)$,则实数 a 值为_____.

解: 运用基本不等式可得 4.

2. 设定义域、值域均为 $\mathbf{R}$ 的函数 $y=f(x)$ 的反函数为 $y=f^{-1}(x)$,若 $f(x)+f(1-x)=2$ 对一切 $x\in\mathbf{R}$ 成立,则 $f^{-1}(x-2)+f^{-1}(4-x)$ 的值为_____.

解: $f(x)+f(1-x)=(x-2)+(4-x)\Rightarrow f^{-1}(x-2)+f^{-1}(4-x)=1$.

3. 设正数 x,y 满足 $x+4y=40$,则 $\lg x+\lg y$ 的最大值是_____.

解: $40=x+4y\geqslant4\sqrt{xy}\Rightarrow xy\leqslant100$,可得:答案为 2.

4. 函数 $f(x)=\dfrac{\sqrt{a^2-x^2}}{|x+b|+|x-c|}$($0<a<b<c$)的图像关于直线_____对称.

解: 定义域为 $[-a,a]$,$f(x)=\dfrac{\sqrt{a^2-x^2}}{x+b+c-x}=\dfrac{\sqrt{a^2-x^2}}{b+c}$.

显然为偶函数,所以关于 $x=0$ 对称.

5. 方程 $f(x-3)+f(2-x)=0$($x\in\mathbf{R}$)恰有七个解,则这七个解的和为_____.

解: $\dfrac{35}{2}$.

6. 对 $x\in\mathbf{R}$,函数 $y=\sqrt{x^2+x+1}-\sqrt{x^2-x+1}$ 的值域为_____.

解: 转化为坐标系中的点与点距离问题 $\sqrt{x^2+x+1}=\sqrt{\left(x+\dfrac{1}{2}\right)^2+\dfrac{3}{4}}$,即 $(x,0)$ 与 $\left(-\dfrac{1}{2},-\dfrac{\sqrt{3}}{4}\right)$ 距离.同理,$\sqrt{x^2-x+1}$ 表示 $(x,0)$ 与 $\left(\dfrac{1}{2},-\dfrac{\sqrt{3}}{4}\right)$ 距离,故值域为 $(-1,1)$.

7. 某同学研究函数 $f(x)=x^2+\lg(x+\sqrt{x^2+1})$ 得到下面的结论：① $f(x)$ 的定义域为 **R**；② $f(x)$ 的值域为 $[0,+\infty)$；③ $f(x)$ 是偶函数；④ $f(x)$ 在 $(0,+\infty)$ 上是严格增函数；⑤ $f(x)$ 在区间 $[-1,1]$ 上的最大值和最小值之和为 2.上述结论中正确的是_____.

解：①④.

8. 给出下列四个命题：

① 函数 $f(x)=x|x|+bx+c$ 为奇函数的充要条件是 $c=0$；

② 函数 $y=2^{-x}(x>0)$ 的反函数是 $y=-\log_2 x$ $(0<x<1)$；

③ 设 $f(x)=-\dfrac{2x}{x+1}$，则函数 $f(x)$ 在其定义域上是严格减函数；

④ 若函数 $y=f(x-1)$ 是偶函数，则函数 $y=f(x)$ 的图像关于直线 $x=0$ 对称.其中所有正确命题的序号是_____.

解：①②.

9. 设 x,y 满足方程 $4x^2+y^2+8x=12$，求 x^2+y^2 的最值.

解：用 x 表示 y，转化成一元函数，可得：最小值为 1，最大值为 $\dfrac{52}{3}$.

10. 已知 $f(x)=2+\log_2 x$ $(1\leqslant x\leqslant 9)$，求函数 $g(x)=f^2(x)+f(x^2)$ 的最大值与最小值.

解：注意：$g(x)$ 的定义域为 $[1,3]$，然后用换元法解题.

最小值为 6，最大值为 $\log_2^2 3+6\log_2 3+6$.

11. 已知 $y=\log_3\dfrac{mx^2+8x+n}{x^2+1}$ 的定义域为 **R**，值域为 $[0,2]$，求实数 m,n 的值.

解：真数的范围为 $[1,9]$，然后用判别式法解题，可得：$m=n=5$.

12. 已知函数 $y=f(x)$ 是定义在 **R** 上的周期函数，周期 $T=5$，函数 $y=f(x)$ $(-1\leqslant x\leqslant 1)$ 是奇函数.又知 $y=f(x)$ 在 $[0,1]$ 上是一次函数，在 $[1,4]$ 上是二次函数，且在 $x=2$ 时函数取得最小值 -5.

(1) 证明：$f(1)+f(4)=0$.

(2) 求 $y=f(x)$，$x\in[1,4]$ 的解析式.

(3) 求 $y=f(x)$ 在 $[4,9]$ 上的解析式.

解：(1) 由于 $f(x)$ 是以 5 为周期的周期函数，则 $f(4)=f(4-5)=f(-1)$，

又由于 $y=f(x)(-1\leqslant x\leqslant 1)$ 是奇函数，则 $f(1)=-f(-1)=-f(4)$，则 $f(1)+f(4)=0$.

(2) 当 $x\in[1,4]$ 时，由题意可设 $f(x)=a(x-2)^2-5(a>0)$，

由 $f(1)+f(4)=0$ 得 $a(1-2)^2-5+a(4-2)^2-5=0$，则 $a=2$，

则 $f(x)=2(x-2)^2-5(1\leqslant x\leqslant 4)$.

(3) 由于 $y=f(x)(-1\leqslant x\leqslant 1)$ 是奇函数，则 $f(0)=0$，

又知 $y=f(x)$ 在 $[0,1]$ 上是一次函数，则可设 $f(x)=kx(0\leqslant x\leqslant 1)$，

而 $f(1)=2(1-2)^2-5=-3$，则 $k=-3$，则当 $0\leqslant x\leqslant 1$ 时，$f(x)=-3x$，

从而当 $-1\leqslant x<0$ 时，$f(x)=-f(-x)=-3x$，故 $-1\leqslant x\leqslant 1$ 时，$f(x)=-3x$.

则当 $4\leqslant x\leqslant 6$ 时，有 $-1\leqslant x-5\leqslant 1$，则 $f(x)=f(x-5)=-3(x-5)=-3x+15$.

当 $6<x\leqslant9$ 时,$1<x-5\leqslant4$,则 $f(x)=f(x-5)=2[(x-5)-2]^2-5=2(x-7)^2-5$,

则 $f(x)=\begin{cases}-3x+15 & (4\leqslant x\leqslant6),\\ 2(x-7)^2-5 & (6<x\leqslant9).\end{cases}$

13. 是否存在实数 a,使函数 $f(x)=\log_2(x+\sqrt{x^2+2})-a$ 为奇函数,同时使函数 $g(x)=x\left(\dfrac{1}{a^x-1}+a\right)$ 为偶函数,证明你的结论.

证明: $f(x)$ 为奇函数,所以 $f(0)=0$,得 $\log_2\sqrt{2}-a=0\Rightarrow a=\dfrac{1}{2}$.

若 $g(x)$ 为偶函数,则 $h(x)=\dfrac{1}{a^x-1}+a$ 为奇函数,

$h(-x)+h(x)=0\Rightarrow\dfrac{1}{a^{-x}-1}+a+\dfrac{1}{a^x-1}+a=0\Rightarrow2a=\dfrac{a^x}{a^x-1}-\dfrac{1}{a^x-1}\Rightarrow2a=1\Rightarrow a=\dfrac{1}{2}$.

则存在符合题设条件的 $a=\dfrac{1}{2}$.

14. 设定义在 **R** 上的偶函数 $f(x)$ 又是周期为 4 的周期函数,且当 $x\in[-2,0]$ 时 $f(x)$ 为严格增函数,若 $f(-2)\geqslant0$,求证:当 $x\in[4,6]$ 时,$|f(x)|$ 为严格减函数.

证明: 在 $[4,6]$ 内任取 x_1、x_2,设 $4\leqslant x_1<x_2\leqslant6$,则 $-2\leqslant-x_2+4<-x_1+4\leqslant0$,

由于 $f(x)$ 在 $[-2,0]$ 内为严格增函数,则 $f(-x_1+4)>f(-x_2+4)\geqslant f(-2)\geqslant0$,

由于 $f(x+4)=f(x)$,则 $f(-x_1)>f(-x_2)\geqslant0$,

由于 $f(-x)=f(x)$,则 $f(x_1)>f(x_2)\geqslant0$,

则当 $4\leqslant x_1<x_2\leqslant6$ 时,有 $|f(x_1)|-|f(x_2)|=f(x_1)-f(x_2)>0$,

即 $|f(x_1)|>|f(x_2)|$,故当 $x\in[4,6]$ 时,$|f(x)|$ 为严格减函数.

15. 已知 $f(x)=2^x-1$ 的反函数为 $f^{-1}(x)$,$g(x)=\log_4(3x+1)$.

(1) 若 $f^{-1}(x)\leqslant g(x)$,求 x 的取值范围 D.

(2) 设函数 $H(x)=g(x)-\dfrac{1}{2}f^{-1}(x)$,当 $x\in D$ 时,求函数 $H(x)$ 的值域.

解: (1) 由于 $f(x)=2^x-1$,则 $f^{-1}(x)=\log_2(x+1)$ $(x>-1)$.

由 $f^{-1}(x)\leqslant g(x)$,则 $\begin{cases}x+1>0,\\ (x+1)^2\leqslant3x+1,\end{cases}$ 解得 $0\leqslant x\leqslant1$,则 $D=[0,1]$.

(2) $H(x)=g(x)-\dfrac{1}{2}f^{-1}(x)=\dfrac{1}{2}\log_2\dfrac{3x+1}{x+1}=\dfrac{1}{2}\log_2\left(3-\dfrac{2}{x+1}\right)$,

由于 $0\leqslant x\leqslant1$,则 $1\leqslant3-\dfrac{2}{x+1}\leqslant2$.

则 $0\leqslant H(x)\leqslant\dfrac{1}{2}$,则 $H(x)$ 的值域为 $\left[0,\dfrac{1}{2}\right]$.

16. 设函数 $f(x)=2^x+a\cdot2^{-x}-1$(a 为实数).

(1) 若 $a<0$,用函数单调性定义证明:$y=f(x)$ 在 $(-\infty,+\infty)$ 上是增函数.

(2) 若 $a=0$,$y=g(x)$ 的图像与 $y=f(x)$ 的图像关于直线 $y=x$ 对称,求函数 $y=g(x)$ 的解析式.

解：（1）设任意实数 $x_1 < x_2$，则

$$f(x_1) - f(x_2) = (2^{x_1} + a \cdot 2^{-x_1} - 1) - (2^{x_2} + a \cdot 2^{-x_2} - 1)$$

$$= (2^{x_1} - 2^{x_2}) + a(2^{-x_1} - 2^{-x_2})$$

$$= (2^{x_1} - 2^{x_2}) \cdot \frac{2^{x_1 + x_2} - a}{2^{x_1 + x_2}}.$$

由于 $x_1 < x_2$，则 $2^{x_1} < 2^{x_2}$，则 $2^{x_1} - 2^{x_2} < 0$；由于 $a < 0$，则 $2^{x_1 + x_2} - a > 0$.

又 $2^{x_1 + x_2} > 0$，所以 $f(x_1) - f(x_2) < 0$，所以 $f(x)$ 是严格增函数.

（2）当 $a = 0$ 时，$y = f(x) = 2^x - 1$，所以 $2^x = y + 1$，所以 $x = \log_2(y+1)$，$y = g(x) = \log_2(x+1)$.

17. 篮球比赛时，运动员的进攻成功率主要受投篮命中率和进攻时被对方球员防守的被拦截率所制约：进攻成功率＝投篮命中率－被拦截率，某校队队员在距篮 10 米（即到篮球筐圆心在地面上射影的距离，下同）以内的投篮命中率有如下变化：距篮 1 米以内（不含 1 米）为 100%，以后每远离球篮 1 米，命中率下降 10%；同时，该队员在距篮 x 米处进攻的被拦截率为 $\dfrac{90\%}{[x]+1}$（$[x]$ 表示不大于实数 x 的最大整数）.

（1）请用 $[x]$ 描述该队员距篮 x 米处的投篮命中率.

（2）若不计其他因素的影响，当该队员在比赛时，他在三分线处（距篮大约 6.2 m）的进攻成功率为多少？

（3）若不计其他因素的影响，当该队员在比赛时，他在距篮几米处的进攻成功率最大？最大进攻成功率为多少？

解：（1）投篮命中率 $f(x) = 100\% - 10\% \times [x]$（$x \in [0, 10)$）.

（2）$g(x) = \dfrac{90\%}{[x]+1}$，$f(6.2) - g(6.2) = \dfrac{19}{70}$.

（3）$x \in [2, 3)$ 进攻成功率最大，最大进攻成功率为 0.5.

18. 设 $f(x)$ 是定义在 $[-1, 1]$ 上的偶函数，$g(x)$ 与 $f(x)$ 的图像关于直线 $x - 1 = 0$ 对称，且当 $x \in [2, 3]$ 时，$g(x) = 2a \cdot (x-2) - 4(x-2)^3$（$a$ 为实数）.

（1）求函数 $f(x)$ 的表达式.

（2）在 $a \in (2, 6]$ 或 $(6, +\infty)$ 的情况下，分别讨论函数 $f(x)$ 的最大值，并指出 a 为何值时，$f(x)$ 的图像的最高点恰好落在直线 $y = 12$ 上.

解：（1）$f(x) = \begin{cases} 4x^3 - 2ax & -1 \leqslant x \leqslant 0, \\ -4x^3 + 2ax & 0 \leqslant x \leqslant 1. \end{cases}$

（2）因为 $f(x)$ 为偶函数，所以，$f(x)$（$-1 \leqslant x \leqslant 1$）的最大值，必等于 $f(x)$ 在区间 $[0, 1]$ 上的最大值. 故只需考虑 $0 \leqslant x \leqslant 1$ 的情形，此时，$f(x) = -4x^3 + 2ax$.

对于这个三次函数，要求其最大值，比较容易想到的方法是：考虑其单调性. 因此，我们不妨在区间 $[0, 1]$ 上任取 x_1, x_2，设 $x_1 < x_2$，则

$$f(x_1) - f(x_2) = (-4x_1^3 + 2ax_1) - (-4x_2^3 + 2ax_2) = 2(x_2 - x_1)(2x_2^2 + 2x_1 x_2 + 2x_1^2 - a).$$

如果 $a \in (6, +\infty)$，则 $2x_2^2 + 2x_1 x_2 + 2x_1^2 - a < 0$，故 $f(x_1) - f(x_2) < 0$，即 $f(x)$ 在区间 $[0, 1]$ 上单调递增. 所以，$f(x)$ 的最大值在 $x = 1$ 取得，为 $f(1) = 2a - 4$.

令 $f(1)=2a-4=12$ 可解得: $a=8$.

如果 $a\in(2,6]$, 则 $2x_2^2+2x_1x_2+2x_1^2-a$ 的符号不能确定, 为确定 $f(x)$ 的单调区间, 可令 $2x_2^2+2x_1x_2+2x_1^2-a<0$.

由于 $x_1<x_2$, 要使上式成立, 只需: $2x_2^2+2x_1x_2+2x_1^2-a\leqslant0$, 即 $x_2\leqslant\sqrt{\dfrac{a}{6}}$, 由此我们不难得知: $f(x)$ 在区间 $\left[0,\sqrt{\dfrac{a}{6}}\right]$ 上严格递增, 在区间 $\left[\sqrt{\dfrac{a}{6}},1\right]$ 上严格递减(证明略).

所以, $f(x)$ 在区间 $[-1,1]$ 上的最大值为 $f\left(\sqrt{\dfrac{a}{6}}\right)=\dfrac{2a\sqrt{6a}}{9}$.

令 $f\left(\sqrt{\dfrac{a}{6}}\right)=\dfrac{2a\sqrt{6a}}{9}=12$, 解之得: $a=3\sqrt[3]{18}>6$, 与 $a\in(2,6]$ 矛盾.

综上可知: 当 $a\in(2,6]$ 时, $f(x)$ 的最大值为 $f\left(\pm\sqrt{\dfrac{a}{6}}\right)=\dfrac{2a\sqrt{6a}}{9}$, 当 $a\in(6,+\infty)$ 时, $f(x)$ 的最大值为 $f(\pm1)=2a-4$.

19. 若函数 $f_A(x)$ 的定义域为 $A=[a,b]$, 且 $f_A(x)=\left(\dfrac{x}{a}+\dfrac{b}{x}-1\right)^2-\dfrac{2b}{a}+1$, 其中 a、b 为任意正实数, 且 $a<b$.

(1) 求函数 $f_A(x)$ 的最小值、最大值.

(2) 若 $x_1\in I_k=[k^2,(k+1)^2]$, $x_2\in I_{k+1}=[(k+1)^2,(k+2)^2]$, 其中 k 是正整数, 对一切正整数 k 不等式 $f_{I_k}(x_1)+f_{I_{k+1}}(x_2)<m$ 都有解, 求 m 的取值范围.

(3) 若对任意 $x_1,x_2,x_3\in A$, 都有 $\sqrt{f_A(x_1)}$, $\sqrt{f_A(x_2)}$, $\sqrt{f_A(x_3)}$ 为三边长构成三角形, 求 $\dfrac{b}{a}$ 的取值范围.

解: (1) $f_A(x)=\left(\dfrac{x}{a}+\dfrac{b}{x}-1\right)^2-\dfrac{2b}{a}+1$ 在 $x\in[a,\sqrt{ab}]$ 上 f_A 是严格减函数; 在 $x\in[\sqrt{ab},b]$ 上 f_A 是严格增函数.

则当 $x=\sqrt{ab}$ 时 $f_A(x)$ 有最小值为 $\left(2\sqrt{\dfrac{b}{a}}-1\right)^2-\dfrac{2b}{a}+1=\dfrac{2b}{a}-4\sqrt{\dfrac{b}{a}}+2=2\left(\sqrt{\dfrac{b}{a}}-1\right)^2$.

当 $x=a$ 时 $f_A(x)$ 有最大值为 $\left(\dfrac{b}{a}\right)^2-\dfrac{2b}{a}+1=\dfrac{b^2}{a^2}-\dfrac{2b}{a}+1=\left(\dfrac{b}{a}-1\right)^2$.

(2) 当 $A=I_k$ 时 $f_{I_k}(x)$ 最小值为 $f_{I_k}(k(k+1))=\dfrac{2}{k^2}$,

当 $A=I_{k+1}$ 时 $f_{I_{k+1}}(x)$ 最小值为 $f_{I_{k+1}}((k+1)(k+2))=\dfrac{2}{(k+1)^2}$.

则 $m>\dfrac{2}{k^2}+\dfrac{2}{(k+1)^2}$ $(k\in\mathbf{N}^*)$.

设 $t=\dfrac{2}{k^2}+\dfrac{2}{(k+1)^2}$, $(k\in\mathbf{N}^*)$,

则 $t_{\max}=\dfrac{5}{2}$　∴　$m>\dfrac{5}{2}$.

(3) 由题意:只须 $2\sqrt{f_A(x)_{\min}}>\sqrt{f_A(x)_{\max}}$ 即可,由(1)得

$$\begin{cases}2\sqrt{2}\left(\sqrt{\dfrac{b}{a}}-1\right)>\left(\dfrac{b}{a}-1\right),\\[3mm]\dfrac{b}{a}>1\end{cases}\Rightarrow\begin{cases}\dfrac{b}{a}-2\sqrt{2}\sqrt{\dfrac{b}{a}}+2\sqrt{2}-1<0,\\[3mm]\dfrac{b}{a}>1\end{cases}\Rightarrow 1<\dfrac{b}{a}<(2\sqrt{2}-1)^2.$$

20. 对于定义在区间 $[m,n]$ 上的两个函数 $f(x)$ 和 $g(x)$,如果对任意的 $x\in[m,n]$,均有不等式 $|f(x)-g(x)|\leqslant 1$ 成立,则称函数 $f(x)$ 与 $g(x)$ 在 $[m,n]$ 上是"友好"的,否则称"不友好"的.现在有两个函数 $f(x)=\log_a(x-3a)$ 与 $g(x)=\log_a\dfrac{1}{x-a}(a>0,a\neq 1)$,给定区间 $[a+2,a+3]$.

(1) 若 $f(x)$ 与 $g(x)$ 在区间 $[a+2,a+3]$ 上都有意义,求 a 的取值范围.

(2) 讨论函数 $f(x)$ 与 $g(x)$ 在区间 $[a+2,a+3]$ 上是否"友好".

解:(1) 函数 $f(x)$ 与 $g(x)$ 在区间 $[a+2,a+3]$ 上有意义,必须满足

$$\begin{cases}a+2-3a>0,\\a+2-a>0,\\0<a,a\neq 1\end{cases}\Rightarrow 0<a<1;$$

(2) 假设存在实数 a,使得函数 $f(x)$ 与 $g(x)$ 在区间 $[a+2,a+3]$ 上是"友好"的,

则 $|f(x)-g(x)|=|\log_a(x^2-4ax+3a^2)|\Rightarrow|\log_a(x^2-4ax+3a^2)|\leqslant 1$,

即 $-1\leqslant\log_a(x^2-4ax+3a^2)\leqslant 1$ 　　　　　　　　　　　　　　(＊)

因为 $a\in(0,1)\Rightarrow 2a\in(0,2)$,而 $[a+2,a+3]$ 在 $x=2a$ 的右侧,

所以函数 $h(x)=\log_a(x^2-4ax+3a^2)$ 在区间 $[a+2,a+3]$ 上为严格减函数,从而

$$\begin{cases}[h(x)]_{\max}=g(a+2)=\log_a(4-4a),\\{[h(x)]}_{\min}=g(a+3)=\log_a(9-6a);\end{cases}$$

于是不等式(＊)成立的充要条件是 $\begin{cases}\log_a(4-4a)\leqslant 1,\\\log_a(9-6a)\geqslant -1\\0<a<1.\end{cases}\Rightarrow 0<a\leqslant\dfrac{9-\sqrt{57}}{12}$,

因此,当 $0<a\leqslant\dfrac{9-\sqrt{57}}{12}$ 时,函数 $f(x)$ 与 $g(x)$ 在区间 $[a+2,a+3]$ 上是"友好"的;

当 $a>\dfrac{9-\sqrt{57}}{12}$ 时,函数 $f(x)$ 与 $g(x)$ 在区间 $[a+2,a+3]$ 上是不"友好"的.

21. 已知函数 $y=f(x),x\in\mathbf{R}$ 满足 $f(x+1)=af(x)$,a 是不为 0 的实常数.

(1) 若函数 $y=f(x),x\in\mathbf{R}$ 是周期函数,写出符合条件 a 的值.

(2) 若当 $0\leqslant x\leqslant 1$ 时,$f(x)=x(1-x)$,且函数 $y=f(x)$ 在区间 $[0,+\infty)$ 上的值域是闭区间,求 a 的取值范围.

(3) 若当 $0\leqslant x<1$ 时,$f(x)=3^x+3^{-x}$,试研究函数 $y=f(x)$ 在区间 $[0,+\infty)$ 上是否可

能是单调函数? 若可能,求出 a 的取值范围;若不可能,请说明理由.

解:(1) $a=1$ 时,$T=1$,$a=-1$ 时,$T=2$.

(2) 当 $n \leqslant x \leqslant n+1(n \geqslant 0, n \in \mathbf{Z})$ 时,$f_n(x)=af_{n-1}(x-1)=a^2 f_{n-1}(x-2)=\cdots=a^n f_1(x-n)$,

则 $f_n(x)=a^n(x-n)(n+1-x)$, $\therefore$ $-\dfrac{1}{4}|a|^n \leqslant f_n(x) \leqslant \dfrac{1}{4}|a|^n$;

当 $|a|>1$ 时 $f(x) \in(-\infty, +\infty)$ 舍去;

当 $a=1$ 时 $f(x) \in \left[0, \dfrac{1}{4}\right]$ 符合,当 $a=-1$ 时 $f(x) \in \left[-\dfrac{1}{4}, \dfrac{1}{4}\right]$ 符合;

当 $a<a<1$ 时 $f(x) \in \left[0, \dfrac{1}{4}\right]$ 符合,当 $-1<a<0$ 时 $f(x) \in \left[0, \dfrac{1}{4}\right]$ 符合;

则 $a \in [-1, 0) \bigcup (0, 1]$.

(3) 当 $n \leqslant x \leqslant n+1(n \geqslant 0, n \in \mathbf{Z})$ 时,$f_n(x)=af_{n-1}(x-1)=a^2 f_{n-1}(x-2)=\cdots=a^n f_1(x-n)$,

则 $f_n(x)=a^n(3^{x-n}+3^{n-x})$;

易证函数 $f_n(x)=a^n(3^{x-n}+3^{n-x})$,$x \in [n, n+1]$,$n \geqslant 0$,$n \in \mathbf{Z}$ 当 $a>0$ 时是严格增函数,

此时则 $f_n(x) \in \left[2a^n, \dfrac{10}{3}a^n\right]$.

若函数 $y=f(x)$ 在区间 $[0, +\infty)$ 上是严格增函数,则必有 $2a^{n+1} \geqslant \dfrac{10}{3}a^n$,解得:$a \geqslant \dfrac{5}{3}$;

显然当 $a<0$ 时,函数 $y=f(x)$ 在区间 $[0, +\infty)$ 上不是严格单调函数;所以 $a \geqslant \dfrac{5}{3}$.

22. 已知 α、β 是关于 x 的二次方程 $2x^2-tx-2=0$ 的两个根,且 $\alpha<\beta$,若函数 $f(x)$

$=\dfrac{4x-t}{x^2+1}$.

(1) 求 $\dfrac{f(\alpha)-f(\beta)}{\alpha-\beta}$ 的值.

(2) 对任意的正数 λ_1、λ_2,求证:$\left| f\left(\dfrac{\lambda_1 \alpha+\lambda_2 \beta}{\lambda_1+\lambda_2}\right)-f\left(\dfrac{\lambda_1 \beta+\lambda_2 \alpha}{\lambda_1+\lambda_2}\right)\right|<2|\alpha-\beta|$.

解:(1) 由韦达定理有 $\alpha+\beta=\dfrac{t}{2}$,$\alpha \cdot \beta=-1$,

$f(\alpha)=\dfrac{4\alpha-t}{\alpha^2+1}=\dfrac{4\alpha-2(\alpha+\beta)}{\alpha^2-\alpha\beta}=\dfrac{2}{\alpha}=-2\beta$,

$f(\beta)=\dfrac{4\beta-t}{\beta^2+1}=\dfrac{4\beta-2(\alpha+\beta)}{\beta^2-\alpha\beta}=\dfrac{2}{\beta}=-2\alpha$,

则 $\dfrac{f(\alpha)-f(\beta)}{\alpha-\beta}=\dfrac{-2\beta+2\alpha}{\alpha-\beta}=2$.

(2) 已知函数 $f(x)=\dfrac{4x-t}{x^2+1}$,函数 $f(x)=\dfrac{4x-t}{x^2+1}$ 在 $[\alpha, \beta]$ 上是严格增函数.

注意到对于任意的正数 x_1、x_2 有

$$\dfrac{x_1\alpha+x_2\beta}{x_1+x_2}-\alpha=\dfrac{x_2(\beta-\alpha)}{x_1+x_2}>0, \dfrac{x_1\alpha+x_2\beta}{x_1+x_2}-\beta=\dfrac{x_1(\alpha-\beta)}{x_1+x_2}<0,$$

即 $\alpha<\dfrac{x_1\alpha+x_2\beta}{x_1+x_2}<\beta$，同理 $\alpha<\dfrac{x_1\beta+x_2\alpha}{x_1+x_2}<\beta$.

则 $f(\alpha)<f\left(\dfrac{x_1\alpha+x_2\beta}{x_1+x_2}\right)<f(\beta)$，$f(\alpha)<f\left(\dfrac{x_1\beta+x_2\alpha}{x_1+x_2}\right)<f(\beta)$，

$-f(\beta)<-f\left(\dfrac{x_1\beta+x_2\alpha}{x_1+x_2}\right)<-f(\alpha)$.

于是 $-[f(\beta)-f(\alpha)]<f\left(\dfrac{x_1\alpha+x_2\beta}{x_1+x_2}\right)-f\left(\dfrac{x_1\beta+x_2\alpha}{x_1+x_2}\right)<f(\beta)-f(\alpha)$，

则 $\left|f\left(\dfrac{x_1\alpha+x_2\beta}{x_1+x_2}\right)-f\left(\dfrac{x_1\beta+x_2\alpha}{x_1+x_2}\right)\right|<f(\beta)-f(\alpha)$.

而 $f(\beta)-f(\alpha)=2\beta-2\alpha=2|\alpha-\beta|$，

则 $\left|f\left(\dfrac{x_1\alpha+x_2\beta}{x_1+x_2}\right)-f\left(\dfrac{x_1\beta+x_2\alpha}{x_1+x_2}\right)\right|<2|\alpha-\beta|$.

第五章 三角比
Trigonometric Ratio

§5.1 任意角及其度量

1. 把下列各角的度数化为弧度数：

(1) $70°$.　　　(2) $-135°$.　　　(3) $315°$.　　　(4) $123.5°$.

解：(1) $\dfrac{7\pi}{18}$.　(2) $-\dfrac{3\pi}{4}$.　(3) $\dfrac{7\pi}{4}$.　(4) $\dfrac{247\pi}{360}$.

2. 把下列各角的弧度数化成度数：

(1) $-\dfrac{4}{3}\pi$.　　　(2) -3.　　　(3) $\dfrac{\pi}{15}$.

解：(1) $-240°$.　(2) $-171.9°$.　(3) $12°$.

3. 设集合 $A=\{\alpha\,|\,\alpha$ 为锐角$\}$，$B=\{\alpha\,|\,\alpha$ 为第一象限角$\}$，$C=\{\alpha\,|\,\alpha$ 为小于 $90°$ 的角$\}$，则
( )．

(A) $A\subset C\subset B$　　(B) $A\subset B,C\subset B$　　(C) $A=B=C$　　(D) $A\subset B,A\subset C$

解：D.

4. 已知扇形弧长为 30 cm，半径为 20 cm，求扇形的面积.

解：$S=\dfrac{1}{2}\cdot 30\cdot 20=300$ cm^2.

5. 已知地球半径为 6400 km，地面上一段弧所对的球心角为 $1'$，求该弧的弧长.

解：592.6π m.

6. 下列命题中，正确的是
( )．

(A) 终边相同的角是相等的角

(B) 终边在第二象限的角是钝角

(C) 若角 α 的终边在第一象限，则 $\dfrac{\alpha}{2}$ 的终边也一定在第一象限

(D) 终边落在坐标轴上的所有角可表示为 $\dfrac{k\pi}{2},k\in\mathbf{Z}$

解：D.

7. 写出于下列各角终边相同的最小正角与最大负角：

(1) $1140°$.　　　(2) $-1290°$.　　　(3) $2002°$.

解：(1) $60°$，$-300°$. (2) $150°$，$-210°$. (3) $202°$，$-158°$.

8. 在弧度制下，写出下面处在标准位置的终边相同的角的集合：

(1) $-\dfrac{\pi}{7}$.

(2) 第二象限的角.

(3) 角 α 的终边落在直角坐标系的左半平面上.

解：(1) $\left\{\alpha \left| \alpha = 2k\pi - \dfrac{\pi}{7}, k \in \mathbf{Z}\right.\right\}$.

(2) $\left\{\alpha \left| 2k\pi + \dfrac{\pi}{2} < \alpha < 2k\pi + \pi, k \in \mathbf{Z}\right.\right\}$.

(3) $\left\{\alpha \left| 2k\pi + \dfrac{\pi}{2} < \alpha < 2k\pi + \dfrac{3\pi}{2}, k \in \mathbf{Z}\right.\right\}$.

9. 已知 α 为第三象限的角，确定角 $\dfrac{\alpha}{2}$ 所在的象限，并画出其变化区域.

解：$\left\{\alpha \left| 2k\pi + \pi < \alpha < 2k\pi + \dfrac{3}{2}\pi, k \in \mathbf{Z}\right.\right\}$

则 $\left\{\dfrac{\alpha}{2} \left| k\pi + \dfrac{\pi}{2} < \dfrac{\alpha}{2} < k\pi + \dfrac{3}{4}\pi, k \in \mathbf{Z}\right.\right\}$

故 $\dfrac{\alpha}{2}$ 在第二或第四象限.

10. 已知扇形的圆心角为 $\dfrac{\pi}{3}$，半径为 R，圆 C 与扇形的两条半径及扇形的弧都相切，求圆 C 中圆心角为 $\dfrac{\pi}{3}$ 的扇形与原扇形的面积之比.

解：$R - r = 2r \Rightarrow 1 : 9$.

§5.2　任意角的三角比

1. 若 $-\dfrac{\pi}{2} < \alpha < 0$，则点 $(\cot\alpha, \cos\alpha)$ 必在 　　　　(　　).

(A) 第一象限　　　　　　　　　(B) 第二象限

(C) 第三象限　　　　　　　　　(D) 第四象限

解：B.

2. 确定下列各角的正弦、余弦、正切的符号：

(1) $850°$. 　　　　　(2) $-380°$. 　　　　　(3) $\dfrac{55\pi}{6}$.

解：(1) $+--$. (2) $-+-$. (3) $--+$.

3. 如果(1) $\dfrac{\cos x}{\sin x} < 0$. 　　(2) $\dfrac{\cot x}{\csc x} < 0$. 　　(3) $\sin x \cos x < 0$，试分别确定角 x 的终边所在的象限.

解：(1) 第二或第四象限. (2) 第二或第三象限. (3) 第二或第四象限.

4. 若 P 点的坐标为 $(-3,y)$，$|OP|=5$（指 OP 的长度），试求出 y 值，并写出终边都过 P 的角的三角函数值.

解： $y=4$ 或 $y=-4$.

当 $y=4$，$\sin x=\dfrac{4}{5}$，$\cos x=-\dfrac{3}{5}$，$\tan\alpha=-\dfrac{4}{3}$，$\cot\alpha=-\dfrac{3}{4}$，$\sec\alpha=-\dfrac{5}{3}$，$\csc\alpha=\dfrac{5}{4}$.

当 $y=-4$，$\sin x=-\dfrac{4}{5}$，$\cos x=-\dfrac{3}{5}$，$\tan\alpha=\dfrac{4}{3}$，$\cot\alpha=\dfrac{3}{4}$，$\sec\alpha=-\dfrac{5}{3}$，$\csc\alpha=-\dfrac{5}{4}$.

5. （1）$\sin\left(-\dfrac{23\pi}{6}\right)+\cos\dfrac{13\pi}{7}\cdot\tan 4\pi-\cos\dfrac{13\pi}{3}$ 的值为 _____.

（2）$\dfrac{\sin 780°+\tan 405°\tan(-330°)}{\cot(-690°)-\cos 390°\cos(-300°)}=$ _____.

解：（1）0. （2）$\dfrac{10}{9}$.

6. 角 α 为何值时，下面式子无意义：

（1）$\cos\alpha+\dfrac{1}{\sin\alpha}$. 　　　　　　　（2）$\cos\alpha+\sec\alpha$.

（3）$\tan\alpha+\cot\alpha$. 　　　　　　　　　（4）$\dfrac{1}{\sin\alpha\cos\alpha}$.

解：（1）$k\pi(k\in\mathbf{Z})$. （2）$k\pi+\dfrac{\pi}{2}(k\in\mathbf{Z})$. （3）$\dfrac{k\pi}{2}(k\in\mathbf{Z})$. （4）$\dfrac{k\pi}{2}(k\in\mathbf{Z})$.

7. 方程 $\dfrac{x^2}{\sin\sqrt{2}-\sin\sqrt{3}}+\dfrac{y^2}{\cos\sqrt{2}-\cos\sqrt{3}}=1$ 表示的曲线是 （　　）.

（A）焦点在 x 轴上的椭圆
（B）焦点在 x 轴上的双曲线
（C）焦点在 y 轴上的椭圆
（D）焦点在 y 轴上的双曲线

解： C.

由于 $\sqrt{2}+\sqrt{3}>\pi$，则 $0<\dfrac{\pi}{2}-\sqrt{2}<\sqrt{3}-\dfrac{\pi}{2}<\dfrac{\pi}{2}$，则 $\cos\left(\dfrac{\pi}{2}-\sqrt{2}\right)>\cos\left(\sqrt{3}-\dfrac{\pi}{2}\right)$，

即 $\sin\sqrt{2}>\sin\sqrt{3}$.

又由于 $0<\sqrt{2}<\dfrac{\pi}{2}$，$\dfrac{\pi}{2}<\sqrt{3}<\pi$，则 $\cos\sqrt{2}>0$，$\cos\sqrt{3}<0$，则 $\cos\sqrt{2}-\cos\sqrt{3}>0$，方程表示的曲线是椭圆.

由于 $(\sin\sqrt{2}-\sin\sqrt{3})-(\cos\sqrt{2}-\cos\sqrt{3})=2\sqrt{2}\sin\dfrac{\sqrt{2}-\sqrt{3}}{2}\sin\left(\dfrac{\sqrt{2}+\sqrt{3}}{2}+\dfrac{\pi}{4}\right)\cdots$ （＊）

$-\dfrac{\pi}{2}<\dfrac{\sqrt{2}-\sqrt{3}}{2}<0$，则 $\sin\dfrac{\sqrt{2}-\sqrt{3}}{2}<0$，$\dfrac{\pi}{2}<\dfrac{\sqrt{2}+\sqrt{3}}{2}<\dfrac{3\pi}{4}$，则 $\dfrac{3\pi}{4}<\dfrac{\sqrt{2}+\sqrt{3}}{2}+\dfrac{\pi}{4}<\pi$.

则 $\sin\left(\dfrac{\sqrt{2}+\sqrt{3}}{2}+\dfrac{\pi}{4}\right)>0$，则（＊）式 <0.

即 $\sin\sqrt{2}-\sin\sqrt{3}<\cos\sqrt{2}-\cos\sqrt{3}$.

则曲线表示焦点在 y 轴上的椭圆,故选 C.

8. 已知 $f(\alpha)=\dfrac{\sin\alpha}{|\sin\alpha|}+\dfrac{|\cos\alpha|}{\cos\alpha}+\dfrac{\tan\alpha}{|\tan\alpha|}+\dfrac{|\cot\alpha|}{\cot\alpha}$,求 $f(\alpha)$ 的值的集合.

解: 分四个象限讨论,

α 为第 1 象限,$f(\alpha)=4$,

α 为第 2 象限,$f(\alpha)=-2$,

α 为第 3 象限,$f(\alpha)=0$,

α 为第 4 象限,$f(\alpha)=-2$,

得到 $f(\alpha)$ 的值的集合为 $\{4,-2,0\}$.

9. 已知实数 α,满足 $|\cos\alpha-\cos\beta|=|\cos\alpha|+|\cos\beta|$,且 $\alpha\in\left(\dfrac{\pi}{2},\pi\right)$,则化简 $\sqrt{(\cos\alpha-\cos\beta)^2}$.

解: 由题设可知,$\cos\alpha$ 和 $\cos\beta$ 异号,

又由于 $\cos\alpha<0$,则 $\cos\alpha-\cos\beta<0\Rightarrow\sqrt{(\cos\alpha-\cos\beta)^2}=\cos\beta-\cos\alpha$.

10. 已知角 α 的终边经过 $(m-n,2\sqrt{mn})(n>m>0)$,问 α 是第几象限的角? 并求 α 的六个三角比的值.

解: 第二象限.

$\sin\alpha=\dfrac{2\sqrt{mn}}{m+n}$,$\cos\alpha=\dfrac{m-n}{m+n}$,$\tan\alpha=\dfrac{2\sqrt{mn}}{m-n}$,$\cot\alpha=\dfrac{m-n}{2\sqrt{mn}}$,$\sec\alpha=\dfrac{m+n}{m-n}$,$\csc\alpha=\dfrac{m+n}{2\sqrt{mn}}$.

11. 用三角比的定义证明:$(\sin\alpha+\tan\alpha)(\cos\alpha+\cot\alpha)=(1+\sin\alpha)(1+\cos\alpha)$.

证: $(\sin\alpha+\tan\alpha)(\cos\alpha+\cot\alpha)=\sin\alpha\cdot\dfrac{1+\cos\alpha}{\cos\alpha}\cos\alpha\cdot\dfrac{1+\sin\alpha}{\sin\alpha}=(1+\sin\alpha)(1+\cos\alpha)$.

§5.3 同角三角比的关系和诱导公式

1. 已知 $\cos\alpha=-\dfrac{9}{41}$,$90°<\alpha<180°$,计算:$\sin\alpha$,$\tan\alpha$,$\cot\alpha$,$\sec\alpha$,$\csc\alpha$.

解: $\sin x=\dfrac{40}{41}$,$\tan\alpha=-\dfrac{40}{9}$,$\cot\alpha=-\dfrac{9}{40}$,$\sec\alpha=-\dfrac{41}{9}$,$\csc\alpha=\dfrac{41}{40}$.

2. 求下列各三角比的值:

(1) $\sin1110°$.   (2) $\sec\dfrac{11}{6}\pi$.   (3) $\cot(-75°)$.

解: (1) $\dfrac{1}{2}$.   (2) $\dfrac{2\sqrt{3}}{3}$.   (3) $-2+\sqrt{3}$.

3. 已知 $\tan\beta=-2$,求值:

(1) $\dfrac{3\sin\beta-2\cos\beta}{2\sin\beta+\cos\beta}$.   (2) $\dfrac{3\sin^3\beta+\cos\beta}{4\cos^3\beta-\sin^2\beta\cos\beta}$.

解: (1) $\dfrac{3\sin\beta-2\cos\beta}{2\sin\beta+\cos\beta}=\dfrac{3\tan\beta-2}{2\tan\beta+1}=\dfrac{8}{3}$.   (2) 无意义.

4. 求证恒等式：$\dfrac{1-2\sin 2x\cos 2x}{\cos^2 2x-\sin^2 2x}=\dfrac{1-\tan 2x}{1+\tan 2x}$.

证明：$\dfrac{1-2\sin 2x\cos 2x}{\cos^2 2x-\sin^2 2x}=\dfrac{(\sin 2x-\cos 2x)^2}{\cos^2 2x-\sin^2 2x}=\dfrac{\cos 2x-\sin 2x}{\cos 2x+\sin 2x}=\dfrac{1-\tan 2x}{1+\tan 2x}$.

5. 计算：

(1) $\sin^2(42°+\alpha)+\cot(25°+\beta)\cdot\cot(\beta-65°)+\sin^2(48°-\alpha)=$ _____.

(2) $\tan\dfrac{\pi}{5}+\tan\dfrac{2\pi}{5}+\tan\dfrac{3\pi}{5}+\tan\dfrac{4\pi}{5}=$ _____.

解：(1) 0. (2) 0.

6. 证明下列三角恒等式：

(1) $\csc^6\alpha-\cot^6\alpha=1+3\csc^2\alpha\cot^2\alpha$.　　　(2) $\dfrac{\tan\alpha\cdot\sin\alpha}{\tan\alpha-\sin\alpha}=\dfrac{\tan\alpha+\sin\alpha}{\tan\alpha\cdot\sin\alpha}$.

(3) $\dfrac{1+\sec\alpha+\tan\alpha}{1+\sec\alpha-\tan\alpha}=\dfrac{1+\sin\alpha}{\cos\alpha}$.　　　(4) $\dfrac{\cos\alpha}{1+\sin\alpha}-\dfrac{\sin\alpha}{1+\cos\alpha}=\dfrac{2(\cos\alpha-\sin\alpha)}{1+\sin\alpha+\cos\alpha}$.

证明：(1) $\csc^6\alpha-\cot^6\alpha=(\csc^2\alpha-\cot^2\alpha)(\csc^4\alpha+\csc^2\alpha\cdot\cot^2\alpha+\cot^4\alpha)$

$\qquad\qquad\qquad=1\cdot(\csc^4\alpha-\csc^2\alpha\cdot\cot^2\alpha+\cot^4\alpha)$

$\qquad\qquad\qquad=(\csc^2\alpha-\cot^2\alpha)^2-3\cdot\csc^2\alpha\cdot\cot^2\alpha$

$\qquad\qquad\qquad=1-3\cdot\csc^2\alpha\cdot\cot^2\alpha$.

(2) 左边$=\dfrac{\dfrac{\sin\alpha}{\cos\alpha}\cdot\sin\alpha}{\dfrac{\sin\alpha}{\cos\alpha}-\sin\alpha}=\dfrac{\sin\alpha}{1-\cos\alpha}$,

右边$=\dfrac{\dfrac{\sin\alpha}{\cos\alpha}+\sin\alpha}{\dfrac{\sin\alpha}{\cos\alpha}\cdot\sin\alpha}=\dfrac{1+\cos\alpha}{\sin\alpha}$,

因为$\dfrac{\sin\alpha}{1-\cos\alpha}=\dfrac{1+\cos\alpha}{\sin\alpha}$,

所以左边$=$右边,得证.

(3) $\dfrac{1+\sec\alpha+\tan\alpha}{1+\sec\alpha-\tan\alpha}$

$=\dfrac{\sec\alpha\cdot\sec\alpha-\tan\alpha\cdot\tan\alpha+\tan\alpha+\sec\alpha}{1+\sec\alpha-\tan\alpha}$

$=\dfrac{(1+\sec\alpha-\tan\alpha)\cdot(\tan\alpha+\sec\alpha)}{1+\sec\alpha-\tan\alpha}$

$=\tan\alpha+\sec\alpha$.

(4) $\dfrac{\cos\alpha\cdot(1+\cos\alpha)-\sin\alpha\cdot(1+\sin\alpha)}{(1+\sin\alpha)\cdot(1+\cos\alpha)}$

$=\dfrac{\cos^2\alpha-\sin^2\alpha+\cos\alpha-\sin\alpha}{1+\sin\alpha+\cos\alpha+\cos\alpha\sin\alpha}$

$=\dfrac{(\cos\alpha-\sin\alpha)(\cos\alpha+\sin\alpha)+(\cos\alpha-\sin\alpha)}{1+\sin\alpha+\cos\alpha+\sin\alpha\cos\alpha}$

$$=\frac{(\cos\alpha-\sin\alpha)(\cos\alpha+\sin\alpha+1)}{\frac{1}{2}(\cos\alpha+\sin\alpha+1)^2}=\frac{2(\cos\alpha-\sin\alpha)}{\cos\alpha+\sin\alpha+1}.$$

7. 设 $\tan\theta=\sqrt{\dfrac{1-a}{a}}$ ($0<a<1$),化简 $\dfrac{\sin^2\theta}{a+\cos\theta}+\dfrac{\sin^2\theta}{a-\cos\theta}$.

解: $\dfrac{\sin^2\theta}{a+\cos\theta}+\dfrac{\sin^2\theta}{a-\cos\theta}=\dfrac{2a\,\sin^2\theta}{a^2-\cos^2\theta}=-2.$

8. 化简 $\sin(-\alpha-5\pi)\cdot\cos\left(\alpha-\dfrac{\pi}{2}\right)-\tan\left(\alpha-\dfrac{3\pi}{2}\right)\cdot\tan(2\pi-\alpha)$.

解: 原式 $=\sin(\alpha)\cdot\sin(\alpha)+\tan\left(\alpha-\dfrac{\pi}{2}\right)\cdot\tan(\alpha)=-\cos^2\alpha.$

9. (1) 已知关于 x 的一元二次方程 $x^2-(\tan\alpha+\cot\alpha)x+1=0$ 的一个实根是 $2+\sqrt{3}$,求 $\sin\alpha\cdot\cos\alpha$.

(2) 是否存在 $\alpha\in\left(0,\dfrac{\pi}{2}\right)$,使得关于 x 的方程 $x^2-4x\cos\alpha+2=0$ 和 $x^2-4x\sin\alpha-2=0$ 有一个实数解相等? 如果存在求出 α;如果不存在,说明理由.

解: (1) 两根分别为 $2+\sqrt{3}$,$2-\sqrt{3}$,由韦达定理得 $\tan\alpha+\cot\alpha=4$,$\sin\alpha\cdot\cos\alpha=\dfrac{1}{4}.$

(2) 存在且 $\alpha=\dfrac{\pi}{6}.$

10. 已知函数 $y=|\sin x+\cos x+\tan x+\cot x+\sec x+\csc x|$,求函数的最小值.

解: 运用换元法和基本不等式得:

设 $f(x)=\sin x+\cos x+\dfrac{1+\cos x+\sin x}{\sin x\cos x}$,

记 $t=\sin x+\cos x=\sqrt{2}\sin\left(x+\dfrac{\pi}{4}\right)\in[-\sqrt{2},\sqrt{2}]$,

$2\sin x\cos x=(\sin x+\cos x)^2-1=t^2-1$,得 $\sin x\cos x=\dfrac{t^2-1}{2}.$

于是,$f(x)=\sin x+\cos x+\dfrac{1+\cos x+\sin x}{\sin x\cos x}$,

$f(x)=u=t+\dfrac{1+t}{\dfrac{t^2-1}{2}}=t+\dfrac{2}{t-1}=t-1+\dfrac{2}{t-1}+1.$

则 $u\geqslant2\sqrt{2}+1$,等号不成立,或 $u\leqslant-2\sqrt{2}+1$,则 $y\geqslant2\sqrt{2}-1$.所以最小值为 $2\sqrt{2}-1.$

§5.4 两角和与差的余弦、正弦和正切

1. 不查表,求下列三角比的值:

(1) $\sin105°$.　　　　　　(2) $\sin\left(-\dfrac{12}{5}\pi\right)$.

(3) $\cos165°$.　　　　　　(4) $\tan105°$.

解：(1) $\dfrac{\sqrt{6}+\sqrt{2}}{4}$. (2) $-\dfrac{\sqrt{6}+\sqrt{2}}{4}$. (3) $-\dfrac{\sqrt{6}+\sqrt{2}}{4}$. (4) $-2-\sqrt{3}$.

2. 在 $\triangle ABC$ 中，若 $\sin A\cos\left(\dfrac{\pi}{2}-B\right)=1-\sin\left(\dfrac{\pi}{2}-A\right)\cos B$，则这个三角形是　　　　（　　）.

（A）锐角三角形　　　　　　　　　　（B）直角三角形

（C）钝角三角形　　　　　　　　　　（D）等腰三角形

解：D.

3. 不查表，求下列各式的值：

(1) $\sin 10°\cos 20°+\sin 20°\cos 10°$.

(2) $\cos 110°\cos 50°+\sin 110°\sin 50°$.

(3) $\dfrac{\tan 22°+\tan 23°}{1-\tan 22°\tan 23°}$.

(4) $\dfrac{\tan 15°+\dfrac{\sqrt{3}}{3}}{1-\dfrac{\sqrt{3}}{3}\tan 15°}$.

解：(1) $\sin 10°\cos 20°+\sin 20°\cos 10°=\sin 30°=\dfrac{1}{2}$.

(2) $\cos 110°\cos 50°+\sin 110°\sin 50°=\cos 60°=\dfrac{1}{2}$.

(3) $\dfrac{\tan 22°+\tan 23°}{1-\tan 22°\tan 23°}=\tan 45°=1$.

(4) $\dfrac{\tan 15°+\dfrac{\sqrt{3}}{3}}{1-\tan 15°\dfrac{\sqrt{3}}{3}}=\dfrac{\tan 15°+\tan 30°}{1-\tan 15°\tan 30°}=\tan 45°=1$.

4. 已知 $\tan\alpha=2$，$\tan\beta=3$，且 α，β 都是锐角，求证：$\alpha+\beta=\dfrac{3\pi}{4}$.

证明：$\tan(\alpha+\beta)=\dfrac{\tan\alpha+\tan\beta}{1-\tan\alpha\tan\beta}=-1$，由于 $\tan\alpha$，$\tan\beta>1$

则 α，$\beta\in\left(\dfrac{\pi}{4},\dfrac{\pi}{2}\right)$，$\alpha+\beta\in\left(\dfrac{\pi}{2},\pi\right)$，

则 $\alpha+\beta=\dfrac{3\pi}{4}$.

5. 已知 $5\sin\beta=\sin(2\alpha+\beta)$，求 $\dfrac{\tan(\alpha+\beta)}{\tan\alpha}$ 的值.

解：$5\sin(\alpha+\beta-\alpha)=\sin(\alpha+\beta+\alpha)$

$\Rightarrow 5\sin(\alpha+\beta)\cos\alpha-5\cos(\alpha+\beta)\sin\alpha=\sin(\alpha+\beta)\cos\alpha+\cos(\alpha+\beta)\sin\alpha$，则 $\dfrac{\tan(\alpha+\beta)}{\tan\alpha}=\dfrac{3}{2}$.

6. 求 $\tan 20°+\tan 40°+\sqrt{3}\tan 20°\cdot\tan 40°$ 的值.

解：原式 $=\tan 60°(1-\tan 40°\tan 20°)+\sqrt{3}\tan 20°\cdot\tan 40°=\tan\dfrac{\pi}{3}=\sqrt{3}$.

7. 求证：$\dfrac{\sin(2\alpha-\beta)}{\sin\alpha}-2\cos(\alpha-\beta)=-\sin\beta\cdot\csc\alpha$.

证明：$\dfrac{\sin(2\alpha-\beta)}{\sin\alpha}-2\cos(\alpha-\beta)=\dfrac{\sin(\alpha-\beta+\alpha)-2\cos(\alpha-\beta)\sin\alpha}{\sin\alpha}$

$$=\dfrac{\sin(\alpha-\beta-\alpha)}{\sin\alpha}=-\sin\beta\cdot\csc\alpha.$$

8.（1）求函数 $y=\dfrac{\sin x\cos x}{1+\sin x+\cos x}$ 的最大值；

（2）求函数 $y=\sin x+\cos x+\sin x\cos x$ 的值域；

（3）$a\in\mathbf{R}$，求 $y=(\sin x+a)(\cos x+a)$ 的最小值.

解：（1）令 $t=\sin x+\cos x$，$(t\in[-\sqrt{2},-1)\cup(-1,\sqrt{2}])$

换元可得：$y=\dfrac{\dfrac{t^2-1}{2}}{1+t}=\dfrac{t-1}{2}\Rightarrow y_{\max}=\dfrac{\sqrt{2}-1}{2}.$

（2）换元 $t=\sin x+\cos x$，$(t\in[-\sqrt{2},\sqrt{2}])$

$y=t+\dfrac{t^2-1}{2}\in\left[-1,\sqrt{2}+\dfrac{1}{2}\right].$

（3）当 $a\geqslant\sqrt{2}$，$y_{\min}=a^2-\sqrt{2}a+\dfrac{1}{2}.$

当 $-\sqrt{2}\leqslant a<\sqrt{2}$，$y_{\min}=\dfrac{a^2-1}{2}$；

当 $a<-\sqrt{2}$，$y_{\min}=a^2+\sqrt{2}a+\dfrac{1}{2}.$

9. 证明不等式：$1\leqslant\sqrt{\sin x}+\sqrt{\cos x}\leqslant2^{\frac{3}{4}}.$

证明：$\sqrt{\sin x}+\sqrt{\cos x}\geqslant\sin^2 x+\cos^2 x=1$，

根据柯西不等式可得：$\sqrt{\sin x}+\sqrt{\cos x}\leqslant\sqrt{2(\sin x+\cos x)}=\sqrt{2\sqrt{2}\sin\left(x+\dfrac{\pi}{4}\right)}\leqslant2^{\frac{3}{4}}.$

10.（1）已知 $\tan\alpha,\tan\beta$ 是关于 x 的方程 $x^2+px+q=0$ 的两个实根，求 $\dfrac{\sin(\alpha+\beta)}{\cos(\alpha-\beta)}$.

（2）已知 $\tan\alpha,\tan\beta$ 是关于 x 的方程 $mx^2-2x\sqrt{7m-3}+2m=0$ 的两个实根，求 $\tan(\alpha+\beta)$ 的取值范围.

解：（1）$\dfrac{\sin(\alpha+\beta)}{\cos(\alpha-\beta)}=\dfrac{\sin\alpha\cos\beta+\cos\alpha\sin\beta}{\cos\alpha\cos\beta+\sin\alpha\sin\beta}=\dfrac{\tan\alpha+\tan\beta}{1+\tan\alpha\tan\beta}=\dfrac{-p}{1+q}.$

（2）$\begin{cases}\Delta\geqslant0,\\ m\geqslant\dfrac{3}{7},\end{cases}$ 则 $m\in\left[\dfrac{1}{2},3\right].$

$$\tan(\alpha+\beta)=\dfrac{\tan\alpha+\tan\beta}{1-\tan\alpha\tan\beta}=\dfrac{\dfrac{2\sqrt{7m-3}}{m}}{1-2}=-\dfrac{2\sqrt{7m-3}}{-m}.$$

令

$$t=\sqrt{7m-3}\in\left[-\dfrac{\sqrt{2}}{2},3\sqrt{2}\right]$$

$$\tan(\alpha+\beta)=-\frac{2\sqrt{7m-3}}{m}=\frac{-14}{t+\frac{3}{t}}\in\left[-\frac{7\sqrt{3}}{3},-2\sqrt{2}\right].$$

11. 已知不等式 $\sqrt{2}(2a+3)\cos\left(\theta-\frac{\pi}{4}\right)+\frac{6}{\sin\theta+\cos\theta}-2\sin2\theta<3a+6$ 对于 $\theta\in\left[0,\frac{\pi}{2}\right]$ 恒成立,求 a 的取值范围.

解: 设 $\sin\theta+\cos\theta=x$,则 $\cos\left(\theta-\frac{\pi}{4}\right)=\frac{\sqrt{2}}{2}x$,$\sin2\theta=x^2-1$,$x\in[1,\sqrt{2}]$,

从而原不等式可化为:$(2a+3)x+\frac{6}{x}-2(x^2-1)<3a+6$,

即 $2x^2-2ax-3x-\frac{6}{x}+3a+4>0$,$2x\left(x+\frac{2}{x}-a\right)-3\left(x+\frac{2}{x}-a\right)>0$,

$$(2x-3)\left(x+\frac{2}{x}-a\right)>0 \ (x\in[1,\sqrt{2}]) \qquad \text{①}$$

由于原不等式等价于不等式①,则 $x\in[1,\sqrt{2}]$,则 $2x-3<0$

①不等式恒成立等价于 $x+\frac{2}{x}-a<0$($x\in[1,\sqrt{2}]$)恒成立.

从而只要 $a>\left(x+\frac{2}{x}\right)_{\max}$($x\in[1,\sqrt{2}]$).

又容易知道 $f(x)=x+\frac{2}{x}$ 在 $[1,\sqrt{2}]$ 上递减,则 $\left(x+\frac{2}{x}\right)_{\max}=3$($x\in[1,\sqrt{2}]$).

所以 $a>3$.

12. 求出使方程 $(|a|-1)\cos2x+(1-|a-2|)\sin2x+(1-|2-a|)\cos x+(1-|a|)\sin x=0$ 在 $(-\pi,\pi)$ 上有奇数个解的一切 a 的值.

解: 首先,$a\neq1$,不然的话会有无穷多组解.

令 $\cos\varphi=\frac{1-|a-2|}{M}$,$\sin\varphi=\frac{|a|-1}{M}$,$\varphi\in[0,2\pi)$,

其中 $M=\sqrt{(|a|-1)^2+(1-|2-a|)^2}\neq0$.

于是原方程化为:$\sin(2x+\varphi)=-\cos(x+\varphi)=\sin\left(x-\frac{\pi}{2}+\varphi\right)$,即

$$\begin{cases} 2x+\varphi=x+\varphi-\dfrac{\pi}{2}+2k\pi, \\ 2x+\varphi+x+\varphi-\dfrac{\pi}{2}=2k\pi+\pi, \end{cases} \quad k\in\mathbf{Z}.$$

第一个式子得:$x=-\frac{\pi}{2}+2k\pi$,又由于 $x\in(-\pi,\pi)$,则 $x=-\frac{\pi}{2}$.第二个式子得:

$x=\frac{2k\pi-2\varphi}{3}+\frac{\pi}{2}$.

令 $\varphi'=\frac{\varphi}{\pi}\in[0,2)$,则由于 $x\in(-\pi,\pi)$,则 $\frac{2k\pi-2\varphi}{3}+\frac{\pi}{2}\in(-\pi,\pi)$,所以 $-\frac{9}{4}<k-\varphi'<$

$\dfrac{3}{4}$．又 $x=-\dfrac{\pi}{2}\Leftrightarrow k=\varphi'-\dfrac{3}{2}$．

(1) $\varphi'\in\left[0,\dfrac{1}{4}\right)\Rightarrow k=-2,-1,0,$ and $k\neq\varphi'-\dfrac{3}{2}$，既有偶数个解，不满足．

(2) $\varphi'=\dfrac{1}{4}\Rightarrow k=-1,0,$ and $k\neq\varphi'-\dfrac{3}{2}$，有奇数个解，满足．

(3) $\varphi'\in\left(\dfrac{1}{4},\dfrac{5}{4}\right)\Rightarrow k=-1,0,1,$ and $k=\varphi'-\dfrac{3}{2}\Rightarrow\varphi'=\dfrac{1}{2}$满足．

(4) $\varphi'=\dfrac{5}{4}\Rightarrow k=0,1,$ and $k\neq\varphi'-\dfrac{3}{2}$，有奇数个解，满足．

(5) $\varphi'\in\left(\dfrac{5}{4},2\right)\Rightarrow k=0,1,2,$ and $k=\varphi'-\dfrac{3}{2}\Rightarrow\varphi'=\dfrac{3}{2}$满足．

综上所述，满足条件的 φ' 的值为 $\dfrac{1}{4},\dfrac{1}{2},\dfrac{5}{4},\dfrac{3}{2}$，此时 $a\in[0,1)\bigcup(1,2]\bigcup\{3\}$．

§5.5 二倍角与半角的正弦、余弦和正切

1. 已知 $\sin\alpha=\dfrac{5}{13},\alpha\in\left(\dfrac{\pi}{2},\pi\right)$，求 $\sin2\alpha,\cos2\alpha,\tan2\alpha$．

解：$\sin2\alpha=-\dfrac{120}{169},\cos2\alpha=\dfrac{119}{169},\tan2\alpha=-\dfrac{120}{119}$．

2. 求证：$[\sin\theta(1+\sin\theta)+\cos\theta(1+\cos\theta)]\cdot[\sin\theta(1-\sin\theta)+\cos\theta(1-\cos\theta)]=\sin2\theta$．

证明：$[\sin\theta(1+\sin\theta)+\cos\theta(1+\cos\theta)]\cdot[\sin\theta(1-\sin\theta)+\cos\theta(1-\cos\theta)]$
$=(\sin\theta+\cos\theta+1)(\sin\theta+\cos\theta-1)=(\sin\theta+\cos\theta)^2-1=\sin2\theta$．

3. 求下列各式的值：

(1) $\cos^2 15°-\dfrac{1}{2}$；

(2) $\dfrac{1-\tan^2 75°}{1+\tan^2 75°}$；

(3) $\cos^2\dfrac{\pi}{8}-\sin^2\dfrac{\pi}{8}$；

(4) $\dfrac{\tan\dfrac{\pi}{8}}{1-\tan^2\dfrac{\pi}{8}}$；

(5) $\sin15°\cdot\cos15°$．

解：(1) $\dfrac{\sqrt{3}}{4}$； (2) $-\dfrac{\sqrt{3}}{2}$； (3) $\dfrac{\sqrt{2}}{2}$； (4) $\dfrac{1}{2}$； (5) $\dfrac{1}{4}$．

4. 若 $\dfrac{3\pi}{2}<\alpha<2\pi$，化简 $\sqrt{\dfrac{1}{2}+\dfrac{1}{2}\sqrt{\dfrac{1}{2}+\dfrac{1}{2}\cos2\alpha}}=$ _____．

解：由倍角公式，可得 $\sqrt{\dfrac{1}{2}+\dfrac{1}{2}\sqrt{\dfrac{1}{2}+\dfrac{1}{2}\cos2\alpha}}=-\cos\dfrac{\alpha}{2}$．

5. 设 n 为正整数，求证：$\cos\dfrac{x}{2}\cdot\cos\dfrac{x}{4}\cdot\cdots\cdot\cos\dfrac{x}{2^n}=\dfrac{\sin x}{2^n\sin\dfrac{x}{2^n}}$．

证明：提示:等式左右两边同时乘以 $2^n\sin\dfrac{x}{2^n}$.

6. 求证三倍角公式:$\cos3\alpha=4\cos^3\alpha-3\cos\alpha$.

证明：$\cos3\alpha=\cos(2\alpha+\alpha)=\cos2\alpha\cos\alpha-\sin2\alpha\sin\alpha$

$=(2\cos^2\alpha-1)\cos\alpha-2(1-\cos^2\alpha)\cos\alpha$

$=4\cos^3\alpha-3\cos\alpha$.

7. 试用万能公式求函数 $y=\dfrac{\sin x+1}{\cos x+2}$的值域.

解：设 $t=\tan\dfrac{x}{2}$,则 $\sin x=\dfrac{2t}{1+t^2}$,$\cos x=\dfrac{1-t^2}{1+t^2}$.$y=\dfrac{\dfrac{2t}{1+t^2}+1}{\dfrac{1-t^2}{1+t^2}+2}=\dfrac{t^2+2t+1}{3+t^2}$.

$(1-y)t^2+2t+1-3y=0,\Delta=2^2-4(1-y)(1-3y)=16y-12y^2\geqslant0,y\in\left[0,\dfrac{4}{3}\right]$.

8. 设 $f(x)=\sin^4x-\sin x\cos x+\cos^4x$,求 $f(x)$的值域.

解：$f(x)=\sin^4x-\sin x\cos x+\cos^4x=1-\dfrac{1}{2}\sin2x-\dfrac{1}{2}\sin^22x$.

令 $t=\sin2x$,则 $f(x)=g(t)=1-\dfrac{1}{2}t-\dfrac{1}{2}t^2=\dfrac{9}{8}-\dfrac{1}{2}\left(t+\dfrac{1}{2}\right)^2$.

因此 $\min\limits_{-1\leqslant t\leqslant1}g(t)=g(1)=\dfrac{9}{8}-\dfrac{1}{2}\times\dfrac{9}{4}=0,\max\limits_{-1\leqslant t\leqslant1}g(t)=g\left(-\dfrac{1}{2}\right)=\dfrac{9}{8}-\dfrac{1}{2}\times0=\dfrac{9}{8}$.

即得 $0\leqslant f(x)\leqslant\dfrac{9}{8}$.

9. 已知 $a\sin x+b\cos x=0$,$A\sin2x+B\cos2x=C$(a,b 是不同时为 0 的实数),求证:$2abA+(b^2-a^2)B+(a^2+b^2)C=0$.

证明：若 $a=0$,则 $b\neq0$,由已知第一式得 $\cos x=0$,代入第二式又得 $B=-C$;若 $a\neq0$,则由第一式得 $\tan x=-\dfrac{b}{a}$,代入第二式即可证得.

10. 设 $0<\theta<\pi$,求 $\sin\dfrac{\theta}{2}(1+\cos\theta)$的最大值.

解：因为 $0<\theta<\pi$,所以 $0<\dfrac{\theta}{2}<\dfrac{\pi}{2}$,即 $\sin\dfrac{\theta}{2}>0$,$\cos\dfrac{\theta}{2}>0$.

所以 $\sin\dfrac{\theta}{2}(1+\cos\theta)=2\sin\dfrac{\theta}{2}\cdot\cos^2\dfrac{\theta}{2}$

$=\sqrt{2\cdot2\sin^2\dfrac{\theta}{2}\cdot\cos^2\dfrac{\theta}{2}\cdot\cos^2\dfrac{\theta}{2}}\leqslant\sqrt{2\times\left(\dfrac{2\sin^2\dfrac{\theta}{2}+\cos^2\dfrac{\theta}{2}+\cos^2\dfrac{\theta}{2}}{3}\right)^3}$

$=\sqrt{\dfrac{16}{27}}=\dfrac{4\sqrt{3}}{9}$.

当且仅当 $2\sin^2\dfrac{\theta}{2}=\cos^2\dfrac{\theta}{2}$,即 $\tan\dfrac{\theta}{2}=\dfrac{\sqrt{2}}{2}$,$\theta=2\arctan\dfrac{\sqrt{2}}{2}$时,$\sin\dfrac{\theta}{2}(1+\cos\theta)$取得最大

值 $\frac{4\sqrt{3}}{9}$.

11. 在 $\triangle ABC$ 中,

(1) 若 $\sin\left(B+\dfrac{C}{2}\right)=\dfrac{4}{5}$,求 $\cos(A-B)$ 的值.

(2) 若 $\sin A\sin B=\cos^2\dfrac{C}{2}$,判别 $\triangle ABC$ 的形状.

解:(1) $\cos(A-B)=\cos(\pi-B-C-B)$

$=\cos(\pi-2B-C)=\cos(-\pi+2B+C)$

$=-\cos(2B+C)=-1+2\sin^2\left(B+\dfrac{C}{2}\right)$

$=\dfrac{7}{25}$.

(2) $\sin A\sin B=\dfrac{\cos C+1}{2}\Rightarrow 2\sin A\sin B=-\cos(A+B)+1\Rightarrow \cos(A-B)=1$,

等腰三角形.

12. 已知 $\tan\alpha\cdot\tan\beta=\dfrac{\sqrt{3}}{3}$,求 $(2-\cos2\alpha)(2-\cos2\beta)$ 的值.

解: $(2-\cos2\alpha)(2-\cos2\beta)=\left(2-\dfrac{1-\tan^2\alpha}{1+\tan^2\alpha}\right)\left(2-\dfrac{1-\tan^2\beta}{1+\tan^2\beta}\right)$

$=\dfrac{1+3\tan^2\alpha}{1+\tan^2\alpha}\cdot\dfrac{1+3\tan^2\beta}{1+\tan^2\beta}=\dfrac{1+9\tan^2\alpha\tan^2\beta+3\tan^2\alpha+3\tan^2\beta}{1+\tan^2\alpha\tan^2\beta+\tan^2\alpha+\tan^2\beta}=3.$

13. 当 $\theta\in[0,2\pi]$ 时,求 $f=|\sin^2\theta\{\sin^3(2\theta)\cdot\sin^3(4\theta)\cdots\sin^3(2^{n-1}\theta)\}\sin(2^n\theta)|$ 的最大值.

解: $(\sin^2\theta\cdot\sin2\theta)^2=\sin^4\theta\cdot4\sin^2\theta\cdot(1-\sin^2\theta)$

$=\dfrac{4}{3}\sin^2\theta\cdot\sin^2\theta\cdot\sin^2\theta\cdot(3-3\sin^2\theta)\leqslant\dfrac{4}{3}\cdot\left(\dfrac{3}{4}\right)^4=\dfrac{27}{64},$

$\therefore\quad|\sin^2\theta\cdot\sin2\theta|\leqslant\dfrac{3\sqrt{3}}{8}.$

同理可证:$|\sin^2 2^{n-1}\theta\cdot\sin2^n\theta|\leqslant\dfrac{3\sqrt{3}}{8}.(n=1,2,3\cdots)$

故:$f\leqslant\left(\dfrac{3\sqrt{3}}{8}\right)^n$,当 $\theta=2k\pi+\dfrac{\pi}{3}$ 时等号成立.

§5.6　三角比的积化和差与和差化积

1. 求证:(1) $\cos3\theta=4\cos\theta\cdot\cos(60°-\theta)\cdot\cos(60°+\theta)$.

(2) $\tan3\theta=4\tan\theta\cdot\tan(60°-\theta)\cdot\tan(60°+\theta)$.

证明:(1) $4\cos\theta\cdot\cos(60°-\theta)\cdot\cos(60°+\theta)$

$=2\cos\theta[\cos120°+\cos(2\theta)]$

$$=2\cos\theta\left(2\cos^2\theta-\frac{3}{2}\right)$$

$$=4\cos^3\theta-3\cos\theta$$

$$=\cos3\theta.$$

(2) 由(1)得 $\sin3\theta=4\sin\theta\cdot\sin(60°-\theta)\cdot\sin(60°+\theta)$,

$\cos3\theta=4\cos\theta\cdot\cos(60°-\theta)\cdot\cos(60°+\theta)$,

两式相除,可证.

2. 求 $\sin^2 20°+\cos^2 80°+\sqrt{3}\sin20°\cdot\cos80°$ 的值.

解: $\sin^2 20°+\cos^2 80°+\sqrt{3}\sin20°\cdot\cos80°$

$$=\frac{1-\cos40°}{2}+\frac{\cos160°+1}{2}+\frac{\sqrt{3}}{2}(\sin100°-\sin60°)$$

$$=1+\frac{1}{2}(\cos160°-\cos40°)+\frac{\sqrt{3}}{2}(\sin100°-\sin60°)$$

$$=1+\frac{1}{2}(-2)\sin100°\sin60°+\frac{\sqrt{3}}{2}(\sin100°-\sin60°)=1-\frac{\sqrt{3}}{2}\sin60°=\frac{1}{4}.$$

3. 求证: $\tan\dfrac{3}{2}x-\tan\dfrac{1}{2}x=\dfrac{2\sin x}{\cos x+\cos2x}$.

证: $\tan\dfrac{3}{2}x-\tan\dfrac{1}{2}x=\dfrac{\sin\dfrac{3}{2}x}{\cos\dfrac{3}{2}x}-\dfrac{\sin\dfrac{1}{2}x}{\cos\dfrac{1}{2}x}=\dfrac{\sin x}{\cos\dfrac{3}{2}x\cos\dfrac{1}{2}x}=\dfrac{2\sin x}{\cos x+\cos2x}$.

4. 已知 $\sin\alpha+\cos\beta=\dfrac{3}{5},\cos\alpha+\sin\beta=\dfrac{4}{5}$,求 $\cos\alpha\cdot\sin\beta$ 的值.

解: 两式分别平方,然后求和,可得: $\sin(\alpha+\beta)=-\dfrac{1}{2}$,

两式分别平方,然后作差,可得: $\cos2\beta-\cos2\alpha+2\sin(\alpha-\beta)=-\dfrac{7}{25}$,

化简: $2\sin(\alpha+\beta)\cdot\sin(\alpha-\beta)+2\sin(\alpha-\beta)=-\dfrac{7}{25}$,

则 $\sin(\alpha-\beta)=-\dfrac{7}{25}$.

利用积化和差,可得: $\cos\alpha\cdot\sin\beta=\dfrac{1}{2}\left[\sin(\alpha+\beta)-\sin(\alpha-\beta)\right]$

$$=\frac{1}{2}\times\left(-\frac{1}{2}+\frac{7}{25}\right)=-\frac{11}{100}.$$

5. 求值 $\dfrac{\sin7°+\sin8°\cdot\cos15°}{\cos7°-\sin8°\cdot\sin15°}$.

解: $\dfrac{\sin7°+\sin8°\cdot\cos15°}{\cos7°-\sin8°\cdot\sin15°}=\dfrac{\sin(15°-8°)+\sin8°\cdot\cos15°}{\cos(15°-8°)-\sin8°\cdot\sin15°}=\dfrac{\sin15°\cdot\cos8°}{\cos15°\cos8°}=\tan15°=2-\sqrt{3}$.

6. 已知函数 $f(x)=\tan\theta,x\in\left(0,\dfrac{\pi}{2}\right)$,若 $x_1,x_2\in\left(0,\dfrac{\pi}{2}\right)$ 且 $x_1\neq x_2$,求证: $\dfrac{1}{2}\left[f(x_1)\right.$

$$+f(x_2)]>f\left(\frac{x_1+x_2}{2}\right).$$

证明：$\dfrac{1}{2}\big[f(x_1)+f(x_2)\big]=\dfrac{1}{2}\left(\dfrac{\sin x_1}{\cos x_1}+\dfrac{\sin x_2}{\cos x_2}\right)$

$$=\frac{1}{2}\frac{\sin(x_1+x_2)}{\cos x_1\cos x_2}$$

$$=\frac{\sin(x_1+x_2)}{\cos(x_1+x_2)+\cos(x_1-x_2)}.$$

$$f\left(\frac{x_1+x_2}{2}\right)=\frac{\sin\dfrac{x_1+x_2}{2}}{\cos\dfrac{x_1+x_2}{2}}=\frac{\sin\dfrac{x_1+x_2}{2}}{\cos\dfrac{x_1+x_2}{2}}\frac{2\cos\dfrac{x_1+x_2}{2}}{2\cos\dfrac{x_1+x_2}{2}}=\frac{\sin(x_1+x_2)}{1+\cos(x_1+x_2)}.$$

显然不等式成立.

7. 在 $\triangle ABC$ 中，(1) 求证：$\sin A+\sin B+\sin C=4\cos\dfrac{A}{2}\cos\dfrac{B}{2}\cos\dfrac{C}{2}$.

(2) 求证：$\cos A+\cos B+\cos C=1+4\sin\dfrac{A}{2}\sin\dfrac{B}{2}\sin\dfrac{C}{2}$.

(3) 求证：$\cot\dfrac{A}{2}+\cot\dfrac{B}{2}+\cot\dfrac{C}{2}=\cot\dfrac{A}{2}\cdot\cot\dfrac{B}{2}\cdot\cot\dfrac{C}{2}$.

证明：（提示：由于 A,B,C 是三角形内角，故
$A+B+C=\pi,\sin C=\sin(A+B),\cos C=-\cos(A+B)$，用倍角公式和和差化积证明.）

(1) $\sin A+\sin B+\sin C=2\sin\dfrac{A+B}{2}\cos\dfrac{A-B}{2}+\sin(A+B)$

$$=2\sin\frac{A+B}{2}\left(\cos\frac{A-B}{2}+\cos\frac{A+B}{2}\right)$$

$$=4\cos\frac{A}{2}\cos\frac{B}{2}\sin\frac{A+B}{2}=4\cos\frac{A}{2}\cos\frac{B}{2}\cos\frac{C}{2}.$$

(2) $\cos A+\cos B+\cos C$

$$=2\cos\frac{A+B}{2}\cos\frac{A-B}{2}-\cos(A+B)$$

$$=2\cos\frac{A+B}{2}\cos\frac{A-B}{2}-2\cos^2\frac{A+B}{2}+1$$

$$=2\cos\frac{A+B}{2}\left(\cos\frac{A-B}{2}-\cos\frac{A+B}{2}\right)+1$$

$$=2\sin\frac{C}{2}\cdot 2\sin\frac{A}{2}\cdot\sin\frac{B}{2}+1$$

$$=1+4\sin\frac{A}{2}\sin\frac{B}{2}\sin\frac{C}{2}.$$

(3) $\cot\dfrac{A}{2}+\cot\dfrac{B}{2}+\cot\dfrac{C}{2}=\dfrac{1}{\tan\dfrac{A}{2}}+\dfrac{1}{\tan\dfrac{B}{2}}+\dfrac{1}{\tan\dfrac{C}{2}}$

$$=\frac{\tan\frac{A}{2}\tan\frac{B}{2}+\tan\frac{B}{2}\tan\frac{C}{2}+\tan\frac{C}{2}\tan\frac{A}{2}}{\tan\frac{A}{2}\tan\frac{B}{2}\tan\frac{C}{2}}$$

$$=\frac{\tan\frac{A}{2}\tan\frac{B}{2}+\tan\frac{C}{2}\left(\tan\frac{A}{2}+\tan\frac{B}{2}\right)}{\tan\frac{A}{2}\tan\frac{B}{2}\tan\frac{C}{2}}$$

$$=\frac{\tan\frac{A}{2}\tan\frac{B}{2}+\tan\frac{C}{2}\tan\frac{A+B}{2}\left(1-\tan\frac{A}{2}\tan\frac{B}{2}\right)}{\tan\frac{A}{2}\tan\frac{B}{2}\tan\frac{C}{2}}$$

$$=\frac{\tan\frac{A}{2}\tan\frac{B}{2}+\left(1-\tan\frac{A}{2}\tan\frac{B}{2}\right)}{\tan\frac{A}{2}\tan\frac{B}{2}\tan\frac{C}{2}}$$

$$=\frac{1}{\tan\frac{A}{2}\tan\frac{B}{2}\tan\frac{C}{2}}=\cot\frac{A}{2}\cdot\cot\frac{B}{2}\cdot\cot\frac{C}{2}.$$

8. 设 $A+B+C=k\pi$,求证:$\tan A+\tan B+\tan C=\tan A\tan B\tan C$.

证明:$\tan C=\tan[k\pi-(A+B)]=-\tan(A+B)=-\dfrac{\tan A+\tan B}{1-\tan A\tan B}$

$\Rightarrow\tan A+\tan B+\tan C=\tan A\tan B\tan C.$

9. 在△ABC中,求证下列恒等式:

(1) $\cos^2A+\cos^2B+\cos^2C=1-2\cos A\cos B\cos C.$

(2) $\sin^2\dfrac{A}{2}+\sin^2\dfrac{B}{2}+\sin^2\dfrac{C}{2}=1-2\sin\dfrac{A}{2}\sin\dfrac{B}{2}\sin\dfrac{C}{2}.$

证明:(1) 即证$\dfrac{\cos2A+1}{2}+\dfrac{\cos2B+1}{2}+\dfrac{\cos2C+1}{2}=1-2\cos A\cos B\cos C$,

即证 $\cos2A+\cos2B+\cos2C+1=-4\cos A\cos B\cos C.$

左边$=2\cos(A+B)\cos(A-B)+\cos(2A+2B)+1$

$\quad=2\cos(A+B)[\cos(A-B)+\cos(A+B)]$

$\quad=-4\cos A\cos B\cos C$,得证.

(2) 即证$\dfrac{1}{2}-\dfrac{1}{2}(\cos A+\cos B+\cos C)=-2\sin\dfrac{A}{2}\sin\dfrac{B}{2}\sin\dfrac{C}{2}$

下面参考题 7 第(2)小题,可证.

10. 求 $\sin6°\cdot\sin42°\cdot\sin66°\cdot\sin78°$的值.

解:原式$=\sin6°\cos12°\cos24°\cos48°=\dfrac{1}{2}\cdot\dfrac{\sin12°\cos12°\cos24°\cos48°}{\cos6°}$

$=\dfrac{1}{4}\cdot\dfrac{\sin24°\cos24°\cos48°}{\cos6°}=\dfrac{1}{8}\cdot\dfrac{\sin48°\cos48°}{\cos6°}=\dfrac{1}{16}\cdot\dfrac{\sin84°}{\cos6°}=\dfrac{1}{16}\cdot\dfrac{\cos6°}{\cos6°}=\dfrac{1}{16}.$

11. 已知 $\cos(\alpha+\beta)\sin(\alpha-\beta)+\dfrac{1}{2}\sin\alpha\cos\alpha=0$,且 $3\sin^2\alpha+2\sin^2\beta=1$,$\alpha,\beta\in\left(0,\dfrac{\pi}{2}\right)$,求 $\sin(\alpha+\beta)$ 的值.

解: 由条件得 $\dfrac{3}{2}\sin2\alpha=\sin2\beta$,$3\sin^2\alpha=\cos2\beta$,平方相加,得 $9\sin^2\alpha=1$,于是 $\sin\alpha=\dfrac{1}{3}$,

$\cos\alpha=\dfrac{2\sqrt{2}}{3}$,代入第二个已知条件得到 $\sin\beta=\dfrac{\sqrt{3}}{3}$,$\cos\beta=\dfrac{\sqrt{6}}{3}$,于是 $\sin(\alpha+\beta)=\dfrac{\sqrt{6}}{3}$.

§5.7 正弦定理、余弦定理和解斜三角形

1. 辨别下列 $\triangle ABC$ 的形状:

(1) $\sin A:\sin B:\sin C=2:3:4$.

(2) $a\cos A=b\cos B$.

(3) $b=a\sin C$,$c=a\sin(90°-B)(B<90°)$.

(4) $A=60°$,$a=1$,$b+c=2$.

解: (1) $\sin A:\sin B:\sin C=a:b:c=2:3:4$,利用余弦定理可得:钝角三角形.

(2) $a\cos A=b\cos B\Rightarrow\sin A\cos A=\sin B\cos B\Rightarrow\sin2A=\sin2B$,

等腰或直角三角形.

(3) $\sin C=\sin A\cos B\Rightarrow\sin(A+B)=\sin A\cos B\Rightarrow\cos A\sin B=0\Rightarrow A=\dfrac{\pi}{2}$,

$\sin B=\sin A\sin C\Rightarrow\sin B=\sin C\Rightarrow B=C$,

等腰直角三角形.

(4) 利用余弦定理可得,等边三角形.

2. 在 $\triangle ABC$ 中,求证:

(1) $a(\sin B-\sin C)+b(\sin C-\sin A)+c(\sin A-\sin B)=0$;

(2) $\sin^2A+\sin^2B+\cos^2C+2\sin A\sin B\cos(A+B)=1$;

(3) $(a^2-b^2-c^2)\tan A+(a^2-b^2+c^2)\tan B=0$;

(4) $\dfrac{a-c\cos B}{b-c\cos A}=\dfrac{\sin B}{\sin A}$.

提示: (1) 利用正弦定理证明.

(2) 利用倍角公式,和差化积公式证明.

(3) 利用正余弦定理证明.

(4) 利用正余弦定理证明.

3. 在 $\triangle ABC$ 中,a、b、c 为三边,判别下列命题的真假.

(1) $a>b$ 的充要条件是 $\sin A>\sin B$;

(2) $a>b$ 的充要条件是 $\cos A<\cos B$;

(3) $a>b$ 的充要条件是 $\tan A>\tan B$;

(4) $a>b$ 的充要条件是 $\cot A<\cot B$.

解：真；真；假；真.

4. 在锐角 $\triangle ABC$ 中，已知 $\angle B = 60°$，且 $\sqrt{(1+\cos 2A)(1+\cos 2C)} = \dfrac{\sqrt{3}-1}{2}$，求 $\angle A$，$\angle C$ 的值.

解：$75°$ 和 $45°$.

5. 某货轮在 A 处看灯塔 S 在北偏东 $30°$ 方向，它以每小时 36 海里的速度向正北方向航行，经过 40 分钟航行到 B 处，看灯塔 S 在北偏东 $75°$ 方向．求此时货轮到灯塔 S 的距离.

解：由正弦定理可得 $12\sqrt{2}$ 海里.

6. 已知 $\triangle ABC$ 的三个内角 A，B，C 成等差数列，且 $\dfrac{1}{\cos A} + \dfrac{1}{\cos C} = -\dfrac{\sqrt{2}}{\cos B}$，试求 $\cos \dfrac{A-C}{2}$ 的值.

解：因为 $A = 120°-C$，所以 $\cos\dfrac{A-C}{2} = \cos(60°-C)$，

又由于 $\dfrac{1}{\cos A} + \dfrac{1}{\cos C} = \dfrac{1}{\cos(120°-C)} + \dfrac{1}{\cos C} = \dfrac{\cos(120°-C)+\cos C}{\cos C\cos(120°-C)}$

$= \dfrac{2\cos 60°\cos(60°-C)}{\dfrac{1}{2}\left[\cos 120° + \cos(120°-2C)\right]} = \dfrac{2\cos(60°-C)}{\cos(120°-2C) - \dfrac{1}{2}} = -2\sqrt{2}$，

所以 $4\sqrt{2}\cos^2\dfrac{A-C}{2} + 2\cos\dfrac{A-C}{2} - 3\sqrt{2} = 0$.

解得 $\cos\dfrac{A-C}{2} = \dfrac{\sqrt{2}}{2}$ 或 $\cos\dfrac{A-C}{2} = -\dfrac{3\sqrt{2}}{4}$.

又 $\cos\dfrac{A-C}{2} > 0$，所以 $\cos\dfrac{A-C}{2} = \dfrac{\sqrt{2}}{2}$.

7. 在 $\triangle ABC$ 中，如果 $a^2 + b^2 = 6c^2$，求 $(\cot A + \cot B)\tan C$ 的值.

解：原式 $= \dfrac{\sin(A+B)}{\sin A \cdot \sin B} \cdot \dfrac{\sin C}{\cos C} = \dfrac{\sin^2 C}{\sin A \cdot \sin B} \cdot \dfrac{1}{\cos C}$

$= \dfrac{c^2}{ab} \cdot \dfrac{2ab}{a^2+b^2-c^2} = \dfrac{2c^2}{a^2+b^2-c^2} = \dfrac{2c^2}{6c^2-c^2} = \dfrac{2}{5}$.

8. 已知在 $\triangle ABC$ 中，$A < B < C$，$a = \cos B$，$b = \cos A$，$c = \sin C$.

(1) 求 $\triangle ABC$ 的外接圆半径和角 C 的值.

(2) 求 $a + b + c$ 的取值范围.

解：(1) $\dfrac{\sin A}{\sin B} = \dfrac{\cos B}{\cos A}$，且 $2R = \dfrac{c}{\sin C} = 1 \Rightarrow R = \dfrac{1}{2}$，$C = \dfrac{\pi}{2}$.

(2) $C = 2R(\sin A + \sin B + \sin C) \in (2, \sqrt{2}+1)$.

9. 已知锐角 $\triangle ABC$ 中，$\sin(A+B) = \dfrac{3}{5}$，$\sin(A-B) = \dfrac{1}{5}$，若 $AB = 12$，求 $\triangle ABC$ 的面积.

解:$\begin{cases} \sin(A+B)=\sin A\cos B+\cos A\sin B=\dfrac{3}{5}, \\ \sin(A-B)=\sin A\cos B-\cos A\sin B=\dfrac{1}{5} \end{cases} \Rightarrow \sin A\cos B=\dfrac{2}{5},\cos A\sin B=\dfrac{1}{5},$

$\tan A=2\tan B.$

$\tan(A+B)=-\dfrac{3}{4}=\dfrac{\tan A+\tan B}{1-\tan A\tan B}=\dfrac{3\tan B}{1-2\tan^2 B}.$

$\tan B=\dfrac{2+\sqrt{6}}{2},\tan A=2+\sqrt{6}.$

过点 C 作边 AB 的高,垂足为 D.则 $AD=4,h=AD\tan A=4(2+\sqrt{6})$,

$S_{\triangle ABC}=24(2+\sqrt{6}).$

§5.8 三角比的应用

1. 已知 a 为实数,函数 $f(\theta)=\sin\theta+a+3,g(\theta)=\dfrac{3(a-1)}{\sin\theta+1}$ $(\theta\in \mathbf{R})$.

(1) 若 $f(\theta)=\cos\theta$,试求 a 的取值范围.

(2) 若 $a>1$,求函数 $f(\theta)+g(\theta)$ 的最小值.

解:(1) $f(\theta)=\cos\theta$,即 $\sin\theta-\cos\theta=-3-a$,又 $\sin\theta-\cos\theta=\sqrt{2}\sin\left(\theta-\dfrac{\pi}{4}\right)$,所以 $-\sqrt{2}\leqslant a+3\leqslant\sqrt{2}$,从而 a 的取值范围是 $\left[-3-\sqrt{2},-3+\sqrt{2}\right]$.

(2) $f(\theta)+g(\theta)=(\sin\theta+1)+\dfrac{3(a-1)}{\sin\theta+1}+a+2$,令 $\sin\theta+1=x$,则 $0<x\leqslant 2$,因为 $a>1$,所以 $x+\dfrac{3(a-1)}{x}\geqslant 2\sqrt{3(a-1)}$,当且仅当 $x=\sqrt{3(a-1)}$ 时,等号成立.由 $\sqrt{3(a-1)}\leqslant 2$ 解得 $a\leqslant\dfrac{7}{3}$,所以当 $1<a\leqslant\dfrac{7}{3}$ 时,函数 $f(\theta)+g(\theta)$ 的最小值是 $2\sqrt{3(a-1)}+a+2$.

下面求当 $a>\dfrac{7}{3}$ 时,函数 $f(\theta)+g(\theta)$ 的最小值.

当 $a>\dfrac{7}{3}$ 时,$\sqrt{3(a-1)}>2$,函数 $h(x)=x+\dfrac{3(a-1)}{x}$ 在 $(0,2]$ 上为严格减函数,所以函数 $f(\theta)+g(\theta)$ 的最小值为 $2+\dfrac{3(a-1)}{2}+a+2=\dfrac{5(a+1)}{2}$.

由于当 $a>\dfrac{7}{3}$ 时,函数 $h(x)=x+\dfrac{3(a-1)}{x}$ 在 $(0,2]$ 上为严格减函数的证明:任取 $0<x_1<x_2\leqslant 2,h(x_2)-h(x_1)=(x_2-x_1)\left[1-\dfrac{3(a-1)}{x_2 x_1}\right]$,因为 $0<x_2 x_1\leqslant 4,3(a-1)>4$,所以 $1-\dfrac{3(a-1)}{x_2 x_1}<0,h(x_2)-h(x_1)<0$,由单调性的定义函数 $h(x)=x+\dfrac{3(a-1)}{x}$ 在 $(0,2]$ 上为严格减函数.

于是，当 $1 < a \leqslant \dfrac{7}{3}$ 时，函数 $f(\theta)+g(\theta)$ 的最小值是 $2\sqrt{3(a-1)}+a+2$；当 $a > \dfrac{7}{3}$ 时，函数 $f(\theta)+g(\theta)$ 的最小值 $\dfrac{5(a+1)}{2}$.

2. 已知数列 $\{a_n\}$，满足 $a_1 = \sqrt{2}$，$a_n = \sqrt{2-\sqrt{4-a_{n-1}^2}}$ $(n=2,3,\cdots)$，求：

（1）数列的通项；

（2）设 $b_n = 2^n a_n$，$n=1,2,\cdots$，求证：$b_n < 4$.

解：（1）设 $a_n = 2\sin\alpha_n$，$\alpha_n \in [0,2\pi]$，$n=1,2,\cdots$，则 $\alpha_1 = \dfrac{\pi}{4}$.

由递推，$a_n = \sqrt{2-\sqrt{4-4\sin^2\alpha_{n-1}}} = \sqrt{2-2\cos\alpha_{n-1}} = \sqrt{2-2\left(1-2\sin^2\dfrac{\alpha_{n-1}}{2}\right)}$

$$= \sqrt{4\sin^2\dfrac{\alpha_{n-1}}{2}} = 2\sin\dfrac{\alpha_{n-1}}{2},$$

故 $a_n = 2\sin\alpha_n = 2\sin\dfrac{\alpha_{n-1}}{2}$，即 $\alpha_n = \dfrac{\alpha_{n-1}}{2}$，$(n=2,3,\cdots)$.

得到：$\alpha_n = \dfrac{\alpha_1}{2^{n-1}} = \dfrac{\pi}{2^{n+1}}$，$(n=1,2,3,\cdots)$.

故通项公式为：$a_n = 2\sin\dfrac{\pi}{2^{n+1}}$.

（2）$b_n = 2^n a_n = 2^{n+1}\sin\dfrac{\pi}{2^{n+1}} < 2^{n+1} \cdot \dfrac{\pi}{2^{n+1}} = \pi < 4$. 获证.

3. 已知 $a_0 = 1$，$a_n = \dfrac{\sqrt{1+a_{n-1}^2}-1}{a_{n-1}}$ $(n \in \mathbf{N}^*)$，求证：$a_n > \dfrac{\pi}{2^{n+2}}$.

证明： 由题设 $a_n > 0$，令 $a_n = \tan a_n$，$a_n \in \left(0, \dfrac{\pi}{2}\right)$，则

$$a_n = \dfrac{\sqrt{1+\tan^2 a_{n-1}}-1}{\tan a_{n-1}} = \dfrac{\sec a_{n-1}-1}{\tan a_{n-1}} = \dfrac{1-\cos a_{n-1}}{\sin a_{n-1}} = \tan\dfrac{a_{n-1}}{2} = \tan a_n.$$

因为 $\dfrac{a_{n-1}}{2}$，$a_n \in \left(0, \dfrac{\pi}{2}\right)$，所以 $a_n = \dfrac{1}{2}a_{n-1}$，所以 $a_n = \left(\dfrac{1}{2}\right)^n a_0$.

又因为 $a_0 = \tan a_0 = 1$，且 $a_0 \in \left(0, \dfrac{\pi}{2}\right)$，所以 $a_0 = \dfrac{\pi}{4}$，所以 $a_n = \left(\dfrac{1}{2}\right)^n \cdot \dfrac{\pi}{4}$.

又因为当 $0 < x < \dfrac{\pi}{2}$ 时，$\tan x > x$，所以 $a_n = \tan\dfrac{\pi}{2^{n+2}} > \dfrac{\pi}{2^{n+2}}$.

4. 已知锐角 $\triangle ABC$，角 A、B 满足 $A = 2B$.

（1）三边长为连续整数时，求 $\triangle ABC$ 三边的长；

（2）三边长为连续整数时，求 $\triangle ABC$ 的面积 S.

解：（1）设 $\triangle ABC$ 的三边为 $n-1$，n，$n+1$（$n \geqslant 3$，$n \in \mathbf{N}$），由题设 $C = \pi - 3B$，

由题意 $0 < A < \dfrac{\pi}{2}$，$0 < C < \dfrac{\pi}{2}$，$A \neq C$，即 $0 < 2B < \dfrac{\pi}{2}$，$0 < \pi - 3B < \dfrac{\pi}{2}$，$2B \neq \pi - 3B$，

得 $B\in\left(\dfrac{\pi}{6},\dfrac{\pi}{5}\right)\cup\left(\dfrac{\pi}{5},\dfrac{\pi}{4}\right)$.

① 当 $\dfrac{\pi}{6}<B<\dfrac{\pi}{5}$ 时，$\dfrac{\pi}{3}<2B<\dfrac{2\pi}{5}$，$\dfrac{2\pi}{5}<\pi-3B<\dfrac{\pi}{2}$，得 $C>A>B$，故角 B 所对的边为

$n-1$，角 A 所对的边为 n，于是有

$\dfrac{n-1}{\sin B}=\dfrac{n}{\sin 2B}$，得 $\cos B=\dfrac{n}{2(n-1)}$，又 $\cos B=\dfrac{n^2+(n+1)^2-(n-1)^2}{2n\cdot(n+1)}$，

得 $\dfrac{n}{2(n-1)}=\dfrac{n^2+(n+1)^2-(n-1)^2}{2n\cdot(n+1)}$，解得 $n=2$，舍去；

② 当 $\dfrac{\pi}{5}<B<\dfrac{\pi}{4}$ 时，$\dfrac{2\pi}{5}<2B<\dfrac{\pi}{2}$，$\dfrac{\pi}{4}<\pi-3B<\dfrac{2\pi}{5}$，得 $A>C>B$，故角 B 所对的边为

$n-1$，角 A 所对的边为 $n+1$，于是有

$\dfrac{n-1}{\sin B}=\dfrac{n+1}{\sin 2B}$，得 $\cos B=\dfrac{n+1}{2(n-1)}$，又 $\cos B=\dfrac{n^2+(n+1)^2-(n-1)^2}{2n\cdot(n+1)}$，

得 $\dfrac{n+1}{2(n-1)}=\dfrac{n^2+(n+1)^2-(n-1)^2}{2n\cdot(n+1)}$，解得 $n=5$，故 $\triangle ABC$ 的三边长为 $4,5,6$.

(2) 由(1)中的②得 $\cos B=\dfrac{3}{4}$，故 $\sin B=\dfrac{\sqrt{7}}{4}$，因此 $S=\dfrac{1}{2}ac\sin B=\dfrac{15\sqrt{7}}{4}$.

5. 一个圆锥的外接球体积为 972π，且内切球表面积为圆锥的侧面积和底面面积的等差中项，求这个圆锥的体积.(提示：可设圆锥的顶角为 2α.)

解：$S_{内切}=\dfrac{\pi r^2+\pi rl}{2}$，$r_{内切}=\sqrt{\dfrac{r^2+rl}{8}}$，$r_{外接}=9\Rightarrow V=\dfrac{512}{3}\pi$.

6. 已知 $\triangle ABC$ 的 $\angle A$，$\angle B$，$\angle C$ 的对边分别为 a，b，c，且 $a^4+b^4+c^4=2c^2(a^2+b^2)$.

(1) 求 $\angle C$.

(2) 若 c 为最小边，求 $\dfrac{b}{a}$ 的取值范围.

(3) 若 c 为最大边，求 $\dfrac{a+b}{c}$ 的取值范围.

解：(1) $\cos^2 C=\left(\dfrac{a^2+b^2-c^2}{2ab}\right)^2=\dfrac{a^4+b^4+c^4+2a^2b^2-2a^2c^2-2b^2c^2}{4a^2b^2}$.

∵ $a^4+b^4+c^4=2c^2(a^2+b^2)$，　∴ $\cos C=\pm\dfrac{\sqrt{2}}{2}$，即 $C=45°$ 或 $C=135°$.

(2) 若 c 为最小边，则 $C=45°$，$c^2=a^2+b^2-\sqrt{2}ab<a^2$，

∴ $\dfrac{b}{a}\leqslant\sqrt{2}$；同理 $c^2=a^2+b^2-\sqrt{2}ab<b^2$.

$\dfrac{b}{a}\geqslant\dfrac{\sqrt{2}}{2}$，所以 $\dfrac{\sqrt{2}}{2}\leqslant\dfrac{b}{a}\leqslant\sqrt{2}$.

(3) 若 c 为最大边，则 $C=135°$，

$$c^2 = a^2 + b^2 + \sqrt{2}\,ab = (a+b)^2 - (2-\sqrt{2})ab \geqslant (a+b)^2 - \frac{2-\sqrt{2}}{4}(a+b)^2,$$

$$\left(\frac{a+b}{c}\right)^2 \leqslant \frac{4}{2+\sqrt{2}}, \frac{a+b}{c} \leqslant \sqrt{4-2\sqrt{2}}\,, 又 \, a+b > c, 所以 \, 1 < \frac{a+b}{c} \leqslant \sqrt{4-2\sqrt{2}}\,.$$

7. 一个函数 $f(x)$,如果对任意一个三角形,只要它的三边长 a,b,c 都在 $f(x)$ 的定义域内,就有 $f(a),f(b),f(c)$ 也是某个三角形的三边长,则称 $f(x)$ 为"保三角形函数".

(1) 判断 $f_1(x) = \sqrt{x}$,$f_2(x) = x$,$f_3(x) = x^2$ 中,哪些是"保三角形函数",哪些不是,并说明理由;

(2) 如果 $g(x)$ 是定义在 **R** 上的周期函数,且值域为 $(0, +\infty)$,证明 $g(x)$ 不是"保三角形函数";

(3) 若函数 $F(x) = \sin x$,$x \in (0, A)$ 是"保三角形函数",求 A 的最大值.

$$\left[可以利用公式 \, \sin x + \sin y = 2\sin\frac{x+y}{2}\cos\frac{x-y}{2} \right].$$

解: (1) $f_1(x)$,$f_2(x)$ 是"保三角形函数",$f_3(x)$ 不是"保三角形函数".

任给三角形,设它的三边长分别为 a,b,c,则 $a+b>c$,不妨假设 $a<c$,$b<c$,

由于 $\sqrt{a} + \sqrt{b} > \sqrt{a+b} > \sqrt{c} > 0$,所以 $f_1(x)$,$f_2(x)$ 是"保三角形函数".

对于 $f_3(x)$,$3,3,5$ 可作为一个三角形的三边长,但 $3^2 + 3^2 < 5^2$,所以不存在三角形以 3^2,3^2,5^2 为三边长,故 $f_3(x)$ 不是"保三角形函数".

(2) 设 $T > 0$ 为 $g(x)$ 的一个周期,由于其值域为 $(0, +\infty)$,所以,存在 $n > m > 0$,使得 $g(m) = 1$,$g(n) = 2$,

取正整数 $\lambda > \frac{n-m}{T}$,可知 $\lambda T + m$,$\lambda T + m$,n 这三个数可作为一个三角形的三边长,但 $g(\lambda T + m) = 1$,$g(\lambda T + m) = 1$,$g(n) = 2$ 不能作为任何一个三角形的三边长.故 $g(x)$ 不是"保三角形函数".

(3) A 的最大值为 $\frac{5\pi}{6}$.

一方面,若 $A > \frac{5\pi}{6}$,下证 $F(x)$ 不是"保三角形函数".

取 $\frac{\pi}{2}$,$\frac{5\pi}{6}$,$\frac{5\pi}{6} \in (0, A)$,显然这三个数可作为一个三角形的三边长,但 $\sin\frac{\pi}{2} = 1$,$\sin\frac{5\pi}{6} = \frac{1}{2}$,$\sin\frac{5\pi}{6} = \frac{1}{2}$ 不能作为任何一个三角形的三边长,故 $F(x)$ 不是"保三角形函数".另一方面,以下证明 $A = \frac{5\pi}{6}$ 时,$F(x)$ 是"保三角形函数".

对任意三角形的三边 a,b,c,若 $a,b,c \in \left(0, \frac{5\pi}{6}\right)$,则分类讨论如下:

① $a + b + c > 2\pi$,

此时 $a > 2\pi - b - c > 2\pi - \frac{5\pi}{6} - \frac{5\pi}{6} = \frac{\pi}{3}$,同理,$b,c > \frac{\pi}{3}$,

$\therefore \quad a,b,c \in \left(\frac{\pi}{3}, \frac{5\pi}{6}\right)$,故 $\sin a,\sin b,\sin c \in \left(\frac{1}{2}, 1\right]$,

$\sin a+\sin b>\dfrac{1}{2}+\dfrac{1}{2}=1\cdots\sin c.$ 同理可证其余两式.

∴ $\sin a,\sin b,\sin c$ 可作为某个三角形的三边长.

② $a+b+c<2\pi$

此时,$\dfrac{a+b}{2}+\dfrac{c}{2}<\pi$,可得如下两种情况:

$$\dfrac{a+b}{2}\leqslant\dfrac{\pi}{2}\text{时},\text{由于}a+b>c,\text{所以},0<\dfrac{c}{2}<\dfrac{a+b}{2}\leqslant\dfrac{\pi}{2}.$$

由 $\sin x$ 在 $\left(0,\dfrac{\pi}{2}\right]$ 上的单调性可得 $0<\sin\dfrac{c}{2}<\sin\dfrac{a+b}{2}\leqslant1$;

$$\dfrac{a+b}{2}>\dfrac{\pi}{2}\text{时},0<\dfrac{c}{2}<\pi-\dfrac{a+b}{2}<\dfrac{\pi}{2},$$

同样,由 $\sin x$ 在 $\left(0,\dfrac{\pi}{2}\right)$ 上的单调性可得 $0<\sin\dfrac{c}{2}<\sin\dfrac{a+b}{2}<1$;

总之,$0<\sin\dfrac{c}{2}<\sin\dfrac{a+b}{2}\leqslant1$.

又由 $|a-b|<c<\dfrac{5\pi}{6}$ 及余弦函数在 $(0,\pi)$ 上单调递减,得

$$\cos\dfrac{a-b}{2}=\cos\dfrac{|a-b|}{2}>\cos\dfrac{c}{2}>\cos\dfrac{5\pi}{12}>0,$$

∴ $\sin a+\sin b=2\sin\dfrac{a+b}{2}\cos\dfrac{a-b}{2}>2\sin\dfrac{c}{2}\cos\dfrac{c}{2}=\sin c.$

同理可证其余两式,所以 $\sin a,\sin b,\sin c$ 也是某个三角形的三边长.

故 $A=\dfrac{5\pi}{6}$ 时,$F(x)$ 是"保三角形函数".

综上,A 的最大值为 $\dfrac{5\pi}{6}$.

三角函数

Trigonometric Function

§6.1 正弦函数和余弦函数的性质与图像

1. 判断下列函数的奇偶性,并求最小正周期:

（1） $f(x)=\sin x+\sin 2x$；　　　　（2） $f(x)=x\sin x$；

（3） $f(x)=\pi\sin\pi x$；　　　　　　（4） $f(x)=\sin^2 x+\sin 2x$；

（5） $f(x)=\cos\left(x+\dfrac{\pi}{3}\right)+\cos\left(x-\dfrac{\pi}{3}\right)$；

（6） $f(x)=\sin^2 x+2\sin x\cos x+3\cos^2 x$；

（7） $f(x)=\sin^6 x+\cos^6 x$；

（8） $f(x)=a\sin^2 x+b\cos^2 x\ (a^2+b^2\neq 0)$.

解：（1）奇函数,最小正周期是 2π；

（2）奇函数,不是周期函数；

（3）奇函数,最小正周期是 2；

（4）非奇非偶函数,最小正周期是 π；

（5）偶函数,最小正周期是 2π；

（6）非奇非偶函数,最小正周期是 π；

（7）偶函数,最小正周期是 $\dfrac{\pi}{2}$；

（8）偶函数,最小正周期是 π.

2. 用五点法分别作出下列各函数的图像,并说明这些函数的图像和 $y=\sin x$ 图像的区别:

（1） $y=2\sin x-1$；　　　　　　　　（2） $y=2\sin\dfrac{1}{2}x$.

解：（1）将 $y=\sin x$ 的纵坐标扩大 2 倍,然后向下平移 1 个单位,得到 $y=2\sin x-1$.

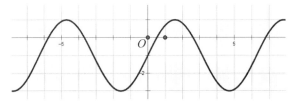

题 2(1)解析图

（2）将 $y=\sin x$ 的横坐标扩大 2 倍，然后再将纵坐标扩大 2 倍，得到 $y=2\sin\dfrac{1}{2}x$.

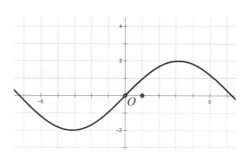

题 2（2）解析图

3. 观察正弦曲线和余弦曲线，写出满足下列条件的区间：

（1） $\sin x>0$；　　　　　　　　　　　　（2） $\cos x<0$；

（3） $\sin x>\dfrac{1}{2}$；　　　　　　　　　　（4） $\cos x<-\dfrac{\sqrt{2}}{2}$.

解：（1） $(2k\pi,(2k+1)\pi)(k\in\mathbf{Z})$；

（2） $\left(2k\pi+\dfrac{\pi}{2},2k\pi+\dfrac{3}{2}\pi\right)(k\in\mathbf{Z})$；

（3） $\left(2k\pi+\dfrac{\pi}{6},2k\pi+\dfrac{5}{6}\pi\right)(k\in\mathbf{Z})$；

（4） $\left(2k\pi+\dfrac{3\pi}{4},2k\pi+\dfrac{5\pi}{4}\right)(k\in\mathbf{Z})$.

4. 求下列函数的单调区间：

（1） $y=-3\cos\left(2x-\dfrac{\pi}{7}\right)$；　　　　　　（2） $y=-2\sin\left(\dfrac{\pi}{4}-3x\right)$；

（3） $y=\left(\dfrac{1}{3}\right)^{\lg\cos x}$.

解：（1） $\left(k\pi+\dfrac{\pi}{14},k\pi+\dfrac{4}{7}\pi\right](k\in\mathbf{Z})$；

（2） $\left(\dfrac{2k\pi}{3}-\dfrac{\pi}{12},\dfrac{2k\pi}{3}+\dfrac{\pi}{4}\right)(k\in\mathbf{Z})$；

（3） $\left(2k\pi,2k\pi+\dfrac{\pi}{2}\right)(k\in\mathbf{Z})$.

5. 求下列函数的最值，及取得相应最值的 x 值：

（1） $y=3-2\sin\left(x-\dfrac{\pi}{3}\right)$；　　　　　　（2） $y=3\cos^2x-4\sin x-2$；

（3） $y=2\sin^2x-3\sin x+1,x\in\left[\dfrac{\pi}{3},\dfrac{2\pi}{3}\right]$.

解：（1） $y_{\max}=5,y_{\min}=1$；x 的值分别为 $2k\pi-\dfrac{\pi}{6}$ 及 $2k\pi+\dfrac{5\pi}{6}(k\in\mathbf{Z})$；

（2） $y\in\left[-6,\dfrac{7}{3}\right]$；

（3）$y \in \left[\dfrac{5-3\sqrt{3}}{2}, 0\right]$.

6. 确定函数 $y = \log_{\frac{1}{3}}\left[\sqrt{2}\sin\left(x - \dfrac{\pi}{4}\right)\right]$ 的定义域、值域、单调区间、奇偶性、周期性.

解：定义域 $\left(2k\pi + \dfrac{\pi}{4}, 2k\pi + \dfrac{5\pi}{4}\right), k \in \mathbf{Z}$；值域 $\left[\log_{\frac{1}{3}}\sqrt{2}, +\infty\right)$；

单调区间：递增：$\left(2k\pi + \dfrac{\pi}{4}, 2k\pi + \dfrac{3\pi}{4}\right], k \in \mathbf{Z}$ 递减：$\left(2k\pi + \dfrac{3\pi}{4}, 2k\pi + \dfrac{5\pi}{4}\right]$；

$k \in \mathbf{Z}$ 非奇非偶，$T = 2\pi$.

7. 设 $\alpha, \beta, \gamma \in \left(0, \dfrac{\pi}{2}\right)$，满足：$\cos\alpha = \alpha$，$\cos(\sin\beta) = \beta$，$\sin(\cos\gamma) = \gamma$，则 α, β, γ 的大小关系为_____.

解：$\gamma < \alpha < \beta$.

8. 求下列函数的周期：

（1）$y = \sin 3x + \cos x$；

（2）$y = \dfrac{1 + \sin x + \cos x}{1 + \sin x - \cos x} + \dfrac{1 + \sin x - \cos x}{1 + \sin x + \cos x}$；

（3）$y = 2\cos(3x - 2) + 5$.

解：（1）2π；（2）2π；（3）$\dfrac{2}{3}\pi$.

9. 求 $y = \sin\left(2x + \dfrac{5}{2}\pi\right)$ 的图像的对称轴方程.

解：$x = \dfrac{k\pi}{2} - \pi, k \in \mathbf{Z}$.

10.（1）求函数 $f(x) = a\sin x - \sin^2 x$ 的最大值 $g(a)$，并画出 $g(a)$ 的图像；

（2）若函数 $f(x) = \cos^2 x - a\sin x + b$ 的最大值为 0，最小值为 -4，实数 $a > 0$，求 a, b 的值.

解：（1）当 $a < -2, g(a) = -a - 1$；

当 $-2 \leqslant a \leqslant 2, g(a) = \dfrac{1}{4}a^2$；

当 $a > 2, g(a) = a - 1$.

（2）$a = 2, b = -2$.

§6.2 正切函数的性质与图像

1. 有人说："正切函数在整个定义域内是单调递增的函数."这句话对吗？为什么？

解析：不对，应该说在各自区间是单调递增函数.

2. 求下列函数的周期：

（1）$y=\tan(ax+b)\ (a\neq0)$；

（2）$y=\tan x-\cot x$.

解：（1）$\dfrac{\pi}{|a|}$.　（2）$\dfrac{\pi}{2}$.

3. 求函数 $y=\dfrac{1}{1+\tan2x}$ 的定义域.

解：$x\in\mathbf{R}, x\neq-\dfrac{\pi}{8}+\dfrac{k\pi}{2}, x\neq\dfrac{k\pi}{2}+\dfrac{\pi}{4}(k\in\mathbf{Z})$.

4. 求函数 $y=\dfrac{\tan^2 x-\tan x+1}{\tan^2 x+\tan x+1}$ 的最大值、最小值，并求函数取得最大值或最小值时自变量 x 的集合.

解：用分离常数法或用判别式法解题，$y_{\max}=3$，$y_{\min}=\dfrac{1}{3}$，x 取值分别为 $\dfrac{\pi}{4}+k\pi$ 及 $-\dfrac{\pi}{4}+k\pi(k\in\mathbf{Z})$.

5. 求下列函数的最大值和最小值：

（1）$y=\dfrac{\sin x-2}{\sin x-3}(x\in\mathbf{R})$；

（2）$y=\dfrac{\sin x-2}{\cos x-3}(x\in\mathbf{R})$.

解：（1）换元法解题，$y_{\min}=\dfrac{1}{2}$，$y_{\max}=\dfrac{3}{4}$.

（2）万能公式，或者利用几何意义解题，$y_{\max}=\dfrac{3+\sqrt{3}}{4}$，$y_{\min}=\dfrac{3-\sqrt{3}}{4}$.

6. 求函数 $y=\dfrac{\sin x\cos x}{\sin x+\cos x}\left(x\in\left[0,\dfrac{\pi}{2}\right]\right)$ 的最值.

解：换元法解题，$t=\sin x+\cos x\in\left[1,\sqrt{2}\right]$.

$y=\dfrac{\dfrac{1}{2}(t^2-1)}{t}=\dfrac{1}{2}\left(t-\dfrac{1}{t}\right)$，严格递增，所以 $y\in\left[0,\dfrac{\sqrt{2}}{4}\right]$.

7. 根据条件比较下列各组数的大小：

（1）已知 $\dfrac{\pi}{3}<\theta<\dfrac{\pi}{2}$，比较 $\sin\theta,\cot\theta,\cos\theta$ 的大小；

（2）已知 $0<\theta<\dfrac{\pi}{4}$，比较 $\sin\theta,\sin(\sin\theta),\sin(\tan\theta)$ 的大小；

（3）已知 $0<\theta<\dfrac{\pi}{2}$，比较 $\cos\theta,\cos(\sin\theta),\sin(\cos\theta)$ 的大小.

解：（1）$\cos\theta<\cot\theta<\sin\theta$；

（2）$\sin(\sin\theta)<\sin\theta<\sin(\tan\theta)$；

（3）$\sin(\cos\theta)<\cos\theta<\cos(\sin\theta)$.

§6.3 函数 $y=A\sin(\omega x+\varphi)+d$ 的图像与性质

1. 经过怎样的图形变换,函数 $y=\sin x$ 的图像可以变换成为函数 $y=2\sin(2x+6)+2$ 的图像? 反之,函数 $y=2\sin(2x+6)+2$ 的图像经过怎样的变换可以成为函数 $y=\sin x$ 的图像?

解: 将 $y=\sin x$ 的图像向 x 轴负方向平移 6 个单位长度,然后将所得各点的横坐标变为原来的 $\frac{1}{2}$(纵坐标不变),再将纵坐标变为原来的 2 倍,最后将整个图像向 y 轴正方向平移 2 个单位长度;反之得第二问.

2. 利用五点法作出下列函数在长度为一个周期的闭区间上的图像:

(1) $y=3\sin\left(x+\dfrac{\pi}{3}\right)$;

(2) $y=\sin\left(\dfrac{1}{2}x+\dfrac{\pi}{8}\right)$;

(3) $y=\pi\sin\left(2x-\dfrac{\pi}{4}\right)$;

(4) $y=2\sin\left(\dfrac{1}{2}x-\dfrac{\pi}{6}\right)+1$.

解:

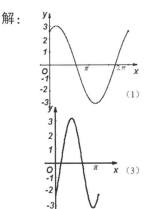

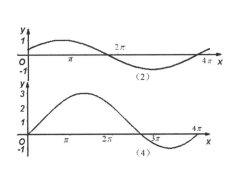

题 2 解析图

3. 已知函数 $y=\sin x+a\cos x$ 的图像关于 $x=\dfrac{5\pi}{3}$ 对称,则函数 $y=a\sin x+\cos x$ 的图像的一条对称轴是 ( ).

(A) $x=\dfrac{\pi}{3}$ (B) $x=\dfrac{2\pi}{3}$ (C) $x=\dfrac{11\pi}{6}$ (D) $x=\pi$

解: C.

4. 求函数 $y=2\sin\left(\dfrac{\pi}{3}-2x\right)$ 的严格增区间.

解: $\left[k\pi-\dfrac{7}{12}\pi,k\pi-\dfrac{1}{12}\pi\right],k\in\mathbf{Z}$.

5. 已知函数 $y=A\sin(\omega x+\varphi)+C$,$\left(A>0,\omega>0,|\varphi|<\dfrac{\pi}{2}\right)$ 在同一周期中的最高点坐标为 $(2,2)$,最低点坐标为 $(8,-4)$,求 A,ω,φ,C.

解：$A=3$，$\omega=\dfrac{\pi}{6}$，$\varphi=\dfrac{\pi}{6}$，$C=-1$.

6. 简谐振动 $x_1=A\sin\left(\omega t+\dfrac{\pi}{3}\right)$ 和 $x_2=B\sin\left(\omega t-\dfrac{\pi}{6}\right)$ 叠加后得到的合振动是 $x=$ _____.

解：$x=\sqrt{A^2+B^2}\sin\left(\omega t-\dfrac{\pi}{6}-\varphi\right)$，$\cos\varphi=\dfrac{B}{\sqrt{A^2+B^2}}$，$\sin\varphi=\dfrac{A}{\sqrt{A^2+B^2}}$.

7. 已知函数 $y=2\sin\left(2x-\dfrac{\pi}{3}\right)+1$.

（1）求以 $x=2\pi$ 为对称轴的该函数图像的对称图像的函数表达式；

（2）求以 $\left(\dfrac{\pi}{2},0\right)$ 为对称中心的该函数图像的对称图像的函数表达式.

解：（1）$y=-2\sin\left(2x+\dfrac{\pi}{3}\right)+1$；

（2）$y=2\sin\left(2x+\dfrac{\pi}{3}\right)-1$.

8. 已知函数 $f(x)=a\sin\omega x+b\cos\omega x(a,b,\omega\in\mathbf{R}$，且 $\omega>0)$ 的部分图像如图 6-20 所示.

（1）求 a,b,ω 的值；

（2）若方程 $3[f(x)]^2-f(x)+m=0$ 在 $x\in\left(-\dfrac{\pi}{3},\dfrac{2\pi}{3}\right)$ 内有两个不同的解，求实数 m 的取值范围.

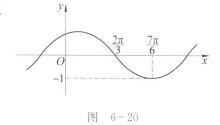

图 6-20

解：（1）$a=\dfrac{1}{2}$，$b=\dfrac{\sqrt{3}}{2}$，$\omega=1$；

（2）数形结合，$-2<m<0$ 或 $m=\dfrac{1}{12}$.

9. 在平面直角坐标系 xOy 中，求函数 $f(x)=a\sin ax+\cos ax$ $(a>0)$ 在一个最小正周期长的区间上的图像与函数 $g(x)=\sqrt{a^2+1}$ 的图像所围成的封闭图形的面积.

解：$\dfrac{2\pi}{a}\sqrt{a^2+1}$.

10. 已知奇函数 $f(x)$ 在 $(-\infty,0)\bigcup(0,+\infty)$ 上有意义，且在 $(0,+\infty)$ 上是严格减函数，$f(1)=0$，又有函数 $g(\theta)=\sin^2\theta+m\cos\theta-2m$，$\theta\in\left[0,\dfrac{\pi}{2}\right]$. 若集合 $M=\{m\mid g(\theta)<0\}$，集合 $N=\{m\mid f[g(\theta)]>0\}$.

（1）求 $f(x)>0$ 的解集；

（2）求 $M\bigcap N$.

解：（1）$(-\infty,-1)\bigcup(0,1)$；

（2）分离参数，得 $m>\dfrac{t^2-2}{t-2}(t=\cos\theta)$，进而求出：$m>4-2\sqrt{2}$.

§6.4 反三角函数

1. 求下列反正弦函数的值:

(1) $\arcsin\dfrac{1}{2}$;　　　　(2) $\arcsin\dfrac{\sqrt{3}}{2}$;

(3) $\arcsin 0$;　　　　(4) $\arcsin 1$;

(5) $\arcsin\left(-\dfrac{\sqrt{2}}{2}\right)$;　　　　(6) $\arcsin(-1)$.

解: (1) $\arcsin\dfrac{1}{2}=\dfrac{\pi}{6}$;　　　　(2) $\arcsin\dfrac{\sqrt{3}}{2}=\dfrac{\pi}{3}$;

(3) $\arcsin 0=0$;　　　　(4) $\arcsin 1=\dfrac{\pi}{2}$;

(5) $\arcsin\left(-\dfrac{\sqrt{2}}{2}\right)=-\dfrac{\pi}{4}$;　　　　(6) $\arcsin(-1)=-\dfrac{\pi}{2}$.

2. 求下列函数的定义域和值域:

(1) $y=\arccos(\log_{\frac{1}{2}}x)$;　　　　(2) $y=\log_{\frac{1}{2}}(\arccos x)$;

(3) $y=\arccos(\arcsin x)$;　　　　(4) $y=\arcsin(\arccos x)$.

解: (1) $\mathbf{D}=\left[\dfrac{1}{2},2\right]$, $A=[0,\pi]$;　　　　(2) $\mathbf{D}=[-1,1)$, $A=\left[\log_{\frac{1}{2}}\pi,+\infty\right)$;

(3) $\mathbf{D}=[-\sin 1,\sin 1]$, $A=[0,\pi]$;　　　　(4) $\mathbf{D}=[\cos 1,1]$, $A=\left[0,\dfrac{\pi}{2}\right]$.

3. 求值:

(1) $\sin\left(\arctan\dfrac{4}{3}\right)$;　　　　(2) $\tan\left[\arccos\left(-\dfrac{12}{13}\right)\right]$;

(3) $\cos\left(2\arctan\dfrac{3}{4}\right)$;　　　　(4) $\arcsin(\sin 6)$;

(5) $\arctan\dfrac{1}{7}+2\arctan\dfrac{1}{3}$;　　　　(6) $\arctan\left(\tan\dfrac{4\pi}{5}\right)$;

(7) $\arctan x+\arctan\dfrac{1}{x}$;　　　　(8) $\arcsin(\sin\sqrt{10})-\arccos(\cos\sqrt{10})$.

解: (1) $\dfrac{4}{5}$; (2) $-\dfrac{5}{12}$; (3) $\dfrac{7}{25}$; (4) $6-2\pi$; (5) $\dfrac{\pi}{4}$; (6) $-\dfrac{\pi}{5}$; (7) $\begin{cases}\dfrac{\pi}{2}, & x>0,\\[2mm] -\dfrac{\pi}{2}, & x<0;\end{cases}$

(8) $-\pi$.

4. 求下列函数的反函数:

(1) $y=\sin x\left(x\in\left[\dfrac{\pi}{2},\dfrac{3\pi}{2}\right]\right)$;　　　　(2) $y=\sqrt{\sin x}\ \left(x\in\left[0,\dfrac{\pi}{2}\right]\right)$;

(3) $y=\lg(\sin x)\left(x\in\left(0,\dfrac{\pi}{2}\right]\right)$;　　　　(4) $y=\lg(\arcsin x)\ (x\in(0,1])$.

解：(1) $y=\pi-\arcsin x(x\in[-1,1])$;

(2) $y=\arcsin x^{2}(x\in[0,1])$;

(3) $y=\arcsin 10^{x}(x\in(-\infty,0])$;

(4) $y=\sin 10^{x}\left(x\in\left(-\infty,\dfrac{\pi}{2}\right]\right)$.

5. 用反正切函数值的形式表示下列各式中的 x：

(1) $\tan x=\dfrac{4}{3},x\in\left(-\dfrac{\pi}{2},\dfrac{\pi}{2}\right)$;

(2) $\tan x=\dfrac{12}{5},x\in\left(\pi,\dfrac{3\pi}{2}\right)$;

(3) $\tan x=-\dfrac{24}{7},x\in(-2\pi,0)$.

解：(1) $x=\arctan\dfrac{4}{3}$; (2) $x=\pi+\arctan\dfrac{12}{5}$; (3) $x=-\arctan\dfrac{24}{7},-\arctan\dfrac{24}{7}-\pi$.

6. 求值：(可用反三角函数表示)：

(1) $\arccos\dfrac{3}{4}-\arcsin\dfrac{4}{5}$;

(2) $\arcsin(\sin 2)+\arccos(\cos 4)$;

(3) $\arcsin\dfrac{3}{5}+\arcsin\dfrac{15}{17}$.

解：(1) $-\arccos\dfrac{9+4\sqrt{7}}{20}$; (2) $3\pi-6$; (3) $\pi-\arcsin\dfrac{84}{85}$.

7. 当 $x\in[-1,1]$ 时，比较 $\arcsin x$ 与 $\arccos x$ 的大小.

解：当 $x=\dfrac{\sqrt{2}}{2}$ 时，$\arcsin x=\arccos x=\dfrac{\pi}{4}$;

当 $x\in\left[-1,\dfrac{\sqrt{2}}{2}\right)$ 时，$\arcsin x<\arccos x$;

当 $x\in\left(\dfrac{\sqrt{2}}{2},1\right]$ 时，$\arcsin x>\arccos x$.

§6.5　最简三角方程

1. 求下列三角方程的解集：

(1) $4\sin^{2}\left(x+\dfrac{\pi}{6}\right)=3$;　　(2) $8\cot x+3\sin x=0$;

(3) $\cos 7x=\cos x$;　　(4) $\tan 4x=\tan 2x$;

(5) $\sin 2x\cos 5x=\sin x\cos 6x$;　　(6) $\cot x=\dfrac{3\cos x}{1+\sin x}$;

(7)　$\sin x - \cos x + \sin 2x = 1$；

(8)　$2\cos^2 x - \sin x \cos x = \dfrac{1}{2}$；

(9)　$81^{\sin^2 x} + 81^{\cos^2 x} = 30$；

(10)　$\sin(\pi \cos x) = \cos(\pi \sin x)$.

解：(1)　$\left\{ x \mid x = k\pi + \dfrac{\pi}{6}, \text{或 } x = k\pi - \dfrac{\pi}{2}, k \in \mathbf{Z} \right\}$；

(2)　$\left\{ x \mid x = 2k\pi \pm \arccos\left(-\dfrac{1}{3}\right), k \in \mathbf{Z} \right\}$；

(3)　$\left\{ x \mid x = 2k\pi \pm \dfrac{2\pi}{3}, \text{或 } x = \dfrac{k\pi}{4}, k \in \mathbf{Z} \right\}$；

(4)　$\left\{ x \mid x = \dfrac{k\pi}{2}, k \in \mathbf{Z} \right\}$；

(5)　$\left\{ x \mid x = k\pi, \text{或 } x = \dfrac{k\pi}{4} + \dfrac{\pi}{8}, k \in \mathbf{Z} \right\}$；

(6)　$\left\{ x \mid x = 2k\pi + \dfrac{\pi}{2}, k \in \mathbf{Z} \right\}$；

(7)　$\left\{ x \mid x = 2k\pi + \dfrac{\pi}{2}, \text{或 } x = 2k\pi + \pi, \text{或 } x = k\pi + \dfrac{\pi}{4}, k \in \mathbf{Z} \right\}$；

(8)　$\left\{ x \mid x = k\pi + \dfrac{\pi}{4}, \text{或 } x = \dfrac{(2k+1)\pi}{2} + \dfrac{1}{2}\arcsin\dfrac{3}{5}, k \in \mathbf{Z} \right\}$；

(9)　$\left\{ x \mid x = k\pi \pm \dfrac{\pi}{6}, \text{或 } x = k\pi \pm \dfrac{\pi}{3}, k \in \mathbf{Z} \right\}$；

(10)　$\left\{ x \mid x = 2k\pi + \dfrac{\pi}{4} \pm \arccos\dfrac{\sqrt{2}}{4}, \text{或 } x = 2k\pi - \dfrac{\pi}{4} \pm \arccos\dfrac{\sqrt{2}}{4}, k \in \mathbf{Z} \right\}$.

2. 解下列三角方程：

(1)　$2\sin 2x - 2(\sqrt{3}\sin x - \sqrt{2}\cos x) - \sqrt{6} = 0$；

(2)　$\sin x \cos x + \sin x + \cos x = 1$；

(3)　$|\sin x| + |\cos x| = \sqrt{2}$；

(4)　$m\sin x = (m-1)\cos\dfrac{1}{2}x$，其中 m 是非零常数；

(5)　$\tan\left(\dfrac{3\pi}{2} - x\right) = 3\tan x$；

(6)　$\tan\left(x + \dfrac{\pi}{4}\right) + \tan\left(x - \dfrac{\pi}{4}\right) = 2\cot x$；

(7)　$\sin(\pi\arctan x) = \cos(\pi\arctan x)$；

(8)　$\tan(\pi\tan x) = \cot(\pi\cot x)$.

解：(1)　$\left\{ x \mid x = k\pi + (-1)^k\left(-\dfrac{\pi}{4}\right), \text{或 } x = 2k\pi \pm \dfrac{\pi}{6}, k \in \mathbf{Z} \right\}$；

(2)　$\left\{ x \mid x = 2k\pi, \text{或 } x = 2k\pi + \dfrac{\pi}{2}, k \in \mathbf{Z} \right\}$；

(3) $\left\{x \mid x=k\pi+\dfrac{\pi}{4}, k\in\mathbf{Z}\right\}$;

(4) $-1<m<0$,或 $0<m<\dfrac{1}{3}$ 时,解集是 $\{x \mid x=2k\pi+\pi, k\in\mathbf{Z}\}$;

$m=-1$ 时,解集是 $\{x \mid x=2k\pi+\pi, k\in\mathbf{Z}\}$,

$m=\dfrac{1}{3}$ 时,解集是 $\{x \mid x=2k\pi+\pi, k\in\mathbf{Z}\}$,

$m<-1$,或 $m>\dfrac{1}{3}$ 时,解集是 $\left\{x \mid x=2k\pi+\pi, \text{或 } x=2k\pi+(-1)^k 2\arcsin\dfrac{m-1}{2m}m, k\in\mathbf{Z}\right\}$;

(5) $\left\{x \mid x=k\pi\pm\dfrac{\pi}{6}, k\in\mathbf{Z}\right\}$;

(6) $\left\{x \mid x=k\pi\pm\dfrac{\pi}{6}, k\in\mathbf{Z}\right\}$;

(7) $\left\{x \mid x=\tan\left(k+\dfrac{1}{4}\right), k\in\mathbf{Z}\right\}$;

(8) $\left\{x \mid x=k\pi+\arctan\dfrac{2n+1\pm\sqrt{4n^2+4n-15}}{4}, k\text{、}n\in\mathbf{Z}, n\geqslant 2, \text{或 } n\leqslant -3\right\}$.

3. 解方程:

(1) $2\sin^2 x+\sqrt{3}\cos x+1=0$;

(2) $\sin 2x-2\sin x+\cos x-1=0$;

(3) $3\sin 2x-8\sin^2 x-1=0$;

(4) $2\sin 2x-3\cos 2x+1=0$;

(5) $\sin^2 x-7\sin x\cos x+6\cos^2 x=0$.

解:（1）$x=\pm\dfrac{5\pi}{6}+2k\pi, k\in\mathbf{Z}$;

（2）$x=-\dfrac{\pi}{6}+2k\pi$ 或 $x=\dfrac{7\pi}{6}+2k\pi$ 或 $x=2k\pi, k\in\mathbf{Z}$;

（3）$x=\dfrac{\pi}{4}+k\pi-\dfrac{\phi}{2}, \phi=\arctan\dfrac{4}{3}, k\in\mathbf{Z}$;

（4）$x=\dfrac{k\pi}{2}+\dfrac{1}{2}\arctan\dfrac{3}{2}, k\in\mathbf{Z}$;

（5）$x=k\pi+\arctan 6$ 或 $x=k\pi+\dfrac{\pi}{4}(k\in\mathbf{Z})$.

4. 试求方程 $\sqrt{x}\sin(x^2)-2=0$ 在区间 $[0, 20]$ 内有多少个实根?

解: 数形结合法解题,$\sin(x^2)=\dfrac{2}{\sqrt{x}}$,换元 $t=x^2\in(0, 400]$,题目转化

为 $\sin t=\dfrac{2}{\sqrt[4]{t}}$ 的根的个数问题. 数形结合,画图可得:122 个实根.

§6.6 三角函数综合练习

一、选择题

1. 若 $\sin^3\theta - \cos^3\theta \geqslant \cos\theta - \sin\theta$，$0 \leqslant \theta < 2\pi$，则角 θ 的取值范围是 （ ）．

(A) $\left[0, \dfrac{\pi}{4}\right]$　　(B) $\left[\dfrac{\pi}{4}, \pi\right]$　　(C) $\left[\dfrac{\pi}{4}, \dfrac{5\pi}{4}\right]$　　(D) $\left[\dfrac{\pi}{4}, \dfrac{3\pi}{2}\right)$

解：C.

2. 若三角形的三条高线长分别为 $12, 15, 20$，则此三角形的形状为 （ ）．

(A) 锐角三角形　　(B) 直角三角形　　(C) 钝角三角形　　(D) 形状不确定

解：B.

3. 设 $f_1(x) = \sqrt{2}$，$f_2(x) = \sin x + \cos\sqrt{2}\,x$，$f_3(x) = \sin\dfrac{x}{\sqrt{2}} + \cos\sqrt{2}\,x$，$f_4(x) = \sin x^2$，上述函数中，周期函数的个数是 （ ）．

(A) 1　　　　(B) 2　　　　(C) 3　　　　(D) 4

解：B.

4. 若 $\sin x + \sin y = 1$，则 $\cos x + \cos y$ 的取值范围是 （ ）．

(A) $[-2, 2]$　　(B) $[-1, 1]$　　(C) $[0, \sqrt{3}]$　　(D) $[-\sqrt{3}, \sqrt{3}]$

解：D.

二、填空题

5. 方程 $\sin x = \lg|x|$ 有 _____ 个解．

解：6 个（可通过图像得出）．

6. 在 $\mathrm{Rt}\triangle ABC$ 中，c, r, S 分别表示它的斜边长，内切圆半径和面积，则 $\dfrac{cr}{S}$ 的取值范围是

_____.

解：$S = \dfrac{1}{2}c^2\sin\theta\cos\theta$，$\theta \in \left(0, \dfrac{\pi}{2}\right)$，$r = \dfrac{a+b-c}{2} = \dfrac{c}{2}(\sin\theta + \cos\theta - 1)$，

$$\frac{cr}{S} = \frac{\sin\theta + \cos\theta - 1}{\sin\theta\cos\theta}.$$

令 $t = \sin\theta + \cos\theta = \sqrt{2}\sin\left(\theta + \dfrac{\pi}{4}\right)$ $(t \in (1, \sqrt{2}))$，

$$\frac{cr}{S} = \frac{t-1}{\dfrac{t^2-1}{2}} = \frac{2}{t+1} \in [2\sqrt{2} - 2, 1).$$

7. 已知 $A(2\cos\alpha, \sqrt{3}\sin\alpha)$，$B(2\cos\beta, \sqrt{3}\sin\beta)$，$C(-1, 0)$ 是平面上三个不同的点，且满足关系式 $\overrightarrow{CA} = \lambda\overrightarrow{BC}$，则实数 λ 的取值范围是 _____．

解：$\dfrac{1}{3} \leqslant \lambda \leqslant 3$．

8. 设 $\cos 2\theta = \dfrac{\sqrt{2}}{3}$，则 $\cos^4\theta + \sin^4\theta$ 的值是 _____．

解：$\cos^4\theta+\sin^4\theta=(\cos^2\theta+\sin^2\theta)^2-2\sin^2\theta\cos^2\theta=1-\dfrac{1}{2}\sin^2 2\theta=\dfrac{11}{18}$.

9. 已知 $\sin\theta+\cos\theta=\dfrac{\sqrt{2}}{5}\left(\dfrac{\pi}{2}<\theta<\pi\right)$，则 $\tan\theta-\cot\theta=$ _____.

解：$\sin\theta+\cos\theta=\dfrac{\sqrt{2}}{5}\Rightarrow\sin\theta\cos\theta=-\dfrac{23}{50}$.

$(\sin\theta-\cos\theta)^2=(\sin\theta+\cos\theta)^2-4\sin\theta\cos\theta=\dfrac{48}{25}\Rightarrow\sin\theta-\cos\theta=\dfrac{4}{5}\sqrt{3}$.

$\tan\theta-\cot\theta=\dfrac{\sin\theta}{\cos\theta}-\dfrac{\cos\theta}{\sin\theta}=\dfrac{\sin^2\theta-\cos^2\theta}{\sin\theta\cos\theta}=\dfrac{(\sin\theta+\cos\theta)(\sin\theta-\cos\theta)}{\sin\theta\cos\theta}=-\dfrac{8\sqrt{6}}{23}$.

10. 已知函数 $f(x)=a\sin\omega x+b\cos\omega x\ (a,b,\omega\in\mathbf{R},$ 且 $\omega>0)$ 的部分图像如图 6-26 所示. 则 a,b,ω 的值分别为 _____.

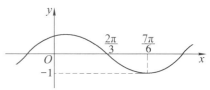

图 6-26

解：$f(x)=a\sin\omega x+b\cos\omega x=\sqrt{a^2+b^2}\sin(\omega x+\varphi)$.

从图可知，周期为 2π，且 $\sqrt{a^2+b^2}=1$.

把图像 $y=\sin x$ 向左移动 $\dfrac{\pi}{3}$ 单位即可，

$f(x)=a\sin\omega x+b\cos\omega x=\sin\left(x+\dfrac{\pi}{3}\right)=\dfrac{1}{2}\sin\omega x+\dfrac{\sqrt{3}}{2}\cos\omega x$，所以 $a=\dfrac{1}{2},b=\dfrac{\sqrt{3}}{2},\omega=1$.

11. 设 $a_i\in\mathbf{R}^+(i=1,2,\cdots,n),\alpha,\beta,\gamma\in\mathbf{R}$，且 $\alpha+\beta+\gamma=0$，则对任意 $x\in\mathbf{R}$，

$\displaystyle\sum_{i=1}^{n}\left(\dfrac{1}{1+a_i^{\alpha x}+a_i^{(\alpha+\beta)x}}+\dfrac{1}{1+a_i^{\beta x}+a_i^{(\beta+\gamma)x}}+\dfrac{1}{1+a_i^{\gamma x}+a_i^{(\alpha+\gamma)x}}\right)=$ _____.

解：n.

12. 方程 $\sin 2x-12(\sin x-\cos x)+12=0$ 的解集为 _____.

解：$\left\{x\left|\,x=(2k+1)\pi\ \text{或}\ x=2k\pi+\dfrac{\pi}{2},k\in\mathbf{Z}\right.\right\}$.

三、解答题

13. 已知函数 $y=\sin x+\sqrt{1+\cos^2 x}$，求函数的最大值与最小值.

解：用三角代换法解题. $y=\sin x+\sqrt{2-\sin^2 x}$，$\sin\theta=\sqrt{2}\sin x$. 当 $\theta=\dfrac{3}{4}\pi$，即 $x=2k\pi-\dfrac{\pi}{2}(k\in\mathbf{Z})$ 时，$y_{\min}=0$，当 $\theta=\dfrac{\pi}{4}$，即 $x=2k\pi+\dfrac{\pi}{2}(k\in\mathbf{Z})$ 时，$y_{\max}=2$.

14. 设 $0<\theta<\pi$，求 $\sin\dfrac{\theta}{2}(1+\cos\theta)$ 的最大值.

解：先平方，然后用均值不等式求解.

$\left[\sin\dfrac{\theta}{2}(1+\cos\theta)\right]^2=\sin^2\dfrac{\theta}{2}(1+\cos\theta)^2=\dfrac{1}{4}(2-2\cos\theta)(1+\cos\theta)(1+\cos\theta)\leqslant\dfrac{1}{4}\left(\dfrac{4}{3}\right)^3=\dfrac{16}{27}$.

$\sin\dfrac{\theta}{2}(1+\cos\theta)\leqslant\dfrac{4\sqrt{3}}{9}$. 当且仅当 $\cos\theta=\dfrac{1}{3}$ 取等号.

15. 已知 $\tan\theta = \sqrt{\dfrac{1-a}{a}}$ $\left(\dfrac{1}{3} < a < 1\right)$.求 $\mu = \dfrac{\sin^2 2\theta}{a - \cos 2\theta} + \dfrac{\sin^2 2\theta}{a + \cos 2\theta}$ 的最小值.

解： $\sin 2\theta = \dfrac{2\tan\theta}{1 + \tan^2\theta}$, $\cos 2\theta = \dfrac{1 - \tan^2\theta}{1 + \tan^2\theta}$, $\mu = \dfrac{2a\sin^2 2\theta}{a^2 - \cos^2 2\theta} = \dfrac{8a^2}{3a - 1}$.

$\mu_{\min} = \dfrac{32}{9}\left(a = \dfrac{2}{3}\right)$.

16. 设 $f(x) = \sin(x + \alpha_1) + \dfrac{1}{1 \times 2}\sin(x + \alpha_2) + \dfrac{1}{2 \times 3}\sin(x + \alpha_3) + \cdots + \dfrac{1}{(n-1)n}\sin(x + \alpha_n)$,其中 $n \in \mathbf{N}$, $\alpha_1, \alpha_2, \alpha_3, \cdots, \alpha_n \in \mathbf{R}$.求证：

(1) $f(x)$ 不恒等于零；

(2) 若 $f(x_1) = f(x_2) = 0$,则 $x_1 - x_2 = m\pi$, $(m \in \mathbf{Z})$.

证明： (1) $f(0) = \sin\alpha_1 + \dfrac{1}{1 \times 2}\sin\alpha_2 + \dfrac{1}{2 \times 3}\sin\alpha_3 + \cdots + \dfrac{1}{(n-1)n}\sin\alpha_n$,

$f\left(\dfrac{\pi}{2}\right) = \cos\alpha_1 + \dfrac{1}{1 \times 2}\cos\alpha_2 + \dfrac{1}{2 \times 3}\cos\alpha_3 + \cdots + \dfrac{1}{(n-1)n}\cos\alpha_n$,

若 $f(x)$ 恒为 0,则 $f(0) = f\left(\dfrac{\pi}{2}\right) = 0$.

所以 $(f(0) - \sin\alpha_1)^2 + \left(f\left(\dfrac{\pi}{2}\right) - \cos\alpha_1\right)^2 = 1$,

$\left(\dfrac{1}{1 \times 2}\cos\alpha_2 + \dfrac{1}{2 \times 3}\cos\alpha_3 + \cdots + \dfrac{1}{(n-1)n}\cos\alpha_n\right)^2 + \left(\dfrac{1}{1 \times 2}\sin\alpha_2 + \dfrac{1}{2 \times 3}\sin\alpha_3 + \cdots + \dfrac{1}{(n-1)n}\sin\alpha_n\right)^2 = 1$.

注意到 $\sin\alpha_i \sin\alpha_j + \cos\alpha_i \cos\alpha_j = \cos(\alpha_i - \alpha_j) \leqslant 1$,

$\left(\dfrac{1}{1 \times 2}\cos\alpha_2 + \dfrac{1}{2 \times 3}\cos\alpha_3 + \cdots + \dfrac{1}{(n-1)n}\cos\alpha_n\right)^2 + \left(\dfrac{1}{1 \times 2}\sin\alpha_2 + \dfrac{1}{2 \times 3}\sin\alpha_3 + \cdots + \dfrac{1}{(n-1)n}\sin\alpha_n\right)^2$

$= \sum_{k=1}^{n-1}\dfrac{1}{k^2(k+1)^2} + \sum_{i<j}\dfrac{2}{i(i+1)j(j+1)}\cos(\alpha_i - \alpha_j) \leqslant \sum_{k=1}^{n-1}\dfrac{1}{k^2(k+1)^2} + \sum_{i<j}\dfrac{2}{i(i+1)j(j+1)}$

$= \left(\sum_{k=1}^{n-1}\dfrac{1}{k(k+1)}\right)^2 = \left(1 - \dfrac{1}{n}\right)^2 < 1$ 矛盾. 所以 $f(x)$ 不恒等于零.

(2) $f(x) = \sin\alpha_1\cos x + \cos\alpha_1\sin x + \cdots + \dfrac{1}{n(n-1)}(\sin x\cos\alpha_n + \cos x\sin\alpha_n)$

$= \sin x\left(\cos\alpha_1 + \dfrac{1}{2}\cos\alpha_2 + \cdots + \dfrac{1}{n(n-1)}\cos\alpha_n\right) + \cos x\left(\sin\alpha_1 + \dfrac{1}{2}\sin\alpha_2 + \cdots + \dfrac{1}{n(n-1)}\sin\alpha_n\right)$

因为 $\sin x$, $\cos x$ 系数不全为 0,所以 $f(x)$ 可以表示为 $A\sin(x + \varphi)(A \neq 0)$.

所以 $A\sin(x_1 + \varphi) = A\sin(x_2 + \varphi)$.所以 $x_1 - x_2 = m\pi$, $(m \in \mathbf{Z})$.

17. 在 $\triangle ABC$ 中, $\angle A$, $\angle B$, $\angle C$ 所对的边为 a, b, c,若 $\dfrac{\cos A}{25} = \dfrac{\cos B}{33} = \dfrac{\cos C}{39} = k$,求 $a : b : c$.

解： $\cos C = 39k$, $\cos A = 25k$, $\cos B = 33k$,

$\cos C = -\cos(A + B)$,

$39k = \sqrt{1 - (25k)^2}\sqrt{1 - (33k)^2} - 25k \cdot 33k$,

$(65k - 1)(990k^2 + 65k + 1) = 0$,解得, $k = \dfrac{1}{65}$.

则 $\sin A=\dfrac{12}{13}$,$\sin B=\dfrac{56}{65}$,$\sin C=\dfrac{52}{65}$,

所以 $a:b:c=15:14:13$.

18. 如图 6－27,要计算西湖岸边两景点 B 与 C 的距离,由于地形的限制,需要在岸上选取 A 和 D 两点,现测得 $AD\perp CD$,$AD=$ 10 km,$AB=14$ km,$\angle BDA=60°$,$\angle BCD=135°$,求两景点 B 与 C 的距离(精确到 0.1 km).参考数据:($\sqrt{2}=1.414$,$\sqrt{3}=1.732$,$\sqrt{5}=$ 2.236.)

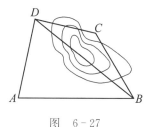

图 6－27

解: 11.3 km

设 $BD=x$,在 $\triangle ABD$ 中,由余弦定理可得,

$BA^2=BD^2+AD^2-2BD\cdot AD\cdot\cos\angle BDA$,

$x^2-10x-96=0$,

解得 $x=16$.在 $\triangle BCD$ 中,由正弦定理可得,

$BC=\dfrac{16}{\sin135°}\cdot\sin30°=8\sqrt{2}\approx11.3$(km).

19. 已知 α,β 为锐角,且 $x\cdot\left(\alpha+\beta-\dfrac{\pi}{2}\right)>0$,求证:$\left(\dfrac{\cos\alpha}{\sin\beta}\right)^x+\left(\dfrac{\cos\beta}{\sin\alpha}\right)^x<2$.

分析: 指数函数的单调性解题.

证明: 当 $x>0$ 时,$\alpha>\dfrac{\pi}{2}-\beta$,由于 α,β 为锐角,则

$\cos\alpha<\cos\left(\dfrac{\pi}{2}-\beta\right)$,$\cos\alpha<\sin\beta$,$0<\dfrac{\cos\alpha}{\sin\beta}<1$,$\left(\dfrac{\cos\alpha}{\sin\beta}\right)^x<1$,同理,$\left(\dfrac{\cos\beta}{\sin\alpha}\right)^x<1$,

所以 $\left(\dfrac{\cos\alpha}{\sin\beta}\right)^x+\left(\dfrac{\cos\beta}{\sin\alpha}\right)^x<2$.

同理,$x<0$ 时 $\left(\dfrac{\cos\alpha}{\sin\beta}\right)^x+\left(\dfrac{\cos\beta}{\sin\alpha}\right)^x<2$ 也成立.

20. 设 α,β,γ 满足 $0<\alpha<\beta<\gamma<2\pi$,若对于任意 $x\in\mathbf{R}$,$\cos(x+\alpha)+\cos(x+\beta)+\cos(x+\gamma)=0$,求 $\gamma-\alpha$.

解: $\cos(x+\alpha)+\cos(x+\beta)+\cos(x+\gamma)=0$

$\Rightarrow\cos\left(x+\dfrac{\pi}{2}+\alpha\right)+\cos\left(x+\dfrac{\pi}{2}+\beta\right)+\cos\left(x+\dfrac{\pi}{2}+\gamma\right)=0$

$\Rightarrow\sin(x+\alpha)+\sin(x+\beta)+\sin(x+\gamma)=0$,

$\begin{cases}\cos(x+\alpha)+\cos(x+\gamma)=-\cos(x+\beta),\\\sin(x+\alpha)+\sin(x+\gamma)=-\sin(x+\beta).\end{cases}$

两式分别平方,然后相加,可得:$\cos(\gamma-\alpha)=-\dfrac{1}{2}$.

同理可得:$\cos(\beta-\alpha)=-\dfrac{1}{2}$.

又因为 $\gamma-\alpha>\beta-\alpha\Rightarrow\gamma-\alpha=\dfrac{4\pi}{3}$.

21. 将函数 $f(x)=\sin\dfrac{3}{4}x\cdot\sin\dfrac{3}{4}(x+2\pi)\cdot\sin\dfrac{3}{2}(x+3\pi)$ 在区间 $(0,+\infty)$ 内的全部最值点按从小到大的顺序排成数列 $\{a_n\}$ $(n=1,2,3,\cdots)$.

(1) 求数列 $\{a_n\}$ 的通项公式;

(2) 设 $b_n=\sin a_n\sin a_{n+1}\sin a_{n+2}$, 求证: $b_n=\dfrac{(-1)^{n-1}}{4}$ $(n\in\mathbf{N}^*)$.

解: (1) $f(x)=-\dfrac{1}{4}\sin 3x$,

$f(x)$ 的最值点为 $x=\dfrac{k\pi}{3}+\dfrac{\pi}{6},k\in\mathbf{Z}$,

所以 $a_n=\dfrac{\pi}{6}+(n-1)\cdot\dfrac{\pi}{3}=\dfrac{2n-1}{6}\pi,(n\in\mathbf{N}^*)$;

(2) $b_n=\sin\dfrac{2n-1}{6}\pi\cdot\sin\dfrac{2n+1}{6}\pi\cdot\sin\dfrac{2n+3}{6}\pi$,

化简得, $b_n=\dfrac{(-1)^{n-1}}{4},(n\in\mathbf{N}^*)$.

22. 设函数 $f_n(\theta)=\sin^n\theta+(-1)^n\cos^n\theta,0\leqslant\theta\leqslant\dfrac{\pi}{4}$, 其中 n 为正整数.

(1) 判断函数 $f_1(\theta)$、$f_3(\theta)$ 的单调性, 并就 $f_1(\theta)$ 的情形证明你的结论;

(2) 证明: $2f_6(\theta)-f_4(\theta)=(\cos^4\theta-\sin^4\theta)(\cos^2\theta-\sin^2\theta)$;

(3) 对于任意给定的正整数 n, 求函数 $f_n(\theta)$ 的最大值和最小值.

解: (1) $f_1(\theta)$、$f_3(\theta)$ 在 $\left[0,\dfrac{\pi}{4}\right]$ 上均为严格增函数;

(2) 等式左边 $=2(\sin^2\theta+\cos^2\theta)(\sin^4\theta-\sin^2\theta\cos^2\theta+\cos^4\theta)-(\sin^4\theta+\cos^4\theta)=\cos^2 2\theta$,

等式右边 $=(\cos^2\theta-\sin^2\theta)^2=\cos^2 2\theta$,

所以 $2f_6(\theta)-f_4(\theta)=(\cos^4\theta-\sin^4\theta)(\cos^2\theta-\sin^2\theta)$;

(3) 当 n 为奇数时, 函数 $f_n(\theta)$ 的最大值为 0, 最小值为 -1.

当 n 为偶数时, 函数 $f_n(\theta)$ 的最大值为 1, 最小值为 $2\sqrt{\left(\dfrac{1}{2}\right)^n}$.

23. 在 $\triangle ABC$ 中, 已知 $y=2+\cos C\cos(A-B)-\cos^2 C$.

(1) 若任意交换 A,B,C 的位置, y 的值是否会发生变化? 试证明你的结论;

(2) 求 y 的最大值.

解: (1) $y=2+\cos C\cos(A-B)-\cos^2 C=2+\cos C[\cos(A-B)-\cos C]$

$\qquad=2+\cos C[\cos(A-B)+\cos(A+B)]=2+2\cos A\cos B\cos C$,

任意交换 A,B,C 的位置, y 的值不会发生变化;

(2) $2+\cos C\cos(A-B)-\cos^2 C\leqslant 2+\cos C-\cos^2 C=-\left(\cos C-\dfrac{1}{2}\right)^2+\dfrac{9}{4}$, y 取得最大值 $\dfrac{9}{4}$.

24. 已知函数 $f(x)$ 的定义域为 $\mathbf{R}$, 对任意的 x_1,x_2 都满足 $f(x_1+x_2)=f(x_1)+f(x_2)$, 当 $x<0$ 时, $f(x)<0$.

(1) 判断并证明 $f(x)$ 的单调性和奇偶性;

（2）是否存在这样的实数 m，当 $\theta \in \left[0, \dfrac{\pi}{2}\right]$ 时，使不等式 $f\left[\sin 2\theta - (2+m)(\sin\theta + \cos\theta)\right.$

$\left. - \dfrac{4}{\sin\theta + \cos\theta}\right] + f(3+2m) > 0$ 对所有 θ 恒成立，如存在，求出 m 的取值范围；若不存在，说明

理由.

解：（1）奇函数，增函数；

（2）分离参数法，可得：$\sin 2\theta - (2+m)(\sin\theta + \cos\theta) - \dfrac{4}{\sin\theta + \cos\theta} > -3 - 2m$，

令 $t = \sin\theta + \cos\theta \in \left[1, \sqrt{2}\right]$，原题转化为：$t \in \left[1, \sqrt{2}\right]$，$t^2 - 1 - (2+m)t - \dfrac{4}{t} > -3 - 2m$ 恒

成立问题.

$$m > \dfrac{t^2 + 2 - 2t - \dfrac{4}{t}}{t-2} = t + \dfrac{2}{t} \Rightarrow m > \left(t + \dfrac{2}{t}\right)_{\max} \Rightarrow m > 3.$$

平面向量

Plane Vector

§7.1　向量的概念和线性运算

1　向量的概念及表示

1. 下列各量中是向量的有＿＿＿＿＿＿＿＿．

（A）动能　　　　（B）重量　　　　（C）质量

（D）长度　　　　（E）作用力与反作用力　　　（F）温度

解： A，C，D，F 只有大小，没有方向，而 B 和 E 既有大小又有方向，故为向量．

2. 判断下列命题是否正确，若不正确，请简述理由．

① 向量$\overrightarrow{AB}$与$\overrightarrow{CD}$是共线向量，则 A，B，C，D 四点必在一直线上；

② 单位向量都相等；

③ 任一向量与它的相反向量不相等；

④ 共线的向量，若起点不同，则终点一定不同．

解： ① 不正确．可能平行但不共线；

② 不正确．方向不一定相同；

③ 不正确．零向量；

④ 不正确．两个同向且模不相等的向量．

3. 回答下列问题，并说明理由．

（1）平行向量的方向一定相同吗？

（2）共线向量一定相等吗？

（3）相等向量一定共线吗？不相等的向量一定不共线吗？

解：（1）平行向量的方向不一定相同，可能方向相反．

（2）不一定，大小不一定相等．

（3）相等向量必共线，不相等的可以是不共线的，也可以是共线的．

4. 命题"若$\vec{a} \,/\!/\, \vec{b}$，$\vec{b} \,/\!/\, \vec{c}$，则$\vec{a} \,/\!/\, \vec{c}$."　　　　　　　　　　　　（　　）．

（A）总成立　　　　　（B）当$\vec{a} \neq \vec{0}$时成立

（C）当$\vec{b} \neq \vec{0}$时成立　　（D）当$\vec{c} \neq \vec{0}$时成立

解： C.

2　向量的加法和减法

1. 若对 n 个向量 $\overrightarrow{a_1},\overrightarrow{a_2},\cdots,\overrightarrow{a_n}$ 存在 n 个不全为零的实数 $k_1,k_2,\cdots,$ k_n,使得 $k_1\overrightarrow{a_1}+k_2\overrightarrow{a_2}+\cdots+k_n\overrightarrow{a_n}=\overrightarrow{0}$ 成立,则称向量 $\overrightarrow{a_1},\overrightarrow{a_2},\cdots,\overrightarrow{a_n}$ 为"线性相关",依此规定,能说明 $\overrightarrow{a_1}=(1,0),\overrightarrow{a_2}=(1,-1),\overrightarrow{a_3}=(2,2)$"线性相关"的实数 k_1,k_2,k_3 依次可以取_____(写出一组数值即可,不必考虑所有情况).

解:$k_1:k_2:k_3=-4:2:1$(只要符合这个比例就行).

2. 已知矩形 $ABCD$ 中,宽为 2,长为 $2\sqrt{3}$,$\overrightarrow{AB}=\overrightarrow{a}$,$\overrightarrow{BC}=\overrightarrow{b}$,$\overrightarrow{AC}=\overrightarrow{c}$,试作出向量 $\overrightarrow{a}+\overrightarrow{b}+\overrightarrow{c}$,并求出其模的大小.

解:$|\overrightarrow{a}+\overrightarrow{b}+\overrightarrow{c}|=8$.

3. 设 $\overrightarrow{a}$,$\overrightarrow{b}$ 为两个相互垂直的单位向量.已知 $\overrightarrow{OP}=\overrightarrow{a}$,$\overrightarrow{OQ}=\overrightarrow{b}$,$\overrightarrow{OR}=r\overrightarrow{a}+k\overrightarrow{b}$.若 $\triangle PQR$ 为等边三角形,则 k,r 的取值为　　　　　　　　　( ).

(A) $k=r=\dfrac{-1\pm\sqrt{3}}{2}$　　　　　　　　(B) $k=\dfrac{-1\pm\sqrt{3}}{2},r=\dfrac{1\pm\sqrt{3}}{2}$

(C) $k=r=\dfrac{1\pm\sqrt{3}}{2}$　　　　　　　　(D) $k=\dfrac{1\pm\sqrt{3}}{2},r=\dfrac{-1\pm\sqrt{3}}{2}$

解:C.

4. 若 A、B、C、D 是平面内任意四点,则下列四式中正确的是　　　( ).
① $\overrightarrow{AC}+\overrightarrow{BD}=\overrightarrow{BC}+\overrightarrow{AD}$　　　　　　② $\overrightarrow{AC}-\overrightarrow{BD}=\overrightarrow{DC}+\overrightarrow{AB}$
③ $\overrightarrow{AB}-\overrightarrow{AC}-\overrightarrow{DB}=\overrightarrow{DC}$　　　　　　④ $\overrightarrow{AB}+\overrightarrow{BC}-\overrightarrow{AD}=\overrightarrow{DC}$
(A) 1　　　　　　(B) 2　　　　　　(C) 3　　　　　　(D) 4

解:C.

5. 设 a 表示"向东走 10 km",b 表示"向西走 5 km",c 表示"向北走 10 km",d 表示"向南走 5 km".说明下列向量的意义.
(1) $\overrightarrow{a}+\overrightarrow{b}$.　(2) $\overrightarrow{b}+\overrightarrow{d}$.　(3) $\overrightarrow{d}+\overrightarrow{a}+\overrightarrow{d}$.

解:(1) $\overrightarrow{a}+\overrightarrow{b}$ 表示向东走 5 km.

(2) $\overrightarrow{b}+\overrightarrow{d}$ 表示向西南走 $5\sqrt{2}$ km.

(3) $\overrightarrow{d}+\overrightarrow{a}+\overrightarrow{d}$ 表示向东南走 $10\sqrt{2}$ km.

6. 在图 7-10 的正六边形 $ABCDEF$ 中,$\overrightarrow{AB}=\overrightarrow{a}$,$\overrightarrow{AF}=\overrightarrow{b}$,求 $\overrightarrow{AC},\overrightarrow{AD},\overrightarrow{AE}$.

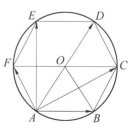

图　7-10

解:$\overrightarrow{AC}=\overrightarrow{AO}+\overrightarrow{AB}=\overrightarrow{a}+\overrightarrow{b}+\overrightarrow{a}=2\overrightarrow{a}+\overrightarrow{b}$;

$\overrightarrow{AD}=2\overrightarrow{AO}=2(\overrightarrow{a}+\overrightarrow{b})=2\overrightarrow{a}+2\overrightarrow{b}$;

$\overrightarrow{AE}=\overrightarrow{AD}-\overrightarrow{AB}=2\overrightarrow{a}+2\overrightarrow{b}-\overrightarrow{a}=\overrightarrow{a}+2\overrightarrow{b}$.

3　实数与向量的乘法

1. 已知向量 $\vec{a}$、$\vec{b}$ 是两非零向量,在下列四个条件中,能使 $\vec{a}$、$\vec{b}$ 共线的条件是　　　　　　　　　　　　　　　(　　).

① $2\vec{a}-3\vec{b}=4\vec{e}$ 且 $\vec{a}+2\vec{b}=-3\vec{e}$;

② 存在相异实数 λ、u,使 $\lambda\vec{a}+u\vec{b}=0$;

③ $x\vec{a}+y\vec{b}=0$(其中实数 x、y 满足 $x+y=0$);

④ 已知梯形 $ABCD$ 中,其中 $\overrightarrow{AB}=\vec{a}$、$\overrightarrow{CD}=\vec{b}$.

(A) ①②　　　　　(B) ①③　　　　　(C) ②④　　　　　(D) ③④

解:A.

2. 判断下列命题的真假:

(1) 若 $\overrightarrow{AB}$ 与 $\overrightarrow{CD}$ 是共线向量,则 A、B、C、D 四点共线.

(2) 若 $\overrightarrow{AB}+\overrightarrow{BC}+\overrightarrow{CA}=\mathbf{0}$,则 A、B、C 三点共线.

(3) $\lambda\in\mathbf{R}$,则 $|\lambda\vec{a}|>|\vec{a}|$.

(4) 平面内任意三个向量中的每一个向量都可以用另外两个向量的线性组合表示.

解:四个命题均是错误的.

3. 已知在 $\triangle ABC$ 中,D 是 BC 上的一点,且 $\dfrac{BD}{DC}=\lambda$,试求证:$\overrightarrow{AD}=\dfrac{\overrightarrow{AB}+\lambda\overrightarrow{AC}}{1+\lambda}$.

证明:$\dfrac{BD}{DC}=\lambda$,

则 $\overrightarrow{BD}=\lambda\overrightarrow{DC}$

由向量求和的三角形法则知(参见题3解析图):

$\overrightarrow{AD}=\overrightarrow{AB}+\overrightarrow{BD}=\overrightarrow{AB}+\lambda\overrightarrow{DC}$　　①

$\overrightarrow{AD}=\overrightarrow{AC}+\overrightarrow{CD}=\overrightarrow{AC}-\overrightarrow{DC}$　　②

再由①$+\lambda$②得:$\overrightarrow{AD}+\lambda\overrightarrow{AD}=\overrightarrow{AB}+\lambda\overrightarrow{AC}$

则 $\overrightarrow{AD}=\dfrac{\overrightarrow{AB}+\lambda\overrightarrow{AC}}{1+\lambda}$.

题3解析图

4. 已知 $\overrightarrow{AD}=3\overrightarrow{AB}$,$\overrightarrow{DE}=3\overrightarrow{BC}$.试判断 $\overrightarrow{AC}$ 与 $\overrightarrow{AE}$ 是否共线.

解:由于 $\overrightarrow{AE}=\overrightarrow{AD}+\overrightarrow{DE}=3\overrightarrow{AB}+3\overrightarrow{BC}=3(\overrightarrow{AB}+\overrightarrow{BC})=3\overrightarrow{AC}$

则 $\overrightarrow{AC}$ 与 $\overrightarrow{AE}$ 共线.

5. 已知在四边形 $ABCD$ 中,$\overrightarrow{AB}=\vec{a}+2\vec{b}$,$\overrightarrow{BC}=-4\vec{a}-\vec{b}$,$\overrightarrow{CD}=-5\vec{a}-3\vec{b}$,求证:四边形 $ABCD$ 是梯形.

证明:参见题5解析图,显然 $\overrightarrow{AB}\neq\lambda\overrightarrow{CD}$,$\overrightarrow{AD}=\overrightarrow{AC}+\overrightarrow{CD}=\overrightarrow{AB}+\overrightarrow{BC}+\overrightarrow{CD}$

$=(\vec{a}+2\vec{b})+(-4\vec{a}-\vec{b})+(-5\vec{a}-3\vec{b})=2(-4\vec{a}-\vec{b})=2\overrightarrow{BC}$

题5解析图

又 B 点不在 AD 上,则 $AD\neq BC$,$AD\parallel BC$,

则四边形 $ABCD$ 是梯形.

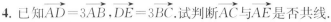

6. 已知梯形 $ABCD$ 中，$|\overrightarrow{AB}|=2|\overrightarrow{DC}|$，$M$、$N$ 分别是 DC、AB 的中点，若 $\overrightarrow{AB}=\overrightarrow{e_1}$，$\overrightarrow{AD}=\overrightarrow{e_2}$，用 $\overrightarrow{e_1}$、$\overrightarrow{e_2}$ 表示 $\overrightarrow{DC}$、$\overrightarrow{BC}$、$\overrightarrow{MN}$.

解： 参见题 6 解析图，

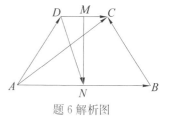

（1）$\overrightarrow{DC}=\dfrac{1}{2}\overrightarrow{AB}=\dfrac{1}{2}\overrightarrow{e_1}=\dfrac{1}{2}\overrightarrow{e_1}+0\overrightarrow{e_2}$.

（2）$\overrightarrow{BC}=\overrightarrow{AC}-\overrightarrow{AB}=\overrightarrow{AD}+\overrightarrow{DC}-\overrightarrow{AB}$

$\qquad =\overrightarrow{e_2}+\dfrac{1}{2}\overrightarrow{e_1}-\overrightarrow{e_1}=\overrightarrow{e_2}-\dfrac{1}{2}\overrightarrow{e_1}$.

题 6 解析图

（3）$\overrightarrow{MN}=\overrightarrow{MD}+\overrightarrow{DN}=-\dfrac{1}{2}\overrightarrow{DC}+(-\overrightarrow{BC})=-\dfrac{1}{2}\times\dfrac{1}{2}\overrightarrow{e_1}-\overrightarrow{e_2}+\dfrac{1}{2}\overrightarrow{e_1}=\dfrac{1}{4}\overrightarrow{e_1}-\overrightarrow{e_2}$.

7. 在 $\triangle ABC$ 中，$AC=6$，$BC=7$，$\cos A=\dfrac{1}{5}$，O 是 $\triangle ABC$ 的内心，若 $\overrightarrow{OP}=x\overrightarrow{OA}+y\overrightarrow{OB}$，其中 $0\leqslant x\leqslant1$，$0\leqslant y\leqslant1$，则动点 P 的轨迹所覆盖的面积为 _____.

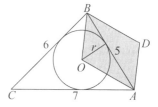

解： 参见题 7 解析图，由余弦定理得 $AB=5\triangle ABC$ 的内切圆

题 7 解析图

半径 $r=\dfrac{2S\triangle ABC}{18}=\dfrac{6\cdot5\cdot\sqrt{1-\dfrac{1}{25}}}{18}=\dfrac{2\sqrt{6}}{3}$，而 $\overrightarrow{OP}=x\overrightarrow{OA}+$

$y\overrightarrow{OB}$，其中 $0\leqslant x\leqslant1$，$0\leqslant y\leqslant1$，则动点 P 的轨迹所覆盖的区域如图所示就是平行四边形 $ADBO$，即 $S=2S_{\triangle AOB}=\dfrac{10\sqrt{6}}{3}$.

8. 参见题 8 解析图，在平面直角坐标系中，O 为坐标原点，设向量 $\overrightarrow{OA}=(1,2)$，$\overrightarrow{OB}=(2,-1)$，若 $\overrightarrow{OP}=x\overrightarrow{OA}+y\overrightarrow{OB}$ 且 $1\leqslant x\leqslant y\leqslant2$，则求出点 P 所有可能的位置所构成的区域面积.

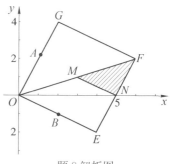

解： 作 $\overrightarrow{OG}=2\overrightarrow{OA}$，$\overrightarrow{OE}=2\overrightarrow{OB}$，

$\overrightarrow{OF}=2\overrightarrow{OA}+2\overrightarrow{OB}$

M、N 为 OF、EF 中点，则 P 在 $\triangle MNF$ 内，

面积为 $\dfrac{5}{2}$.

题 8 解析图

§7.2　向量的数量积

1. 已知 $\overrightarrow{a}$，$\overrightarrow{b}$，$\overrightarrow{c}$ 是三个非零向量，则下列命题中真命题的个数为（　　）.

① $|\overrightarrow{a}\cdot\overrightarrow{b}|=|\overrightarrow{a}|\cdot|\overrightarrow{b}|\Leftrightarrow\overrightarrow{a}/\!/\overrightarrow{b}$；　② $\overrightarrow{a}$，$\overrightarrow{b}$ 反向 $\Leftrightarrow\overrightarrow{a}\cdot\overrightarrow{b}=-|\overrightarrow{a}|\cdot|\overrightarrow{b}|$；

③ $\overrightarrow{a}\perp\overrightarrow{b}\Leftrightarrow|\overrightarrow{a}+\overrightarrow{b}|=|\overrightarrow{a}-\overrightarrow{b}|$；　　④ $|\overrightarrow{a}|=|\overrightarrow{b}|\Leftrightarrow|\overrightarrow{a}\cdot\overrightarrow{c}|=|\overrightarrow{b}\cdot\overrightarrow{c}|$.

（A）1　　　　　　　　　　　　　（B）2

（C）3　　　　　　　　　　　　　（D）4

解： ④错，所以选 C.

2. 已知向量 $\vec{i}$，$\vec{j}$ 为相互垂直的单位向量，$\vec{a}+\vec{b}=2\vec{i}-8\vec{j}$，$\vec{a}-\vec{b}=-8\vec{i}+16\vec{j}$，求 $\vec{a}\cdot\vec{b}$.

解：$\vec{a}\cdot\vec{b}=(-3\vec{i}+4\vec{j})\cdot(5\vec{i}-12\vec{j})=-15-48=-63$.

3. 如图 7-14 所示，已知平行四边形 $ABCD$，$\overrightarrow{AB}=\vec{a}$，$\overrightarrow{AD}=\vec{b}$，$|\vec{a}|=4$，$|\vec{b}|=2$，求：$\overrightarrow{OA}\cdot\overrightarrow{OB}$.

解：$\overrightarrow{OA}\cdot\overrightarrow{OB}=-\dfrac{1}{2}(\vec{a}+\vec{b})\cdot\dfrac{1}{2}(\vec{a}-\vec{b})$

图 7-14

$=-\dfrac{1}{4}(|\vec{a}|^2-|\vec{b}|^2)=-3$.

4. 设 $|\vec{a}|=6$，$|\vec{b}|=10$，$|\vec{a}-\vec{b}|=4\sqrt{6}$，求 $\vec{a}$ 与 $\vec{b}$ 的夹角 θ 的余弦值.

解：$96=|\vec{a}-\vec{b}|^2=|\vec{a}|^2+|\vec{b}|^2-2\vec{a}\cdot\vec{b}=(4\sqrt{6})^2=96\Rightarrow\vec{a}\cdot\vec{b}=20$，$\cos\theta=$

$\dfrac{\vec{a}\cdot\vec{b}}{|\vec{a}|\cdot|\vec{b}|}=\dfrac{20}{6\times10}=\dfrac{1}{3}$.

5. 已知 $\vec{a}\perp\vec{b}$，$|\vec{a}|=2$，$|\vec{b}|=3$，当 $(3\vec{a}-2\vec{b})\perp(\lambda\vec{a}+\vec{b})$ 时，求实数 λ 的值.

解：$(3\vec{a}-2\vec{b})\cdot(\lambda\vec{a}+\vec{b})=0\Rightarrow\lambda=\dfrac{3}{2}$.

6. 已知不共线向量 $\vec{a}$，$\vec{b}$，$|\vec{a}|=3$，$|\vec{b}|=2$，且向量 $\vec{a}+\vec{b}$ 与 $\vec{a}-2\vec{b}$ 垂直. 求：$\vec{a}$ 与 $\vec{b}$ 的夹角 θ 的余弦值.

解：$(\vec{a}+\vec{b})\cdot(\vec{a}-2\vec{b})=0\Rightarrow|\vec{a}|^2-\vec{a}\cdot\vec{b}-2|\vec{b}|^2=0\Rightarrow\vec{a}\cdot\vec{b}=1$，$\cos\theta=\dfrac{1}{6}$.

7. 已知 $|\vec{a}|=3$，$|\vec{b}|=4$，且 $\vec{a}$ 与 $\vec{b}$ 不共线，k 为何值时，向量 $\vec{a}+k\vec{b}$ 与 $\vec{a}-k\vec{b}$ 互相垂直？

解：$0=(\vec{a}+k\vec{b})\cdot(\vec{a}-k\vec{b})=|\vec{a}|^2-k^2|\vec{b}|^2$，

则 $k^2=\dfrac{|\vec{a}|^2}{|\vec{b}|^2}=\dfrac{9}{16}$，

则 $k=\pm\dfrac{3}{4}$.

8. 在 $\triangle ABC$ 中，已知 $\overrightarrow{AB}\cdot\overrightarrow{AC}=4$，$\overrightarrow{AB}\cdot\overrightarrow{BC}=-12$，求 $|\overrightarrow{AB}|$.

解：$\overrightarrow{AB}\cdot\overrightarrow{AC}-\overrightarrow{AB}\cdot\overrightarrow{BC}=\overrightarrow{AB}\cdot(\overrightarrow{AC}-\overrightarrow{BC})=|\overrightarrow{AB}|^2=4-(-12)=16\Rightarrow|\overrightarrow{AB}|=4$.

9. 在 $\triangle ABC$ 中，$\overrightarrow{AB}=\vec{a}$，$\overrightarrow{BC}=\vec{b}$，且 $\vec{a}\cdot\vec{b}>0$，则 $\triangle ABC$ 的形状是 ＿＿＿＿＿＿.

解：$\overrightarrow{BA}\cdot\overrightarrow{BC}<0\Rightarrow\cos B<0$，故 $\triangle ABC$ 是钝角三角形.

10. 已知向量 $\vec{a}=(2,4)$，$\vec{b}=(1,1)$. 若向量 $\vec{b}\perp(\vec{a}+\lambda\vec{b})$，则实数 λ 的值是 ＿＿＿＿.

解：$0=\vec{b}\cdot(\vec{a}+\lambda\vec{b})=\vec{a}\cdot\vec{b}+\lambda|\vec{b}|^2$

则 $0=\vec{a}\cdot\vec{b}+\lambda|\vec{b}|=6+2\lambda$，

则 $\lambda=-3$.

11. 如图 7-15，在四边形 $ABCD$ 中，$|\overrightarrow{AB}|+|\overrightarrow{BD}|+|\overrightarrow{DC}|=4$，$\overrightarrow{AB}\cdot\overrightarrow{BD}=\overrightarrow{BD}\cdot\overrightarrow{DC}=0$，$|\overrightarrow{AB}|\cdot|\overrightarrow{BD}|+|\overrightarrow{BD}|\cdot|\overrightarrow{DC}|=4$，求 $(\overrightarrow{AB}+\overrightarrow{DC})\cdot\overrightarrow{AC}$ 的值.

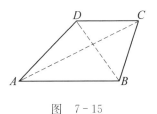

图 7-15

解：$(\overrightarrow{AB}+\overrightarrow{DC})\cdot\overrightarrow{AC}=4$.

12. 如图 7-16，在 Rt△ABC 中，已知 $BC=a$，若长为 $2a$ 的线段 PQ 以点 A 为中点.问 $\overrightarrow{PQ}$ 与 $\overrightarrow{BC}$ 的夹角 θ 为何值时，$\overrightarrow{BP}\cdot\overrightarrow{CQ}$ 的值最大？并求出这个最大值.

解：由于 $\overrightarrow{AB}\perp\overrightarrow{AC}$，则 $\overrightarrow{AB}\cdot\overrightarrow{AC}=0$.由于

$\overrightarrow{AP}=-\overrightarrow{AQ}$，$\overrightarrow{BP}=\overrightarrow{AP}-\overrightarrow{AB}$，$\overrightarrow{CQ}=\overrightarrow{AQ}-\overrightarrow{AC}$，

则 $\overrightarrow{BP}\cdot\overrightarrow{CQ}=(\overrightarrow{AP}-\overrightarrow{AB})\cdot(\overrightarrow{AQ}-\overrightarrow{AC})=\overrightarrow{AP}\cdot\overrightarrow{AQ}-\overrightarrow{AP}\cdot\overrightarrow{AC}$

$-\overrightarrow{AB}\cdot\overrightarrow{AQ}+\overrightarrow{AB}\cdot\overrightarrow{AC}=-a^2+\overrightarrow{AP}(\overrightarrow{AB}-\overrightarrow{AC})=-a^2+\dfrac{1}{2}\overrightarrow{PQ}\cdot$

$\overrightarrow{BC}=-a^2+a^2\cos\theta$.

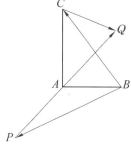

当 $\cos\theta=1$，即 $\theta=0$，($\overrightarrow{PQ}$ 与 $\overrightarrow{BC}$ 方向相同时），$\overrightarrow{BP}\cdot\overrightarrow{CQ}$ 最小，即

图　7-16

最大值为 0.

13. 已知△ABC 中满足 $(\overrightarrow{AB})^2=\overrightarrow{AB}\cdot\overrightarrow{AC}+\overrightarrow{BA}\cdot\overrightarrow{BC}+\overrightarrow{CA}\cdot\overrightarrow{CB}$，$a,b,c$ 分别是△ABC 的三边.试判断△ABC 的形状，并求 $\sin A+\sin B$ 的取值范围.

解：由于 $(\overrightarrow{AB})^2=\overrightarrow{AB}\cdot\overrightarrow{AC}+\overrightarrow{BA}\cdot\overrightarrow{BC}+\overrightarrow{CA}\cdot\overrightarrow{CB}$，

$(\overrightarrow{AB})^2=\overrightarrow{AB}\cdot(\overrightarrow{AC}+\overrightarrow{CB})+\overrightarrow{CA}\cdot\overrightarrow{CB}$，即 $(\overrightarrow{AB})^2=\overrightarrow{AB}\cdot\overrightarrow{AB}+\overrightarrow{CA}\cdot\overrightarrow{CB}$，

即 $\overrightarrow{CA}\cdot\overrightarrow{CB}=0$，△ABC 是以 C 为直角顶点的直角三角形，

则 $\sin A+\sin B=\sin A+\cos A=\sqrt{2}\sin\left(A+\dfrac{\pi}{4}\right)$，$A\in\left(0,\dfrac{\pi}{2}\right)$，

则 $\sin A+\sin B$ 的取值范围为 $(1,\sqrt{2}]$.

14. 设边长为 1 的正△ABC 的边 BC 上有 n 等分点，沿点 B 到点 C 的方向，依次为 P_1，$P_2,\cdots,P_{n-1}$，若 $S_n=\overrightarrow{AB}\cdot\overrightarrow{AP_1}+\overrightarrow{AP_1}\cdot\overrightarrow{AP_2}+\cdots+\overrightarrow{AP_{n-1}}\cdot\overrightarrow{AC}$，求证：$S_n=\dfrac{5n^2-2}{6n}$.

证明：设 $\overrightarrow{AB}=\vec{c}$，$\overrightarrow{AC}=\vec{b}$，$\overrightarrow{BC}=\vec{a}$，令 $\dfrac{1}{n}\overrightarrow{BC}=\vec{p}$，则 $\overrightarrow{AP_k}=\overrightarrow{AB}+\overrightarrow{BP_k}=\vec{c}+k\vec{p}$，($k=0,1$，$2,\cdots,n$).其中，$\overrightarrow{AP_0}=\overrightarrow{AB}$，$\overrightarrow{AP_n}=\overrightarrow{AC}$.

则 $\overrightarrow{AP_{k-1}}\cdot\overrightarrow{AP_k}=[\vec{c}+(k-1)\vec{p}]\cdot(\vec{c}+k\vec{p})=\vec{c}^2+(2k-1)\vec{c}\cdot\vec{p}+k(k-1)\vec{p}^2$.

又由于 $S_n=\overrightarrow{AB}\cdot\overrightarrow{AP_1}+\overrightarrow{AP_1}\cdot\overrightarrow{AP_2}+\cdots+\overrightarrow{AP_{n-1}}\cdot\overrightarrow{AC}$，

则 $S_n=n\vec{c}^2+\left[\sum\limits_{k=1}^{n}(2k-1)\right]\vec{c}\cdot\vec{p}+\left[\sum\limits_{k=1}^{n}k(k-1)\right]\vec{p}^2$

$=n\vec{c}^2+n^2\vec{c}\cdot\vec{p}+\dfrac{n(n+1)(n-1)}{3}(n\vec{p})^2$

$=n\vec{c}^2+n\vec{c}\cdot(n\vec{p})+\dfrac{n^2-1}{3n}(n\vec{p})^2=n\vec{c}^2+n\vec{c}\cdot\vec{a}+\dfrac{n^2-1}{3n}\vec{a}^2$.

又由于 $|\vec{a}|=|\vec{b}|=|\vec{c}|=1$，$\vec{c}$ 与 $\vec{a}$ 的夹角为 $120°$，

则 $S_n=n-\dfrac{1}{2}n+\dfrac{n^2-1}{3n}=\dfrac{5n^2-2}{6n}$.

15. 在△ABC 中，$\overrightarrow{AB}=\vec{a}$，$\overrightarrow{BC}=\vec{c}$，$\overrightarrow{CA}=\vec{b}$，又 $(\vec{c}\cdot\vec{b}):(\vec{b}\cdot\vec{a}):(\vec{a}\cdot\vec{c})=1:2:3$，则△ABC 三边长之比 $|\vec{a}|:|\vec{b}|:|\vec{c}|=$ _____.

解：$(\overrightarrow{CA} \cdot \overrightarrow{CB}) : (\overrightarrow{AB} \cdot \overrightarrow{AC}) : (\overrightarrow{BA} \cdot \overrightarrow{BC}) = 1 : 2 : 3$

$(|\vec{c}| \cdot |\vec{b}| \cos C) : (|\vec{b}| \cdot |\vec{a}| \cos A) : (|\vec{a}| \cdot |\vec{c}| \cos B) = 1 : 2 : 3$

$(|\vec{b}|^2 + |\vec{c}|^2 - |\vec{a}|^2) : (|\vec{a}|^2 + |\vec{b}|^2 - |\vec{c}|^2) : (|\vec{a}|^2 + |\vec{c}|^2 - |\vec{b}|^2) = 1 : 2 : 3$

$|\vec{a}| : |\vec{b}| : |\vec{c}| = \sqrt{5} : \sqrt{3} : 2.$

16. 设 $\triangle ABC$ 垂心、外心分别为 H，O，外接圆的半径为 3，且 $|OH| = 1$，$|BC| = a$，$|CA| = b$，$|AB| = c$，求 $a^2 + b^2 + c^2$ 的值.

解：连 BO 交圆于 M 点，容易证 $AH \parallel MC$，$AM \parallel HC$，则四边形 $AMCH$ 是平行四边形.
则 $\overrightarrow{AH} = \overrightarrow{MC}$. 取 BC 中点为 N. 则 $\overrightarrow{MC} = 2\overrightarrow{ON} = \overrightarrow{OB} + \overrightarrow{OC}$.
则 $\overrightarrow{OH} = \overrightarrow{OA} + \overrightarrow{AH} = \overrightarrow{OA} + \overrightarrow{MC} = \overrightarrow{OA} + 2\overrightarrow{ON} = \overrightarrow{OA} + \overrightarrow{OB} + \overrightarrow{OC}$.
$\overrightarrow{OH} = \overrightarrow{OA} + \overrightarrow{OB} + \overrightarrow{OC}$
$\Rightarrow |\overrightarrow{OH}|^2 = |\overrightarrow{OA}|^2 + |\overrightarrow{OB}|^2 + |\overrightarrow{OC}|^2 + 2(\overrightarrow{OA} \cdot \overrightarrow{OB} + \overrightarrow{OA} \cdot \overrightarrow{OC} + \overrightarrow{OB} \cdot \overrightarrow{OC})$
$\Rightarrow 1 = 27 + 2(|\overrightarrow{OA}| \cdot |\overrightarrow{OB}| \cos \angle AOB + |\overrightarrow{OB}| \cdot |\overrightarrow{OC}| \cos \angle BOC + |\overrightarrow{OA}| \cdot |\overrightarrow{OC}| \cos \angle AOC)$

$\Rightarrow 1 = 27 + 2\left(9 \cdot \dfrac{18 - c^2}{18} + 9 \cdot \dfrac{18 - a^2}{18} + 9 \cdot \dfrac{18 - b^2}{18}\right) \Rightarrow a^2 + b^2 + c^2 = 80.$

17. 设 $\triangle ABC$ 是边长为 1 的正三角形，点 P_1，P_2，P_3 四等分线段 BC（如图 $7-17$ 所示）.

（1）求 $\overrightarrow{AB} \cdot \overrightarrow{AP_1} + \overrightarrow{AP_1} \cdot \overrightarrow{AP_2}$ 的值；

（2）Q 为线段 AP_1 上一点，若 $\overrightarrow{AQ} = m\overrightarrow{AB} + \dfrac{1}{12}\overrightarrow{AC}$，求实数 m 的值；

（3）P 为边 BC 上一动点，当 $\overrightarrow{PA} \cdot \overrightarrow{PC}$ 取最小值时，求 $\cos \angle PAB$ 的值.

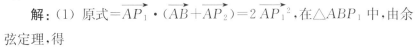

图 $7-17$

解：（1）原式 $= \overrightarrow{AP_1} \cdot (\overrightarrow{AB} + \overrightarrow{AP_2}) = 2\overrightarrow{AP_1}^2$，在 $\triangle ABP_1$ 中，由余弦定理，得

$$AP_1^2 = 1 + \dfrac{1}{16} - 2 \times 1 \times \dfrac{1}{4} \times \cos 60^0 = \dfrac{13}{16}，所以 \overrightarrow{AB} \cdot \overrightarrow{AP_1} + \overrightarrow{AP_1} \cdot \overrightarrow{AP_2} = \dfrac{13}{8}；$$

（2）易知 $\overrightarrow{BP_1} = \dfrac{1}{4}\overrightarrow{BC}$，即 $\overrightarrow{AP_1} - \overrightarrow{AB} = \dfrac{1}{4}(\overrightarrow{AC} - \overrightarrow{AB})$，即 $\overrightarrow{AP_1} = \dfrac{3}{4}\overrightarrow{AB} + \dfrac{1}{4}\overrightarrow{AC}$，因为 Q 为

线段 AP_1 上一点，设 $\overrightarrow{AQ} = \lambda\overrightarrow{AP} = \dfrac{3}{4}\lambda\overrightarrow{AB} + \dfrac{1}{4}\lambda\overrightarrow{AC} = m\overrightarrow{AB} + \dfrac{1}{12}\overrightarrow{AC}$，所以 $m = \dfrac{1}{4}$；

（3）① 当 P 在线段 BP_2 上时，$\overrightarrow{PA} \cdot \overrightarrow{PC} \geqslant 0$；

② 当 P 在线段 P_2C 上时，$\overrightarrow{PA} \cdot \overrightarrow{PC} \leqslant 0$；要使 $\overrightarrow{PA} \cdot \overrightarrow{PC}$ 最小，则 P 必在线段 P_2C 上，设 $|\overrightarrow{PC}| = x$，则 $\overrightarrow{PA} \cdot \overrightarrow{PC} = |\overrightarrow{PA}| \cdot |\overrightarrow{PC}| \cos \angle APC$

$$= -|\overrightarrow{PA}| \cdot |\overrightarrow{PC}| \cos \angle APB = -|\overrightarrow{PC}| |\overrightarrow{PP_2}| = x^2 - \dfrac{1}{2}x$$

当 $x = \dfrac{1}{4}$ 时，即当 P 为 P_3 时，$\overrightarrow{PA} \cdot \overrightarrow{PC}$ 最小，

此时由余弦定理可求得 $\cos\angle PAB=\dfrac{5}{26}\sqrt{13}$.

18. 平面四边形 $ABCD$ 中,$\overrightarrow{AB}=\vec{a}$,$\overrightarrow{BC}=\vec{b}$,$\overrightarrow{CD}=\vec{c}$,$\overrightarrow{DA}=\vec{d}$,且 $\vec{a}\cdot\vec{b}=\vec{b}\cdot\vec{c}=\vec{c}\cdot\vec{d}$ $=\vec{d}\cdot\vec{a}$,判断四边形 $ABCD$ 的形状.

证明: 由四边形 $ABCD$ 可知,$\vec{a}+\vec{b}+\vec{c}+\vec{d}=\vec{0}$(首尾相接)

$\therefore$ $\vec{a}+\vec{b}=-(\vec{c}+\vec{d})$,即 $(\vec{a}+\vec{b})^2=(\vec{c}+\vec{d})^2$ 展开得 $|\vec{a}|^2+2\vec{a}\cdot\vec{b}+|\vec{b}|^2=|\vec{c}|^2+$ $2\vec{c}\cdot\vec{d}+|\vec{d}|^2$

$\because$ $\vec{a}\cdot\vec{b}=\vec{c}\cdot\vec{d}$, $\therefore$ $|\vec{a}|^2+|\vec{b}|^2=|\vec{c}|^2+|\vec{d}|^2$ $\hfill(1)$

同理可得 $|\vec{a}|^2+|\vec{d}|^2=|\vec{b}|^2+|\vec{c}|^2$ $\hfill(2)$

$(1)-(2)$ 得 $|\vec{b}|^2=|\vec{d}|^2\Rightarrow|\vec{a}|^2=|\vec{c}|^2$,

$\therefore$ $|\vec{b}|=|\vec{d}|$,$|\vec{a}|=|\vec{c}|$,即 $|AB|=|CD|$,$|BC|=|DA|$,

故四边形 $ABCD$ 是平行四边形.由此 $\vec{a}=-\vec{c}$,$\vec{b}=-\vec{d}$

又 $\because$ $\vec{a}\cdot\vec{b}=\vec{b}\cdot\vec{c}$,即 $\vec{b}(\vec{a}-\vec{c})=0$ $\therefore$ $\vec{b}\cdot(2\vec{a})=0$ 即 $\vec{a}\perp\vec{b}\Rightarrow AB\perp BC$

故四边形 $ABCD$ 是矩形.

19. 如图 $7-18$,设 $\triangle ABC$ 的外心为 O,以线段 OA,OB 为邻边作平行四边形,第四个顶点为 D,再以 OC 与 OD 为邻边作平行四边形,它的第四个顶点为 H,

(1) 若 $\overrightarrow{OA}=\vec{a}$,$\overrightarrow{OB}=\vec{b}$,$\overrightarrow{OC}=\vec{c}$,试用 $\vec{a}$、$\vec{b}$、$\vec{c}$ 表示 $\overrightarrow{OH}$;

(2) 证明:$AH\perp BC$;

(3) 设 $\triangle ABC$ 的中,$\angle A=60°$,$\angle B=45°$,外接圆半径为 R,用 R 表示 $|\overrightarrow{OH}|$.

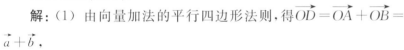

图 $7-18$

解:(1) 由向量加法的平行四边形法则,得 $\overrightarrow{OD}=\overrightarrow{OA}+\overrightarrow{OB}=$ $\vec{a}+\vec{b}$,

$\overrightarrow{OH}=\overrightarrow{OC}+\overrightarrow{OD}=\vec{c}+\vec{a}+\vec{b}$;

(2) $\overrightarrow{AH}=\overrightarrow{OH}-\overrightarrow{OA}=\vec{c}+\vec{b}$, $\therefore$ $\overrightarrow{AH}\cdot\overrightarrow{BC}=(\vec{c}+\vec{b})\cdot(\vec{c}-\vec{b})=\vec{c}^2-\vec{b}^2=$ $|\vec{c}|^2-|\vec{b}|^2$,

$\because$ O 为 $\triangle ABC$ 的外心, $\therefore$ $|\vec{a}|=|\vec{b}|=|\vec{c}|$,即 $\overrightarrow{AH}\cdot\overrightarrow{BC}=0$,

$\therefore$ $\overrightarrow{AH}\pm\overrightarrow{BC}=0$,$AH\perp BC$;

(3) 在 $\triangle ABC$ 中,$\angle A=60°$,$\angle B=45°$,

则 $\angle BOC=2\angle A=120°$,$\angle AOC=2\angle B=90°$,$\angle AOB=150°$,外接圆半径为 R,

因为 $|\overrightarrow{OH}|^2=\overrightarrow{OH}^2=(\vec{a}+\vec{b}+\vec{c})^2=\vec{a}^2+\vec{b}^2+\vec{c}^2+2\vec{a}\cdot\vec{b}+2\vec{a}\cdot\vec{c}+2\vec{b}\cdot\vec{c}$

$=|\vec{a}|^2+|\vec{b}|^2+|\vec{c}|^2+2|\vec{a}||\vec{b}|\cos150°+2|\vec{a}||\vec{c}|\cos90°+2|\vec{b}||\vec{c}|\cos120^2$

$=R^2+R^2+R^2-\sqrt{3}R^2+0-R^2=(2-\sqrt{3})R^2$,

所以 $|\overrightarrow{OH}|=\dfrac{\sqrt{6}-\sqrt{2}}{2}R$.

§7.3 向量的坐标表示

1 向量基本定理

1. 设 $\vec{a}$，$\vec{b}$ 是不共线的两个非零向量，$\overrightarrow{OM}=m\vec{a}$，$\overrightarrow{ON}=n\vec{b}$，$\overrightarrow{OP}=\alpha\vec{a}+\beta\vec{b}$，其中 m，n，α，β 均为实数，$m\neq0$，$n\neq0$，若 M，P，N 三点共线，求证：$\dfrac{\alpha}{m}+\dfrac{\beta}{n}=1$.

证明： $\because$ M、P、N 三点共线，$\therefore$ 存在实数 λ，使得 $\overrightarrow{MP}=\lambda\overrightarrow{PN}$，

$\therefore$ $\overrightarrow{OP}=\dfrac{\overrightarrow{OM}+\lambda\overrightarrow{ON}}{1+\lambda}=\dfrac{m}{1+\lambda}\vec{a}+\dfrac{\lambda n}{1+\lambda}\vec{b}$，

$\because$ $\vec{a}$、$\vec{b}$ 不共线，$\therefore$ $\begin{cases}\alpha=\dfrac{m}{1+\lambda},\\[2mm]\beta=\dfrac{\lambda n}{1+\lambda}.\end{cases}$

$\therefore$ $\dfrac{\alpha}{m}+\dfrac{\beta}{n}=\dfrac{1}{1+\lambda}+\dfrac{\lambda}{1+\lambda}=1$.

2. 在等边三角形 ABC 中，点 O 是边 BC 的三等分点（靠近点 C），过点 O 的直线分别交直线 AB，AC 于不同的两点 M，N，若 $\overrightarrow{AB}=m\overrightarrow{AM}$，$\overrightarrow{AC}=n\overrightarrow{AN}$，求 mn 的最大值.

解： $\overrightarrow{AO}=\dfrac{1}{3}\overrightarrow{AB}+\dfrac{2}{3}\overrightarrow{AC}$

$=\dfrac{m}{3}\overrightarrow{AM}+\dfrac{2n}{3}\overrightarrow{AN}$

$\dfrac{m}{3}+\dfrac{2n}{3}=1$

$m=3-2n$

$mn=-2n^2+3n=-2\left(n-\dfrac{3}{4}\right)^2+\dfrac{9}{8}$

$(mn)_{\max}=\dfrac{9}{8}$.

3. 在 $\triangle ABC$ 中，设 $\overrightarrow{AB}=\vec{a}$，$\overrightarrow{AC}=\vec{b}$，$\overrightarrow{AP}=\vec{c}$，$\overrightarrow{AD}=\lambda\vec{a}$，$(0<\lambda<1)$，$\overrightarrow{AE}=\mu\vec{b}$ $(0<\mu<1)$，BE 与 CD 交于点 P，试用向量 $\vec{a}$，$\vec{b}$ 表示 $\vec{c}$.

解： $\because$ $\overrightarrow{BP}$ 与 $\overrightarrow{BE}$ 共线，$\therefore$ $\overrightarrow{BP}=m\overrightarrow{BE}=m(\overrightarrow{AE}-\overrightarrow{AB})=m(\mu\vec{b}-\vec{a})$，

$\therefore$ $\overrightarrow{AP}=\overrightarrow{AB}+\overrightarrow{BP}=\vec{a}+m(\mu\vec{b}-\vec{a})=(1-m)\vec{a}+m\mu\vec{b}$ ①

又 $\overrightarrow{CP}$ 与 $\overrightarrow{CD}$ 共线，$\therefore$ $\overrightarrow{CP}=n\overrightarrow{CD}=n(\overrightarrow{AD}-\overrightarrow{AC})=n(\lambda\vec{a}-\vec{b})$，

$\therefore$ $\overrightarrow{AP}=\overrightarrow{AC}+\overrightarrow{CP}=\vec{b}+n(\lambda\vec{a}-\vec{b})=n\lambda\vec{a}+(1-n)\vec{b}$ ②

由①②，得 $(1-m)\vec{a}+m\mu\vec{b}=n\lambda\vec{a}+(1-n)\vec{b}$

$\because$ $\vec{a}$，$\vec{b}$ 不共线，$\therefore$ $\begin{cases}1-m=\lambda n,\\ \mu m=1-n\end{cases}\Rightarrow\begin{cases}\lambda n+m-1=0,\\ n+\mu m-1=0\end{cases}$ ③

解方程组③得：$m=\dfrac{1-\lambda}{1-\lambda\mu}$，$n=\dfrac{1-\mu}{1-\lambda\mu}$ 代入①式得：

$$\vec{c} = (1-m)\vec{a} + \mu m \vec{b} = \frac{\lambda - \lambda\mu}{1-\lambda\mu}\vec{a} + \frac{\mu - \lambda\mu}{1-\lambda\mu}\vec{b}.$$

能力提高

4. 已知等差数列 $\{a_n\}$ 的前 n 项和为 S_n，向量 $\overrightarrow{OP} = \left(n, \dfrac{S_n}{n}\right)$，$\overrightarrow{OP_1} = \left(m, \dfrac{S_m}{m}\right)$，$\overrightarrow{OP_2} = \left(k, \dfrac{S_k}{k}\right)(n、m、k \in \mathbf{N}^*)$，且 $\overrightarrow{OP} = \lambda \cdot \overrightarrow{OP_1} + \mu \cdot \overrightarrow{OP_2}$，求 μ（用 n, m, k 表示）.

解： 由题意 $\dfrac{S_n}{n} = a_1 + \dfrac{n-1}{2} \cdot d$，所以 $P\left(n, \dfrac{S_n}{n}\right)$，$P_1\left(m, \dfrac{S_m}{m}\right)$，$P_2\left(k, \dfrac{S_k}{k}\right)$ 在同一条直线上，

那么由 $\overrightarrow{OP} = \lambda \cdot \overrightarrow{OP_1} + \mu \cdot \overrightarrow{OP_2}$ 得 $\lambda + \mu = 1$，

且 $n = \lambda m + \mu k$，解得 $\mu = \dfrac{n-m}{k-m}$.

5. $\triangle ABC$ 是直角边等于 4 的等腰直角三角形，D 是斜边 BC 的中点，$\overrightarrow{AM} = \dfrac{1}{4}\overrightarrow{AB} + m \cdot \overrightarrow{AC}$，向量 $\overrightarrow{AM}$ 的终点 M 在 $\triangle ACD$ 的内部（不含边界），求实数 m 的取值范围.

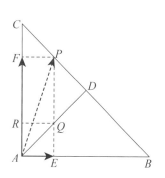

解： 如题 5 解析图所示，设 $\overrightarrow{AE} = \dfrac{1}{4}\overrightarrow{AB}$，过点 E 作 $EP // AC$，分别交 AD、BC 于点 Q、P，分别过 Q、P 作 $QR // AE$，$PF // AE$ 交 AC 于 R、F.

题 5 解析图

则 $\overrightarrow{AR} = \dfrac{1}{4}\overrightarrow{AC}$，$\overrightarrow{AF} = \dfrac{3}{4}\overrightarrow{AC}$，$\because \quad \overrightarrow{AM} = \dfrac{1}{4}\overrightarrow{AB} + m \cdot \overrightarrow{AC}$，$M$ 在 $\triangle ACD$ 的内部（不含边界），$\therefore$ 点 M 在线段 QP 上（不含点 Q、P），当点 M 取点 Q 时，

$\overrightarrow{AM} = \overrightarrow{AQ} = \dfrac{1}{4}\overrightarrow{AB} + \dfrac{1}{4}\overrightarrow{AC}$，可得 $m = \dfrac{1}{4}$，而 M 在 $\triangle ACD$ 的内部（不含边界），因此 $m > \dfrac{1}{4}$.

当点 M 取点 P 时，$\overrightarrow{AM} = \dfrac{1}{4}\overrightarrow{AB} + \dfrac{3}{4}\overrightarrow{AC}$，此时可得 $m = \dfrac{3}{4}$，

而 M 在 $\triangle ACD$ 的内部（不含边界），因此 $m < \dfrac{3}{4}$. $\therefore \quad \dfrac{1}{4} < m < \dfrac{3}{4}$.

6. 在 $\triangle ABC$ 中，F 是 BC 中点，直线 l 分别交 AB，AF，AC 于点 D、G、E. 如果 $\overrightarrow{AD} = \lambda \overrightarrow{AB}$，$\overrightarrow{AE} = \mu \overrightarrow{AC}$，$\lambda, \mu \in \mathbf{R}$. 证明 G 为 $\triangle ABC$ 重心的充分必要条件是 $\dfrac{1}{\lambda} + \dfrac{1}{\mu} = 3$.

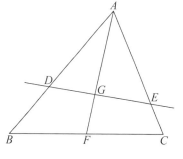

解： 如题 6 解析图所示，若 G 为 $\triangle ABC$ 重心，则 $\overrightarrow{AG} = \dfrac{2}{3}\overrightarrow{AF} = \dfrac{2}{3} \cdot \dfrac{1}{2}(\overrightarrow{AB} + \overrightarrow{AC}) = \dfrac{1}{3}\left(\dfrac{\overrightarrow{AD}}{\lambda} + \dfrac{\overrightarrow{AE}}{\mu}\right)$，

又因点 D, G, E 共线，所以，$\overrightarrow{AG} = t \overrightarrow{AD} + (1-t)\overrightarrow{AE} = \dfrac{1}{3}\left(\dfrac{\overrightarrow{AD}}{\lambda} + \dfrac{\overrightarrow{AE}}{\mu}\right)$，

题 6 解析图

因 $\overrightarrow{AD}$，$\overrightarrow{AE}$ 不共线，所以 $\dfrac{1}{3\lambda}=t$ 且 $\dfrac{1}{3\mu}=1-t$，两式相加即得 $\dfrac{1}{\lambda}+\dfrac{1}{\mu}=3$.

反之，若 $\dfrac{1}{\lambda}+\dfrac{1}{\mu}=3$，则 $\overrightarrow{AG}=x\overrightarrow{AF}=\dfrac{x}{2}(\overrightarrow{AB}+\overrightarrow{AC})=\dfrac{x}{2}\left(\dfrac{\overrightarrow{AD}}{\lambda}+\dfrac{\overrightarrow{AE}}{\mu}\right)=t\overrightarrow{AD}+(1-t)\overrightarrow{AE}$，

所以 $\dfrac{x}{2\lambda}=t$ 且 $\dfrac{x}{2\mu}=1-t$，相加即得 $x=\dfrac{2}{3}$，即 G 为 $\triangle ABC$ 重心.

7. M 为 $\triangle ABC$ 的中线 AD 的中点，过点 M 的直线分别交两边 AB，AC 于点 P，Q，设 $\overrightarrow{AP}=x\overrightarrow{AB}$，$\overrightarrow{AQ}=y\overrightarrow{AC}$，记 $y=f(x)$.

（1）求函数 $y=f(x)$ 的表达式；

（2）设 $g(x)=x^3+3a^2x+2a$，$x\in[0,1]$. 若对任意 $x_1\in\left[\dfrac{1}{3},1\right]$，总存在 $x_2\in[0,1]$，使得 $f(x_1)=g(x_2)$ 成立，求实数 a 的取值范围.

解： $\overrightarrow{AD}=\dfrac{1}{2}\overrightarrow{AB}+\dfrac{1}{2}\overrightarrow{AC}$

$\overrightarrow{AM}=\dfrac{1}{4}\overrightarrow{AB}+\dfrac{1}{4}\overrightarrow{AC}=\dfrac{1}{4x}\overrightarrow{AP}+\dfrac{1}{4y}\overrightarrow{AQ}$

$\dfrac{1}{4x}+\dfrac{1}{4y}=1$

$f(x)=y=\dfrac{x}{4x-1}\left(\dfrac{1}{3}\leqslant x\leqslant 1\right)$

$f(x)=\dfrac{x}{4x-1}=\dfrac{1}{4-\dfrac{1}{x}}\in\left[\dfrac{1}{3},1\right]$.

用函数单调性的定义可以证明 $g(x)$ 单调递增，

∴ $g(x)\in[2a,1+3a^2+2a]$

$\begin{cases}2a\leqslant\dfrac{1}{3},\\1+3a^2+2a\geqslant 1\end{cases}\Rightarrow a\in\left(-\infty,-\dfrac{2}{3}\right]\cup\left[0,\dfrac{1}{6}\right]$.

2　向量的坐标表示

1. 已知向量 $\vec{i}$，$\vec{j}$ 为相互垂直的单位向量，设 $\vec{a}=(m+1)\vec{i}-3\vec{j}$，$\vec{b}=\vec{i}+(m-1)\vec{j}$，$(\vec{a}+\vec{b})\perp(\vec{a}-\vec{b})$，求 m 的值.

解： $0=(\vec{a}+\vec{b})\cdot(\vec{a}-\vec{b})=|\vec{a}|^2-|\vec{b}|^2$

则 $0=|\vec{a}|^2-|\vec{b}|^2=(m+1)^2+9-[1+(m-1)^2]=4m+8$，

则 $m=-2$.

2. 平面内有三个已知点 $A(1,-2)$，$B(7,0)$，$C(-5,6)$，求：

（1）$\overrightarrow{AB}$，$\overrightarrow{AC}$；　（2）$\overrightarrow{AB}+\overrightarrow{AC}$，$\overrightarrow{AB}-\overrightarrow{AC}$；　（3）$2\overrightarrow{AB}+\dfrac{1}{2}\overrightarrow{AC}$，$\overrightarrow{AB}-3\overrightarrow{AC}$.

解： （1）由于 $A(1,-2)$，$B(7,0)$，$C(-5,6)$，

则 $\overrightarrow{AB}=(7-1,0+2)=(6,2)$，$\overrightarrow{AC}=(-5-1,6+2)=(-6,8)$.

（2）$\overrightarrow{AB}+\overrightarrow{AC}=(6-6,2+8)=(0,10)$，$\overrightarrow{AB}-\overrightarrow{AC}=(6+6,2-8)=(12,-6)$.

或 $\overrightarrow{AB}-\overrightarrow{AC}=\overrightarrow{CB}=(7+5,0-6)=(12,-6)$；

（3）$2\overrightarrow{AB}+\dfrac{1}{2}\overrightarrow{AC}=2(6,2)+\dfrac{1}{2}(-6,8)=(12,4)+(-3,4)=(9,8)$.

$\overrightarrow{AB}-3\overrightarrow{AC}=(6,2)-3(-6,8)=(6,2)-(-18,24)=(6+18,2-24)=(24,-22)$.

或 $\overrightarrow{AB}-3\overrightarrow{AC}=(6,2)-3(-6,8)=(6,2)+(18,-24)=(6+18,2-24)=(24,-22)$.

3. 已知向量 $\vec{a}=(1,2),\vec{b}=(x,1),\vec{u}=\vec{a}+2\vec{b},\vec{v}=2\vec{a}-\vec{b}$，且 $\vec{u}\parallel\vec{v}$，求 x.

解： $\vec{a}=(1,2),\vec{b}=(x,1),\vec{u}=\vec{a}+2\vec{b},\vec{v}=2\vec{a}-\vec{b}$

$\vec{u}=(1+2x,4),\vec{v}=(2-x,3)$，

则 $3(1+2x)=4(2-x)$，

则 $x=\dfrac{1}{2}$.

4. 已知 $\vec{a}=(2,3),\vec{b}=(-1,4),\vec{c}=(5,6)$，求 $(\vec{a}\cdot\vec{b})\cdot\vec{c}$ 和 $\vec{a}\cdot(\vec{b}\cdot\vec{c})$.

解： $(\vec{a}\cdot\vec{b})\cdot\vec{c}=10\cdot(5,6)=(50,60),\vec{a}\cdot(\vec{b}\cdot\vec{c})=(2,3)\cdot19=(38,57)$

5. 已知两个非零向量 $\vec{a}$ 和 $\vec{b}$ 满足 $\vec{a}+\vec{b}=(2,-8),\vec{a}-\vec{b}=(-6,-4)$，求 $\vec{a}$ 与 $\vec{b}$ 的夹角的余弦值.

解： $\vec{a}=(-2,-6),\vec{b}=(4,-2),\cos\theta=\dfrac{\vec{a}\cdot\vec{b}}{|\vec{a}|\cdot|\vec{b}|}=\dfrac{4}{20\sqrt{2}}=\dfrac{\sqrt{2}}{10}$.

6. 已知平面上三个向量 $\vec{a},\vec{b},\vec{c}$ 均为单位向量，且两两的夹角均为 $120°$，若 $|k\vec{a}+\vec{b}+\vec{c}|>1(k\in\mathbf{R})$，求 k 的取值范围.

解： $\vec{b}+\vec{c}=-\vec{a},|k\vec{a}+\vec{b}+\vec{c}|=|k-1||\vec{a}|=|k-1|>1,k\in(-\infty,0)\bigcup(2,+\infty)$.

7. 已知向量 $\vec{a}=(\cos\alpha,\sin\alpha),\vec{b}=(\cos\beta,\sin\beta)$，且 $\vec{a}、\vec{b}$ 满足关系式 $\sqrt{3}|k\vec{a}+\vec{b}|=|\vec{a}-k\vec{b}|$.（$k$ 为正实数）

（1）求将 $\vec{a}$ 与 $\vec{b}$ 的数量积表示为关于 k 的函数 $f(k)$；

（2）求函数 $f(k)$ 的最大值及取得最大值时 $\vec{a}$ 与 $\vec{b}$ 的夹角 θ.

解：（1）由关系式 $|\vec{a}-k\vec{b}|=\sqrt{3}|k\vec{a}+\vec{b}|$，得 $|\vec{a}-k\vec{b}|^{2}=3|k\vec{a}+\vec{b}|^{2}$

$(\vec{a}-k\vec{b})^{2}=3(k\vec{a}+\vec{b})^{2}$　∴　$\vec{a}^{2}-2k\vec{a}\cdot\vec{b}+k^{2}\vec{b}^{2}=3(k^{2}\vec{a}^{2}+2k\vec{a}\cdot\vec{b}+\vec{b}^{2})$，

又 $\vec{a}^{2}=|\vec{a}|^{2}=1,\vec{b}^{2}=|\vec{b}|^{2}=1$

∴　$-8k\vec{a}\cdot\vec{b}=2+2k^{2},\vec{a}\cdot\vec{b}=-\dfrac{1+k^{2}}{4k}$

（2）∵　$k>0$，∴　$\dfrac{1+k^{2}}{4k}=\dfrac{1}{4k}+\dfrac{k}{4}\geqslant2\sqrt{\dfrac{1}{4k}\times\dfrac{k}{4}}=\dfrac{1}{2}$　∴　$\vec{a}\cdot\vec{b}\leqslant-\dfrac{1}{2}$

∴　$\vec{a}\cdot\vec{b}$ 的最大值为 $-\dfrac{1}{2}$.

此时，$|\vec{a}||\vec{b}|\cos\theta=-\dfrac{1}{2},\cos\theta=-\dfrac{1}{2}$.

又∵　$0<\theta<\pi$，∴　当 $\vec{a}\cdot\vec{b}$ 取得最大值时，$\vec{a}$ 与 $\vec{b}$ 夹角 $\theta=\dfrac{2\pi}{3}$.

8. 知直角坐标系内有一点列 $\{A_n(x_n,y_n)\}$ 满足：$\begin{cases} x_1=1, \\ y_1=1. \end{cases}$

当 $n \geq 2$ 时，$\begin{cases} x_n=\dfrac{1}{2}(x_{n-1}-y_{n-1}), \\ y_n=\dfrac{1}{2}(x_{n-1}+y_{n-1}). \end{cases}$ 设向量 $\vec{a}_n=\overrightarrow{OA_n}(n \in \mathbf{N}^*)$.

（1）求数列 $\{|\vec{a}_n|\}$ 的通项公式；

（2）设 $c_n=|\vec{a}_n| \cdot \log_2|\vec{a}_n|$，问数列 $\{c_n\}$ 中是否存在最小项？若存在，求出最小项；若不存在，请说明理由.

解：（1）$|\vec{a}_1|=\sqrt{2}$，当 $n \geq 2$ 时，

$|\vec{a}_n|=|\overrightarrow{OA_n}|=\sqrt{x_n^2+y_n^2}=\dfrac{1}{2}\sqrt{(x_{n-1}-y_{n-1})^2+(x_{n-1}+y_{n-1})^2}=\dfrac{\sqrt{2}}{2}\sqrt{x_{n-1}^2+y_{n-1}^2}$，

即 $|\vec{a}_n|=\dfrac{\sqrt{2}}{2}|\overrightarrow{OA_{n-1}}|=\dfrac{\sqrt{2}}{2}|\vec{a}_{n-1}|$，所以数列 $\{|\vec{a}_n|\}$ 是以 $\sqrt{2}$ 为首项，$\dfrac{\sqrt{2}}{2}$ 为公比的等比数列，

所以数列 $\{|\vec{a}_n|\}$ 的通项公式为 $|\vec{a}_n|=\sqrt{2} \cdot \left(\dfrac{\sqrt{2}}{2}\right)^{n-1}$ $(n \in \mathbf{N}^*)$.

（2）$c_n=\sqrt{2}\left(\dfrac{\sqrt{2}}{2}\right)^{n-1} \cdot \log_2\left[\sqrt{2}\left(\dfrac{\sqrt{2}}{2}\right)^{n-1}\right]=2^{\frac{2-n}{2}} \cdot \dfrac{2-n}{2}$，

$c_{n+1}-c_n=2^{\frac{2-(n+1)}{2}} \cdot \dfrac{2-(n+1)}{2}-2^{\frac{2-n}{2}} \cdot \dfrac{2-n}{2}=2^{\frac{1-n}{2}} \cdot \dfrac{1-n}{2}-2^{\frac{2-n}{2}} \cdot \dfrac{2-n}{2}$

$=2^{\frac{1-n}{2}}\left(\dfrac{1-n}{2}-\sqrt{2} \cdot \dfrac{2-n}{2}\right)=2^{\frac{1-n}{2}} \cdot \dfrac{(\sqrt{2}-1)n-(2\sqrt{2}-1)}{2}$

所以，当 $n<\dfrac{2\sqrt{2}-1}{\sqrt{2}-1}$，即 $n \leq 4$ 时，$c_{n+1}>c_n$，

当 $n<\dfrac{2\sqrt{2}-1}{\sqrt{2}-1}$，即 $n \geq 5$ 时，$c_{n+1}>c_n$，

所以 $c_1>c_2>c_3>c_4>c_5$，$c_5<c_6<c_7<\cdots$，

数列 $\{c_n\}$ 中存在最小项，最小项为 $c_5=-\dfrac{3\sqrt{2}}{8}$.

9. 对于一组向量 $\vec{a}_1,\vec{a}_2,\vec{a}_3,\cdots,\vec{a}_n(n \in \mathbf{N}^*)$，令 $\vec{S}_n=\vec{a}_1+\vec{a}_2+\vec{a}_3+\cdots+\vec{a}_n$，如果存在 $\vec{a}_p$ $(p \in \{1,2,3\cdots,n\})$，使得 $|\vec{a}_p| \geq |\vec{S}_n-\vec{a}_p|$，那么称 $\vec{a}_p$ 是该向量组的"h 向量".

（1）设 $\vec{a}_n=(n,x+n)(n \in \mathbf{N}^*)$，若 $\vec{a}_3$ 是向量组 $\vec{a}_1,\vec{a}_2,\vec{a}_3$ 的"h 向量"，求实数 x 的取值范围；

（2）若 $\vec{a}_n=\left[\left(\dfrac{1}{3}\right)^{n-1},(-1)^n\right](n \in \mathbf{N}^*)$，向量组 $\vec{a}_1,\vec{a}_2,\vec{a}_3,\cdots,\vec{a}_n$ 是否存在"h 向量"？给出你的结论并说明理由；

（3）已知 $\vec{a}_1,\vec{a}_2,\vec{a}_3$ 均是向量组 $\vec{a}_1,\vec{a}_2,\vec{a}_3$ 的"h 向量"，其中 $\vec{a}_1=(\sin x,\cos x)$，

$\vec{a_2}=(2\cos x,2\sin x).$求$\vec{a_3}.$

解:(1) 由题意,得:$|\vec{a_1}|\geqslant|\vec{a_1}+\vec{a_2}|$,则$\sqrt{9+(x+3)^2}\geqslant\sqrt{9+(2x+3)^2}$

解得:$-2\leqslant x\leqslant 0$;

(2) $\vec{a_1}$是向量组$\vec{a_1},\vec{a_2},\vec{a_3},\cdots,\vec{a_n}$的"$h$ 向量",证明如下:

$\vec{a_1}=(1,-1),|\vec{a_1}|=\sqrt{2}$

当 n 为奇数时,$\vec{a_2}+\vec{a_3}+\cdots+\vec{a_n}=\left\{\dfrac{\dfrac{1}{3}\left[1-\left(\dfrac{1}{3}\right)^{n-1}\right]}{1-\dfrac{1}{3}},0\right\}=\left[\dfrac{1}{2}-\dfrac{1}{2}\cdot\left(\dfrac{1}{3}\right)^{n-1},0\right]$

$0\leqslant\dfrac{1}{2}-\dfrac{1}{2}\cdot\left(\dfrac{1}{3}\right)^{n-1}<\dfrac{1}{2}$,

故 $|\vec{a_2}+\vec{a_3}+\cdots+\vec{a_n}|=\sqrt{\left[\dfrac{1}{2}-\dfrac{1}{2}\cdot\left(\dfrac{1}{3}\right)^{n-1}\right]^2+0^2}<\dfrac{1}{2}<\sqrt{2}$

即 $|\vec{a_1}|>|\vec{a_2}+\vec{a_3}+\cdots+\vec{a_n}|$

当 n 为偶数时,$\vec{a_2}+\vec{a_3}+\cdots+\vec{a_n}=\left(\dfrac{1}{2}\cdot\dfrac{1}{2}\left(\dfrac{1}{3}\right)^{n-1},1\right)$

故 $|\vec{a_2}+\vec{a_3}+\cdots+\vec{a_n}|=\sqrt{\left[\dfrac{1}{2}-\dfrac{1}{2}\cdot\left(\dfrac{1}{3}\right)^{n-1}\right]^2+1^2}<\sqrt{\dfrac{5}{4}}<\sqrt{2}$

即 $|\vec{a_1}|>|\vec{a_2}+\vec{a_3}+\cdots+\vec{a_n}|$

综合得:$\vec{a_1}$是向量组$\vec{a_1},\vec{a_2},\vec{a_3},\cdots,\vec{a_n}$的"$h$ 向量";

(3) 由题意,得:$|\vec{a_1}|\geqslant|\vec{a_2}+\vec{a_3}|$,$|\vec{a_1}|^2\geqslant|\vec{a_2}+\vec{a_3}|^2$,即$\vec{a_1}^2\geqslant(\vec{a_2}+\vec{a_3})^2$

即$\vec{a_1}^2\geqslant\vec{a_2}^2+\vec{a_3}^2+2\vec{a_2}\cdot\vec{a_3}$,同理$\vec{a_2}^2\geqslant\vec{a_1}^2+\vec{a_3}^2+2\vec{a_1}\cdot\vec{a_3}$,$\vec{a_3}^2\geqslant\vec{a_1}^2+\vec{a_2}^2+2\vec{a_1}\cdot\vec{a_2}$

三式相加并化简,得:$0\geqslant\vec{a_1}^2+\vec{a_2}^2+\vec{a_3}^2+2\vec{a_1}\cdot\vec{a_2}+2\vec{a_1}\cdot\vec{a_3}+2\vec{a_2}\cdot\vec{a_3}$

即$(\vec{a_1}+\vec{a_2}+\vec{a_3})^2\leqslant 0$,$|\vec{a_1}+\vec{a_2}+\vec{a_3}|\leqslant 0$,所以$\vec{a_1}+\vec{a_2}+\vec{a_3}=0$

设$\vec{a_3}=(u,v)$,由$\vec{a_1}+\vec{a_2}\vec{a_3}=0$得:$\begin{cases}u=-\sin x-2\cos x,\\v=-\cos x-2\sin x.\end{cases}$

$\vec{a_3}=(-\sin x-2\cos x,-\cos x-2\sin x).$

10. 已知定点 $A(-2,0)$、$B(2,0)$,动点 C 在线段 AB 上,且$\triangle PAC$、$\triangle QBC$ 均为等边三角形(P、Q 均在 x 轴上方).

(1) R 是线段 PQ 的中点,求点 R 的轨迹;

(2) 求$\angle ARB$ 的取值范围.

解:(1) R 是线段 PQ 的中点,求点 R 的轨迹;

设 $C(t,0)(-2<t<2)$.

∵ $\triangle PAC$、$\triangle QBC$ 均为等边三角形(P、Q 在 x 轴上方),

∴ $P\left(\dfrac{t-2}{2},\dfrac{\sqrt{3}(t+2)}{2}\right)$,$Q\left(\dfrac{t+2}{2},\dfrac{\sqrt{3}(2-t)}{2}\right)\Rightarrow R\left(\dfrac{1}{2},\sqrt{3}\right).$

∴ 点 R 的轨迹是以$(-1,\sqrt{3})$、$(1,\sqrt{3})$为端点的线段(不包括端点);

（2）求 $\angle ARB$ 的取值范围.

设 $R(x,\sqrt{3})(-1<x<1)$，$\angle ARB=\theta$.

$\overrightarrow{RA}=(-2-x,-\sqrt{3})$，$\overrightarrow{RB}=(2-x,-\sqrt{3})$.

$\cos\theta=\dfrac{\overrightarrow{RA}\cdot\overrightarrow{RB}}{|\overrightarrow{RA}|\cdot|\overrightarrow{RB}|}=\dfrac{x^2-1}{\sqrt{(x+2)^2+3}\cdot\sqrt{(x-2)^2+3}}=\dfrac{x^2-1}{\sqrt{(x^2+7)^2-16x^2}}$

$=\dfrac{x^2-1}{\sqrt{(x^2-1)^2+48}}$. 令 $u=1-x^2$.

$\cos\theta=-\dfrac{u}{\sqrt{u^2+48}}=-\dfrac{1}{\sqrt{1+\dfrac{48}{u^2}}}$ 在 $(0,1]$ 是严格减函数，

$\therefore$ $-\dfrac{1}{7}\leqslant\cos\theta<0$，$\angle ARB$ 的取值范围是 $\left(\dfrac{\pi}{2},\pi-\arccos\dfrac{1}{7}\right)$.

11. 设 x 轴、y 轴正方向上的单位向量分别是 $\vec{i}$、$\vec{j}$，坐标平面上点 A_n、$B_n(n\in\mathbf{N}^*)$ 分别满足下列两个条件：

① $\overrightarrow{OA_1}=4\vec{j}$ 且 $\overrightarrow{A_{n-1}A_n}=\vec{i}(n\in\mathbf{N}^*,n\geqslant2)$；

② $\overrightarrow{OB_1}=\vec{i}+\dfrac{1}{2}\vec{j}$ 且 $\overrightarrow{B_{n-1}B_n}=-\dfrac{1}{n(n+1)}\vec{j}(n\in\mathbf{N}^*,n\geqslant2)$.（其中 O 为坐标原点）

（1）求向量 $\overrightarrow{OA_n}$ 及向量 $\overrightarrow{OB_n}$ 的坐标；

（2）设 $a_n=\overrightarrow{OA_n}\cdot\overrightarrow{OB_n}$，求 a_n 的通项公式并求 a_n 的最小值；

（3）对于（2）中的 a_n，设数列 $b_n=\dfrac{\sin\dfrac{n\pi}{2}\cos\dfrac{(n-1)\pi}{2}}{(n+1)a_n-6n+3}$，$S_n$ 为 b_n 的前 n 项和，证明：对所有 $n\in\mathbf{N}^*$ 都有 $S_n<\dfrac{89}{48}$.

解：（1）$\overrightarrow{OA_n}=\overrightarrow{OA_1}+\overrightarrow{A_1A_2}+\cdots+\overrightarrow{A_{n-1}A_n}=(n-1,4)$

$\overrightarrow{OB_n}=\overrightarrow{OB_1}+\overrightarrow{B_1B_2}+\cdots+\overrightarrow{B_{n-1}B_n}=\left(\vec{i}+\dfrac{1}{2}\vec{j}\right)-\left(\dfrac{1}{2}-\dfrac{1}{3}+\cdots+\dfrac{1}{n}-\dfrac{1}{n+1}\right)\vec{j}=\vec{i}+\dfrac{1}{n+1}\vec{j}$

$=\left(1,\dfrac{1}{n+1}\right)$；

（2）$a_n=\overrightarrow{OA_n}\cdot\overrightarrow{OB_n}=n-1+\dfrac{4}{n+1}$；$a_n=n-1+\dfrac{4}{n+1}=n+1+\dfrac{4}{n+1}-2\geqslant2$

即 a_n 的最小值为 $a_1=2$；

（3）当 $n=1,2,3,\cdots$ 时，$\sin\dfrac{n\pi}{2}\cos\dfrac{(n-1)\pi}{2}=1,0,1,0,\cdots$

从而 $S_n=b_1+b_3+b_5+b_7+\cdots$，又 $b_n=\begin{cases}0, & n=2k,\\ \dfrac{1}{n^2-6n+6}, & n=2k+1.\end{cases}$

$b_1=1$，$b_3=-\dfrac{1}{3}$，$b_5=1$，当 $n\geqslant7$ 时，

$$b_n = \frac{1}{n^2-6n+6} < \frac{1}{n^2-6n+5} = \frac{1}{(n-1)(n-5)} = \frac{1}{4}\left[\frac{1}{(n-5)} - \frac{1}{(n-1)}\right]$$

$$\therefore \quad S_n = b_1 + b_3 + b_5 + b_7 + \cdots = b_1 + b_3 + b_5 + [b_7 + b_{11} + b_{15} + \cdots] + [b_9 + b_{13} + b_{17} + \cdots]$$

$$< 1 - \frac{1}{3} + 1 + \frac{1}{4}\left[\frac{1}{2} - \frac{1}{6} + \frac{1}{6} - \frac{1}{10} + \cdots\right] + \frac{1}{4}\left[\frac{1}{4} - \frac{1}{8} + \frac{1}{8} - \frac{1}{16} + \cdots\right] < \frac{5}{3} + \frac{1}{8} + \frac{1}{16} = \frac{89}{48}.$$

§7.4 线段的定比分点公式与向量的应用

1. 已知 O 是 $\triangle ABC$ 所在平面上的一点,若 $\overrightarrow{PO} = \dfrac{a\overrightarrow{PA} + b\overrightarrow{PB} + c\overrightarrow{PC}}{a+b+c}$

(其中 P 是 $\triangle ABC$ 所在平面内任意一点),则 O 点是 $\triangle ABC$ 的 ( ).

(A) 外心　　　(B) 内心　　　(C) 重心　　　(D) 垂心

解: 由已知得 $\overrightarrow{PO} = \overrightarrow{PA} + \dfrac{b\overrightarrow{PB} + c\overrightarrow{PC} - c\overrightarrow{PA} - b\overrightarrow{PA}}{a+b+c} = \overrightarrow{PA} + \dfrac{b\overrightarrow{AB} + c\overrightarrow{AC}}{a+b+c}$,

$$\therefore \quad \overrightarrow{AO} = \frac{b\overrightarrow{AB} + c\overrightarrow{AC}}{a+b+c} = \frac{bc}{a+b+c}\left(\frac{\overrightarrow{AB}}{c} + \frac{\overrightarrow{AC}}{b}\right) = \frac{bc}{a+b+c}\left(\frac{\overrightarrow{AB}}{|\overrightarrow{AB}|} + \frac{\overrightarrow{AC}}{|\overrightarrow{AC}|}\right),$$

由上题结论知 O 点是 $\triangle ABC$ 的内心. 故选 B.

2. 已知 O 是平面上一定点,A,B,C 是平面上不共线的三个点,动点 P 满足 $\overrightarrow{OP} = \overrightarrow{OA} + \lambda\left(\dfrac{\overrightarrow{AB}}{|\overrightarrow{AB}|} + \dfrac{\overrightarrow{AC}}{|\overrightarrow{AC}|}\right), \lambda \in [0, +\infty)$.则 P 点的轨迹一定通过 $\triangle ABC$ 的 ( ).

(A) 外心　　　(B) 内心　　　(C) 重心　　　(D) 垂心

解: 由已知得 $\overrightarrow{AP} = \lambda\left(\dfrac{\overrightarrow{AB}}{|\overrightarrow{AB}|} + \dfrac{\overrightarrow{AC}}{|\overrightarrow{AC}|}\right)$,$\dfrac{\overrightarrow{AB}}{|\overrightarrow{AB}|}$ 是 $\overrightarrow{AB}$ 方向上的单位向量,$\dfrac{\overrightarrow{AC}}{|\overrightarrow{AC}|}$ 是 $\overrightarrow{AC}$ 方向上的单位向量,根据平行四边形法则知构成菱形,点 P 在 $\angle BAC$ 的角平分线上,故点 P 的轨迹过 $\triangle ABC$ 的内心,选 B.

3. 已知 O 是平面上一定点,A,B,C 是平面上不共线的三个点,动点 P 满足 $\overrightarrow{OP} = \overrightarrow{OA} + \lambda(\overrightarrow{AB} + \overrightarrow{AC}), \lambda \in [0, +\infty)$.则 P 点的轨迹一定通过 $\triangle ABC$ 的 ( ).

(A) 外心　　　(B) 内心　　　(C) 重心　　　(D) 垂心

解: 由已知得 $\overrightarrow{AP} = \lambda(\overrightarrow{AB} + \overrightarrow{AC})$,设 BC 的中点为 D,则根据平行四边形法则知点 P 在 BC 的中线 AD 所在的射线上,故 P 的轨迹过 $\triangle ABC$ 的重心,选 C.

4. 已知 O 是平面上的一定点,A,B,C 是平面上不共线的三个点,动点 P 满足 $\overrightarrow{OP} = \overrightarrow{OA} + \lambda\left(\dfrac{\overrightarrow{AB}}{|\overrightarrow{AB}|\sin B} + \dfrac{\overrightarrow{AC}}{|\overrightarrow{AC}|\sin C}\right), \lambda \in [0, +\infty)$,则动点 P 的轨迹一定通过 $\triangle ABC$ 的 ( ).

(A) 重心　　　(B) 垂心　　　(C) 外心　　　(D) 内心

解: 由已知得 $\overrightarrow{AP} = \lambda\left(\dfrac{\overrightarrow{AB}}{|\overrightarrow{AB}|\sin B} + \dfrac{\overrightarrow{AC}}{|\overrightarrow{AC}|\sin C}\right)$,

由正弦定理知 $|\overrightarrow{AB}|\sin B = |\overrightarrow{AC}|\sin C$,　$\therefore \quad \overrightarrow{AP} = \dfrac{\lambda}{|\overrightarrow{AB}|\sin B}(\overrightarrow{AB} + \overrightarrow{AC})$,

设 BC 的中点为 D,则由平行四边形法则可知点 P 在 BC 的中线 AD 所在的射线上,所以

动点 P 的轨迹一定通过△ABC 的重心,故选 A.

5. 设 P 为△ABC 内一点,且 $\overrightarrow{AP}=\dfrac{2}{5}\overrightarrow{AB}+\dfrac{1}{5}\overrightarrow{AC}$,求△$ABP$ 的面积与△ABC 的面积之比.

解: $\dfrac{S_{\triangle ABP}}{S_{\triangle ABC}}=\dfrac{S_{\triangle ABD}}{S_{\triangle ABC}}\dfrac{1}{5}$.

6. $AB\parallel DC$,$AB=2$,$BC=1$,$\angle ABC=60°$,点 E 和点 F 分别在线段 BC 和 CD 上,且 $\overrightarrow{BE}=\dfrac{2}{3}\overrightarrow{BC}$,$\overrightarrow{DF}=\dfrac{1}{6}\overrightarrow{DC}$,则 $\overrightarrow{AE}\cdot\overrightarrow{AF}$ 的值为_____.

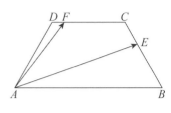

题6解析图

解: $DC=1$,$\overrightarrow{AE}\cdot\overrightarrow{AF}=(\overrightarrow{AD}+\overrightarrow{DF})\cdot(\overrightarrow{AB}+\overrightarrow{BE})=\overrightarrow{AD}\cdot$

$\overrightarrow{AB}+\overrightarrow{AD}\cdot\overrightarrow{BE}+\overrightarrow{DF}\cdot\overrightarrow{AB}+\overrightarrow{DF}\cdot\overrightarrow{BE}=1\times2\times\cos60°+1\times\dfrac{2}{3}$

$\times\cos60°+\dfrac{1}{6}\times2+\dfrac{1}{6}\times\dfrac{2}{3}\times\cos120°=\dfrac{29}{18}$.

7. 已知 P 为△ABC 内一点,且满足 $3\overrightarrow{PA}+4\overrightarrow{PB}+5\overrightarrow{PC}=\overrightarrow{0}$,那么 $S_{\triangle PAB}:S_{\triangle PBC}:S_{\triangle PCA}=$_____.

解: P 为△DEF 重心

$S_{\triangle DPE}=S_{\triangle EPF}=S_{\triangle FPD}$

$S_{\triangle ABP}=\dfrac{1}{2}|AP\parallel BP|\sin\angle APB=\dfrac{1}{2}\cdot\dfrac{1}{3}|DP|\dfrac{1}{4}|EP|$

$\sin\angle APB=\dfrac{1}{12}S_{\triangle DPE}$

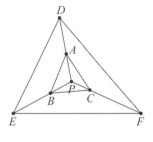

题7解析图

$S_{\triangle ABP}:S_{\triangle BCP}:S_{\triangle CAP}=\dfrac{1}{12}:\dfrac{1}{20}:\dfrac{1}{15}=5:3:4$.

8. (1) 已知 $|\vec{a}|=4$,$|\vec{b}|=3$,$(2\vec{a}-3\vec{b})\cdot(2\vec{a}+\vec{b})=61$,求 $\vec{a}$ 与 $\vec{b}$ 的夹角 θ;

(2) 设 $\overrightarrow{OA}=(2,5)$,$\overrightarrow{OB}=(3,1)$,$\overrightarrow{OC}=(6,3)$,在 $\overrightarrow{OC}$ 上是否存在点 M,使 $\overrightarrow{MA}\perp\overrightarrow{MB}$,若存在,求出点 M 的坐标,若不存在,请说明理由.

解: (1) 由于 $(2\vec{a}-3\vec{b})(2\vec{a}+\vec{b})=61$,则 $4\vec{a}^2-4\vec{a}\cdot\vec{b}-3\vec{b}^2=61$.

又 $|\vec{a}|=4$,$|\vec{b}|=3$,则 $\vec{a}\cdot\vec{b}=-6$.则 $\cos\theta=\dfrac{\vec{a}\cdot\vec{b}}{|\vec{a}|\cdot|\vec{b}|}=-\dfrac{1}{2}$,则 $\theta=120°$;

(2) 设存在点 M,且 $\overrightarrow{OM}=\lambda\overrightarrow{OC}=(6\lambda,3\lambda)(0<\lambda\leqslant1)$,

则 $\overrightarrow{MA}=(2-6\lambda,5-3\lambda)$,$\overrightarrow{MB}=(3-6\lambda,1-3\lambda)$.

则 $(2-6\lambda)(3-6\lambda)+(5-3\lambda)(1-3\lambda)=0$,

则 $45\lambda^2-48\lambda+11=0$,解得:$\lambda=\dfrac{1}{3}$ 或 $\lambda=\dfrac{11}{15}$,

则 $\overrightarrow{OM}=(2,1)$ 或 $\overrightarrow{OM}=\left(\dfrac{22}{5},\dfrac{11}{5}\right)$.

则存在 $M(2,1)$ 或 $M\left(\dfrac{22}{5},\dfrac{11}{5}\right)$ 满足题意.

9. 设 $\vec{a},\vec{b}$ 是两个不共线的非零向量$(t\in\mathbf{R})$

(1) 记 $\overrightarrow{OA}=\vec{a},\overrightarrow{OB}=t\vec{b},\overrightarrow{OC}=\dfrac{1}{3}(\vec{a}+\vec{b})$，那么当实数 t 为何值时，A、B、C 三点共线？

(2) 若 $|\vec{a}|=|\vec{b}|=1$ 且 $\vec{a}$ 与 $\vec{b}$ 夹角为 $120°$，那么实数 x 为何值时 $|\vec{a}-x\vec{b}|$ 的值最小？

解：(1) A,B,C 三点共线知存在实数 λ，使 $\overrightarrow{OC}=\lambda\overrightarrow{OA}+(1-\lambda)\overrightarrow{OB}$，

即 $\dfrac{1}{3}(\vec{a}+\vec{b})=\lambda\vec{a}+(1-\lambda)t\vec{b}$，则 $\lambda=\dfrac{1}{3}$，实数 $t=\dfrac{1}{2}$.

(2) $\vec{a}\cdot\vec{b}=|\vec{a}|\cdot|\vec{b}|\cos 120°=-\dfrac{1}{2}$，

则 $|\vec{a}-x\vec{b}|^2=\vec{a}^2+x^2\cdot\vec{b}^2-2x\cdot\vec{a}\cdot\vec{b}=x^2+x+1$，当 $x=-\dfrac{1}{2}$ 时，$|\vec{a}-x\vec{b}|$ 取最小值 $\dfrac{\sqrt{3}}{2}$.

10. O 为坐标原点，设平面内的向量 $\overrightarrow{OA}=(1,7),\overrightarrow{OB}=(5,1),\overrightarrow{OM}=(2,1)$，点 P 是直线 OM 上的一个动点，求当 $\overrightarrow{PA}\cdot\overrightarrow{PB}$ 取最小值时，$\overrightarrow{OP}$ 的坐标及 $\angle APB$ 的余弦值.

解： 设 $\overrightarrow{OP}=(x,y)$. ∵ 点 P 是直线 OM 上的一个动点，

∴ $\overrightarrow{OP}$ 与 $\overrightarrow{OM}$ 共线，而 $\overrightarrow{OM}=(2,1)$，

∴ $x-2y=0$ 即 $x=2y$，有 $\overrightarrow{OP}=(2y,y)$.

∵ $\overrightarrow{PA}=\overrightarrow{OA}-\overrightarrow{OP}=(1-2y,7-y),\overrightarrow{PB}=\overrightarrow{OB}-\overrightarrow{OP}=(5-2y,1-y)$，

∴ $\overrightarrow{PA}\cdot\overrightarrow{PB}=(1-2y)(5-2y)+(7-y)(1-y)$

$\qquad\qquad =5y^2-20y+12=5(y-2)^2-8$

从而，当且仅当 $y=2,x=4$ 时，$\overrightarrow{PA}\cdot\overrightarrow{PB}$ 取得最小值 -8，

此时 $\overrightarrow{OP}=(4,2),\overrightarrow{PA}=(-3,5),\overrightarrow{PB}=(1,-1)$.

于是 $|\overrightarrow{PA}|=\sqrt{34},|\overrightarrow{PB}|=\sqrt{2},\overrightarrow{PA}\cdot\overrightarrow{PB}=(-3)\times 1+5\times(-1)=-8$，

∴ $\cos\angle APB=\dfrac{\overrightarrow{PA}\cdot\overrightarrow{PB}}{|\overrightarrow{PA}|\cdot|\overrightarrow{PB}|}=\dfrac{-8}{\sqrt{34}\cdot\sqrt{2}}=-\dfrac{4\sqrt{17}}{17}$.

11. 已知向量 $\vec{m}=(1,1)$，向量 $\vec{n}$ 与向量 $\vec{m}$ 夹角为 $\dfrac{3}{4}\pi$，且 $\vec{m}\cdot\vec{n}=-1$.

(1) 求向量 $\vec{n}$.

(2) 若向量 $\vec{n}$ 与向量 $\vec{q}=(1,0)$ 的夹角为 $\dfrac{\pi}{2}$，向量 $\vec{p}=\left(2\sin A,4\cos^2\dfrac{A}{2}\right)$，求 $|2\vec{n}+\vec{p}|$ 的值.

解：(1) 设 $\vec{n}=(x,y)$，由 $\vec{m}\cdot\vec{n}=-1$，有 $x+y=-1$ ①

由 $\vec{m}$ 与 $\vec{n}$ 夹角为 $\dfrac{3}{4}\pi$，有 $\vec{m}\cdot\vec{n}=|\vec{m}|\cdot|\vec{n}|\cdot\cos\dfrac{3}{4}\pi$.则 $|\vec{n}|=1\Rightarrow x^2+y^2=1$ ②

由①②解得 $\begin{cases}x=-1,\\y=0.\end{cases}$ 或 $\begin{cases}x=0,\\y=-1.\end{cases}$ ∴ 即 $|\vec{n}|=(-1,0)$ 或 $\vec{n}=(0,-1)$.

(2) 由 $\vec{n}$ 与 $\vec{q}$ 垂直知 $\vec{n}=(0,-1).2\vec{n}+\vec{p}=\left(2\sin A,4\cos^2\dfrac{A}{2}-2\right)=(2\sin A,2\cos A)$,

则 $|2\vec{n}+\vec{p}|=\sqrt{4\sin^2 A+4\cos^2 A}=2$.

12. 已知定点 $A(0,1)B(0,-1),C(1,0)$,动点 P 满足 $\overrightarrow{AP}\cdot\overrightarrow{BP}=k|\overrightarrow{PC}|^2$.

(1) 求动点 P 的轨迹方程;

(2) 当 $k=0$ 时,求 $|2\overrightarrow{AP}+\overrightarrow{BP}|$ 的最大值和最小值.

解:(1) 设动点的坐标为 $P(x,y)$,则

$\overrightarrow{AP}=(x,y-1),\overrightarrow{BP}=(x,y+1),(x,y-1)(x,y+1)$

$\therefore\quad\overrightarrow{AP}\cdot\overrightarrow{BP}=k|\overrightarrow{PC}|^2$

$\therefore\quad(x,y-1)\cdot(x,y+1)=k[(x-1)^2+y^2]$

$(1-k)x^2+(1-k)y^2+2kx-k-1=0$

若 $k=1$,则方程为 $x=1$,表示过点 $(1,0)$ 是平行于 y 轴的直线.

若 $k\neq 1$,则方程化为:$\left(x+\dfrac{k}{1-k}\right)^2+y^2=\left(\dfrac{1}{1-k}\right)^2$,表示以 $\left(\dfrac{1}{k-1},0\right)$ 为圆心,以 $\dfrac{1}{|1-k|}$ 为半径的圆.

(2) 当 $k=0$ 时,方程化为 $x^2+y^2=1$.

$2\overrightarrow{AP}+\overrightarrow{BP}=2(x,y-1)+(x,y+1)=(2x,2y-2)+(x,y+1)=(3x,3y-1)$

$|2\overrightarrow{AP}+\overrightarrow{BP}|=\sqrt{9x^2+(3y-1)^2}=\sqrt{9x^2+9y^2-6y+1}=\sqrt{-6y+10}$

由 $x^2=1-y^2\geqslant 0$, $\therefore\ -1\leqslant y\leqslant 1$, $\therefore\ |2\overrightarrow{AP}+\overrightarrow{BP}|$ 的最大值为 4,最小值为 2.

13. 在平行四边形 $ABCD$ 中,$A(1,1),\overrightarrow{AB}=(6,0)$,点 M 是线段 AB 的中点,线段 CM 与 BD 交于点 P.

(1) 若 $\overrightarrow{AD}=(3,5)$,求点 C 的坐标;

(2) 当 $|\overrightarrow{AB}|=|\overrightarrow{AD}|$ 时,求点 P 的轨迹.

解:(1) 设点 C 坐标为 (x_0,y_0),又 $\overrightarrow{AC}=\overrightarrow{AD}+\overrightarrow{AB}=(3,5)+(6,0)=(9,5)$,

即 $(x_0-1,y_0-1)=(9,5)$,则 $x_0=10,y_0=6$,即点 $C(10,6)$.

(2) 设 $P(x,y)$,则 $\overrightarrow{BP}=\overrightarrow{AP}-\overrightarrow{AB}=(x-1,y-1)-(6,0)=(x-7,y-1)$,

$\overrightarrow{AC}=\overrightarrow{AM}+\overrightarrow{MC}=\dfrac{1}{2}\overrightarrow{AB}+3\overrightarrow{MP}=\dfrac{1}{2}\overrightarrow{AB}+3\left(\overrightarrow{AP}-\dfrac{1}{2}\overrightarrow{AB}\right)$

$\quad=3\overrightarrow{AP}-\overrightarrow{AB}=(3(x-1),3(y-1))-(6,0)=(3x-9,3y-3)$

由于 $|\overrightarrow{AB}|=|\overrightarrow{AD}|$,则平行四边形 $ABCD$ 为菱形.

则 $\overrightarrow{AC}\perp\overrightarrow{AD}$,即 $(x-7,y-1)\cdot(3x-9,3y-3)=0$.

$(x-7)(3x-9)+(y-1)(3y-3)=0$.

则 $x^2+y^2-10x-2y+22=0(y\neq 1)$.

故点 P 的轨迹是以 $(5,1)$ 为圆心,2 为半圆去掉与直线 $y=1$ 的两个交点.

14. 已知向量 $\vec{a}=(2,2)$,向量 $\vec{b}$ 与向量 $\vec{a}$ 的夹角为 $\dfrac{3\pi}{4}$,且 $\vec{a}\cdot\vec{b}=-2$.

(1) 求向量 $\vec{b}$;

(2) 若 $\vec{t}=(1,0)$ 且 $\vec{b} \perp \vec{t}$,$\vec{c}=\left(\cos A,2\cos^2\dfrac{C}{2}\right)$,其中 A,C 是 $\triangle ABC$ 的内角,若三角形的三内角 A、B、C 依次成等差数列,试求 $|\vec{b}+\vec{c}|$ 的取值范围.

解:(1) 设 $\vec{b}=(x,y)$,则 $2x+2y=-2$,且 $|\vec{b}|=\dfrac{\vec{a}\cdot\vec{b}}{|\vec{a}|\cos\dfrac{3\pi}{4}}=1=\sqrt{x^2+y^2}$.

则解得 $\begin{cases} x=-1, \\ y=0, \end{cases} \begin{cases} x=0, \\ y=-1 \end{cases} \Rightarrow \vec{b}=(-1,0),\vec{b}=(0,-1)$.

(2) $B=\dfrac{\pi}{3}$,由于 $\vec{b}\perp\vec{t}$,$\vec{t}=(1,0)$,则 $\vec{b}=(0,-1)$.

则 $\vec{b}+\vec{c}=\left(\cos A,2\cos^2\dfrac{C}{2}-1\right)=(\cos A,\cos C)$,

则 $|\vec{b}+\vec{c}|^2=\cos^2 A+\cos^2 C=1+\dfrac{1}{2}(\cos 2A+\cos 2C)$

$$=1+\cos(A+C)\cos(A-C)=1-\dfrac{1}{2}\cos(A-C),$$

由于 $-\dfrac{2\pi}{3}<A-C<\dfrac{2\pi}{3}$,

则 $-\dfrac{1}{2}<\cos(A-C)\leqslant 1$,则 $\dfrac{\sqrt{2}}{2}\leqslant|\vec{b}+\vec{c}|<\dfrac{\sqrt{5}}{2}$.

15. 如图 7-22 所示,已知矩形 $ABCD$ 中,$A(2,1)$,$B(5,4)$,$C(3,6)$,E 点是 CD 边的中点,连接 BE 与矩形的对角线 AC 交于 F 点,求 F 点坐标.

解:∵ 四边形 $ABCD$ 是矩形,E 是 CD 边的中点,

∴ $\triangle ABF \backsim \triangle CEF$,且 $|AB|=2|CE|$ ∴ $|AF|=2|CF|$ 即点 F 分 $\overrightarrow{AC}$ 所成的比 $\lambda=2$.

设 $F(x,y)$.由 $A(2,1)$,$C(2,1)$,$C(3,6)$,根据定比分点坐标公式得

$x=\dfrac{2+2\times 3}{1+2}=\dfrac{8}{3}$,$y=\dfrac{1+2\times 6}{1+2}=\dfrac{13}{3}$, ∴ F 点坐标是 $\left(\dfrac{8}{3},\dfrac{13}{3}\right)$.

图 7-22

16. 证明:$\cos(\alpha-\beta)=\cos\alpha\cos\beta+\sin\alpha\sin\beta$.

证明:在单位圆 O 上任取两点 A,B,以 Ox 为始边,以 OA,OB 为终边的角分别为 β,α,

则 A 点坐标为 $(\cos\beta,\sin\beta)$,B 点坐标为 $(\cos\alpha,\sin\alpha)$;

则向量 $\overrightarrow{OA}=(\cos\beta,\sin\beta)$,$\overrightarrow{OB}=(\cos\alpha,\sin\alpha)$,它们夹角为 $\alpha-\beta$,

$|\overrightarrow{OA}|=|\overrightarrow{OB}|=1$,$|\overrightarrow{OA}|=|\overrightarrow{OB}|=\cos\alpha\cos\beta$
$+\sin\alpha\sin\beta$,

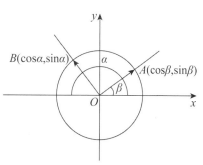

题 16 解析图

由向量夹角公式得：$\cos(\alpha-\beta)=\dfrac{\overrightarrow{OA}\cdot\overrightarrow{OB}}{|\overrightarrow{OA}||\overrightarrow{OB}|}=\cos\alpha\cos\beta+\sin\alpha\sin\beta$，从而得证.

注：用同样的方法可证明 $\cos(\alpha+\beta)=\cos\alpha\cos\beta-\sin\alpha\sin\beta$.

17. 证明柯西不等式 $(x_1^2+y_1^2)\cdot(x_2^2+y_2^2)\geqslant(x_1x_2+y_1y_2)^2$.

证明： 令 $\vec{a}=(x_1,y_1)$，$\vec{b}=(x_2,y_2)$

(1) 当 $\vec{a}=\vec{0}$ 或 $\vec{b}=\vec{0}$ 时，$\vec{a}\cdot\vec{b}=x_1x_2+y_1y_2=0$，结论显然成立；

(2) 当 $\vec{a}\neq\vec{0}$ 且 $\vec{b}\neq\vec{0}$ 时，令 θ 为 $\vec{a}$，$\vec{b}$ 的夹角，则 $\theta\in[0,\pi]$

$\because\ \vec{a}\cdot\vec{b}=x_1x_2+y_1y_2=|\vec{a}||\vec{b}|\cos\theta$. 又$\because\ |\cos\theta|\leqslant1$

$\therefore\ |\vec{a}\cdot\vec{b}|\leqslant|\vec{a}||\vec{b}|$（当且仅当 $\vec{a}/\!\!/\vec{b}$ 时等号成立）

$\therefore\ |x_1x_2+y_1y_2|\leqslant\sqrt{x_1^2+y_1^2}\cdot\sqrt{x_2^2+y_2^2}$

$\therefore\ (x_1^2+y_1^2)\cdot(x_2^2+y_2^2)\geqslant(x_1x_2+y_1y_2)^2\left(\text{当且仅当}\dfrac{x_1}{y_2}=\dfrac{x_2}{y_2}\text{时等号成立}\right)$.

18. 给定 $\triangle ABC$，求证：G 是 $\triangle ABC$ 重心的充要条件是 $\overrightarrow{GA}+\overrightarrow{GB}+\overrightarrow{GC}=\overrightarrow{O}$.

证明： 必要性.设各边中点分别为 D，E，F，延长 AD 至 P，使 $DP=GD$，则 $\overrightarrow{AG}=2\overrightarrow{GD}=\overrightarrow{GD}$.

又因为 BC 与 GP 互相平分，

所以 $BPCG$ 为平行四边形，所以 $BG/\!\!/PC$，且 $BG=PC$，所以 $\overrightarrow{GB}=\overrightarrow{CP}$.

所以 $\overrightarrow{GA}+\overrightarrow{GB}+\overrightarrow{GC}=\overrightarrow{GC}+\overrightarrow{CP}+\overrightarrow{PC}=\vec{0}$.

充分性.若 $\overrightarrow{GA}+\overrightarrow{GB}+\overrightarrow{GC}=\vec{0}$，延长 AG 交 BC 于 D，使 $GP=AG$，联结 CP，则 $\overrightarrow{GA}=\overrightarrow{PG}$.

因为 $\overrightarrow{GC}+\overrightarrow{PG}+\overrightarrow{CP}=\vec{0}$，则 $\overrightarrow{GB}=\overrightarrow{PC}$，

所以 $GB\underline{/\!\!/}CP$，所以 AG 平分 BC.同理 BG 平分 CA，所以 G 为重心.

19. $\triangle ABC$ 外心为 O，垂心为 H，重心为 G.求证：O，G，H 为共线，且 $OG:GH=1:2$.

证明： 首先 $\overrightarrow{OG}=\overrightarrow{OA}+\overrightarrow{AG}=\overrightarrow{OA}+\dfrac{2}{3}\overrightarrow{AM}$

$=\overrightarrow{OA}+\dfrac{1}{3}(\overrightarrow{AB}+\overrightarrow{AC})=\overrightarrow{OA}+\dfrac{1}{3}(2\overrightarrow{AO}+\overrightarrow{OB}+\overrightarrow{OC})=\dfrac{1}{3}(\overrightarrow{OA}+\overrightarrow{OB}+\overrightarrow{OC})$.

其次设 BO 交外接圆于另一点 E，则联结 CE 后得 $CE\perp BC$，

又 $AH\perp BC$，所以 $AH\perp CE$.

又 $EA\perp AB$，$CH\perp AB$，所以 $AHCE$ 为平行四边形.所以 $\overrightarrow{AH}=\overrightarrow{EC}$，

所以 $\overrightarrow{OH}=\overrightarrow{OA}+\overrightarrow{AH}=\overrightarrow{OA}+\overrightarrow{EC}=\overrightarrow{OA}+\overrightarrow{EO}+\overrightarrow{OC}=\overrightarrow{OA}+\overrightarrow{OB}+\overrightarrow{OC}$，

所以 $\overrightarrow{OH}=3\overrightarrow{OG}$，所以 $\overrightarrow{OG}$ 与 $\overrightarrow{OH}$ 共线，所以 O，G，H 共线.

所以 $OG:GH=1:2$.

注：O，G，H 所在的直线称为欧拉线.

20. 已知 $\triangle ABC$，AD 为中线，求证 $AD^2=\dfrac{1}{2}(AB^2+AC^2)-\left(\dfrac{BC}{2}\right)^2$（中线长公式）.

证明： 以 B 为坐标原点，以 BC 所在的直线为 x 轴建立如题20解析图直角坐标系，设 $A(a,b)$，$C(c,0)$，$D\left(\dfrac{c}{2},0\right)$，

则 $|\overrightarrow{AD}|^2=\left(\dfrac{c}{2}-a\right)^2+(0-b)^2=\dfrac{c^2}{4}-ac+a^2+b^2$ ，

$\dfrac{1}{2}(|\overrightarrow{AB}|^2+|\overrightarrow{AC}|^2)-\left(\dfrac{|\overrightarrow{BC}|}{2}\right)^2=\dfrac{1}{2}\left[a^2+b^2+(c-a)^2+b^2-\dfrac{c^2}{4}\right]=$

$a^2+b^2-ac+\dfrac{c^2}{4}$ ，

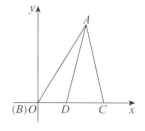

题 20 解析图

从而 $|\overrightarrow{AD}|^2=\dfrac{1}{2}(|\overrightarrow{AB}|^2+|\overrightarrow{AC}|^2)-\left(\dfrac{|\overrightarrow{BC}|}{2}\right)^2$ ，$AD^2=\dfrac{1}{2}(AB^2+$

$AC^2)-\left(\dfrac{BC}{2}\right)^2$ ．

21. 是否存在 4 个两两不共线的平面向量，其中任两个向量之和均与其余两个向量之和垂直？

解： 如题 21 解析图所示，在正 $\triangle ABC$ 中，O 为其内心，P 为圆周上一点，满足 $\overrightarrow{PA},\overrightarrow{PB},\overrightarrow{PC},\overrightarrow{PO}$ 两两不共线，有

$(\overrightarrow{PA}+\overrightarrow{PB})\cdot(\overrightarrow{PC}+\overrightarrow{PO})$

$=(\overrightarrow{PO}+\overrightarrow{OA}+\overrightarrow{PO}+\overrightarrow{OB})\cdot(\overrightarrow{PO}+\overrightarrow{OC}+\overrightarrow{PO})$

$=(2\overrightarrow{PO}+\overrightarrow{OA}+\overrightarrow{OB})\cdot(2\overrightarrow{PO}+\overrightarrow{OC})$

$=(2\overrightarrow{PO}-\overrightarrow{OC})\cdot(2\overrightarrow{PO}+\overrightarrow{OC})$

$=4\overrightarrow{PO}^2-\overrightarrow{OC}^2=0$

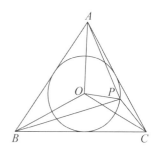

题 21 解析图

有 $(\overrightarrow{PA}+\overrightarrow{PB})$ 与 $(\overrightarrow{PC}+\overrightarrow{PO})$ 垂直.

同理可证其他情况.

从而 $\overrightarrow{PA},\overrightarrow{PB},\overrightarrow{PC},\overrightarrow{PO}$ 满足题意，故存在这样 4 个平面向量.

22. 已知向量 $\overrightarrow{OP_1},\overrightarrow{OP_2},\overrightarrow{OP_3}$ 满足条件 $\overrightarrow{OP_1}+\overrightarrow{OP_2}+\overrightarrow{OP_3}=\vec{0}$ ，$|\overrightarrow{OP_1}|=|\overrightarrow{OP_2}|=|\overrightarrow{OP_3}|=1$ ，求证：$\triangle P_1P_2P_3$ 是正三角形.

解： 令 O 为坐标原点，可设 $P_1(\cos\theta_1,\sin\theta_1),P_2(\cos\theta_2,\sin\theta_2),P_3(\cos\theta_3,\sin\theta_3)$

由 $\overrightarrow{OP_1}+\overrightarrow{OP_2}=-\overrightarrow{OP_3}$ ，即 $(\cos\theta_1,\sin\theta_1)+(\cos\theta_2,\sin\theta_2)=(\cos\theta_3,\sin\theta_3)$

$$\begin{cases}(\cos\theta_1+\cos\theta_2)=-\cos\theta_3 & ① \\ (\sin\theta_1+\sin\theta_2)=-\sin\theta_3 & ②\end{cases}$$

两式平方和为 $1+2\cos(\theta_1-\theta_2)+1=1$ ，$\cos(\theta_1-\theta_2)=-\dfrac{1}{2}$ ，

由此可知 $\theta_1-\theta_2$ 的最小正角为 $120°$ ，即 $\overrightarrow{OP_1}$ 与 $\overrightarrow{OP_2}$ 的夹角为 $120°$ ，

同理可得 $\overrightarrow{OP_1}$ 与 $\overrightarrow{OP_3}$ 的夹角为 $120°,\overrightarrow{OP_2}$ 与 $\overrightarrow{OP_3}$ 的夹角为 $120°$ ，

这说明 P_1,P_2,P_3 三点均匀分部在一个单位圆上，

所以 $\triangle P_1P_2P_3$ 为正三角形.

23. 已知 $\triangle AOB$ 中，边 $OA=\sqrt{2},OB=\sqrt{3}$ ，令 $\overrightarrow{OA}=\vec{a},\overrightarrow{OB}=\vec{b},\vec{a}\cdot\vec{b}=1$ ．过 AB 边上一点 P_1（异于端点）引边 OB 的垂线 P_1Q_1 ，垂足为 Q_1 ；再由 Q_1 引边 OA 的垂线 Q_1R_1 ，垂足为 R_1 ；又由 R_1 引边 AB 的垂线 R_1P_2 ，垂足为 P_2 ．同样的操作连续进行，得到点列 $\{P_n\},\{Q_n\},\{R_n\}$ ．设 $\overrightarrow{AP_n}=t_n(\vec{b}-\vec{a})(0<t_n<1)$ ．

（1）求 $|\overrightarrow{AB}|$；

（2）结论" $\overrightarrow{BQ_1}=-\dfrac{2}{3}(1-t_1)\vec{b}$ "是否正确？请说明理由；

（3）若对于任意 $n\in\mathbf{N}^*$，不等式 $\left|t_1+t_2+\cdots t_n-\dfrac{n}{4}\right|<\dfrac{1}{2}$ 恒成立，求 t_1 的取值范围.

解：（1） $|\overrightarrow{AB}|=\sqrt{3}$；

（2）结论正确，理由如下：

由（1）及余弦定理，解得 $\cos\angle ABO=\cdots=\dfrac{2}{3}$.

又 $|\overrightarrow{AP_1}|=t_1|\vec{b}-\vec{a}|=\sqrt{3}t_1$，∴ $|\overrightarrow{BP_1}|=|\overrightarrow{AB}|-|\overrightarrow{AP_1}|=\sqrt{3}-\sqrt{3}t_1$，

则 $|\overrightarrow{BQ_1}|=|\overrightarrow{BP_1}|\cos\angle ABO=\dfrac{2\sqrt{3}}{3}(1-t_1)$，∴ $\overrightarrow{BQ_1}=-\dfrac{2}{3}(1-t_1)\vec{b}$.

（3）易得 $\cos\angle BOA=\cos\angle BAO=\dfrac{1}{\sqrt{6}}$，

则 $|\overrightarrow{OR_1}|=|\overrightarrow{OQ_1}|\cos\angle BOA=(|\overrightarrow{OB}|-|\overrightarrow{BQ_1}|)\cos\angle BOA=\dfrac{1+2t_1}{3\sqrt{2}}$.

又 $|\overrightarrow{AP_2}|=|\overrightarrow{AR_1}|\cos\angle BAO=(|\overrightarrow{OA}|-|\overrightarrow{OR_1}|)\cos\angle BAO=\dfrac{5-2t_1}{6\sqrt{3}}$，

∴ $t_2=\dfrac{|\overrightarrow{AP_2}|}{|\vec{b}-\vec{a}|}=-\dfrac{1}{9}t_1+\dfrac{5}{18}$，同理可得 $t_{n+1}=-\dfrac{1}{9}t_n+\dfrac{5}{18}$，

则 $t_{n+1}-\dfrac{1}{4}=-\dfrac{1}{9}\left(t_n-\dfrac{1}{4}\right)$，故 $t_n=\dfrac{1}{4}+\left(t_1-\dfrac{1}{4}\right)\left(-\dfrac{1}{9}\right)^{n-1}$，

所以 $t_1+t_2+\cdots+t_n-\dfrac{n}{4}=\left(t_1-\dfrac{1}{4}\right)\cdot\dfrac{9}{10}\cdot\left[1-\left(-\dfrac{1}{9}\right)^n\right]$

而 $1-\left(-\dfrac{1}{9}\right)^n$ 当 $n=1$ 时取得最大值 $\dfrac{10}{9}$，当 $n=2$ 时取得最小值 $\dfrac{80}{81}$

所以不等式 $\left|t_1+t_2+\cdots+t_n-\dfrac{n}{4}\right|<\dfrac{1}{2}$ 恒成立 $\Leftrightarrow\left|\left(t_1-\dfrac{1}{4}\right)\cdot\dfrac{9}{10}\cdot\dfrac{10}{9}\right|<\dfrac{1}{2}$ 且 $t_1\in(0,1)$，

解得 $t_1\in\left(0,\dfrac{3}{4}\right)$.

复 数
Complex Number

§8.1 复数的概念

1. m 取何实数时,复数 $z=\dfrac{m^2-m-6}{m+3}+(m^2-2m-15)\mathrm{i}$

（1）是实数.（2）是虚数.（3）是纯虚数.

解:（1）$\begin{cases} m+3\neq 0, \\ m^2-2m-15=0 \end{cases} \Rightarrow m=5.$ 故 $m=5$ 时,z 是实数.

（2）$\begin{cases} m+3\neq 0, \\ m^2-2m-15\neq 0 \end{cases} \Rightarrow m\neq 5$ 且 $m\neq -3.$ 故当 $m\neq 5$ 且 $m\neq -3$ 时,z 是虚数.

（3）$\begin{cases} \dfrac{m^2-m-6}{m+3}=0, \\ m^2-2m-15\neq 0 \end{cases} \Rightarrow m=3$ 或 $m=-2.$ 故当 $m=3$ 或 $m=-2$ 时,z 是纯虚数.

2. 设 z 是纯虚数,且 $z\cdot\bar{z}+\mathrm{i}z-\mathrm{i}\bar{z}=0$,求 z.

解: 设 $z=b\mathrm{i}(b\in\mathbf{R},b\neq 0)$,则 $-b^2+b+b=0\Rightarrow b=-2.$ 故 $z=2\mathrm{i}.$

3. 已知复数 $z=\dfrac{(1-\mathrm{i})^2+3(1+\mathrm{i})}{2-\mathrm{i}}$,若 $z^2+az+b=1-\mathrm{i}$,求实数 a,b 的值.

解: $z=1+\mathrm{i}$,将其代入 $z^2+az+b=1-\mathrm{i}\Rightarrow(a+b-1)+(a+3)\mathrm{i}=0\Rightarrow a=-3,b=4.$

4. 满足 $(2x^2+5x+2)+(y^2-y-2)\mathrm{i}=0$ 的有序实数对 (x,y) 有_____组.

解: $\begin{cases} 2x^2+5x+2=0, \\ y^2-y-2=0 \end{cases} \Rightarrow \begin{cases} x_1=-\dfrac{1}{2}, \\ y_1=2, \end{cases} \begin{cases} x_2=-\dfrac{1}{2}, \\ y_2=-1, \end{cases} \begin{cases} x_3=-2, \\ y_3=2, \end{cases} \begin{cases} x_4=-2, \\ y_4=-1 \end{cases}$ 共 4 组.

5. 若复数 $z=2m^2-3m-2+(m^2-3m+2)\mathrm{i}$ 是纯虚数,则求实数 m 的值.

解: $\begin{cases} 2m^2-3m-2=0, \\ m^2-3m+2\neq 0 \end{cases} \Rightarrow m=-\dfrac{1}{2}.$

6. 已知 $a,b\in\mathbf{R}$,则 "$a=b$" 是 "复数 $(a-b)+(a+b)\mathrm{i}$ 是纯虚数" 的什么条件?

解: 取 $a=b=0$,则复数 $(a-b)+(a+b)\mathrm{i}=0$ 为实数,而非纯虚数,又若复数 $(a-b)+(a+b)\mathrm{i}$ 是纯虚数,则必有 $a-b=0\Rightarrow a=b.$ 故其为必要不充分条件.

7. 已知 $z\in\mathbf{C}$,则命题 "z 是纯虚数" 是命题 "$\dfrac{z^2}{1-z^2}\in\mathbf{R}$" 的_____条件.

解：当 z 是纯虚数，则 $z^2<0\Rightarrow1-z^2\neq0\Rightarrow\dfrac{z^2}{1-z^2}\in\mathbf{R}$，又取 $z=0$，则 $\dfrac{z^2}{1-z^2}\in\mathbf{R}$ 但 z 非纯虚数，所以其为充分非必要条件.

8. 使"复数 z 为实数"的充分而不必要条件的是(　　).

（A）z^2 为实数　　　　（B）$z+\bar{z}$ 为实数　　　　（C）$z=\bar{z}$　　　　（D）$|z|=z$

解：对为纯虚数的 z，有 A、B 成立，又 $z=\bar{z}\Leftrightarrow z$ 为实数，故 A、B、C 选项错误.

又 $z=|z|,|z|\in\mathbf{R}\Rightarrow z\in\mathbf{R}$，当 $z=-1$ 时，$|z|=z$ 不成立，所以 $|z|=z$ 为复数 z 为实数的充分而不必要条件.

9. 已知关于 x 的方程 $x^2+(k+2\mathrm{i})x+2+k\mathrm{i}=0$ 有实根，求这个实根以及实数 k 的值.

解：$\begin{cases}x^2+kx+2=0,\\2x+k=0\end{cases}\Rightarrow\begin{cases}x^2=2,\\k=-2x,\end{cases}$ 得实根为 $x=\sqrt{2}$ 或 $x=-\sqrt{2}$，k 值为 $k=-2\sqrt{2}$ 或 $k=2\sqrt{2}$.

10. 已知复数 $z=\dfrac{(-1+3\mathrm{i})(1-\mathrm{i})-(1+3\mathrm{i})}{\mathrm{i}}$，$\omega=z+a\mathrm{i}(a\in\mathbf{R})$ 当 $\left|\dfrac{\omega}{z}\right|\leqslant\sqrt{2}$，求 a 的取值范围.

解：$z=1-\mathrm{i}$，$\left|\dfrac{\omega}{z}\right|^2=\dfrac{1+(a-1)^2}{2}\leqslant2\Rightarrow1+(a-1)^2\leqslant4$，解得 a 的取值范围是 $[1-\sqrt{3},1+\sqrt{3}]$.

11. 若 $f(z)=2z+\bar{z}-3\mathrm{i}$，$f(\bar{z}+\mathrm{i})=6-3\mathrm{i}$，试求 $f(-z)$.

解：由于 $f(z)=2z+\bar{z}-3\mathrm{i}$，故 $f(\bar{z}+\mathrm{i})=2(\bar{z}+\mathrm{i})+\overline{\bar{z}+\mathrm{i}}-3\mathrm{i}=6-3\mathrm{i}\Rightarrow2\bar{z}+z=6-\mathrm{i}\Rightarrow z=2+\mathrm{i}$，故 $f(-z)=f(-2-\mathrm{i})=2(-2-\mathrm{i})+(-2+\mathrm{i})-3\mathrm{i}=-6-4\mathrm{i}$.

12. 已知复数 $z_1=m+(4-m^2)\mathrm{i},(m\in\mathbf{R})$，$z_2=2\cos\theta-(\lambda+3\sin\theta)\mathrm{i},(\lambda\in\mathbf{R})$，若 $z_1=\bar{z}_2$，求证：$-\dfrac{9}{16}\leqslant\lambda\leqslant7$.

证：$m+(4-m^2)\mathrm{i}=2\cos\theta+(\lambda+3\sin\theta)\mathrm{i}\Rightarrow\begin{cases}m=2\cos\theta,\\4-m^2=\lambda+3\sin\theta,\end{cases}$

$\lambda=4\sin^2\theta-3\sin\theta=4\left(\sin\theta-\dfrac{3}{8}\right)^2-\dfrac{9}{16}\in\left[-\dfrac{9}{16},7\right]$.

13. 设 $x,y,a\in\mathbf{R}$，$z_1=(x^2-ax)+5\mathrm{i}$，$z_2=(x-4)-(ay^2+4y-1)\mathrm{i}$，若对所有 x,y，都有 $z_1\neq z_2$，求 a 的取值范围.

解：若存在 x,y，使得 $z_1=z_2$，则 $\begin{cases}x^2-ax=x-4,\\ay^2+4y-1=-5\end{cases}\Rightarrow\begin{cases}(a+1)^2-16\geqslant0,\\16-16a\geqslant0\end{cases}\Rightarrow a\in[-\infty,-5]$，所以要使对所有 x,y，都有 $z_1\neq z_2$，则 $a>-5$.

14. 已知方程 $x^2+(2+\mathrm{i})x+4ab+(2a-b)\mathrm{i}=0,(a,b\in\mathbf{R})$ 有实根，求实根的取值范围.

解：设 x_0 为方程的一个实根，则 $\begin{cases}x^2+2x+4ab=0,\\x+2a-b=0,\end{cases}$ 又有 $(2a+b)^2\geqslant0\Rightarrow4ab\geqslant-\dfrac{(2a-b)^2}{2}$，则 $x^2+2x-\dfrac{x^2}{2}\leqslant0\Rightarrow-4\leqslant x\leqslant0$.

§8.2　复数的代数运算

1. 计算：$1+2i+3i^2+4i^3+\cdots+1000i^{999}$.

解： 利用 i^n 的周期为 4 来解题.

$1+2i+3i^2+4i^3+\cdots+1000i^{999}=(1+5+\cdots+997)+i(2+6+\cdots+998)-(3+7+\cdots+999)-i(4+8+\cdots+1000)=-500-500i.$

2. 计算：(1) $\dfrac{5(4+i)^2}{i(2+i)}$；(2) $\left(-\dfrac{\sqrt{3}}{2}-\dfrac{1}{2}i\right)^{12}+\left(\dfrac{2+2i}{1-\sqrt{3}i}\right)^8$.

解： (1) $\dfrac{5(4+i)^2}{i(2+i)}=\dfrac{5(15+8i)}{-1+2i}=\dfrac{5(15+8i)(-1-2i)}{(-1+2i)(-1-2i)}=\dfrac{5(1-38i)}{5}=1-38i$；

(2) $\left(-\dfrac{\sqrt{3}}{2}-\dfrac{1}{2}i\right)^{12}+\left(\dfrac{2+2i}{1-\sqrt{3}i}\right)^8=\left[i\left(-\dfrac{1}{2}+\dfrac{\sqrt{3}}{2}i\right)\right]^{12}+\left[(1+i)\left(-\dfrac{1}{2}-\dfrac{\sqrt{3}}{2}i\right)\right]^{12}$

$=i^{12}+(1+i)^{12}=1+(2i)^6=-63.$

3. 已知两个复数 z_1 和 z_2，它们之和是 $(\sqrt{2}+1)+(1-\sqrt{2})i$，它们之差是 $(\sqrt{2}-1)+(1+\sqrt{2})i$，求 z_1、z_2.

解： $\begin{cases} z_1+z_2=(\sqrt{2}+1)+(1-\sqrt{2})i, \\ z_1-z_2=(\sqrt{2}-1)+(1+\sqrt{2})i. \end{cases}$ 解得：$z_1=\sqrt{2}+i,z_2=1-\sqrt{2}i.$

4. 若复数 z 满足 $|z|=1$，求证：$\dfrac{z}{1+z^2}\in \mathbf{R}$.

证： 设 $z=x+yi(x,y\in\mathbf{R},x^2+y^2=1)$，

$\dfrac{z}{1+z^2}=\dfrac{x+yi}{x^2-y^2+1+2xyi}=\dfrac{(x+yi)(x^2-y^2+1-2xyi)}{(x^2-y^2+1)^2+4x^2y^2}=\dfrac{x(x^2-y^2+1)+2xy^2}{(x^2-y^2+1)^2+4x^2y^2}\in\mathbf{R}.$

5. 若 $x=\dfrac{1+\sqrt{5}i}{2}$，则 $2x^3+(x+1)^2$ 的值为 _____.

解： $x=\dfrac{1+\sqrt{5}i}{2}\Rightarrow 2x^2-2x+3=0$，

然后降次可得：$2x^3+(x+1)^2=\sqrt{5}i-\dfrac{5}{2}.$

6. 若 $z+\dfrac{1}{z}=1$，求 $z^{2001}+\dfrac{1}{z^{2001}}$ 的值.

解： $z=-\omega\left(\omega=-\dfrac{1}{2}\pm\dfrac{\sqrt{3}}{2}i\right)$，

$z^{2001}+\dfrac{1}{z^{2001}}=-\omega^{2001}-\dfrac{1}{\omega^{2001}}=-2.$

7. 求同时满足下列两个条件的复数 z：

(1) $1<z+\dfrac{10}{z}\leqslant 6$；$(2)$ z 的实部、虚部都是整数.

解：设 $z=a+bi(a,b\in\mathbf{Z})$，则 $z+\dfrac{10}{z}=a+bi+\dfrac{10}{a+bi}=a\left(1+\dfrac{10}{a^2+b^2}\right)+b\left(1-\dfrac{10}{a^2+b^2}\right)i$，

则 $a^2+b^2=10$ 或 $b=0$，$|z|=\sqrt{10}$，或 $z\in\mathbf{R}\Rightarrow z=1\pm3i,3\pm i$.

8. 设 $z\in\mathbf{C}$，求满足 $z+\dfrac{1}{z}\in\mathbf{R}$ 且 $|z-2|=2$ 的复数 z.

解：设 $z=a+bi(a,b\in\mathbf{R})$，则 $z+\dfrac{1}{z}=a+bi+\dfrac{1}{a+bi}=a\left(1+\dfrac{1}{a^2+b^2}\right)+b\left(1-\dfrac{1}{a^2+b^2}\right)i$，

$|z|=1$，或 $z\in\mathbf{R}\Rightarrow z=4,z=\dfrac{1}{4}\pm\dfrac{\sqrt{15}}{4}i$.

9. 已知复数 $z=x+yi(x、y\in\mathbf{R})$，集合 $M=\{z\,|\,|z+1-yi|=\sqrt{|z|^2+1}\,\}$.

（1）若 $z_1\in M$，$z_2=\dfrac{2}{3}$，求 $|z_1-z_2|$ 的最小值.

（2）若 $z'\in M$，$z''=a(a\in\mathbf{R})$，求 $|z'-z''|$ 的最小值 $d=f(a)$ 的表达式.

解：$|x+1|=\sqrt{x^2+y^2+1}$，得到 $y^2=2x$.

（1）设 $z_1=x+yi(x,y\in\mathbf{R})$，$|z_1-z_2|=\left|x-\dfrac{2}{3}+yi\right|=\sqrt{\left(x-\dfrac{2}{3}\right)^2+y^2}=$

$\sqrt{x^2+\dfrac{2}{3}x+\dfrac{4}{9}}\,(x\geqslant0)$，

$|z_1-z_2|$ 的最小值为 $\dfrac{2}{3}$.

（2）设 $z'=x+yi(x,y\in\mathbf{R})$，

$|z'-z''|=|x-a+yi|=\sqrt{(x-a)^2+y^2}=\sqrt{x^2+(2-2a)x+a^2}\,(x\geqslant0)$，

得到 $f(a)=\begin{cases}\sqrt{2a-1} & (a\geqslant1),\\ |a| & (a<1).\end{cases}$

10. 已知 $z、w$ 为复数，$(1+3i)z$ 为纯虚数，$w=\dfrac{z}{2+i}$，且 $|w|=5\sqrt{2}$，求 w.

解：设 $z=x+yi(x,y\in\mathbf{R})$，则 $(1+3i)z=(x-3y)+(3x+y)i$

得出 $x=3y\neq0$，$z=10yi$.

则 $w=\dfrac{z}{2+i}=\dfrac{y}{5}(7-i)\Rightarrow|w|=5\sqrt{2}$，$\sqrt{2}\,|y|=5\sqrt{2}\Rightarrow y=\pm5$，则 $w=\pm(7-i)$.

11. 求所有整数 k，使 $\dfrac{(1+i)^{2k}}{1-i}+\dfrac{(1-i)^{2k}}{1+i}=2^k$ 成立.

解：分类讨论，分别代入检验可得：$k=4n,4n+3,(n\in\mathbf{Z})$.

12. 已知 a,b,c 分别为 1 的立方根，求 $\dfrac{1}{a^nb^n}+\dfrac{1}{b^nc^n}+\dfrac{1}{c^na^n}$ 的值.$(n\in\mathbf{N}^*)$

解：无妨设 $a=1,b=w,c=\overline{w}$.对 n 分类讨论即可.n 被 3 整除时，原式为 3；反之，为 0.

13. 已知复数 z_1,z_2 满足 $(1+i)z_1=-1+5i$，$z_2=a-2-i$，其中 i 为虚数单位，$a\in\mathbf{R}$，若 $|z_1-\overline{z_2}|<|z_1|$，求 a 的取值范围.

解：$z_1 = \dfrac{-1+5\mathrm{i}}{1+\mathrm{i}} = 2+3\mathrm{i}, \overline{z_2} = a-2+\mathrm{i},$

$|4-a+2\mathrm{i}| < \sqrt{13} \Rightarrow \sqrt{(4-a)^2+4} < \sqrt{13} \Rightarrow 1 < a < 7.$

§8.3 复数的模和共轭复数的运算性质

1. 已知复数 z 满足 $|z-4| = |z-4\mathrm{i}|$，且 $z+\dfrac{14-z}{z-1}$ 为实数，求复数 z.

解：设 $z = x+y\mathrm{i}(x, y \in \mathbf{R})$，则 $\sqrt{(x-4)^2+y^2} = \sqrt{(y-4)^2+x^2} \Rightarrow x = y,$

$z + \dfrac{14-z}{z-1} = z-1+\dfrac{13}{z-1} = x+y\mathrm{i}-1+\dfrac{13}{x-1+y\mathrm{i}}$

$= (x-1)\left(1+\dfrac{13}{\sqrt{(x-1)^2+y^2}}\right) + y\left(1-\dfrac{13}{\sqrt{(x-1)^2+y^2}}\right)\mathrm{i}.$

则 $(x-1)^2+y^2 = 13$ 或 $y = 0,$

得出：$z = 3+3\mathrm{i}, -2-2\mathrm{i}, 0.$

2. 已知 $z_1 = x+y+(x^2-xy-2y)\mathrm{i}, z_2 = (2x-y)-(y-xy)\mathrm{i}(x, y \in \mathbf{R})$，问 x, y 为何值时，z_1 与 z_2 为共轭复数.

解：$\begin{cases} x+y = 2x-y, \\ x^2-xy-2y = y-xy \end{cases} \Rightarrow x = 0, y = 0$ 或 $x = \dfrac{3}{2}, y = \dfrac{3}{4}.$

3. 已知复数 z_1, z_2 满足 $|z_1| = 3, |z_2| = 5, |z_1-z_2| = 7$，求 $\dfrac{z_1}{z_2}$.

解：$\dfrac{|z_1-z_2|}{|z_2|} = \left|\dfrac{z_1}{z_2}-1\right| = \dfrac{7}{5}, \left|\dfrac{z_1}{z_2}\right| = \dfrac{|z_1|}{|z_2|} = \dfrac{3}{5}.$

设 $\dfrac{z_1}{z_2} = x+y\mathrm{i}(x, y \in \mathbf{R})$，则 $\begin{cases} \sqrt{(x-1)^2+y^2} = \dfrac{7}{5}, \\ \sqrt{x^2+y^2} = \dfrac{3}{5}. \end{cases}$

解得：$\dfrac{z_1}{z_2} = -\dfrac{3}{10} \pm \dfrac{3\sqrt{3}}{10}\mathrm{i}.$

4. 已知复数 z 满足 $|z| = 2$，求 $|1+\sqrt{3}\mathrm{i}+z|$ 的最值.

解：由复数几何意义可知，$|1+\sqrt{3}\mathrm{i}+z|$ 为复数 z 在坐标系中所表示的点与点 $(-1, -\sqrt{3})$ 的距离，因此，最小为 0，最大为 4.

5. 求复数 $z = \dfrac{(4-3\mathrm{i})^5}{\left(\dfrac{\sqrt{3}}{2}-\dfrac{1}{2}\mathrm{i}\right)^2(\sqrt{2}-\sqrt{3}\mathrm{i})^4}$ 的模.

解：$|z| = \dfrac{|4-3\mathrm{i}|^5}{\left|\dfrac{\sqrt{3}}{2}-\dfrac{1}{2}\mathrm{i}\right|^2 |\sqrt{2}-\sqrt{3}\mathrm{i}|^4} = 125.$

6. 设复数 z 满足 $|z|=1$，求 $|z^2-z+2|$ 的最大值与最小值，并求出相应的复数 z 的值.

解：设 $z=x+y\mathrm{i},(x,y\in\mathbf{R}),x^2+y^2=1$，

$|z^2-z+2|=|z^2-z+2z\bar{z}|=|z-1+2\bar{z}|=|3x-1-y\mathrm{i}|$

$=\sqrt{(3x-1)^2+y^2}=\sqrt{(3x-1)^2+1-x^2}=\sqrt{8x^2-6x+2}$.

当 $x=\dfrac{3}{8}$，即 $z=\dfrac{3}{8}\pm\dfrac{\sqrt{55}}{8}$ 时，$|z|_{\min}=\dfrac{\sqrt{14}}{4}$；$x=-1$，即 $z=-1$ 时，$|z|_{\max}=4$.

7.（1）已知 $z_1,z_2\in\mathbf{C},|z_1|=1$，求 $\left|\dfrac{z_1-z_2}{1-\bar{z_1}\cdot z_2}\right|$ 的值；

（2）若复数 z_1,z_2,z_3 的模均为 r，求 $\left|\dfrac{\dfrac{1}{z_1}+\dfrac{1}{z_2}+\dfrac{1}{z_3}}{z_1+z_2+z_3}\right|$ 的值.

解：（1）$\left|\dfrac{z_1-z_2}{1-\bar{z_1}\cdot z_2}\right|=\left|\dfrac{z_1-z_2}{\bar{z_1}\cdot z_1-\bar{z_1}\cdot z_2}\right|=\left|\dfrac{z_1-z_2}{\bar{z_1}(z_1-z_2)}\right|=\left|\dfrac{1}{\bar{z_1}}\right|=\dfrac{1}{|\bar{z_1}|}=1$.

（2）$\left|\dfrac{\dfrac{1}{z_1}+\dfrac{1}{z_2}+\dfrac{1}{z_3}}{z_1+z_2+z_3}\right|=\dfrac{1}{r}\left|\dfrac{\bar{z_1}+\bar{z_2}+\bar{z_3}}{z_1+z_2+z_3}\right|=\dfrac{1}{r}\left|\dfrac{\overline{z_1+z_2+z_3}}{z_1+z_2+z_3}\right|=\dfrac{1}{r}$.

8. 如果 z 是复数，$|z|=1$，求 $f(z)=|z^3-z+2|$ 的最大值.

解：因 $|z|=1$，故可设 $z=\cos\theta+i\sin\theta(0\leqslant\theta<2\pi)$.则

$$f(z)=|(\cos\theta+i\sin\theta)^3-(\cos\theta+i\sin\theta)+2|=\sqrt{6+4\cos3\theta-2\cos2\theta-4\cos\theta}$$

令 $\cos\theta=t$，于是 $f(z)=2\sqrt{(2t+1)^2\left(t-\dfrac{5}{4}\right)+\dfrac{13}{4}}(-1\leqslant t\leqslant1)$.因为 $t-\dfrac{5}{4}<0$，所以

$(2t+1)^2\left(t-\dfrac{5}{4}\right)+\dfrac{13}{4}\leqslant\dfrac{13}{4}$，等号成立当且仅当 $z=-\dfrac{1}{2}\pm\dfrac{\sqrt{3}}{2}i$ 时，$f(z)$ 达到最大值 $2\sqrt{\dfrac{13}{4}}$

$=\sqrt{13}$.

9. 已知复数 $z_1=\cos\theta+\mathrm{i},z_2=\sin\theta+\mathrm{i}$，求 $|\bar{z_1}|\cdot|z_2|$ 的最大值和最小值.

解：$|\bar{z_1}|\cdot|z_2|=\sqrt{2+\dfrac{1}{4}\sin^2 2\theta}\in\left[\sqrt{2},\dfrac{3}{2}\right]$.

10. 设复数 z_1,z_2 满足 $z_1z_2+2\mathrm{i}\cdot z_1-2\mathrm{i}\cdot z_2+1=0$.

（1）若 z_1,z_2 满足 $\bar{z_2}-z_1=2\mathrm{i}$，求 z_1,z_2；

（2）若 $|z_1|=\sqrt{3}$，是否存在常数 k，使得等式 $|z_2-4\mathrm{i}|=k$ 恒成立.若存在，试求出 k；若不存在说明理由.

解：（1）由 $\bar{z_2}=z_1+2\mathrm{i}$，两边同时取共轭复数可得：$z_2=\bar{z_1}-2\mathrm{i}$.

代入已知方程得：$z_1(\bar{z_1}-2\mathrm{i})+2\mathrm{i}z_1-2\mathrm{i}(\bar{z_1}-2\mathrm{i})+1=0$.

即 $|z_1|^2-2\mathrm{i}\bar{z_1}-3=0$. 令 $z_1=a+b\mathrm{i}$，即可得到 $a^2+b^2-2\mathrm{i}(a-b\mathrm{i})-3=0$.

即 $(a^2+b^2-2b-3)-2a\mathrm{i}=0$. 解得 $a=0,b=3$ 或 $a=0,b=-1$.

则 $z_1=3\mathrm{i},z_2=-5\mathrm{i}$，或 $z_1=-\mathrm{i},z_2=-\mathrm{i}$.

(2) 由已知得 $z_1=\dfrac{2\mathrm{i}z_2-1}{z_2+2\mathrm{i}}$. 又由于 $|z_1|=\sqrt{3}$, 则 $\left|\dfrac{2\mathrm{i}z_2-1}{z_2+2\mathrm{i}}\right|=\sqrt{3}$.

则 $|2\mathrm{i}z_2-1|^2=3|z_2+2\mathrm{i}|^2$. 则 $(2\mathrm{i}z_2-1)(-2\mathrm{i}\overline{z_2}-1)=3(z_2+2\mathrm{i})(\overline{z_2}-2\mathrm{i})$.

整理得: $z_2\overline{z_2}+4\mathrm{i}z_2-4\mathrm{i}\overline{z_2}-11=0$. 即 $(z_2-4\mathrm{i})(\overline{z_2}+4\mathrm{i})=27$.

则 $|z_2-4\mathrm{i}|^2=27$, 即 $|z_2-4\mathrm{i}|=3\sqrt{3}$.

则存在常数 $k=3\sqrt{3}$, 使得等式 $|z_2-4\mathrm{i}|=k$ 恒成立.

§8.4 复数与复数的加法、减法的几何意义

1. 是否存在实数 a, 使得复数 $z=a^2-a-6+\dfrac{a^2+2a-15}{a^2-4}\mathrm{i}$ 在复平面上对应的点在虚轴上. 若存在, 求出所有的实数 a, 若不存在, 请说明理由.

解: $\begin{cases}a^2-a-6=0,\\a^2-4\neq0,\end{cases}a=3.$

2. (1) 若 $z\in\mathbf{C}$ 且 $|z+2-2\mathrm{i}|=1$, 求 $|z-2-2\mathrm{i}|$ 的最小值;

(2) 若 $z\in\mathbf{C}$ 且 $|z+3+4\mathrm{i}|\leqslant2$, 求 $|z|$ 的最大值.

解: 利用复数的几何意义解题, 看成点与点之间的距离问题, (1)3; (2)7.

3. 已知复数 z 满足 $|z|=\sqrt{2}$, z^2 的虚部为 2.

(1) 求 z; (2) 设 $z, z^2, z-z^2$ 在复平面上的对应点分别为 A, B, C, 求 $\triangle ABC$ 的面积.

解: (1) $z=1+\mathrm{i}$ 或 $z=-1-\mathrm{i}$; (2) $S_{\triangle ABC}=1$.

4. 已知复数 z_1, z_2 满足 $|z_1|=\sqrt{7}+1$, $|z_2|=\sqrt{7}-1$, 且 $|z_1-z_2|=4$, 求 $\dfrac{z_1}{z_2}$ 与 $|z_1+z_2|$ 的值.

解: $|z_1+z_2|^2+|z_1-z_2|^2=2(|z_1|^2+|z_2|^2)\Rightarrow|z_1+z_2|=4$,

所以复数 z_1, z_2 构成一个矩形. $\dfrac{z_1}{z_2}=\pm\dfrac{|z_1|}{|z_2|}\mathrm{i}=\pm\dfrac{4+\sqrt{7}}{3}\mathrm{i}$.

5. 已知 $|z|=1$, 且 $z^5+z=1$, 求复数 z.

解: $\begin{cases}|1-z|=|z^5|=1,\\|z|=1.\end{cases}$

$z=x+y\mathrm{i}(x,y\in\mathbf{R})$, $\begin{cases}(x-1)^2+y^2=1,\\x^2+y^2=1\end{cases}\Rightarrow\begin{cases}x=\dfrac{1}{2},\\y=\pm\dfrac{\sqrt{3}}{2},\end{cases}$ 得出: $z=\dfrac{1}{2}\pm\dfrac{\sqrt{3}}{2}\mathrm{i}$.

经检验, 满足题意.

6. 已知 z 为复数, $z+2\mathrm{i}$ 和 $\dfrac{z}{2-\mathrm{i}}$ 均为实数, 其中 i 是虚数单位.

(1) 求复数 z;

(2) 若复数 $(z+a\mathrm{i})^2$ 在复平面上对应的点在第一象限, 求实数 a 的取值范围.

解: (1) $z=4-2\mathrm{i}$. (2) $2<a<6$.

7. 若$|z+1-i|=1$,求$|z|$的最大值和最小值.

解: 由几何意义可得:z表示以$(-1,1)$为圆心的单位圆,则$|z|\in\left[\sqrt{2}-1,\sqrt{2}+1\right]$.

8. 设复数z满足$|z|=2$,求$|z-i|$的最大值及此时的复数z.

解: 由几何意义可得:z表示以原点为圆心半径为2的圆,$|z-i|$表示圆上的点与$(0,1)$的距离,显然则当$z=-2i$时,$|z-i|$取最大值3.

9. 已知$z^2+\dfrac{16}{z^2}$是实数,求复数z在复平面上所对应的点集的图形.

解: 设$z^2=a+bi(a,b\in\mathbf{R})$,

则$z^2+\dfrac{16}{z^2}=a+bi+\dfrac{16}{a+bi}=a\left(1+\dfrac{16}{a^2+b^2}\right)+b\left(1-\dfrac{16}{a^2+b^2}\right)i\in\mathbf{R}$.

则$b=0$或$a^2+b^2=16$.

设$z=x+yi(x,y\in\mathbf{R})$,$z^2=x^2-y^2+2xyi$,

则$2xy=0$或$(x^2-y^2)^2+(2xy)^2=16$,得出:$x=0$或$y=0$或$x^2+y^2=4(x,y$不同时为0).

10. 设复数$z=x+yi(x,y\in\mathbf{R})$在复平面上所对应的点是Z,画出满足下列条件的点Z的集合所表示的区域:

(1) $\mathrm{Re}z>0$;(2) $|\mathrm{Re}z|\leqslant4,0<|\mathrm{Im}z|<2$;(3) $|z|\leqslant2,\mathrm{Re}z+\mathrm{Im}z=2$.

解: (1) 由于$\mathrm{Re}z>0$,

则点Z位于虚轴(y轴)的右侧,点Z的集合表示由虚轴右侧所有点构成的半平面,见下图.

(2) 则$|\mathrm{Re}z|\leqslant4,0<|\mathrm{Im}z|<2$.

则点Z的集合表示由直线$x=\pm4,y=\pm2$围成的矩形,如下图,包括边界AD,BC,但不包括边界AB,CD,以及矩形内的实轴部分.

(3) 由于$|z|\leqslant2$,则点Z在该以原点为圆心2为半径的圆上以及该圆内部.而$\mathrm{Re}z+\mathrm{Im}z=2$,即$x+y=2$,它表示一条直线,过点$A(0,2),B(2,0)$.

则点Z的集合表示过点$A(0,2),B(2,0)$的直线被圆面$|z|\leqslant2$所截得的线段(包括端点A,B).

第10题(1)解析图　　　　第10题(2)解析图　　　　第10题(3)解析图

能力提高

11. 已知两个复数集:$M=\{z|z=t+(4-t^2)i,t\in\mathbf{R}\}$及$N=\{z|z=2\cos\theta+(\lambda+3\sin\theta)i,\lambda\in\mathbf{R},\theta\in\mathbf{R}\}$的交集为非空集合,求$\lambda$的取值范围.

解: $\begin{cases}t=2\cos\theta,\\4-t^2=\lambda+3\sin\theta\end{cases}\Rightarrow\lambda=4\sin^2\theta-3\sin\theta\in\left[\dfrac{-73}{16},3\right]$.

12. 复数 $z=\dfrac{(1+i)^3(a+bi)}{1-i}$ 且 $|z|=4$，z 对应的点在第一象限，若复数 $0,z,\bar{z}$ 对应的点是正三角形的三个顶点，求实数 a,b 的值.

解： $z=-2a-2bi(a,b<0)$，$|z|=4=2\sqrt{a^2+b^2}$，

复数 $0,z,\bar{z}$ 对应的点是正三角形的三个顶点，得 $b=\dfrac{\sqrt{3}}{3}a$.

联立 $\begin{cases} b=\dfrac{\sqrt{3}}{3}a, \\ \sqrt{a^2+b^2}=2, \end{cases}$ 求得 $a=-\sqrt{3}$，$b=-1$.

13. 已知复数 z_1 在 $|z_1|=1$ 的条件下变动，而 $|z-2009-2010i|=|z_1^4+1-2z_1^2|$，则复数 z 对应点的形成的区域图形的面积是_____.

解： z 对应点的形成的区域图形是一个以点 $(2009,2010)$ 为圆心，4 为半径的圆面，其面积为 16π.

14. 关于 x 的二次方程 $x^2+z_1x+z_2+m=0$ 中，z_1、z_2、m 均是复数，且 $z_1^2-4z_2=16+20i$，设这个方程的两个根为 α、β，且满足 $|\alpha-\beta|=2\sqrt{7}$. 求 $|m|$ 的最大值和最小值.

解： 由韦达定理可知：$\alpha+\beta=-z_1$，$\alpha\beta=z_2+m$.

$28=|\alpha-\beta|^2=|(\alpha-\beta)^2|=|(\alpha+\beta)^2-4\alpha\beta|=|z_1^2-4z_2-4m|=|16-4m+20i|$

$|4-m+5i|=7$.

设 $m=x+yi(x,y\in\mathbf{R})$，带入可得：$(x-4)^2+(y+5)^2=49$.

$|m|$ 的几何意义为圆 $(x-4)^2+(y+5)^2=49$ 上的点到原点的距离问题.

因此，$|m|$ 的最大值是 $\sqrt{41}+7$，$|m|$ 的最小值是 $7-\sqrt{41}$.

15. 设复数 z 满足 $|z|=5$，且 $(3+4i)z$ 在复平面上对应的点在第二、四象限的角平分线上，$|\sqrt{2}z-m|=5\sqrt{2}(m\in\mathbf{R})$，求 z 和 m 的值.

解： 设 $z=x+yi(x,y\in\mathbf{R})$，则 $(3+4i)z=(3+4i)(x+yi)=3x-4y+(4x+3y)i$

联立 $\begin{cases} 7x=y, \\ x^2+y^2=25, \end{cases} \Rightarrow z=\pm\dfrac{1+7i}{\sqrt{2}}$.

当 $\sqrt{2}z=1+7i$ 时，有 $|1+7i-m|=5\sqrt{2}$，即 $(1-m)^2+7^2=50$，得 $m=0,2$.

当 $\sqrt{2}z=-(1+7i)$ 时，同理可得 $m=0,-2$.

16. 设 a 为实数，且存在复数 z 满足 $|z+\sqrt{2}|=\sqrt{a^2-3a+2}$ 和 $|z+\sqrt{2}i|<a$，求 a 的取值范围.

解： $a>2$.

17. 设 z 是复数，则 $|z-1|+|z-i|+|z+1|$ 的最小值等于_____.

解： 提示：在复平面上，设 $A(-1,0),B(1,0),C(0,1)$，则当 Z 为 $\triangle ABC$ 的费马点时，取最小值.

18. 在复平面上有两个动点 W 和 Z，它们分别对应于复数 w 与 z，且满足 $w=iz+2$，当 Z 沿曲线 $|z-1|+|z+1|=2\sqrt{2}$ 运动时，求 $|w|$ 的最值.

解：当 Z 沿曲线 $|z-1|+|z+1|=2\sqrt{2}$ 运动时，Z 的轨迹方程为：$\dfrac{x^2}{2}+y^2=1$.

设 Z 的坐标为 $(\sqrt{2}\cos\theta,\sin\theta)$，即 $z=\sqrt{2}\cos\theta+i\sin\theta$，则 $w=-\sin\theta+2+\sqrt{2}\cos\theta i$

$|w|^2=(-\sin\theta+2)^2+2\cos^2\theta=-(\sin\theta+2)^2+10$，则 $|w|$ 的最小值是 1，最大值是 3.

19. 已知 P 为直线 $x-y+1=0$ 上的动点，以 OP 为边作正 $\triangle OPQ$（O,P,Q 按顺时针方向排列）. 则点 Q 的轨迹方程为 _____.

解：设 Q 的直角坐标为 (x,y)，对应复平面的复数为 $z=x+yi$，

则 $z_p=(x+yi)\left(\cos\dfrac{\pi}{3}+i\sin\dfrac{\pi}{3}\right)=\dfrac{1}{2}x-\dfrac{\sqrt{3}}{2}y+\left(\dfrac{\sqrt{3}}{2}x+\dfrac{1}{2}y\right)i$.

对应的 P 的直角坐标为 $\left(\dfrac{1}{2}x-\dfrac{\sqrt{3}}{2}y,\dfrac{\sqrt{3}}{2}x+\dfrac{1}{2}y\right)$，带入到方程 $x-y+1=0$ 中，可得

$y=\dfrac{2\sqrt{3}-4}{2}x+\sqrt{3}-1$.

§8.5　复数的三角形式与运算

1. 下列复数是不是复数的三角形式？

(1) $\dfrac{1}{2}\left(\cos\dfrac{\pi}{4}-i\sin\dfrac{\pi}{4}\right)$;　(2) $-\dfrac{1}{2}\left(\cos\dfrac{\pi}{3}+i\sin\dfrac{\pi}{3}\right)$;

(3) $\dfrac{1}{2}\left(\sin\dfrac{3\pi}{4}+i\cos\dfrac{3\pi}{4}\right)$;　(4) $\cos\dfrac{7\pi}{5}+i\sin\dfrac{7\pi}{5}$.

解：由复数的三角形式定义可知，(4)是.

2. (1) 计算：$2\left(\cos\dfrac{\pi}{9}+i\sin\dfrac{\pi}{9}\right)\cdot 3\left(\cos\dfrac{\pi}{18}+i\sin\dfrac{\pi}{18}\right)$;

(2) 已知 A、B、C 是 $\triangle ABC$ 的三个内角，三个复数 $z_1=1-\cos 2A+i\sin 2A$，$z_2=1-\cos 2B+i\sin 2B$，$z_3=1-\cos 2C+i\sin 2C$，试求 $\dfrac{z_1\cdot z_2\cdot z_3}{\sin 2A+\sin 2B+\sin 2C}$ 的值.

解：(1) 原式 $=6\left[\cos\left(\dfrac{\pi}{9}+\dfrac{\pi}{18}\right)+i\sin\left(\dfrac{\pi}{9}+\dfrac{\pi}{18}\right)\right]=3\sqrt{3}+3i$;

(2) 转化为三角形式

$z_1=2\sin^2 A+i2\sin A\cos A=2\sin A(\sin A+i\cos A)=2\sin A\left[\cos\left(\dfrac{\pi}{2}-A\right)+i\sin\left(\dfrac{\pi}{2}-A\right)\right]$.

同理：$z_2=2\sin B\left[\cos\left(\dfrac{\pi}{2}-B\right)+i\sin\left(\dfrac{\pi}{2}-B\right)\right]$.

$z_3=2\sin C\left[\cos\left(\dfrac{\pi}{2}-C\right)+i\sin\left(\dfrac{\pi}{2}-C\right)\right]$.

则 $z_1z_2z_3=8\sin A\sin B\sin C\left[\cos\left(\dfrac{3\pi}{2}-\pi\right)+i\sin\left(\dfrac{3\pi}{2}-\pi\right)\right]=8i\sin A\sin B\sin C$.

$\sin 2A+\sin 2B+\sin 2C=2\sin(A+B)\cos(A-B)+2\sin C\cos C=2\sin C[\cos(A-B)-\cos(A+B)]=4\sin A\sin B\sin C$.

原式$=2\mathrm{i}$.

3. 若复数 $z_1=\cos\alpha+\mathrm{i}(1-\sin\alpha)$ 和 $z_2=1+\mathrm{i}$ 在复平面上的对应点的距离为 1,求复数 z_1 的模与辐角主值.

解:$(\cos\alpha-1)^2+(-\sin\alpha)^2=1\Rightarrow\cos\alpha=\dfrac{1}{2}$,

$$z_1=\dfrac{1}{2}+\mathrm{i}\left(1-\dfrac{\sqrt{3}}{2}\right),$$

$$|z_1|=\dfrac{\sqrt{6}-\sqrt{2}}{2},\theta=15°.$$

4. 已知复数 z 满足 $|z|=2$,$\arg(z+2)=\dfrac{\pi}{3}$,求 z.

解:设 $z=x+y\mathrm{i}(x,y\in\mathbf{R})$,

$z+2=x+2+y\mathrm{i}$.

$$\begin{cases}\tan\dfrac{\pi}{3}=\dfrac{y}{x+2},\\ x^2+y^2=4.\end{cases}$$

$x=-1$ 或 -2(舍),

$z=-1+\sqrt{3}\,\mathrm{i}$.

5. 有一个人在草原上漫步,开始时从 O 点出发,向东行走,每走 1 千米后,便向左转 $\dfrac{\pi}{6}$ 角度,他走过 n 千米后,首次回到原出发点,则 $n=$ _____.

解:(方法一)由正十二边形可知:$n=12$

(方法二)由几何意义可知,记 $z_1=1,q=\cos\dfrac{\pi}{6}+\mathrm{i}\sin\dfrac{\pi}{6}$,

则 $z_n=z_1(1+q+\cdots+q^{n-1})=\dfrac{1-\left(\cos\dfrac{\pi}{6}+\mathrm{i}\sin\dfrac{\pi}{6}\right)^n}{1-\left(\cos\dfrac{\pi}{6}+\mathrm{i}\sin\dfrac{\pi}{6}\right)}=\dfrac{1-\cos\dfrac{n\pi}{6}-\mathrm{i}\sin\dfrac{n\pi}{6}}{1-\left(\cos\dfrac{\pi}{6}+\mathrm{i}\sin\dfrac{\pi}{6}\right)}=0.$

$$\begin{cases}1-\cos\dfrac{n\pi}{6}=0,\\ \sin\dfrac{n\pi}{6}=0\end{cases}\Rightarrow\dfrac{n\pi}{6}=2k\pi\Rightarrow n=12k(k\in\mathbf{N}^*),n=12.$$

6. 设复平面上单位圆内接正 20 边形的 20 个顶点所对应的复数依次为 $z_1,z_2,\cdots,z_{20}$,则复数 $z_1^{1995},z_2^{1995},\cdots,z_{20}^{1995}$ 所对应的不同点的个数是_____.

解:可设:$z_1=\cos\theta+\mathrm{i}\sin\theta$,

$$z_2=\cos\left(\theta+\dfrac{\pi}{10}\right)+\mathrm{i}\sin\left(\theta+\dfrac{\pi}{10}\right),$$

$$z_2=\cos\left(\theta+\dfrac{2\pi}{10}\right)+\mathrm{i}\sin\left(\theta+\dfrac{2\pi}{10}\right),$$

……

$$z_{20}=\cos\left(\theta+\dfrac{19\pi}{10}\right)+\mathrm{i}\sin\left(\theta+\dfrac{19\pi}{10}\right),$$

$$z_1^{1995} = \cos(1995\theta) + i\sin(1995\theta),$$

$$z_2^{1995} = \cos\left(1995\theta + 1995\frac{\pi}{10}\right) + i\sin\left(1995\theta + 1995\frac{\pi}{10}\right),$$

$$z_3^{1995} = \cos\left(1995\theta + 1995\frac{2\pi}{10}\right) + i\sin\left(1995\theta + 1995\frac{2\pi}{10}\right),$$

......

$$z_{20}^{1995} = \cos\left(1995\theta + 1995\frac{19\pi}{10}\right) + i\sin\left(1995\theta + 1995\frac{19\pi}{10}\right),$$

由此可知，
$$z_1^{1995} = z_5^{1995} = z_9^{1995} = \cdots = z_{17}^{1995}$$
$$z_2^{1995} = z_6^{1995} = z_{10}^{1995} = \cdots = z_{18}^{1995}$$
$$z_3^{1995} = z_7^{1995} = z_{11}^{1995} = \cdots = z_{19}^{1995}$$
$$z_4^{1995} = z_8^{1995} = z_{12}^{1995} = \cdots = z_{20}^{1995}$$

所以表示四个不同的点.

7. 已知 $z = 1 + i$，（1）设 $\omega = z^2 + 3\bar{z} - 4$，求 ω 的三角形式；（2）如果 $\dfrac{z^2 + az + b}{z^2 - z + 1} = 1 - i$，求实数 a, b 的值.

解：（1）$\omega = -1 - i \Rightarrow \omega = \sqrt{2}\left(\cos\dfrac{5\pi}{4} + i\sin\dfrac{5\pi}{4}\right)$；

（2）$\dfrac{z^2 + az + b}{z^2 - z + 1} = \dfrac{2i + a(1 + i) + b}{i} = 1 - i \Rightarrow a + b + (a + 2)i = 1 + i \Rightarrow a = -1, b = 2.$

8. 在复平面上，一个正方形的四个顶点按照逆时针方向依次为 Z_1, Z_2, Z_3, O（O 为原点），已知 Z_2 对应复数 $z_2 = 1 + \sqrt{3}i$，求点 Z_1 和点 Z_3 所对应的复数.

解： $z_1 = z_2 \cdot \dfrac{\sqrt{2}}{2}\left[\cos\left(-\dfrac{\pi}{4}\right) + i\sin\left(-\dfrac{\pi}{4}\right)\right] = 2 \cdot \left(\cos\dfrac{\pi}{3} + i\sin\dfrac{\pi}{3}\right) \cdot \dfrac{\sqrt{2}}{2}\left[\cos\left(-\dfrac{\pi}{4}\right) + i\sin\left(-\dfrac{\pi}{4}\right)\right]$

$= \sqrt{2}\left(\cos\dfrac{\pi}{12} + i\sin\dfrac{\pi}{12}\right) = \dfrac{1 + \sqrt{3}}{2} + \dfrac{\sqrt{3} - 1}{2}i.$

$z_3 = z_2 \cdot \dfrac{\sqrt{2}}{2}\left[\cos\dfrac{\pi}{4} + i\sin\dfrac{\pi}{4}\right] = 2 \cdot \left(\cos\dfrac{\pi}{3} + i\sin\dfrac{\pi}{3}\right) \cdot \dfrac{\sqrt{2}}{2}\left[\cos\dfrac{\pi}{4} + i\sin\dfrac{\pi}{4}\right]$

$= \sqrt{2}\left(\cos\dfrac{7\pi}{12} + i\sin\dfrac{7\pi}{12}\right) = \dfrac{1 - \sqrt{3}}{2} + \dfrac{\sqrt{3} - 1}{2}i.$

9. 方程 $z^7 = -1 + \sqrt{3}i$ 的 7 个根在复平面上对应了 7 个点，这些点在四个象限中只有 1 个点的象限是_____.

解： $z^7 = -1 + \sqrt{3}i = 2\left(\cos\dfrac{2\pi}{3} + i\sin\dfrac{2\pi}{3}\right).$

由复数的开方，得 7 个复数方根为 $z_k = \sqrt[7]{2}(\cos\theta_k + i\sin\theta_k)$，

其中 $\theta_k = \dfrac{2k\pi + \dfrac{2\pi}{3}}{7}$，$k = 0, 1, 2, \cdots, 6$ 容易得只有 $\theta_4 = \dfrac{26\pi}{21}$ 是第三象限的角.

10. 若复数 z_1, z_2 满足 $|z_1| = |z_2|$,且 $z_1 - z_2 = 2 - i$,则 $\dfrac{z_1 z_2}{|z_1 z_2|}$ 的值为 _____.

解: 设 $z_1 = r(\cos\alpha + i\sin\alpha), z_2 = r(\cos\beta + i\sin\beta)$,

则 $\dfrac{z_1 z_2}{|z_1 z_2|} = \cos(\alpha + \beta) + i\sin(\alpha + \beta)$.

$z_1 - z_2 = 2 - i \Rightarrow \begin{cases} r(\cos\alpha - \cos\beta) = 2, \\ r(\sin\alpha - \sin\beta) = -1 \end{cases} \Rightarrow \begin{cases} -2r\sin\dfrac{\alpha+\beta}{2}\sin\dfrac{\alpha-\beta}{2} = 2, \\ 2r\cos\dfrac{\alpha+\beta}{2}\sin\dfrac{\alpha-\beta}{2} = -1 \end{cases} \Rightarrow \tan\dfrac{\alpha+\beta}{2} = 2.$

由万能置换公式可知:$\sin(\alpha + \beta) = \dfrac{2\tan\dfrac{\alpha+\beta}{2}}{1 + \tan^2\dfrac{\alpha+\beta}{2}} = \dfrac{4}{5}, \cos(\alpha + \beta) = \dfrac{1 - \tan^2\dfrac{\alpha+\beta}{2}}{1 + \tan^2\dfrac{\alpha+\beta}{2}} = -\dfrac{3}{5}.$

得到:$\dfrac{z_1 z_2}{|z_1 z_2|} = -\dfrac{3}{5} + \dfrac{4}{5}i.$

11. 设复数 $z_1 = \sqrt{3} + i$,复数 z_2 满足 $|z_2| = 2$,已知 $z_1 \cdot z_2^2$ 的对应点在虚轴的负半轴上,且 $\arg z_2 \in (0, \pi)$,求 z_2 的代数形式.

解: 设 $z_2 = 2\cos\alpha + 2i\sin\alpha, \alpha \in (0, \pi)$,

$z_1 \cdot z_2^2 = (\sqrt{3} + i) \cdot 4(\cos 2\alpha + i\sin 2\alpha) = 8\left(\cos\dfrac{\pi}{6} + i\sin\dfrac{\pi}{6}\right)(\cos 2\alpha + i\sin 2\alpha)$

$= 8\left[\cos\left(2\alpha + \dfrac{\pi}{6}\right) + i\sin\left(2\alpha + \dfrac{\pi}{6}\right)\right].$

则 $2\alpha + \dfrac{\pi}{6} = \pi \Rightarrow \alpha = \dfrac{5\pi}{12}$,则 $z_2 = 2\cos\dfrac{5\pi}{12} + i \cdot 2\sin\dfrac{5\pi}{12} = \dfrac{\sqrt{6} - \sqrt{2}}{2} + \dfrac{\sqrt{6} + \sqrt{2}}{2}i.$

12. 已知 $z = \dfrac{-1 + i}{i} - 2i, z_1 - \bar{z} \cdot z_2 = 0, \arg z_2 = \dfrac{7\pi}{12}$,若 z_1, z_2 在复平面上分别对应点 A, B,且 $|AB| = \sqrt{2}$,求 z_1 的立方根.

解: $z = \dfrac{-1 + i}{i} - 2i = 1 - i.$

设 $z_2 = r\left[\cos\dfrac{7\pi}{12} + i \cdot \sin\dfrac{7\pi}{12}\right]$,

则 $z_1 = \bar{z}z_2 = (1 + i)r\left[\cos\dfrac{7\pi}{12} + i \cdot \sin\dfrac{7\pi}{12}\right] = \sqrt{2}\left(\cos\dfrac{\pi}{4} + i\sin\dfrac{\pi}{4}\right)r\left[\cos\dfrac{7\pi}{12} + i \cdot \sin\dfrac{7\pi}{12}\right]$

$= \sqrt{2}r\left(\cos\dfrac{5\pi}{6} + i\sin\dfrac{5\pi}{6}\right).$

$z_1 - z_2 = \sqrt{2}r\left(\cos\dfrac{5\pi}{6} + i\sin\dfrac{5\pi}{6}\right) - r\left[\cos\dfrac{7\pi}{12} + i\sin\dfrac{7\pi}{12}\right] = \dfrac{-\sqrt{2} - \sqrt{6}}{4}r + \dfrac{\sqrt{2} - \sqrt{6}}{4}ri,$

$|z_1 - z_2| = r = \sqrt{2} \Rightarrow r = \sqrt{2} \Rightarrow z_1 = 2\left(\cos\dfrac{5\pi}{6} + i\sin\dfrac{5\pi}{6}\right),$

$\sqrt[3]{z_1} = \sqrt[3]{2}\left[\cos\dfrac{\dfrac{5\pi}{6} + 2k\pi}{3} + i\sin\dfrac{\dfrac{5\pi}{6} + 2k\pi}{3}\right], k = 0, 1, 2.$

z_1 的立方根为 $\sqrt[3]{2}\left(\cos\dfrac{5}{18}\pi+i\sin\dfrac{5}{18}\pi\right)$, $\sqrt[3]{2}\left(\cos\dfrac{17}{18}\pi+i\sin\dfrac{17}{18}\pi\right)$, $\sqrt[3]{2}\left(\cos\dfrac{29}{18}\pi+i\sin\dfrac{29}{18}\pi\right)$.

13. 已知 k 是实数,ω 是非零复数,且满足 $\arg\omega=\dfrac{3}{4}\pi$, $(1+\bar{\omega})^2+(1+i)^2=1+k\omega$.

(1) 求 ω 的值;(2) 设 $z=\cos\theta+i\sin\theta$,$\theta\in[0,2\pi]$,若 $|z-\omega|=1+\sqrt{2}$,求 θ 的值.

解:(1) 设 $\omega=r\left(\cos\dfrac{3\pi}{4}+i\sin\dfrac{3\pi}{4}\right)$.

$(1+\bar{\omega})^2+(1+i)^2=1+k\omega\Rightarrow k=2,r=\sqrt{2}$,

则 $\omega=-1+i$;

(2) $z-\omega=\cos\theta+1+i(\sin\theta-1)$,$|z-\omega|=\sqrt{3+2\cos\theta-2\sin\theta}=1+\sqrt{2}$,

$2\cos\theta-2\sin\theta=2\sqrt{2}\Rightarrow\cos\left(\theta+\dfrac{\pi}{4}\right)=1\Rightarrow\theta=\dfrac{7\pi}{4}$.

14. 已知 $\arg(z^4+1)=\dfrac{\pi}{3}$,$\arg(z^4-1)=\dfrac{5}{6}\pi$,求复数 z.

解:$z=\cos\dfrac{\dfrac{2}{3}\pi+2k\pi}{4}+i\sin\dfrac{\dfrac{2}{3}\pi+2k\pi}{4}$,$k=0,1,2,3$.

15. 已知复数 z_1,z_2 满足 $\dfrac{z_2}{z_1}=\dfrac{\bar{z_1}}{z_2}$,且 $\arg z_1=\dfrac{\pi}{3}$,$\arg z_2=\dfrac{\pi}{6}$,$\arg z_3=\dfrac{7}{8}\pi$,则求 $\arg\dfrac{z_1+z_2}{z_3}$ 的值.

解:$\arg(z_1+z_2)=\dfrac{\pi}{4}$,$\arg z_3=\dfrac{7}{8}\pi\Rightarrow\arg\dfrac{z_1+z_2}{z_3}=\dfrac{11}{8}\pi$.

16. 设 A,B,C 为 $\triangle ABC$ 的三内角,复数 $z=\dfrac{\sqrt{65}}{5}\sin\dfrac{A+B}{2}+i\cos\dfrac{A-B}{2}$,$|z|=\dfrac{3\sqrt{5}}{5}$,求 C 的最大值.

解:$\dfrac{9}{5}=\dfrac{13}{5}\sin^2\dfrac{A+B}{2}+\cos^2\dfrac{A-B}{2}\Rightarrow 13\cos(A+B)=5\cos(A-B)$.

$\cos C=-\dfrac{5}{13}\cos(A-B)\geqslant-\dfrac{5}{13}$.

C 的最大值为 $\pi-\arccos\dfrac{5}{13}$.

17. 求证:$\sin\dfrac{\pi}{n}\cdot\sin\dfrac{2\pi}{n}\cdot\cdots\cdot\sin\dfrac{(n-1)\pi}{n}=\dfrac{n}{2^{n-1}}(n\geqslant2)$.

解:构造法解题.

设 1 是 $x^{2n}=1$ 的次单位根为:$\omega=\cos\dfrac{2\pi}{2n}+i\sin\dfrac{2\pi}{2n}$,

则 $1,\omega^2,\omega^4,\cdots,\omega^{2(n-1)},\omega^{2n}$ 都是其根.

由 $x^{2n}-1=(x^2-1)(x^{2(n-1)}+x^{2(n-2)}+\cdots+x^2+1)$

$=(x^2-1)(x^2-\omega^2)\cdots(x^2-\omega^{2(n-2)})(x^2-\omega^{2(n-1)})$.

则 $x^{2(n-1)}+x^{2(n-2)}+\cdots+x^2+1=(x^2-\omega^2)\cdots(x^2-\omega^{2(n-2)})(x^2-\omega^{2(n-1)})$.

取 $x=1$，则 $(1-\omega^2)\cdots(1-\omega^{2(n-2)})(1-\omega^{2(n-1)})=n.$

$$\omega=\cos\frac{2\pi}{2n}+\mathrm{i}\sin\frac{2\pi}{2n}\Rightarrow\sin\frac{k\pi}{n}=\frac{\omega^k-\omega^{-k}}{2\mathrm{i}}=\frac{\omega^{2k}-1}{2\mathrm{i}\omega^k}.$$

$$\sin\frac{\pi}{n}\cdot\sin\frac{2\pi}{n}\cdot\cdots\cdot\sin\frac{(n-1)\pi}{n}$$

$$=\frac{(\omega^2-1)\cdots(\omega^{2(n-2)}-1)(\omega^{2(n-1)}-1)}{(2\mathrm{i})^{n-1}\omega^{1+2+3+\cdots+n-1}}$$

$$=\frac{(\omega^2-1)\cdots(\omega^{2(n-2)}-1)(\omega^{2(n-1)}-1)}{(2\mathrm{i})^{n-1}(\omega^{\frac{n}{2}})^{n-1}}$$

$$=\frac{(\omega^2-1)\cdots(\omega^{2(n-2)}-1)(\omega^{2(n-1)}-1)}{2^{n-1}(-1)^{n-1}}$$

$$=\frac{(1-\omega^2)\cdots(1-\omega^{2(n-2)})(1-\omega^{2(n-1)})}{2^{n-1}}=\frac{n}{2^{n-1}}.$$

18. 设复数 $z_1=2-\sqrt{3}a+a\mathrm{i}$，$z_2=\sqrt{3}b-1+(\sqrt{3}-b)\mathrm{i}$ 的模相等，且 $\arg\frac{z_2}{z_1}=\frac{\pi}{2}$，求实数 a,b 的值.

解： $|z_1|=|z_2|$，$z_2=z_1\cdot\mathrm{i}\Rightarrow a=b=\dfrac{\sqrt{3}-1}{2}.$

19. 若 $x+\dfrac{1}{x}=2\cos\theta$，求证：$x^n+\dfrac{1}{x^n}=2\cos n\theta.$

证明： 由已知解得 $x=\cos\theta\pm\mathrm{i}\sin\theta$，则

$$x^n=\cos n\theta\pm\mathrm{i}\sin n\theta=\cos n\theta+\mathrm{i}\sin(\pm n\theta),\overline{x^n}=\cos n\theta\pm\mathrm{i}\sin n\theta=\cos n\theta-\mathrm{i}\sin(\pm n\theta).$$

由于 $x^n\overline{x^n}=1$，则 $\overline{x^n}=\dfrac{1}{x^n}$，则 $x^n+\dfrac{1}{x^n}=2\cos n\theta.$

20. 设复数 $z=3\cos\theta+2\mathrm{i}\sin\theta$，求函数 $y=\theta-\arg z\left(0<\theta<\dfrac{\pi}{2}\right)$ 的最大值以及对应的 θ 值.

解： $\tan(\arg z)=\dfrac{2\sin\theta}{3\cos\theta}=\dfrac{2}{3}\tan\theta.$

$$\tan(\theta-\arg z)=\frac{\tan\theta-\dfrac{2}{3}\tan\theta}{1+\dfrac{2}{3}\tan^2\theta}=\frac{1}{2\tan\theta+\dfrac{3}{\tan\theta}}\leqslant\frac{1}{2\sqrt{6}}=\frac{\sqrt{6}}{12}.$$

当 $\theta=\arctan\dfrac{\sqrt{6}}{2}$ 时，y 取得最大值 $\arctan\dfrac{\sqrt{6}}{12}.$

21. 已知复数 $z_1=\mathrm{i}(1-\mathrm{i})^3$，（1）求 $\arg z_1$ 及 $|z_1|$；（2）当复数 z 满足 $|z|=1$ 时，求 $|z-z_1|$ 的最大值.

解：（1）$z_1=\mathrm{i}(1-\mathrm{i})^3=\mathrm{i}(1-\mathrm{i})(-2\mathrm{i})=2-2\mathrm{i}=2\sqrt{2}\left(\dfrac{\sqrt{2}}{2}-\dfrac{\sqrt{2}}{2}\mathrm{i}\right).$

$\arg z_1=\dfrac{\pi}{4}$，$|z_1|=2\sqrt{2}$；

（2）由几何意义可知：$|z-z_1|$ 的最大值为 $2\sqrt{2}+1.$

§8.6　复数乘除法的几何意义

1. 复平面内,已知等边三角形的两个顶点所表示的复数分别为 2,$\frac{1}{2}+\frac{\sqrt{3}}{2}i$,求第三个顶点所表示的复数.

解: 设第三个顶点所表示的复数为 z,

则 $z-2=\left(\frac{1}{2}+\frac{\sqrt{3}}{2}i-2\right)\left(\cos\frac{\pi}{3}+i\sin\frac{\pi}{3}\right)$ 或 $z-2=\left(\frac{1}{2}+\frac{\sqrt{3}}{2}i-2\right)\left[\cos\left(-\frac{\pi}{3}\right)+i\sin\left(-\frac{\pi}{3}\right)\right]$,

解得第三个顶点所表示的复数 z 为 $2+\sqrt{3}i$ 或 $\frac{1}{2}-\frac{\sqrt{3}}{2}i$.

2. 已知向量 $\overrightarrow{OZ}$ 所表示的复数 z 满足 $(z-2)i=1+i$,将 $\overrightarrow{OZ}$ 绕原点 O 按顺时针方向旋转 $\frac{\pi}{4}$ 得 $\overrightarrow{OZ'}$,设 $\overrightarrow{OZ'}$ 所表示的复数为 z',求复数 $z'+\sqrt{2}i$ 的辐角主值.

解: $z=\frac{1+i}{i}+2=3-i$,

$z'=(3-i)\left[\cos\left(-\frac{\pi}{4}\right)+i\sin\left(-\frac{\pi}{4}\right)\right]=\frac{\sqrt{2}}{2}(3-i)(1-i)=\sqrt{2}(1-2i)$,

$z'+\sqrt{2}i=\sqrt{2}(1-i)\Rightarrow\arg(z'+\sqrt{2}i)=\frac{7}{4}\pi$.

3. 设 $\omega=z+ai$,其中 $a\in\mathbf{R}$,i 是虚数单位,$z=\frac{(1-4i)(1+i)+2+4i}{3+4i}$,且 $|\omega|\leqslant\sqrt{2}$,求 ω 的辐角主值 θ 的取值范围.

解: $z=\frac{(1-4i)(1+i)+2+4i}{3+4i}=1-i\Rightarrow\omega=1+(a-1)i$,

$|\omega|=\sqrt{1+(a-1)^2}\leqslant\sqrt{2}\Rightarrow0\leqslant a\leqslant2$,

$\tan\theta=a-1\in[-1,1]\Rightarrow\theta\in\left[0,\frac{\pi}{4}\right]\cup\left[\frac{7\pi}{4},2\pi\right)$.

4. 已知复数 z_1,z_2,z_1+z_2 在复平面上分别对应点 A,B,C,O 为复平面的原点.

(1) 若 $z_1=\frac{\sqrt{3}}{2}+\frac{1}{2}i$,向量 $\overrightarrow{OA}$ 逆时针旋转 $90°$,模变为原来的 2 倍后与向量 $\overrightarrow{OC}$ 重合,求 z_2;

(2) 若 $z_1-z_2=2i(z_1+z_2)$,试判断四边形 $OACB$ 的形状.

解: (1) $z_1+z_2=2\left(\frac{\sqrt{3}}{2}+\frac{1}{2}i\right)\left(\cos\frac{\pi}{2}+i\sin\frac{\pi}{2}\right)=-1+\sqrt{3}i\Rightarrow z_2=\frac{-2-\sqrt{3}}{2}+\frac{2\sqrt{3}-1}{2}i$.

(2) $z_1=\frac{1+2i}{1-2i}z_2=\frac{-3+4i}{5}z_2\Rightarrow|z_1|=|z_2|$,显然为菱形.

5. 已知复数 z_1、z_2 分别对应复平面上的点 Z_1,Z_2,且 z_1,z_2 满足条件:$z_2=-az_1i(a\in\mathbf{R}^+)$,$|z_1|+|z_2|+|z_1-z_2|=10$.

(1) 当 a 为何值时,$\triangle Z_1OZ_2$ 的面积取得最大值? 并求出这个最大值;

(2) 当 $\triangle Z_1OZ_2$ 面积取得最大值时,求动点 Z_1 的轨迹.

解：(1) $|z_1|+|z_2|+|z_1-z_2|=10 \Rightarrow |z_1|+a|z_1|+\sqrt{1+a^2}|z_1|=10.$

$|z_1|=\dfrac{10}{1+a+\sqrt{1+a^2}}$，则 $|z_2|=\dfrac{10a}{1+a+\sqrt{1+a^2}}$，$\sin\angle Z_1OZ_2=1.$

$S_{\triangle Z_1OZ_2}=\dfrac{1}{2}|z_1||z_2|=\dfrac{50a}{(1+a+\sqrt{1+a^2})^2}=\dfrac{50}{\left[\dfrac{1}{\sqrt{a}}+\sqrt{a}+\sqrt{\dfrac{1}{a}+a}\right]^2}\leqslant\dfrac{50}{(2+\sqrt{2})^2}$

$=25(3-2\sqrt{2}).$

当 $a=1$ 时，$\triangle Z_1OZ_2$ 的面积取得最大值为 $25(3-2\sqrt{2}).$

(2) $|z_1|=\dfrac{10}{1+a+\sqrt{1+a^2}}=5(2-\sqrt{2})$，轨迹是以原点为圆心，$5(2-\sqrt{2})$ 为半径的圆.

6. 设 $w=-\dfrac{1}{2}+\dfrac{\sqrt{3}}{2}\mathrm{i}$，$z_1=w-z$，$z_2=w+z$，$z_1,z_2$ 对应复平面上的点 A,B，点 O 为原点，$\angle AOB=90°$，$|AO|=|BO|$，则 $\triangle OAB$ 面积是_____.

解：$|z_1|=|z_2| \Rightarrow |w-z|=|w+z|$，

$\angle AOB=\dfrac{\pi}{2} \Rightarrow z_1=\pm z_2 \Rightarrow |w|=|z|=1$，

则 $|AO|=|BO|=|w+z|=\sqrt{2}$，则 $\triangle OAB$ 面积是 1.

7. 复平面上，非零复数 Z_1,Z_2 对应的点 z_1,z_2 在以 $(0,1)$ 为圆心，1 为半径的圆上，$\overline{z_1}\cdot z_2$ 的实部为零，z_1 的辐角主值为 $\dfrac{\pi}{6}$，则 $z_2=$_____.

解：$z_1=x+y\mathrm{i}(x,y\in\mathbf{R})$，$\begin{cases}x^2+(y-1)^2=1,\\ y=\dfrac{\sqrt{3}}{3}x\end{cases} \Rightarrow \begin{cases}x=\dfrac{\sqrt{3}}{2},\\ y=\dfrac{1}{2}\end{cases} \Rightarrow z_1=\dfrac{\sqrt{3}}{2}+\dfrac{1}{2}\mathrm{i},$

$z_2=a+b\mathrm{i}(a,b\in\mathbf{R}).$

$\overline{z_1}\cdot z_2=\dfrac{\sqrt{3}}{2}a+\dfrac{1}{2}b+\left(\dfrac{\sqrt{3}}{2}b-\dfrac{1}{2}a\right)\mathrm{i},$

$\begin{cases}\dfrac{\sqrt{3}}{2}a+\dfrac{1}{2}b=0,\\ a^2+(b-1)^2=1\end{cases} \Rightarrow \begin{cases}a=-\dfrac{\sqrt{3}}{2},\\ b=\dfrac{3}{2}\end{cases} \Rightarrow z_2=-\dfrac{\sqrt{3}}{2}+\dfrac{3}{2}\mathrm{i}.$

8. 复数列 $\{a_n\}$ 的通项公式为 $a_n=\left(\dfrac{\sqrt{2}}{2}\right)^{n-1}\left(\cos\dfrac{n-1}{6}\pi+\mathrm{i}\sin\dfrac{n-1}{6}\pi\right)(n\in\mathbf{N}^*).$

(1) 将数列 $\{a_n\}$ 的各项与复平面上的点对应，问从第几项开始，以后所有各项对应的点都落在圆 $x^2+y^2=\dfrac{1}{16}$ 的内部；

(2) 将数列 $\{a_n\}$ 中的实数项按原来的顺序排成一个新数列 $\{b_n\}$，求数列 $\{b_n\}$ 的通项以及所有项的和.

解：(1) 设数列 $\{a_n\}$ 在复平面上对应点的坐标为 $\{(x_n, y_n)\}$，则

$$x_n = \left(\frac{\sqrt{2}}{2}\right)^{n-1} \cos\frac{n-1}{6}\pi, \quad y_n = \left(\frac{\sqrt{2}}{2}\right)^{n-1} \sin\frac{n-1}{6}\pi,$$

要使得点落在圆 $x^2 + y^2 = \frac{1}{16}$ 的内部，则

$$\left[\left(\frac{\sqrt{2}}{2}\right)^{n-1} \cos\frac{n-1}{6}\pi\right]^2 + \left[\left(\frac{\sqrt{2}}{2}\right)^{n-1} \sin\frac{n-1}{6}\pi\right]^2 < \frac{1}{16},$$

则 $\left(\frac{1}{2}\right)^{n-1} < \left(\frac{1}{2}\right)^4$；则 $n > 5$.

即从第六项起，以后所有各项对应的点都落在圆的内部.

(2) 要使数列 $\{a_n\}$ 中的项为实数，则

$$\left(\frac{\sqrt{2}}{2}\right)^{n-1} \sin\frac{n-1}{6}\pi = 0, \text{则 } n = 6k - 5(k \in \mathbf{N}^*).$$

则数列 $\{b_n\}$ 的通项为：$b_n = a_{6n-5} = \left(\frac{\sqrt{2}}{2}\right)^{6n-6} \cos(n-1)\pi.$

则 $\frac{b_{n+1}}{b_n} = \left(\frac{\sqrt{2}}{2}\right)^6 \cdot \frac{\cos n\pi}{\cos(n-1)\pi} = -\frac{1}{8}$，$b_1 = a_1 = 1.$

则数列 $\{b_n\}$ 为首项为 1，公比为 $-\frac{1}{8}$ 的无穷递缩等比数列.

则数列 $\{b_n\}$ 的所有项的和为：$S = \frac{b_1}{1-q} = \frac{1}{1+\frac{1}{8}} = \frac{8}{9}.$

§8.7 复数集内的方程

1. 在复数范围内分解因式 $2x^2 - 5x + 8$.

解：$2x^2 - 5x + 8 = 0 \Rightarrow x = \frac{5 + \sqrt{39}\,i}{4}, x = \frac{5 - \sqrt{39}\,i}{4},$

$2x^2 - 5x + 8 = 2\left(x - \frac{5 + \sqrt{39}\,i}{4}\right)\left(x - \frac{5 - \sqrt{39}\,i}{4}\right).$

2. 已知方程 $x^5 - 3x^4 - 5x^3 - 5x^2 + 4x - 2 = 0$ 有两个根是 $1, i$，求方程的其他根.

解：实系数方程的虚根成对出现，则 $-i$ 也是根.

$x^5 - 3x^4 - 5x^3 - 5x^2 + 4x - 2 = (x-1)(x^2+1)f(x).$

利用待定系数法或长除法得：$f(x) = x^2 - 2x + 2.$

方程的其他的根为 $-i, 1+i, 1-i.$

3. 求实数 k 的值，使方程 $x^2 + (k+2i)x + 2 + ki = 0$ 至少有一个实根.

解：设实根为 x_0，则 $x_0^2 + kx_0 + 2 + (k + 2x_0)i = 0.$

则 $\begin{cases} x_0^2 + kx_0 + 2 = 0, \\ k + 2x_0 = 0 \end{cases} \Rightarrow k^2 = 8, k = \pm 2\sqrt{2}.$

4. 设 $\lambda \in \mathbf{R}$，若二次方程 $(1-i)x^2 + (\lambda+i)x + 1 + \lambda i = 0$ 有两个虚根，求 λ 需满足的充要条件.

解:若方程有实根,则方程组 $\begin{cases} x^2+\lambda x+1=0, \\ x^2-x-\lambda=0 \end{cases}$ 有实数解,由方程组得:$(\lambda+1)x+\lambda+1=0$.

若 $\lambda=-1$,则 $\begin{cases} x^2-x+1=0, \\ x^2-x+1=0 \end{cases}$ 无实根,矛盾.

则 $\lambda\neq-1$,$x=-1$,此时 $\lambda=2$.

方程有两个虚根的充要条件为 $\lambda\neq2$.

5. 在复数范围内解方程 $|z|^2+(z+\bar{z})i=\dfrac{3-i}{2+i}$($i$ 为虚数单位).

解:原方程的解是 $z=-\dfrac{1}{2}\pm\dfrac{\sqrt{3}}{2}i$.

6. 已知复数 w 满足 $w-4=(3-2w)i$(i 为虚数单位),$z=\dfrac{5}{w}+|w-2|$,求一个以 z 为根的实系数一元二次方程.

解:$w=\dfrac{4+3i}{1+2i}=2-i$,则 $z=\dfrac{5}{w}+|w-2|=3+i$,则方程另外一个根为 $3-i$.

所求的一个一元二次方程可以是 $x^2-6x+10=0$.

7. 已知关于 t 的方程 $t^2-2t+a=0$ 的一个根为 $1+\sqrt{3}i$ ($a\in\mathbf{R}$),

(1) 求方程的另一个根及实数 a 的值;

(2) 是否存在实数 m,使对 $x\in\mathbf{R}$ 时,不等式 $\log_a(x^2+a)\geqslant m^2-2km+2k$ 对 $k\in[-1,2]$ 恒成立?若存在,试求出实数 m 的取值范围;若不存在,请说明理由.

解:(1) 另一根为 $1-\sqrt{3}i$,$a=(1+\sqrt{3}i)\cdot(1-\sqrt{3}i)=4$;

(2) 设存在实数,对 $x\in\mathbf{R}$ 时,不等式 $\log_4(x^2+4)\geqslant m^2-2km+2k$ 对 $k\in[-1,2]$ 恒成立,

由于 $\log_4(x^2+4)$ 的最小值为 1,则不等式 $1\geqslant m^2-2km+2k$ 对 $k\in[-1,2]$ 恒成立.

即:$2(1-m)k+m^2-1\leqslant0$ 对 $k\in[-1,2]$,设 $g(k)=2(1-m)k+m^2-1$,

则 $\begin{cases} g(-1)=m^2+2m-3\leqslant0, \\ g(2)=m^2-4m+3\leqslant0 \end{cases}\Rightarrow m=1$.

存在 $m=1$ 满足条件.

8. 设复数 $z=(a^2-4\sin^2\theta)+(1+2\cos\theta)i$,其中 i 为虚数单位,a 为实数,$\theta\in(0,\pi)$. 若 z 是方程 $x^2-2x+5=0$ 的一个根,且 z 在复平面内所对应的点在第一象限,求 θ 与 a 的值.

解:$x^2-2x+5=0\Rightarrow z=1+2i$,得到:$(a^2-4\sin^2\theta)+(1+2\cos\theta)i=1+2i$,

则 $\begin{cases} a^2-4\sin^2\theta=1, \\ 1+2\cos\theta=2 \end{cases}\Rightarrow\begin{cases} \cos\theta=\dfrac{1}{2}, \\ a^2=4 \end{cases}\Rightarrow\begin{cases} \theta=\dfrac{\pi}{3}, \\ a=\pm2. \end{cases}$

9. 已知 α,β 是关于 x 的方程 $x^2+2x+m=0$($m\in\mathbf{R}$)的两个根,求 $|\alpha|+|\beta|$ 的值.

$$\textbf{解：} 分实根与虚根讨论，|\alpha|+|\beta|=\begin{cases} 2\sqrt{1-m} & (m<0), \\ 2 & (0\leqslant m\leqslant 1), \\ 2\sqrt{m} & (m>1). \end{cases}$$

10. 已知关于 x 的实系数方程 $x^2-2ax+a^2-4a+4=0(a\in\mathbf{R})$ 的两根分别为 x_1，x_2，且 $|x_1|+|x_2|=3$，求 a 的值.

解： 分实根与虚根讨论，

$$\begin{cases} \Delta\geqslant 0, \\ x_1 x_2=a^2-4a+4\geqslant 0, \\ |x_1|+|x_2|=|x_1+x_2|=|2a|=3, \end{cases} \quad 或 \quad \begin{cases} \Delta<0, \\ x_1 x_2=a^2-4a+4=|x_1|^2=\dfrac{9}{4}. \end{cases}$$

解得：$a=\dfrac{3}{2}$，$\dfrac{1}{2}$.

11. 设复数列 $\{x_n\}$ 满足 $x_n\neq a-1,0$，且 $x_{n+1}=\dfrac{ax_n}{x_n+1}$. 若对任意 $n\in\mathbf{N}^*$ 都有 $x_{n+3}=x_n$，求 a 的值.

解： 由 $x_{n+1}=\dfrac{ax_n}{x_n+1}$，$x_{n+3}=\dfrac{ax_{n+2}}{x_{n+2}+1}=\dfrac{a^2 x_{n+1}}{(a+1)x_{n+1}+1}=\dfrac{a^3 x_n}{(a^2+a+1)x_n+1}=x_n$

恒成立，即 $(a^2+a+1)x_n(x_n+1-a)=0$. 因为 $x_n\neq a-1$ 或 0，故 $a^2+a+1=0$，

所以 $a=-\dfrac{1}{2}\pm\dfrac{\sqrt{3}}{2}\mathrm{i}$.

12. 已知 α、β 为方程 $x^2-(2-\mathrm{i})x+(4+3\mathrm{i})=0$ 的根，求：

(1) $\alpha^2+\beta^2$；(2) $\alpha^3+\beta^3$；(3) $\dfrac{1}{\alpha}+\dfrac{1}{\beta}$.

解： 由韦达定理可知：$\alpha+\beta=2-\mathrm{i}$，$\alpha\beta=4+3\mathrm{i}$.

(1) $\alpha^2+\beta^2=(\alpha+\beta)^2-2\alpha\beta=(2-\mathrm{i})^2-2(4+3\mathrm{i})=-5-10\mathrm{i}$；

(2) $\alpha^3+\beta^3=(\alpha+\beta)(\alpha^2+\beta^2-\alpha\beta)$

$=(2-\mathrm{i})(-5-10\mathrm{i}-4-3\mathrm{i})=(2-\mathrm{i})(-9-13\mathrm{i})=-31-17\mathrm{i}$；

(3) $\dfrac{1}{\alpha}+\dfrac{1}{\beta}=\dfrac{\alpha+\beta}{\alpha\beta}=\dfrac{2-\mathrm{i}}{4+3\mathrm{i}}=\dfrac{1}{5}-\dfrac{2}{5}\mathrm{i}$.

13. 已知关于 x 的二次方程 $x^2-(\tan\theta+\mathrm{i})x-(\mathrm{i}+2)=0$.

(1) 如果此方程有一个实根，求锐角 θ 和这个实根；

(2) 试证无论 θ 取任何实数，此方程不可能有纯虚数根.

解： (1) 设方程有一个实根为 x_0，则 $x_0^2-(\tan\theta+\mathrm{i})x_0-(\mathrm{i}+2)=0$，

$$x_0^2-\tan\theta x_0-2-(x_0+1)\mathrm{i}=0\Rightarrow\begin{cases} x_0^2-\tan\theta x_0-2=0, \\ x_0+1=0 \end{cases}$$

$$\Rightarrow\begin{cases} \tan\theta=1, \\ x_0=-1 \end{cases}\Rightarrow\begin{cases} \theta=\dfrac{\pi}{4}, \\ x_0=-1; \end{cases}$$

(2) 设方程有一个纯虚数根为 $m\mathrm{i}(m\in\mathbf{R},m\neq 0)$，则 $(m\mathrm{i})^2-(\tan\theta+\mathrm{i})\cdot m\mathrm{i}-(\mathrm{i}+2)=0$，

则 $-m^2+m-2-(m\tan\theta+1)\mathrm{i}=0\Rightarrow\begin{cases}m^2-m+2=0,\\m\tan\theta+1=0.\end{cases}$

因为 $m^2-m+2=0$ 无实数解,则无论 θ 取任何实数,此方程不可能有纯虚数根.

14. 设虚数 z_1,z_2 满足 $z_1^2=z_2$.

(1) 若 z_1,z_2 是一个实系数一元二次方程的两个根,求 z_1,z_2;

(2) 若 $z_1=1+m\mathrm{i}$(i 为虚数单位),$|z_1|\leqslant\sqrt{2}$,复数 $\omega=z_2+3$,求 $|\omega|$ 的取值范围.

解: (1) $z_2=\overline{z_1}$,则 $z_1^2=z_2=\overline{z_1}\Rightarrow z_1^2=\overline{z_1}\Rightarrow z_1^3=z_1\cdot\overline{z_1}=|z_1|$,

$|z_1^3|=|z_1|\Rightarrow|z_1|=1$,得出 $z_1^3=1\Rightarrow z_1=-\dfrac{1}{2}\pm\dfrac{\sqrt{3}}{2}\mathrm{i}$,

$z_1=-\dfrac{1}{2}+\dfrac{\sqrt{3}}{2}\mathrm{i}$,$z_2=-\dfrac{1}{2}-\dfrac{\sqrt{3}}{2}\mathrm{i}$ 或 $z_1=-\dfrac{1}{2}-\dfrac{\sqrt{3}}{2}\mathrm{i}$,$z_2=-\dfrac{1}{2}+\dfrac{\sqrt{3}}{2}\mathrm{i}$;

(2) $|z_1|\leqslant\sqrt{2}\Rightarrow0<m^2\leqslant1$,

$z_2=z_1^2=1-m^2+2m\mathrm{i}\Rightarrow\omega=z_2+3=4-m^2+2m\mathrm{i}$,

$|\omega|=\sqrt{(4-m^2)^2+4m^2}=\sqrt{(m^2-2)^2+12}\in[\sqrt{13},4)$.

15. 对任意一个非零复数 z,定义集合 $M_z=\{\omega|\omega=z^{2n-1},n\in\mathbf{N}^*\}$.

(1) 设 α 是方程 $x+\dfrac{1}{x}=\sqrt{2}$ 的一个根,试用列举法表示集合 M_α;

(2) 设复数 $\omega\in M_z$,求证:$M_\omega\subseteq M_z$.

解: (1) $M_\alpha=\left\{-\dfrac{\sqrt{2}}{2}(1+\mathrm{i}),\dfrac{\sqrt{2}}{2}(1+\mathrm{i}),\dfrac{\sqrt{2}}{2}(1-\mathrm{i}),-\dfrac{\sqrt{2}}{2}(1+\mathrm{i})\right\}$;(2) 略.

16. 定义数列 $\{a_n\}$:a_1,a_2 是方程 $z^2+\mathrm{i}z-1=0$ 的两根,且当 $n\geqslant2$ 时,有 $(a_{n+1}a_{n-1}-a_n^2)+\mathrm{i}(a_{n+1}+a_{n-1}-2a_n)=0$,求证:对一切自然数 n,有

$$a_n^2+a_{n+1}^2+a_{n+2}^2=a_na_{n+1}+a_{n+1}a_{n+2}+a_{n+2}a_n.$$

证明: 由方程 $z^2+\mathrm{i}z-1=0$,解得 $z=\dfrac{-\mathrm{i}\pm\sqrt{3}}{2}=\mathrm{i}\dfrac{-1\pm\sqrt{3}\,\mathrm{i}}{2}=\mathrm{i}w$ 或 $\mathrm{i}w^2$.

不妨设 $a_1=\mathrm{i}w^2$,$a_2=\mathrm{i}w$,由递推关系得

$a_n^2+2\mathrm{i}a_n+\mathrm{i}^2=a_{n+1}a_{n-1}+\mathrm{i}a_{n+1}+\mathrm{i}a_{n-1}+\mathrm{i}^2$,

即 $(a_n+\mathrm{i})^2=(a_{n+1}+\mathrm{i})(a_{n-1}+\mathrm{i})$.

若存在某个 $n\in\mathbf{N}$,使 $a_n+\mathrm{i}=0$,则可由上式经过有限次倒退,得 $a_2+\mathrm{i}=0$,这与 $a_2=\mathrm{i}w$ 矛盾,所以,对一切自然数 n,$a_n+\mathrm{i}\neq0$.

则 $\dfrac{a_{n+1}+\mathrm{i}}{a_n+\mathrm{i}}=\dfrac{a_n+\mathrm{i}}{a_{n-1}+\mathrm{i}}=\cdots=\dfrac{a_2+\mathrm{i}}{a_1+\mathrm{i}}=\dfrac{\mathrm{i}(w+1)}{\mathrm{i}(w^2+1)}=w$,$\therefore\ a_{n+1}+\mathrm{i}=w(a_n+\mathrm{i})$.

由此可得 $a_n=-\mathrm{i}+(a_1+\mathrm{i})w^{n-1}=-\mathrm{i}+(\mathrm{i}w^2+\mathrm{i})w^{n-1}=-\mathrm{i}-\mathrm{i}w^n$.

因为 $w^3=1$,则 $a_{n+3}=a_n(n\geqslant1)$,即数列 $\{a_n\}$ 是以 3 为周期得纯周期数列,注意到 n,$n+1$,$n+2$ 恰好是一个周期长. 而 $a_3=-2\mathrm{i}$.故对一切自然数 n,有

$a_n^2+a_{n+1}^2+a_{n+2}^2=a_1^2+a_2^2+a_3^2=-w^4-w^2-4=-(w+w^2)-4=-3$.

而 $a_na_{n+1}+a_{n+1}a_{n+2}+a_{n+2}a_n=a_1a_2+a_2a_3+a_3a_1=-1+2w+2w^2=-3$.

所以对一切自然数 n，有 $a_n^2+a_{n+1}^2+a_{n+2}^2=a_na_{n+1}+a_{n+1}a_{n+2}+a_{n+2}a_n$.

§8.8　复数的综合应用

1. 实数 m 取什么值时，复数 $z=\dfrac{m(m-2)}{m-1}+(m^2+2m-3)\mathrm{i}$，

（1）是实数；（2）是纯虚数；（3）z 对应的点位于第二象限；（4）z 对应的点在直线 $x+y+3=0$ 上.

解：（1）$\begin{cases} m^2+2m-3=0, \\ m-1\neq0 \end{cases} \Rightarrow m=-3;$

（2）$\begin{cases} \dfrac{m(m-2)}{m-1}=0, \\ m^2+2m-3\neq0 \end{cases} \Rightarrow m=0, m=2;$

（3）$\begin{cases} \dfrac{m(m-2)}{m-1}<0, \\ m^2+2m-3>0 \end{cases} \Rightarrow m\in(1,2)\bigcup(-\infty,-3);$

（4）$\dfrac{m(m-2)}{m-1}+(m^2+2m-3)+3=0$，得出：$m=0$ 或 $m=-1\pm\sqrt{5}$.

2. x^4-16 分解成一次式的乘积为 _____.

解：$(x-2)(x+2)(x-2\mathrm{i})(x+2\mathrm{i})$.

3. $|z+3+4\mathrm{i}|\leqslant2$，则 $|z|$ 的最大值为 _____.

解：z 的轨迹为 $(-3,-4)$ 圆心，半径为 2 的圆面，则最大值为 7.

4. 复数 $\left(\dfrac{1-\mathrm{i}}{1+\mathrm{i}}\right)^{10}$ 的值是 _____.

解：$\left(\dfrac{1-\mathrm{i}}{1+\mathrm{i}}\right)^{10}=(-\mathrm{i})^{10}=-1.$

5. 已知复数 $z=x+y\mathrm{i}$，其中实数 x,y 满足方程 $2^{x+y}+\mathrm{i}\log_2 x-8=(1-\log_2 y)\mathrm{i}$，则 $z=$ _____.

解：$2^{x+y}+\mathrm{i}\log_2 x-8=(1-\log_2 y)\mathrm{i}\Rightarrow\begin{cases} 2^{x+y}=8, \\ \log_2 x=1-\log_2 y \end{cases}$

$\Rightarrow\begin{cases} x+y=3, \\ xy=2 \end{cases}\Rightarrow(x,y)=(1,2),(2,1)\Rightarrow z=1+2\mathrm{i},2+\mathrm{i}.$

6. 已知 $z_1\in\mathbf{C}$，且 $|z-1+\mathrm{i}|+|z+2|=16$，则在复平面内 z 对应的点的轨迹是 _____.

解：利用椭圆第一定义可知，点的轨迹是椭圆.

7. 复数 $z_1=1,z_2=a+b\mathrm{i},z_3=b+a\mathrm{i}(a>0,b\in\mathbf{R})$，且 z_1,z_2,z_3 成等比数列，则 $z_2=$ _____.

解：$z_2^2=z_1z_3\Rightarrow(a+b\mathrm{i})^2=b+a\mathrm{i}\Rightarrow\begin{cases} a^2-b^2=b, \\ 2ab=a \end{cases}\Rightarrow\begin{cases} a=\dfrac{\sqrt{3}}{2}, \\ b=\dfrac{1}{2} \end{cases}\Rightarrow z_2=\dfrac{\sqrt{3}}{2}+\dfrac{1}{2}\mathrm{i}.$

8. 复数 z 满足 $|z-1|+|z+1|=\sqrt{5}$，那么 $|z|$ 的取值范围是 _____.

解： 利用椭圆第一定义可知，z 表示以 $(1,0),(-1,0)$ 为焦点，长轴长为 $\sqrt{5}$ 的椭圆.

椭圆的方程为 $\dfrac{x^2}{\frac{5}{4}}+\dfrac{y^2}{\frac{1}{4}}=1$，则 $|z|\in\left[\dfrac{1}{2},\dfrac{\sqrt{5}}{2}\right]$.

9. 已知函数 $f(x)=\dfrac{x^2}{1+x^2}$，那么 $f(1)+f(2\mathrm{i})+f\left(\dfrac{1}{2\mathrm{i}}\right)+f(3\mathrm{i})+f\left(\dfrac{1}{3\mathrm{i}}\right)+f(4\mathrm{i})+f\left(\dfrac{1}{4\mathrm{i}}\right)$
$=$ _____.

解： 可证 $f(m\mathrm{i})+f\left(\dfrac{1}{m\mathrm{i}}\right)=\dfrac{-m^2}{1-m^2}+\dfrac{-\dfrac{1}{m^2}}{1-\dfrac{1}{m^2}}=\dfrac{-m^2}{1-m^2}+\dfrac{-1}{m^2-1}=1.$

$f(1)+f(2\mathrm{i})+f\left(\dfrac{1}{2\mathrm{i}}\right)+f(3\mathrm{i})+f\left(\dfrac{1}{3\mathrm{i}}\right)+f(4\mathrm{i})+f\left(\dfrac{1}{4\mathrm{i}}\right)=\dfrac{7}{2}.$

10. 复数 z 满足 $|z+\mathrm{i}|+|z-\mathrm{i}|=2$，则 $|z+\mathrm{i}+1|$ 的最小值是 _____.

解： 复数 z 的轨迹是 $x=0(-1\leqslant y\leqslant 1)$，则由几何意义可知：$|z+\mathrm{i}+1|$ 的最小值为 1.

11. 设 O 为复平面的原点，A、B 为单位圆上两点，A,B 所对应的复数分别为 z_1,z_2，z_1,z_2 的辐角主值分别为 α,β. 若 $\triangle AOB$ 的重心 G 对应的复数为 $\dfrac{1}{3}+\dfrac{1}{15}\mathrm{i}$，求 $\tan(\alpha+\beta)$.

解：
$$\begin{cases}\cos\alpha+\cos\beta=1,\\ \sin\alpha+\sin\beta=\dfrac{1}{5}\end{cases}\Rightarrow\begin{cases}2\cos\dfrac{\alpha+\beta}{2}\cos\dfrac{\alpha-\beta}{2}=1,\\ 2\sin\dfrac{\alpha+\beta}{2}\cos\dfrac{\alpha-\beta}{2}=\dfrac{1}{5}\end{cases}\Rightarrow\tan\left(\dfrac{\alpha+\beta}{2}\right)=\dfrac{1}{5}$$

$$\Rightarrow\tan(\alpha+\beta)=\dfrac{2\tan\left(\dfrac{\alpha+\beta}{2}\right)}{1-\tan^2\left(\dfrac{\alpha+\beta}{2}\right)}=\dfrac{5}{12}.$$

12. 设非零复数 a_1,a_2,a_3,a_4,a_5 满足
$$\begin{cases}\dfrac{a_2}{a_1}=\dfrac{a_3}{a_2}=\dfrac{a_4}{a_3}=\dfrac{a_5}{a_4},\\ a_1+a_2+a_3+a_4+a_5=4\left(\dfrac{1}{a_1}+\dfrac{1}{a_2}+\dfrac{1}{a_3}+\dfrac{1}{a_4}+\dfrac{1}{a_5}\right)=S,\end{cases}$$

其中 S 为实数且 $|S|\leqslant 2$，求证：复数 a_1,a_2,a_3,a_4,a_5 在复平面上所对应的点位于同一圆周上.

证明： 设 $\dfrac{a_2}{a_1}=\dfrac{a_3}{a_2}=\dfrac{a_4}{a_3}=\dfrac{a_5}{a_4}=q$，则由下式得 $a_1(1+q+q^2+q^3+q^4)=\dfrac{4}{a_1q^4}(1+q+q^2+q^3+q^4).$

则 $(a_1^2q^4-4)(1+q+q^2+q^3+q^4)=0$，故 $a_1q^2=\pm 2$，或 $1+q+q^2+q^3+q^4=0.$

(1) 若 $a_1q^2=\pm 2$，则得 $\pm 2\left(\dfrac{1}{q^2}+\dfrac{1}{q}+1+q+q^2\right)=S\Rightarrow S$

$$=\pm2\left[\left(q+\frac{1}{q}\right)^2+\left(q+\frac{1}{q}\right)-1\right]=\pm2\left[\left(q+\frac{1}{q}+\frac{1}{2}\right)^2-\frac{5}{4}\right].$$

则由已知,有$\left(q+\frac{1}{q}+\frac{1}{2}\right)^2-\frac{5}{4}\in\mathbf{R}$,且$\left|\left(q+\frac{1}{q}+\frac{1}{2}\right)^2-\frac{5}{4}\right|\leqslant1.$

令 $q+\frac{1}{q}+\frac{1}{2}=h(\cos\theta+\mathrm{i}\sin\theta),(h>0).$

则 $h^2(\cos2\theta+\mathrm{i}\sin2\theta)-\frac{5}{4}\in\mathbf{R}\Rightarrow\sin2\theta=0.$

$$-1\leqslant h^2(\cos2\theta+\mathrm{i}\sin2\theta)-\frac{5}{4}\leqslant1\Rightarrow\frac{1}{4}\leqslant h^2(\cos2\theta+\mathrm{i}\sin2\theta)\leqslant\frac{9}{4}$$

$\Rightarrow-\cos2\theta>0\Rightarrow\theta=k\pi(k\in\mathbf{Z}).$

则 $q+\frac{1}{q}\in\mathbf{R}$.再令 $q=r(\cos\alpha+\mathrm{i}\sin\alpha),(r>0).$

则 $q+\frac{1}{q}=\left(r+\frac{1}{r}\right)\cos\alpha+\mathrm{i}\left(r-\frac{1}{r}\right),\sin\alpha\in\mathbf{R}\Rightarrow\sin\alpha=0$ 或 $r=1.$

若 $\sin\alpha=0$,则 $q=\pm r$ 为实数.此时 $q+\frac{1}{q}\geqslant2$ 或 $q+\frac{1}{q}\leqslant-2$.此时 $q+\frac{1}{q}+\frac{1}{2}\geqslant\frac{5}{2}$,或 $q+\frac{1}{q}+\frac{1}{2}\leqslant-\frac{3}{2}.$

此时,由 $\left|\left(q+\frac{1}{q}+\frac{1}{2}\right)^2-\frac{5}{4}\right|\leqslant1$,知 $q=-1$.此时,$|a_i|=2.$

若 $r=1$,仍有 $|a_i|=2$,故此五点在同一圆周上.

（2）若 $1+q+q^2+q^3+q^4=0$.则 $q^5-1=0$,则 $|q|=1$.此时 $|a_1|=|a_2|=|a_3|=|a_4|=|a_5|$,即此五点在同一圆上.

综上可知,复数 a_1,a_2,a_3,a_4,a_5 在复平面上所对应的点位于同一圆周上.

13. 若 $z\in\mathbf{C}$,且 $|u|=1$,$u=z^4-z^3-3z^2\mathrm{i}-z+1$.求 u 的最大值和最小值,并求取得最大值、最小值时的复数 z.

解:设 $z=\cos\theta+\mathrm{i}\sin\theta$,

$|u|=|z^4-z^3-3z^2\mathrm{i}-z+1|=|z^2-z-3\mathrm{i}-\bar{z}+\bar{z}^2|\cdot|z|^2$

$=|z^2-z-3\mathrm{i}-\bar{z}+\bar{z}^2|$

$=|2\cos2\theta-2\cos\theta-3\mathrm{i}|.$

$2\cos2\theta-2\cos\theta=4\left(\cos\theta-\frac{1}{4}\right)^2-\frac{9}{4}\in\left[-\frac{9}{4},4\right].$

$\therefore\quad|u|_{\max}=5,z=-1.$

$|u|_{\min}=3,z=1$ 或 $-\frac{1}{2}\pm\frac{\sqrt{3}}{2}\mathrm{i}.$

14. 给定实数 a，b，c，已知复数 z_1,z_2,z_3 满足 $\begin{cases}|z_1|=|z_2|=|z_3|=1,\\ \dfrac{z_1}{z_2}+\dfrac{z_2}{z_3}+\dfrac{z_3}{z_1}=1,\end{cases}$

求 $|az_1+bz_2+cz_3|$ 的值.

解：可设 $\dfrac{z_1}{z_2}=\cos\theta+\mathrm{i}\cdot\sin\theta,\dfrac{z_2}{z_3}=\cos\varphi+\mathrm{i}\cdot\sin\varphi$，则 $\dfrac{z_1}{z_3}=\cos(\theta+\varphi)+\mathrm{i}\cdot\sin(\theta+\varphi),\dfrac{z_3}{z_1}=\cos(\theta+\varphi)-\mathrm{i}\cdot\sin(\theta+\varphi)$.

由题设，有 $\cos\theta+\cos\varphi+\cos(\theta+\varphi)+\mathrm{i}[\sin\theta+\sin\varphi-\sin(\theta+\varphi)]=1$，

则 $\sin\theta+\sin\varphi-\sin(\theta+\varphi)=0$

$$0=\sin\theta+\sin\varphi-\sin(\theta+\varphi)=2\sin\frac{\theta+\varphi}{2}\cos\frac{\theta-\varphi}{2}-2\sin\frac{\theta+\varphi}{2}\cos\frac{\theta+\varphi}{2}$$

$$=2\sin\frac{\theta+\varphi}{2}\left(\cos\frac{\theta-\varphi}{2}-\cos\frac{\theta+\varphi}{2}\right)$$

$$=4\sin\frac{\theta+\varphi}{2}\sin\frac{\theta}{2}\sin\frac{\varphi}{2}.$$

故 $\theta=2k\pi$ 或 $\varphi=2k\pi$ 或 $\theta+\varphi=2k\pi,k\in\mathbf{Z}$，

因而，$\theta=2k\pi,z_1=z_2$ 或 $\varphi=2k\pi,z_2=z_3$ 或 $\theta+\varphi=2k\pi,z_1=z_3$.

如果 $z_1=z_2$，代入原式即 $1+\dfrac{z_1}{z_3}+\dfrac{z_3}{z_1}=1$.

故 $\left(\dfrac{z_3}{z_1}\right)^2=1,\dfrac{z_3}{z_1}=\pm\mathrm{i}$.

这时，$|az_1+bz_2+cz_3|=|z_1|\cdot\left|a+b\dfrac{z_2}{z_1}+c\dfrac{z_3}{z_1}\right|=|a+b\pm c\cdot\mathrm{i}|=\sqrt{(a+b)^2+c^2}$.

类似地，如果 $z_2=z_3$，则 $|az_1+bz_2+cz_3|=\sqrt{(b+c)^2+a^2}$；

如果 $z_1=z_3$，则 $|az_1+bz_2+cz_3|=\sqrt{(a+c)^2+b^2}$.

所以，$|az_1+bz_2+cz_3|$ 的值为 $\sqrt{(a+b)^2+c^2}$ 或 $\sqrt{(b+c)^2+a^2}$ 或 $\sqrt{(a+c)^2+b^2}$.

空间直线与平面
Spatial Line and Plane

§9.1 平面及其基本性质

1. 用符号语言表示下列语句:

(1) 点 A 在平面 α 内,但在平面 β 外;

(2) 直线 a 经过平面 α 外一点 M;

(3) 直线 a 在平面 α 内,又在平面 β 内,即平面 α 和平面 β 相交于直线 a.

解:(1) $A\in\alpha$ 但 $A\notin\beta$;

(2) $M\notin\alpha$,$M\in a$;

(3) $a\subseteq\alpha$ 且 $a\subseteq\beta$,即 $\alpha\bigcap\beta=a$.

2. 如图 9 - 14 所示,正方体 $ABCD\text{-}A_1B_1C_1D_1$ 中,M,N 分别是 A_1B_1,B_1C_1 的中点.

(1) AM 和 CN 是否共面? 说明理由;

(2) D_1B 和 CC_1 是否是异面直线? 说明理由.

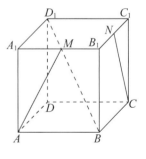

图 9 - 14

解:(1) AM 和 CN 共面,理由如下:

连接 MN,A_1C_1,AC.

∵ M,N 分别是 A_1B_1,B_1C_1 的中点, ∴ $MN/\!/A_1C_1$.

又∵ A_1A,C_1C,

∴ 四边形 A_1ACC_1 为平行四边形, ∴ $A_1C_1/\!/AC$,

∴ $MN/\!/AC$,

∴ AM 和 CN 在同一平面内.

(2) D_1B 和 CC_1 是异面直线.理由如下:

假设 D_1B 与 CC_1 不是异面直线,

则存在平面 α,使 $D_1B\subset$ 平面 α,$CC_1\subset$ 平面 α,

∴ $D_1,B,C,C_1\in\alpha$,与 $ABCD-A_1B_1C_1D_1$ 是正方体矛盾,

∴ 假设不成立，∴ D_1B 与 CC_1 是异面直线.

3. 如图 9 - 15 所示,四边形 $ABEF$ 和四边形 $ABCD$ 都是

梯形,$BC \parallel AD$,$BE \parallel AF$,$BC = \dfrac{1}{2}AD$,$BE = \dfrac{1}{2}AF$,G,H 分

别为 FA,FD 的中点.

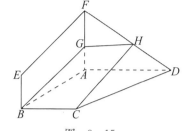

图 9 - 15

(1) 证明:四边形 $BCHG$ 是平行四边形;

(2) C,D,F,E 四点是否共面? 说明理由.

解: (1) 证明:因为 $FG = GA$,$FH = HD$,所以 $GH \parallel AD$,

$GH = \dfrac{1}{2}AD$,又因为 $BC \parallel AD$,$BC = \dfrac{1}{2}AD$,所以 $GH \parallel BC$,$GH = \dfrac{1}{2}BC$,

所以四边形 $BCHG$ 是平行四边形;

(2) C,D,F,E 四点共面,理由如下:

由 $BE \parallel EF$,$BE = \dfrac{1}{2}EF$,G 为 FA 中点知 $BE \parallel GF$,$BE = \dfrac{1}{2}GF$,

所以四边形 $BEFG$ 为平行四边形,所以 $EF \parallel BG$.

由(1)知 $BG \parallel CH$,所以 $EF \parallel CH$,所以 EF 与 CH 共面.

又 $D \in FH$,所以 C,D,F,E 四点共面.

4. 如图 9 - 16 所示,$\triangle ABC$ 与 $\triangle A_1B_1C_1$ 不在同一个平面内,

如果三直线 AA_1、BB_1、CC_1 两两相交,证明:三直线 AA_1、BB_1、

CC_1 交于一点.

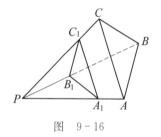

图 9 - 16

解: 证明三线共点的一般思路是:先证明两条直线交于一点,再证明该点在第三条直线上

即可.

5. 已知 $\triangle ABC$ 在平面 α 外,它的三边所在的直线分别交平面

α 于 P,Q,R 三点,证明:P,Q,R 三点在同一条直线上.

解: 如题 5 解析图所示,欲证 P,Q,R 三点共线,只须证 P,

Q,R 在平面 α 和平面 $\triangle ABC$ 的交线上,由 P,Q,R 都是两平面的

公共点而得证.

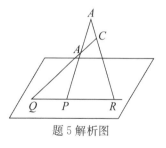

题 5 解析图

6. 在四棱锥 P-$ABCD$ 中,底面 $ABCD$ 为

平行四边形,E,F 分别为侧棱 PC,PB 的中点,则 EF 与平面 PAD 的位

置关系为_____,平面 AEF 与平面 $ABCD$ 的交线是_____.

解: 由题易知 $EF \parallel BC$,$BC \parallel AD$,所以 $EF \parallel AD$,故 $EF \parallel$ 平面 PAD,因为 $EF \parallel AD$,

所以 E,F,A,D 四点共面,所以 AD 为平面 AEF 与平面 $ABCD$ 的交线.

7. 如图 9 - 17 所示,在空间四边形 $ABCD$ 中,点 E,H 分别是边 AB,AD 的中点,点 F,G

分别是边 BC,CD 上的点,且 $\dfrac{CF}{CB}=\dfrac{CG}{CD}=\dfrac{2}{3}$,有以下四个结论.

① EF 与 GH 平行;

② EF 与 GH 异面;

③ EF 与 GH 的交点 M 可能在直线 AC 上,也可能不在直线 AC 上;

④ EF 与 GH 的交点 M 一定在直线 AC 上.

其中正确结论的序号为_____.

图 9-17

解析: 如图 9-17 所示.联结 EH,FG,依题意,可得 $EH\parallel BD$,$FG\parallel BD$,

故 $EH\parallel FG$,所以 E,F,G,H 共面.

因为 $EH=\dfrac{1}{2}BD$,$FG=\dfrac{2}{3}BD$,故 $EH\neq FG$,

所以 $EFGH$ 是梯形,EF 与 GH 必相交,设交点为 M.因为点 M 在 EF 上,

故点 M 在平面 ACB 上.同理,点 M 在平面 ACD 上,

所以点 M 是平面 ACB 与平面 ACD 的交点,

又 AC 是这两个平面的交线,所以点 M 一定在直线 AC 上.

§9.2　空间直线与直线之间的位置关系

1. 从正方体的 12 条棱和 12 条面对角线中选出 n 条,使得其中任意两条线段所在的直线都是异面直线,则 n 的最大值为_____.

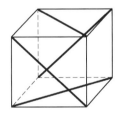

解: 提示与答案:不能有公共端点,最多 4 条,由题 1 解析图可知 4 条可以.

题 1 解析图

2. 已知 a、b 是两条异面直线,直线 a 上的两点 A、B 的距离为 6,直线 b 上的两点 C、D 的距离为 8,AC、BD 的中点分别为 M、N,且 $MN=5$,见图 9-25.求异面直线 a、b 所成的角.

解: 如图 9-25,连接 BC,并取 BC 的中点 O,连接 OM、ON,

由于 OM、ON 分别是△ABC 和△BCD 的中位线,

则 $OM\parallel AB$,$ON\parallel CD$,即 $OM\parallel a$,$ON\parallel b$.

则 OM、ON 所成的锐角或直角是异面直线 a、b 所成的角.

又由于 $AB=6$,$CD=8$,

则 $OM=3$,$ON=4$.

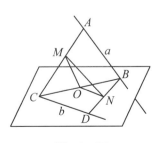

图 9-25

在 $\triangle OMN$ 中,又由于 $MN=5$,

则 $OM^2+ON^2=MN^2$,

则 $\angle MON=90°$.

故异面直线 a、b 所成的角是 $90°$.

3. 已知四面体 $S-ABC$ 的所有棱长均为 a.求:

(1) 异面直线 SC,AB 的公垂线段 EF 及 EF 的长;

(2) 异面直线 EF 和 SA 所成的角.

解:（1）构造立方体的内接正四面体,可知 SC,AB 所在面夹的棱即为 EF,由此可知 EF

长度等于立方体边长,故 $EF=\dfrac{\sqrt{2}}{2}a$;

（2）SA 与所在正方形边所夹的角即为所求,为 $\dfrac{\pi}{4}$.

4. 如图 $9-26$,等腰直角三角形 ABC 中,$\angle A=90°$,$BC=\sqrt{2}$,$DA\perp AC$,$DA\perp AB$,若 $DA=1$,且 E 为 DA 的中点.求异面直线 BE 与 CD 所成角的余弦值.

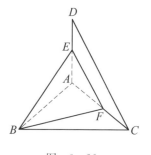

图　$9-26$

解:取 CA 中点 F,连接 EF,BF.

$\angle FEB$ 即为所求.$EB=BF=\dfrac{\sqrt{5}}{2}$,$EF=\dfrac{\sqrt{2}}{2}$,$\cos\angle FEB=\dfrac{\sqrt{10}}{10}$.

5. 如图 $9-27$,在正三角形 ABC 中,D,E,F 分别为各边的中点,G,H,I,J 分别为 AF,AD,BE,DE 的中点.将 $\triangle ABC$ 沿 DE,EF,DF 折成三棱锥以后,求 GH 与 IJ 所成角的度数.

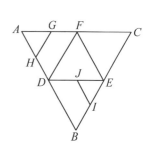

图　$9-27$

解:由于 G,H 分别为 AF,AD 中点,

则 $GH/\!/FD$,同理 $IJ/\!/BD$,

则 FD 与 BD 所成角的度数等于 GH 与 IJ 所成角的度数.

由于三棱锥为正三棱锥,则 FD 与 BD 所成角为 $60°$,

则 GH 与 IJ 所成角的度数为 $60°$.

6. 空间两条异面直线 a,b 所成角 α,过空间一定点 O 与 a,b 所成角都是 θ 的直线 l 有多少条?

解:$0\leqslant\theta<\dfrac{\alpha}{2}$ 时,l 有 0 条;

$\theta=\dfrac{\alpha}{2}$ 时,l 有 1 条;

$\dfrac{\alpha}{2}<\theta<\dfrac{\pi}{2}-\alpha$ 时,l 有 2 条;

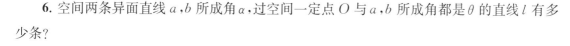

$\theta=\dfrac{\pi}{2}-\alpha$ 时,l 有 3 条;

$\dfrac{\pi}{2}-\alpha<\theta<\dfrac{\pi}{2}$ 时,l 有 2 条;

$\theta=\dfrac{\pi}{2}$ 时,l 有 1 条;

$\theta>\dfrac{\pi}{2}$ 时,l 有 0 条.

§9.3 空间直线与平面

1. 如果三个平面 α、β、γ 两两相交于三条交线 a、b、c,讨论三条交线的位置关系,并证明你的结论.

解: 平行或者交于一点.

2. 在正方体 $ABCD - A_1B_1C_1D_1$ 中,P 为棱 AB 上一点,过点 P 在空间作直线 l,使 l 与平面 $ABCD$ 和平面 ABC_1D_1 均成 $30°$ 角,求这样的直线条数.

解: 2 条.

3. 已知空间四边形 $ABCD$,P、Q 分别是 $\triangle ABC$ 和 $\triangle BCD$ 的重心,求证:$PQ /\!/$ 平面 ACD.

证明: 取 BC 中点 M.$PM /\!/ AC$ 且 $QM /\!/ CD$,则平面 $PQM /\!/$ 平面 ACD.

所以 $PQ /\!/$ 平面 ACD.

4. 在棱长为 a 的正方体 $ABCD - A_1B_1C_1D_1$ 中,

(1) 求证:$B_1D \perp CD_1$;

(2) 求证:$B_1D \perp$ 平面 ACD_1;

(3) 求点 D 到平面 ACD_1 的距离.

解:(1) B_1D 在平面 CDC_1D_1 上投影为 DC_1,由三垂线定理可得 $B_1D \perp CD_1$;

(2) 由(1)可知 $B_1D \perp CD_1$,同理 $B_1D \perp CA$.所以平面 $ACD_1 \perp DB_1$.得证;

(3) 等体积法得:$V_{D-ACD_1}=V_{D_1-ACD}$,所以 $d=\dfrac{\sqrt{3}}{3}$.

5. 正方体 $ABCD - A_1B_1C_1D_1$ 中,求 B_1D 与平面 ABC_1D_1 所成角的大小.

解: 易知,$DA_1 \perp ABC_1D_1$.令 DA_1 与 AD_1 交于 O,DB_1 与 ABC_1D_1 交于 M,$AB=2$.

易知,$OM=1$,$OD=\sqrt{2}$.

又 $\angle DOM$ 为直角,则 $\angle DMO= \arctan\sqrt{2}$.

6. 正方体 $ABCD - A'B'C'D'$ 的棱长为 a,则异面直线 CD' 与 BD 间的距离等于 _____.

解: 取 CD 中点 M,连接 MC',AM,AM 与 BD 交于 P,MC' 与 CD' 交于 Q

由于 $PQ /\!/ AC'$,则 PQ 为 CD' 与 BD 间的垂线.

$$PQ = \frac{1}{3}AC' = \frac{\sqrt{3}}{3}a.$$

7. 正方形 $ABCD$ 与正方形 $ABEF$ 所在平面相交于 AB，在 AE、BD 上各取一点 P、Q，且 $AP = DQ$. 求证：$PQ /\!/$ 平面 BCE.

解： 在 AB 取一点 M，使得 $PM /\!/ BE$. 得到：$\dfrac{AP}{PE} = \dfrac{AM}{MB} = \dfrac{DQ}{QB}$.

故 $MQ /\!/ AD /\!/ BC$.

因为 $MQ /\!/ BC$，$PM /\!/ BE$，则平面 $PMQ /\!/$ 平面 BCE.

所以 $PQ /\!/$ 平面 BCE.

8. 如图 $9-37$，已知三棱锥 $S\text{-}ABC$ 中，$\angle ABC = 90°$，侧棱 $SA \perp$ 底面 ABC，点 A 在棱 SB 和 SC 上的射影分别是点 E、F，求证：$EF \perp SC$.

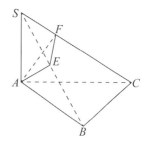

图 $9-37$

证明： $\because$ A、E、F 三点不共线，$AF \perp SC$，

$\therefore$ 要证 $EF \perp SC$，只要证 $SC \perp$ 平面 AEF，

只要证 $SC \perp AE$（如图 $9-37$）.

又 $\because$ $BC \perp AB$，$BC \perp SA$，$\therefore$ $BC \perp$ 平面 SAB，

$\therefore$ SB 是 SC 在平面 SAB 上的射影.

$\therefore$ 只要证 $AE \perp SB$（已知），$\therefore$ $EF \perp SC$.

9. 如图 $9-38$，已知 $\angle AOB$ 在平面 M 上，P 为平面外一点，满足 $\angle POA = \angle POB = \theta$（$\theta$ 为锐角），点 P 在平面上的射影为 Q.

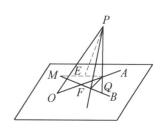

图 $9-38$

（1）求证点 Q 在 $\angle AOB$ 的平分线 OT 上；

（2）讨论 $\angle POA$、$\angle POQ$、$\angle QOA$ 之间的关系.

证明：（1）过点 Q 分别作 AO、BO 的垂线，垂足分别为 E、F.

由于 $PQ \perp$ 平面 M，$OA \subseteq$ 平面 $M \Rightarrow PQ \perp OA$，

又 $OA \perp QE$，则 $OA \perp$ 平面 PEQ，则 $OA \perp PE$.

同理 $OB \perp QF$，

在 $\triangle POE$ 和 $\triangle POF$ 中，

$\angle POE = \angle POF = \theta$，$PO = PO$，$\angle PEO = \angle PFO = 90°$

则 $\triangle POE \cong \triangle POF$. 则 $OE = OF$，

又 $OA \perp QE$，$OB \perp QF$，则点 Q 在 $\angle AOB$ 的平分线 OT 上；

（2）在直角三角形 $\triangle POE$ 中，$\cos \angle POA = \cos \angle POE = \dfrac{OE}{PO}$.

在直角三角形 $\triangle POQ$ 中，$\cos \angle POQ = \dfrac{OQ}{PO}$，

在直角三角形 $\triangle OQE$ 中, $\cos\angle AOQ = \cos\angle EOQ = \dfrac{OE}{OQ}$,

则 $\cos\angle POA = \cos\angle AOQ \cdot \cos\angle POQ$.

10. 若直线 l 与平面 α 成角 $\dfrac{\pi}{3}$, 直线 a 在平面 α 内, 且和直线 l 异面, 则 l 与 a 所成角的取值范围是多少?

解: 由直线与面所成角的概念可知, $\left[\dfrac{\pi}{3}, \dfrac{\pi}{2}\right]$.

11. 如图 9-39, AB 为平面 α 的斜线, B 为斜足, AH 垂直平面 α 于 H 点, BC 为平面 α 内的直线, $\angle ABH = \theta$, $\angle HBC = \alpha$, $\angle ABC = \beta$, 求证: $\cos\beta = \cos\alpha \cdot \cos\theta$.

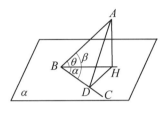

图 9-39

证明: 过 H 点作 HD 垂直 BC 于 D 点, 连 AD.

由于 $AH \perp \alpha$,

则 AD 在平面 α 内射影为 HD.

由于 $BC \perp HD$, $BC \subseteq \alpha$,

则 $BC \perp AD$.

在 Rt$\triangle ABH$ 中有　$\cos\theta = \dfrac{BH}{BA}$　　　　　　　　　①

在 Rt$\triangle BHD$ 中有　$\cos\alpha = \dfrac{BD}{BH}$　　　　　　　　　②

在 Rt$\triangle ABD$ 中有　$\cos\beta = \dfrac{BD}{BA}$　　　　　　　　　③

由①②③可得　$\cos\beta = \cos\theta \cdot \cos\alpha$.

12. 如图 9-40, 在正方体 $ABCD-A_1B_1C_1D_1$ 中, EF 为异面直线 A_1D 与 AC 的公垂线, 求证: $EF /\!/ BD_1$.

证明: 连接 A_1C_1, 由于 $AC /\!/ A_1C_1$, $EF \perp AC$,

则 $EF \perp A_1C_1$.

又 $EF \perp A_1D$, $A_1D \bigcap A_1C_1 = A_1$,

则 $EF \perp$ 平面 A_1C_1D.

由于 $BB_1 \perp$ 平面 $A_1B_1C_1D_1$, $A_1C_1 \subset$ 平面 $A_1B_1C_1D_1$,

则 $BB_1 \perp A_1C_1$.

由于四边形 $A_1B_1C_1D_1$ 为正方形,

则 $A_1C_1 \perp B_1D_1$, $B_1D_1 \bigcap BB_1 = B_1$,

则 $A_1C_1 \perp$ 平面 BB_1D_1D,

而 $BD_1 \subset$ 平面 BB_1D_1D, 则 $A_1C_1 \perp BD_1$.

同理 $DC_1 \perp BD_1$, $DC_1 \bigcap A_1C_1 = C_1$,

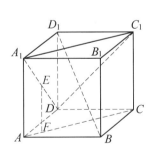

图 9-40

则 $BD_1\perp$ 平面 A_1C_1D. ②

由①、②可知：$EF/\!/BD_1$.

13. 如图 9-41 所示，$\angle BAC=90°$.在平面 α 内，PA 是 α 的斜线，$\angle PAB=\angle PAC=60°$.求 PA 与平面 α 所成的角.

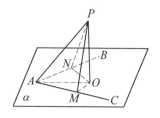

解：如图 9-41 所示，过 P 作 $PO\perp\alpha$ 于 O.连接 AO，

则 AO 为 AP 在面 α 上的射影，$\angle PAO$ 为 PA 与平面 α 所成的角.

图 9-41

作 $OM\perp AC$，由三重线定理可得 $PM\perp AC$.

作 $ON\perp AB$，同理可得 $PN\perp AB$.

由 $\angle PAB=\angle PAC$，$\angle PMA=\angle PNA=90°$，$PA=PA$，

可得 $\triangle PMA\cong\triangle PNA$，则 $PM=PN$.

由于 OM、ON 分别为 PM、PN 在 α 内射影，

则 $OM=ON$.

所以点 O 在 $\angle BAC$ 的平分线上.

设 $PA=a$，又 $\angle PAM=60°$，则 $AM=\dfrac{1}{2}a$，$\angle OAM=45°$，

则 $AO=\sqrt{2}AM=\dfrac{\sqrt{2}}{2}a$.

在 $\triangle POA$ 中，$\cos\angle PAO=\dfrac{AO}{PA}=\dfrac{\sqrt{2}}{2}$，

则 $\angle PAO=45°$，即 PA 与 α 所成角为 $45°$.

§9.4 空间平面与平面的位置关系

1. 已知平面 $\alpha/\!/\beta$，AB，CD 为夹在 α，β 间的异面线段，E、F 分别为 AB、CD 的中点.

求证：$EF/\!/\alpha$，$EF/\!/\beta$.

证明：如题 1 解析图，连接 AF 并延长交 β 于 G.

由于 $AG\cap CD=F$，

则 AG，CD 确定平面 γ，且 $\gamma\cap\alpha=AC$，$\gamma\cap\beta=DG$.

由于 $\alpha/\!/\beta$，所以 $AC/\!/DG$，

则 $\angle ACF=\angle GDF$.

又 $\angle AFC=\angle DFG$，$CF=DF$，

则 $\triangle ACF\cong\triangle DFG$.

则 $AF=FG$.

又 $AE=BE$，

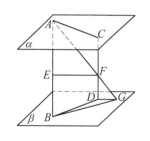

题 1 解析图

则 $EF/\!\!/BG,BG{\subset}\beta$.故 $EF/\!\!/\beta$.同理 $EF/\!\!/\alpha$.

2. 如果 $\alpha/\!\!/\beta,AB$ 和 AC 是夹在平面 α 与 β 之间的两条线段,$AB\perp AC$,且 $AB=2$,直线 AB 与平面 α 所成的角为 $30°$,求线段 AC 长的取值范围.

解: 如题 2 解析图所示:作 $AD\perp\beta$ 于 D,连接 BD、CD、BC.

由于 $AB>BD,AC>DC,AB^2+AC^2=BC^2$,

则在 $\triangle BDC$ 中,由余弦定理,得:

$$\cos\angle BDC=\frac{BD^2+CD^2-BC^2}{2BD\cdot CD}<\frac{AB^2+AC^2-BC^2}{2BD\cdot CD}=0.$$

由于 $AD\perp\beta$, $\therefore$ $\angle ABD$ 是 AB 与 β 所在的角.

又由于 $\alpha/\!\!/\beta$,

则 $\angle ABD$ 也就等于 AB 与 α 所成的角,即 $\angle ABD=30°$.

由于 $AB=2$,

则 $AD=1,BD=\sqrt{3},DC=\sqrt{AC^2-1},BC=\sqrt{4+AC^2}$,

则 $-1\leqslant\dfrac{3+AC^2-1-4-AC^2}{2\sqrt{3}\cdot\sqrt{AC^2-1}}<0$,即 $0<\dfrac{1}{\sqrt{AC^2-1}}\leqslant\sqrt{3}$.

则 $AC\geqslant\dfrac{2\sqrt{3}}{3}$,即 AC 长的取值范围为 $\left[\dfrac{2\sqrt{3}}{3},+\infty\right)$.

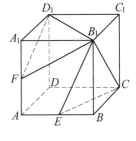

题 2 解析图

3. 如图 9-53,已知正方体 $ABCD-A_1B_1C_1D_1$ 中,E、F 分别为 AB、AA_1 的中点.求平面 CEB_1 与平面 D_1FB_1 所成二面角的平面角的正弦值.

解: 延长 CE、D_1F、DA 交于一点 G,设棱长为 1,

可知 $B_1C=\sqrt{2}$,$B_1G=\sqrt{3}$,$CG=\sqrt{5}$,故 $B_1G\perp B_1C$.同理,$B_1D_1\perp B_1G$,

则 $\angle CB_1D_1$ 即为所求二面角的平面角,易求 $\angle CB_1D_1=60°$,

其正弦值为 $\dfrac{\sqrt{3}}{2}$.

图 9-53

4. 如图 9-54,点 A 在锐二面角 $\alpha-MN-\beta$ 的棱 MN 上,在面 α 内引射线 AP,使 AP 与 MN 所成的角 $\angle PAM$ 为 $45°$,与面 β 所成的角大小为 $30°$,求二面角 $\alpha-MN-\beta$ 的大小.

解: 在射线 AP 上取一点 B,作 $BH\perp\beta$ 于 H,

连接 AH,则 $\angle BAH$ 为射线 AP 与平面 β 所成的角(参见题 4 解析图),

则 $\angle BAH=30°$.

再作 $BQ\perp MN$,交 MN 于 Q,连接 HQ,

则 HQ 为 BQ 在平面 β 内的射影.

由三垂线定理的逆定理,$HQ\perp MN$,则 $\angle BQH$ 为二面角 $\alpha-MN-\beta$ 的平面角.

设 $BQ=a$,在 $\mathrm{Rt}\triangle BAQ$ 中,$\angle BQA=90°$,$\angle BAM=45°$,则 $AB=\sqrt{2}a$,在 $\mathrm{Rt}\triangle BHQ$ 中,

$\angle BHQ = 90°, BQ = a, BH = \dfrac{\sqrt{2}}{2}a, \sin\angle BQH = \dfrac{BH}{BQ} = \dfrac{\dfrac{\sqrt{2}}{2}a}{a} = \dfrac{\sqrt{2}}{2}$,

由于 $\angle BQH$ 是锐角,则 $\angle BQH = 45°$,即二面角 $\alpha - MN - \beta$ 等于 $45°$.

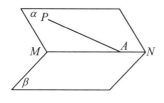

图　9 - 54

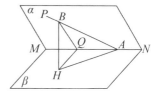

题 4 解析图

5. 正方形 $ABCD$ 边长为 4,点 E 是边 CD 上的一点,将 $\triangle AED$ 沿 AE 折起到 AED_1 的位置时,有平面 $ACD_1 \perp$ 平面 $ABCE$,并且 $BD_1 \perp CD_1$.

(1) 判断并证明 E 点的具体位置;

(2) 求点 D' 到平面 $ABCE$ 的距离.

解: 如题 5 解析图(a)所示,(1) E 为 CD 边中点.连接 AC、BD 交于点 O,再连 DD_1,由 $BD \perp AC$,

且平面 $ACD_1 \perp$ 平面 $ABCE$ 于 AC,则 $BD \perp$ 平面 ACD_1,

故 $CD_1 \perp BD$,又 $CD_1 \perp BD_1$,则 $CD_1 \perp$ 平面 BDD_1,

即得 $CD_1 \perp DD_1$,在 Rt$\triangle CDD_1$ 中,由于 $ED = ED_1$,

则 $\angle EDD_1 = \angle ED_1D$,

则 $\angle ECD_1 = 90° - \angle EDD_1 = 90° - \angle ED_1D = \angle ED_1C$,

则 $EC = ED_1 = ED$,即 E 点为边 CD 的中点.

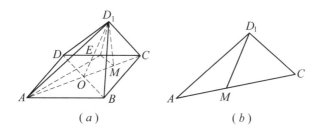

(a)　　　　　　(b)

题 5 解析图

(2) 取 OC 的中点 M,连接 DM_1、EM,则 $EM /\!/ BD$,得 EM 平面 ACD_1,见题 5 解析图(b),即 $\angle EMD_1 = 90°$,又因为 $D_1E = 2, EM = \sqrt{2}$,则 $D_1M = \sqrt{2}$,又 $AD_1 \perp EM$,由于 $AD \perp DE$,则 $AD_1 \perp D_1E$,则 $AD_1 \perp$ 平面 EMD_1,则 $AD_1 \perp D_1M$,在 Rt$\triangle AMD_1$ 中,$AD_1 = 4, AM = 3\sqrt{2}$,

$DM = \sqrt{2}$,过 D_1 作 $D_1H \perp AM$ 于 H 点,则 $D_1H \perp$ 平面 $ABCE$,由于 $D_1H = \dfrac{AD_1 \cdot D_1M}{AM} =$

$\dfrac{4\sqrt{2}}{3\sqrt{2}}=\dfrac{4}{3}$,此即得点 D_1 到平面 $ABCE$ 的距离.

6. 在正三角形 ABC 中,E、F、P 分别是 AB、AC、BC 边上的点,满足 AE:$EB=CF$:$FA=CP$:$PB=1$:2,如图 $9-55(a)$.将 $\triangle AEF$ 沿 EF 折起到 $\triangle A_1EF$ 的位置,使二面角 A_1-EF-B 成直二面角,连接 A_1B、A_1P,如图 $9-55(b)$.

(1) 求证:$A_1E\perp$ 平面 BEP;

(2) 求直线 A_1E 与平面 A_1BP 所成角的大小;

(3) 求二面角 $B-A_1P-F$ 的大小(用反三角函数表示).

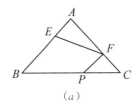
(a)

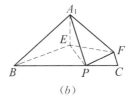
(b)

图 9-55

解:(1) 不妨设正三角形 ABC 的边长为 3,在图 $9-55(a)$ 中,取 BE 中点 D,联结 DF.由于 AE:$EB=CF$:$FA=1$:2,

则 $AF=AD=2$ 而 $\angle A=60^\circ$,

则 $\triangle ADF$ 是正三角形,又 $AE=DE=1$,

则 $EF\perp AD$ 在图 $9-55(b)$ 中,$A_1E\perp EF$,$BE\perp EF$,

则 $\angle A_1EB$ 为二面角 A_1-EF-B 的平面角.

由题设条件知此二面角为直二面角,$A_1E\perp BE$,又 $BE\bigcap EF=E$,

则 $A_1E\perp$ 平面 BEF,即 $A_1E\perp$ 平面 BEP;

(2) 在图 $9-55(b)$ 中,A_1E 不垂直 A_1B,则 A_1E 是平面 A_1BP 的垂线,又 $A_1E\perp$ 平面 BEP,则 $A_1E\perp BE$.从而 BP 垂直于 A_1E 在平面 A_1BP 内的射影(三垂线定理的逆定理)设 A_1E 在平面 A_1BP 内的射影为 A_1Q,且 A_1Q 交 BP 于点 Q,则 $\angle E_1AQ$ 就是 A_1E 与平面 A_1BP 所成的角,且 $BP\perp A_1Q$.在 $\triangle EBP$ 中,$BE=EP=2$ 而 $\angle EBP=60^\circ$,则 $\triangle EBP$ 是等边三角形.又 $A_1E\perp$ 平面 BEP,

则 $A_1B=A_1P$,则 Q 为 BP 的中点,且 $EQ=\sqrt{3}$,又 $A_1E=1$,在 Rt$\triangle A_1EQ$ 中,

$\tan\angle EA_1Q=\dfrac{EQ}{A_1E}=\sqrt{3}$,则 $\angle EA_1Q=60^\circ$,

则直线 A_1E 与平面 A_1BP 所成的角为 60°;

(3) 过 F 作 $FM\perp A_1P$ 与 M,连接 QM,QF,由于 $CP=CF=1$,$\angle C=60^\circ$,则 $\triangle FCP$ 是正三角形,则 $PF=1$.有 $PQ=\dfrac{1}{2}BP=1$,则 $PF=PQ$ ①

由于 $A_1E\perp$ 平面 BEP,$EQ=EF=\sqrt{3}$,则 $A_1E=A_1Q$,则 $\triangle A_1FP\cong\triangle A_1QP$ 从而

$\angle A_1PF = \angle A_1PQ$ ②

由①②及 MP 为公共边知 $\triangle FMP \cong \triangle QMP$,则 $\angle QMP = \angle FMP = 90°$,且 $MF = MQ$,从而 $\angle FMQ$ 为二面角 $B-A_1P-F$ 的平面角. 在 $Rt\triangle A_1QP$ 中,$A_1Q = A_1F = 2$,$PQ = 1$,又则 $A_1P = \sqrt{5}$.

由于 $MQ \perp A_1P$,则 $MQ = \dfrac{A_1Q \cdot PQ}{A_1P} = \dfrac{2\sqrt{5}}{5}$,则 $MF = \dfrac{2\sqrt{5}}{5}$.

在 $\triangle FCQ$ 中,$FC = 1$,$QC = 2$,$\angle C = 60°$,由余弦定理得 $QF = \sqrt{3}$.

在 $\triangle FMQ$ 中,$\cos\angle FMQ = \dfrac{MF^2 + MQ^2 - QF^2}{2MF \cdot MQ} = -\dfrac{7}{8}$;

则二面角 $B-A_1P-F$ 的大小为 $\pi - \arccos\dfrac{7}{8}$.

7. 如图 $9-56$ 所示,将边长为 a 的正三角形 ABC 以它的高 AD 为折痕折成一个二面角 $C'-AD-C$.

(1)指出这个二面角的面、棱、平面角;

(2)若二面角 $C'-AD-C$ 是直二面角,求 $C'C$ 的长;

(3)求 AC' 与平面 $C'CD$ 所成的角;

(4)若二面角 $C'-AD-C$ 的平面角为 $120°$,求二面角 $A-C'C-D$ 的平面角的正切值.

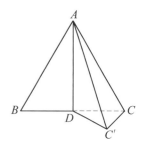

图 $9-56$

解:(1)由于 $AD \perp BC$,则 $AD \perp DC$,$AD \perp DC'$,则二面角 $C'-AD-C$ 的面为 ADC 和面 ADC',棱为 AD,二面角的平面角为 $\angle CDC'$;

(2)若 $\angle CDC' = 90°$,

由于 $AC = a$,则 $DC = DC' = \dfrac{1}{2}a$,则 $CC' = \dfrac{\sqrt{2}}{2}a$;

(3)由于 $AD \perp DC'$,$AD \perp DC$,则 $AD \perp$ 平面 $DC'C$,则 $\angle AC'D$ 为 AC' 与平面 $C'CD$ 所成的角.

在直角三角形 ADC' 中,$DC = DC' = \dfrac{1}{2}AC$,则 $\angle DAC' = 30°$,

于是 $\angle AC'D = 60°$;

(4)取 CC' 的中点 E,连接 AE、DE,

由于 $DC' = DC$,$AC' = AC$,则 $AE \perp CC'$,$DE \perp CC'$,

则 $\angle AED$ 为二面角 $A-C'C-D$ 的平面角.

由于 $\angle C'DC = 120°$,$C'D = CD = \dfrac{1}{2}a$,则 $DE = \dfrac{1}{4}a$,

在直角三角形 AED 中,$AD = \dfrac{\sqrt{3}}{2}a$,则 $\tan\angle AED = \dfrac{AD}{DE} = \dfrac{\frac{\sqrt{3}}{2}a}{\frac{1}{4}a} = 2\sqrt{3}$.

8. 在棱长为 a 的正方体中,求异面直线 BD 和 B_1C 之间的距离.

解:具体解法可按如下几步来求:

① 分别经过 BD 和 B_1C 找到两个互相平等的平面;

② 作出两个平行平面的公垂线;

③ 计算公垂线夹在两个平等平面间的长度.

如题 8 解析图 (a),根据正方体的性质,易证:

$$\left.\begin{array}{l} BD /\!/ B_1D_1 \\ A_1B /\!/ D_1C \end{array}\right\} \Rightarrow \text{平面 } A_1BD /\!/ \text{平面 } CB_1D_1.$$

连接 AC_1,分别交平面 A_1BD 和平面 CB_1D_1 于 M 和 N.

因为 CC_1 和 AC_1 分别是平面 $ABCD$ 的垂线和斜线,

AC 在平面 $ABCD$ 内,$AC \perp BD$.

由三垂线定理:$AC_1 \perp BD$,同理,$AC_1 \perp A_1D$.

则 $AC_1 \perp$ 平面 A_1BD,同理可证,$AC_1 \perp$ 平面 CB_1D_1.

则平面 A_1BD 和平面 CB_1D_1 间的距离为线段 MN 长度.

如题 8 解析图 (b) 所示:在对角面 AC_1 中,O_1 为 A_1C_1 的中点,O 为 AC 的中点.

则 $AM = MN = NC_1 = \dfrac{1}{3}AC_1 = \dfrac{\sqrt{3}}{3}a$.

则 BD 和 B_1C 的距离等于两平行平面 A_1BD 和 CB_1D_1 的距离为 $\dfrac{\sqrt{3}}{3}a$.

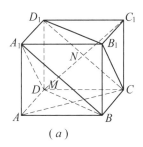
(a)

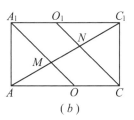
(b)

题 8 解析图

9. 如题 9 解析图所示,任取点 A,作 $AB \perp SB$ 于 B,过 B 作 $BC \perp SC$ 于 C,连设由一点 S 发出三条射线 SA、SB、SC,$\angle ASB = \alpha$,$\angle BSC = \beta$,$\angle ASC = \theta$,α、β、θ 均为锐角,且 $\cos\alpha \cdot \cos\beta = \cos\theta$.求证:平面 $ASB \perp$ 平面 BSC.

证明:如题 9 解析图,连接 AC.

由于 $SB = AS \cdot \cos\alpha$,$SC = SB \cdot \cos\beta$,

故 $SC = AS \cdot \cos\alpha \cdot \cos\beta$.

又由 $\cos\alpha \cdot \cos\beta = \cos\theta$,

题 9 解析图

则 $SC=AS \cdot \cos\theta$,从而可得 $\angle ACS=90°$,

即 $AC \perp SC$,已作 $BC \perp SC$,故 $SC \perp$ 平面 ACB,

即有 $AB \perp SC$,已作 $AB \perp SB$,从而 $AB \perp$ 平面 BSC,

故平面 $ASB \perp$ 平面 BSC.

10. 如图 9 - 57 所示,矩形 $ABCD$,$PD \perp$ 平面 $ABCD$,若 $PB=2$,PB 与平面 PCD 所成的角为 $45°$,PB 与平面 ABD 成 $30°$ 角,求:

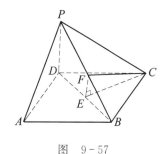

图　9 - 57

（1）CD 的长;

（2）求 PB 与 CD 所成的角;

（3）求二面角 C - PB - D 的余弦值.

解:（1）因为 PB 与平面 PCD 所成的角为 $45°$,

则 $BC=CP=\sqrt{2}$.

因为 PB 与平面 ABD 成 $30°$ 角,则 $PD=1$,$BD=\sqrt{3}$.

则 $CD=1$;

（2）因为 $CD // AB$,PB 与 CD 所成的角为 $\angle PBA$,显然 $\angle PBA=60°$;

（3）$\dfrac{\sqrt{3}}{3}$.

11. 如图 9 - 58 所示,线段 PQ 分别交两个平行平面 α、β 于 A、B 两点,线段 PD 分别交 α、β 于 C、D 两点,线段 QF 分别交 α、β 于 F、E 两点,若 $PA=9$,$AB=12$,$BQ=12$,$\triangle ACF$ 的面积为 72,求 $\triangle BDE$ 的面积.

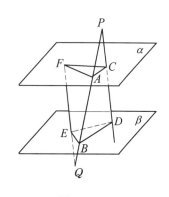

图　9 - 58

解:由于平面 $QAF \cap \alpha=AF$,平面 $QAF \cap \beta=BE$,

又由于 $\alpha // \beta$,则 $AF // BE$.

同理可证:$AC // BD$.则 $\angle FAC$ 与 $\angle EBD$ 相等成互补,

由 $AF // BE$,得:$BE : AF = QB : QA = 1 : 2$,则 $BE = \dfrac{1}{2}AF$,

由 $BD // AC$,得:$AC : BD = PA : PB = 3 : 7$,$BD = \dfrac{7}{3}AC$,

又由于 $\triangle ACF$ 的面积为 72,即 $\dfrac{1}{2}AF \cdot AC \cdot \sin\angle FAC=72$,

$S_{\triangle DBE}=\dfrac{1}{2}BE \cdot BD\sin\angle EBD=\dfrac{1}{2} \cdot \dfrac{1}{2}AF \cdot \dfrac{7}{3}AC \cdot \sin\angle FAC=84.$

12. 如图 9 - 59(a)所示,已知正方形 $ABCD$.E、F 分别是 AB、CD 的中点.将 $\triangle ADE$ 沿 DE 折起,如图 9 - 59(b)所示,记二面角 A - DE - C 的大小为 θ($0<\theta<\pi$).

（1）求证 $BF //$ 平面 ADE;

(2) 若△ACD 为正三角形,试判断点 A 在平面 BCDE 内的射影 G 是否在直线 EF 上,证明你的结论,并求角 θ 的余弦值.

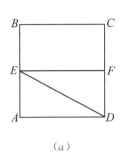

（a）

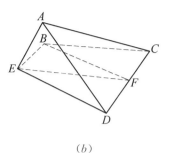

（b）

图　9-59

解: (1) 证明:E、F 分别为正方形 ABCD 两边 AB、CD 之中点,

则 EB//FD,且 EB=FD,则四边形 EBFD 为平行四边形.则 BF//ED.

由于 EF⊂平面 AED,而 BF⊄平面 AED

则 BF//平面 ADE;

(2) 解:如图 9-59(b)所示,点 A 在平面 BCDE 内的射影 G 在直线 EF 上,过点 A 作 AG 垂直于平面 BCDE,垂足为 G,连接 GC,GD.

由于△ACD 为正三角形,则 AC=AD,则 CG=GD.

由于 G 在 CD 的垂直平分线上,

则点 A 在平面 BCDE 内的射影 G 在直线 EF 上,过 G 作 GH 垂直于 ED 于 H,连接 AH,则 AH⊥DE,所以∠AHD 为二面角 A-DE-C 的平面角.即∠AHG=θ.

设原正方体的边长为 2a,连接 AF 在折后图的△AEF 中,$AF=\sqrt{3}a$,$EF=2AE=2a$,即△AEF 为直角三角形,$AG \cdot EF=AE \cdot AF$.

则 $AG=\dfrac{\sqrt{3}}{2}a$.在 Rt△ADE 中,$AH \cdot DE=AE \cdot AD$,则 $AH=\dfrac{2}{\sqrt{5}}a$.

则 $GH=\dfrac{a}{2\sqrt{5}}$,$\cos\theta=\dfrac{GH}{AH}=\dfrac{1}{4}$.

13. 在矩形 ABCD 中,已知 AB=1,BC=a,PA⊥平面 ABCD,且 PA=1.

(1) 在 BC 边上是否存在点 Q,使得 PQ⊥QD,说明理由;

(2) 若 BC 边上有且仅有一个点 Q,使 PQ⊥QD,求 AD 与平面 PDQ 所成角的正弦值;

(3) 在(2)的条件下,求出平面 PQD 与平面 PAB 所成角的大小.

解: 本题第(1)问是一道"是否存在"的探索性问题.首先假设存在点 Q,使得 PQ⊥QD,然后根据这个假设进行正确的推理和验证.若能找出点 Q 在 BC 上的位置,说明存在,否则就不存在.第(2)小题,可结合(1)中的结论找出线面角,通过解三角形求得其值.

(1) 假设存在点 Q,使得 PQ⊥QD.

由于 $PA\perp$ 平面 $ABCD$,则 $QD\perp AQ$.

设 $BQ=x$,则 $QC=a-x$.

由 $AD^2=AQ^2+QD^2$,得 $a^2=1^2+x^2+(a-x)^2+1^2$.

即方程:$x^2-ax+1=0$ ①

其判别式为 $\Delta=a^2-4$.

则当 $a=2$ 时,$\Delta=0$,方程①有一解,即存在一个点 Q,使 $PQ\perp QD$;

当 $a>2$ 时,$\Delta>0$,方程①有两解,即存在两个点 Q,使得 $PQ\perp QD$;

当 $0<a<2$ 时,$\Delta<0$,方程①无实根,即不存在点 Q,使得 $PQ\perp QD$.

(2) 当 BC 边上仅有一个点 Q,使得 $PQ\perp QD$ 时,可知 $BC=2$,Q 为 BC 的中点.

由于 $QD\perp AQ$,$QD\perp PQ$,

则平面 $PDQ\perp$ 平面 PAQ.

过 A 作 $AE\perp PQ$,垂足为 E,则 $AE\perp$ 平面 PDQ,

故 $\angle ADE$ 为 AD 和平面 PDQ 所成的角.

在 $\text{Rt}\triangle PAQ$ 中,$AE=\dfrac{PA\cdot AQ}{PQ}=\dfrac{\sqrt{6}}{3}$.

在 $\text{Rt}\triangle AED$ 中,$\sin\angle ADE=\dfrac{AE}{AD}=\dfrac{\sqrt{6}}{6}$.

(3) 平面 PQD 与平面 PAB 所成角的大小为 $\arctan\sqrt{5}$.

§9.5 空间向量及其坐标表示

1. 已知空间三点 $A(-2,0,2)$,$B(-2,1,2)$,$C(-3,0,3)$.设 $a=\overrightarrow{AB}$,$b=\overrightarrow{AC}$,是否存在实数 k,使向量 $ka+b$ 与 $ka-2b$ 互相垂直,若存在,求 k 的值;若不存在,说明理由.

解: $\overrightarrow{AB}=(0,1,0)$,$\overrightarrow{AC}=(-1,0,1)$.

$ka+b=(-1,k,1)$,$ka-2b=(2,k,-2)$

由于 $(-1,k,1)\perp(2,k,-2)$,则 $k^2=4$,$k=-2$ 或 $k=2$.

2. 菱形 $ABCD$ 的边长为 1,$\angle ABC=120°$,若 E 为 BC 延长线上任意一点,AE 交 CD 于点 F,求向量 $\overrightarrow{BF}$ 与 $\overrightarrow{ED}$ 和夹角的大小.

解: 以为 A 原点建立平面直角坐标系,$A(0,0)$,$B(1,0)$,$C\left(\dfrac{3}{2},\dfrac{\sqrt{3}}{2}\right)$,$D\left(\dfrac{1}{2},\dfrac{\sqrt{3}}{2}\right)$.

设 E 坐标为 $(1+x,\sqrt{3}x)$,$\left(x>\dfrac{1}{2}\right)$.则 $F\left(\dfrac{1+x}{2x},\dfrac{\sqrt{3}}{2}\right)$.

则 $\overrightarrow{BF}=\left(\dfrac{1-x}{2x},\dfrac{\sqrt{3}}{2}\right)$,$\overrightarrow{ED}=\left(x+\dfrac{1}{2},\sqrt{3}x-\dfrac{\sqrt{3}}{2}\right)$.

夹角 $\cos\theta=\dfrac{\overrightarrow{BF}\cdot\overrightarrow{ED}}{|\overrightarrow{BF}||\overrightarrow{ED}|}=-\dfrac{1}{2}$,则夹角大小为 $\dfrac{2}{3}\pi$.

3. 如图 9 - 68,在三棱柱 $ABC\text{-}A_1B_1C_1$ 中,H 是正方形 AA_1B_1B 的中心,$AA_1=2\sqrt{2}$,$C_1H\perp$ 平面 AA_1B_1B,$C_1H=\sqrt{5}$,建立适当的坐标系并确定各点坐标.

解: 如图 9 - 68 建系:则

$A_1(\sqrt{2},\sqrt{2},0)$,$A(\sqrt{2},-\sqrt{2},0)$,$B_1(-\sqrt{2},\sqrt{2},0)$

$B(-\sqrt{2},-\sqrt{2},0)$,$C_1(0,0,\sqrt{5})$

设 $C(x,y,z)$,则 $\overrightarrow{C_1C}=(x,y,z-\sqrt{5})$ $\overrightarrow{A_1A}=(0,-2\sqrt{2},0)$

由 $\overrightarrow{C_1C}=\overrightarrow{A_1A}$ 可得:$\begin{cases}x=0,\\y=-2\sqrt{2},\\z-\sqrt{5}=0\end{cases}\Rightarrow\begin{cases}x=0,\\y=-2\sqrt{2},\quad\therefore\quad C(0,-2\sqrt{2},\sqrt{5})\\z=\sqrt{5}.\end{cases}$

综上所述:$A_1(\sqrt{2},\sqrt{2},0)$,$A(\sqrt{2},-\sqrt{2},0)$,$B_1(-\sqrt{2},\sqrt{2},0)$,$B(-\sqrt{2},-\sqrt{2},0)$,$C_1(0,0,\sqrt{5})$,$C(0,-2\sqrt{2},\sqrt{5})$.

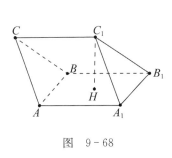

图 9 - 68

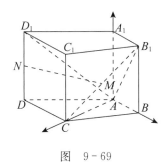

图 9 - 69

4. 如图 9 - 69,在四棱柱 $ABCD\text{-}A_1B_1C_1D_1$ 中,侧棱 $A_1A\perp$ 底面 $ABCD$,$AB\perp AC$,$AB=1$,$AC=AA_1=2$,$AD=CD=\sqrt{5}$,且点 M 和 N.分别为 B_1C 和 D_1D 的中点.建立的空间直角坐标系并写出各点坐标.

解: $\because$ 侧棱 $A_1A\perp$ 底面 $ABCD$

$\therefore$ $A_1A\perp AB$,$A_1A\perp AC$

$\because$ $AB\perp AC$ $\therefore$ AB,AC,AA_1 两两垂直

以 AB,AC,AA_1 为轴建立直角坐标系

底面上的点:$B(0,1,0)$,$C(2,0,0)$

由 $AD=CD=\sqrt{5}$ 可得 $\triangle ADC$ 为等腰三角形,若 P 为 AC 中点,则 $DP\perp AC$

$DP=\sqrt{AD^2-AP^2}=2$ $\therefore$ $D(1,-2,0)$

可投影到底面上的点:$A_1(0,0,2)$,$B_1(0,1,2)$,$C_1(2,0,2)$,$D_1(1,-2,2)$

因为 M 和 N 分别为 B_1C 和 D_1D 的中点 $\therefore$ $M\left(1,\dfrac{1}{2},1\right)$,$N(1,-2,1)$

综上所述:$B(0,1,0)$,$C(2,0,0)$,$D(1,-2,0)$,$A_1(0,0,2)$,$B_1(0,1,2)$,$C_1(2,0,2)$,

$D_1(1,-2,2),M\left(1,\dfrac{1}{2},1\right),N(1,-2,1).$

5. 如图 $9-70$，已知矩形 $ABCD$，$PA\perp$ 平面 $ABCD$，M、N 分别是 AB、PC 的中点，$\angle PDA$ 为 θ，能否确定 θ，使直线 MN 是直线 AB 与 PC 的公垂线？若能确定，求出 θ 的值；若不能确定，说明理由.

解： 以点 A 为原点建立空间直角坐标系 $A-xyz$.

设 $|AD|=2a$，$|AB|=2b$，$\angle PDA=\theta$. 则 $A(0,0,0)$、$B(0,2b,0)$、$C(2a,2b,0)$、$D(2a,0,0)$、$P(0,0,2a\tan\theta)$、$M(0,b,0)$、$N(a,b,a\tan\theta)$.

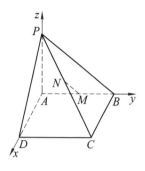

图　$9-70$

则 $\overrightarrow{AB}=(0,2b,0)$，$\overrightarrow{PC}=(2a,2b,-2a\tan\theta)$，$\overrightarrow{MN}=(a,0,a\tan\theta)$.

由于 $\overrightarrow{AB}\cdot\overrightarrow{MN}=(0,2b,0)\cdot(a,0,a\tan\theta)=0$，则 $\overrightarrow{AB}\perp\overrightarrow{MN}$. 即 $AB\perp MN$.

若 $MN\perp PC$，则 $\overrightarrow{MN}\cdot\overrightarrow{PC}=(a,0,a\tan\theta)\cdot(2a,2b,-2a\tan\theta)=2a^2-2a^2\tan^2\theta=0$.

则 $\tan^2\theta=1$，而 θ 是锐角.

则 $\tan\theta=1$，$\theta=45°$.

即当 $\theta=45°$ 时，直线 MN 是直线 AB 与 PC 的公垂线.

§9.6　空间直线的方向向量和平面的法向量

1. 用向量方法证明直线与平面垂直的判定定理：

已知直线 l 垂直平面 α 内两条相交直线 a、b，求证：直线 l 垂直平面 α.

证明： 设直线 l、a、b 的方向向量分别为 $\vec{n}$、$\vec{a}$、$\vec{b}$，

则对平面内任意一条直线 c，设其方向向量为 $\vec{c}$.

因为 $\vec{a}$、$\vec{b}$ 不平行，由平面向量唯一分解定理可知存在 x,y 满足：$\vec{c}=x\vec{a}+y\vec{b}$.

则 $\vec{n}\cdot\vec{c}=\vec{n}\cdot(x\vec{a}+y\vec{b})=x\vec{n}\cdot\vec{a}+y\vec{n}\cdot\vec{b}=0+0=0$，所以直线 $l\perp c$.

2. 如图 $9-76$，在长方体 $ABCD-A_1B_1C_1D_1$ 中 $AD=D_1D=2$，$AB=4$，求二面角 $B-AC-D_1$ 的平面角大小.

解： 如图 $9-76$，以 D 为坐标原点建立空间直角坐标系

则 $A(2,0,0)$，$B(2,4,0)$，$C(0,4,0)$，$D_1(0,0,2)$ 易知，

平面 ABC 的一个法向量为 $\overrightarrow{n_1}=(0,0,1)$，

设平面 D_1AC 的一个法向量为 $\overrightarrow{n_2}=(x,y,z)$.

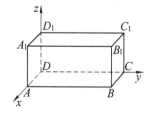

图　$9-76$

则 $\overrightarrow{AC}=(-2,4,0)$，$\overrightarrow{AD_1}=(-2,0,2)$.

则 $\begin{cases}\overrightarrow{n_2}\cdot\overrightarrow{AC}=0,\\ \overrightarrow{n_2}\cdot\overrightarrow{AD_1}=0\end{cases}\Rightarrow\begin{cases}-2x+4y=0,\\ -2x+2z=0.\end{cases}$

取 $y=1$ 则 $x=2,z=2$,

即 $\overrightarrow{n_2}=(2,1,2)$,则此时两个法向量同时远离平面,因此二面角的平面角 θ 与法向量的夹角 β 互补.

而 $\cos\beta=\dfrac{\overrightarrow{n_1} \cdot \overrightarrow{n_2}}{|\overrightarrow{n_1}| \cdot |\overrightarrow{n_2}|}=\dfrac{2}{1\times 3}=\dfrac{2}{3}$,所以 $\theta=\pi-\arccos\dfrac{2}{3}$.

3. 如图 $9-77$ 所示,PD 垂直于正方形 $ABCD$ 所在平面,$AB=2$,E 是 PB 的中点,$\overrightarrow{DP}$ 与 $\overrightarrow{AE}$ 夹角的余弦值为 $\dfrac{\sqrt{3}}{3}$.(1)建立适当的空间坐标系,写出点 E 的坐标;(2)在平面 PAD 内是否存在一点 F,使 $EF\perp$ 平面 PCB?

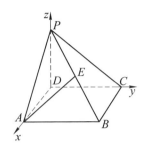

图 $9-77$

解:(1) 以 DA,DC,DP 所在直线分别为 x 轴、y 轴、z 轴,建立空间直角坐标系,设 $P(0,0,2m)$. 则 $A(2,0,0)$,$B(2,2,0)$,$C(0,2,0)$,$E(1,1,m)$,

从而 $\overrightarrow{AE}=(-1,1,m)$,$\overrightarrow{DP}=(0,0,2m)$.

$\cos\langle\overrightarrow{DP},\overrightarrow{AE}\rangle=\dfrac{\overrightarrow{DP} \cdot \overrightarrow{AE}}{|\overrightarrow{DP}||\overrightarrow{AE}|}=\dfrac{2m^2}{2m\sqrt{2+m^2}}=\dfrac{\sqrt{3}}{3}$,得 $m=1$.

所以 E 点的坐标为 $(1,1,1)$;

(2) 由于点 F 在平面 PAD 内,故可设 $F(x,0,z)$,由 $\overrightarrow{EF}\perp$ 平面 PCB 得:

$\overrightarrow{EF} \cdot \overrightarrow{CB}=0$ 且 $\overrightarrow{EF} \cdot \overrightarrow{PC}=0$,即

$(x-1,-1,z-1) \cdot (2,0,0)=0\Rightarrow x=1$;

$(x-1,-1,z-1) \cdot (0,2,-2)=0\Rightarrow z=0$.

所以点 F 的坐标为 $(1,0,0)$,即点 F 是 DA 的中点时,可使 $EF\perp$ 平面 PCB.

4. 如图 $9-78$,在正三棱柱 $ABC-A_1B_1C_1$ 中,所有棱的长度都是 2,M 是 BC 边的中点,问:在侧棱 CC_1 上是否存在点 N,使得异面直线 AB_1 和 MN 所成的角等于 $45°$?

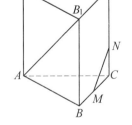

图 $9-78$

解: 以 A 点为原点,建立如题 4 解析图所示的空间右手直角坐标系 $A-xyz$.

因为所有棱长都等于 2,所以 $A(0,0,0)$,$C(0,2,0)$,$B(\sqrt{3},1,0)$,$B_1(\sqrt{3},1,2)$,$M\left(\dfrac{\sqrt{3}}{2},\dfrac{3}{2},0\right)$.点 N 在侧棱 CC_1 上.

可设 $N(0,2,m)(0\leqslant m\leqslant 2)$,

则 $\overrightarrow{AB_1}=(\sqrt{3},1,2)$,$\overrightarrow{MN}=\left(-\dfrac{\sqrt{3}}{2},\dfrac{1}{2},m\right)$,于是 $|\overrightarrow{AB_1}|=2\sqrt{2}$,$|\overrightarrow{MN}|=\sqrt{m^2+1}$,

$\overrightarrow{AB_1} \cdot \overrightarrow{MN}=2m-1$.

如果异面直线 AB_1 和 MN 所成的角等于 $45°$,

那么向量 $\overrightarrow{AB_1}$ 和 $\overrightarrow{MN}$ 的夹角是 $45°$ 或 $135°$,而 $\cos\langle\overrightarrow{AB_1},\overrightarrow{MN}\rangle=$

$\dfrac{\overrightarrow{AB}\cdot\overrightarrow{MN}}{|\overrightarrow{AB_1}|\cdot|\overrightarrow{MN}|}=\dfrac{2m-1}{2\sqrt{2}\cdot\sqrt{m^2+1}}$,所以 $\dfrac{2m-1}{2\sqrt{2}\cdot\sqrt{m^2+1}}=\pm\dfrac{\sqrt{2}}{2}$.

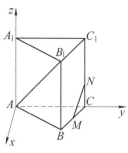

解得 $m=-\dfrac{3}{4}$,这与 $0\leqslant m\leqslant 2$ 矛盾.

即在侧棱 CC_1 上不存在点 N,使得异面直线 AB_1 和 MN 所成的角等于 $45°$.

题 4 解析图

5. 如图 9-79 所示,在四棱锥 $P\text{-}ABCD$ 中,底面 $ABCD$ 是矩形,$PA\perp$ 平面 $ABCD$,$PA=AD=4$,$AB=2$,若 MN 分别为棱 PD,PC 上的点,O 为 AC 中点,且 $AC=2OM=2ON$.

（1）求证:平面 $ABM\perp$ 平面 PCD;

（2）求直线 CD 与平面 ACM 所成角的正弦值;

（3）求点 N 到平面 ACM 的距离.

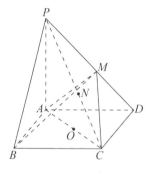

解: $\because$ $PA\perp$ 平面 $ABCD$,$\therefore$ $PA\perp AB$,$PA\perp AD$

$\because$ 矩形 $ABCD$ $\therefore$ $AB\perp AD$ 故 PA,AB,AD 两两垂直

以 PA,AB,AD 为轴建立空间直角坐标系

$P(0,0,4)$,$B(2,0,0)$,$C(2,4,0)$,$D(0,4,0)$,$O(1,2,0)$

$AC=2OM=2ON$,且 OM,ON 分别为 $\triangle AMC,\triangle ANC$ 的中线

$\therefore$ $AN\perp PC$,$AM\perp PD$

图 9-79

设点 $M(x,y,z)$,因为 P,M,D 三点共线

$\therefore$ $\overrightarrow{PM}=\lambda\overrightarrow{PD}$ 而 $\overrightarrow{PM}=(x,y,z-4)$,$\overrightarrow{PD}=(0,4,-4)$

$\therefore$ $\lambda\overrightarrow{PD}=(0,4\lambda,-4\lambda)$ $\therefore$ $\begin{cases}x=0,\\ y=4\lambda,\\ z-4=-4\lambda.\end{cases}$

$\therefore$ $M(0,4\lambda,4-4\lambda)$ 而 $AM\perp PD\Rightarrow\overrightarrow{AM}\cdot\overrightarrow{PD}=0$

$\therefore$ $16\lambda-4(4-4\lambda)=0\Rightarrow\lambda=\dfrac{1}{2}$ $\therefore$ $M(0,2,2)$

同理,设点 $N(x,y,z)$,因为 P,N,C 三点共线,

$\therefore$ $\overrightarrow{PN}=\mu\overrightarrow{PC}$ 而 $\overrightarrow{PN}=(x,y,z-4)$,$\overrightarrow{PC}=(2,4,-4)$

$\therefore$ $\mu\overrightarrow{PD}=(2\mu,4\mu,-4\mu)$ $\therefore$ $\begin{cases}x=2\mu,\\ y=4\mu,\\ z-4=-4\mu.\end{cases}$

$\therefore$ $N(2\mu,4\mu,4-4\mu)$ 而 $AN\perp PC\Rightarrow\overrightarrow{AN}\cdot\overrightarrow{PC}=0$

$\therefore$ $4\mu+16\mu-4(4-4\mu)=0\Rightarrow\mu=\dfrac{4}{9}$ $\therefore$ $N\left(\dfrac{8}{9},\dfrac{16}{9},\dfrac{20}{9}\right)$

（1）设平面 ABM 的法向量为 $\overrightarrow{n_1}=(x,y,z)$ $\overrightarrow{AB}=(2,0,0)$,$\overrightarrow{AM}=(0,2,2)$

$$\therefore \begin{cases} 2x=0, \\ 2y+2z=0 \end{cases} \Rightarrow \overrightarrow{n_1}=(0,1,-1)$$

设平面 PCD 的法向量为 $\overrightarrow{n_2}=(x,y,z)$ $\overrightarrow{PC}=(2,4,-4),\overrightarrow{DC}=(2,0,0)$

$$\therefore \begin{cases} 2x+4y-4z=0, \\ 2x=0 \end{cases} \Rightarrow \overrightarrow{n_2}=(0,1,1)$$

$\therefore \overrightarrow{n_1} \cdot \overrightarrow{n_2}=0 \quad \therefore \overrightarrow{n_1} \perp \overrightarrow{n_2} \quad \therefore$ 平面 $ABM \perp$ 平面 PCD；

(2) 设平面 ACM 的法向量为 $\overrightarrow{n}(x,y,z)$ $\overrightarrow{AC}=(2,4,0),\overrightarrow{AM}=(0,2,2)$

$$\therefore \begin{cases} 2x+4y=0, \\ 2y+2z=0 \end{cases} \Rightarrow \overrightarrow{n}=(2,-1,1)$$ 而 $\overrightarrow{CD}=(-2,0,0)$

$\therefore$ 设直线 CD 与平面 ACM 所成角为 θ，则

$$\sin\theta = |\cos\langle \overrightarrow{CD},\overrightarrow{n}\rangle| = \left| \frac{\overrightarrow{CD} \cdot \overrightarrow{n}}{|\overrightarrow{CD}| \cdot |\overrightarrow{n}|} \right| = \frac{4}{2 \cdot \sqrt{6}} = \frac{\sqrt{6}}{3};$$

(3) $d_{N-平面ACM} = \left| \frac{\overrightarrow{AN} \cdot \overrightarrow{n}}{|\overrightarrow{n}|} \right| = \left| \frac{\frac{8}{9} \cdot 2 + \frac{16}{9} \cdot (-1) + \frac{20}{9}}{\sqrt{6}} \right| = \frac{10}{27}\sqrt{6}.$

6. 如图 $9-80$ 所示，已知在四棱锥 $P-ABCD$ 中，底面 $ABCD$ 是矩形，且 $AD=2,AB=1$，$PA \perp$ 平面 $ABCD$，E,F 分别是线段 AB,BC 的中点.

(1) 求证：$PF \perp FD$；

(2) 在线段 PA 上是否存在点 G，使得 $EG /\!/$ 平面 PFD，若存在，确定点 G 的位置；若不存在，请说明理由；

(3) 若 PB 与平面 $ABCD$ 所成的角为 $45°$，求二面角 A-PD-F 的余弦值.

解：因为 $PA \perp$ 平面 $ABCD$，且四边形 $ABCD$ 是矩形

$\therefore$ 以 PA,AD,AB 为轴建立空间直角坐标系，设 $|PA|=h$

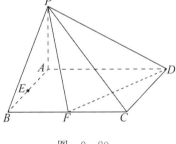

图 $9-80$

$\therefore P(0,0,h),B(1,0,0),D(0,2,0),C(1,2,0),F(1,1,0),E\left(\frac{1}{2},0,0\right)$

(1) $\therefore \overrightarrow{PF}=(1,1,-h),\overrightarrow{FD}=(-1,1,0) \quad \therefore \overrightarrow{PF} \cdot \overrightarrow{FD}=0 \quad \therefore PF \perp FD$；

(2) 设 $G(0,0,a)$，$\therefore \overrightarrow{EG}=\left(-\frac{1}{2},0,a\right)$，

设平面 PFD 的法向量为 $\overrightarrow{n}=(x,y,z)$，$\because \overrightarrow{PF}=(1,1,-h),\overrightarrow{FD}=(-1,1,0)$，

$$\therefore \begin{cases} x+y-zh=0, \\ -x+y=0 \end{cases} \Rightarrow \begin{cases} x=h, \\ y=h, \\ z=2. \end{cases} \quad \therefore \overrightarrow{n}=(h,h,2).$$

$\therefore EG /\!/$ 平面 PFD，$\therefore \overrightarrow{EG} \perp \overrightarrow{n}$，$\therefore \overrightarrow{EG} \cdot \overrightarrow{n}=-\frac{1}{2}h+2a=0$ 解得 $a=\frac{1}{4}h.$

$\therefore$ 存在点 G，为 AP 的四等分点（靠近 A）；

（3）∵　$PA\perp$ 底面 $ABCD$　∴　PB 在底面 $ABCD$ 的投影为 BA

∴　$\angle PBA$ 为 PB 与平面 $ABCD$ 所成的角,即 $\angle PBA=45°$

∴　$\triangle PBA$ 为等腰直角三角形　∴　$|AP|=|AB|=1$ 即 $h=1$

∴　平面 PFD 的法向量为 $\vec{n}=(1,1,2)$

平面 APD 为 yOz 平面,所以平面 APD 的法向量为 $\vec{m}=(0,1,0)$

设二面角 A-PD-F 的平面角为 θ,可知 θ 为锐角

∴　$\cos\theta=\left|\cos\langle\vec{m},\vec{n}\rangle\right|=\dfrac{1}{\sqrt{6}}=\dfrac{\sqrt{6}}{6}.$

§9.7　空间向量在度量问题中的应用

1. 如图 9-92,已知 $ABCD$-$A_1B_1C_1D_1$ 是底面为正方形的长方体,$\angle AD_1A_1=60°$,$AD_1=4$,点 P 是 AD_1 上的动点.

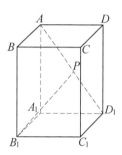

（1）试判断不论点 P 在 AD_1 上的任何位置,是否都有平面 B_1PA_1 垂直于平面 AA_1D_1? 并证明你的结论;

（2）当 P 为 AD_1 的中点时,求异面直线 AA_1 与 B_1P 所成角的余弦值;

（3）求 PB_1 与平面 AA_1D 所成角的正切值的最大值.

图　9-92

解:（1）由于 $A_1B_1\perp$ 平面 AA_1D_1,则都有平面 B_1PA_1 垂直于平面 AA_1D_1.

（2）建立空间坐标系解题,异面直线 AA_1 与 B_1P 所成角的余弦值为 $\dfrac{\sqrt{6}}{4}$.

（3）$\angle A_1PB_1$ 为 PB_1 与平面 AA_1D 所成角,所以 PB_1 与平面 AA_1D 所成角的正切值的最大值为 $\dfrac{2}{\sqrt{3}}$.

2. 如图 9-93,正方形 $ABCD$ 所在平面与平面四边形 $ABEF$ 所在平面互相垂直,$\triangle ABE$ 是等腰直角三角形,$AB=AE$,$FA=FE$,$\angle AEF=45°$.

（1）求证:$EF\perp$ 平面 BCE;

（2）设线段 CD,AE 的中点分别为 P,M,求证:$PM\parallel$ 平面 BCE;

（3）求二面角 F-BD-A 大小的余弦值.

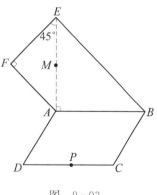

图　9-93

解:因 $\triangle ABE$ 等腰直角三角形,$AB=AE$,所以 $AE\perp AB$.

又因为平面 $ABEF\bigcap$ 平面 $ABCD=AB$,所以 $AE\perp$ 平面 $ABCD$.

所以 $AE\perp AD$ 即 AD、AB、AE 两两垂直;如图建立空间直角坐标系,

（1）设 $AB=1$,则 $AE=1$,$B(0,1,0)$,$D(1,0,0)$,$E(0,0,1)$,$C(1,1,0)$.

由 于 $FA=FE,\angle AEF=45°$，则 $\angle AFE=90°$，从 而 $F\left(0,-\dfrac{1}{2},\dfrac{1}{2}\right)$，$\overrightarrow{EF}=\left(0,-\dfrac{1}{2},-\dfrac{1}{2}\right)$，$\overrightarrow{BE}=(0,-1,1)$，$\overrightarrow{BC}=(1,0,0)$.

于是 $\overrightarrow{EF}\cdot\overrightarrow{BE}=0+\dfrac{1}{2}-\dfrac{1}{2}=0$，$\overrightarrow{EF}\cdot\overrightarrow{BC}=0$，则 $EF\perp BE$，$EF\perp BC$.

由于 $BE\subset$ 平面 BCE，$BC\subset$ 平面 BCE，$BC\cap BE=B$，则 $EF\perp$ 平面 BCE.

(2) $M\left(0,0,\dfrac{1}{2}\right)$，$P\left(1,\dfrac{1}{2},0\right)$，从而 $\overrightarrow{PM}=\left(-1,-\dfrac{1}{2},\dfrac{1}{2}\right)$

于是 $\overrightarrow{PM}\cdot\overrightarrow{EF}=\left(-1,-\dfrac{1}{2},\dfrac{1}{2}\right)\cdot\left(0,-\dfrac{1}{2},-\dfrac{1}{2}\right)=0+\dfrac{1}{4}-\dfrac{1}{4}=0$.

则 $PM\perp EF$，又 $EF\perp$ 平面 BCE，直线 PM 不在平面 BCE 内，故 $PM\parallel$ 平面 BCE.

(3) 设平面 BDF 的一个法向量为 $\overrightarrow{n_1}$，并设 $\overrightarrow{n_1}=(x,y,z)$，$\overrightarrow{BD}=(1,-1,0)$，$\overrightarrow{BF}=\left(0,-\dfrac{3}{2},\dfrac{1}{2}\right)$

$\begin{cases}\overrightarrow{n_1}\cdot\overrightarrow{BD}=0,\\\overrightarrow{n_1}\cdot\overrightarrow{BF}=0,\end{cases}$ 即 $\begin{cases}x-y=0,\\-\dfrac{3}{2}y+\dfrac{1}{2}z=0.\end{cases}$

取 $y=1$，则 $x=1$，$z=3$，从而 $\overrightarrow{n_1}=(1,1,3)$.

取平面 ABD 的一个法向量为 $\overrightarrow{n_2}=(0,0,1)$，

$\cos\langle\overrightarrow{n_1},\overrightarrow{n_2}\rangle=\dfrac{\overrightarrow{n_1}\cdot\overrightarrow{n_2}}{|\overrightarrow{n_1}|\cdot|\overrightarrow{n_2}|}=\dfrac{3}{\sqrt{11}\cdot 1}=\dfrac{3\sqrt{11}}{11}$，

故二面角 $F\text{-}BD\text{-}A$ 大小的余弦值为 $\dfrac{3\sqrt{11}}{11}$.

3. 在底面是菱形的四棱锥 $P\text{-}ABCD$ 中(见图 $9\text{-}94$)，$\angle ABC=\dfrac{\pi}{3}$，$PA=AC=a$，$PB=PD=\sqrt{2}a$，点 E 在 PD 上，且 $PE:ED=2:1$.

(1) 证明 $PA\perp$ 平面 $ABCD$；

(2) 求以 AC 为棱，EAC 与 DAC 为面的二面角 θ 的大小；

(3) 在棱 PC 上是否存在一点 F，使 $BF\parallel$ 平面 AEC? 证明你的结论.

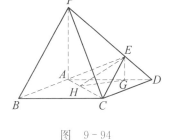

图 $9\text{-}94$

解：(1) 证明：因为底面 $ABCD$ 是菱形，$\angle ABC=60°$，所以 $AB=AD=AC=a$，在 $\triangle PAB$ 中，由 $PA^2+AB^2=2a^2=PB^2$，知 $PA\perp AB$.同理，$PA\perp AD$，所以 $PA\perp$ 平面 $ABCD$.

(2) 作 $EG\parallel PA$ 交 AD 于 G，由 $PA\perp$ 平面 $ABCD$，知 $EG\perp$ 平面 $ABCD$.作 $GH\perp AC$ 于 H，连接 EH，则 $EH\perp AC$，$\angle EHG$ 即为二面角 θ 的平面角.

又 $PE:ED=2:1$，所以 $EG=\dfrac{1}{3}a$，$AG=\dfrac{2}{3}a$，$GH=AG\sin 60°=\dfrac{\sqrt{3}}{3}a$.

从而 $\tan\theta=\dfrac{EG}{GH}=\dfrac{\sqrt{3}}{3},\theta=30°$；

（3）以 A 为坐标原点，直线 AD、AP 分别为 y 轴、z 轴，过 A 点垂直平面 PAD 的直线为 x 轴，建立空间直角坐标系如题 3 解析图. 由题设条件，相关各点的坐标分别为

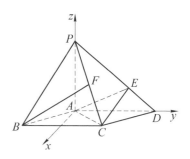

$A(0,0,0),B\left(\dfrac{\sqrt{3}}{2}a,-\dfrac{1}{2}a,0\right),C\left(\dfrac{\sqrt{3}}{2}a,\dfrac{1}{2}a,0\right),D(0,a,0),$

$P(0,0,a),E\left(0,\dfrac{2}{3}a,\dfrac{1}{3}a\right).$ 所以 $\overrightarrow{AE}=\left(0,\dfrac{2}{3}a,\dfrac{1}{3}a\right),\overrightarrow{AC}=$

$\left(\dfrac{\sqrt{3}}{2}a,\dfrac{1}{2}a,0\right),\overrightarrow{AP}=(0,0,a),\overrightarrow{PC}=\left(\dfrac{\sqrt{3}}{2}a,\dfrac{1}{2}a,-a\right),\overrightarrow{BP}=$

题 3 解析图

$\left(-\dfrac{\sqrt{3}}{2}a,\dfrac{1}{2}a,a\right).$ 设点 F 是棱 PC 上的点，$\overrightarrow{PF}=\lambda\overrightarrow{PC}=\left(\dfrac{\sqrt{3}}{2}a\lambda,\dfrac{1}{2}a\lambda,-a\lambda\right),0<\lambda<1$，则

$$\overrightarrow{BF}=\overrightarrow{BP}+\overrightarrow{PF}=\left(-\dfrac{\sqrt{3}}{2}a,\dfrac{1}{2}a,a\right)+\left(\dfrac{\sqrt{3}}{2}a\lambda,\dfrac{1}{2}a\lambda,-a\lambda\right)$$

$$=\left(\dfrac{\sqrt{3}}{2}a(\lambda-1),\dfrac{1}{2}a(1+\lambda),a(1-\lambda)\right).$$

令 $\overrightarrow{BF}=\lambda_1\overrightarrow{AC}+\lambda_2\overrightarrow{AE}$ 得

$$\begin{cases}\dfrac{\sqrt{3}}{2}a(\lambda-1)=\dfrac{\sqrt{3}}{2}a\lambda_1,\\[2mm]\dfrac{1}{2}a(1+\lambda)=\dfrac{1}{2}a\lambda_1+\dfrac{2}{3}a\lambda_2,\\[2mm]a(1-\lambda)=\dfrac{1}{3}a\lambda_2,\end{cases}\quad\text{即}\quad\begin{cases}\lambda-1=\lambda_1,\\[2mm]1+\lambda=\lambda_1+\dfrac{4}{3}\lambda_2,\\[2mm]1-\lambda=\dfrac{1}{3}\lambda_2.\end{cases}$$

解得 $\lambda=\dfrac{1}{2},\lambda_1=-\dfrac{1}{2},\lambda_2=\dfrac{3}{2}.$

即 $\lambda=\dfrac{1}{2}$ 时，$\overrightarrow{BF}=-\dfrac{1}{2}\overrightarrow{AC}+\dfrac{3}{2}\overrightarrow{AE}.$

亦即，F 是 PC 的中点时，$\overrightarrow{BF}$、$\overrightarrow{AC}$、$\overrightarrow{AE}$ 共面.

又 $BF\not\subset$ 平面 AEC，所以当 F 是棱 PC 的中点时，$BF\parallel$ 平面 AEC.

4. 如图 9-95 所示，在三棱锥 $A-BCD$ 中，侧面 ABD、ACD 是全等的直角三角形，AD 是公共的斜边，且 $AD=\sqrt{3}$，$BD=CD=1$，另一个侧面是正三角形.

（1）求证：$AD\perp BC$；

（2）求二面角 $B-AC-D$ 的大小；

（3）在直线 AC 上是否存在一点 E，使 ED 与面 BCD 成 $30°$ 角？若存在确定 E 的位置；若不存在，说明理由.

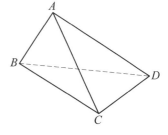

图 9-95

解： （1）作 $AH\perp$ 面 BCD 于 H，连 BH、CH、DH，则四边形 $BHCD$ 是正方形，且 $AH=1$，以 D 为原点，以 DB 为 x 轴，DC 为 y 轴建立空间直角坐标

系如题 4 解析图,

则 $B(1,0,0)$,$C(0,1,0)$,$A(1,1,1)$.$\overrightarrow{BC}=(-1,1,0)$,$\overrightarrow{DA}=(1,1,1)$,

则 $\overrightarrow{BC}\cdot\overrightarrow{DA}=0$,则 $BC\perp AD$.

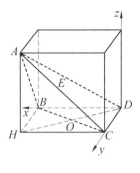

(2) 设平面 ABC 的法向量为 $\overrightarrow{n_1}=(x,y,z)$,

则由 $\overrightarrow{n_1}\perp\overrightarrow{BC}$ 知:$\overrightarrow{n_1}\cdot\overrightarrow{BC}=-x+y=0$;

同理由 $\overrightarrow{n_1}\perp\overrightarrow{CA}$ 知:$\overrightarrow{n_1}\cdot\overrightarrow{CA}=x+z=0$.可取 $\overrightarrow{n_1}=(1,1,-1)$.

同理,可求得平面 ACD 的一个法向量为 $\overrightarrow{n_2}=(1,0,-1)$.

由图可以看出,三面角 $B-AC-D$ 的大小应等于 $\langle\overrightarrow{n_1},\overrightarrow{n_2}\rangle$.

则 $\cos\langle\overrightarrow{n_1},\overrightarrow{n_2}\rangle=\dfrac{\overrightarrow{n_1}\cdot\overrightarrow{n_2}}{|\overrightarrow{n_1}|\cdot|\overrightarrow{n_2}|}=\dfrac{1+0+1}{\sqrt{3}\cdot\sqrt{2}}=\dfrac{\sqrt{6}}{3}$,即所求二面角的

题 4 解析图

大小是 $\arccos\dfrac{\sqrt{6}}{3}$.

(3) 设 $E(x,y,z)$ 是线段 AC 上一点,则 $x=z>0$,$y=1$,平面 BCD 的一个法向量为 $\overrightarrow{n}=(0,0,1)$,$\overrightarrow{DE}=(x,1,x)$,要使 ED 与面 BCD 成 $30°$ 角,由图可知 $\overrightarrow{DE}$ 与 $\overrightarrow{n}$ 的夹角为 $60°$.

所以 $\cos\langle\overrightarrow{DE},\overrightarrow{n}\rangle=\dfrac{\overrightarrow{DE}\cdot\overrightarrow{n}}{|\overrightarrow{DE}|\cdot|\overrightarrow{n}|}=\dfrac{x}{\sqrt{1+2x^2}}=\cos60°=\dfrac{1}{2}$.则 $2x=\sqrt{1+2x^2}$,解得 $x=$

$\dfrac{\sqrt{2}}{2}$,则 $CE=\sqrt{2}x=1$.故线段 AC 上存在 E 点,且 $CE=1$ 时,ED 与面 BCD 成 $30°$ 角.

5. 如图 $9-95$,正三棱柱 $ABC-A_1B_1C_1$ 中,D 是 BC 的中点,$AA_1=AB=1$.

(1) 求证:A_1C∥平面 AB_1D;

(2) 求二面角 $B-AB_1-D$ 的大小;

(3) 求点 C 到平面 AB_1D 的距离.

解:建立空间直角坐标系 $D-xyz$,

(1) 证明:连接 A_1B,设 $A_1B\cap AB_1=E$,联结 DE.

设 $A_1A=AB=1$,

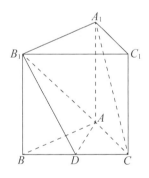

图 $9-95$

则 $D(0,0,0)$,$A_1\left(0,\dfrac{\sqrt{3}}{2},1\right)$,$E\left(-\dfrac{1}{4},\dfrac{\sqrt{3}}{4},\dfrac{1}{2}\right)$,$C\left(\dfrac{1}{2},0,0\right)$.

$\therefore\ \overrightarrow{A_1C}=\left(\dfrac{1}{2},-\dfrac{\sqrt{3}}{2},-1\right)$,$\overrightarrow{DE}=\left(-\dfrac{1}{4},\dfrac{\sqrt{3}}{4},\dfrac{1}{2}\right)$,$\ \therefore\ \overrightarrow{A_1C}=-2\overrightarrow{DE}$,$\ \therefore\ A_1C$∥$DE$.

$\because\ DE\subset$平面 AB_1D,$A_1C\not\subset$平面 AB_1D,$\ \therefore\ A_1C$∥平面 AB_1D;

(2) **解:**$\because\ A\left(0,\dfrac{\sqrt{3}}{2},0\right)$,$B_1\left(\dfrac{1}{2},0,1\right)$,$\ \therefore\ \overrightarrow{AD}=\left(0,\dfrac{\sqrt{3}}{2},0\right)$,$\overrightarrow{B_1D}=\left(\dfrac{1}{2},0,-1\right)$,

设 $n_1=(p,q,r)$ 是平面 AB_1D 的法向量,则 $n_1\cdot\overrightarrow{AD}=0$,且 $n_1\cdot\overrightarrow{B_1D}=0$,

故 $-\dfrac{\sqrt{3}}{2}q=0$,$\dfrac{1}{2}p-r=0$.取 $r=1$,得 $n_1=(2,0,1)$;

同理,可求得平面 AB_1B 的法向量是 $n_2=(\sqrt{3},-1,0)$;

(3) 设二面角 $B\text{-}AB_1\text{-}D$ 的大小为 θ,$\because$　$\cos\theta=\dfrac{n_1\cdot n_2}{|n_1||n_2|}=\dfrac{\sqrt{15}}{5}$,

$\therefore$　二面角 $B\text{-}AB_1\text{-}D$ 的大小为 $\arccos\dfrac{\sqrt{15}}{5}$.

6. 如图 9-96 所示,四棱锥 $P\text{-}ABCD$ 中,平面 $PAB\perp$平面 $ABCD$,$BC\perp AB$,$AD\perp AB$,$BC=1$,$AB=2$,$AD=3$,O 是 AB 中点,

(1) 求证:$CD\perp$平面 POC;

(2) 求二面角 $C\text{-}PD\text{-}O$ 的平面角的余弦值;

(3) 在侧棱 PC 上是否存在点 M,使得 $BM/\!/$平面 POD,若

存在,求出 $\dfrac{CM}{PC}$ 的值;若不存在,请说明理由.

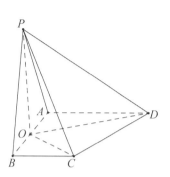

图　9-96

解:过 O 在平面 $ABCD$ 作 AB 的垂线交 CD 于 Q

$\because$　$PA=PB$,O 为 AB 中点　$\therefore$　$PO\perp AB$

$\because$　平面 $PAB\perp$平面 $ABCD$　$\therefore$　$PO\perp$平面 $ABCD$

$\therefore$　$PO\perp OB$,$PO\perp OQ$　$\because$　$OQ\perp AB$

$\therefore$　以 PO,OB,OQ 为轴建立空间直角坐标系 $PO=\sqrt{PA^2-OA^2}=2\sqrt{2}$

$\therefore$　$P(0,0,2\sqrt{2})$,$B(1,0,0)$,$A(-1,0,0)$,$C(1,1,0)$,$D(-1,3,0)$

(1) $\overrightarrow{CD}=(-2,2,0)$ 设平面 POC 的法向量为 $\vec{n}=(x,y,z)$

$\overrightarrow{OP}=(0,0,2\sqrt{2})$,$\overrightarrow{OC}=(1,1,0)$

$\therefore$　$\begin{cases}\overrightarrow{OP}\cdot\vec{n}=0,\\\overrightarrow{OC}\cdot\vec{n}=0\end{cases}\Rightarrow\begin{cases}2\sqrt{2}z=0,\\x+y=0.\end{cases}$　$\therefore$　$\vec{n}=(-1,1,0)$

$\therefore$　$\overrightarrow{CD}/\!/\vec{n}$　$\therefore$　$CD\perp$平面 POC;

(2) 设平面 PCD 的法向量为 $\vec{n_1}=(x,y,z)$

$\overrightarrow{PC}=(1,1,-2\sqrt{2})$,$\overrightarrow{CD}=(-2,2,0)$

$\therefore$　$\begin{cases}\overrightarrow{PC}\cdot\vec{n_1}=0,\\\overrightarrow{CD}\cdot\vec{n_1}=0\end{cases}\Rightarrow\begin{cases}x+y-2\sqrt{2}z=0,\\-2x+2y=0.\end{cases}$　$\therefore$　$\vec{n_1}=(\sqrt{2},\sqrt{2},1)$

设平面 PDO 的法向量为 $\vec{n_2}=(x,y,z)$

$\overrightarrow{OP}=(0,0,2\sqrt{2})$,$\overrightarrow{OD}=(-1,3,0)$

$\therefore$　$\begin{cases}\overrightarrow{OP}\cdot\vec{n_2}=0,\\\overrightarrow{OD}\cdot\vec{n_2}=0\end{cases}\Rightarrow\begin{cases}2\sqrt{2}z=0,\\-x+3y=0.\end{cases}$　$\therefore$　$\vec{n_2}=(3,1,0)$

$\therefore$　$\cos\langle\vec{n_1},\vec{n_2}\rangle=\dfrac{\vec{n_1}\cdot\vec{n_2}}{|\vec{n_1}|\cdot|\vec{n_2}|}=\dfrac{4}{5}$

所以二面角 $C\text{-}PD\text{-}O$ 的平面角的余弦值为 $\dfrac{4}{5}$.

(3) 设 $M(x,y,z)$ $\overrightarrow{CM}=\lambda\overrightarrow{CP},\overrightarrow{CM}=(x-1,y-1,z),\overrightarrow{CP}=(-1,-1,2\sqrt{2})$

$$\therefore \begin{cases} x-1=-\lambda, \\ y-1=-\lambda \\ z=2\sqrt{2}\lambda. \end{cases} \Rightarrow M(1-\lambda,1-\lambda,2\sqrt{2}\lambda),$$

$\therefore \overrightarrow{BM}=(-\lambda,1-\lambda,2\sqrt{2}\lambda)$ 而平面 PDO 的法向量为 $\overrightarrow{n_2}=(3,1,0)$

$\because BM/\!/$ 平面 POD $\therefore \overrightarrow{BM}\cdot\overrightarrow{n_2}=0\Rightarrow-3\lambda+1-\lambda=0$, $\therefore \lambda=\dfrac{1}{4}$ $\therefore \dfrac{CM}{PC}=\dfrac{1}{4}$.

7. 如图 $9-97$ 所示,已知四棱锥 $P\text{-}ABCD$ 中,$PA\perp$ 平面 $ABCD$,底面 $ABCD$ 是边长为 a 的菱形,$\angle BAD=120°$,$PA=b$.

(1) 求证:平面 $PBD\perp$ 平面 PAC;

(2) 设 AC 与 BD 交于点 O,M 为 OC 中点,若二面角 $O\text{-}PM\text{-}D$ 的正切值是 $2\sqrt{6}$,求 $a:b$ 的值.

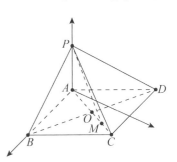

图 $9-97$

解:取 CD 中点 T,联结 AT,可得 $AT\perp CD$ $\therefore AB\perp AT$ $\because PA\perp$ 平面 $ABCD$

$\therefore$ 以 PA,AB,AT 为轴建立空间直角坐标系

可得:$B(a,0,0),C\left(\dfrac{1}{2}a,\dfrac{\sqrt{3}}{2}a,0\right),D\left(-\dfrac{1}{2}a,\dfrac{\sqrt{3}}{2}a,0\right),P(0,0,b)$

(1) 设平面 PBD 的法向量为 $\overrightarrow{m}=(x,y,z)$

$\because \overrightarrow{PB}=(a,0,-b),\overrightarrow{BD}=\left(-\dfrac{3}{2}a,\dfrac{\sqrt{3}}{2}a,0\right)$

$$\therefore \begin{cases} ax-bz=0, \\ -\dfrac{3}{2}ax+\dfrac{\sqrt{3}}{2}ay=0 \end{cases} \Rightarrow \begin{cases} x=b, \\ y=\sqrt{3}b, \\ z=a. \end{cases} \therefore \overrightarrow{m}=(b,\sqrt{3}b,a)$$

设平面 PAC 的法向量为 $\overrightarrow{n}=(x,y,z)$ $\because \overrightarrow{AP}=(0,0,b),\overrightarrow{AC}=\left(\dfrac{1}{2}a,\dfrac{\sqrt{3}}{2}a,0\right)$

$$\therefore \begin{cases} z=0, \\ \dfrac{1}{2}ax+\dfrac{\sqrt{3}}{2}ay=0 \end{cases} \Rightarrow \begin{cases} x=-\sqrt{3}, \\ y=1, \\ z=0. \end{cases} \therefore \overrightarrow{n}=(-\sqrt{3},1,0)$$

$\therefore \overrightarrow{m}\cdot\overrightarrow{n}=0$ $\therefore$ 平面 $PBD\perp$ 平面 PAC.

(2) $O\left(\dfrac{1}{4}a,\dfrac{\sqrt{3}}{4}a,0\right),M\left(\dfrac{3}{8}a,\dfrac{3\sqrt{3}}{8}a,0\right)$

设平面 OPM 的法向量为 $\overrightarrow{n_1}=(x,y,z)$

$\because \overrightarrow{OP}=\left(-\dfrac{1}{4}a,-\dfrac{\sqrt{3}}{4}a,b\right),\overrightarrow{OM}=\left(\dfrac{1}{8}a,\dfrac{\sqrt{3}}{8}a,0\right)$

$$\therefore \begin{cases} -\dfrac{1}{4}ax-\dfrac{\sqrt{3}}{4}ay+bz=0, \\[2mm] \dfrac{1}{8}ax+\dfrac{\sqrt{3}}{8}ay=0 \end{cases} \Rightarrow \begin{cases} x=-\sqrt{3}, \\ y=1, \\ z=0. \end{cases} \qquad \therefore \quad \overrightarrow{n_1}=(-\sqrt{3},1,0)$$

设平面 PMD 的法向量为 $\overrightarrow{n_2}=(x,y,z)$

$$\because \quad \overrightarrow{PD}=\left(-\dfrac{1}{2}a,\dfrac{\sqrt{3}}{2}a,-b\right),\overrightarrow{MD}=\left(-\dfrac{7}{8}a,\dfrac{\sqrt{3}}{8}a,0\right)$$

$$\therefore \begin{cases} -\dfrac{1}{2}ax+\dfrac{\sqrt{3}}{2}ay-bz=0, \\[2mm] -\dfrac{7}{8}ax+\dfrac{\sqrt{3}}{8}ay=0 \end{cases} \Rightarrow \begin{cases} x=\sqrt{3}b, \\ y=7b, \\ z=3\sqrt{3}a. \end{cases} \qquad \therefore \quad \overrightarrow{n_2}=(\sqrt{3}b,7b,3\sqrt{3}a)$$

设二面角 $O\text{-}PM\text{-}D$ 的平面角为 θ,则 $\tan\theta=2\sqrt{6}$,可得 $\cos\theta=\dfrac{1}{5}$

$$\therefore \quad \cos\theta=\left|\cos\langle\overrightarrow{n_1},\overrightarrow{n_2}\rangle\right|=\left|\dfrac{4b}{2\sqrt{52b^2+27a^2}}\right|=\dfrac{1}{5}$$

$$|10b|=\sqrt{52b^2+27a^2}\Rightarrow 100b^2=52b^2+27a^2$$

$$\therefore \quad \dfrac{a^2}{b^2}=\dfrac{48}{27}=\dfrac{16}{9}$$

$$\therefore \quad \dfrac{a}{b}=4:3.$$

8. 如图 $9-98(a)$,在边长为 4 的菱形 $ABCD$ 中,$\angle BAD=60°$,$DE\perp AB$ 于点 E,将 $\triangle ADE$ 沿 DE 折起到 $\triangle A_1DE$ 的位置,使得 $A_1D\perp DC$,如图 $9-98(b)$.

(1) 求证:$A_1E\perp$ 平面 $BCDE$;

(2) 求二面角 $E\text{-}A_1B\text{-}C$ 的余弦值;

(3) 判断在线段 EB 上是否存在一点 P,使平面 $A_1DP\perp$ 平面 A_1BC,若存在,求出 $\dfrac{EP}{PB}$ 的值,若不存在,请说明理由.

解:(1) $\because \quad CD\perp ED,CD\perp A_1D$

$\therefore \quad CD\perp$ 平面 A_1ED

$\therefore \quad CD\perp A_1E$

$\because \quad A_1E\perp DE$

$\therefore \quad A_1E\perp$ 平面 $BCDE$.

$\therefore \quad A_1E\perp ED,A_1E\perp BE$

$\because \quad DE\perp BE$

$\therefore \quad A_1E,ED,BE$ 两两垂直

以 A_1E,ED,BE 为坐标轴建立坐标系计算可得:$AE=2,DE=2\sqrt{3}$

$\therefore \quad A_1(0,0,2),B(2,0,0),D(0,2\sqrt{3},0),C(4,2\sqrt{3},0)$;

(2) 平面 EA_1B 的法向量为 $\overrightarrow{m}(0,1,0)$ 设平面 A_1BC 的法向量为 $\overrightarrow{n}=(x,y,z)$

$\overrightarrow{BC}=(2,2\sqrt{3},0),\overrightarrow{A_1C}=(4,2\sqrt{3},-2)$

$\therefore \begin{cases} \overrightarrow{BC} \cdot \vec{n}=0, \\ \overrightarrow{A_1C} \cdot \vec{n}=0 \end{cases} \Rightarrow \begin{cases} 2x+2\sqrt{3}y=0, \\ 4x+2\sqrt{3}y-2z=0 \end{cases} \Rightarrow \{x=z=-\sqrt{3}y, \quad \therefore \quad \vec{n}=(\sqrt{3},-1,\sqrt{3}),$

设二面角 $E-A_1B-C$ 的平面角为 θ, $cos\theta=\cos\langle\vec{m},\vec{n}\rangle=\dfrac{\vec{m}\cdot\vec{n}}{|\vec{m}|\cdot|\vec{n}|}=\dfrac{-1}{1\cdot\sqrt{7}}=-\dfrac{\sqrt{7}}{7}$;

(3) 设 $P(\lambda,0,0)$ 设平面 A_1DP 的法向量为 $\overrightarrow{n_1}=(x,y,z)$

$\overrightarrow{A_1D}=(0,2\sqrt{3},-2),\overrightarrow{A_1P}=(\lambda,0,-2)$

$\therefore \begin{cases} \overrightarrow{A_1D} \cdot \overrightarrow{n_1}=0, \\ \overrightarrow{A_1P} \cdot \overrightarrow{n_1}=0 \end{cases} \Rightarrow \begin{cases} 2\sqrt{3}y-2z=0, \\ \lambda x-2z=0 \end{cases} \Rightarrow \begin{cases} x=2, \\ y=\dfrac{\sqrt{3}}{3}\lambda, \quad \therefore \quad \overrightarrow{n_1}=\left(2,\dfrac{\sqrt{3}}{3}\lambda,\lambda\right). \\ z=\lambda. \end{cases}$

$\because$ 平面 $A_1DP \perp$ 平面 A_1BC,

$\therefore \vec{n} \cdot \overrightarrow{n_1}=0 \Rightarrow 2\sqrt{3}-\dfrac{\sqrt{3}}{3}\lambda+\sqrt{3}\lambda=0$ 解得: $\lambda=-3$.

$\therefore P(-3,0,0)$ 不在线段 BE 上, 故不存在该点.

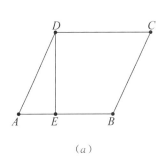

(a)

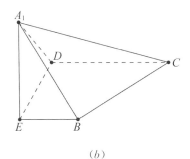

(b)

图 9-98

第十章 简单几何体
Simple Geometric Body

§10.1 多面体的概念

1. 设有四个命题：

① 底面是矩形的平行六面体是长方体；

② 棱长都相等的直四棱柱是正方体；

③ 有两条侧棱都垂直于底面一边的平行六面体是直平行六面体；

④ 对角线相等的平行六面体是直平行六面体.

其中真命题的个数是 ( ).

(A) 1 　　　(B) 2 　　　(C) 3 　　　(D) 4

解： A.

2. 已知长方体的一条对角线与从它的一个端点出发的三条棱所成的角分别是 α、β、γ，写出一个 α、β、γ 满足的关系式.

解： 见题 2 解析图.设 $\angle A'CD=\alpha$，$\angle A'CB=\beta$，$\angle A'CC'=\gamma$.

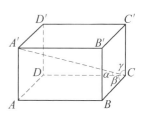

由于 $\cos\alpha=\dfrac{DC}{A'C}$，$\cos\beta=\dfrac{BC}{A'C}$，$\cos\gamma=\dfrac{C'C}{A'C}$，

则 $\cos^2\alpha+\cos^2\beta+\cos^2\gamma=\dfrac{DC^2+BC^2+C'C^2}{A'C^2}=1$.

题 2 解析图

3. 如图 10-15，在棱锥 $P\text{-}ABCDE$ 中，与底面平行的平面截棱锥得多边形 $A'B'C'D'E'$，点 P 在底面、截面的射影分别是 H、H'，求证：

(1) $\dfrac{PH'}{PH}=\dfrac{PA'}{PA}=\dfrac{PB'}{PB}=\dfrac{PC'}{PC}=\dfrac{PD'}{PD}=\dfrac{PE'}{PE}$.

(2) 截面 $A'B'C'D'E'$ 与底面 $ABCDE$ 相似.

(3) $\dfrac{S_{A'B'C'D'E'}}{S_{ABCDE}}=\dfrac{PH'^2}{PH^2}$.

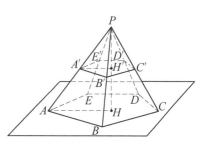

图 10-15

证明： (1) 如图所示，连接 $A'H'$ 和 AH.$A'H'$ 和 AH 分别是平面 $A'B'C'D'E'$ 和平面 $ABCDE$ 与平面 PAH 的交线.

由于平面 $A'B'C'D'E' \,/\!/\, $平面 $ABCDE$，

则 $A'H'/\!/AH$，$\triangle PA'H'\backsim\triangle PAH$，$\dfrac{PH'}{PH}=\dfrac{PA'}{PA}$．

同理可证，$\dfrac{PH'}{PH}=\dfrac{PB'}{PB}$，$\dfrac{PH'}{PH}=\dfrac{PC'}{PC}$，$\dfrac{PH'}{PH}=\dfrac{PD'}{PD}$，$\dfrac{PH'}{PH}=\dfrac{PE'}{PE}$．

则 $\dfrac{PH'}{PH}=\dfrac{PA'}{PA}=\dfrac{PB'}{PB}=\dfrac{PC'}{PC}=\dfrac{PD'}{PD}=\dfrac{PE'}{PE}$．

(2) 由于 $\dfrac{PA'}{PA}=\dfrac{PB'}{PB}$，$\angle P$ 是公共角，

则 $\triangle PA'B'\backsim\triangle PAB$，$\dfrac{A'B'}{AB}=\dfrac{PA'}{PA}=\dfrac{PH'}{PH}$．

同理可证，$\dfrac{B'C'}{BC}=\dfrac{PH'}{PH}$，$\dfrac{C'D'}{CD}=\dfrac{PH'}{PH}$，$\dfrac{D'E'}{DE}=\dfrac{PH'}{PH}$，$\dfrac{E'A'}{EA}=\dfrac{PH'}{PH}$．

由于截面 $A'B'C'D'E'$ 与底面 $ABCDE$ 的对应边成比例，

则截面 $A'B'C'D'E'$ 与底面 $ABCDE$ 相似．

(3) 由(2)知，

$$\dfrac{S_{A'B'C'D'E'}}{S_{ABCDE}}=\dfrac{A'B'^2}{AB^2}=\dfrac{PH'^2}{PH^2}.$$

4. 以 $1,1,1,\sqrt{2},\sqrt{2},\sqrt{2}$ 为六条棱长的四面体有多少个？

解： 3 个．

5. 四面体 $OABC$ 中，$OA\perp$ 面 ABC，$AB\perp AC$，点 P 满足 $\overrightarrow{OP}=l\overrightarrow{OA}+m\overrightarrow{OB}+n\overrightarrow{OC}$，其中 l,m,n 为正数且 $l+m+n=1$．若直线 OP 是由到面 OBC、面 OCA 和面 OAB 的距离相等的点构成，求二面角 $A-OB-C$ 的余弦值（用 l,m,n 表示）．

解： $\overrightarrow{OP}=l\overrightarrow{OA}+m\overrightarrow{OB}+n\overrightarrow{OC}$，$m+n+l=1\Rightarrow\overrightarrow{AP}=m\overrightarrow{AB}+n\overrightarrow{AC}$，$P$ 在面 ABC 上．

$OA\perp$ 面 ABC，$AB\perp AC$，则 P 在面 ABO 的垂足在 AB 上．

又 $\overrightarrow{AP}=m\overrightarrow{AB}+n\overrightarrow{AC}$，$AB\perp AC\Rightarrow\dfrac{S_{\triangle ABP}}{S_{\triangle ABC}}=n$．

同理 $\dfrac{S_{\triangle ACP}}{S_{\triangle ABC}}=m$，$\dfrac{S_{\triangle BCP}}{S_{\triangle ABC}}=\dfrac{S_{\triangle ABC}-S_{\triangle ACP}-S_{\triangle ABP}}{S_{\triangle ABC}}=l$．

则 $\cos\angle A-OB-C=\dfrac{S_{\triangle ABO}}{S_{\triangle ACO}}=\dfrac{V_{P-ABO}}{V_{P-ACO}}=\dfrac{S_{\triangle ABP}}{S_{\triangle BCP}}=\dfrac{n}{l}$．

6. 如图 10-16 所示，已知正三棱柱 $ABC-A_1B_1C_1$ 的所有棱长都相等，E 是 A_1B 的中点，F 在棱 CC_1 上，当点 F 使得 A_1F+BF 最小时，求异面直线 AE 与 A_1F 所成的角．

解： 如图可知 F 为中点时，满足题意．

由于 $GH=\dfrac{1}{2}$，$AH=\sqrt{3}$，则 $AG=\dfrac{\sqrt{13}}{2}$．

又由于 $A_1F=\sqrt{5}$，则 $EG=\dfrac{\sqrt{5}}{2}$，又 $AE=\sqrt{2}$．

则 $AE^2+EG^2=AG^2$，则 $\angle AEG=90°$．

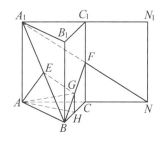

图 10-16

7. 如图 10-17 所示,正四棱柱 $ABCD-A_1B_1C_1D_1$ 中,对角线 $BD_1=8$,BD_1 与侧面 BB_1C_1C 所成角为 $30°$,求:

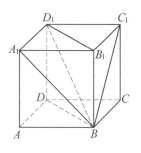

图 10-17

（1）BD_1 与底面 $ABCD$ 所成角.

（2）异面直线 BD_1 与 AD 所成角.

（3）正四棱柱的全面积.

解:（1）在正四棱柱 A_1C 中,由于 $D_1C_1\perp$ 面 BB_1C_1C,

则 $\angle D_1BC_1$ 是 D_1B 与侧面 BB_1C_1C 所成角,即 $\angle D_1BC_1=30°$.

由于 $BD_1=8$,则 $D_1C_1=4$,$BC_1=4\sqrt{3}$,

由于 $A_1B_1C_1D_1$ 是正方形,则 $B_1C_1=D_1C_1=4$,

$D_1D\perp$ 平面 $ABCD$,则 $\angle D_1BD$ 是 D_1B 与底面 $ABCD$ 所成角,

在 $\text{Rt}\triangle D_1DB$ 中,$BD=B_1D_1=4\sqrt{2}$,$BD_1=8$,

则 $\cos\angle D_1BD=\dfrac{BD}{BD_1}=\dfrac{\sqrt{2}}{2}$,则 $\angle D_1BD=45°$,

即 BD_1 与底面 $ABCD$ 所成角为 $45°$.

（2）由于 $AD//A_1D_1$,

则 $\angle A_1D_1B$ 是 BD_1 与 AD 所成角（或补角）.

由于 $D_1A_1\perp$ 平面 AA_1B_1B,则 $D_1A_1\perp A_1B$,

$\text{Rt}\triangle A_1D_1B$ 中,$A_1D_1=4$,$BD_1=8$,

则 $\cos\angle A_1D_1B=\dfrac{1}{2}$,则 $\angle A_1D_1B=60°$,

即异面直线 AD 与 BD_1 所成角为 $60°$.

（3）$\text{Rt}\triangle BB_1C_1$ 中,$B_1C_1=4$,$BC_1=4\sqrt{3}$.

则 $BB_1=4\sqrt{2}$,

则 $S_{\text{全}}=2(4\times4+4\times4\sqrt{2}+4\times4\sqrt{2})=32(2\sqrt{2}+1)$.

8. 如图 10-18 所示,已知三棱锥 $P-ABC$ 中,PA、PB、PC 与底面 ABC 所成角相等,$\angle CAB=90°$,$AC=AB=PB=a$,D 为 BC 中点,E 点在 PB 上且 $PC//$ 截面 EAD.求:

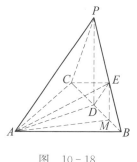

图 10-18

（1）AE 与底面 ABC 所成角.

（2）PC 到平面 EAD 的距离.

解:（1）证明:由于 PA、PB、PC 与底面 ABC 所成角相等,

则顶点 P 在底面上的射影为底面 $\text{Rt}\triangle CAB$ 的外心.

而 $\text{Rt}\triangle CAB$ 的外心在斜边 BC 的中点 D 处,

即 $PD\perp$ 平面 ABC,

而 $PD\subseteq$ 平面 PBC,

则平面 $PBC\perp$ 底面 ABC.

由于 $PC//$ 截面 EAD,$PC\subseteq$ 平面 PBC,且平面 $PBC\bigcap$ 平面 $EAD=DE$,

则 $PC//$ 截面 EAD,而 D 为 BC 中点,

则 E 为 PB 的中点.

过 E 作 $EM/\!/PD$,

则 EM 与 BC 的交点, M 为 BD 的中点, 连接 AM,

由于 $PD\perp$ 底面 ABC, 则 $EM\perp$ 底面 ABC.

则 $\angle EAM$ 为 AE 与底面 ABC 所成的角.

$AC=AB=PB=a$, 则 $AE=\dfrac{\sqrt{3}}{2}a$,

而 $PB=PC=a$, $BC=\sqrt{2}a$,

则 $\triangle CPB$ 为等腰直角三角形.

在 $\text{Rt}\triangle AEM$ 中, $\sin\angle EAM=\dfrac{EM}{AE}=\dfrac{\frac{\sqrt{2}}{4}a}{\frac{\sqrt{3}}{2}a}=\dfrac{\sqrt{6}}{6}$.

则 AE 与底面 ABC 所成角的正弦值为 $\dfrac{\sqrt{6}}{6}$, 所以成角为 $\arcsin\dfrac{\sqrt{6}}{6}$.

(2) 等体积法, 可得: $\dfrac{1}{2}a$.

9. 作出正四面体每个面的中位线, 共得 12 条线段, 在这些线段中, 相互成异面直线的"线段对"有_____个.

解: 24 个.

10. 如图 10-19 所示, $ABCD-A'B'C'D'$ 为正方体. 任作平面 α 与对角线 AC' 垂直, 使得 α 与正方体的每个面都有公共点, 记这样得到的截面多边形的面积为 S, 周长为 l. 则 　　　　　　　　　　　　　　　　(　　).

(A) S 为定值, l 不为定值　　　　(B) S 不为定值, l 为定值

(C) S 与 l 均为定值　　　　　　(D) S 与 l 均不为定值

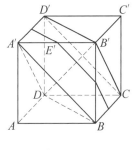

图　10-19

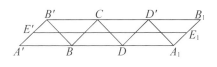

题 10 解析图

解: 将正方体切去两个正三棱锥 $A-A'BD$ 与 $C'-D'B'C$ 后, 得到一个以平行平面 $A'BD$ 与 $D'B'C$ 为上、下底面的几何体 V, V 的每个侧面都是等腰直角三角形, 截面多边形 W 的每一条边分别与 V 的底面上的一条边平行, 将 V 的侧面沿棱 $A'B'$ 剪开, 展平在一张平面上, 得到一个 $A'B'B_1A_1$, 而多边形 W 的周界展开后便成为一条与 $A'A_1$ 平行的线段(如题 10 解析图中 $E'E_1$), 显然 $E'E_1=A'A_1$, 故 l 为定值. 由等周定理 S 不是定值. 正确选项为 B.

11. 如图 $10-20$ 所示,长方体 $ABCD-A_1B_1C_1D_1$,$AB=a$,$BC=b$,$A_1A=c$,E 为 D_1C_1 中点.若平面 A_1BC_1 与平面 ACE 所成二面角的平面角为 θ,则 $\sin\theta=$ _____.

解: $\sin\theta=\dfrac{abc\sqrt{a^2+b^2}}{\sqrt{b^2c^2+c^2a^2+a^2b^2}\cdot\sqrt{a^2b^2+4b^2c^2+4c^2a^2}}$.

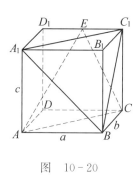

图 $10-20$

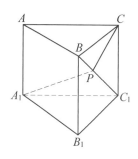

图 $10-21$

12. 如图 $10-21$ 所示,已知直三棱柱 $ABC-A_1B_1C_1$ 的底面为直角三角形,$\angle ACB=90°$,$AC=6$,$BC=CC_1=\sqrt{2}$,P 是 BC_1 上一动点.求 $CP+PA_1$ 的最小值.

解: 将直三棱柱 $ABC-A_1B_1C_1$ 侧面展开可得:$d=5\sqrt{2}$.

13. 设棱台的两底面积分别为 S、S',它的中截面的面积为 S_0,求证:$2\sqrt{S_0}=\sqrt{S}+\sqrt{S'}$.

证明: 如题 13 解析图所示,因为棱台的中截面与两底面平行,所以多边形 $ABCDE$,$A_0B_0C_0D_0E_0$,$A'B'C'D'E'$ 相似,因此 $\dfrac{S}{S_0}=\dfrac{AB^2}{A_0B_0^2}$,$\dfrac{S'}{S_0}=\dfrac{A'B'^2}{A_0B_0^2}$,

则 $\dfrac{\sqrt{S}}{\sqrt{S_0}}=\dfrac{AB}{A_0B_0}$,$\dfrac{\sqrt{S'}}{\sqrt{S_0}}=\dfrac{A'B'}{A_0B_0}$.

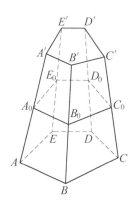

题 13 解析图

两式相加,又因为 A_0B_0 是梯形 $ABB'A'$ 的中位线,

则 $\dfrac{\sqrt{S}+\sqrt{S'}}{\sqrt{S_0}}=\dfrac{AB+A'B'}{A_0B_0}=\dfrac{2A_0B_0}{A_0B_0}=2$,

故 $2\sqrt{S_0}=\sqrt{S}+\sqrt{S'}$.

14. 已知四棱锥 $P-ABCD$ 的底面 $ABCD$ 为等腰梯形,$AB\ /\!/\ DC$,$AC\perp BD$,AC 与 BD 相交于点 O,且顶点 P 在底面上的射影恰为 O 点,又 $BO=2$,$PO=\sqrt{2}$,$PB\perp PD$.

（1）求异面直线 PD 与 BC 所成角的余弦值.

（2）求二面角 $P-AB-C$ 的大小.

（3）设点 M 在棱 PC 上,且 $\dfrac{PM}{MC}=\lambda$,问 λ 为何值时,$PC\perp$ 平面 BMD.

解:（1）$PO^2=BO\cdot DO$,$DO=1$,取 AB 中点 E,连 DE,故 $DE\ /\!/\ BC$,连 PE,故 $\angle PDE$

（或其补角）为异面直线 PD 与 BC 所成角，$PD=\sqrt{3}$，$DE=BC=\sqrt{5}$，$PE=2$，

则 $\cos\angle PDE=\dfrac{PD^2+DE^2-PE^2}{2PD\cdot DE}=\dfrac{2\sqrt{15}}{15}$.

（2）连 OE，PE，可证得 $OE\perp AB$，$PE\perp AB$，则 $\angle PEO$ 为二面角 $P-AB-C$ 的平面角，

$\sin\angle PEO=\dfrac{PO}{PE}=\dfrac{\sqrt{2}}{2}$，则 $\angle PEO=\dfrac{\pi}{4}$.

（3）$PB=\sqrt{6}$，$PC=\sqrt{3}$，$BC=\sqrt{5}$，$\cos\angle BPC=\dfrac{PB^2+PC^2-BC^2}{2PB\cdot PC}=\dfrac{\sqrt{2}}{3}$.

若 $PC\perp$ 面 BMD，则 $PC\perp BM$，则 $PM=PB\cdot\cos\angle BPC=\dfrac{2\sqrt{3}}{3}$，$MC=\dfrac{\sqrt{3}}{3}$，

则 $\dfrac{PM}{MC}=2$.

§10.2　简单多面体与欧拉定理 $V+F-E=2$

1. 已知：一个简单多面体的各个顶点都有三条棱，求证：$V=2F-4$.

证明： 由于每个定点都有三条棱，而每条棱有两个顶点，

则 $E=\dfrac{3}{2}V$，代入欧拉公式得 $V+F-\dfrac{3}{2}V=2$，即 $V=2F-4$.

2. 是否存在七条棱的简单多面体？

解： 假设存在七条棱的简单多面体，由欧拉定理可得：

$$F+V=2+7=9 \tag{$*$}$$

因为多面体至少四个面，至少四个顶点，即 $F\geqslant4$，$V\geqslant4$，故 (F,V) 只可能为 $(4,5)$ 或 $(5,4)$，

我们考虑最简单的多面体——四面体，它只有四个顶点，而四个顶点的多面体只有四面体，此时 $V=F=4$ 不满足（$*$）式．所以不存在七条棱的简单多面体．

3. 1996 年的诺贝尔化学奖授予对发现 C_{60} 有重大贡献的三位科学家．C_{60} 是由 60 个原子组成的分子，它的结构为简单多面体的结构（见图 10-28），这个多面体有 60 个顶点，从每个顶点都引出 3 条棱，各面的形状分为五边形或六边形两种，计算 C_{60} 分子中形状为五边形和六边形的面各有多少？

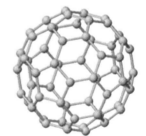

解： 设 C_{60} 分子中形状为五边形和六边形的面各有 x 个和 y 个多面体的顶点数 $V=60$，面数 $F=x+y$，棱数 $E=\dfrac{1}{2}(3\times60)$.

图　10-28

根据欧拉公式，得 $60+(x+y)-\dfrac{1}{2}(3\times60)=2$.

另一方面，棱数也可由多边形的边数来表示，即 $\dfrac{1}{2}(5x+6y)=\dfrac{1}{2}(3\times60)$.

由以上两个方程可解出：$x=12$，$y=20$.

§10.3 旋转体的概念

1. 已知等边圆锥的轴截面面积是 $3\sqrt{3}$，求等边圆锥的底面圆半径和高.

解： 轴截面 ABC 是等边三角形.

设圆锥底面圆半径为 r，高为 h.

由于 $S_{\text{轴}}=\dfrac{\sqrt{3}}{4}(2r)^2=\sqrt{3}\,r^2=3\sqrt{3}$，

则 $r=\sqrt{3}$，$h=\sqrt{3}\,r=3$.

2. 求正四面体的内切球和外接球的半径之比.

解： 设 a 为棱长，$r:R=\dfrac{\sqrt{6}}{12}a:\dfrac{\sqrt{6}}{4}a=1:3$.

3. 由曲线 $x^2=4y$，$x^2=-4y$，$x=4$，$x=-4$ 围成的图形绕 y 轴旋转一周所得的几何体的体积为 V_1；满足 $x^2+y^2\leqslant16$，$x^2+(y-2)^2\geqslant4$，$x^2+(y+2)^2\geqslant4$ 的点 (x,y) 组成的图形绕 y 轴旋转一周所得的几何体的体积为 V_2，求 $V_2:V_1$.

解： 由祖暅原理可知，$V_2:V_1=1:1$.

4. 三个圆柱侧面两两相切，且它们的轴也两两相互垂直，如果每个圆柱底面半径都是 1，求这三个圆柱侧面都相切的最小球的半径.

解： 用正方形的模型考虑问题，$r=\sqrt{2}-1$.

5. 已知 SN 是连接南北两极的球直径，O' 是线段 SN 三等分点，求过点 O' 且垂直 SN 的平面截球所得的截面圆面积与球的大圆面积的比值.

解： 如题 5 解析图所示，在轴截面中，设球半径是 r，截面圆半径是 r'.

由于 $\triangle BNO' \backsim \triangle BSO'$，

则 $\dfrac{BO'}{NO'}=\dfrac{O'S}{BO'}$，即 $BO'^2=NO'\cdot O'S$.

由于 O' 是线段 SN 三等分点，$NO'=\dfrac{2}{3}r$，

$O'S=\dfrac{4}{3}r$，$r'^2=\dfrac{8}{9}r^2$，

则截面圆面积与球的大圆面积的比值是 $\dfrac{8}{9}$.

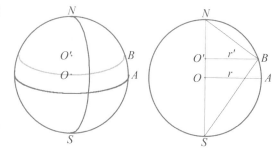

题 5 解析图

6. 四面体 $A-BCD$ 中，$AB=CD=5$，$AC=BD=\sqrt{34}$，$AD=BC=\sqrt{41}$，求四面体 $A-BCD$ 的外接球半径.

解： 将四面体 $A-BCD$ 放入长方体中考虑问题，四面体 $A-BCD$ 的棱是长方体的面对角线，则外接球的直径为长方体的体对角线. 外接球半径为 $\dfrac{5\sqrt{2}}{2}$.

7. 已知 A、B 两点在半径为 R 的球面上，点 A 位于东经 x°，北纬 y°，点 B 位于东经 u°，北纬 v°.

（1）当 $x=u,y=15,v=75$ 时，求 A、B 两点的球面距离.

（2）当 $y=v=45,x=15,u=75$ 时，求 A、B 两点的球面距离.

解：（1）$\dfrac{\pi}{3}R$. （2）$R\arccos\dfrac{3}{4}$.

8. 如图 10-40 所示，在三棱锥 $S-ABC$ 的棱 SA，SB，SC 上分别有点 A_1，B_1，C_1，且 $SA\cdot SA_1=SB\cdot SB_1=SC\cdot SC_1$.求证：$A$，$B$，$C$，$A_1$，$B_1$，$C_1$ 在同一球面上.

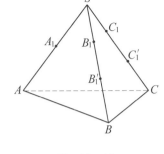

证明： 过显然不共面的四点 A，B，C 和 A_1 可作一个球面 δ，设它交棱 SB 和 SC 分别于 B_1'，C_1'（如图）.

A_1，A，C，C_1' 在平面 SAC 截球面 δ 的截面圆上；

A_1，A，B，B_1' 在平面 SAB 截球面 δ 的截面圆上.由割线定理得

$$SA\cdot SA_1=SB\cdot SB_1',$$
$$SA\cdot SA_1=SC\cdot SC_1'.$$

于是由已知条件得

$$SB_1'=\frac{SA\cdot SA_1}{SB}=SB_1,\ SC_1'=\frac{SA\cdot SA_1}{SC}=SC_1.$$

即点 B_1' 与 B_1 重合，点 C_1' 与 C_1 重合，故点 A，B，C，A_1，B_1，C_1 在同一球面上.

图 10-40

§10.4　几何体的直观图与三视图

1. 已知长方体长、宽、高分别是 5,4,3.画出此长方体的三视图.

解：

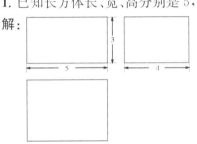

题 1 解析图

2. 已知正六棱台的上、下底面边长分别是 2、4，高是 3.画出此正六棱台的三视图.

解：

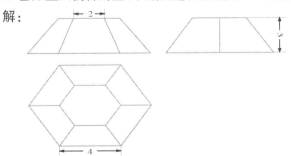

题 2 解析图

3. 一个几何体的三视图及其尺寸(单位:cm),如图 10－49 所示,求该几何体的侧面积.

解: 通过三视图可判断出该几何体为正四棱锥,所以只需计算出一个侧面三角形的面积,乘 4 即为侧面积. 通过三视图可得侧面三角形的底为 8(由俯视图可得),高为 5(左侧面的高即为正视图中三角形左腰的长度),所以面积为 $S_1=\frac{1}{2}\times5\times8=20$,所以侧面积为 $S=4S_1=80$ cm.

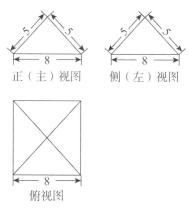

正（主）视图　　　　侧（左）视图

俯视图

图 10－49

4. 一个几何体的三视图如图 10－50 所示,求该几何体的表面积为.

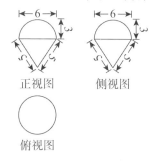

正视图　　　　侧视图

俯视图

图 10－50

解: 由三视图可得该几何体由一个半球和一个圆锥组成,其表面积为半球面积和圆锥侧面积的和。球的半径为 3,所以半球的面积 $S_1=\frac{1}{2}\cdot4\pi\cdot3^2=18\pi$,圆锥的底面半径为 3,母线长为 5,所以圆锥的侧面积为 $S_2=\pi rl=\pi\cdot3\cdot5=15\pi$,所以表面积 $S=S_1+S_2=33\pi$.

5. 已知某几何体的三视图如图 10－51 所示,求该几何体的表面积.

解: 可初步判断出该几何体可由正方体截得一部分而构成。从三视图中可得去掉的一角为侧棱长为 1,且两两垂直的三棱锥(如图所示),可得 $\triangle ABC$ 为边长是 $\sqrt{2}$ 的等边三角形。所以 $S_{\triangle ABC}=\frac{\sqrt{3}}{4}\cdot(\sqrt{2})^2=\frac{\sqrt{3}}{2}$,其余的面中有三个面是正方形的面积减去一个边长为 1 的等腰直角三角形的面积,即 $S_1=2^2-\frac{1}{2}\cdot1^2=\frac{7}{2}$,另外三个面为完整的正方形,即 $S_2=2^2=4$,所以表面积 $S=3S_1+3S_2+S_{\triangle ABC}=\frac{45+\sqrt{3}}{2}$.

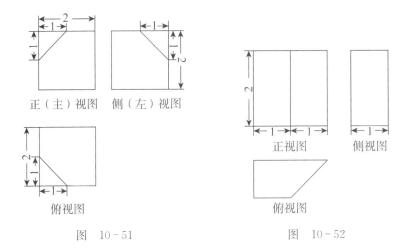

正（主）视图　　侧（左）视图

俯视图

图　10-51

正视图　　　侧视图

俯视图

图　10-52

6. 某几何体的三视图如图 10-52 所示,求该几何体的表面积.

解：$S=S_1+S_2=2 \cdot \dfrac{3}{2}+8+2\sqrt{2}=11+2\sqrt{2}$.

§10.5　几何体的表面积

1. 已知长方体 $ABCD-A'B'C'D'$ 的表面积为 22 cm^2,所有棱长的和为 24 cm.求此长方体的对角线长.

解：$\begin{cases} 2(ab+bc+ac)=22, \\ 4(a+b+c)=24 \end{cases} \Rightarrow a^2+b^2+c^2=(a+b+c)^2-2(ab+bc+ac)=14(\text{cm})$

此长方体的对角线长 $\sqrt{14}$ cm.

2. 设直平行六面体的底面是菱形,经下底面的一边及与它相对的上底面的一边的截面与底面成 $60°$ 的二面角,面积为 Q,求直平行六面体的全面积.

解：设平行六面体为 $ABCD-A'B'C'D'$,见题 2 解析图.过 D 作 $DH \perp AB$,H 为垂足,连接 $D'H$.

由于 $DD' \perp$ 平面 $ABCD$,

则 $D'H \perp AB$,$\angle D'HD=60°$,

则 $D'D=\dfrac{\sqrt{3}}{2}D'H$,$DH=\dfrac{1}{2}D'H$.

又在菱形 $ABCD$ 中,有 $AD=AB=BC=CD$,

则截面 $ABC'D'$ 的面积为：$S_1=D'H \cdot AB=Q$.

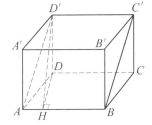

题 2 解析图

侧面 $D'DCC'$ 的面积为：$S_2=D'D \cdot DC=D'D \cdot AB=\dfrac{\sqrt{3}}{2}D'H \cdot AB=\dfrac{\sqrt{3}}{2}Q$.

底面 $ABCD$ 的面积为：$S_3=DH \cdot AB=\dfrac{1}{2}D'H \cdot AB=\dfrac{1}{2}Q$.

所以 $S_全=4S_2+2S_3=(2\sqrt{3}+1)Q.$

3. 已知平行于圆柱轴的截面 $ABB'A'$ 是正方形,面积为 $3a^2$,它与轴的距离是底面圆半径的一半,求圆柱的全面积.

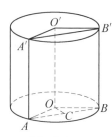

解: 设圆柱底面圆半径是 r,C 是 O 在 AB 上的射影(见题3解析图).

由于 $ABB'A'$ 是正方形,则 $AB=\sqrt{3}a.$

由于在 $\mathrm{Rt}\triangle OBC$ 中,$OB=r$,$OC=\dfrac{1}{2}r$,$BC=\dfrac{\sqrt{3}}{2}a$,

题3解析图

则 $r=a.$

则 $S_全=2\pi a^2+2\pi a\cdot\sqrt{3}a=2(\sqrt{3}+1)\pi a^2.$

4. 已知正六棱锥 $V-ABCDEF$ 的底面积是 $6\sqrt{3}$,对角面 VAD 的面积是 6,求正六棱锥 $V-ABCDEF$ 的侧面积.

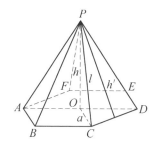

解: 设正六棱锥的高为 h,斜高为 h',侧棱长为 l,底面正六边形的边长为 a(见题4解析图).

由于 $S_底=6\times\dfrac{\sqrt{3}}{4}\times a^2=6\sqrt{3}$,则 $a=2.$

由于 $S_对=ah=2h=6$,则 $h=3.$

由于 $l^2=h^2+a^2=13$,$h'^2=l^2-\left(\dfrac{1}{2}a\right)^2=12$,

题4解析图

则 $h'=2\sqrt{3}.$

则 $S_侧=6\times\dfrac{1}{2}ah'=12\sqrt{3}.$

5. 正三棱锥底面边长和高都是 4,它的一个内接三棱柱的三个侧面都是正方形.求内接三棱柱的全面积.

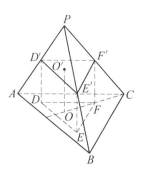

解: 设三棱柱的棱长为 x(见题5解析图),由于三棱柱的上底面 $\triangle D'E'F'\backsim\triangle ABC$,

则有 $\dfrac{D'E'}{AB}=\dfrac{PD'}{PA}$,即 $\dfrac{x}{4}=\dfrac{4-x}{4}$,$\therefore x=2$,

$S_{D'E'F'}=\dfrac{1}{2}x^2\sin60°=\sqrt{3}$,$S_{三棱柱侧}=3x^2=12$,

题5解析图

则 $S_全=2S_{D'E'F'}+S_{三棱柱侧}=2\sqrt{3}+12.$

6. 已知正四棱台的上、下底面正方形的边长分别是 a、b,正四棱台的上、下底面面积之和等于侧面积,求正四棱台的高.

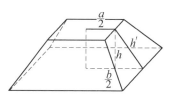

解: 设正四棱台的高为 h,斜高为 h'(见题6解析图),
$S_上=a^2$,$S_下=b^2$,$S_侧=2(a+b)h'.$

由于 $a^2+b^2=2(a+b)h'$,则 $h'=\dfrac{a^2+b^2}{2(a+b)}.$

题6解析图

则 $h=\sqrt{h'^2-\left(\dfrac{a-b}{2}\right)^2}=\sqrt{\dfrac{(a^2+b^2)^2}{4(a+b)^2}-\dfrac{(a-b)^2}{4}}$

$\qquad=\sqrt{\dfrac{(a^2+b^2)^2-(a^2-b^2)^2}{4(a+b)^2}}=\sqrt{\dfrac{4a^2b^2}{4(a+b)^2}}=\dfrac{ab}{a+b}.$

7. 从球外一点 P 观察球,测得到球面的最近点 A、最远点 B 的距离分别是 1 和 3.求所观察到的球冠面积与球面积的比值.

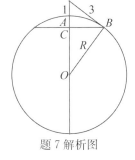

解: 设球半径为 R,过 P、A、B 作截面得球的大圆(见题 7 解析图).

由于 PB 与大圆相切,则 $(R+1)^2=R^2+9.$

解得 $r=4.$

由于 $\triangle BOC \backsim \triangle BOP$,则 $\dfrac{OC}{OB}=\dfrac{OB}{OP}$,$OC=\dfrac{OB^2}{OP}=\dfrac{16}{5}.$

由于 $h=AC=R-OC=\dfrac{4}{5}$,则 $S_{球冠}=2\pi Rh=\dfrac{32}{5}\pi.$

由于 $S_{球}=4\pi R^2=64\pi$,则 $S_{球冠}:S_{球}=1:10.$

题 7 解析图

8. 两个半径分别为 R 和 R_1 的球 O,O_1 相互外切,且内切于一个圆锥.这两个球和此圆锥相切的点组成两个圆,求以这两个圆为底面的圆台的面积.

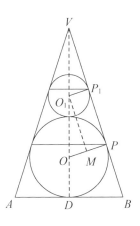

解: 做轴截面如题 8 解析图,设圆台上、下底面的半径分别为 r_1、r,$PP_1=l$.圆锥轴截面三角形 VAB 的半顶角 $\angle DVB=\alpha.$

过 O_1 作 $O_1M\perp OP$ 于 M,

由于 O_1MPP_1 为矩形,即 $O_1M=PP_1=l$,$MP=O_1P_1=R_1$,

于是 $OM=R-R_1.$

那么,在直角三角形 O_1MO 中,有

$O_1M=l=\sqrt{O_1O^2-OM^2}=\sqrt{(R+R_1)^2-(R-R_1)^2}=2\sqrt{RR_1}.$

则 $\cos\alpha=\dfrac{O_1M}{O_1O}=\dfrac{2\sqrt{RR_1}}{R+R_1}.$

题 8 解析图

又 $r+r_1=R\cdot\cos\alpha+R_1\cdot\cos\alpha=2\sqrt{RR_1}.$

则 $S=\pi(r+r_1)l=\pi\cdot 2\sqrt{RR_1}\cdot 2\sqrt{RR_1}=4\pi RR_1.$

9. 如图 10-67 所示,在三棱锥 $P-ABC$ 中,底面为直角三角形,两直角边 $AC=3$,$BC=4$,三棱锥侧面与底面所成二面角都为 $60°$.求此三棱锥的侧面积.

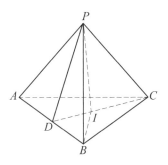

解: 由于底面三角形三边为 3、4、5,则底面是以 3、4 为直角边,斜边为 5 的直角三角形.可得底面积 $S_0=6.$

由于三棱锥各侧面与底面所成的二面角均为 $\dfrac{\pi}{3}$,

则根据平面与平面所成角的性质,可得 $\cos\dfrac{\pi}{3}=\dfrac{S_0}{S}$,

图 10-67

由此可得此三棱锥的侧面积 S 侧面为 12.

10. 求证: $S_{球冠}=\pi(r^2+h^2)$, 其中 r 是球冠底的半径, h 是球冠的高.

证明: 如题 10 解析图: $O'A=r$, $O'B=h$, 设 $OA=R$, 由球的截面性质知 $OO'\perp$ 圆 O,

则 $OA^2=OO'^2+O'A^2$,

则 $R^2=(R-h)^2+r^2$.

即有 $2Rh=h^2+r^2$,

则 $S_{球冠}=2\pi Rh=\pi(r^2+h^2)$.

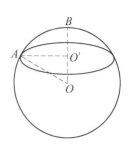

题 10 解析图

11. 在球面上有四个点 P、A、B、C, 如果 PA、PB、PC 两两互相垂直, 且 $PA=PB=PC$ $=a$. 求这个球的表面积.

解: 设过 A、B、C 三点的球的截面半径为 r,

球心到该圆面的距离为 d, 则 $R^2=r^2+d^2$.

由题意知 P、A、B、C 四点不共面,

因而是以这四个点为顶点的三棱锥 $P-ABC$ (如题 12 解析图所示).

$\triangle ABC$ 的外接圆是球的截面圆.

由 PA、PB、PC 互相垂直知, P 在 ABC 面上的射影 O' 是 $\triangle ABC$ 的垂心, 又 $PA=PB=PC=a$,

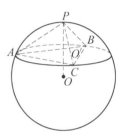

题 12 解析图

所以 O' 也是 $\triangle ABC$ 的外心, 所以 $\triangle ABC$ 为等边三角形,

且边长为 $\sqrt{2}a$, O' 是其中心, 从而也是截面圆的圆心.

据球的截面的性质, 有 OO' 垂直于 $\odot O'$ 所在平面,

因此 P、O'、O 共线, 三棱锥 $P-ABC$ 是高为 PO' 的球内接正三棱锥, 从而 $d=R-PO'$.

由已知得 $r=\dfrac{\sqrt{6}}{3}a$, $PO'=\dfrac{\sqrt{3}}{3}a$, 所以 $R^2=r^2+d^2=r^2+(R-PO')^2$, 可求得 $R=\dfrac{\sqrt{3}}{2}a$,

则 $S_{球面}=4\pi R^2=3\pi a^2$.

§10.6　几何体的体积

1. 表面积为 $2\sqrt{3}$ 的正八面体的各个顶点都在同一个球面上, 则此球的体积为_____.

解: 设正八面体的边长为 a, 则表面积为 $\dfrac{\sqrt{3}}{4}a^2\cdot 8=2\sqrt{3}\Rightarrow a=1$, 球的半径为 $r=\dfrac{\sqrt{2}}{2}a=\dfrac{\sqrt{2}}{2}$, 则球的体积为 $\dfrac{4}{3}\pi r^3=\dfrac{\sqrt{2}}{3}\pi$.

2. 四面体 $DABC$ 的体积为 $\dfrac{1}{6}$, 且满足 $\angle ACB=45°$, $AD+BC+\dfrac{AC}{\sqrt{2}}=3$, 求 DC 长.

解: 由于 $\dfrac{1}{3}AD\cdot\left(\dfrac{1}{2}\cdot BC\cdot AC\cdot\sin45°\right)\geqslant V_{DABC}=\dfrac{1}{6}$,

即 $AD \cdot BC \cdot \dfrac{AC}{\sqrt{2}} \geqslant 1$. 又 $3 = AD + BC + \dfrac{AC}{\sqrt{2}} \geqslant \sqrt[3]{AD \cdot BC \cdot \dfrac{AC}{\sqrt{2}}} \geqslant 3$,

等号当且仅当 $AD = BC = \dfrac{AC}{\sqrt{2}} = 1$ 时成立, 这时 $AB = 1$, $AD \perp$ 面 ABC, 则 $DC = \sqrt{3}$.

3. 长方体 $ABCD - A_1B_1C_1D_1$ 中, $AB = AA_1 = 4$, $AD = 3$, 求异面直线 A_1D 与 B_1D_1 间的距离.

解: 利用空间坐标系的方法求解, 异面直线 A_1D 与 B_1D_1 间的距离为 $\dfrac{6\sqrt{34}}{17}$.

4. 如图 $10-86(a)$, 将长 $AA' = 3\sqrt{3}$, 宽 $AA_1 = 3$ 的矩形沿长的三等分线处折叠成一个三棱柱, 如图 $10-86(b)$ 所示:

(1) 求平面 APQ 与底面 ABC 所成二面角的正切值;

(2) 求三棱锥 $A_1 - APQ$ 的体积.

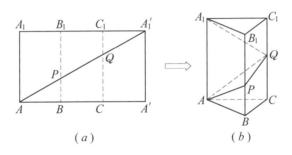

图 $10-86$

解: (1) 依题意知, 三棱柱 $ABC - A_1B_1C_1$ 是正三棱柱, 且侧棱 $AA_1 = 3$, 底面边长为 $\sqrt{3}$, $BP = 1$, $CQ = 2$. 延长 QP 交 BC 延长线于点 E, 连 AE.

在 $\triangle ACE$ 中, $AC = \sqrt{3}$, $CE = 2BC = 2\sqrt{3}$, $\angle ACE = 60°$, 于是 $AE = 3$. 过 C 作 $CF \perp AE$ 于 F, 连 QF. 则 $\angle QFC$ 为平面 APQ 与平面 ABC 所成的锐二面角. $CF = \sqrt{3}$, 于是 $\tan \angle QFC = \dfrac{QC}{CF} = \dfrac{2}{\sqrt{3}} = \dfrac{2}{3}\sqrt{3}$. 即平面 APQ 与面 ABC 所成锐二面角的正切值为 $\dfrac{2\sqrt{3}}{3}$;

(2) 连 A_1P, $\triangle A_1AP$ 的面积为 $\dfrac{3}{2}\sqrt{3}$, 点 Q 到平面 A_1AP 的距离为 $\dfrac{3}{2}$,

则 $V_{A_1-APQ} = V_{Q-A_1AP} = \dfrac{1}{3} \times \dfrac{3}{2} \times \dfrac{3}{2}\sqrt{3} = \dfrac{3}{4}\sqrt{3}$.

5. 如图 $10-87$ 所示, 四棱锥 $P - ABCD$, 侧面 PCD 是边长为 2 的正三角形且与底面垂直, 底面 $ABCD$ 是面积为 $2\sqrt{3}$ 的菱形, $\angle ADC$ 为菱形的锐角.

(1) 求证: $PA \perp CD$;

(2) 求二面角 $P - AB - D$ 的大小;

(3) 求棱锥 $P - ABCD$ 的侧面积与体积.

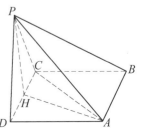

图 $10-87$

证明:(1) 取 CD 中点 H,连 PH、AH,

由于 △PCD 是等边三角形,则 $PH \perp CD$,

由于面 $PCD \perp$ 底面 $ABCD$,则 $PH \perp$ 底面 $ABCD$,

由于等边 △PCD 的边长为 2,则 $CD=2$,

则菱形 $ABCD$ 的边长为 2,又菱形的面积是 $2\sqrt{3}$,

则 $2 \times 2\sin\angle ADC = 2\sqrt{3}$,则 $\sin\angle ADC = \dfrac{\sqrt{3}}{2}$,又 $\angle ADC$ 是锐角,

则 $\angle ADC = 60°$,则 △ADC 是等边三角形,

则 $AH \perp CD$,PA 在平面 AC 上射影为 HA,则 $PA \perp CD$.

(2) 由于 $CD \parallel AB$,由(1)$CD \perp HA$,$CD \perp PA$,

则 $AB \perp AH$,$AB \perp PA$.

则 $\angle PAH$ 是二面角 P-AB-D 的平面角,

在 Rt△PHA 中 $PH=AH=2\sin60°=\sqrt{3}$,

则 $\angle PHA = 45°$,即二面角 P-AB-D 的大小为45°.

(3) 由(2)在 Rt△PHA 中,可得 $PA=\sqrt{6}$,

在 Rt△PAB 中,$PA=\sqrt{6}$,$AB=2$,则 $PB=\sqrt{10}$,$S_{\triangle PAB}=\dfrac{1}{2} \times 2 \times \sqrt{6}=\sqrt{6}$,

在 △PDA 中,$PD=DA=2$,$PA=\sqrt{6}$,可得 $S_{\triangle PAD}=\dfrac{\sqrt{15}}{2}$,

在 △PCD 中,$PC=BC=2$,$PB=\sqrt{10}$,可得 $S_{\triangle PBC}=\dfrac{\sqrt{15}}{2}$,

又正△PCD 边长为 2,则 $S_{\triangle PCD}=\dfrac{\sqrt{3}}{4} \times 2^2=\sqrt{3}$,

则 $S_{侧}=\sqrt{6}+2 \times \dfrac{\sqrt{15}}{2}+\sqrt{3}=\sqrt{6}+\sqrt{15}+\sqrt{3}$,

由于 $PH=\sqrt{3}$,则 $V=\dfrac{1}{3}S_{菱形} \times PH = \dfrac{1}{3} \times 2\sqrt{3} \times \sqrt{3}=2$.

6. 斜三棱柱 ABC-$A_1B_1C_1$ 的底面△ABC 是直角三角形,$\angle C=90°$,$BC=2$ cm,B_1 在底面上的射影 D 恰好是 BC 的中点,侧棱与底面成 $60°$ 角,侧面 AA_1B_1B 与侧面 BB_1C_1C 所成角为 $30°$,求斜棱柱的侧面积与体积.

解:由于 B_1 在底面 ABC 上,射影 D 为 BC 中点,如题 6 解析图.

则 $B_1D \perp$ 平面 ABC.

则 $\angle B_1BD$ 为侧棱 B_1B 与底面 ABC 所成角,即 $\angle B_1BD=60°$,

由于 $\angle C=90°$,即 $AC \perp BC$,又 $AC \perp B_1D$,

则 $AC \perp$ 平面 BB_1C_1C,过 A 作 $AE \perp B_1B$ 于 E,连接 CE,

则 $CE \perp B_1B$.

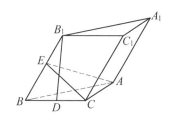

题 6 解析图

则 $\angle AEC$ 是侧面 AA_1B_1B 与侧面 CC_1B_1B 所成二面角的平面角，

则 $\angle AEC = 30°$.

在直角 $\triangle CEB$ 中，由于 $\angle CEB = 60°$，$BC = 2$，则 $CE = \sqrt{3}$，

在直角 $\triangle ACE$ 中，由于 $\angle CEA = 30°$，$CE = \sqrt{3}$，

则 $AC = EC\tan 30° = 1$，$AE = 2AC = 2$，

在直角 $\triangle B_1DB$ 中，$\angle B_1BD = 60°$，$BD = \dfrac{1}{2}BC = 1$，

则 $BB_1 = 2BD = 2$，$B_1D = BB_1\sin 60° = \sqrt{3}$.

则侧面积为 $S_{侧} = CE \cdot BB_1 + AE \cdot BB_1 + AC \cdot AA_1$

$\qquad = (\sqrt{3} + 2 + 1) \times 2 = (\sqrt{3} + 3) \times 2 = 2(3 + \sqrt{3})$ cm^2.

体积为 $V = S_{\triangle ABC} \cdot B_1D = \dfrac{1}{2}AC \cdot BC \cdot B_1D = \dfrac{1}{2} \times 1 \times 2 \times \sqrt{3} = \sqrt{3}$ cm^3.

7. 已知棱长为 3 的正四面体 $ABCD$，E，F 是棱 AB，AC 上的点，且 $AF = 2FC$，$BE = 2AE$.求四面体 $AEFD$ 的内切球半径和外接球半径.

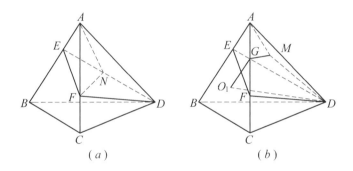

(a) $\qquad\qquad$ (b)

题 7 解析图

解： 设四面体 $AEFD$ 内切球半径为 r，球心 N，外接球半径 R，球心 M，连接 NA，NE，NF，ND，见题 7 解析图 (a)，则 $V_{AEFD} = V_{N\text{-}AEF} + V_{N\text{-}AFD} + V_{N\text{-}ADE} + V_{N\text{-}EFD}$.

四面体 $AEFD$ 各面的面积为

$S_{\triangle AEF} = \dfrac{2}{9}S_{\triangle ABC} = \dfrac{\sqrt{3}}{2}$，$S_{\triangle AFD} = \dfrac{2}{3}S_{\triangle ABC} = \dfrac{3\sqrt{3}}{2}$，$S_{\triangle AED} = \dfrac{1}{3}S_{\triangle ABC} = \dfrac{3\sqrt{3}}{4}$.

$\triangle DEF$ 各边边长分别为 $EF = \sqrt{3}$，$DF = DE = \sqrt{7}$，

则 $S_{\triangle DEF} = \dfrac{5}{4}\sqrt{3}$.

由于 $V_{ADEF} = \dfrac{2}{9}V_{ABCD} = \dfrac{\sqrt{2}}{2}$，$V_{AEFD} = \dfrac{1}{3}r(S_{\triangle AEF} + S_{\triangle AFD} + S_{\triangle AED} + S_{\triangle DEF})$，

则 $\dfrac{\sqrt{2}}{2} = \dfrac{1}{3}r\left(\dfrac{\sqrt{3}}{2} + \dfrac{3\sqrt{3}}{2} + \dfrac{3\sqrt{3}}{4} + \dfrac{5\sqrt{3}}{4}\right)$，则 $r = \dfrac{\sqrt{6}}{8}$.

如题 7 解析图，$\triangle AEF$ 是直角三角形，斜边 AF 的中点 G.设 $\triangle ABC$ 中心为 O_1，连接 DO_1，过 G 作平面 AEF 的垂线，M 必在此垂线上，连接 GO_1，MD.

由于 $MG\perp$ 平面 ABC,$DO_1\perp$ 平面 ABC,

则 $MG/\!/DO_1$,$MG\perp GO_1$.

在直角梯形 GO_1DM 中,$GO_1=1$,$DO_1=\sqrt{6}$,

$MD=R$,$MG=\sqrt{AM^2-AG^2}=\sqrt{R^2-1}$,

又由于 $(DO_1-MG)^2+GO_1^2=MD^2$,则 $(\sqrt{6}-\sqrt{R^2-1})^2+1=R^2$,

解得:$R=\dfrac{\sqrt{10}}{2}$.

综上,四面体 $AEFD$ 的内切球半径为 $\dfrac{\sqrt{6}}{8}$,外接球半径为 $\dfrac{\sqrt{10}}{2}$.

8. 一个倒圆锥形容器,它的轴截面是正三角形,在容器内注入水,并放入一个半径为 r 的铁球,这时水面恰好和球面相切.则将球从圆锥内取出后,圆锥内水平面的高是多少?

解: 如题 8 解析图,作轴截面,设球未取出时,水面高 $PC=h$,球取出后,水面高 $PH=x$.

由于 $AC=\sqrt{3}r$,$PC=3r$,则以 AB 为底面直径的圆锥容积为

$$V_{圆锥}=\dfrac{1}{3}\pi\cdot AC^2\cdot PC$$

$$=\dfrac{1}{3}\pi(\sqrt{3}r)^2\cdot 3r=3\pi r^3,$$

$$V_{球}=\dfrac{4}{3}\pi r^3.$$

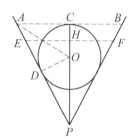

题 8 解析图

球取出后,水面下降到 EF,水的体积为

$$V_{水}=\dfrac{1}{3}\pi\cdot EH^2\cdot PH=\dfrac{1}{3}\pi(PH\tan 30°)^2 PH=\dfrac{1}{9}\pi x^3.$$

又 $V_{水}=V_{圆锥}-V_{球}$,则 $\dfrac{1}{9}\pi x^3=3\pi r^3-\dfrac{4}{3}\pi r^3$,

解得 $x=\sqrt[3]{15}r$.

故圆锥内水平面高为 $\sqrt[3]{15}r$.

9. 正三棱锥的高为 1,底面边长为 $2\sqrt{6}$,正三棱锥内有一个球与其四个面相切.求球的表面积与体积.

解: 如题 9 解析图,球 O 是正三棱锥 $P\text{-}ABC$ 的内切球,O 到正三棱锥四个面的距离都是球的半径 R.PH 是正三棱锥的高,即 $PH=1$.E 是 BC 边中点,H 在 AE 上,

$\triangle ABC$ 的边长为 $2\sqrt{6}$,则 $HE=\dfrac{\sqrt{3}}{6}\times 2\sqrt{6}=\sqrt{2}$.

则 $PE=\sqrt{3}$.

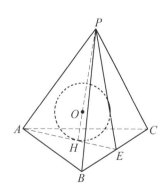

题 9 解析图

可以得到 $S_{\triangle PAB}=S_{\triangle PAC}=S_{\triangle PBC}=\dfrac{1}{2}BC\cdot PE=3\sqrt{2}$.

$$S_{\triangle ABC}=\frac{\sqrt{3}}{4}(2\sqrt{6})^{2}=6\sqrt{3}.$$

由等体积法，$V_{P-ABC}=V_{O-PAB}+V_{O-PAC}+V_{O-PBC}+V_{O-ABC}$

则 $\frac{1}{3}\times 6\sqrt{3}\times 1=\frac{1}{3}\times 3\sqrt{2}\times R\times 3+\frac{1}{3}\times 6\sqrt{3}\times R.$

得 $R=\frac{2\sqrt{3}}{2\sqrt{3}+3}=\sqrt{6}-2,$

则 $S_{球}=4\pi R^{2}=4\pi\left(\sqrt{6}-2\right)^{2}=8(5-2\sqrt{6})\pi.$

则 $V_{球}=\frac{4}{3}\pi R^{3}=\frac{4}{3}\pi\left(\sqrt{6}-2\right)^{3}.$

10. 斜三棱柱 $ABC-A_{1}B_{1}C_{1}$ 的底面 $\triangle ABC$ 是直角三角形，$\angle C=90°$，侧棱与底面成 $60°$ 角，点 B_{1} 在底面的射影 D 为 BC 的中点，$BC=2$ cm.

(1) 求证 $AB_{1}\perp BC_{1}$；

(2) 若 $A-BB_{1}-C$ 为 $30°$ 的二面角，求四棱锥 $A-B_{1}BCC_{1}$ 的体积.

解：如题 10 解析图所示，

(1) 由于 $B_{1}D\perp$ 平面 ABC，$AC\subset$ 底面 ABC，

则 $AC\perp B_{1}D$.

由于 $AC\perp BC$，则 $AC\perp$ 平面 $B_{1}BC$，则 $AC\perp BC_{1}$.

由于 B_{1} 在底面 ABC 上的射影 D 为 BC 的中点，

侧棱与底面成 $60°$ 角，则四边形 $BCC_{1}B_{1}$ 是菱形，

由于 $CB_{1}\perp BC_{1}$，则 $BC_{1}\perp$ 平面 ACB_{1}，则 $BC_{1}\perp AB_{1}$.

(2) 过 C 作 $CE\perp B_{1}B$，连接 AE.

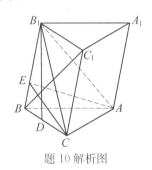
题 10 解析图

由于 $AC\perp$ 平面 $BB_{1}C_{1}C$，则 CE 是 AE 在平面 $BB_{1}C_{1}C$ 上的射影，

由于 $AE\perp B_{1}B$，则 $\angle AEC$ 是二面角 $A-B_{1}B-C$ 的平面角，则 $\angle AEC=30°$.

在 Rt $\triangle BEC$ 中，$EC=BC\cdot\sin 60°=\sqrt{3}$，在 Rt $\triangle ACE$ 中，由 $\angle ACE=90°$ 可得

$AC=EC\tan\angle AEC=\sqrt{3}\tan 30°=1.$

则 $S_{\triangle ACE}=\frac{1}{2}AC\cdot CE=\frac{1}{2}\times 1\times\sqrt{3}=\frac{\sqrt{3}}{2},$

则 $V_{A-B_{1}BC}=V_{B_{1}-ACE}+V_{B-ACE}$

$$=\frac{1}{3}S_{\triangle ACE}\cdot B_{1}E+\frac{1}{3}S_{\triangle ACE}\cdot EB=\frac{1}{3}S_{\triangle ACE}(B_{1}E+EB)$$

$$=\frac{1}{3}S_{\triangle ACE}\cdot BB_{1}=\frac{1}{3}\times\frac{\sqrt{3}}{2}\times 2=\frac{\sqrt{3}}{3}.$$

则 $V_{A-B_{1}BCC_{1}}=2V_{A-B_{1}BC}=\frac{2}{3}\sqrt{3}.$

11. 如图 10-84 所示，在边长为 a 的正三角形的三个角处各剪去一个四边形.这个四边形是由两个全等的直角三角形组成的，并且这三个四边形也全等，如图 10-84(a).若用剩下的部分折成一个无盖的正三棱柱形容器，如图 10-84(b).则当容器的高为多少时，可使这个容器的

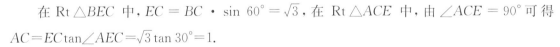

容积最大,并求出容积的最大值.

解:设容器的高为 x.则容器底面正三角形的边长为 $a-2\sqrt{3}x$,

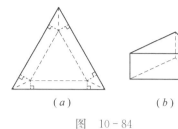

则 $V(x)=\dfrac{\sqrt{3}}{4}\cdot x\cdot(a-2\sqrt{3}x)^2=\dfrac{\sqrt{3}}{4}\cdot\dfrac{1}{4\sqrt{3}}\cdot$

图 10-84

$4\sqrt{3}x\cdot(a-2\sqrt{3}x)(a-2\sqrt{3}x)$

$\leqslant\dfrac{1}{16}\left(\dfrac{4\sqrt{3}x+a-2\sqrt{3}x+a-2\sqrt{3}x}{3}\right)^3=\dfrac{a^3}{54}.\qquad\left(0<x<\dfrac{a}{2\sqrt{3}}\right)$

当且仅当 $4\sqrt{3}x=a-2\sqrt{3}x$,即 $x=\dfrac{\sqrt{3}}{18}a$ 时,$V_{\max}=\dfrac{a^3}{54}$.

故当容器的高为 $\dfrac{\sqrt{3}}{18}a$ 时,容器的容积最大,其最大容积为 $\dfrac{a^3}{54}$.

12. 如图 10-85 所示,在三棱锥 $P\text{-}ABC$ 中,$PA\perp$ 底面 ABC,$AC=BC$,D,G 分别是 PA 和 AB 的中点,E 为 PB 上一点,且 $BE=\dfrac{1}{3}PB$,$AP:AB=1:\sqrt{2}$.

(1) 求证:$EG\perp$ 平面 CDG;

(2) 求截面 CDE 分棱锥 $P\text{-}ABC$ 所成两部分的体积之比.

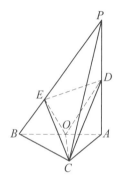

图 10-85

证明:(1) 由于 $PA\perp$ 平面 ABC,且 $PA\subset$ 平面 PAB,

则平面 $PAB\perp$ 平面 ABC,且相交于 AB.

在 $\triangle ABC$ 中,由于 $AC=BC$,CG 是 AB 边上的中线,

则 $CG\perp AB$.则 $CG\perp$ 平面 PAB.

由于 $EG\subseteq$ 平面 PAB,则 $EG\perp CG$.

利用两个平面垂直的性质定理可以证明 $CG\perp$ 平面 PAB.

在 Rt$\triangle PAB$ 和 $\triangle GEB$ 中,设 $PA=x$,则 $AB=\sqrt{2}x$,$PB=\sqrt{3}x$,$BE=\dfrac{\sqrt{3}}{3}x$,$BG=\dfrac{\sqrt{2}}{2}x$.

由于 $\dfrac{BG}{PB}=\dfrac{\frac{\sqrt{2}}{2}x}{\sqrt{3}x}=\dfrac{1}{\sqrt{6}}$,$\dfrac{BE}{AB}=\dfrac{\frac{\sqrt{3}}{3}x}{\sqrt{2}x}=\dfrac{1}{\sqrt{6}}$,

由于 $\angle GBE=\angle PBA$,则 $\triangle PAB\backsim\triangle GEB$.

由于 $\angle PAB=90°$,则 $\angle GEB=90°$,则 $EG\perp PB$.

由于 $DG /\!/ PB$,利用相似三角形的性质,得到 $\angle GEB=90°$,则 $EG\perp DG$.

由于 $DG\bigcap CG=G$,则 $EG\perp$ 平面 CDG.

(2) **解:**由于 $S_{\triangle PDE}=\dfrac{1}{2}\cdot PE\cdot PD\cdot\sin\angle APB$,

$S_{\triangle PAB}=\dfrac{1}{2}\cdot PA\cdot PB\cdot\sin\angle APB$.

由于 $PD=\dfrac{1}{2}PA$,$PE=\dfrac{2}{3}PB$,

则 $\dfrac{S_{\triangle PAB}}{S_{\triangle PDE}} = \dfrac{\dfrac{1}{2} \cdot PA \cdot PB \cdot \sin\angle APB}{\dfrac{1}{2} \cdot PD \cdot PE \cdot \sin\angle APB} = \dfrac{3}{1}.$

则 $\dfrac{V_{三棱锥C\text{-}PAB}}{V_{三棱锥C\text{-}PDE}} = \dfrac{\dfrac{1}{3} \cdot CG \cdot S_{\triangle PAB}}{\dfrac{1}{3} \cdot CG \cdot S_{\triangle PDE}} = \dfrac{3}{1}.$

则 $\dfrac{V_{三棱锥C\text{-}PAB} - V_{三棱锥C\text{-}PDE}}{V_{三棱锥C\text{-}PDE}} = \dfrac{2}{1}.$

则截面 CDE 分棱锥 $P\text{-}ABC$ 为两部分,三棱锥 $C\text{-}PDE$ 与四棱锥 $C\text{-}ABED$ 的体积之比为 $1:2$.

13. 三个 12×12 的正方形都被连接两条邻边的中点的直线分成 A, B 两片,如图 $10\text{-}86$,把这六片粘在一个正六边形的外面,然后折成多面体,则这个多面体的体积为_____.

解:几何体正好是正方体体积的一半,即 $\dfrac{12^3}{2} = 864$.

14. 如图 $10\text{-}87$,设 $S\text{-}ABCD$ 是一个高为 3,底面边长为 2 的正四棱锥,K 是棱 SC 的中点,过 AK 作平面与线段 SB, SD 分别交于 $M, N(M, N$ 可以是线段的端点).试求四棱锥 $S\text{-}AMKN$ 的体积 V 的最大值与最小值.

解:为了建立 V 与原四棱锥 $S\text{-}ABCD$ 的关系.我们先引用下面的事实:

设 A_1, B_1, C_1 分别在三棱锥 $S\text{-}ABC$ 的侧棱 SA, SB, SC 上,又 $S\text{-}A_1B_1C_1$ 与 $S\text{-}ABC$ 的体积分别是 V_1 和 V,则

$$\dfrac{V_1}{V} = \dfrac{SA_1 \cdot SB_1 \cdot SC_1}{SA \cdot SB \cdot SC}.$$

事实上,设 C, C_1 在平面 SAB 的射影分别是 H, H_1.

则 $\dfrac{C_1H_1}{CH} = \dfrac{SC_1}{SC}$,

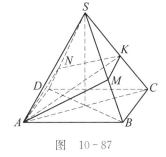

图 $10\text{-}87$

又 $\dfrac{S_{\triangle SA_1B_1}}{S_{\triangle SAB}} = \dfrac{SA_1 \cdot SB_1}{SA \cdot SB}$,所以 $\dfrac{V_1}{V} = \dfrac{\dfrac{1}{3} \cdot C_1H_1 \cdot S_{\triangle SA_1B_1}}{\dfrac{1}{3} \cdot CH \cdot S_{\triangle SAB}} = \dfrac{SA_1 \cdot SB_1 \cdot SC_1}{SA \cdot SB \cdot SC}.$ 下面回到原题.

设 $\dfrac{SM}{SB} = x, \dfrac{SN}{SD} = y$.因 $S\text{-}ABCD$ 的体积为 $V_0 = \dfrac{1}{3}\times3\times2^2 = 4$.于是由上面的事实有

$$\dfrac{V}{\dfrac{1}{2}V_0} = \dfrac{V_{S\text{-}AMN}}{V_{S\text{-}ABD}} + \dfrac{V_{S\text{-}KMN}}{V_{S\text{-}CBD}} = \dfrac{V_{S\text{-}AMK}}{V_{S\text{-}ABC}} + \dfrac{V_{S\text{-}ANK}}{V_{S\text{-}ADC}}.$$ 得 $\dfrac{V}{2} = \dfrac{SM \cdot SN \cdot SA}{SB \cdot SD \cdot SA} + \dfrac{SM \cdot SN \cdot SK}{SB \cdot SD \cdot SC} =$

$\dfrac{SM \cdot SK \cdot SA}{SB \cdot SC \cdot SA} + \dfrac{SN \cdot SK \cdot SA}{SD \cdot SC \cdot SA} = xy + \dfrac{1}{2}xy = \dfrac{1}{2}x + \dfrac{1}{2}y$,于是 $y = \dfrac{x}{3x-1}$,

而由 $0 < y = \dfrac{x}{3x-1} \leqslant 1, x \leqslant 1$,得 $\dfrac{1}{2} \leqslant x \leqslant 1$.则 $V = x + y = x + \dfrac{x}{3x-1}$, $\left(\dfrac{1}{2} \leqslant x \leqslant 1\right).$

又得 $V' = 1 - \dfrac{1}{(3x-1)^2} = \dfrac{3x(3x-2)}{(3x-1)^2}.$所以

（1）当 $\frac{1}{2}\leqslant x<\frac{2}{3}$ 时,$V'<0$,V 为减函数,（2）当 $\frac{2}{3}<x\leqslant 1$ 时,$V'>0$,V 为增函数.

所以得 $V_{\min}=V_{x=\frac{2}{3}}=\frac{4}{3}$,又 $V_{x=\frac{1}{2}}=V_{x=1}=\frac{3}{2}$,得 $V_{\max}=V_{x=\frac{1}{2}}=V_{x=1}=\frac{3}{2}$.

§10.7 立体几何综合应用

1. 在一个棱长为 $6\,cm$ 的密封正方体盒子中,放一个半径为 $1\,cm$ 的小球.无论怎样摇动盒子,小球在盒子中不能达到的空间体积是多少?

解: 在正方体盒子中,不能达到的 8 个角的空间,即为题 1 解析图(a) 中内切于边长为 $2\,cm$ 的正方体的小球不能到达的空间,其体积为

$$2^3-\frac{4}{3}\pi=8-\frac{4}{3}\pi.$$

小球沿每条棱运动不能到达的空间(除去两端的两个角)的体积,即是高为 4,底面边长为 2 的正四棱柱的体积减去其内接圆柱的体积的 $\frac{1}{4}$.如题 1 解析图(b),体积为

$$\frac{1}{4}(2^2\times 4-\pi\times 1^2\times 4)=4-\pi.$$

正方体有 12 条棱,所以在盒子中,小球不能到达的空间体积为

$$8-\frac{4}{3}\pi+12(4-\pi)=56-\frac{40}{3}\pi(\mathrm{cm}^3).$$

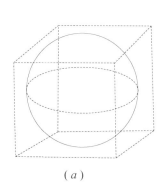

(a)

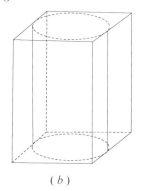

(b)

题 1 解析图

2. 如图 $10-94$,三棱锥 $P\text{-}ABC$ 被任意平面所截,截面分别交 PA,PB,PC 于 A_1,B_1,C_1.求证:$\dfrac{V_{P\text{-}A_1B_1C_1}}{V_{P\text{-}ABC}}=\dfrac{PA_1\cdot PB_1\cdot PC_1}{PA\cdot PB\cdot PC}$.

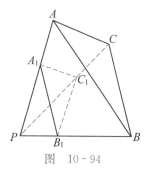

图 $10-94$

证明: 设 B_1,B 到平面 PAC 的距离分别为 d_1,d,则 $V_{B_1\text{-}PA_1C_1}=\frac{1}{3}d_1\cdot S_{PA_1C_1}$,$V_{P\text{-}ABC}=\frac{1}{3}d_2\cdot S_{PA_1C_1}:S_{PAC}$.

又在平面 PAC 中显然有 $S_{PA_1C_1}:S_{PAC}=(PA_1\cdot PC_1):(PA\cdot PC)$,而 BP 是平面 PAC 的斜线,故 $PB_1:PB=d_1:d_2$,从而

$$\frac{V_{P\text{-}A_1B_1C_1}}{V_{P\text{-}ABC}}=\frac{V_{B_1\text{-}PA_1C_1}}{V_{B\text{-}PAC}}=\frac{d_1}{d_2}\cdot\frac{S_{PA_1C_1}}{S_{PAC}}=\frac{PB_1\cdot PA_1\cdot PC_1}{PB\cdot PA\cdot PC}$$，即结论成立.

3. 如图 $10-95$，已知四面体 $A-BCD$ 中，棱 $AB=a$，$CD=b$，四面体的棱 BC 被平行于 AB、CD 的一个平面截成距离之比为 k 的两部分，求这两部分的体积比.

解：因为截面 $HEFG // DC$，所以 $HG // DC // EF$，故而 $HG //$ 平面 BCD. 设过 HG 且与平面 BCD 平行的平面交 AB 于 T，则多面体 $ABFEHG$ 被分成锥体 $A-HGT$ 与三棱柱 $HGT-EFB$. 记 $V_{A-BCD}=V$. 依题意知 $CF:FB=k:1$.

从而 $\dfrac{AG}{AC}=\dfrac{AT}{AB}=\dfrac{AH}{AD}=\dfrac{1}{k+1}$.

由题 2 知 $V_{A-HGT}=\left(\dfrac{1}{k+1}\right)^3 V_0$，

三棱锥 $A-HGT$ 与三棱柱 $HGT-EFB$ 共底 HGT 且 A，T，B 共线，则 $\dfrac{V_{HGT\text{-}EFB}}{V_{A\text{-}HGT}}=\dfrac{3BT}{AT}$.

又由锥体 $A-BCD$ 内平行关系知 $\dfrac{AT}{BT}=\dfrac{1}{k}$，故 $V_{HGT\text{-}EFB}=\dfrac{3k}{(k+1)^3}V_0$.

所以 $V_{ABEFGH}=\dfrac{1}{(k+1)^3}V_0+\dfrac{3k}{(k+1)^3}V_0=\dfrac{3k+1}{(k+1)^3}V_0$，

而 $V_{DCFEHG}=V_0-V_{ABEFGH}=\dfrac{k^3+3k^2}{(k+1)^3}V_0$，

因此 $\dfrac{V_{DCFEHG}}{V_{ABEFGH}}=\dfrac{\dfrac{k^3+3k^2}{(k+1)^3}V_0}{\dfrac{3k+1}{(k+1)^3}V_0}=\dfrac{k^3+3k^2}{3k+1}$.

4. 已知棱柱 $ABC-A_1B_1C_1$ 的底面是等腰三角形，$AB=AC$，上底面的顶点 A_1 在下底面的射影是 $\triangle ABC$ 的外接圆圆心，设 $BC=a$，$\angle A_1AB=\dfrac{\pi}{3}$，棱柱的侧面积为 $2\sqrt{3}a^2$.（1）证明：侧面 A_1ABB_1 和 A_1ACC_1 都是菱形，B_1BCC_1 是矩形；（2）求棱柱的侧面所成的三个两面角的大小；（3）求棱柱的体积.

解：（1）略；（2）都为 $\dfrac{\pi}{3}$；（3）$\dfrac{a^2}{2}$.

5. 如图 $10-96$ 所示的几何体 $ABCDEF$ 中，四边形 $ABCD$ 为菱形，$AF // DE$，$AF \perp$ 平面 $ABCD$，$\angle BAD=\alpha$，$AF=AD=\dfrac{1}{2}ED=1$.

（1）求证：$BF //$ 平面 CDE；

（2）若 $\alpha=60°$，求直线 AE 与平面 CDE 所成角的正弦值；

（3）若 $\alpha=90°$，P 是 $\triangle EAC$ 内的一点，求点 P 到平面 $ABCD$、平面 EDA、平面 EDC 的距离的平方和的最小值.

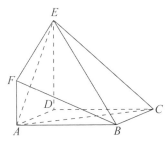

图 $10-96$

解：(1) 证明：取 DE 中点为 H，连接 CH、HF，

$\because$ 四边形 $ABCD$ 为菱形，$\therefore$ $BC /\!/ AD$，且 $BC = AD$

$\because$ $AF /\!/ DE$，H 是中点，$\therefore$ $AF = DH$，$\therefore$ $ADHF$ 是平行四边形，

$\therefore$ $HF /\!/ AD$ 且 $HF = AD$，$\therefore$ $HF /\!/ BC$ 且 $HF = BC$ $\therefore$ $BCHF$ 是平行四边形

$\therefore$ $BF /\!/ CH$，而 BF 不在面 CDE 内，CH 在面 CDE 内，

$\therefore$ $BF /\!/$ 平面 CDE

(2) 过点 A 作 $AM \perp CD$ 交 CD 的延长线于点 M，联结 EM，

$\because$ $AF \perp$ 面 $ABCD$，$AF /\!/ DE$，$\therefore$ $DE \perp$ 面 $ABCD$，

$\therefore$ $DE \perp AM$，$\because$ $CD \cap DE = D$，

$\therefore$ $AM \perp$ 平面 CDE，

$\therefore$ EM 是 AE 在平面 CDE 内的射影

因此 $\angle AEM$ 为直线 AE 与平面 CDE 所成的角，

$\because$ $AD = 1$，$\angle BAD = 60^{0}$，

$\therefore$ $AM = \dfrac{\sqrt{3}}{2}$，$AE = \sqrt{5}$，

$\therefore$ $\sin \angle AEM = \dfrac{AM}{AE} = \dfrac{\sqrt{15}}{10}$，

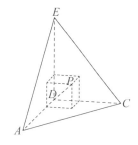

所以直线 AE 与平面 CDE 所成角的正弦值为 $\dfrac{\sqrt{15}}{10}$.

(3) 由题意得，如图所示，P 到三个平面的距离的平方和即为 PD 距离的平方.所以本题即求 PD 距离的平方的最小值，即为 D 到平面 EAC 的距离 h 的平方.

题5解析图

$\because$ $V_{D-EAC} = V_{E-DAC}$，

$\therefore$ $\dfrac{1}{3} \left(\dfrac{1}{2} \cdot 1 \cdot 1 \right) \cdot 2 = \dfrac{1}{3} \left(\dfrac{1}{2} \cdot \sqrt{2} \cdot \sqrt{5 - \dfrac{1}{2}} \right) \cdot h$，

$\therefore$ $h = \dfrac{2}{3}$，$\therefore$ $h^2 = \dfrac{4}{9}$，$\therefore$ P 到三个平面的距离的平方和的最小值为 $\dfrac{4}{9}$.

6. 如图 10-97 所示，已知正方体 $ABCD-A_1B_1C_1D_1$ 内接于球 O，且球的半径为 $\sqrt{3}$，P，Q 分别是 BC，BC_1 上的动点.

(1) 求正方体 $ABCD-A_1B_1C_1D_1$ 的棱长；

(2) 求 $PQ + QD_1$ 的最小值；

(3) 若平面 PAB_1 与平面 ADC_1B_1 所成二面角的大小为 α，平面 PDC_1 与平面 ADC_1B_1 所成二面角的大小为 β，试求 $\alpha + \beta$ 的最小值，及此时 P 点的位置.

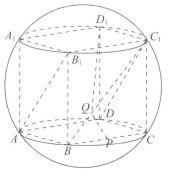

解：(1) 设正方体的棱长为 a，由题意得球半径 $R = \sqrt{3}$，

$\therefore$ $\sqrt{3} a = 2R = 2\sqrt{3}$，$\therefore$ $a = 2$.

图 10-97

(2) 把 $\text{Rt} \triangle BCC_1$ 沿 BC_1 翻折到平面 ABC_1D_1 上，变成如题 6 解析图所示的平面图.所

以当 P,Q,D_1 在同一条线上,且 $D_1P\perp BC$ 时,$PQ+QD_1$ 取到最小,最小值为 $D_1P=2+\sqrt{2}$.

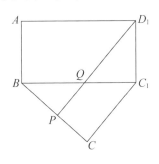

题 6 解析图 1

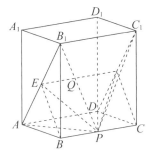

题 6 解析图 2

(3) 设 $BP=x$,则 $CP=2-x,0\leqslant x\leqslant 2$,

分别取 AB_1,DC_1 的中点 E、F,联结 PE、PF、EF,$\because$ $AP=PB_1$,E 是中点,

$\therefore$ $PE\perp AB_1$,又 $\because$ $EF\perp AB_1$,

$\therefore$ $\angle FEP=\alpha$,

同理可证:$\therefore$ $\angle EFP=\beta$,

$\because$ $EF\,/\!/\,BC$,$\therefore$ $\angle FEP=\angle EPB$,$\angle EFP=\angle FPC$,

$\therefore$ $\tan\alpha=\dfrac{\sqrt{2}}{x}$,$\tan\beta=\dfrac{\sqrt{2}}{2-x}$,$\therefore$ $\tan(\alpha+\beta)=\dfrac{\dfrac{\sqrt{2}}{x}+\dfrac{\sqrt{2}}{2-x}}{1-\dfrac{\sqrt{2}}{x}\cdot\dfrac{\sqrt{2}}{2-x}}=\dfrac{2\sqrt{2}}{-x^2+2x-2}$,$x\in[0,2]$.

$\therefore$ 当 $x=1$ 时,$\tan(\alpha+\beta)_{\min}=-2\sqrt{2}$,$(\alpha+\beta)_{\min}=\pi-\arctan2\sqrt{2}$,

$\therefore$ 当 P 在 BC 的中点时,$\alpha+\beta$ 取到最小值 $\pi-\arctan2\sqrt{2}$.

7. 把空间直线平面的问题与平面几何中的问题相类比,是立体几何研究中的重要思想方法.请类比三角形的有关性质,思考下面的问题:

(1) 四个面面积均相等的四面体称为等腰四面体,其任意两个面所成二面角的平面角均为锐角.已知等腰四面体 $PABC$ 的底面 ABC 与侧面 PBC、PCA、PAB 所成二面角的大小分别为 α、β、γ,求证:$\cos\alpha+\cos\beta+\cos\gamma=1$;

(2) 已知四面体 $PABC$ 中,PA、PB、PC 两两垂直,记面 PBC、PCA、PAB、ABC 的面积分别为 S_1、S_2、S_3、S.类比直角三角形的勾股定理,猜想 $S_1^2+S_2^2+S_3^2=S^2$,判断该命题的真假并说明理由;

(3) 三角形中的余弦定理是勾股定理的推广,请类比三角形中的余弦定理,猜想任意四面体 $PABC$ 的余弦定理(不用证明).

解:(1) 设 H 为点 P 在底面 ABC 上的射影,显然 H 在 $\triangle ABC$ 的内部.作 $HD\perp AB$ 交于 D,联结 PD,则有 $PD\perp AB$,$\angle PDH=\gamma$,易知 $\cos\gamma=\dfrac{HD}{PD}=\dfrac{S_{\triangle HAB}}{S_{\triangle PAB}}$.

同理,$\cos\beta=\dfrac{S_{\triangle HCA}}{S_{\triangle PCA}}$,$\cos\alpha=\dfrac{S_{\triangle HBC}}{S_{\triangle PBC}}$,而 $S_{\triangle PAB}=S_{\triangle PBC}=S_{\triangle PCA}=S_{\triangle ABC}$,

故 $\cos\alpha+\cos\beta+\cos\gamma=\dfrac{S_{\triangle HBC}}{S_{\triangle PBC}}+\dfrac{S_{\triangle HCA}}{S_{\triangle PCA}}+\dfrac{S_{\triangle HAB}}{S_{\triangle PAB}}=\dfrac{S_{\triangle ABC}}{S_{\triangle ABC}}=1$.

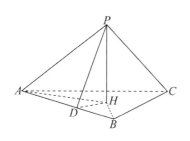
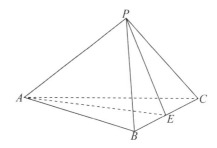

题 7 解析图 1 　　　　　　　　　题 7 解析图 2

（2）该猜想是真命题.

作 $AE \perp BC$ 交于 E.由 $PA \perp PB$，$PA \perp PC$ 知 $PA \perp$ 平面 PBC，故 $BC \perp PE$.

$$S_1^2 + S_2^2 + S_3^2 = \left(\frac{1}{2}PE \cdot BC\right)^2 + \left(\frac{1}{2}PC \cdot PA\right)^2 + \left(\frac{1}{2}PA \cdot PB\right)^2$$
$$= \left(\frac{1}{2}PE \cdot BC\right)^2 + \left(\frac{1}{2}PA\right)^2 (PC^2 + PB^2)$$
$$= \left(\frac{1}{2}PE \cdot BC\right)^2 + \left(\frac{1}{2}PA\right)^2 \cdot BC^2$$
$$= \left(\frac{1}{2}BC\right)^2 (PE^2 + PA^2) = \left(\frac{1}{2}BC\right)^2 \cdot AE^2$$
$$= \left(\frac{1}{2}BC \cdot AE\right)^2 = S^2.$$

（3）四面体 $PABC$ 中，记面 PBC，PCA，PAB，ABC 的面积分别为 S_1，S_2，S_3，S，面 PBC，PCA 的二面角大小记为 α_{12}，面 PCA，PAB 的二面角大小记为 α_{23}，面 PAB，PBC 的二面角大小记为 α_{31}，则有
$$S^2 = S_1^2 + S_2^2 + S_3^2 - 2S_1 S_2 \cos\alpha_{12} - 2S_2 S_3 \cos\alpha_{23} - 2S_3 S_1 \cos\alpha_{31}.$$

8. 若干个棱长为 $2,3,5$ 的长方体，依相同方向拼成棱长为 90 的正方体，则正方体的一条对角线贯穿的小长方体的个数是多少？

解： 66.

9. 空间是否存在一个正方体，它的 8 个顶点到一个平面的距离恰好为 $0,1,2,3,4,5,6,7$.若存在，求出正方体的棱长；若不存在，说明理由.

解： 如题 9 解析图，设平面 α 为符合题意的平面，α 过点 C，延长 D_1C_1，A_1B_1，AB 分别交平面 α 于点 E，F，G，由图可知，点 C，C_1，B，B_1，D，D_1，A，A_1 与平面 α 的距离分别应为 $0,1,2,3,4,5,6,7$.

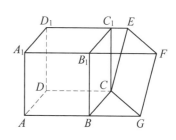
题 9 解析图

因为 D_1E，A_1F，DC，AG 互相平行，所以它们与平面 α 所成的角相等，故由比例关系得 $C_1E : BG : B_1F : DC : D_1E : AG : A_1F = 1 : 2 : 3 : 4 : 5 : 6 : 7$.

设正方体的棱长为 $4a$，则 $C_1E = a$，$BG = 2a$，$B_1F = 3a$，用几何方法可解得 $EF = 2\sqrt{5}a$，$EC = \sqrt{17}a$，$CF = \sqrt{41}a$，故 $S_{ECF} = 2\sqrt{21}a^2$.

由 $CC_1 \perp$ 面 $A_1B_1C_1D_1$，知 CC_1 位四面体 $C\text{-}EC_1F$ 的底面 EC_1F 上的高，所以由 $V_{C_1\text{-}ECF} = V_{C\text{-}EC_1F}$，算得点 C_1 到平面 α 距离

$$d = \frac{S_{EC_1F} \cdot CC_1}{S_{ECF}} = \frac{2a^2 \cdot 4a}{2\sqrt{21}\,a^2} = \frac{4\sqrt{21}}{21}a.$$

实际上已知 $d=1$，所以 $\frac{4\sqrt{21}}{21}a=1$，从而 $a=\frac{\sqrt{21}}{4}$.

所以，正方体棱长为 $4a=\sqrt{21}$，由图知，该正方体存在.

坐标平面上的直线

Straight Lines on the Coordinate Plane

§11.1 直线方程

1. 判断下列命题是否正确:

(1) 一条直线 l 一定是某个一次函数的图像;

(2) 一次函数 $y=kx+b$ 的图像一定是一条不过原点的直线;

(3) 如果一条直线上所有点的坐标都是某一个方程的解,那么这个方程叫作这条直线的方程;

(4) 如果以一个二元一次方程的解为坐标的点都在某一条直线上,那么这条直线叫作这个方程的直线.

解:(1) 不正确.直线 $x-2=0$,不是一次函数;

(2) 不正确.当 $b=0$ 时,直线过原点.$y=2x$;

(3) 不正确.第一、三象限角的平分线上所有的点都是方程 $(x+y)(x-y)=0$ 的解,但此方程不是第一、三象限角平分线的方程;

(4) 不正确.以方程 $y=x$ $(x \geqslant 0)$ 的解为坐标的点都在第一象限的角平分线上,但此直线不是方程 $y=x$ $(x \geqslant 0)$ 的图像.

2. 求过点 $(-1,0)$ 且与直线 $\dfrac{x+1}{5}=\dfrac{y+1}{-3}$ 有相同方向向量的直线方程.

解: $\dfrac{x+1}{5}=\dfrac{y}{-3} \Rightarrow 3x+5y+3=0$.

3. 已知直线 l 是线段 AB 的垂直平分线,且点 A,B 的坐标分别是 $(-2,3)$,$(4,-7)$,求直线 l 的点法向式方程.

解: $6(x-1)-10(y+2)=0$.

4. 在 $\triangle ABC$ 中,$D(-1,2)$,$E(2,-3)$,$F(-3,4)$ 依次为 AB、BC、CA 的中点,求 AB、BC、CA 所在直线的点方向式方程.

解: $AB:\dfrac{x+1}{5}=\dfrac{y-2}{-7}$,$BC:\dfrac{x-2}{-2}=\dfrac{y+3}{2}$,$CA:\dfrac{x+3}{3}=\dfrac{y-4}{-5}$.

5. 正方形 $ABCO$ 中,点 O 为坐标原点,且向量 $\overrightarrow{OA}=(3,4)$,求:

(1) 边 AB 所在直线的点法向式方程;

（2）对角线 AC 所在直线的点法向式方程.

解：（1）$3(x-3)+4(y-4)=0$；（2）$\dfrac{x-3}{-7}=\dfrac{y-4}{-1}$ 或 $\dfrac{x-3}{1}=\dfrac{y-4}{-7}$.

6. 设直线 $l_1:(2-a)x+ay+3=0$；$l_2:x-ay-3=0$；

试问："$a=1$"是"直线 l_1 的法向量恰好是直线 l_2 的方向向量"的什么条件？

解：等价于两条直线的法向量互相垂直. $(2-a,a)\cdot(1,-a)=0\Leftrightarrow 2-a-a^2=0\Leftrightarrow a=1$，$-2$，所以是充分非必要条件.

§11.2　直线的倾斜角和斜率

1. 在 $\triangle ABC$ 中，$AB=AC$，$\angle A=90°$，过 A 引中线 BD 的垂线与 BC 交于点 E，求证：$\angle ADB=\angle CDE$.

证明：以 A 为原点，AC 所在直线为 X 轴，建立直角坐标系.

设点 B，C 坐标分别为 $(0,2a)$，$(2a,0)$，则点 D 坐标为 $(a,0)$.

直线 BD 方程为　　　　$\dfrac{x}{a}+\dfrac{y}{2a}=1$　　　　　　　　　　　①

直线 BC 方程为　　　　$x+y=2a$　　　　　　　　　　　　②

设直线 BD 和 AE 的斜率分别为 k_1，k_2，则 $k_1=-2$.因为 $BD\perp AE$，所以 $k_1k_2=-1$.所以 $k_2=\dfrac{1}{2}$.

所以直线 AE 方程为 $y=\dfrac{1}{2}x$，由 $\begin{cases}y=\dfrac{1}{2}x，\\ x+y=2a\end{cases}$　解得点 E 坐标为 $\left(\dfrac{4}{3}a,\dfrac{2}{3}a\right)$.

所以直线 DE 斜率为 $k_3=\dfrac{\dfrac{2}{3}a}{\dfrac{4}{3}a-a}=2$.因为 $k_1+k_3=0$.

所以 $\angle BDC+\angle CDE=\pi$，即 $\angle ADB=\angle CDE$.

2. 求与直线 $2x+3y-6=0$ 关于点 $(1,-1)$ 对称的直线.

解：设对称的直线方程为 $2x+3y+m=0$，则点 $(1,-1)$ 分别到两条直线的距离相等.

$\dfrac{7}{\sqrt{13}}=\dfrac{|m-1|}{\sqrt{13}}\Rightarrow m=8$，$m=-6$（舍去）.

所以直线方程为 $2x+3y+8=0$.

3. 过点 $(1,4)$ 引直线 l，使它在两坐标轴上的截距都是正数，且截距和为最小，求直线 l 的方程.

解：设直线方程为 $\dfrac{x}{a}+\dfrac{y}{b}=1$，则 $\dfrac{1}{a}+\dfrac{4}{b}=1(a,b>0)$，则截距和为 $a+b$.

$a+b=(a+b)\left(\dfrac{1}{a}+\dfrac{4}{b}\right)\geqslant 9$，当且仅当 $a=3$，$b=6$ 时取等号.

所以直线方程为 $2x+y-6=0$.

4. 直线 l 过点 $P(-1,3)$,倾斜角的正弦值是 $\dfrac{4}{5}$,求直线 l 的方程.

解:因为倾斜角 α 的范围是:$0 \leqslant \alpha < \pi$,又由题意:$\sin\alpha = \dfrac{4}{5}$,所以,$\tan\alpha = \pm\dfrac{4}{3}$,

直线过点 $P(-1,3)$,由直线的点斜式方程得到:$y-3 = \pm\dfrac{4}{3}(x+1)$,

即 $4x-3y+13=0$ 或 $4x+3y-5=0$.

5. 当 a,b 均为有理数时,称点 $P(a,b)$ 为有理点,又设 $A(\sqrt{1998},0)$,$B(0,\sqrt{2000})$,则直线 AB 上　　　　　　　　　　　　　　　　　　　　　　　(　　).

（A）不存在有理点　　　　　　　　（B）仅有一个有理点

（C）仅有两个有理点　　　　　　　（D）有无穷多个有理点

解:由题,可知直线的方程为 $\dfrac{x}{\sqrt{1998}} + \dfrac{y}{\sqrt{2000}} = 1$,移项平方后有 $\dfrac{x^2}{1998} = \dfrac{y^2}{2000} + 1 - \dfrac{2y}{\sqrt{2000}}$,

从而若存在有理点,则等式左边为有理数,右边为无理数,矛盾. 故选 A.

6. 已知直线 l 经过 $A(2,1)$,$B(1,m^2)$ 两点 $(m \in \mathbf{R})$,求直线 l 的倾斜角 α 的取值范围.

解:$k = 1 - m^2 \leqslant 1$,所以直线 l 的倾斜角 α 的取值范围为 $\left[0, \dfrac{\pi}{4}\right] \cup \left(\dfrac{\pi}{2}, \pi\right)$.

7.（1）直线 l 过点 $A(-2,-1)$ 和点 $B(6,-5)$,求 l 的斜率和倾斜角;

（2）若直线过 $O(0,0)$,$H(\cos\theta, \sin\theta)$ 两点,且 $-\dfrac{\pi}{2} < \theta < 0$,求此直线的倾斜角;

（3）已知直线 l 过点 $A(1,2)$ 和 $B(a,3)$,求 l 的倾斜角和斜率.

解:（1）$k = -\dfrac{1}{2}$,l 的倾斜角 $\alpha = \pi + \arctan\left(-\dfrac{1}{2}\right)$,即:$\alpha = \pi - \arctan\left(\dfrac{1}{2}\right)$;

（2）$k = \tan\theta = \tan(\pi+\theta)$,此直线的倾斜角为 $\pi+\theta$;

（3）因此,当 $a=1$ 时,$\alpha = 90°$,直线没有斜率.

当 $a>1$ 时,$\alpha = \arctan\dfrac{1}{a-1}$,$k = \dfrac{1}{a-1}$,

当 $a<1$ 时,$\alpha = \pi + \arctan\dfrac{1}{a-1}$,$k = \dfrac{1}{a-1}$.

8. 在直线 $l:x+y-5=0$ 上找一点 $P(x,y)$,使得点 $P(x,y)$ 对 $A(1,0)$,$B(3,0)$ 的视角 $\angle APB$ 最大.

解:$\angle APB$ 的最大值为 $\dfrac{\pi}{4}$,点 P 的坐标为 $(3,2)$.（提示:以 AB 为弦作圆与直线相切,切点即为点 P 的选取）.

9. 四条直线 $l_1:x+3y-15=0$,$l_2:kx-y-6=0$,$l_3:x+5y=0$,$l_4:y=0$ 围成一个四边形,求出使此四边形有外接圆的 k 值.

解:$-\dfrac{4}{7}$（提示:利用倒角公式及圆内接四边形的对角之和为 $180°$）.

10. 直线 l 过点 $M(2,1)$,且分别交 x 轴、y 轴的正半轴于点 A、B.点 O 是坐标原点,

（1）求当 $\triangle ABO$ 面积最小时直线 l 的方程;（2）当 $|MA||MB|$ 最小时,求直线 l 的方程.

解：（1）如解析图，设 $|OA|=a$，$|OB|=b$，$\triangle ABO$ 的面积为 S，则

$$S=\frac{1}{2}ab.$$

并且直线 l 的截距式方程是

$$\frac{x}{a}+\frac{y}{b}=1.$$

由直线通过点 $(2,1)$，得

$$\frac{2}{a}+\frac{1}{b}=1.$$

所以，$\dfrac{a}{2}=\dfrac{1}{1-\dfrac{1}{b}}=\dfrac{b}{b-1}$.

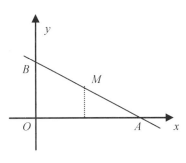

题 10 解析图

因为 A 点和 B 点在 x 轴、y 轴的正半轴上，所以上式右端的分母 $b-1>0$. 由此得

$$S=\frac{a}{2}\times b=\frac{b}{1-b}\times b=\frac{b^2-1+1}{b-1}=b+1+\frac{1}{b-1}=b-1+\frac{1}{b-1}+2\geqslant 2+2=4.$$

当且仅当 $b-1=\dfrac{1}{b-1}$，即 $b=2$ 时，面积 S 取最小值 4，

这时 $a=4$，直线的方程是：$\dfrac{x}{4}+\dfrac{y}{2}=1$，即 $x+2y-4=0$.

（2）设 $\angle BAO=\theta$，则 $|MA|=\dfrac{1}{\sin\theta}$，$|MB|=\dfrac{2}{\cos\theta}$，如图，

所以，$|MA||MB|=\dfrac{1}{\sin\theta}\cdot\dfrac{2}{\cos\theta}=\dfrac{4}{\sin 2\theta}$.

当 $\theta=45°$ 时 $|MA||MB|$ 有最小值 4，此时 $k=1$，直线 l 的方程为 $x+y-3=0$.

§11.3　两条直线的位置关系

1. 已知曲线 $C:y=\sqrt{-x^2-2x}$ 与直线 $l:x+y-m=0$ 有两个交点，求 m 的取值范围.

解：数形结合可得 $[0,\sqrt{2}-1)$.

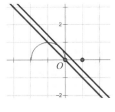

题 1 解析图

2. 当 a 为何值时，直线 $l_1:(a+2)x+(1-a)y-1=0$ 与直线 $l_2:(a-1)x+(2a+3)y+2=0$ 互相垂直？

解：方向向量互相垂直，$(a+2,1-a)(a-1,2a+3)=0\Leftrightarrow a^2=1\Leftrightarrow a=\pm 1$.

3. 求经过两条直线 $2x+3y+1=0$ 和 $x-3y+4=0$ 的交点，并且垂直于直线 $3x+4y-7=0$ 的直线的方程.

解：$\begin{cases}2x+3y+1=0,\\x-3y+4=0\end{cases}\Rightarrow(x,y)=\left(-\dfrac{5}{3},\dfrac{7}{9}\right)$，可设直线方程为 $4x-3y+m=0$，

并将交点坐标代入方程可得：$4x-3y+9=0$.

4. 直线 $l_1:2x+y-4=0$，求 l_1 关于直线 $l:3x+4y-1=0$ 对称的直线 l_2 的方程.

解： 由 $\begin{cases}2x+y-4=0,\\3x+4y-1=0\end{cases}$ 得 l_1 与 l 的交点为 $P(3,-2)$，显见 P 也在 l_2 上.

设 l_2 的斜率为 k，又 l_1 的斜率为 -2，l 的斜率为 $-\dfrac{3}{4}$，

利用到角公式可得：$\dfrac{-\dfrac{3}{4}-(-2)}{1+\left(-\dfrac{3}{4}\right)(-2)}=\dfrac{k-\left(-\dfrac{3}{4}\right)}{1+\left(-\dfrac{3}{4}\right)k}$，解得 $k=-\dfrac{2}{11}$.

故 l_2 的直线方程为 $y+2=-\dfrac{2}{11}(x-3)$.即 $2x+11y+16=0$.

5. 一张坐标纸对折一次后，点 $A(0,4)$ 与点 $B(8,0)$ 重叠，若点 $C(6,8)$ 与点 $D(m,n)$ 重叠，求 $m+n$.

解： 可解得对称轴方程为 $y=2x-6$，由 $\dfrac{n+8}{2}=(6+m)-6$，$\dfrac{n-8}{m-6}=-\dfrac{1}{2}$，得 $m=7.6$，$n=7.2$，所以 $m+n=14.8$.

6. 在 $\triangle ABC$ 中，a，b，c 为三边，A，B，C 为内角，且 $2\lg\sin B=\lg\sin A+\lg\sin C$，试判断 $x\sin^2 A+y\sin A=a$ 和 $x\sin^2 B+y\sin C=c$ 的位置关系并给出证明.

解： $\sin^2 B=\sin A\sin C$，$\dfrac{\sin^2 A}{\sin^2 B}=\dfrac{\sin^2 A}{\sin A\sin C}=\dfrac{\sin A}{\sin C}=\dfrac{a}{c}$，所以两条直线重合.

7. 在平面直角坐标系中定义两点 $P(x_1,y_1)$，$Q(x_2,y_2)$ 之间的交通距离为 $d(P,Q)=|x_1-x_2|+|y_1-y_2|$.若 $C(x,y)$ 到点 $A(1,3)$，$B(6,9)$ 的交通距离相等，其中实数 x，y 满足 $0\leqslant x\leqslant 10,0\leqslant y\leqslant 10$，则所有满足条件的点 C 的轨迹的长之和为多少？

解： 由条件得 $|x-1|+|y-3|=|x-6|+|y-9|$ ①

当 $y\geqslant 9$ 时，①化为 $|x-1|+6=|x-6|$，无解；

当 $y\leqslant 3$ 时，①化为 $|x-1|=6+|x-6|$，无解；

当 $3\leqslant y\leqslant 9$ 时，①化为 $2y-12=|x-6|-|x-1|$ ②

若 $x\leqslant 1$，则 $y=8.5$，线段长度为 1；若 $1\leqslant x\leqslant 6$，则 $x+y=9.5$，线段长度为 $5\sqrt{2}$；

若 $x\geqslant 6$，则 $y=3.5$，线段长度为 4.

综上可知，点 C 的轨迹的构成的线段长度之和为 $1+5\sqrt{2}+4=5(\sqrt{2}+1)$.

8. 已知直线 l 经过点 $P(3,1)$，且被两平行直线 $l_1:x+y+1=0$ 和 $l_2:x+y+6=0$ 截得的线段之长为 5，求直线 l 的方程.

解：（方法一）所求 l 的方程为 $x=3$ 或 $y=1$.

若直线 l 的斜率不存在，则直线 l 的方程为 $x=3$，此时与 l_1、l_2 的交点分别为 $A'(3,-4)$ 和 $B'(3,-9)$，截得的线段 AB 的长 $|AB|=|-4+9|=5$，符合题意，

若直线 l 的斜率存在，则设直线 l 的方程为 $y=k(x-3)+1$.

解方程组 $\begin{cases}y=k(x-3)+1,\\x+y+1=0,\end{cases}$ 得 $A\left(\dfrac{3k-2}{k+1},-\dfrac{4k-1}{k+1}\right)$，

解方程组 $\begin{cases} y=k(x-3)+1, \\ x+y+6=0, \end{cases}$ 得 $B\left(\dfrac{3k-7}{k+1}, -\dfrac{9k-1}{k+1}\right)$.

由 $|AB|=5$,得 $\left(\dfrac{3k-2}{k+1}-\dfrac{3k-7}{k+1}\right)^2 + \left(-\dfrac{4k-1}{k+1}+\dfrac{9k-1}{k+1}\right)^2 = 5^2$.

解之,得 $k=0$,即欲求的直线方程为 $y=1$.

综上可知,所求 l 的方程为 $x=3$ 或 $y=1$.

(方法二) $l_1:x+y+1=0$ 和 $l_2:x+y+6=0$ 的平行线之间的距离为 $\dfrac{5}{\sqrt{2}}$.

所以直线 l 与平行线的夹角为 $\dfrac{\pi}{4}$,所以直线 l 的倾斜角为 $\dfrac{\pi}{2}$ 或 π.

故所求 l 的方程为 $x=3$ 或 $y=1$.

9. 已知三条直线 $2x+3y+5=0,4x-3y+1=0,mx-y=0$ 不能构成三角形.求实数 m 的值.

解:依题意.当三条直线中有两条平行或重合.或三条直线交于一点时.三条直线不能构成三角形.故 $m=-\dfrac{2}{3}$ 或 $m=\dfrac{4}{3}$ 或 $m=1$. $\therefore$ 实数 m 的取值集合是 $\left\{-\dfrac{2}{3}, \dfrac{4}{3}, 1\right\}$.

10. 若 $\triangle ABC$ 的顶点 $A(3,4).B(6,0).C(-5,-2)$.求 $\angle A$ 的平分线 AT 所在直线方程.

解:如题 10 解析图.在此对图形特征从不同角度给予分析以获得解题思路:

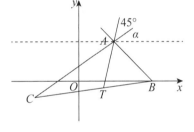

AB 的方程为 $y=-\dfrac{4}{3}(x-6) \Rightarrow 4x+3y-24=0$.

AC 的方程为 $y-4=\dfrac{3}{4}(x-3) \Rightarrow y=\dfrac{3}{4}x+\dfrac{7}{4} \Rightarrow 3x-4y+7=0$

题 10 解析图

设直线 AT 的斜率为 k.则用到角公式可得

$\dfrac{k-\dfrac{3}{4}}{1+\dfrac{3}{4}k} = \dfrac{-\dfrac{4}{3}-k}{1+\left(-\dfrac{4}{3}\right)k} \Rightarrow 4k-3=\pm(3k+4)$.

解得 $k=7$ 或 $k=-\dfrac{1}{7}$(舍去)所以有 $y-4=7(x-3) \Rightarrow 7x-y-17=0$.

11. 求 k 的值使得方程 $x^2+xy-6y^2-20x-20y+k=0$ 表示两条直线,并求出这两条直线的夹角.

解:$(x-2y)(x+3y)-20x-20y+k=0$,

$(x-2y+a)(x+3y+b)=0$,则

$\begin{cases} a+b=-20, \\ 3a+2b=-20, \\ ab=k, \end{cases}$ $k=96$,求出这两条直线的夹角为 $\dfrac{\pi}{4}$.

12. 复数 $z_0=1-mi(m>0), z=x+yi$ 和 $\omega=x'+y'i$,其中 x,y,x',y' 均为实数,且有 $\omega=\overline{z_0}\cdot\overline{z}, |\omega|=2|z|$.

（1）求 m 的值，并分别写出 x' 和 y' 用 x,y 表示的关系式；

（2）将 (x,y) 作为点 P 的坐标，(x',y') 作为点 Q 的坐标，上述关系式可看作是坐标平面上点的一个变换：它将平面上的点 P 变到这一平面上的点 Q，当点 P 在直线 $y=x+1$ 上移动时，求点 P 经该变换后得到的点 Q 的轨迹方程；

（3）是否存在这样的直线：它上面的任意一点经上述变换后得到的点仍在该直线上？若存在，试求出所有这些直线的方程；若不存在，则说明理由.

解：（1）由题设，$|\omega|=|\overline{z_0}\cdot\overline{z}|=|z_0||z|=2|z|$，$\therefore$ $|z_0|=2$，

于是由 $1+m^2=4$，且 $m>0$，$m=\sqrt{3}$，

因此由 $x'+y'i=\overline{(1+\sqrt{3}i)}\cdot\overline{(x+yi)}=x-\sqrt{3}y+(\sqrt{3}x-y)i$，

得关系式 $\begin{cases} x'=x-\sqrt{3}y, \\ y'=-\sqrt{3}x-y; \end{cases}$

（2）设点 $P(x,y)$ 在直线 $y=x+1$ 上，则其经变换后的点 $Q(x',y')$ 满足

$\begin{cases} x'=(1-\sqrt{3})x-\sqrt{3}, \\ y'=-(1+\sqrt{3}x)x-1, \end{cases}$ 消去 x，得 $y'=(2+\sqrt{3})x'+2\sqrt{3}+2$，

故点 Q 的轨迹方程为 $y=(2+\sqrt{3})x-2\sqrt{3}+2$；

（3）假设存在这样的直线，$\because$ 平行坐标轴的直线显然不满足条件，

$\therefore$ 所求直线可设为 $y=kx+b(k\neq 0)$，

取直线上一点 $P\left(-\dfrac{b}{k},0\right)$，其经变换后得到的点 $Q\left(-\dfrac{b}{k},-\dfrac{\sqrt{3}b}{k}\right)$ 仍在该直线上，

$\therefore$ $-\dfrac{\sqrt{3}b}{k}=k\left(-\dfrac{b}{k}\right)+b$，得 $b=0$，

故所求直线为 $y=kx$，取直线上一点 $P(0,k)$，其经变换后得到的点 $Q(1-\sqrt{3}k,\sqrt{3}-k)$ 仍在该直线上.

$\therefore$ $-\sqrt{3}-k=k(1-\sqrt{3}k)$，即 $\sqrt{3}k^2-2k-\sqrt{3}=0$，得 $k=-\dfrac{\sqrt{3}}{3}$ 或 $k=+\sqrt{3}$，

故这样的直线存在，其方程为 $y=\dfrac{-\sqrt{3}}{3}x$ 或 $y=\sqrt{3}x$.

13. 在平面直角坐标系中，在 y 轴的正半轴上给定 A、B 两点，在 x 轴正半轴上求一点 C，使 $\angle ACB$ 取得最大值.

解：设 $\angle ACB=\alpha$，$\angle BCO=\beta$，再设 $A(0,a)$，$B(0,b)$，$C(x,0)$.

则 $\tan(\alpha+\beta)=\dfrac{a}{x}$，$\tan\beta=\dfrac{b}{x}$.见题 13 解析图.

$$\tan\alpha=\tan[(\alpha+\beta)-\beta]=\dfrac{\tan(\alpha+\beta)-\tan\beta}{1+\tan(\alpha+\beta)\cdot\tan\beta}=\dfrac{\dfrac{a}{x}-\dfrac{b}{x}}{1+\dfrac{ab}{x^2}}$$

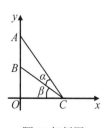

题 13 解析图

$$= \frac{a-b}{x+\frac{ab}{x}} \leqslant \frac{a-b}{2\sqrt{x \cdot \frac{ab}{x}}} = \frac{a-b}{2\sqrt{ab}}.$$

当且仅当 $x = \frac{ab}{x}$, $\because$ $x^2 = ab$, $\therefore$ $x = \sqrt{ab}$ 时, $\tan\alpha$ 有最大值, 最大值为 $\frac{a-b}{2\sqrt{ab}}$,

$\therefore$ $y = \tan x$ 在 $\left(0, \frac{\pi}{2}\right)$ 内为增函数.

$\therefore$ 角 α 的最大值为 $\arctan \frac{a-b}{2\sqrt{ab}}$. 此时 C 点的坐标为 $(\sqrt{ab}, 0)$.

§11.4 点到直线的距离

1. 求出平面上整点(纵、横坐标都是整数的点)到直线 $y = \frac{5}{3}x + \frac{4}{5}$ 的距离中的最小值.

解: 设整点为 (a, b), $a, b \in \mathbf{Z}$, $y = \frac{5}{3}x + \frac{4}{5} \Leftrightarrow 25x - 15y + 12 = 0$.

则点到直线的距离为 $d = \frac{|25a - 15b + 12|}{\sqrt{25^2 + 15^2}}$,

因为 $25a - 15b = 5(5a - 3b)$, 当 $a = 2, b = 4$ 时, $25a - 15b = -10$,

$$d_{\min} = \frac{2}{\sqrt{25^2 + 15^2}} = \frac{\sqrt{34}}{85}.$$

2. 已知两点 $A(1, 2)$, $B(3, 1)$ 到直线 L 的距离分别是 $\sqrt{2}$, $\sqrt{5} - \sqrt{2}$, 则满足条件的直线 L 共有多少条?

解: 画两个分别以 $A(1, 2)$, $B(3, 1)$ 为圆心, 半径为 $\sqrt{2}$, $\sqrt{5} - \sqrt{2}$ 的圆, 两圆正好相外切, 有三条公切线, 所以答案为 3.

3. 求点 $A(1, 1)$ 到直线 $x\cos\theta + y\sin\theta - 2 = 0$ 的距离的最大值.

解: $d = \frac{|\cos\theta + \sin\theta - 2|}{1} = 2 - \sqrt{2}\sin\left(\theta + \frac{\pi}{4}\right) \leqslant 2 + \sqrt{2}$, 所以距离的最大值为 $2 + \sqrt{2}$.

4. 已知两个定点 $M(-1, 0)$, $N(1, 0)$, 点 P 是平面上的一个动点, 点 N 到直线 PM 的距离为 1. 求直线 PM 的方程.

解: 作图可得: 直线 PM 的倾斜角为 $\frac{\pi}{6}$ 或 $\frac{5\pi}{6}$, 所以直线 PM 的方程为 $y = \pm\frac{\sqrt{3}}{3}(x + 1)$.

5. 在平面直角坐标系 xOy 中, O 为坐标原点. 定义 $P(x_1, y_1)$, $Q(x_2, y_2)$ 两点之间的"直角距离"为 $d(P, Q) = |x_1 - x_2| + |y_1 - y_2|$. 若点 $A(-1, 3)$, 则 $d(A, O) = $ _____; 已知 $B(1, 0)$, 点 M 为直线 $x - y + 2 = 0$ 上动点, 则 $d(B, M)$ 的最小值为 _____.

解: 4; 3.

6. 已知函数 $f(x)=x+\dfrac{a}{x}$ 的定义域为 $(0,+\infty)$，且 $f(2)=2+\dfrac{\sqrt{2}}{2}$. 设点 P 是函数图像上的任意一点，过点 P 分别作直线 $y=x$ 和 y 轴的垂线，垂足分别为 M、N.

（1）求 a 的值.

（2）问 $|PM|\cdot|PN|$ 是否为定值？若是，则求出该定值，若不是，则说明理由.

（3）设 O 为坐标原点，求四边形 $OMPN$ 面积的最小值.

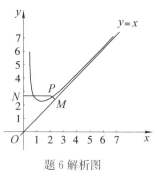

题 6 解析图

解:（1）$\because$ $f(2)=2+\dfrac{a}{2}=2+\dfrac{\sqrt{2}}{2}$，$\therefore$ $a=\sqrt{2}$.

（2）设点 P 的坐标为 (x_0,y_0)，则有 $y_0=x_0+\dfrac{\sqrt{2}}{x_0}$，$x_0>0$，

由点到直线的距离公式可知，$|PM|=\dfrac{|x_0-y_0|}{\sqrt{2}}=\dfrac{1}{x_0}$，$|PN|=x_0$，

$\therefore$ 有 $|PM|\cdot|PN|=1$，即 $|PM|\cdot|PN|$ 为定值，这个值为 1.

（3）由题意可设 $M(t,t)$，可知 $N(0,y_0)$.

$\because$ PM 与直线 $y=x$ 垂直，$\therefore$ $k_{PM}\cdot 1=-1$，即 $\dfrac{y_0-t}{x_0-t}=-1$，解得 $t=\dfrac{1}{2}(x_0+y_0)$.

又 $y_0=x_0+\dfrac{\sqrt{2}}{x_0}$，$\therefore$ $t=x_0+\dfrac{\sqrt{2}}{2x_0}$.

$\therefore$ $S_{\triangle OPM}=\dfrac{1}{2x_0^2}+\dfrac{\sqrt{2}}{2}$，$S_{\triangle OPN}=\dfrac{1}{2}x_0^2+\dfrac{\sqrt{2}}{2}$.

$\therefore$ $S_{\text{四边形}OMPN}=S_{\triangle OPM}+S_{\triangle OPN}=\dfrac{1}{2}\left(x_0^2+\dfrac{1}{x_0^2}\right)+\sqrt{2}\geqslant 1+\sqrt{2}$.

当且仅当 $x_0=1$ 时，等号成立.

此时四边形 $OMPN$ 的面积有最小值 $1+\sqrt{2}$.

7. 如图 11-23 所示，已知：射线 OA 为 $y=kx(k>0,x>0)$，射线 OB 为 $y=-kx(x>0)$，动点 $P(x,y)$ 在 $\angle AOx$ 的内部，$PM\perp OA$ 于 M，$PN\perp OB$ 于 N，四边形 $ONPM$ 的面积恰为 k.

（1）当 k 为定值时，动点 P 的纵坐标 y 是横坐标 x 的函数，求这个函数 $y=f(x)$ 的解析式.

（2）根据 k 的取值范围，确定 $y=f(x)$ 的定义域.

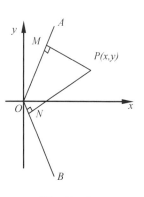

图 11-23

解:（1）设 $M(a,ka)$，$N(b,-kb)$，$(a,b>0)$.

则 $|OM|=a\sqrt{1+k^2}$，$|ON|=b\sqrt{1+k^2}$. 由动点 $P(x,y)$ 在 $\angle AOx$ 的内部，得 $0<y<kx$.

$\therefore$ $|PM|=\dfrac{|kx-y|}{\sqrt{1+k^2}}=\dfrac{kx-y}{\sqrt{1+k^2}}$，$|PN|=\dfrac{kx+y}{\sqrt{1+k^2}}$.

则 $S_{\text{四边形}ONPM}=S_{\triangle ONP}+S_{\triangle OPM}=\dfrac{1}{2}(|OM|\cdot|PM|+|ON|\cdot|PN|)$

$$= \frac{1}{2}\left[a(kx-y)+b(kx+y)\right] = \frac{1}{2}\left[k(a+b)x-(a-b)y\right] = k,$$

则 $k(a+b)x-(a-b)y=2k$ ①

又由 $k_{PM} = -\frac{1}{k} = \frac{y-ka}{x-a}$, $k_{PN} = \frac{1}{k} = \frac{y+kb}{x-b}$,

分别解得 $a = \frac{x+ky}{1+k^2}$, $b = \frac{x-ky}{1+k^2}$, 代入①式消 a, b, 并化简得 $x^2-y^2 = k^2+1$.

$\because$ $y>0$, $\therefore$ $y = \sqrt{x^2-k^2-1}$.

(2) 由 $0<y<kx$, 得 $0<\sqrt{x^2-k^2-1}<kx$

$\Leftrightarrow \begin{cases} x^2-k^2-1>0, \\ x^2-k^2-1<k^2x^2 \end{cases} \Leftrightarrow \begin{cases} x>\sqrt{k^2+1}, \\ (1-k^2)x^2<k^2+1 \end{cases}$ (*)   ②

当 $k=1$ 时, 不等式②为 $0<2$ 恒成立, $\therefore$ (*) $\Leftrightarrow x>\sqrt{2}$.

当 $0<k<1$ 时, 由不等式②得 $x^2 < \frac{k^2+1}{1-k^2}$, $x < \frac{\sqrt{1-k^4}}{1-k^2}$,

$\therefore$ (*) $\Leftrightarrow \sqrt{k^2+1} < x < \frac{\sqrt{1-k^4}}{1-k^2}$.

当 $k>1$ 时, 由不等式②得 $x^2 > \frac{k^2+1}{1-k^2}$, 且 $\frac{k^2+1}{1-k^2}<0$, $\therefore$ (*) $\Leftrightarrow x>\sqrt{k^2+1}$.

但垂足 N 必须在射线 OB 上, 否则 O, N, P, M 四点不能组成四边形,

所以还必须满足条件: $y<\frac{1}{k}x$, 将它代入函数解析式, 得 $\sqrt{x^2-k^2-1}<\frac{1}{k}x$.

解得 $\sqrt{k^2+1} < x < \frac{k\sqrt{k^4-1}}{k^2-1}(k>1)$, 或 $x \in k(0<k\leqslant1)$.

综上, 当 $k=1$ 时, 定义域为 $\{x \mid \sqrt{2}<x\}$;

当 $0<k<1$ 时, 定义域为 $\left\{x \middle| \sqrt{k^2+1} < x < \frac{\sqrt{1-k^4}}{1-k^2}\right\}$;

当 $k>1$ 时, 定义域为 $\left\{x \middle| \sqrt{k^2+1} < x < \frac{k\sqrt{k^4-1}}{k^2-1}\right\}$.

§11.5 二元一次不等式的解集与线性规划问题

1. 若 x、y 满足条件 $\begin{cases} 2x+y-12\leqslant0, \\ 3x-2y+10\geqslant0, \\ x-4y+10\leqslant0. \end{cases}$

求 $z=x+2y$ 的最大值和最小值.

解: 作出约束条件所表示的平面区域, 即可行域, 如题 1 解析图所示.

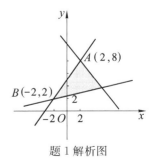

题 1 解析图

作直线 $l:x+2y=z$，即 $y=-\dfrac{1}{2}x+\dfrac{1}{2}z$，它表示斜率为 $-\dfrac{1}{2}$，纵截距为 $\dfrac{z}{2}$ 的平行直线系，当它在可行域内滑动时，由图可知，直线 l 过点 A 时，z 取得最大值，当 l 过点 B 时，z 取得最小值.

$$\therefore z_{\max}=2+2\times8=18 \quad \therefore z_{\min}=-2+2\times2=2.$$

2. 已知点 $A(5\sqrt{3},5)$，直线 $l:x=my+n(n>0)$ 过点 A.若可行域 $\begin{cases}x\leqslant my+n,\\ x-\sqrt{3}y\geqslant0,\\ y\geqslant0\end{cases}$ 的外接圆直径为 20，求 n 的值.

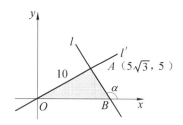

题 2 解析图

解： 注意到直线 $l':x-\sqrt{3}y=0$ 也过点 A，所以 A 为直线 l 与 l' 的交点.

可行域如题 2 解析图中 $\triangle AOB$ 阴影部分（含边界）所示.

设直线 l 的倾斜角为 α，则 $\angle ABO=\pi-\alpha$，

在 $\triangle AOB$ 中 $|OA|=10$，由正弦定理得 $\dfrac{OA}{\sin\angle ABO}=\dfrac{10}{\sin(\pi-\alpha)}=20$，则 $\alpha=\dfrac{5\pi}{6}$.所以，直线的斜率为 $\dfrac{1}{m}$，则 $\dfrac{1}{m}=\tan\dfrac{5\pi}{6}$，得 $m=-3$.

又直线 l 过 $A(5\sqrt{3},5)$，所以，$5\sqrt{3}=-\sqrt{3}\times5+n$，解得 $n=10\sqrt{3}$.

3. 已知 $\begin{cases}y\geqslant0,\\ 3x-y\geqslant0,\\ x+3y-3\leqslant0,\end{cases}$ 求 x^2+y^2 的最大值.

解： 先画图，$\sqrt{x^2+y^2}$ 表示 (x,y) 与 $(0,0)$ 的距离，x^2+y^2 的最大值为 9.

4. 设 x，y 满足不等式组 $\begin{cases}1\leqslant x+y\leqslant4,\\ y+2\geqslant|2x-3|.\end{cases}$

（1）求点 (x,y) 所在的平面区域；

（2）设 $a>-1$，在（1）区域里，求函数 $f(x,y)=y-ax$ 的最大值、最小值.

解：（1）由已知得 $\begin{cases}1\leqslant x+y\leqslant4,\\ y+2\geqslant2x-3,\\ 2x-3\geqslant0,\end{cases}$ 或 $\begin{cases}1\leqslant x+y\leqslant4,\\ y+2\geqslant3-2x,\\ 2x-3<0;\end{cases}$

（2）$f(x,y)$ 是直线 $l:y-ax=k$ 在 y 轴上的截距，直线 l 与阴影相交，因为 $a>-1$，所以它过顶点 C 时，$f(x,y)$ 最大，C 点坐标为 $(-3,7)$，于是 $f(x,y)$ 的最大值为 $3a+7$.如果 $-1<a\leqslant2$，则 l 通过点 $A(2,-1)$ 时，$f(x,y)$ 最小，此时值为 $-2a-1$；如果 $a>2$，则 l 通过 $B(3,1)$ 时，$f(x,y)$ 取最小值为 $-3a+1$.

5. 设函数 $f_0(x)=|x|$，$f_1(x)=|f_0(x)-1|$，$f_2(x)=|f_1(x)-1|$，试求函数 $f_2(x)$ 的

图像与 x 轴所围成图形中的封闭部分的面积.

解：函数 $y=f_2(x)$ 的图像如题 5 解析图的实线部分所示.

所求的封闭部分的面积为

$$S_{梯形ABCD}-S_{\triangle CDE}=\frac{1}{2}(2+6)\times 2-\frac{1}{2}\times 2\times 1=7.$$

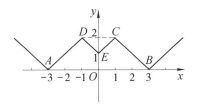

题 5 解析图

6. 平面直角坐标系内有 $\triangle ABC$，顶点坐标为 $A(3,0)$，$B(0,2)$，$C(0,-1)$.两平行直线 $x=t$，$x=\dfrac{t}{2}(0<t\leqslant 3)$ 之间与 $\triangle ABC$ 公共部分的面积记为 $S(t)$，则当 t 变化时，求 $S(t)$ 的最大值.

解：由相似性计算公共部分面积：

$$S(t)=\frac{9}{2}\left(\frac{3-\frac{t}{2}}{3}\right)^2-\frac{9}{2}\left(\frac{3-t}{3}\right)^2=\frac{9}{2}\frac{\left(6-\frac{3}{2}t\right)\frac{1}{2}t}{9}=\frac{1}{6}\left(6-\frac{3}{2}t\right)\frac{3}{2}t=-\frac{3}{8}t^2+\frac{3}{2}t=$$

$-\dfrac{3}{8}(t-2)^2+\dfrac{3}{2}\leqslant\dfrac{3}{2}$，由于 $0<t\leqslant 3$，则当且仅当 $t=2$ 时取最大值.最大值为 $\dfrac{3}{2}$.

7. 甲、乙、丙三种食物的维生素 A、B 含量及成本如下表：

	甲	乙	丙
维生素 A（单位/千克）	600	700	400
维生素 B（单位/千克）	800	400	500
成本（元/千克）	11	9	4

某食物营养研究所想用 x 千克甲种食物，y 千克乙种食物，z 千克丙种食物配成 100 千克的混合食物，并使混合食物至少含 56000 单位维生素 A 和 63000 单位维生素 B.（1）用 x，y 表示混合物成本 C；（2）确定 x，y，z 的值，使成本最低.

解：（1）$C=11x+9y+4z=11x+9y+4(100-x-y)=7x+5y+400$ 元；

（2）$\begin{cases}x+y+z=1000,\\600x+700y+400z\geqslant 5600,\\800x+400y+500z\geqslant 6300,\\C=7x+5y+400,\end{cases}$ 解之得 $C=850$ 元，$x=50$ 千克，$z=30$ 千克时成本最低.

8. 某工厂生产 A、B 两种产品，已知生产 A 产品 1 kg 要用煤 9 t，电力 4 kW，3 个工作日；生产 B 产品 1 kg 要用煤 4 t，电力 5 kW，10 个工作日.又知生产出 A 产品 1 kg 可获利 7 万元，生产出 B 产品 1 kg 可获利 12 万元，现在工厂只有煤 360 t，电力 200 kW，300 个工作日，在这种情况下生产 A，B 产品各多少千克能获得最大经济效益？

解：在题目条件比较复杂时，可将题目中的条件列表.

产品	工作日	煤/t	电力/kW	利润/万元
A 产品	3	9	4	7
B 产品	10	4	5	12

设 A 为 x 千克，B 为 y 千克，c 为 z 千克，经济效益为 w 万元，则

$$\begin{cases} 9x+4y\leq360, \\ 4x+5y\leq200, \\ 3x+10y\leq30, \\ w=7x+12, \end{cases}$$

解之得：A 产品为 20 千克，B 产品为 40 千克，最大经济效益为 428 万元．

9. 有一批钢管，长度都是 4000 mm，要截成 500 mm 和

600 mm两种毛坯，且这两种毛坯数量比要大于 $\dfrac{1}{3}$ 配套，怎样截

最合理？

解： 设截 500 mm 的 x 根，600 mm 的 y 根，根据题意，得

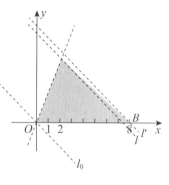

$$\begin{cases} 5x+6y\leq40, \\ y<3x, \qquad\qquad 且\ x,y\in\mathbf{Z}. \\ x>0, \\ y>0. \end{cases}$$

题 9 解析图

作出可行域，如题 9 解析图中阴影部分．

目标函数为 $z=x+y$，作一组平行直线 $x+y=t$，经过可行域内的点且和原点距离最远的直线为过 $B(0,8)$ 的直线，这时 $x+y=8$．

由 x,y 为正整数，知 $(0,8)$ 不是最优解．在可行域内找整点，使 $x+y=7$．

可知点 $(2,5),(3,4),(4,3),(5,2),(6,1)$ 均为最优解．

答：每根钢管截 500 mm 的 2 根，600 mm 的 5 根，或截 500 mm 的 3 根，600 mm 的 4 根或截 500 mm 的 4 根，600 mm 的 3 根或截 500 mm 的 5 根，600 mm 的 2 根或截 500 mm 的 6 根，600 mm 的 1 根最合理．

10. 咖啡馆配制两种饮料，甲种饮料每杯含奶粉 9 克、咖啡 4 克、糖 3 克，乙种饮料每杯含奶粉 4 克、咖啡 5 克、糖 10 克．已知每天原料的使用限额为奶粉 3600 克、咖啡 2000 克、糖3000 克．如果甲种饮料每杯能获利 0.7 元，乙种饮料每杯能获利 1.2 元，每天在原料的使用限额内饮料能全部售出，每天应配制两种饮料各多少杯能获利最大？

解： 设每天配制甲种饮料 x 杯、乙种饮料 y 杯可获得最大利润，利润总额为 z 元．

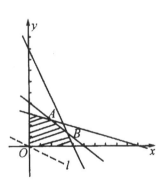

由条件知：$z=0.7x+1.2y$．变量 x、y 满足

$$\begin{cases} 9x+4y\leq3600, \\ 4x+5y\leq2000, \\ 3x+10y\leq3000, \\ x\geq0, y\geq0. \end{cases}$$

题 10 解析图

作出不等式组所表示的可行域（如题 10 解析图）．

作直线 l：$0.7x+1.2y=0$，把直线 l 向右上方平移至经过 A 点的位置时，$z=0.7x+1.2y$

取最大值.

由方程组 $\begin{cases} 3x+10y-3000=0, \\ 4x+5y-2000=0. \end{cases}$ 得 A 点坐标 $A(200,240)$.

答:应每天配制甲种饮料 200 杯,乙种饮料 240 杯方可获利最大.

§11.6　直线方程综合运用

1. 如图 $11-34$,l_1、l_2、l_3 是同一平面内的三条平行直线,l_1 与 l_2 间的距离是 1,l_2 与 l_3 间的距离是 2,正三角形 ABC 的三顶点分别在 l_1,l_2,l_3 上,则 $\triangle ABC$ 的边长是 　　　( ).

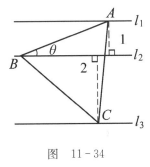

图　$11-34$

(A) $2\sqrt{3}$　　(B) $\dfrac{4\sqrt{6}}{3}$　　(C) $\dfrac{3\sqrt{17}}{4}$　　(D) $\dfrac{2\sqrt{21}}{3}$

解:设边长为 a ,$\sin\theta=\dfrac{1}{a}$,$\sin\left(\dfrac{\pi}{3}-\theta\right)=\dfrac{2}{a}$,

则 $a=\dfrac{1}{\sin\theta}=\dfrac{2}{\sin\left(\dfrac{\pi}{3}-\theta\right)}\Rightarrow\tan\theta=\dfrac{\sqrt{3}}{5}\Rightarrow\sin\theta=\dfrac{\sqrt{3}}{\sqrt{28}}$,

则 $a=\dfrac{1}{\dfrac{\sqrt{3}}{\sqrt{28}}}=\dfrac{\sqrt{28}}{\sqrt{3}}=\dfrac{2\sqrt{7}}{\sqrt{3}}=\dfrac{2}{3}\sqrt{21}$,所以选 D.

2. 平面中两条直线 l_1 和 l_2 相交于点 O,对于平面上任意一点 M,若 p、q 分别是 M 到直线 l_1 和 l_2 的距离,则称有序非负实数对 (p,q) 是点 M 的"距离坐标".已知常数 $p\geqslant 0,q\geqslant 0$,给出下列命题:

① 若 $p=q=0$,则"距离坐标"为 $(0,0)$ 的点有且仅有 1 个;

② 若 $pq=0$,且 $p+q\neq 0$,则"距离坐标"为 (p,q) 的点有且仅有 2 个;

③ 若 $pq\neq 0$,则"距离坐标"为 (p,q) 的点有且仅有 4 个.

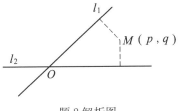

题 2 解析图

上述命题中,正确命题的个数是 　　　　　( ).

(A) 0　　　　　(B) 1　　　　　(C) 2　　　　　(D) 3

解:①③正确,②也应有 4 个,故选 C.

3. 已知点 $P(2,-1)$,求:

(1) 过 P 点与原点距离为 2 的直线 l 的方程;

(2) 过 P 点与原点距离最大的直线 l 的方程,最大距离是多少?

(3) 是否存在过 P 点与原点距离为 6 的直线? 若存在,求出方程;若不存在,请说明理由.

解:(1) 显然 $x=2$ 符合题意,对于一般直线 $y=k(x-2)-1$,

则原点到直线的距离为 $\dfrac{|2k+1|}{\sqrt{1+k^2}}=2\Rightarrow k=-\dfrac{3}{4}$，所以直线方程为 $3x-4y-10=0$，

综上所述直线方程为 $x=2$ 或 $3x-4y-10=0$；

（2）由几何意义可知，原点到垂直于 OP 的直线距离最远．最远的距离为 $\sqrt{5}$；

（3）因为 $\sqrt{5}<6$，不存在过 P 点且到原点距离为 6 的直线．

4. 设 2 阶方矩阵 $A=\begin{bmatrix} a & b \\ c & d \end{bmatrix}$，则矩阵 A 所对应的矩阵变换为：$\begin{bmatrix} x \\ y \end{bmatrix}=\begin{bmatrix} a & b \\ c & d \end{bmatrix}\begin{bmatrix} x' \\ y' \end{bmatrix}$，其意义是把点 $P(x,y)$ 变换为点 $Q(x',y')$，矩阵 A 称作变换矩阵．

（1）当变换矩阵 $A_1=\begin{bmatrix} 1 & 2 \\ 2 & 1 \end{bmatrix}$ 时，点 $P_1(-1,1)$，$P_2(-3,1)$ 经矩阵变换后得到点分别是 Q_1，Q_2，求过点 Q_1，Q_2 的直线的点方向式方程；

（2）当变换矩阵 $A_2=\begin{bmatrix} 1 & 3 \\ 8 & -1 \end{bmatrix}$ 时，若直线上的任意点 $P(x,y)$ 经矩阵变换后得到的点 Q 仍在该直线上，求直线的方程；

（3）若点 P 经矩阵 A_3 变换后得到点 Q，且 P 与 Q 关于直线 $y=kx$ 对称，求变换矩阵 A_3．

解：（1）$Q_1(1,-1)$，$Q_2(-1,-5)$，$\dfrac{y+1}{4}=\dfrac{x-1}{2}$；

（2）$x'=x+3y$，$y'=8x-y$ 当直线垂直于 x 轴显然不成立．

设 $y=kx+b$，

$8x-y=k(x+3y)+b\Rightarrow(3k^2+2k-8)x-(1+4k)b=0$，

$\begin{cases} 3k^2+2k-8=0, \\ (1+4k)b=0 \end{cases}\Rightarrow k=-2$ 或 $\dfrac{10}{3}$，$b=0$，

得到：$y=-2x$ 或 $y=\dfrac{10}{3}x$；

（3）设 $A_3=\begin{bmatrix} A & B \\ C & D \end{bmatrix}$

$\begin{cases} \dfrac{y'-y}{x'-x}=-\dfrac{1}{k}, \\ k\dfrac{x+x'}{2}=\dfrac{y+y'}{2} \end{cases}\Rightarrow\begin{cases} k(A+1)=C, \\ -kC=A-1, \\ kB=D+1, \\ -k(D-1)=B. \end{cases}$

$\therefore\quad A_3=\begin{bmatrix} \dfrac{1-k^2}{1+k^2} & \dfrac{2k}{1+k^2} \\ \dfrac{2k}{1+k^2} & \dfrac{k^2-1}{1+k^2} \end{bmatrix}$．

5. 已知过点 $A(1,1)$ 且斜率为 $-m(m>0)$ 的直线 l 与 x 轴、y 轴分别交于 P、Q，过 P、Q 作直线 $2x+y=0$ 的垂线，垂足为 R、S，求四边形 $PRSQ$ 面积的最小值．

解：由题，直线方程为 $y=-m(x-1)+1$，解得 $P\left(\dfrac{m+1}{m},0\right)$，$Q(0,m+1)$，求 PQ 中点到

直线 $2x+y=0$ 的距离,再求 P 到直线 $y=\dfrac{1}{2}x+(m+1)$ 的距离,得四边形 $PRSQ$ 面积与 m 的表达式,从而得四边形 $PRSQ$ 的面积的最小值为 3.6.

6. 已知三条直线 $l_1:2x-y+a=0(a>0)$,直线 $l_2:-4x+2y+1=0$ 和直线 $l_3:x+y-1=0$,且 l_1 与 l_2 的距离是 $\dfrac{7}{10}\sqrt{5}$.(1) 求 a 的值;(2) 求 l_3 到 l_1 的角 θ;(3) 能否找到一点 P,使得 P 点同时满足下列三个条件:① P 是第一象限的点;② P 点到 l_1 的距离是 P 点到 l_2 的距离的 $\dfrac{1}{2}$;③ P 点到 l_1 的距离与 P 点到 l_3 的距离之比是 $\sqrt{2}:\sqrt{5}$?若是,求 P 点坐标;若不是,请说明理由.

解:(1) $l_1:-4x+2y-2a=0$,$l_2:-4x+2y+1=0$

所以 l_1 与 l_2 的距离 $d=\dfrac{2a+1}{2\sqrt{5}}=\dfrac{7}{10}\sqrt{5}\Rightarrow a=3.$

(2) 利用三角公式可得:$\tan\theta=\dfrac{2-(-1)}{1+(-2)}=-3$,所以 $\theta=\pi-\arctan 3.$

(3) 设 P 点的坐标为 $P(m,n),(m,n>0)$,

则 $\begin{cases}\dfrac{|2m-n+3|}{\sqrt{5}}=\dfrac{1}{2}\dfrac{|-4m+2n+1|}{2\sqrt{5}},\\ \dfrac{|2m-n+3|}{\sqrt{5}}:\dfrac{|m+n-1|}{\sqrt{2}}=\sqrt{2}:\sqrt{5}\end{cases}\Rightarrow\begin{cases}4|2m-n+3|=|-4m+2n+1|,\\ |2m-n+3|=|m+n-1|\end{cases}\Rightarrow$

$\begin{cases}4(2m-n+3)=\pm(-4m+2n+1),\\ 2m-n+3=\pm(m+n-1)\end{cases}\Rightarrow P\left(\dfrac{1}{9},\dfrac{37}{18}\right).$

7. 如图 11-35 所示,O 为信号源点,A,B,C 是三个居民区,已知 A,B 都在 O 的正东方向上,$OA=10$ km,$OB=20$ km,C 在 O 的北偏西 $45°$ 方向上,$CO=5\sqrt{2}$ km,现要经过点 O 铺设一条总光缆直线 $EF(E$ 在直线 OA 的上方),并从 A,B,C 分别铺设三条最短分支光缆连接到总光线 EF,假设铺设每条分支光缆的费用与其长度的平方成正比,比例系数为1元/km²,设 $\angle AOE=\theta,(0\le\theta<\pi)$,铺设三条分支光缆的总费用为 w(元).

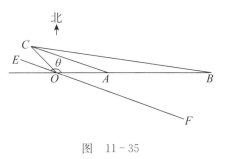

图 11-35

(1) 求 w 关于 θ 的函数表达式;

(2) 求 w 的最小值及此时 $\tan\theta$ 的值.

解:(1) 以点 O 位坐标原点,OA 为 x 轴建立直角坐标系,则 $A(10,0),B(20,0)$,$C(-5,5)$,当直线 EF 的斜率不存在,即 $\theta=\dfrac{\pi}{2}$ 时,

A,B,C 三点到直线 EF 的距离分别为 $10,20,5$

所以此时 $w=(10^2+20^2+5^2)\times 1=525$,

当直线 EF 的斜率存在时,设直线 EF 的方程为:$y=kx,k=\tan\theta$,

A,B,C 三点到直线 EF 的距离分别为：$\dfrac{|10k|}{\sqrt{1+k^2}},\dfrac{|20k|}{\sqrt{1+k^2}},\dfrac{|5+5k|}{\sqrt{1+k^2}}$，

所以 $w=1\times\left[\left(\dfrac{|10k|}{\sqrt{1+k^2}}\right)^2+\left(\dfrac{|20k|}{\sqrt{1+k^2}}\right)^2+\left(\dfrac{|5+5k|}{\sqrt{1+k^2}}\right)^2\right]$

$=\dfrac{525k^2+50k+25}{1+k^2}=\dfrac{525\tan^2\theta+50\tan\theta+25}{1+\tan^2\theta}.$

所以 $w=\begin{cases}525 & \left(\theta=\dfrac{\pi}{2}\right),\\[2mm]\dfrac{525\tan^2\theta+50\tan\theta+25}{1+\tan^2\theta} & \left(0\leqslant\theta\leqslant\pi,\theta\neq\dfrac{\pi}{2}\right);\end{cases}$

（2）当直线 EF 的斜率不存在时，$w=525$，

当直线 EF 的斜率存在时，

$w=\dfrac{525k^2+50k+25}{1+k^2}=\dfrac{525(k^2+1)+50k-500}{1+k^2}$

$=525+\dfrac{50(k-10)}{1+k^2}$

设 $t=k-10$，

当 $t=0$ 即 $k=10$ 时，$w=525$.

当 $t\neq 0$ 即 $k\neq 10$ 时，$w=525+\dfrac{50t}{1+(t+10)^2}=525+\dfrac{50}{t+\dfrac{101}{t}+20}.$

因为当 $t>0$ 时 $t+\dfrac{101}{t}\geqslant 2\sqrt{t\cdot\dfrac{101}{t}}=2\sqrt{101}$（当且仅当 $t=\sqrt{101}$ 时取等号）

当 $t>0$ 时，$t+\dfrac{101}{t}\leqslant -2\sqrt{t\cdot\dfrac{101}{t}}=2\sqrt{101}$（当且仅当 $t=-\sqrt{101}$ 时取等号）

所以 w 的最小值为 $525+\dfrac{50}{20-2\sqrt{101}}=275-25\sqrt{101}$

此时 $t=-\sqrt{101}$，$\tan\theta=k=10-\sqrt{101}$.

8. 已知两直线 $a_1x+b_1y+1=0$ 和 $a_2x+b_2y+1=0$ 的交点为 $P(2,3)$，求过两点 $Q_1(a_1,b_1)$，$Q_2(a_2,b_2)$，$(a_1\neq a_2)$ 的直线方程.

解： $2a_1+3b_1+1=0,2a_2+3b_2+1=0$，所以 Q_1,Q_2 在 $2x+3y+1=0$ 上过两点有且仅有一条直线，所以直线方程为 $2x+3y+1=0$.

9. 在直线方程 $y=kx+b$ 中，当 $x\in[-3,4]$，$y\in[-8,13]$，求此直线方程.

解： 设 $f(x)=kx+b$，

$\begin{cases}k>0,\\f(-3)=-8,\\f(4)=13,\end{cases}$ 或 $\begin{cases}k<0,\\f(-3)=13,\\f(4)=-8.\end{cases}$

解得：直线方程为 $y=3x+1$ 或 $y=-3x+4$.

10. 已知两点 $A(-1,2)$，$B(m,3)$.

（1）求直线 AB 的斜率 k 与倾斜角 α；

（2）求直线 AB 的方程；

（3）已知实数 $m \in \left[-\dfrac{\sqrt{3}}{3} - 1, \sqrt{3} - 1 \right]$，求直线 AB 的倾斜角 α 的取值范围.

解：（1）当 $m = -1$ 时，直线 AB 的斜率不存在，倾斜角 $\alpha = \dfrac{\pi}{2}$.

当 $m \neq -1$ 时，$k = \dfrac{1}{m+1}$，

当 $m > -1$ 时，$\alpha = \arctan \dfrac{1}{m+1}$，

当 $m < -1$ 时，$\alpha = \pi + \arctan \dfrac{1}{m+1}$；

（2）当 $m = -1$ 时，$AB : x = -1$，当 $m \neq -1$ 时，$AB : y - 2 = \dfrac{1}{m+1}(x+1)$；

（3）1°当 $m = -1$ 时，$\alpha = \dfrac{\pi}{2}$；2°当 $m \neq -1$ 时，

$\because$　$k = \dfrac{1}{m+1} \in (-\infty, -\sqrt{3}] \cup \left[\dfrac{\sqrt{3}}{3}, +\infty \right)$，　$\therefore$　$\alpha \in \left[\dfrac{\pi}{6}, \dfrac{\pi}{2} \right) \cup \left(\dfrac{\pi}{2}, \dfrac{2\pi}{3} \right]$.

故综合 1°、2° $\alpha \in \left[\dfrac{\pi}{6}, \dfrac{2\pi}{3} \right]$ 得，直线 AB 的倾斜角 $\alpha \in \left[\dfrac{\pi}{6}, \dfrac{2\pi}{3} \right]$.

第十二章 圆锥曲线

Conic Sections

§12.1 曲线和方程

1. 如果命题"坐标满足方程 $f(x,y)=0$ 的点都在曲线 C 上"不正确，那么以下正确的命题是 ( ).

(A) 曲线 C 上的点的坐标都满足方程 $f(x,y)=0$

(B) 坐标满足方程 $f(x,y)=0$ 的点有些在 C 上，有些不在 C 上

(C) 坐标满足方程 $f(x,y)=0$ 的点都不在曲线 C 上

(D) 一定有不在曲线 C 上的点，其坐标满足方程 $f(x,y)=0$

解：原命题不正确说明坐标满足方程 $f(x,y)=0$ 的点不都在曲线 C 上，故 D 正确.

2. 若曲线 $y=a|x|$ 与 $y=x+a(a>0)$ 有两个公共点，求实数 a 的取值范围.

解：数形结合法，可得：$(1,+\infty)$.

3. 判断并画出方程 $y=-\sqrt{x^2-2x+1}$ 所表示的曲线.

解：由原方程 $y=-\sqrt{x^2-2x+1}$ 可得

$y=-|x-1|$，即 $y=\begin{cases} -x+1(x\geqslant 1), \\ x-1(x<1), \end{cases}$

∴ 方程 $y=-\sqrt{x^2-2x+1}$ 的曲线是两条射线，如题 3 解析图所示.

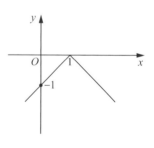

题 3 解析图

4. 若曲线 $y=|x^2-2|$ 与直线 $y=3x+k$ 恰有三个公共点，则 k 的值为_____.

解：数形结合，可知：无解.

5. 过 $P(2,4)$ 点作两条互相垂直的直线 l_1,l_2，若 l_1 交 l_1 轴于 A，l_2 交 y 轴于 B，求线段 AB 中点 M 的轨迹方程.

解：设 l_1 的方程为 $y=k(x-2)+4$，则 l_2 的方程为 $y=-\dfrac{1}{k}(x-2)+4$（若两直线的斜率均存在），

则 $A\left(-\dfrac{4}{k}+2,0\right),B\left(0,\dfrac{2}{k}+4\right)$.

由中点坐标公式知,M 的坐标为 $\left(-\dfrac{2}{k}+1,\dfrac{1}{k}+2\right)$.

所以 M 的轨迹方程为 $x+2y-5=0(x\neq1,y\neq2)$.

若两直线有一条无斜率,则 M 的坐标为 $(1,2)$.

所以 M 的轨迹方程为 $x+2y-5=0$.

6. 如图 12-6 所示,已知两点 $P(-2,2)$,$Q(0,2)$ 以及一直线 $l:y=x$,设长为 $\sqrt{2}$ 的线段 AB 在直线 l 上移动.求直线 PA 和 QB 的交点 M 的轨迹方程.

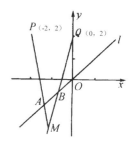

图 12-6

解: 由于 A、B 在直线 $l:y=x$,且线段 AB 长为 $\sqrt{2}$,设 $A(a,a)$,$B(a+1,a+1).(a\neq0)$

则 PA 方程为 $(a-2)x-(a+2)y+4a=0$,

PB 方程为 $(a-1)x-(a+1)y+2=0$.

联立两方程得 $\begin{cases}x=2a+1-\dfrac{1}{a},\\ y=2a-3+\dfrac{2}{a}\end{cases}\Rightarrow(x+y+2)(y-x+2)=16.$

所以 M 的轨迹方程为 $x^2-y^2+2x-2y+8=0$.

7. 如图 12-7 所示,Rt$\triangle ABC$ 的两条直角边长分别为 a 和 $b(a>b)$,A 与 B 两点分别在 x 轴的正半轴和 y 轴的正半轴上滑动,求直角顶点 C 的轨迹方程.

解: 设点 C 的坐标为 (x,y),连接 CO,由 $\angle ACB=\angle AOB=90°$,所以 A、O、B、C 四点共圆.

从而 $\angle AOC=\angle ABC$.由 $\tan\angle ABC=\dfrac{b}{a}$,$\tan\angle AOC=\dfrac{y}{x}$,有 $\dfrac{y}{x}=\dfrac{b}{a}$,即 $y=\dfrac{b}{a}x$.

注意到方程表示的是过原点、斜率为 $\dfrac{b}{a}$ 的一条直线,而题目中的 A 与 B 均在两坐标轴的正半轴上滑动,由于 a、b 为常数,故 C 点的轨迹不会是一条直线,而是直线的一部分.我们可考查 A 与 B 两点在坐标轴上的极端位置,确定 C 点坐标的范围.

如题 7 解析图(a),当点 A 与原点重合时,

$S_{\triangle ABC}=\dfrac{1}{2}AB\cdot x=\dfrac{1}{2}\sqrt{a^2+b^2}\cdot x$,所以 $x=\dfrac{ab}{\sqrt{a^2+b^2}}$.

如题 7 解析图(b),当点 B 与原点重合时,C 点的横坐标 $x=BD$.

由射影定理,$BC^2=BD\cdot AB$,即 $a^2=x\cdot\sqrt{a^2+b^2}$,有 $x=\dfrac{a^2}{\sqrt{a^2+b^2}}$.

由已知 $a>b$,所以 $\dfrac{ab}{\sqrt{a^2+b^2}}<\dfrac{a^2}{\sqrt{a^2+b^2}}$.

故 C 点的轨迹方程为:$y=\dfrac{b}{a}x\left(\dfrac{ab}{\sqrt{a^2+b^2}}\leqslant x\leqslant\dfrac{a^2}{\sqrt{a^2+b^2}}\right)$.

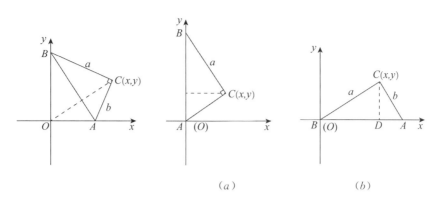

图 12-7   题 7 解析图

8. 已知常数 $a>0$,在矩形 $ABCD$ 中,$AB=4$,$BC=4a$,O 为 AB 的中点,点 E、F、G 分别在 BC、CD、DA 上移动,且 $\dfrac{BE}{BC}=\dfrac{CF}{CD}=\dfrac{DG}{DA}$,$P$ 为 GE 与 OF 的交点,如图 12-8 所示.求 P 点的轨迹方程.

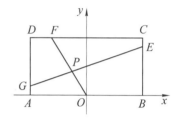

图 12-8

解: 根据题设条件可知,点 $P(x,y)$ 的轨迹即直线 GE 与 OF 的交点.

据题意有 $A(-2,0)$,$B(2,0)$,$C(2,4a)$,$D(-2,4a)$.

设 $\dfrac{BE}{BC}=\dfrac{CF}{CD}=\dfrac{DG}{DA}=k\,(0\leqslant k\leqslant 1)$,

由此有 $E(2,4ak)$,$F(2-4k,4a)$,$G(-2,4a-4ak)$

直线 OF 的方程为:$\dfrac{y-0}{4a-0}=\dfrac{x-0}{2-4k-0}\Rightarrow 2ax+(2k-1)y=0$ ①

直线 GE 的方程为:$\dfrac{y-(4a-4ak)}{4ak-(4a-4ak)}=\dfrac{x-(-2)}{2-(-2)}\Rightarrow -a(2k-1)x+y-2a=0$ ②

从①②消去参数 k,得点 $P(x,y)$ 的轨迹方程是:$2a^2x^2+y^2-2ay=0$.

§12.2 圆的方程

1. 求过两点 $A(1,4)$,$B(3,2)$ 且圆心在直线 $y=0$ 上的圆的标准方程并判断点 $P(2,4)$ 与圆的关系.

解: 圆心坐标为 AB 中垂线与直线 $y=0$ 的交点,半径为圆心到 A 的距离,继而得 $(x+1)^2+y^2=20$,计算点 P 到圆心的距离为 5,圆半径为 $2\sqrt{5}$,其大于半径,故点 P 在圆外.

2. 圆 $x^2+y^2+2x+4y-3=0$ 上到直线 $x+y+1=0$ 的距离为 $\sqrt{2}$ 的点共几个.

解: 圆方程为 $(x+1)^2+(y+2)^2=8$,圆心坐标 $(-1,-2)$,其到直线的距离为 $\dfrac{|-1-2+1|}{\sqrt{1+1}}=\sqrt{2}$,又圆的半径为 $2\sqrt{2}$,故圆上到直线距离为 $\sqrt{2}$ 的点有 3 个.

3. 自点 $A(-3,3)$ 发出的光线 l 射到 x 轴上,被 x 轴反射,反射光线所在的直线与圆 C：$x^2+y^2-4x-4y+7=0$ 相切.

（1）求光线 l 和反射光线所在的直线方程;（2）光线自 A 到切点所经过的路程多长?

解：(1) 根据对称性可知,入射光线与圆 C 关于 x 轴对称的圆 $(x-2)^2+(y+2)^2=1$ 相切.

设入射光线的方程为 $y=k(x+3)+3$,则 $\dfrac{|5k+5|}{\sqrt{1+k^2}}=1 \Rightarrow k=-\dfrac{3}{4},-\dfrac{4}{3}$.

所以入射光所在直线方程为 $4x+3y+3=0$ 或 $3x+4y-3=0$.

根据对称性可知,反射光线是通过点 $A(-3,3)$ 关于 x 轴对称的点 $(-3,-3)$ 与圆 C：$x^2+y^2-4x-4y+7=0$ 相切的直线.

设入射光线的方程为 $y=k(x+3)-3$,则 $\dfrac{|5k-5|}{\sqrt{1+k^2}}=1 \Rightarrow k=\dfrac{3}{4},\dfrac{4}{3}$.

所以反射光线所在的直线的方程为 $4x-3y+3=0$ 或 $3x-4y-3=0$;

(2) 根据对称性可知,光线自 A 到切点所经过的路程等于点 $(-3,-3)$ 与圆 C：$x^2+y^2-4x-4y+7=0$ 相切的切线的长度,即为 $\sqrt{(-3-2)^2+(-3-2)^2-1}=7$.

4. 求半径为 4,与圆 $x^2+y^2-4x-2y-4=0$ 相切,且和直线 $y=0$ 相切的圆的方程.

解：依题意,所求圆与直线 $y=0$ 相切且半径为 4,则圆心的坐标为 $O_1(a,4)$ 或 $O_1^*(a,-4)$,又已知圆的圆心坐标为 $O_2(2,1)$,半径 $r=3$,若两圆相切,则 $|O_1O_2|=4+3$ 或 $|O_1O_2|=4-3$.

(1) 当圆心为 $O_1(a,4)$ 时,有 $\sqrt{(a-2)^2+(4-1)^2}=7$,

解得 $a=2\pm2\sqrt{10}$,或 $\sqrt{(a-2)^2+(4-1)^2}=1$,无解.

故所求圆的方程为 $(x-2-2\sqrt{10})^2+(y-4)^2=16$ 或 $(x-2+2\sqrt{10})^2+(y-4)^2=16$.

(2) 当圆心为 $O_1^*(a,-4)$ 时,有 $\sqrt{(a-2)^2+(-4-1)^2}=7$,

解得 $a=2\pm2\sqrt{6}$,或 $\sqrt{(a-2)^2+(-4-1)^2}=1$,无解.

故所求的圆的方程为 $(x-2-2\sqrt{6})^2+(y-4)^2=16$ 或 $(x-2+2\sqrt{6})^2+(y-4)^2=16$.

综合(1)(2)可知所求圆的方程为 $(x-2-2\sqrt{10})^2+(y-4)^2=16$ 或 $(x-2+2\sqrt{10})^2+(y-4)^2=16$ 或 $(x-2-2\sqrt{6})^2+(y-4)^2=16$ 或 $(x-2+2\sqrt{6})^2+(y-4)^2=16$.

5. 求经过点 $A(0,5)$,且与直线 $x-2y=0$ 和 $2x+y=0$ 都相切的圆的方程.

解：设圆心坐标为 (a,b),半径为 R,则 $\dfrac{|a-2b|}{\sqrt{5}}=\dfrac{|2a+b|}{\sqrt{5}}=\sqrt{a^2+(b-5)^2}$,

解得：$\begin{cases} a=1, \\ b=3, \\ R=5, \end{cases}$ 或 $\begin{cases} a=5, \\ b=15, \\ R=5\sqrt{5}, \end{cases}$ 所以圆的方程为：$(x-1)^2+(y-3)^2=5$ 或 $(x-5)^2+(y-15)^2=125$.

6. 设点 $P(x,y)$ 是圆 $x^2+y^2=1$ 上的任一点,求 $u=\dfrac{y-2}{x+1}$ 的取值范围.

解：由 $u=\dfrac{y-2}{x+1}$ 得：$y-2=u(x+1)$，此直线与圆 $x^2+y^2=1$ 有公共点，

故点 $(0,0)$ 到直线的距离 $d\leqslant 1$. $\quad\therefore\ \left|\dfrac{u+2}{\sqrt{u^2+1}}\right|\leqslant 1$ 解得：$u\leqslant-\dfrac{3}{4}$.

7. 过点 $M(-6,0)$ 作圆 $C: x^2+y^2-6x-4y+9=0$ 的割线，交圆 C 于 A，B 两点，在线段 AB 上取一点 Q，使得 $\dfrac{1}{|MA|}+\dfrac{1}{|MB|}=\dfrac{2}{|MQ|}$，求点 Q 的轨迹.

解：设点 $A(x_1,y_1)$，$B(x_2,y_2)$，$Q(x,y)$，直线 AB 的斜率为 k

$\therefore\ |MA|=\sqrt{1+k^2}\,(x_1+6)$，$|MB|=\sqrt{1+k^2}\,(x_2+6)$，$|MQ|=\sqrt{1+k^2}\,(x+6)$

由 $\dfrac{1}{|MA|}+\dfrac{1}{|MB|}+\dfrac{2}{|MQ|}$

可得：$\dfrac{1}{\sqrt{1+k^2}\,(x_1+6)}+\dfrac{1}{\sqrt{1+k^2}\,(x_2+6)}=\dfrac{1}{\sqrt{1+k^2}\,(x+6)}$

$\therefore\ \dfrac{1}{(x_1+6)}+\dfrac{1}{(x_2+6)}=\dfrac{2}{(x+6)}$

$\Rightarrow\dfrac{(x_1+x_2)+12}{x_1x_2+6(x_1+x_2)+36}=\dfrac{2}{(x+6)}$ ①，联立方程：

$\begin{cases}y=k(x+6),\\ x^2+y^2-6x-4y+9=0,\end{cases}$ 消去 x 可得：

$\qquad(k^2+1)x^2+2(6k^2-2k-3)x+3(12k^2-8k+3)=0$

$x_1+x_2=-\dfrac{2(6k^2-2k-3)}{(k^2+1)}$，$x_1x_2=\dfrac{3(12k^2-8k+3)}{k^2+1}$ 代入①可得：

$\dfrac{-\dfrac{2(6k^2-2k-3)}{k^2+1}+12}{\dfrac{3(12k^2-8k+3)}{k^2+1}-6\cdot\dfrac{2(6k^2-2k-3)}{k^2+1}+36}=\dfrac{2}{(x+6)}$，

即 $\dfrac{4k+18}{81}=\dfrac{2}{(x+6)}$，而 $k=k_{MQ}=\dfrac{y}{(x+6)}$ 代入可得：

$\dfrac{\dfrac{4k}{x+6}+18}{81}=\dfrac{2}{(x+6)}$.

化简可得：$9x+2y-27=0$，

因为 Q 在圆内所以点 Q 的轨迹是直线 $9x+2y-27=0$ 被圆截得的弦.

8. 设 $A(1,0)$，$B(0,1)$，直线 $l: y=ax$，圆 $C:(x-a)^2+y^2=1$. 若圆 C 既与线段 AB 又与直线 l 有公共点，求实数 a 的取值范围.

解：由圆方程可知圆的心圆心为 $(a,0)$，半径 $r=1$，若圆与直线有公共点，则

$$d_{C-l}=\dfrac{|a^2|}{\sqrt{a^2+1}}\leqslant 1\Rightarrow a^4\leqslant a^2+1,$$

解得：$a^2\in\left[0,\dfrac{1+\sqrt{5}}{2}\right]$，所以 $a\in\left[-\sqrt{\dfrac{1+\sqrt{5}}{2}},\sqrt{\dfrac{1+\sqrt{5}}{2}}\right]$.

另一方面,$a=0$ 显然成立,当 $a>0$ 时,由图像可知 $0<a\leqslant 2$,

当 $a<0$ 时,$AB:x+y-1=0$,所以 $d_{C\text{-}AB}=\dfrac{|a-1|}{\sqrt{2}}=1$,解得:$a=1-\sqrt{2}$.

所以 $1-\sqrt{2}\leqslant a<0$,

综上所述:圆与线段 AB 有公共点时,$1-\sqrt{2}\leqslant a\leqslant 2$.

从而 $\begin{cases}1-\sqrt{2}\leqslant a\leqslant 2, \\ -\sqrt{\dfrac{1+\sqrt{5}}{2}}\leqslant a\leqslant\sqrt{\dfrac{1+\sqrt{5}}{2}}\end{cases}\Rightarrow 1-\sqrt{2}\leqslant a\leqslant\sqrt{\dfrac{1+\sqrt{5}}{2}}.$

9. 在直角坐标系 xOy 中,以 O 为圆心的圆与直线 $x-\sqrt{3}y=4$ 相切.

(1) 求圆 O 的方程;

(2) 圆 O 与 x 轴相交于 A,B 两点,圆内的动点 P 使 $|PA|,|PO|,|PB|$ 成等比数列,求 $\overrightarrow{PA}\cdot\overrightarrow{PB}$ 的取值范围.

解:(1) 点 $(0,0)$ 到直线 $x-\sqrt{3}y=4$ 的距离为 $\dfrac{|0+0+4|}{\sqrt{1+3}}=2$,故圆方程为 $x^2+y^2=4$;

(2) $|PA|\cdot|PB|=|PO|^2$,设 $P(x,y)$,故为 $[(x+2)^2+y^2]\cdot[(x-2)^2+y^2]=(x^2+y^2)^2\Rightarrow y^2=x^2-2$ 因点 P 在圆内,所以为 $4-x^2>y^2\geqslant 0$,得 $x^2\in[2,3)$,

$\overrightarrow{PA}\cdot\overrightarrow{PB}=(x+2)(x-2)+y^2=2x^2-6\in[-2,0)$.

10. 矩形 $ABCD$ 的两条对角线相交于点 $M(2,0)$,AB 边所在直线的方程为 $x-3y-6=0$,点 $T(-1,1)$ 在 AD 边所在直线上.

(1) 求 AD 边所在直线的方程;

(2) 求矩形 $ABCD$ 外接圆的方程;

(3) 若动圆 P 过点 $N(-2,0)$,且与矩形 $ABCD$ 的外接圆外切,求动圆 P 的圆心的轨迹方程.

解:(1) 因为 $AB\perp AD$,因为 $k_{AD}=-\dfrac{1}{k_{AB}}=-3$,又 AD 过 T.故直线方程为 $3x+y+2=0$.

(2) 由题知,A 点坐标为 $(0,-2)$,圆心为点 $M(2,0)$,所以矩形 $ABCD$ 外接圆的方程为 $(x-2)^2+y^2=8$.

(3) 由题知,$|PM|-|PN|=2\sqrt{2}$,由双曲线的定义知:$\dfrac{x^2}{2}-\dfrac{y^2}{2}=1(x\leqslant-\sqrt{2})$.

11. 在平面直角坐标系 xOy 中,已知圆 $x^2+y^2-12x+32=0$ 的圆心为 Q,过点 $P(0,2)$ 且斜率为 k 的直线 l 与圆 Q 相交于不同的两点 A,B.

(1) 求圆 Q 的面积;

(2) 求 k 的取值范围;

(3) 是否存在常数 k,使得向量 $\overrightarrow{OA}+\overrightarrow{OB}$ 与 $\overrightarrow{PQ}$ 共线? 如果存在,求 k 的值;如果不存在,请说明理由.

解:(1) 圆的方程可化为 $(x-6)^2+y^2=4$,可得圆心为 $Q(6,0)$,半径为 2,故圆的面积为 4π.

(2) 设直线 l 的方程为 $y=kx+2$.

将直线方程代入圆方程得 $x^2+(kx+2)^2-12x+32=0$，

整理得 $(1+k^2)x^2+4(k-3)x+36=0$ ①

直线与圆交于两个不同的点 A,B 等价于

$$\Delta=[4(k-3)]^2-4\times36(1+k^2)=4^2(-8k^2-6k)>0,$$

解得 $-\dfrac{3}{4}<4<0$，即 k 的取值范围为 $\left(-\dfrac{3}{4},0\right)$.

(3) 设 $A(x_1,y_1),B(x_2,y_2)$，则 $\overrightarrow{OA}+\overrightarrow{OB}=(x_1+x_2,y_1+y_2)$，由方程①，

$$x_1+x_2=-\frac{4(k-3)}{1+k^2}$$ ②

又 $y_1+y_2=k(x_1+x^2)+4$ ③

而 $P(0,2),Q(6,0),\overrightarrow{PQ}=(6,-2)$.

所以 $\overrightarrow{OA}+\overrightarrow{OB}$ 与 $\overrightarrow{PQ}$ 共线等价于 $-2(x_1+x_2)=6(y_1+y_2)$，

将②③代入上式,解得 $k=-\dfrac{3}{4}$.

由(2)知 $k\in\left(-\dfrac{3}{4},0\right)$，故没有符合题意的常数 k.

12. 已知 O 为平面直角坐标系的原点，过点 $M(-2,0)$ 的直线 l 与圆 $x^2+y^2=1$ 交于 P，Q 两点.

(1) 若 $\overrightarrow{OP}\cdot\overrightarrow{OQ}=-\dfrac{1}{2}$，求直线 l 的方程;

(2) 若 $\triangle OMP$ 与 $\triangle OPQ$ 的面积相等，求直线 l 的斜率.

解：(1) 依题意，直线 l 的斜率存在，

因为直线 l 过点 $M(-2,0)$，可设直线 $l:y=k(x+2)$.

因为 P,Q 两点在圆 $x_1+y_2=1$ 上，所以 $|\overrightarrow{OP}|=|\overrightarrow{OQ}|=1$，

因为 $\overrightarrow{OP}\cdot\overrightarrow{OQ}=-\dfrac{1}{2}$，所以 $\overrightarrow{OP}\cdot\overrightarrow{OQ}=|\overrightarrow{OP}|\cdot|\overrightarrow{OQ}|\cdot\cos\angle POQ=-\dfrac{1}{2}$

所以 $\angle POQ=120°$

所以 O 到直线 l 的距离等于 $\dfrac{1}{2}$.

所以 $\dfrac{|2k|}{\sqrt{k^2+1}}=\dfrac{1}{2}$，得 $k=\pm\dfrac{\sqrt{15}}{15}$，

所以直线 l 的方程为 $x-\sqrt{15}y+2=0$ 或 $x+\sqrt{15}y+2=0$.

(2) 因为 $\triangle OMP$ 与 $\triangle OPQ$ 的面积相等，所以 $\overrightarrow{MQ}=2\overrightarrow{MP}$，

设 $P(x_1,y_1),Q(x_2,y_2)$，所以 $\overrightarrow{MQ}=(x_2+2,y_2),\overrightarrow{MP}=(x_1+2,y_1)$.

所以 $\begin{cases}x_2+2=2(x_1+2),\\y_2=2y_1,\end{cases}$ 即 $\begin{cases}x_2=2(x_1+1),\\y_2=2y_1\end{cases}$ (＊)

因为 P,Q 两点在圆上，

所以 $\begin{cases}x_1^2+y_1^2=1,\\x_2^2+y_2^2=1\end{cases}$ 把(＊)代入，得 $\begin{cases}x_1^2+y_1^2=1,\\4(x_1+1)^2+4y_1^2=1,\end{cases}$

所以 $\begin{cases} x_1 = -\dfrac{7}{8}, \\ y_1 = \pm\dfrac{\sqrt{15}}{8}. \end{cases}$

所以直线 l 的斜率 $k = k_{MP} = \pm\dfrac{\sqrt{15}}{9}$，即 $k = \pm\dfrac{\sqrt{15}}{9}$.

13. 已知圆 $O:x^2+y^2=4$，点 P 为直线 $l:x=4$ 上的动点.

(1) 若从 P 到圆 O 的切线长为 $2\sqrt{3}$，求 P 点的坐标以及两条切线所夹劣弧长；

(2) 若点 $A(-2,0)$，$B(2,0)$，直线 PA,PB 与圆 O 的另一个交点分别为 M,N，求证：直线 MN 经过定点 $(1,0)$.

解： 根据题意，设 $P(4,t)$.

(1) 设两切点为 C,D，则 $OC \perp PC$，$OD \perp PD$，

由题意可知 $|PO|^2 = |OC|^2 + |PC|^2$，即 $4^2 + t^2 = 2^2 + (2\sqrt{3})^2$，

解得 $t=0$，所以点 P 坐标为 $(4,0)$.

在 $\text{Rt}\triangle POC$ 中，易得 $\angle POC = 60°$，所以 $\angle DOC = 120°$.

所以两切线所夹劣弧长为 $\dfrac{2\pi}{3} \times 2 = \dfrac{4\pi}{3}$；

(2) 设 $M(x_1,y_1)$，$N(x_2,y_2)$，$Q(1,0)$，依题意，直线 PA 经过点 $A(-2,0)$，$P(4,t)$，

可以设 $AP:y = \dfrac{1}{6}(x+2)$，和圆 $x^2+y^2=4$ 联立，得到 $\begin{cases} y = \dfrac{t}{6}(x+2), \\ x^2+y^2=4. \end{cases}$

代入消元得到：$(t^2+36)x^2 + 4t^2x + 4t^2 - 144 = 0$，

因为直线 AP 经过点 $A(-2,0)$，$M(x_1,y_1)$，所以 $-2,x_1$ 是方程的两个根，

所以有 $-2x_1 = \dfrac{4t^2-144}{t^2+36}$，$x_1 = \dfrac{72-2t^2}{t^2+36}$，

代入直线方程 $y = \dfrac{t}{6}(x+2)$ 得，$y_1 = \dfrac{t}{6}\left(\dfrac{72-2t^2}{t^2+36} + 2\right) = \dfrac{24t}{t^2+36}$.

同理，设 $BP:y = \dfrac{1}{2}(x-2)$，联立方程有 $\begin{cases} y = \dfrac{t}{2}(x-2), \\ x^2+y^2=4. \end{cases}$

代入消元得到 $(4+t^2)x^2 - 4t^2x + 4t^2 - 16 = 0$，

因为直线 BP 经过点 $B(2,0)$，$N(x_2,y_2)$，所以 $2,x_2$ 是方程的两个根，

$$2x_2 = \dfrac{4t^2-16}{t^2+4},\ x_2 = \dfrac{2t^2-8}{t^2+4},$$

代入 $y = \dfrac{t}{2}(x-2)$ 得到 $y_2 = \dfrac{t}{2}\left(\dfrac{2t^2-8}{t^2+4} - 2\right) = \dfrac{-8t}{t^2+4}$.

若 $x_1 = 1$，则 $t^2 = 12$，此时 $x_2 = \dfrac{2t^2-8}{t^2+4} = 1$

显然 M,Q,N 三点在直线 $x=1$ 上，即直线 MN 经过定点 $Q(1,0)$

若 $x_1 \neq 1$,则 $t^2 \neq 12, x_2 \neq 1$,

所以有 $k_{MQ} = \dfrac{y_1 - 0}{x_1 - 1} = \dfrac{\dfrac{24t}{t^2 + 36}}{\dfrac{72 - 2t^2}{t^2 + 36} - 1} = \dfrac{8t}{12 - t^2}$, $k_{NQ} = \dfrac{y_2 - 0}{x_2 - 1} = \dfrac{\dfrac{-8t}{t^2 + 4}}{\dfrac{2t^2 - 8}{t^2 + 4} - 1} = \dfrac{-8t}{t^2 - 12}$

所以 $k_{MQ} = k_{NQ}$,所以 M, N, Q 三点共线,即直线 MN 经过定点 $Q(1, 0)$.

综上所述,直线 MN 经过定点 $Q(1, 0)$.

14. 已知圆 $C_1: (x+1)^2 + y^2 = 8$,点 $C_2(1, 0)$,点 Q 在圆 C_1 上运动,QC_2 的垂直平分线交 QC_1 于点 P.

(1) 求动点 P 的轨迹 W 的方程;

(2) 过 $S\left(0, \dfrac{1}{3}\right)$ 且斜率为 k 的动直线 l 交曲线 W 于 A, B 两点,在 y 轴上是否存在定点 D,使得以 AB 为直径的圆恒过这个点? 若存在,求出 D 的坐标;若不存在,说明理由.

解: (1) 由图像可得: $|PC_1| + |PC_2| = |PC_1| + |PQ| = |C_1Q| = 2\sqrt{2}$

$\therefore$ P 点的轨迹为 C_1, C_2 为焦点的椭圆

$\therefore$ $a = \sqrt{2}, c = 1$ $\therefore$ $b^2 = a^2 - c^2 = 1$ $\therefore$ $\dfrac{x^2}{2} + y^2 = 1$.

(2) 设直线 $l: y = kx + \dfrac{1}{3}$, $A(x_1, y_1), B(x_2, y_2)$,与椭圆方程联立可得:

$\begin{cases} y = kx + \dfrac{1}{3}, \\ x^2 + 2y^2 = 2, \end{cases}$ 消去 y 可得: $x^2 + 2\left(kx + \dfrac{1}{3}\right)^2 = 2$,整理后可得:

$$(2k^2 + 1)x^2 + \dfrac{4}{3}kx - \dfrac{16}{9} = 0$$

$\therefore$ $x_1 + x_2 = -\dfrac{4k}{3(2k^2 + 1)}, x_1 x_2 = -\dfrac{16}{9(2k^2 + 1)}$

设 $D(0, b)$,因为以 AB 为直径的圆过 D 点 $\therefore$ $DA \perp DB$ $\therefore$ $\overrightarrow{DA} \cdot \overrightarrow{DB} = 0$

$\therefore$ $\overrightarrow{DA} = (x_1, y_1 - b), \overrightarrow{DB} = (x_2, y_2 - b)$

$\therefore$ $\overrightarrow{DA} \cdot \overrightarrow{DB} = x_1 x_2 + (y_1 - b)(y_2 - b) = x_1 x_2 + y_1 y_2 - b(y_1 + y_2) + b^2 = 0$ ①

$$y_1 + y_2 = k(x_1 + x_2) + \dfrac{2}{3} = \dfrac{2}{3(2k^2 + 1)}$$

$$y_1 y_2 = \left(kx_1 + \dfrac{1}{3}\right)\left(kx_2 + \dfrac{1}{3}\right) = k^2 x_1 x_2 + \dfrac{1}{3}k(x_1 + x_2) + \dfrac{1}{9} = \dfrac{-18k^2 + 1}{9(2k^2 + 1)}$$

代入到①可得: $b^2 - \dfrac{2b}{3(2k^2 + 1)} + \dfrac{-18k^2 + 1}{9(2k^2 + 1)} - \dfrac{16}{9(2k^2 + 1)} = 0$

$\therefore$ $b^2 - \dfrac{2b + 6k^2 + 5}{3(2k^2 + 1)} = 0 \Rightarrow \dfrac{6k^2(b^2 - 1) + 3b^2 - 2b - 5}{3(2k^2 + 1)} = 0$

所以只需: $6k^2(b^2 - 1) + 3b^2 - 2b - 5 = 0$

$$(b + 1)[6k^2 b - 6k^2 + 3b - 5] = 0$$

可得 $b = -1$ 所以存在定点 $(0, -1)$.

§12.3　椭圆的标准方程和性质

1. 设 P 是椭圆 $\dfrac{x^2}{16}+\dfrac{y^2}{9}=1$ 上异于长轴端点的任意一点，F_1，F_2 分别是其左、右焦点，O 为中心，求 $|PF_1|\cdot|PF_2|+|OP|^2$ 的值.

解： 设 P 的坐标 (x_0,y_0) 由焦半径公式 $|PF_1|\cdot|PF_2|+|OP|^2=(a+ex_0)(a-ex_0)+x_0^2+y_0^2=a^2=25.$

2. 设 F_1，F_2 是椭圆 $\dfrac{x^2}{9}+\dfrac{y^2}{4}=1$ 的两个焦点，P 是椭圆上的点，且 $|PF_1|:|PF_2|=2:1$，求 $\triangle PF_1F_2$ 的面积.

解： $|PF_1|+|PF_2|=6\Rightarrow|PF_1|=4$，$|PF_2|=2$，$|F_1F_2|=2\sqrt{5}$，则 $\triangle PF_1F_2$ 为直角三角形，

故 $\triangle PF_1F_2$ 的面积为 4.

3. 已知椭圆 $\dfrac{x^2}{16}+\dfrac{y^2}{4}=1$ 的左右焦点分别为 F_1 与 F_2，点 P 在直线 $l:x-\sqrt{3}y+8+2\sqrt{3}=0$ 上. 当 $\angle F_1PF_2$ 取最大值时，求 $\dfrac{|PF_1|}{|PF_2|}$ 的值.

解： 由平面几何知，要使 $\angle F_1PF_2$ 最大，则过 F_1，F_2，P 三点的圆必定和直线 l 相切于 P 点.

设直线 l 交 x 轴于 $A(-8-2\sqrt{3},0)$，则 $\angle APF_1=\angle AF_2P$，即 $\triangle APF_1\backsim\triangle AF_2P$，

即　　　　　$\dfrac{|PF_1|}{|PF_2|}=\dfrac{|AP|}{|AF_2|}$　　　　　　　　　　　①

又由圆幂定理，$|AP|^2=|AF_1|\cdot|AF_2|$　　　　　　　　　　②

而 $F_1(-2\sqrt{3},0)$，$F_2(2\sqrt{3},0)$，$A(-8-2\sqrt{3},0)$，从而有 $|AF_1|=8$，$|AF_2|=8+4\sqrt{3}$.

代入①②得 $\dfrac{|PF_1|}{|PF_2|}=\sqrt{\dfrac{|AF_1|}{|AF_2|}}=\sqrt{\dfrac{8}{8+4\sqrt{3}}}=\sqrt{4-2\sqrt{3}}=\sqrt{3}-1.$

4. 已知椭圆 $\dfrac{x^2}{a^2}+\dfrac{y^2}{b^2}=1(a>b>0)$，长轴的两个端点为 A，B，若椭圆上存在点 Q，使 $\angle AQB=120°$，求该椭圆的离心率 e 的取值范围.

解： 设 $Q(a\cos\theta,b\sin\theta)$，$(\theta\in\mathbf{R})$，$\dfrac{\dfrac{b\sin\theta}{a\cos\theta-a}-\dfrac{b\sin\theta}{a\cos\theta+a}}{1+\dfrac{b\sin\theta}{a\cos\theta-a}\cdot\dfrac{b\sin\theta}{a\cos\theta+a}}=-\sqrt{3}$，

将 $b=\sqrt{1-e^2}\cdot a$ 代入，得 $\dfrac{\sqrt{1-e^2}}{e^2}=\dfrac{\sqrt{3}}{2}\sin\theta\leqslant\dfrac{\sqrt{3}}{2}$，解得 $\dfrac{\sqrt{6}}{3}\leqslant e<1.$

5. 等腰直角 $\triangle ABC$ 中，斜边 $BC=4\sqrt{2}$，一个椭圆以 C 为其焦点，另一个焦点在线段 AB 上，且椭圆经过 A，B 两点，求该椭圆的标准方程.

解： 由题可知，椭圆的另一焦点 D 与点 C 的连线平分三角形的周长，三角形的周长为 $8+4\sqrt{2}$.所以椭圆的半长轴长为 $2+\sqrt{2}$，同时解得 CD 长为 $2\sqrt{6}$，所以椭圆方程为

$$\frac{x^2}{6+4\sqrt{2}}+\frac{y^2}{4\sqrt{2}}=1.$$

6. 设椭圆 $\frac{x^2}{4}+y^2=1$ 的左、右焦点分别为 F_1,F_2，M 为椭圆上异于长轴端点的一点，

$\angle F_1MF_2=2\theta$，$\triangle MF_1F_2$ 的内心为 I，求 $|MI|\cos\theta$.

解： 记内切圆在 MF_1,MF_2,F_1F_2 上的三个切点为 A,B,C

则 $|MA|=|MB|$，$|F_1A|=|F_1C|$，$|F_2B|=|F_1C|$.

则 $2|MB|+2|F_1C|+2|F_2C|=4+2\sqrt{3}$，

$2|MB|=4+2\sqrt{3}-4\sqrt{3}=4-2\sqrt{3}$，

$|MB|=2-\sqrt{3}$，

$|MI|\cos\theta=2-\sqrt{3}$.

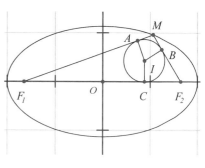

题 6 解析图

7. 如图 12-18 所示，在平面直角坐标系 xOy 中，椭圆 $\frac{x^2}{2}+y^2=1$ 的左、右焦点分别为 F_1,F_2.设 A,B 是椭圆上位于 x 轴上方的两点，且直线 AF_1 与直线 BF_2 平行，AF_2 与 BF_1 交于点 P，$|AF_1|=|BF_2|+\frac{2\sqrt{3}}{3}$，求直线 AF_1 的斜率.

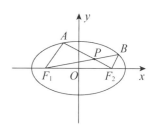

图 12-18

解： 由椭圆方程可得：$F_1(-1,0)$，$F_2(1,0)$

设 $AF_1:x=my-1$，$BF_2:x=my+1$，$A(x_1,y_1)$，$B(x_2,y_2)$，依图可知：$y_1>0$，$y_2>0$ 联立 AF_1 与椭圆方程可得：

$\begin{cases} x^2+2y^2=1, \\ x=my-1 \end{cases} \Rightarrow (my-1)^2+2y^2=1$，整理可得：

$$(m^2+2)y^2-2my=0.$$

$\therefore\ y=\frac{2m\pm\sqrt{2(m^2+1)}}{2(m^2+2)}=\frac{m\pm\sqrt{2(m^2+1)}}{m^2+2}$，$\because\quad A,B$ 在 x 轴上方，

$\therefore\quad y_1=\frac{m+\sqrt{2(m^2+1)}}{m^2+2}$，

$\therefore\quad |AF_1|=\sqrt{1+m^2}\,|y_1-y_{F_1}|=\sqrt{1+m^2}\,|y_1|=\frac{\sqrt{2}(m^2+1)+m\sqrt{m^2+1}}{m^2+2}.$

同理可得：$\therefore\quad |BF_2|=\frac{\sqrt{2}(m^2+1)-m\sqrt{m^2+1}}{m^2+2}.$

$\therefore\quad |AF_1|-|BF_2|=\frac{2\sqrt{3}}{3}\Rightarrow\frac{\sqrt{2}(m^2+1)+m\sqrt{m^2+1}}{m^2+2}-\frac{\sqrt{2}(m^2+1)-m\sqrt{m^2+1}}{m^2+2}=\frac{2\sqrt{3}}{3}$，

即 $\frac{2m\sqrt{m^2+1}}{m^2+2}=\frac{2\sqrt{3}}{3}.$

解得：$m=1.$

$\therefore$ 直线 AF_1 的斜率 $k=\dfrac{1}{m}=1$.

8. 如图 12-19 所示,椭圆 $E:\dfrac{x^2}{a^2}+\dfrac{y^2}{b^2}=1(a>b>0)$ 的离心率是

$\dfrac{\sqrt{2}}{2}$,过点 $P(0,1)$ 的动直线 l 与椭圆相交于 A,B 两点,当直线 l 平行

于 x 轴时,直线 l 被椭圆 E 截得的线段长为 $2\sqrt{2}$.

(1) 求椭圆 E 的方程;

(2) 在平面直角坐标系 xOy 中,是否存在与点 P 不同的定点

Q,使得对于任意直线 l,$\dfrac{|QA|}{|QB|}=\dfrac{|PA|}{|PB|}$ 恒成立? 若存在,求出点 Q

的坐标;若不存在,请说明理由.

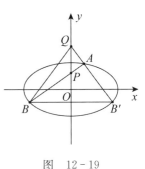

图 12-19

解:(1) $e=\dfrac{c}{a}=\dfrac{\sqrt{2}}{2}$ $\therefore$ $a:b:c=\sqrt{2}:1:1$ $\therefore$ 椭圆方程为 $\dfrac{x^2}{2b^2}+\dfrac{y^2}{b^2}=1$

由直线 l 被椭圆 E 截得的线段长为 $2\sqrt{2}$ 及椭圆的对称性可得:

点 $(\sqrt{2},1)$ 在椭圆上 $\dfrac{2}{2b^2}+\dfrac{1}{b^2}=1\Rightarrow b^2=2$ $\therefore$ $b^2=4$

$\therefore$ 椭圆方程为 $\dfrac{x^2}{4}+\dfrac{y^2}{2}=1$;

(2) 当 l 与 x 轴平行时,由对称性可得:$|PA|=|PB|$

$\therefore$ $\dfrac{|QA|}{|QB|}=\dfrac{|PA|}{|PB|}=1$ 即 $|QA|=|QB|$

$\therefore$ Q 在 AB 的中垂线上,即 Q 位于 y 轴上,设 $Q(0,y_0)$

当 l 与 x 轴垂直时,则 $A(0,\sqrt{2}),B(0,-\sqrt{2})$

$\therefore$ $|PA|=\sqrt{2}-1,|PB|=\sqrt{2}+1$ $|QA|=|y_0-\sqrt{2}|,|QB|=|y_0+\sqrt{2}|$

$\therefore$ $\dfrac{|QA|}{|QB|}=\dfrac{|PA|}{|PB|}\Rightarrow\dfrac{|y_0-\sqrt{2}|}{|y_0+\sqrt{2}|}=\dfrac{\sqrt{2}-1}{\sqrt{2}+1}$ 可解得 $y_0=1$ 或 $y_0=2$

$\because$ P,Q 不重合 $\therefore$ $y_0=2$ $\therefore$ $Q(0,2)$

下面判断 $Q(0,2)$ 能否对任意直线均成立

若直线 l 的斜率存在,设 $l:y=kx+1,A(x_1,y_1),B(x_2,y_2)$

联立方程可得:$\begin{cases}x^2+2y^2=4,\\ y=kx+1\end{cases}\Rightarrow(1+2k^2)x^2+4kx-2=0$

由 $\dfrac{|QA|}{|QB|}=\dfrac{|PA|}{|PB|}$ 可想到角平分线公式,即只需证明 QP 平分 $\angle BQA$

$\therefore$ 只需证明 $k_{QA}=-k_{QB}\Rightarrow k_{QA}+k_{QB}=0$

$\therefore$ $A(x_1,y_1),B(x_2,y_2)$

$\therefore$ $k_{QA}=\dfrac{y_1-2}{x_1},k_{QB}=\dfrac{y_2-2}{x_2}$

$$\therefore\ k_{QA}+k_{QB}=\frac{y_1-2}{x_1}+\frac{y_2-2}{x_2}=\frac{x_2(y_1-2)+x_1(y_2-2)}{x_1x_2}=\frac{x_2y_1+x_1y_2-2(x_1+x_2)}{x_1x_2}\quad ①$$

因为 $A(x_1,y_1),B(x_2,y_2)$ 在直线 $y=kx+1$ 上，$\therefore\ \begin{cases}y_1=kx_1+1,\\ y_2=kx_2+1,\end{cases}$ 代入①可得：

$$\therefore\ k_{QA}+k_{QB}=\frac{x_2(kx_1+1)+x_1(kx_2+1)-2(x_1+x_2)}{x_1x_2}=\frac{2kx_1x_2-(x_1+x_2)}{x_1x_2}$$

联立方程可得：$\begin{cases}x^2+2y^2=4,\\ y=kx+1\end{cases}\Rightarrow(1+2k^2)x^2+4kx-2=0$

$$\therefore\ x_1+x_2=-\frac{4k}{1+2k^2},\ x_1x_2=\frac{2}{1+2k^2}$$

$$\therefore\ k_{QA}+k_{QB}=\frac{2k\cdot-\frac{2}{1+2k^2}+\frac{4k}{1+2k^2}}{-\frac{2}{1+2k^2}}=0$$

$\therefore\ k_{QA}+k_{QB}=0$ 成立

$\therefore\ QP$ 平分 $\angle BQA$　$\therefore$　由角平分线公式可得：$\dfrac{|QA|}{|QB|}=\dfrac{|PA|}{|PB|}$

$\therefore$　存在 $Q(0,2)$.

9. 已知椭圆 $C_1:x^2+4y^2=1$ 的左、右焦点分别为 F_1,F_2，点 P 是 C_1 上任意一点，O 是坐标原点，$\overrightarrow{OQ}=\overrightarrow{PF_1}+\overrightarrow{PF_2}$，设点 Q 的轨迹为 C_2.

(1) 求点 Q 的轨迹 C_2 的方程；

(2) 若点 T 满足：$\overrightarrow{OT}=\overrightarrow{MN}+2\overrightarrow{OM}+\overrightarrow{ON}$，其中 M,N 是 C_2 上的点，且直线 OM,ON 的斜率之积等于 $-\dfrac{1}{4}$，是否存在两定点，使得 $|TA|+|TB|$ 为定值？若存在，求出定点 A,B 的坐标；若不存在，请说明理由.

解：(1) 设点 Q 的坐标为 (x,y)，点 P 的坐标为 (x_0,y_0)，则 $x_0^2+4y_0^2=1$

由椭圆方程可得：$F_1\left(-\dfrac{\sqrt3}{2},0\right),F_2\left(\dfrac{\sqrt3}{2},0\right)$

$\because\ \overrightarrow{OQ}=\overrightarrow{PF_1}+\overrightarrow{PF_2}$ 且 $\overrightarrow{PF_1}=\left(-\dfrac{\sqrt3}{2}-x_0,-y_0\right),\overrightarrow{PF_2}=\left(\dfrac{\sqrt3}{2}-x_0,-y_0\right)$，

$\therefore\ Q(-2x_0,-2y_0)$，$\therefore\ \begin{cases}x=-2x_0,\\ y=-2y_0\end{cases}\Rightarrow\begin{cases}x_0=-\dfrac{x}{2},\\ y_0=-\dfrac{y}{2}\end{cases}$ 代入 $x_0^2+4y_0^2=1$ 可得：$\dfrac{x^2}{4}+y^2=1.$

(2) 设点 $T(x,y),M(x_1,y_1),N(x_2,y_2)$，

$\overrightarrow{OT}=\overrightarrow{MN}+2\overrightarrow{OM}+\overrightarrow{ON}$　$\therefore$　$(x,y)=(x_1-x_2,y_1-y_2)+2(x_1,y_1)+(x_2,y_2).$

$\therefore\ \begin{cases}x=2x_2+x_1,\\ y=2y_2+y_1.\end{cases}$ 设直线 OM,ON 的斜率分别为 k_{OM},k_{ON}，

由已知可得：$k_{OM} \cdot k_{ON} = \dfrac{y_2 y_1}{x_2 x_1} = -\dfrac{1}{4}$，$\therefore$ $x_1 x_2 + 4y_1 y_2 = 0$.

考虑 $x^2 + 4y_2 = (2x_2 + x_1)^2 + 4(2y_2 + y_1)^2 = (x_1^2 + 4y_1^2) + 4(x_2^2 + 4y_2^2) + 4x_1 x_2 + 16y_1 y_2$，

$\because$ M, N 是 C_2 上的点，$\therefore$ $\begin{cases} x_1^2 + 4y_1^2 = 4, \\ x_2^2 + 4y_2^2 = 4. \end{cases}$

$\therefore$ $x^2 + 4y^2 = 4 + 4 \times 4 = 20$，

即 T 的轨迹方程为 $\dfrac{x^2}{20} + \dfrac{y^2}{5} = 1$，由定义可知，$T$ 到椭圆 $\dfrac{x^2}{20} + \dfrac{y^2}{5} = 1$ 焦点的距离和为定值.

$\therefore$ A, B 为椭圆的焦点，

$\therefore$ $A(-\sqrt{15}, 0), B(\sqrt{15}, 0)$，所以存在定点 A, B.

10. 如图 $12-20$，已知 A, B, C 是长轴为 4 的椭圆上三点，点 A 是长轴的一个顶点，BC 过椭圆中心 O，且 $\vec{AC} \cdot \vec{BC} = 0$，$|\vec{BC}| = 2|\vec{AC}|$.

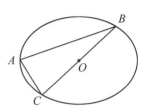

图 $12-20$

(1) 建立适当的坐标系，求椭圆方程；

(2) 如果椭圆上两点 P, Q 使直线 CP, CQ 与 x 轴围成底边在 x 轴上的等腰三角形，是否总存在实数 λ，使 $\vec{PQ} = \lambda \vec{AB}$？请给出证明.

解： (1) 以 O 为原点，OA 所在的直线为 x 轴建立如解析图直角坐标系，则 $A(2, 0)$，椭圆方程可设为

$$\dfrac{x^2}{4} + \dfrac{y^2}{b^2} = 1 \,(0 < b < 2).$$

如题 10 解析图所示，O 为椭圆中心，由对称性知 $|OC| = |OB|$ 又 $\vec{AC} \cdot \vec{BC} = 0$，则 $AC \perp BC$，又 $|\vec{BC}| = 2|\vec{AC}|$，所以 $|OC| = |AC|$，

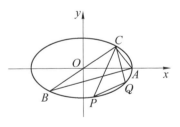

题 10 解析图

则 $\triangle AOC$ 为等腰直角三角形，所以点 C 坐标为 $(1, 1)$. 将 $(1, 1)$ 代入椭圆方程得 $b^2 = \dfrac{4}{3}$.

则椭圆方程为 $\dfrac{x^2}{4} + \dfrac{3y^2}{4} = 1$；

(2) 由直线 CP、CQ 与 x 轴围成底边在 x 轴上的等腰三角形，设直线 CP 的斜率为 k，则直线 CQ 的斜率为 $-k$，直线 CP 的方程为 $y = k(x-1)$，直线 CQ 的方程为 $y = -k(x-1)$. 由椭圆方程与直线 CP 的方程联立，消去 y 得

$$(1 + 3k^2)x^2 - 6k(k-1)x + 3k^2 - 6k - 1 = 0 \qquad ①$$

因为 $C(1, 1)$ 在椭圆上，所以 $x = 1$ 是方程①的一个根，于是

$$x_P = \dfrac{3k^2 - 6k - 1}{1 + 3k^2}.\text{同理，} x_Q = \dfrac{3k^2 + 6k - 1}{1 + 3k^2}.$$

这样, $k_{PQ} = \dfrac{y_P - y_Q}{x_P - x_Q} = \dfrac{1}{3}$, 又 $B(-1,-1)$, 所以 $k_{AB} = \dfrac{1}{3}$, 即 $k_{AB} = k_{PQ}$.

所以 $PQ \parallel AB$, 存在实数 λ 使 $\overrightarrow{PQ} = \lambda \overrightarrow{AB}$.

11. 学校科技小组在计算机上模拟航天器变轨返回试验. 设计方案如图 12-21. 航天器运行(按顺时针方向)的轨迹方程为 $\dfrac{x^2}{100} + \dfrac{y^2}{25} = 1$, 变轨(即航天器运行轨迹由椭圆变为抛物线)后返回的轨迹是以 y 轴为对称轴、$M\left(0, \dfrac{64}{7}\right)$ 为顶点的抛物线的实线部分, 降落点为 $D(8,0)$. 观测点 $A(4,0)$、$B(6,0)$ 同时跟踪航天器.

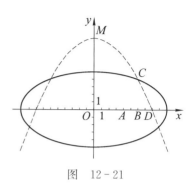

图 12-21

（1）求航天器变轨后的运行轨迹所在的曲线方程；

（2）试问：当航天器在 x 轴上方时, 观测点 A, B 测得离航天器的距离分别为多少时, 应向航天器发出变轨指令.

解：（1）设曲线方程为 $y = ax^2 + \dfrac{64}{7}$, 由题意可知, $0 = a \cdot 64 + \dfrac{64}{7}$.

则 $a = -\dfrac{1}{7}$.

则曲线方程为 $y = -\dfrac{1}{7}x^2 + \dfrac{64}{7}(6 \leqslant x \leqslant 8)$；

（2）设变轨点为 $C(x, y)$, 根据题意可知

$$\begin{cases} \dfrac{x^2}{100} + \dfrac{y^2}{25} = 1 & ① \\ y = -\dfrac{1}{7}x^2 + \dfrac{64}{7} & ② \end{cases}$$

得 $4y^2 - 7y - 36 = 0$, 即 $y = 4$ 或 $y = -\dfrac{9}{4}$(不合题意, 舍去).

则 $y = 4$. 得 $x = 6$ 或 $x = -6$(不合题意, 舍去).

则 C 点的坐标为 $(6,4)$, $|AC| = 2\sqrt{5}$, $|BC| = 4$.

即当观测点 A、B 测得 AC、BC 距离分别为 $2\sqrt{5}$、4 时, 应向航天器发出指令.

12. 在平面直角坐标系 xOy 中, 已知椭圆 $C: \dfrac{x^2}{a^2} + \dfrac{y^2}{b^2} = 1(a > b > 0)$ 与直线 $l: x = m(m \in \mathbf{R})$, 四个点 $(3,-1)$, $(-2\sqrt{2},0)$, $(-3,1)$, $(-\sqrt{3},\sqrt{3})$ 中有三个点在椭圆 C 上, 剩余一个点在直线 l 上.

（1）求椭圆 C 的方程；

（2）若动点 P 在直线 l 上, 过 P 作直线交椭圆 C 于 M, N 两点, 使得 $|PM| = |PN|$, 再过 P 作直线 $l' \perp MN$, 求证：直线 l' 恒过定点, 并求出该定点的坐标.

解：（1）因为四个点中有三点在椭圆上, 由椭圆的对称性可知：$(3,-1)$, $(-3,-1)$ 必在

椭圆上

若$(-2\sqrt{2},0)$在椭圆上,则为椭圆的左顶点.但$-3<-2\sqrt{2}$,所以与$(-3,1)$在椭圆上矛盾

$\therefore$ $(-\sqrt{3},\sqrt{3})$在椭圆上 $\therefore$ $\begin{cases}\dfrac{9}{a^2}+\dfrac{1}{b^2}=1,\\[2mm]\dfrac{3}{a^2}+\dfrac{3}{b^2}=1\end{cases}\Rightarrow\begin{cases}a^2=12,\\b^2=4.\end{cases}$

$\therefore$ 椭圆方程为$\dfrac{x^2}{12}+\dfrac{y^2}{4}=1$;

(2) 依题意可得$m=-2\sqrt{2}$,l方程为:$x=-2\sqrt{2}$

$\because$ $|PM|=|PN|$且P,M,N共线 $\therefore$ P为MN中点

$\therefore$ P在椭圆内部

设$P(-2\sqrt{2},y_0)$,因为$x=-2\sqrt{2}$与椭圆交于$\left(-2\sqrt{2},-\dfrac{2}{3}\sqrt{3}\right)$,$\left(-2\sqrt{2},\dfrac{2}{3}\sqrt{3}\right)$,

$$y_0\in\left(-\dfrac{2}{3}\sqrt{3},\dfrac{2}{3}\sqrt{3}\right),$$

$\because$ P为MN中点且$l'\perp MN$于P $\therefore$ l'为MN的中垂线.

设$M(x_1,y_1),(x_2,y_2)$

$$\begin{cases}\dfrac{x_1^2}{12}+\dfrac{y_1^2}{4}=1,\\[2mm]\dfrac{x_2^2}{12}+\dfrac{y_2^2}{4}=1\end{cases}\Rightarrow\dfrac{1}{12}(x_1^2-x_2^2)+\dfrac{1}{4}(y_1^2-y_2^2)=0.$$

$\therefore$ $(x_1-x_2)(x_1+x_2)+3(y_1-y_2)(y_1+y_2)=0.$

$\because$ P为MN中点, $\therefore$ $x_1+x_2=-4\sqrt{2}$,$y_1+y_2=2y_0$.

当$y_0\neq0$时, $\therefore$ $k_{MN}=\dfrac{y_1-y_2}{x_1-x_2}=-\dfrac{x_1+x_2}{3(y_1+y_2)}=\dfrac{2\sqrt{2}}{3y_0}$.

$\because$ $l'\perp MN$, $\therefore$ $l':y-y_0=-\dfrac{3y_0}{2\sqrt{2}}(x+2\sqrt{2})\Rightarrow y=-\dfrac{3y_0}{2\sqrt{2}}\left(x+\dfrac{4\sqrt{2}}{3}\right)$; $\therefore$ l'恒

过$\left(-\dfrac{4\sqrt{2}}{3},0\right)$.

当$y_0=0$时,直线$MN:x=-2\sqrt{2}$, $\therefore$ l'为x轴,过$\left(-\dfrac{4\sqrt{2}}{3},0\right)$.

$\therefore$ 无论P位于哪个位置,直线l'恒过$\left(-\dfrac{4\sqrt{2}}{3},0\right)$.

13. 如图$12-22$所示,已知椭圆$\dfrac{x^2}{a^2}+\dfrac{y^2}{b^2}=1(a>b>0)$的左、右焦点分别为$F_1$,$F_2$,短轴两

个端点为A,B,且四边形F_1AF_2B是边长为2的正方形.

(1) 求椭圆的方程;

(2) 若C,D分别是椭圆长轴的左、右端点,动点M满足$MD\perp CD$,连接CM,交椭圆于

点 P,证明$\overrightarrow{OM}\cdot\overrightarrow{OP}$是定值;

（3）在（2）的条件下,试问 x 轴上是否存在异于点 C 的定点 Q,使得以 MP 为直径的圆恒过直线 DP,MQ 的交点.若存在,求出点 Q 的坐标;若不存在,请说明理由.

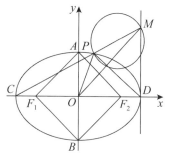

图 $12-22$

解:（1）$\because$ 四边形 F_1AF_2B 是边长为 2 的正方形

$\therefore$ 可得:$b=c=\sqrt{2}$ $\quad\therefore$ $a^2=b^2+c^2=4$

$\therefore$ 椭圆方程为$\dfrac{x^2}{4}+\dfrac{y^2}{2}=1$;

（2）由椭圆方程可得:$C(-2,0)$,$D(2,0)$,由 $MD\perp CD$ 可设$M(2,y_0)$,$P(x_1,y_1)$

$\therefore$ $k_{CM}=\dfrac{y_0-0}{2-(-2)}=\dfrac{y_0}{4}$.

$\therefore$ CM:$y=\dfrac{y_0}{4}(x+2)$,与椭圆方程联立可得:

$$\begin{cases} x^2+2y^2=4, \\ y=\dfrac{y_0}{4}(x+2) \end{cases} \Rightarrow \left(1+\dfrac{y_0^2}{8}\right)x^2+\dfrac{1}{2}y_0^2x+\dfrac{1}{2}y_0^2-4=0.$$

由韦达定理可知:$x_C x_1=\dfrac{\dfrac{1}{2}y_0^2-4}{1+\dfrac{y_0^2}{8}}\Rightarrow x_1=-\dfrac{2(y_0^2-8)}{y_0^2+8}$.

代入直线 CM 可得:$y_1=\dfrac{8y_0}{y_0^2+8}$.

$\therefore$ $P\left(-\dfrac{2(y_0^2-8)}{y_0^2+8},\dfrac{8y_0}{y_0^2+8}\right)$. 又$\because$ $M(2,y_0)$,

$\therefore$ $\overrightarrow{OM}\cdot\overrightarrow{OP}=-\dfrac{4(y_0^2-8)}{y_0^2+8}+\dfrac{8y_0}{y_0^2+8}=\dfrac{4y_0^2+32}{y_0^2+8}=4$,是定值;

（3）$\overrightarrow{DP}=\left(-\dfrac{2(y_0^2-8)}{y_0^2+8}-2,\dfrac{8y_0}{y_0^2+8}\right)=\left(-\dfrac{4y_0^2}{y_0^2+8},\dfrac{8y_0}{y_0^2+8}\right)$.

设 $Q(m,0)$,$\quad\therefore$ $\overrightarrow{MQ}=(m-2,-y_0)$.

若以 MP 为直径的圆恒过直线 DP,MQ 的交点,则$\overrightarrow{DP}\cdot\overrightarrow{MQ}=0$,

$\therefore$ $-\dfrac{4y_0^2}{y_0^2+8}\cdot(m-2)+(-y)\cdot\dfrac{8y_0}{y_0^2+8}=0$.

$\therefore$ $\dfrac{4y_0^2}{y_0^2+8}=0$ 恒成立,

$m=0$,存在定点 $Q(0,0)$.

14. 椭圆 C:$\dfrac{x^2}{a^2}+\dfrac{y^2}{b^2}=1(a>b>0)$的上顶点为 A,$P\left(\dfrac{4}{3},\dfrac{b}{3}\right)$是 C 上的一点,以 AP 为直径的圆经过椭圆 C 的右焦点 F.

(1) 求椭圆 C 的方程;

(2) 动直线 l 与椭圆 C 有且只有一个公共点,问:在 x 轴上是否存在两个定点,它们到直线 l 的距离之积等于 1? 若存在,求出这两个定点的坐标;如果不存在,请说明理由.

解: 由椭圆可知:$A(0,b)$,$F(c,0)$.

∵ AP 为直径的圆经过 F, ∴ $FA \perp FP$.

∴ $\overrightarrow{FA} \cdot \overrightarrow{FP} = 0$. ∵ $\overrightarrow{FA} = (-c,b)$,$\overrightarrow{FP} = \left(\dfrac{4}{3}-c,\dfrac{b}{3}\right)$,

∴ $-c\left(\dfrac{4}{3}-c\right)+\dfrac{b^2}{3}=0 \Rightarrow c^2-\dfrac{4}{3}c+\dfrac{b^2}{3}=0$.

由 $P\left(\dfrac{4}{3},\dfrac{b}{3}\right)$ 在椭圆上,代入椭圆方程可得:$\dfrac{1}{a^2} \cdot \dfrac{16}{9}+\dfrac{1}{b^2} \cdot \dfrac{b^2}{9}=1 \Rightarrow a^2=2$.

$\begin{cases} c^2-\dfrac{4}{3}c+\dfrac{b^2}{3}=0, \\ b^2+c^2=a^2=2 \end{cases} \Rightarrow b=c=1$, ∴ 椭圆方程为 $\dfrac{x^2}{2}+y^2=1$;

(2) 假设存在 x 轴上两定点 $M_1(\lambda_1,0)$,$M_2(\lambda_2,0)$,$(\lambda_1<\lambda_2)$.

设直线 $l:y=kx+m$, ∴ $d_{m_1-l}=\dfrac{|k\lambda_1+m|}{\sqrt{k^2+1}}$ $d_{m_2-l}=\dfrac{|k\lambda_2+m|}{\sqrt{k^2+1}}$ 所以依题意:

$$d_{m_1-l} \cdot d_{m_2-l}=\dfrac{|k\lambda_1+m|}{\sqrt{k^2+1}} \cdot \dfrac{|k\lambda_2+m|}{\sqrt{k^2+1}}=\dfrac{k^2\lambda_1\lambda_2+km(\lambda_1+\lambda_2)+m^2}{\sqrt{k^2+1}}=1 \qquad ①$$

因为直线 l 与椭圆相切, ∴ 联立方程:

$$\begin{cases} y=kx+m \\ x^2+2y^2=2 \end{cases} \Rightarrow (2k^2+1)x^2+4kmx+2m^2-2=0,$$

由直线 l 与椭圆相切可知 $\Delta=(4km)^2-4(2k^2+1)(2m^2-2)=0$.

化简可得:$m^2=2k^2+1$,代入①可得:

$$\dfrac{k^2\lambda_1\lambda_2+km(\lambda_1+\lambda_2)+2k^2+1}{\sqrt{k^2+1}}=1 \Rightarrow k^2\lambda_1\lambda_2+km(\lambda_1+\lambda_2)+2k^2+1=k^2+1.$$

∴ $k^2(\lambda_1\lambda_2+1)+km(\lambda_1+\lambda_2)=0$,依题意可得:无论 k,m 为何值,等式均成立.

∴ $\begin{cases} \lambda_1\lambda_2=-1, \\ \lambda_1+\lambda_2=0, \\ \lambda_1<\lambda_2 \end{cases} \Rightarrow \begin{cases} \lambda_1=-1, \\ \lambda_2=1. \end{cases}$

所以存在两定点:$M_1(-1,0)$,$M_2(1,0)$.

15. 已知椭圆 $C:\dfrac{x^2}{a^2}+\dfrac{y^2}{b^2}=1(a>b>0)$,称圆心在原点,半径为 $\sqrt{a^2+b^2}$ 的圆为椭圆 C 的 "准圆",若椭圆 C 的一个焦点为 $F(\sqrt{2},0)$,其短轴上的一个端点到 F 的距离为 $\sqrt{3}$.

(1) 求椭圆 C 的方程及其"准圆"方程;

(2) 点 P 是椭圆 C 的"准圆"上的动点,过点 P 作椭圆的切线 l_1,l_2 交"准圆"于点 M,N,

① 当点 P 为"准圆"与 y 轴正半轴的交点时,求直线 l_1,l_2 的方程并证明 $l_1 \perp l_2$;

② 求证:线段 MN 的长为定值.

解:(1) 依题意可得:$c=\sqrt{2}$,$a=\sqrt{3}$,

∴ $b^2=a^2-c^2=1$,

∴ 椭圆方程为 $\dfrac{x^2}{3}+y^2=1$.

$r=\sqrt{a^2+b^2}=2$, ∴ O:$x^2+y^2=4$;

(2) ① 由(1)可得 $P(0,2)$,设切线方程为:$y=kx+2$.

联立方程:$\begin{cases}\dfrac{x^2}{3}+y^2=1,\\ y=kx+2\end{cases}$ 消去 y 可得:$x^2+3(kx+2)^2=3$.

整理可得:$(3k^2+1)x^2+12kx+9=0$.

∴ $\Delta=144k^2-36(3k^2+1)=0\Rightarrow 36k^2-36=0$.

解得:$k=\pm 1$.

所以 PM:$y=x+2$,PN:$y=-x+2$.

∴ $PM\perp PN$, ∴ $l_1\perp l_2$.

② 设 $P(x_0,y_0)$ PM:$y-y_0=k_1(x-x_0)$.

则 $\begin{cases}y-y_0=k_1(x-x_0),\\ x^2+3y^2=3,\end{cases}$ 消去 y 可得:$x^2+3[k_1(x-x_0)+y_0]^2=3$.

整理可得:$(3k_1^2+1)x^2-(6k_1^2x_0-6k_1y_0)x+k_1^2+x_0^2-6k_1y_0x_0+3y_0^2-3=0$.

∴ $\Delta=36(k_1^2x_0-k_1y_0)^2-4(3k_1^2+1)(3k_1^2x_0^2-6k_1y_0x_0+3y_0^2-3)=0$.

整理后可得:$(3-x_0^2)k_1^2+2x_0y_0k_1+1-y_0^2=0$.

同理,对于设切线 PN 的斜率为 k_2,则有:

$(3-x_0^2)k_2^2+2x_0y_0k_1+1-y_0^2=0$. ∴ $k_1k_2=\dfrac{1-y_0^2}{3-x_0^2}$. ∵ P 在"准圆"上,

∴ $x_0^2+y_0^2=4\Rightarrow y_0^2-1=3-x_0^2$, ∴ $k_1k_2=-1$,

所以 $PM\perp PN$.

∴ MN 为"准圆"的直径, ∴ $|MN|$ 为定值,$|MN|=4$.

16. 已知点 $P\left(1,-\dfrac{3}{2}\right)$ 在椭圆 C:$\dfrac{x^2}{a^2}+\dfrac{y^2}{b^2}=1(a>b>0)$ 上,椭圆 C 的左焦点为 $(-1,0)$.

(1) 求椭圆 C 的方程;

(2) 直线 l 过点 $T(m,0)(m>0)$ 交椭圆 C 于 M,N 两点,AB 是椭圆 C 经过原点 O 的弦,且 $MN/\!/AB$,问是否存在正数 m,使得 $\dfrac{|AB|^2}{|MN|}$ 为定值? 若存在,请求出 m 的值;若不存在,请说明理由.

解:(1) 由左焦点 $(-1,0)$ 可得 $c=1$,由 $b^2=a^2-c^2\Rightarrow b^2=a^2-1$.

∴ C:$\dfrac{x^2}{a^2}+\dfrac{y^2}{a^2-1}=1$,代入 $P\left(1,-\dfrac{3}{2}\right)$ 可得:$\dfrac{1}{a^2}+\dfrac{9}{4}\cdot\dfrac{1}{a^2-1}=1$ 解得:$a=2$.

$$\therefore \quad C: \frac{x^2}{4} + \frac{y^2}{3} = 1;$$

(2) 设直线 $l: y = kx + m$，$M(x_1, y_1)$，$N(x_2, y_2)$，联立方程：

$$\begin{cases} \dfrac{x^2}{4} = 1, \\ y = kx + m \end{cases} \Rightarrow (3 + 4k^2)x^2 - 8k^2mx + 4k^2m^2 - 12 = 0.$$

$$\therefore \quad x_1 + x_2 = \frac{8k^2m}{4k^2 + 3}, \quad x_1 x_2 = \frac{4k^2m^2 - 12}{4k^2 + 3}$$

$$\therefore \quad |MN| = \sqrt{1 + k^2}\,|x_1 - x_2| = \frac{\sqrt{1 + k^2} \cdot \sqrt{16[(12 - 3m^2)k^2 + 9]}}{4k^2 + 3}.$$

设 $A(x_3, y_3)$，$B(x_4, y_4)$，则 $\begin{cases} \dfrac{x^2}{4} + \dfrac{y^2}{3} = 1, \\ y = kx \end{cases} \Rightarrow x^2 = \dfrac{12}{3 + 4k^2}.$

$$\therefore \quad |AB| = \sqrt{1 + k^2}\,|(x_3 - x_4)| = \sqrt{1 + k^2} \cdot \frac{\sqrt{48(4k^2 + 3)}}{4k^2 + 3}, \quad \therefore \quad |AB|^2 = \frac{48(1 + k^2)}{4k^2 + 3},$$

$$\therefore \quad \frac{|AB|^2}{|MN|} = 48\sqrt{1 + k^2} \cdot \frac{1}{\sqrt{16[(12 - 3m^2)k^2 + 9]}} = 12 \cdot \sqrt{\frac{1 + k^2}{(12 - 3m^2)k^2 + 9}},$$

所以若 $\dfrac{|AB|^2}{|MN|}$ 是个常数，

$\therefore \quad (12 - 3m^2)k^2 + 9$ 也为 $A(1 + k^2)$ 的形式，即 $12 - 3m^2 = 9 \Rightarrow m = 1.$

此时 $\dfrac{|AB|^2}{|MN|} = 4$，当直线斜率不存在时，可得 $\dfrac{|AB|^2}{|MN|} = 4$ 符合题意.

$\therefore \quad m = 1.$

17. 如图 12-23 所示，点 N 在圆 $x^2 + y^2 = 4$ 上运动，$DN \perp x$ 轴，点 M 在 DN 的延长线上，且 $\overrightarrow{DM} = \lambda \overrightarrow{DN}(\lambda > 0)$.

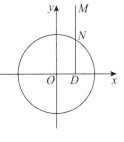

图 12-23

(1) 求点 M 的轨迹方恒，并求当 λ 为何值时，M 的轨迹表示焦点在 x 轴上的椭圆；

(2) 当 $\lambda = \dfrac{1}{2}$ 时，在(1)中所得曲线记为 C，已知直线 $l: \dfrac{x}{2} + y = 1$，P 是 l 上的动点，射线 OP(O 为坐标原点)交曲线 C 于点 R，又点 Q 在 OP 上且满足 $|OQ| \cdot |OP| = |OR|^2$，求点 Q 的轨迹方程.

解：(1) 设 $M(x, y)$，$N(x_0, y_0)$ $\quad \therefore \quad \overrightarrow{DM} = (0, y)$，$\overrightarrow{DN} = (0, y_0)$.

$\because \quad \overrightarrow{DM} = \lambda \overrightarrow{DN}$，$\quad \therefore \quad y = \lambda y_0.$

$\because \quad DN \perp x$ 轴，$\quad \therefore \quad x = x_0.$ $\quad \therefore \quad \begin{cases} x = x_0, \\ y = \lambda y_0 \end{cases} \Rightarrow \begin{cases} x_0 = x, \\ y_0 = \dfrac{1}{\lambda} y \end{cases}$ ①

由 N 在 $x^2 + y^2 = 4$ 上可知：$x_0^2 + y_0^2 = 4$，代入①可得：

$$x^2 + \frac{y^2}{\lambda^2} = 4 \quad 即 \quad \frac{x^2}{4} + \frac{y^2}{4\lambda^2} = 1.$$

∴　当 $0<\lambda<1$ 时，M 的轨迹表示焦点在 x 轴上的椭圆；

(2) 由(1)可得曲线方程为：$\dfrac{x^2}{4}+y^2=1$，

设 $P(x_1,y_1),R(x_2,y_2),Q(x,y)$，∵　$|OQ|\cdot|OP|=|OR|^2$，

设 $\dfrac{|OP|}{|OQ|}=t$，∴　由线段比例可得：$\dfrac{|OP|}{|OQ|}=t=\dfrac{x_1}{x}=\dfrac{y_1}{y}$.

∴　$\begin{cases}x_1=tx,\\y_1=ty.\end{cases}$

由 $|OQ|\cdot|OP|=|OR|^2$ 同理可得：$t=\dfrac{|OP|}{|OQ|}=\dfrac{|OR|^2}{|OQ|^2}=\dfrac{x_2^2}{x^2}=\dfrac{y_2^2}{y^2}$.　∴　$\begin{cases}x_2^2=tx^2,\\y_2^2=ty^2.\end{cases}$

∵　P,R 分别在直线与椭圆上　$\dfrac{x_1}{2}+y_1=1,\dfrac{x_2^2}{4}+y_2^2=1$，

代入 $\begin{cases}x_1=tx,\\y_1=ty,\end{cases}\begin{cases}x_2^2=tx^2,\\y_2^2=ty^2,\end{cases}$ 可得：$\begin{cases}\dfrac{tx}{2}+ty=1,\\\dfrac{tx^2}{4}+ty^2=1\end{cases}\Rightarrow\dfrac{tx}{2}+ty=\dfrac{tx^2}{4}+ty^2$，

化简可得：Q 的轨迹方程为：$x^2-2x+4y^2-4y=0$.

§12.4　双曲线的标准方程和性质

1. P 为双曲线 $\dfrac{x^2}{9}-\dfrac{y^2}{16}=1$ 的右支上一点，M,N 分别是圆 $(x+5)^2+y^2=4$ 和 $(x-5)^2+y^2=1$ 上的点，求 $|PM|-|PN|$ 的最大值.

解：设双曲线的两个焦点分别是 $F_1(-5,0)$ 与 $F_2(5,0)$，则这两点正好是两圆的圆心，当且仅当点 P 与 M、F_1 三点共线以及 P 与 N、F_2 三点共线时所求的值最大，此时 $|PM|-|PN|=(|PF_1|-2)-(|PF_2|-1)=10-1=9$.

2. 已知一条直线 l 与双曲线 $\dfrac{x^2}{a^2}-\dfrac{y^2}{b^2}=1(b>a>0)$ 的两支分别相交于 P、Q 两点，O 为原点，当 $OP\perp OQ$ 时，求双曲线的中心到直线 l 的距离 d.

解：设 $|OP|=\gamma_1,|OQ|=\gamma_2$，

则 $P(\gamma_1\cos\alpha,\gamma_1\sin\alpha)$，$Q(-\gamma_2\sin\alpha,\gamma_2\cos\alpha)$，

则 $\begin{cases}\dfrac{\gamma_1^2\cos^2\alpha}{a^2}-\dfrac{\gamma_1^2\sin^2\alpha}{b^2}=1,\\[2mm]\dfrac{\gamma_2^2\sin^2\alpha}{a^2}-\dfrac{\gamma_2^2\cos^2\alpha}{b^2}=1\end{cases}\Rightarrow\begin{cases}\dfrac{\cos^2\alpha}{a^2}-\dfrac{\sin^2\alpha}{b^2}=\dfrac{1}{\gamma_1^2},\\[2mm]\dfrac{\sin^2\alpha}{a^2}-\dfrac{\cos^2\alpha}{b^2}=\dfrac{1}{\gamma_2^2}\end{cases}$　①　②

①+②得 $\dfrac{1}{a^2}-\dfrac{1}{b^2}=\dfrac{1}{\gamma_1^2}+\dfrac{1}{\gamma_2^2}$.

记 O 到 $|PQ|$ 的距离为 d，则 $\dfrac{1}{2}d\sqrt{\gamma_1^2+\gamma_2^2}=\dfrac{1}{2}\gamma_1\gamma_2$，

则 $d = \dfrac{\gamma_1\gamma_2}{\sqrt{\gamma_1^2\gamma_2^2}} = \dfrac{1}{\sqrt{\dfrac{1}{\gamma_1^2}+\dfrac{1}{\gamma_2^2}}} = \dfrac{1}{\sqrt{\dfrac{1}{a^2}-\dfrac{1}{b^2}}} = \dfrac{ab}{\sqrt{b^2-a^2}}.$

3. 已知双曲线 $C:\dfrac{x^2}{9}-\dfrac{y^2}{16}=1$ 的左右焦点分别为 F_1,F_2，P 为 C 的右支上一点，且 $|PF_2|=|F_1F_2|$，求 $\triangle PF_1F_2$ 的面积.

解： ∵ 双曲线 $C:\dfrac{x^2}{9}-\dfrac{y^2}{16}=1$ 中 $a=3,b=4,c=5$ ∴ $F_1(-5,0),F_2(5,0)$

∵ $|PF_2|=|F_1F_2|$ ∴ $|PF_1|=2a+|PF_2|=6+10=16$

作 PF_1 边上的高 AF_2，则 $AF_1=8$ ∴ $AF_2=\sqrt{10^2-8^2}=6$

∴ $\triangle PF_1F_2$ 的面积为 $\dfrac{1}{2}|PF_1|\cdot|PF_2|=\dfrac{1}{2}\times16\times6=48.$

4. 如图 12-32 所示，从双曲线 $\dfrac{x^2}{a^2}-\dfrac{y^2}{b^2}=1(a>0,b>0)$ 的左焦点 F 引圆 $x^2+y^2=a^2$ 的切线，切点为 T.延长 FT 交双曲线右支于 P 点.若 M 为线段 FP 的中点，O 为坐标原点，试判断 $|MO|-|MT|$ 与 $b-a$ 的大小关系，并予以证明.

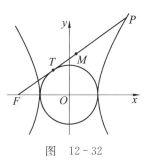

图 12-32

解： 记双曲线右焦点为 F_2，连接 PF_2，

则 $|MO|-|MT|=\dfrac{1}{2}|PF_2|-|MT|$

$=\dfrac{1}{2}(|PF|-2a)-|MT|=\dfrac{1}{2}|PF|-a-|MT|=|MF|-|MT|-a=|TF-a|.$

又由于 $\angle FTO=90°$，则 $|TF|=\sqrt{c^2-a^2}=b$，

则 $|MO|-|MT|=b-a$，

$|MO|-|MT|=b-a.$（利用双曲线的定义）

5. 已知双曲线 $C_1:\dfrac{x^2}{a^2}-\dfrac{y^2}{2a^2}=1(a>0)$，抛物线 C_2 的顶点在原点 O，C_2 的焦点是 C_1 的左焦点 F_1.

（1）求证：C_1,C_2 总有两个不同的交点；

（2）问：是否存在过 C_2 的焦点 F_1 的弦 AB，使 $\triangle AOB$ 的面积有最大值或最小值？若存在，求直线 AB 的方程与 $S_{\triangle AOB}$ 的最值；若不存在，说明理由.

解：（1）$\begin{cases}\dfrac{x^2}{a^2}-\dfrac{y^2}{2a^2}=1,\\ y^2=-4\sqrt{3}ax\end{cases}\Rightarrow x^2+2\sqrt{3}ax-a^2=0$，所以 C_1,C_2 总有两个不同的交点；

（2）$S_{\triangle AOB}=\dfrac{1}{2}\dfrac{4\sqrt{3}a}{\sin^2\theta}\sqrt{3}a\sin\theta=\dfrac{6a^2}{\sin\theta}\geqslant6a^2$，存在过 F 的直线 $x=-\sqrt{3}a$ 使 $\triangle AOB$ 面积有最小值 $6a^2.$

6. 双曲线的中心为原点 O，焦点在 x 轴上，两条渐近线分别为 l_1,l_2，经过右焦点 F 垂直

于 l_1 的直线分别交 l_1，l_2 于 A，B 两点.已知 $|\overrightarrow{OA}|$，$|\overrightarrow{AB}|$，$|\overrightarrow{OB}|$ 成等差数列,且 $\overrightarrow{BF}$ 与 $\overrightarrow{FA}$ 同向.

(1) 求双曲线的离心率;

(2) 设 AB 被双曲线所截得的线段的长为 4,求双曲线的方程.

解:(1) 设 $OA=m-d$，$AB=m$，$OB=m+d$.

由勾股定理可得:$(m-d)^2+m^2=(m+d)^2$.

得:$d=\dfrac{1}{m}m$，$\tan\angle AOF=\dfrac{b}{a}$，$\tan\angle AOB=\tan 2\angle AOF=\dfrac{AB}{OA}=\dfrac{4}{3}$.

由倍角公式　$\therefore$　$\dfrac{2\dfrac{b}{a}}{1-\left(\dfrac{b}{a}\right)^2}=\dfrac{4}{3}$，解得 $\dfrac{b}{a}=\dfrac{1}{2}$，则离心率 $e=\dfrac{\sqrt{5}}{2}$;

(2) 过 F 直线方程为 $y=-\dfrac{a}{b}(x-c)$，与双曲线方程 $\dfrac{x^2}{a^2}-\dfrac{y^2}{b^2}=1$ 联立.

将 $a=2b$，$c=\sqrt{5}b$ 代入,化简有 $\dfrac{15}{4b^2}x^2-\dfrac{8\sqrt{5}}{b}x+21=0$，

$$4=\sqrt{1+\left(\dfrac{a}{b}\right)^2}\,|x_1-x_2|=\sqrt{\left[1+\left(\dfrac{a}{b}\right)^2\right]\left[(x_1+x_2)^2-4x_1x_2\right]},$$

将数值代入,有 $4=\sqrt{5\left[\left(\dfrac{32\sqrt{5}b}{15}\right)^2-4\dfrac{28b^2}{5}\right]}$，解得 $b=3$.

故所求的双曲线方程为 $\dfrac{x^2}{36}-\dfrac{y^2}{9}=1$.

7. 已知曲线 $M:x^2-y^2=m$，$x>0$，m 为正常数.直线 l 与曲线 M 的实轴不垂直,且依次交直线 $y=x$、曲线 M、直线 $y=-x$ 于 A，B，C，D 四个点,O 为坐标原点.若 $|AB|=|BC|=|CD|$，求证:$\triangle AOD$ 的面积为定值.

解:设直线 $l:y=kx+b$ 代入 $x^2-y^2=m$ 得 $(1-k^2)x^2-2bkx-b^2-m=0$.

$\Delta>0$ 得 $b^2+m(1-k^2)>0$.

设 $B(x_1,y_1)$，$C(x_2,y_2)$，则有 $x_1+x_2=\dfrac{2bk}{1-k^2}$，$x_1x_2=\dfrac{-(b^2+m)}{1-k^2}$.

设 $A(x_3,y_3)$，$D(x_4,y_4)$，易得 $x_3=\dfrac{b}{1-k}$，$x_4=\dfrac{-b}{1+k}$.

由 $|AB|=|BC|=|CD|$ 得 $|BC|=\dfrac{1}{3}|AD|$.

故 $|x_1-x_2|=\dfrac{1}{3}|x_3-x_4|$.

代入得 $\sqrt{\left(\dfrac{2bk}{1-k^2}\right)^2+\dfrac{4(b^2+m)}{1-k^2}}=\dfrac{1}{3}\left|\dfrac{2b}{1-k^2}\right|$.

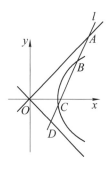

题 7 解析图

整理得：$b^2 = \dfrac{9}{8}m(k^2-1)$.

又 $|OA| = \sqrt{2}\left|\dfrac{b}{1-k}\right|$，$|OD| = \sqrt{2}\left|\dfrac{b}{1+k}\right|$，$\angle AOD = 90°$.

则 $S_{\triangle AOD} = \dfrac{b^2}{|1-k^2|} = \dfrac{9}{8}m$ 为定值.

8. 过双曲线 $\dfrac{x^2}{a^2} - \dfrac{y^2}{b^2} = 1 (a>0, b>0)$ 的右焦点 F 作 $B_1B_2 \perp x$ 轴，交双曲线于 B_1, B_2 两点，B_2 与左焦点 F_1 连线交双曲线于 B 点，联结 B_1B 交 x 轴于 H 点. 求证：H 的横坐标为定值.

证明： 设点 B, H, F 的坐标分别为 $(a\sec\alpha, b\tan\alpha)$，$(x_0, 0)$，$(c, 0)$，则 F_1, B_1, B_2 的坐标分别为 $(-c, 0)$，$\left(c, -\dfrac{b^2}{a}\right)$，$\left(c, \dfrac{b^2}{a}\right)$，因为 F_1, H 分别是直线 B_2B, BB_1 与 x 轴的交点，所以

$$c = \dfrac{ab}{2a\sin\alpha - b\cos\alpha}, \quad x_0 = \dfrac{ab + ac\sin\alpha}{a\sin\alpha + b\cos\alpha} \qquad ①$$

所以
$$\begin{aligned} cx_0 &= \dfrac{a^2b(b + c\sin\alpha)}{2a^2\sin^2\alpha + ab\sin\alpha\cos\alpha - b^2\cos^2\alpha} \\ &= \dfrac{a^2b(b + c\sin\alpha)}{a^2\sin^2\alpha + ab\sin\alpha\cos\alpha - b^2 + c^2\sin^2\alpha} \\ &= \dfrac{a^2b(b + c\sin\alpha)}{a\sin\alpha(a\sin\alpha + b\cos\alpha) + (c\sin\alpha - b)(c\sin\alpha + b)}. \end{aligned}$$

由①得 $a\sin\alpha + b\cos\alpha = \dfrac{a(b + c\sin\alpha)}{x_0}$，

代入上式得 $cx_0 = \dfrac{a^2b}{\dfrac{a^2\sin\alpha}{x_0} + (c\sin\alpha - b)}$，即 $x = -\dfrac{a^2}{c}$（定值）.

9. 已知动点 P 与双曲线 $\dfrac{x^2}{2} - \dfrac{y^2}{3} = 1$ 的两个焦点 F_1, F_2 的距离之和为定值，且 $\cos\angle F_1PF_2$ 的最小值为 $-\dfrac{1}{9}$.

（1）求动点 P 的轨迹方程；

（2）若已知 $D(0, 3)$，M, N 在动点 P 的轨迹上且 $\overrightarrow{DM} = \lambda \overrightarrow{DN}$，求实数 λ 的取值范围.

解：（1）由题意 $c^2 = 5$. 设 $|PF_1| + |PF_2| = 2a (a > \sqrt{5})$，由余弦定理，得

$$\cos\angle F_1PF_2 = \dfrac{|PF_1|^2 + |PF_2|^2 - |F_1F_2|^2}{2|PF_1| \cdot |PF_2|} = \dfrac{2a^2 - 10}{|PF_1| \cdot |PF_2|} - 1.$$

又 $|PF_1| \cdot |PF_2| \leqslant \left(\dfrac{|PF_1| + |PF_2|}{2}\right)^2 = a^2$，

当且仅当 $|PF_1| = |PF_2|$ 时，$|PF_1| \cdot |PF_2|$ 取最大值，

此时 $\cos\angle F_1PF_2$ 取最小值 $\dfrac{2a^2 - 10}{a^2} - 1$，令 $\dfrac{2a^2 - 10}{a^2} - 1 = -\dfrac{1}{9}$，

解得 $a^2 = 9$. 由于 $c = \sqrt{5}$, 则 $b^2 = 4$, 故所求 P 的轨迹方程为 $\dfrac{x^2}{9} + \dfrac{y^2}{4} = 1$;

(2) 设 $N(s, t)$, $M(x, y)$, 则由 $\overrightarrow{DM} = \lambda \overrightarrow{DN}$, 可得 $(x, y - 3) = \lambda(s, t - 3)$,

故 $x = \lambda s$, $y = 3 + \lambda(t - 3)$.

由于 M, N 在动点 P 的轨迹上,

则 $\dfrac{s^2}{9} + \dfrac{t^2}{4} = 1$ 且 $\dfrac{(\lambda s)^2}{9} + \dfrac{(\lambda t + 3 - 3\lambda)^2}{4} = 1$,

消去 s 可得 $\dfrac{(\lambda t + 3 - 3\lambda)^2 - \lambda^2 t^2}{4} = 1 - \lambda^2$, 解得 $t = \dfrac{13\lambda - 5}{6\lambda}$.

又 $|t| \leqslant 2$, $\therefore$ $\left| \dfrac{13\lambda - 5}{6\lambda} \right| \leqslant 2$, 解得 $\dfrac{1}{5} \leqslant \lambda \leqslant 5$.

故实数 λ 的取值范围是 $\left[\dfrac{1}{5}, 5 \right]$.

10. 在双曲线 $\dfrac{y^2}{12} - \dfrac{x^2}{13} = 1$ 的一支上有三个点 $A(x_1, y_1)$, $B(x_2, 6)$, $C(x_3, y_3)$ 与焦点 $F(0, 5)$ 的距离成等差数列.

(1) 求 $y_1 + y_3$;

(2) 求证线段 AC 的垂直平分线经过某个定点, 并求出定点的坐标.

解: (1) 双曲线方程可以化为: $\dfrac{y^2}{12} - \dfrac{x^2}{13} = 1$,

由题意可知 A, B, C 三点在双曲线的一支上, 即得

$$\begin{cases} |AF| = ey_1 - \dfrac{12}{5}e, \\[2mm] |BF| = 6e - \dfrac{12}{5}e, \\[2mm] |CF| = ey_3 - \dfrac{12}{5}e. \end{cases}$$

由于 $|AF|, |BF|, |CF|$ 成等差数列,

由于 $2|BF| = |AF| + |CF|$, 则 $2 \times 6e = ey_1 + ey_3$, 得 $y_1 + y_3 = 12$;

(2) 设 AC 的中点坐标 $(x_0, 6)$, 由于 A, C 在双曲线上, 故

$$\begin{cases} \dfrac{y_1^2}{12} - \dfrac{x_1^2}{13} = 1, \\[2mm] \dfrac{y_3^2}{12} - \dfrac{x_3^2}{13} = 1, \end{cases} \quad \text{两式相减得:}$$

$$12(x_1 + x_3)(x_1 - x_3) = 13(y_1 + y_3)(y_1 - y_3),$$

整理得: $\dfrac{(y_1 - y_3)}{(x_1 - x_3)} = \dfrac{12}{13} \cdot \dfrac{(x_1 + x_3)}{(y_1 + y_3)} = \dfrac{2x_0}{13}$,

则 AC 中垂线斜率为 $-\dfrac{13}{2x_0}$,

则 AC 的中垂线方程为：$y-6=-\dfrac{13}{2x_0}(x-x_0)$，即 $y-6=-\dfrac{13}{2x_0}\times x+\dfrac{13}{2}$，

则当 $x=0$ 时 $y=\dfrac{25}{2}$，即 AC 的中垂线经过定点 $\left(0,\dfrac{25}{2}\right)$.

11. 直线 $y=mx+1$ 与双曲线 $x^2-y^2=1$ 的左支相交于 A,B 两点，设过点 $(-2,0)$ 和 AB 中点的直线 l 在 y 轴上的截距为 b，求 b 的取值范围.

解： 由 $\begin{cases} y=mx+1, \\ x^2-y^2=1 \end{cases}$ 得 $(1-m^2)x^2-2mx-2=0$.令 $f(x)=(1-m^2)x^2-2mx-2$，

直线与双曲线左支交于两点，等价于方程 $f(x)=0$ 在 $(-\infty,0)$ 上有两个不等实根.

因此 $\begin{cases} \Delta>0, \\ \dfrac{2m}{1-m^2}<0, \\ \dfrac{-2}{1-m^2}>0. \end{cases}$ 解得 $1<m<\sqrt{2}$，又 AB 中点为 $\left(\dfrac{m}{1-m^2},\dfrac{1}{1-m^2}.\right)$

则直线 l 的方程为 $y=\dfrac{1}{-2m^2+m+2}(x+2)$，

令 $x=0$，得 $b=\dfrac{2}{-2m^2+m+2}=\dfrac{2}{-2\left(m-\dfrac{1}{4}\right)^2+\dfrac{17}{8}}$，

由于 $m\in(1,\sqrt{2})$，则 $-2\left(m-\dfrac{1}{4}\right)^2+\dfrac{17}{8}\in(-2+\sqrt{2},1)$.

则故 b 的取值范围是 $(-\infty,-2-\sqrt{2})\cup(2,+\infty)$.

12. 已知双曲线 S 的两条渐近线过坐标原点，且与以 $A(\sqrt{2},0)$ 为圆心，1 为半径的圆相切，双曲线 S 的一个顶点 A' 和 A 关于直线 $y=x$ 对称，设直线 l 过点 A，斜率为 k.

（1）求双曲线 S 的方程；

（2）当 $k=1$ 时，在双曲线 S 的上支求点 B，使其与直线 l 的距离为 $\sqrt{2}$；

（3）当 $0\leqslant k<1$ 时，若双曲线 S 的上支上有且只有一个点 B 到直线 l 的距离为 $\sqrt{2}$，求斜率 k 的值及相应的点 B 的坐标.

解：（1）由已知得双曲线的渐近线为 $y=\pm x$.

因而 S 为等轴双曲线，其中一个顶点为 $A'(0,\sqrt{2})$，所以双曲线 S 的方程为 $\dfrac{y^2}{2}-\dfrac{x^2}{2}=1$；

（2）若 $B(x,\sqrt{x^2+2})$ 是双曲线 S 的上支上到直线 $l:y=x-\sqrt{2}$ 的距离为 $\sqrt{2}$ 的点，

则 $\dfrac{|x-\sqrt{x^2+2}-\sqrt{2}|}{\sqrt{2}}=\sqrt{2}$，解得 $x=\sqrt{2}$，$y=2$.故 B 点坐标为 $(\sqrt{2},2)$；

（3）因为当 $0\leqslant k<1$ 时，双曲线 S 的上支在直线 l 的上方，所以点 B 在直线 l 的上方.

设直线 l' 与直线 $l:y=k(x-\sqrt{2})$ 平行，两线间的距离为 $\sqrt{2}$，

直线 l' 在直线 l 的上方，双曲线 S 的上支上有且只有一个点 B 到直线 l 的距离为 $\sqrt{2}$，等价

于直线 l' 与双曲线 S 的上支有且只有一个公共点.

设 l' 的方程是 $y=kx+m$,由 l 上的点 A 到 l' 的距离为 $\sqrt{2}$,可知 $\dfrac{|\sqrt{2}k+m|}{\sqrt{k^2+1}}=\sqrt{2}$,

解得 $m=\sqrt{2}(\pm\sqrt{k^2+1}-k)$,其中 $m=\sqrt{2}(-\sqrt{k^2+1}-k)$ 舍去.

由方程 $y^2-x^2=2$ 及 $y=kx+m$,消去 y 得,$(k^2-1)x^2+2mkx+m^2-2=0$.

由于 $k^2\neq1$,则 $\Delta=4(m^2-2+2k^2)=8k(3k-2\sqrt{k^2+1})$.

令 $\Delta=0$.由于 $0\leqslant k<1$,解得 $k=0,k=\dfrac{2\sqrt{5}}{5}$.

当 $k=0$ 时,$m=\sqrt{2}$,解得 $x=0,y=\sqrt{2}$,则点 B 的坐标为 $(0,\sqrt{2})$.

当 $k=\dfrac{2\sqrt{5}}{5}$ 时,$m=\dfrac{\sqrt{10}}{5}$,解得 $x=2\sqrt{2},y=\sqrt{10}$,则点 B 的坐标为 $(2\sqrt{2},\sqrt{10})$.

13. 如图 $12\text{-}33$ 所示,在以点 O 为圆心,$|AB|=4$ 为直径的半圆 ADB 中,$OD\perp AB$,P 是半圆弧上一点,$\angle POB=30°$,曲线 C 是满足 $||MA|-|MB||$ 为定值的动点 M 的轨迹,且曲线 C 过点 P.

(1) 建立适当的平面直角坐标系,求曲线 C 的方程;

(2) 设过点 D 的直线 l 与曲线 C 相交于不同的两点 E,F.

若 $\triangle OEF$ 的面积等于 $2\sqrt{2}$,求直线 l 的方程.

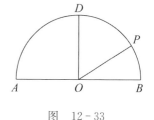

图 $12\text{-}33$

解: 以 O 为原点,AB,OD 所在直线分别为 x 轴、y 轴,建立平面直角坐标系,则 $A(-2,0)$,$B(2,0)$,$D(0,2)$,$P(\sqrt{3},1)$,依题意得

$$||MA|-|MB||=||PA|-|PB||=\sqrt{(2+\sqrt{3})^2+1^2}-\sqrt{(2-\sqrt{3})^2+1^2}=2\sqrt{2}<|AB|=4$$

∴　曲线 C 是以原点为中心,A,B 为焦点的双曲线.

设实半轴长为 a,虚半轴长为 b,半焦距为 c,

则 $c=2,2a=2\sqrt{2}\Rightarrow a^2=2,b^2=c^2-a^2=2$,

∴　曲线 C 的方程为 $\dfrac{x^2}{2}-\dfrac{y^2}{2}=1$;

(2) 依题意,可设直线 l 的方程为 $y=kx+2$,代入双曲线 C 的方程并整理,

得 $(1-k^2)x^2-4kx-6=0$.

∵　直线 l 与双曲线 C 相交于不同的两点 E,F,

∴　$\begin{cases}1-k^2\neq0,\\ \Delta=(-4k)^2+4\times6(1-k)^2>0\end{cases}\Rightarrow\begin{cases}k\neq\pm1,\\ -\sqrt{3}<k<\sqrt{3},\end{cases}$

∴　$k\in(-\sqrt{3},-1)\cup(1,\sqrt{3})$.

设 $E(x_1,y_1),F(x_2,y_2)$,则由①式得 $x_1+x_2=\dfrac{4k}{1-k^2},x_1x_2=\dfrac{6}{1-k^2}$,于是

$$|EF|=\sqrt{(x_1-x_2)^2+(y_1-y_2)^2}=\sqrt{(1+k^2)(x_1-x_2)^2}$$

$$=\sqrt{1+k^2} \cdot \sqrt{(x_1+x_2)^2-4x_1x_2}=\sqrt{1+k^2} \cdot \frac{2\sqrt{2}\sqrt{3-k^2}}{|1-k^2|},$$

而原点 O 到直线 l 的距离 $d=\dfrac{2}{\sqrt{1+k^2}}$,

$$\therefore S_{\triangle OEF}=\frac{1}{2}d \cdot |EF|=\frac{1}{2} \cdot \frac{2}{\sqrt{1+k^2}} \cdot \sqrt{1+k^2} \cdot \frac{2\sqrt{2}\sqrt{3-k^2}}{|1-k^2|}=\frac{2\sqrt{2}\sqrt{3-k^2}}{|1-k^2|}.$$

若 $S_{\triangle OEF}=2\sqrt{2}$,即 $\dfrac{2\sqrt{2}\sqrt{3-k^2}}{|1-k^2|}=2\sqrt{2} \Rightarrow k^4-k^2-2=0$,解得 $k=\pm\sqrt{2}$,

故满足(2)的直线 l 有两条,其方程分别为 $y=\sqrt{2}x+2$ 和 $y=-\sqrt{2}x+2$.

14. 已知双曲线 $x^2-y^2=2$ 的右焦点为 F,过点 F 的动直线与双曲线相交于 A,B 两点,点 C 的坐标是 $(1,0)$.

(1) 证明 $\overrightarrow{CA} \cdot \overrightarrow{CB}$ 为常数;

(2) 若动点 M 满足 $\overrightarrow{CM}=\overrightarrow{CA}+\overrightarrow{CB}+\overrightarrow{CO}$(其中 O 为坐标原点),求点 M 的轨迹方程.

解: 由条件知 $F(2,0)$,设 $A(x_1,y_1),B(x_2,y_2)$.

(1) 当 AB 不与 x 轴垂直时,可设点 A,B 的坐标分别为 $(2,\sqrt{2}),(2,-\sqrt{2})$,

此时 $\overrightarrow{CA} \cdot \overrightarrow{CB}=(1,\sqrt{2}) \cdot (1,-\sqrt{2})=-1$.

当 AB 不与 x 轴垂直时,设直线 AB 的方程是 $y=k(x-2)(k\ne\pm1)$.

代入 $x^2-y^2=2$,有 $(1-k^2)x^2+4k^2x-(4k^2+2)=0$.

则 x_1,x_2 是上述方程的两个实根,所以 $x_1+x_2=\dfrac{4k^2}{k^2-1},x_1x_2=\dfrac{4k^2}{k^2-1}$,

于是 $\overrightarrow{CA} \cdot \overrightarrow{CB}=(x_1-1)(x_2-1)+y_1y_2=(x_1-1)(x_2-1)+k^2(x_1-2)(x_2-2)$

$$=(k^2+1)x_1x_2-(2k^2+1)(x_1+x_2)+4k^2+1$$

$$=\frac{(k^2+1)(4k^2+2)}{k^2-1}-\frac{4k^2(2k^2+1)}{k^2-1}+4k^2+1$$

$$=(-4k^2-2)+(4k^2+1)=-1.$$

综上所述,$\overrightarrow{CA} \cdot \overrightarrow{CB}$ 为常数 -1;

(2) 设 $M(x,y)$,则 $\overrightarrow{CM}=(x-1,y),\overrightarrow{CA}=(x_1-1,y_1)$,

$\overrightarrow{CB}=(x_2-1,y_2),\overrightarrow{CO}=(-1,0)$,由 $\overrightarrow{CM}=\overrightarrow{CA}+\overrightarrow{CB}+\overrightarrow{CO}$ 得:

$$\begin{cases} x-1=x_1+x_2-3, \\ y=y_1+y_2, \end{cases} \quad 即 \begin{cases} x_1+x_2=x+2, \\ y_1+y_2=y. \end{cases}$$

于是 AB 的中点坐标为 $\left(\dfrac{x+2}{2},\dfrac{y}{2}\right)$.

当 AB 不与 x 轴垂直时,$\dfrac{y_1-y_2}{x_1-x_2}=\dfrac{\frac{y}{2}}{\frac{x+2}{2}-2}=\dfrac{y}{x-2}$,

即 $y_1-y_2=\dfrac{y}{x-2}(x_1-x_2)$.

又因为 A, B 两点在双曲线上,所以 $x_1^2-y_1^2=2$, $x_2^2-y_2^2=2$,两式相减得

　　$(x_1-x_2)(x_1+x_2)=(y_1-y_2)(y_1+y_2)$,即 $(x_1-x_2)(x+2)=(y_1-y_2)y$.

将 $y_1-y_2=\dfrac{y}{x-2}(x_1-x_2)$ 代入上式,化简得 $x^2-y^2=4$.

当 AB 与 x 轴垂直时, $x_1=x_2=2$,求得 $M(2,0)$,也满足上述方程.

所以点 M 的轨迹方程是 $x^2-y^2=4$.

15. 已知动圆 C 过点 $A(-2,0)$,且与圆 M: $(x-2)^2+y^2=64$ 相内切.

(1) 求动圆 C 的圆心的轨迹方程;

(2) 设直线 l: $y=kx+m$(其中 k, $m\in\mathbf{Z}$)与(1)中所求轨迹交于不同两点 B, D,与双曲线 $\dfrac{x^2}{4}-\dfrac{y^2}{12}=1$ 交于不同两点 E, F,问是否存在直线 l,使得向量 $\overrightarrow{DF}+\overrightarrow{BE}=0$,若存在,指出这样的直线有多少条? 若不存在,请说明理由.

解: (1) 圆 M: $(x-2)^2+y^2=64$,圆心 M 的坐标为 $(2,0)$,半径 $R=8$.

$\because$ 　 $|AM|=4<R$, 　 $\therefore$ 　 点 $A(-2,0)$ 在圆 M 内.

设动圆 C 的半径为 r,圆心为 C,依题意得 $r=|CA|$,且 $|CM|=R-r$,

即 $|CM|+|CA|=8>|AM|$.

$\therefore$ 　 圆心 C 的轨迹是中心在原点,以 A, M 两点为焦点,长轴长为 8 的椭圆,设其方程为

$$\dfrac{x^2}{a^2}+\dfrac{y^2}{b^2}=1(a>b>0),则\ a=4,c=2.$$

$b^2=a^2-c^2=12$, $\therefore$ 　 所求动圆 C 的圆心的轨迹方程为 $\dfrac{x^2}{16}+\dfrac{y^2}{12}=1$;

(2) 由 $\begin{cases} y=kx+m, \\ \dfrac{x^2}{16}+\dfrac{y^2}{12}=1 \end{cases}$ 消去 y 化简整理得: $(3+4k^2)x^2+8kmx+4m^2-48=0$.

设 $B(x_1,y_1)$, $D(x_2,y_2)$,则 $x_1+x_2=-\dfrac{8km}{3+4k^2}$.

$$\Delta_1=(8km)^2-4(3+4k^2)(4m^2-48)>0 \qquad\qquad ①$$

由 $\begin{cases} y=kx+m, \\ \dfrac{x^2}{4}-\dfrac{y^2}{12}=1 \end{cases}$ 消去 y 化简整理得: $(3-k^2)x^2-2kmx-m^2-12=0$.

设 $E(x_3,y_3)$, $F(x_4,y_4)$,则 $x_3+x_4=\dfrac{2km}{3-k^2}$,

$$\Delta_2=(-2km)^2+4(3-k^2)(m^2+12)>0 \qquad\qquad ②$$

$\because$ 　 $\overrightarrow{DF}+\overrightarrow{BE}=0$, 　 $\therefore$ 　 $(x_4-x_2)+(x_3-x_1)=0$,即 $x_1+x_2=x_3+x_4$,

$\therefore$ 　 $-\dfrac{8km}{3+4k^2}=\dfrac{2km}{3-k^2}$. 　 $\therefore$ 　 $2km=0$ 或 $-\dfrac{4}{3+4k^2}=\dfrac{1}{3-k^2}$,解得 $k=0$ 或 $m=0$.

当 $k=0$ 时,由①②得 $-2\sqrt{3}<m<2\sqrt{3}$,

∵ $m\in\mathbf{Z}$, ∴ m 的值为 $-3,-2,-1,0,1,2,3$

当 $m=0$,由①②得 $-\sqrt{3}<k<\sqrt{3}$,

∵ $k\in\mathbf{Z}$, ∴ $k=-1,0,1$.

∴ 满足条件的直线共有 9 条.

16. $\triangle ABC$ 的内切圆与三边 AB,BC,CA 的切点分别为 D, E,F,如图 12-34 所示.已知 $B(-\sqrt{2},0),C(\sqrt{2},0)$,内切圆圆心 $I(1,t),t\neq0$,设点 A 的轨迹为 L.

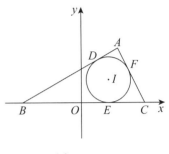

图 12-34

(1) 求 L 的方程;

(2) 过点 C 的动直线 m 交曲线 L 于不同的两点 M,N(点 M 在 x 轴的上方),问在 x 轴上是否存在一定点 Q(Q 不与 C 重合),使 $\dfrac{\overrightarrow{QM}\cdot\overrightarrow{QC}}{|\overrightarrow{QM}|}=\dfrac{\overrightarrow{QN}\cdot\overrightarrow{QC}}{|\overrightarrow{QN}|}$ 恒成立,若存在,试求出 Q 点的坐标;若不存在,说明理由.

解:(1) 设点 $A(x,y)$,由题知

$$|AB|-|AC|=|BD|-|CE|=|BE|-|CE|$$
$$=|BO|+|OE|-(|OC|-|OE|)=2|OE|=2,$$

根据双曲线定义知,点 A 的轨迹是以 B,C 为焦点,实轴长为 2 的双曲线的右支(除去点 E),做 L 的方程为

$$x^2-y^2=1(x>1).$$

(2) 设点 $Q(x_0,0),M(x_1,y_1),N(x_2,y_2)$.

∵ $\dfrac{\overrightarrow{QM}\cdot\overrightarrow{QC}}{|\overrightarrow{QM}|}=\dfrac{\overrightarrow{QN}\cdot\overrightarrow{QC}}{|\overrightarrow{QN}|}\Rightarrow\dfrac{|\overrightarrow{QM}|\cdot|\overrightarrow{QC}|\cos<\overrightarrow{QM},\overrightarrow{QC}>}{|\overrightarrow{QM}|}=\dfrac{|\overrightarrow{QN}|\cdot|\overrightarrow{QC}|\cos<\overrightarrow{QN},\overrightarrow{QC}>}{|\overrightarrow{QN}|}$

∴ $\cos\angle MQC=\cos\angle NQC$, ∴ $\angle MQC=\angle NQC$.

① 当直线 $MN\perp x$ 轴时,点 $Q(x_0,0)$ 在 x 轴上任何一点处都能使得 $\angle MQC=\angle NQC$ 成立.

② 当直线 MN 不与 x 轴垂直时,设直线 $MN:y=k(x-\sqrt{2})$,

由 $\begin{cases}x^2-y^2=1,\\ y=k(x-\sqrt{2})\end{cases}$ 得 $(1-k^2)x^2+2\sqrt{2}k^2x-(2k^2+1)=0$.

∴ $x_1+x_2=\dfrac{2\sqrt{2}k^2}{k^2-1},x_1x_2=\dfrac{2k^2+1}{k^2-1}$.

∴ $y_1+y_2=k(x_1-\sqrt{2})+k(x_2-\sqrt{2})=k(x_1+x_2)-2\sqrt{2}k=\dfrac{2\sqrt{2}k}{k^2-1}$.

∵ $\tan\angle MQC=k_{QM}=\dfrac{y_1}{x_1-x_0},\tan\angle NQC=-k_{QN}=-\dfrac{y_2}{x_2-x_0}$,

使 $\angle MQC=\angle NQC$,只需 $\tan\angle MQC=\tan\angle NQC$ 成立,

即 $\dfrac{y_1}{x_1-x_0}=-\dfrac{y_2}{x_2-x_0}$,

即 $x_2y_1-x_0y_1+x_1y_2-x_0y_2=0$, $\therefore$ $x_2y_1-x_0y_1+x_1y_2-x_0y_2=0$,

$\therefore$ $(y_1+y_2)x_0=x_2\cdot k(x_1-\sqrt{2})+x_1\cdot k(x_2-\sqrt{2})=2kx_1x_2-\sqrt{2}x(x_1+x_2)$,

即 $\dfrac{2\sqrt{2}k}{k^2-1}x_0=\dfrac{2k}{k^2-1}$,故 $x_0=\dfrac{\sqrt{2}}{2}$,

故所求的点 Q 的坐标为 $\left(\dfrac{\sqrt{2}}{2},0\right)$ 时,$\dfrac{\overrightarrow{QM}\cdot\overrightarrow{QC}}{|\overrightarrow{QM}|}=\dfrac{\overrightarrow{QN}\cdot\overrightarrow{QC}}{|\overrightarrow{QN}|}$ 恒成立.

§12.5　抛物线的标准方程和性质

1. 若线段 P_1P_2 为抛物线 $C:y^2=2px(p>0)$ 的一条焦点弦,F 为 C 的焦点,求证:$\dfrac{1}{|P_1F|}+\dfrac{1}{|P_2F|}=\dfrac{2}{p}$.

证: 如题 1 解析图所示,设 P_1、P_2、F 点在 C 的准线 l 上的射影分别是 P_1'、P_2'、F',且不妨设 $|P_2P_2'|=n<m=|P_1P_1'|$,又设 P_2 点在 FF'、P_1P_1' 上的射影分别是 A、B 点,由抛物线定义知,$|P_2F|=n$,$|P_1F|=m$,$|FF'|=p$.

又 $\triangle P_2AF\backsim\triangle P_2BP_1$, $\therefore$ $\dfrac{|AF|}{BP_1}=\dfrac{|P_2F|}{|P_2P_1|}$.

即 $\dfrac{p-n}{m-n}=\dfrac{n}{m+n}$. $\therefore$ $p(m+n)=2mn$. $\therefore$ $\dfrac{1}{m}+\dfrac{1}{n}+\dfrac{2}{p}$.

故原命题成立.

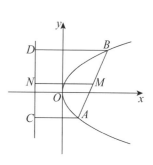

题 1 解析图

2. 定长为 3 的线段 AB 的端点 A、B 在抛物线 $y^2=x$ 上移动,求 AB 的中点到 y 轴的距离的最小值,并求出此时 AB 中点的坐标.

解: 如题 2 解析图,设 F 是 $y^2=x$ 的焦点,A、B 两点到准线的垂线分别是 AC、BD,又 M 到准线的垂线为 MN,C、D 和 N 是垂足,则

$|MN|=\dfrac{1}{2}(|AC|+|BD|)=\dfrac{1}{2}(|AF|+|BF|)\geqslant\dfrac{1}{2}|AB|=\dfrac{3}{2}$.

设 M 点的横坐标为 x,纵坐标为 y,$|MN|=x+\dfrac{1}{4}$,则

$x\geqslant\dfrac{3}{2}-\dfrac{1}{4}=\dfrac{5}{4}$.

题 2 解析图

等式成立的条件是 AB 过点 F,

设 $A(x_1,y_1)$,$B(x_2,y_2)$,直线 AB 为 $x=ty+\dfrac{1}{2}$

代入抛物线 $y^2=x$,得 $y^2-ty-\dfrac{1}{4}=0$,

当 $x=\dfrac{5}{4}$ 时，$y_1 y_2 = -\dfrac{1}{4}$.

故 $(y_1+y_2)^2 = y_1^2 + y_2^2 + 2y_1 y_2 = 2x - \dfrac{1}{2} = 2$，$y_1 + y_2 = \pm\sqrt{2}$，$y = \pm\dfrac{\sqrt{2}}{2}$.

所以 $M\left(\dfrac{5}{4}, \pm\dfrac{\sqrt{2}}{2}\right)$，此时 M 到 y 轴的距离的最小值为 $\dfrac{5}{4}$.

3. 过抛物线 $y=2px$ 的焦点 F 作倾斜角为 θ 的直线，交抛物线于 A、B 两点，求 $|AB|$ 的最小值.

解： ① 若 $\theta = \dfrac{\pi}{2}$，此时 $|AB| = 2p$.

② 若 $\theta \neq \dfrac{\pi}{2}$，因有两交点，所以 $\theta \neq 0$，$AB: y = \tan\theta\left(x - \dfrac{p}{2}\right)$，即 $x = \dfrac{y}{\tan\theta} + \dfrac{p}{2}$.

代入抛物线方程，有 $y^2 - \dfrac{2p}{\tan\theta}y - p^2 = 0$. 故 $(y_2 - y_1)^2 = \dfrac{4p^2}{\tan^2\theta} + 4p^2 = 4p^2 \csc^2\theta$，

$(x_2 - x_1)^2 = \dfrac{(y^2 - y^1)^2}{\tan\theta} = 4p^2 \dfrac{\csc^2\theta}{\tan^2\theta}$.

故 $|AB|^2 = 4p^2 \csc^2\theta\left(1 + \dfrac{1}{\tan^2\theta}\right) = 4p^2 \csc^4\theta$.

所以 $|AB| = \dfrac{2p}{\sin^2\theta} > 2p$. 因 $\theta \neq \dfrac{\pi}{2}$，所以这里不能取"="。

综合①②，当 $\theta = \dfrac{\pi}{2}$ 时，$|AB|_{最小值} = 2p$.

4. 已知点 $M(3,2)$，F 为抛物线 $y^2 = 2x$ 的焦点，点 P 在该抛物线上移动，当 $|PM| + |PF|$ 取最小值时，求点 P 的坐标.

解： 如题 4 解析图，由定义知 $|PF| = |PE|$，故

$|PM| + |PF| = |PE| + |PM| \geqslant |ME| \geqslant |MN| = 3\dfrac{1}{2}$.

取等号时，M、P、E 三点共线，$\therefore$ P 点纵坐标为 2，代入方程，求出其横坐标为 2，所以 P 点坐标为 $(2,2)$.

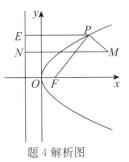

题 4 解析图

5. 已知抛物线 $C: x^2 = 2py\,(p>0)$，O 是坐标原点，$M(0,b)\,(b>0)$ 为 y 轴上一动点，过 M 作直线交 C 于 A，B 两点，设 $S_{\triangle ABC} = m\tan\angle AOB$，求 m 的最小值.

解： $S_{\triangle ABC} = m\tan\angle AOB \Rightarrow \dfrac{1}{2}|\overrightarrow{OA}||\overrightarrow{OB}|\sin\angle AOB = m\tan\angle AOB$.

$2m = |\overrightarrow{OA}||\overrightarrow{OB}|\cos\angle AOB = \overrightarrow{OA} \cdot \overrightarrow{OB}$.

设 AB 方程为 $y = kx + b$，设 A，B 点坐标分别为 (x_1, y_1)，(x_2, y_2)，

联立 $\begin{cases} x^2 = 2py, \\ y = kx + b, \end{cases}$ 得：$x^2 - 2pkx - 2pb = 0$.

$2m = \overrightarrow{OA} \cdot \overrightarrow{OB} = x_1 x_2 + y_1 y_2 = x_1 x_2 + \dfrac{(x_1 x_2)^2}{4p^2} = -2pb + b^2 = (b-p)^2 - p^2 \geqslant -p^2$.

则 m 的最小值为 $-\dfrac{1}{2}p^2$.

6. 正方形 $ABCD$ 的两顶点 A,B 在抛物线 $y=x^2$ 上，C,D 两点在直线 $y=x-4$ 上，求正方形的边长 d.

解： 设 A,B 两点坐标分别为 $A(t_1,t_1^2)$、$B(t_2,t_2^2)$，显然 $t_1\neq t_2$.

由于 $AB/\!/DC$，则 $1=\dfrac{t_2^2-t_1^2}{t_2-t_1}$，即 $t_1+t_2=1$.

一方面，$d^2=|AB|^2=(t_1-t_2)^2+(t_1^2-t_2^2)^2=(t_1-t_2)^2[1+(t_1+t_2)^2]$

$=2[(t_1+t_2)^2-4t_1t_2]$，

则 $t_1t_2=\dfrac{1}{8}(2-d^2)$　　　　　　　　　　　　　　　　　　①

另一方面，$d=|AD|=\dfrac{|t_1-t_1^2-4|}{\sqrt{2}}=\dfrac{|t_1(1-t_1)-4|}{\sqrt{2}}=\dfrac{|t_1t_2-4|}{\sqrt{2}}$，

则 $2d^2=(t_1t_2-4)^2$　　　　　　　　　　　　　　　　　　　　②

将①代入②，得 $d^4-68d^2+900=0$，即 $(d^2-18)(d^2-50)=0$.

故 $d=3\sqrt{2}$ 或 $d=5\sqrt{2}$.

7. 如图 12‑38 所示，抛物线顶点在原点，圆 $x^2+y^2=4x$ 的圆心是抛物线的焦点，直线 l 过抛物线的焦点，且斜率为 2，直线 l 交抛物线与圆依次为 A、B、C、D 四点，求 $|AB|+|CD|$ 的值.

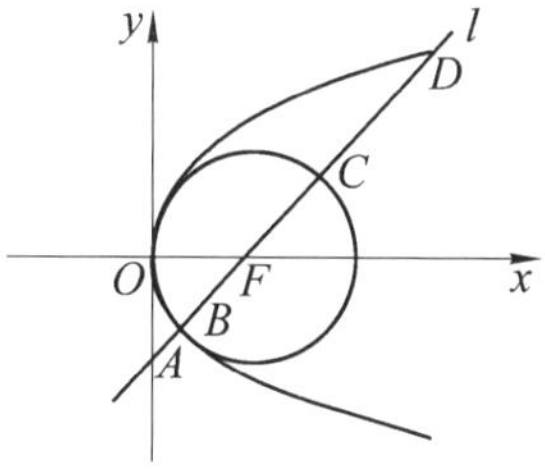

图 12‑38

解： 由圆的方程 $x^2+y^2=4x$，即 $(x-2)^2+y^2=4$ 可知，圆心为 $F(2,0)$，半径为 2，又由抛物线焦点为已知圆的圆心，得到抛物线焦点为 $F(2,0)$，设抛物线方程为 $y^2=8x$，

$$|AB|+|CD|=|AD|-|BC|.$$

由于 $|BC|$ 为已知圆的直径，则 $|BC|=4$，则 $|AB|+|CD|=|AD|-4$.

设 $A(x_1,y_1)$，$D(x_2,y_2)$，由于 $|AD|=|AF|+|FD|$，而 A、D 在抛物线上，

由已知可知，直线 l 方程为 $y=2(x-2)$，于是，由方程组

$\begin{cases} y^2=8, \\ y=2(x-2). \end{cases}$　消去 y，得 $x^2-6x+4=0$，则 $x_1+x_2=6$.

则 $|AD|=6+4=10$，因此，$|AB|+|CD|=10-4=6$.

8. 设抛物线 $y^2=2x$ 的焦点为 F，过点 $M(\sqrt{3},0)$ 的直线与抛物线相交于 A,B 两点，与抛物线的准线相交于 C，$|BF|=2$，求 $\triangle BCF$ 与 $\triangle ACF$ 的面积之比 $\dfrac{S_{\triangle BCF}}{S_{\triangle ACF}}$.

解： 由 $y^2=2x$ 可得 $p=1$，设 $A(x_1,y_1)$，$B(x_2,y_2)$

$\therefore \quad |BF|=x_2+\dfrac{p}{2}=2\Rightarrow x_2=2-\dfrac{p}{2}=\dfrac{3}{2}$，设 F 到直线 AB 的距离为 d，

则 $\dfrac{S_{\triangle BCF}}{S_{\triangle ACF}} = \dfrac{\dfrac{1}{2}d \cdot |BC|}{\dfrac{1}{2}d \cdot |AC|} = \dfrac{|BC|}{|AC|}$.

过 A,B 分别引准线的垂线 AP,BQ，$\therefore$ $AP /\!/ BQ$.

$\therefore$ $\dfrac{|BC|}{|AC|} = \dfrac{|BQ|}{|AP|} = \dfrac{x_2 + \dfrac{p}{2}}{x_1 + \dfrac{p}{2}} = \dfrac{x_2 + \dfrac{1}{2}}{x_1 + \dfrac{1}{2}}$.

设 $AB:y = k(x - \sqrt{3})$，联立方程：$\begin{cases} y^2 = 2x, \\ y = k(x - \sqrt{3}), \end{cases}$ 消元可得：$k^2(x - \sqrt{3})^2 = 2x$，

整理后可得：$k^2 x^2 - (2\sqrt{3}k^2 + 2)x + 3k^2 = 0$.

$\therefore$ $x_1 x_2 = 3 \Rightarrow x_1 = 2$.

$\therefore$ $\dfrac{S_{\triangle BCF}}{S_{\triangle ACF}} = -\dfrac{x_2 + \dfrac{1}{2}}{x_1 + \dfrac{1}{2}} = \dfrac{4}{5}$.

9. 已知 A,B 为抛物线 $x^2 = 2py\,(p > 0)$ 上异于原点的两点，$\overrightarrow{OA} \cdot \overrightarrow{OB} = 0$，点 C 坐标为 $(0, 2p)$.

(1) 求证：A,B,C 三点共线；

(2) 若 $\overrightarrow{AM} = \lambda \overrightarrow{BM}\,(\lambda \in \mathbf{R})$，且 $\overrightarrow{OM} \cdot \overrightarrow{AB} = 0$，试求点 M 的轨迹方程.

解：（1）证明：设 $A\left(x_1, \dfrac{x_1^2}{2p}\right), B\left(x_2, \dfrac{x_2^2}{2p}\right)$，由 $\overrightarrow{OA} \cdot \overrightarrow{OB} = 0$ 得

$x_1 x_2 + \dfrac{x_1^2}{2p}\dfrac{x_2^2}{2p} = 0$，则 $x_1 x_2 = -4p^2$，

又由于 $\overrightarrow{AC} = \left(-x_1, 2p - \dfrac{x_1^2}{2p}\right), \overrightarrow{AB} = \left(x_2 - x_1, \dfrac{x_2^2 - x_1^2}{2p}\right)$，

且 $-x_1 \cdot \dfrac{x_2^2 - x_1^2}{2p} - \left(2p - \dfrac{x_1^2}{2p}\right) \cdot (x_2 - x_1) = 0$，则 $\overrightarrow{AC} /\!/ \overrightarrow{AB}$，即 A,B,C 三点共线；

（2）由（1）知直线 AB 过定点 C，又由 $\overrightarrow{OM} \cdot \overrightarrow{AB} = 0$ 及 $\overrightarrow{AM} = \lambda \overrightarrow{BM}\,(\lambda \in \mathbf{R})$ 知 $OM \perp AB$，垂足为 M，所以点 M 的轨迹为以 OC 为直径的圆，除去坐标原点. 即点 M 的轨迹方程为 $x^2 + (y - p)^2 = p^2\,(x \neq 0, y \neq 0)$.

10. 已知 F 为抛物线 $y^2 = 4x$ 的焦点，M 点的坐标为 $(4, 0)$，过点 F 作斜率为 k_1 的直线与抛物线交于 A,B 两点，延长 AM, BM 交抛物线于 C,D 两点，设直线 CD 的斜率为 k_2.

(1) 求 $\dfrac{k_1}{k_2}$ 的值；

(2) 求直线 AB 与直线 CD 夹角 θ 的取值范围.

解：（1）由条件知 $F(1, 0)$，设 $A(x_1, y_1), B(x_2, y_2), C(x_3, y_3), D(x_4, y_4)$，不妨设 $y_1 > 0$.

直线 AB 的方程为 $y = k_1(x - 1)$，与 $y^2 = 4x$ 联立得 $y^2 - \dfrac{4}{k_1}y - 4 = 0$.

所以 $y_1 y_2 = -4, x_1 x_2 = 1$.

① 当 $x_1 = 4$ 时,则 $A(4,4)$,故 $y_2 = \dfrac{-4}{y_1} = -1, x_2 = \dfrac{1}{4}$,即 $B\left(\dfrac{1}{4}, -1\right)$.

直线 AM 的方程为 $x = 4$,从而 $C(4, -4)$;直线 BM 的方程为:$y = \dfrac{4}{15}(x - 4)$,

与 $y^2 = 4x$ 联立得 $y^2 - 15y - 16 = 0$,得 $y_4 = 16, x_4 = 64$,即 $D(64, 16)$.

于是 $k_1 = \dfrac{4}{3}, k_2 = \dfrac{16 - (-4)}{64 - 4} = \dfrac{1}{3}$.所以 $\dfrac{k_1}{k_2} = 4$.

② 当 $x_1 \neq 4$ 时,直线 AM 方程为 $y = \dfrac{y_1}{x_1 - 4}(x - 4)$ 与抛物线方程 $y^2 = 4x$.

联立得 $y_1^2 (x - 4)^2 = 4x(x_1 - 4)^2$,又由 $y_1^2 = 4x_1$,化简上述方程得 $x_1 x^2 - (x_1^2 + 16)x + 16x_1 = 0$.

此方程有一根为 x_1,所以另一根 $x_3 = \dfrac{16}{x_1}, y_3 = \dfrac{-16}{y_1}$.即 $C\left(\dfrac{16}{x_1}, -\dfrac{16}{y_1}\right)$,同理,$D\left(\dfrac{16}{x_2}, -\dfrac{16}{y_2}\right)$.

所以,$k_2 = \dfrac{-\dfrac{16}{y_2} + \dfrac{16}{y_1}}{\dfrac{16}{x_2} - \dfrac{16}{x_1}} = -\dfrac{x_1 x_2}{y_1 y_2} \cdot \dfrac{y_2 - y_1}{x_2 - x_1} = \dfrac{1}{4} k_1$,即 $\dfrac{k_1}{k_2} = 4$.

由①、②可知 $\dfrac{k_1}{k_2} = 4$;

(2) $\tan\theta = \left| \dfrac{k_1 - k_2}{1 + k_1 k_2} \right| = \left| \dfrac{3k_1}{4 + k_1^2} \right| \leqslant \dfrac{3}{4}$,故 $\theta \leqslant \arctan \dfrac{3}{4}$.

所以,直线 AB 与直线 CD 夹角 θ 的取值范围是 $\left(0, \arctan \dfrac{3}{4}\right]$.

11. 已知动点 M 到定点 $(1,0)$ 的距离比 M 到定直线 $x = -2$ 的距离小 1.

(1) 求证:M 点轨迹为抛物线,并求出其轨迹方程;

(2) 大家知道,过圆上任意一点 P,任意作相互垂直的弦 PA, PB,则弦 AB 必过圆心(定点),受此启发,研究下面的问题:①过(1)中的抛物线的顶点 O 任作相互垂直的弦 OA, OB,则弦 AB 是否经过一个定点? 若经过定点(设为 Q),请求出 Q 点的坐标,否则说明理由.②研究:对于抛物线 $y^2 = 2px$ 上顶点以外的定点是否也有这样的性质? 请提出一个一般的结论,并予以证明.

解:(1) M 到定点 $(1,0)$ 的距离等于到定直线 $x = -1$ 的距离,则轨迹为抛物线;

轨迹方程为 $y^2 = 4x$;

(2) ① 设 OA:$y = kx$,OB:$y = -\dfrac{1}{k} x$.

由 $\begin{cases} y = kx, \\ y^2 = 4x, \end{cases}$ 得 $A\left(\dfrac{4}{k^2}, \dfrac{4}{k}\right)$,同理 $B(4k^2, -4k)$.

因此,AB 方程为 $y + 4k = \dfrac{\dfrac{4}{k} + 4k}{\dfrac{4}{k^2} - 4k^2}(x - 4k^2)$.

即 $y+4k=\dfrac{1}{\dfrac{1}{k}-k}(x-4k^2)$，令 $y=0$，得 $4k\left(\dfrac{1}{k}-k\right)=x-4k^2$.

则 $x=4$，∴ 直线 AB 必过定点 $Q(4,0)$.

② 设点 $P(x_0,y_0)$ 为 $y^2=2px$ 上一定点，则 $y_0^2=2px_0$.

过 P 作互相垂直的弦 PA，PB，

设 $A(x_1,y_1)$，$B(x_2,y_2)$，则 $y_1^2=2px_1$，$y_2^2=2px_2$.

则 $\dfrac{y_1-y_0}{x_1-x_0}\cdot\dfrac{y_2-y_0}{x_2-x_0}=-1$，则 $\dfrac{y_1-y_0}{\dfrac{y_1^2}{2p}-\dfrac{y_0^2}{2p}}\cdot\dfrac{y_2-y_0}{\dfrac{y_2^2}{2p}-\dfrac{y_0^2}{2p}}=-1$.

化简得 $(y_1+y_0)(y_2+y_0)=-4p^2$，即 $y_1y_2+(y_1+y_2)y_0+y_0^2+4p^2=0$　　　　①

假设 AB 过定点 $Q(a,b)$，则有 $\dfrac{y_1-b}{x_1-a}=\dfrac{y_2-b}{x_2-a}$，

即 $\dfrac{y_1-b}{\dfrac{y_1^2}{2p}-a}=\dfrac{y_2-b}{\dfrac{y_2^2}{2p}-a}$ 化简得 $y_1y_2-b(y_1+y_2)+2pa=0$　　　　②

比较①②得 $a=2p+x_0$，$b=-y_0$，则过定点 $Q(x_0+2p,-y_0)$.

12. 如图 12-39 所示，已知 ⊙C 的圆心 C 在抛物线 $x^2=2py$ 上（$p>0$）运动，且 ⊙C 过定点 $A(0,p)$，点 M，N 为 ⊙C 与 x 轴的交点. 如果 $\dfrac{|AM|}{|AN|}=x$，试求函数 $f(x)=x+\dfrac{1}{x}$ 的值域.

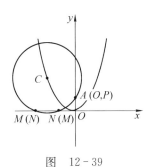

图 12-39

解: 设 $C(x_0,y_0)$，不妨设 $x_0\geqslant0$，则 ⊙C 的方程是

$(x-x_0)^2+(y-y_0)^2=x_0^2+(y_0-p)^2$，

取 $y=0$ 得：$(x-x_0)^2+y_0^2=x_0^2+(y_0-p)^2$，

因 $x_0^2=2py_0$，所以 $(x-x_0)^2=p^2$，$x_M=x_0-p$，$x_N=x_0+p$，

$$x^2=\dfrac{|AM|^2}{|AN|^2}=\dfrac{(x_0-p)^2+p^2}{(x_0+p)^2+p^2}=\dfrac{x_0^2-2px_0+2p^2}{x_0^2+2px_0+2p^2}=1-\dfrac{4px_0}{x_0^2+2px_0+2p^2}.$$

因 $x_0\geqslant0$，所以 $x^2\leqslant1$. 当 $x_0>0$ 时，

$$x^2=1-\dfrac{4px_0}{x_0^2+2px_0+2p^2}=1-\dfrac{4p}{x_0+\dfrac{2p^2}{x_0}+2p}\geqslant1-\dfrac{4}{2\sqrt2+2}=(\sqrt2-1)^2,$$

所以，$\sqrt2-1\leqslant x\leqslant1$. 因 $f(x)=x+\dfrac{1}{x}$ 在区间 $[\sqrt2-1,1]$ 上是减函数，

所以，$2\leqslant f(x)\leqslant2\sqrt2$. 即函数 $f(x)$ 的值域为 $[2,2\sqrt2]$.

13. 抛物线 $y^2=2px(0<p<1)$，与圆 $C_1:(x-5)^2+y^2=9$ 及圆 $C_2:(x-6)^2+y^2=27$ 在 x 轴上方分别交于 A，B 和 C，D 四点. P 是 A，B 中点，Q 是 C，D 中点.

（1）求 $|PQ|$；

（2）求 $S_{\triangle ABQ}$ 的最大值.

解： 如题 13 解析图所示：

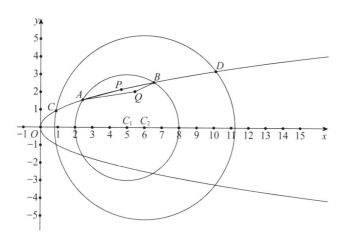

题 13 解析图

(1) 设 $A(x_1,\sqrt{2px_1})$，$B(x_2,\sqrt{2px_2})$，$P(x_0,y_0)$，联立 $\begin{cases} y^2=2px, \\ (x-5)^2+y^2=9, \end{cases}$ 整理得：

$$x^2+2(p-5)x+16=0,$$

则 $x_0=\dfrac{x_1+x_2}{2}=\dfrac{2(5-p)}{2}=5-p$，$y_0=\dfrac{y_1+y_2}{2}=\dfrac{1}{2}(\sqrt{2px_1}+\sqrt{2px_2})$.

$(\sqrt{2px_1}+\sqrt{2px_2})^2=2p(x_1+x_2)+4p\sqrt{x_1x_2}=4p(9-p)\Rightarrow y_0=\sqrt{p(9-p)}$，

于是，$P(5-p,\sqrt{p(9-p)})$. 同理可得：$Q(6-p,\sqrt{p(9-p)})$. 故 $|PQ|=1$；

(2) 因为 $PQ \parallel x$ 轴，所以 $S_{\triangle ABQ}=\dfrac{1}{2}|y_1-y_2||PQ|=\dfrac{1}{2}|\sqrt{2px_1}-\sqrt{2px_2}|$

由 $|\sqrt{2px_1}-\sqrt{2px_2}|^2=2p(x_1+x_2)-4p\sqrt{x_1x_2}=2p\cdot 2(5-p)-4p\sqrt{16}=-4p^2+$

$4p$ 推知当且仅当 $p=\dfrac{1}{2}$ 时，取到 $|\sqrt{2px_1}-\sqrt{2px_2}|_{\max}=1$，故 $S_{\triangle ABQ}|_{\max}=\dfrac{1}{2}$.

14. 如图 12-40 所示，P 是抛物线 $y^2=2x$ 上的动点，点 B，C 在 y 轴上，圆 $(x-1)^2+y^2=1$ 内切于 $\triangle PBC$，求 $\triangle PBC$ 面积的最小值.

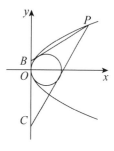

图 12-40

解： 设 $P(x_0,y_0)$，$B(0,b)$，$C(0,c)$，不妨设 $b>c$.

直线 PB 的方程：$y-b=\dfrac{y_0-b}{x_0}x$，

化简得 $(y_0-b)x-x_0y+x_0b=0$.

又圆心 $(1,0)$ 到 PB 的距离为 1，

$$\frac{|y_0-b+x_0b|}{\sqrt{(y_0-b)^2+x_0^2}}=1,$$

故 $(y_0-b)^2+x_0^2=(y_0-b)^2+2x_0b(y_0-b)+x_0^2b^2$，

易知 $x_0>2$，上式化简得 $(x_0-2)b^2+2y_0b-x_0=0$，

同理有 $(x_0-2)c^2+2y_0c-x_0=0$.

所以 $b+c=\dfrac{-2y_0}{x_0-2}$，$bc=\dfrac{-x_0}{x_0-2}$，则 $(b-c)^2=\dfrac{4x_0^2+4y_0^2-8x_0}{(x_0-2)^2}$．

因 $P(x_0,y_0)$ 是抛物线上的点，有 $y_0^2=2x_0$，则

$$(b-c)^2=\dfrac{4x_0^2}{(x_0-2)^2},\quad b-c=\dfrac{2x_0}{x_0-2}.$$

所以 $S_{\triangle PBC}=\dfrac{1}{2}(b-c)\cdot x_0=\dfrac{x_0}{x_0-2}\cdot x_0=(x_0-2)+\dfrac{4}{x_0-2}+4\geqslant 2\sqrt{4}+4=8.$

当 $(x_0-2)^2=4$ 时，上式取等号，此时 $x_0=4$，$y_0=\pm 2\sqrt{2}$．因此 $S_{\triangle PBC}$ 的最小值为 8.

15. 如图 12-41 所示，已知抛物线 $C:y^2=2px(p>0)$ 上横坐标为 4 的点到焦点的距离为 5.

（1）求抛物线 C 的方程；

（2）设直线 $y=kx+b\,(k\neq 0)$ 与抛物线 C 交于两点 $A(x_1,y_1)$，$B(x_2,y_2)$，且 $|y_1-y_2|=a\,(a>0)$，M 是弦 AB 的中点，过 M 作平行于 x 轴的直线交抛物线 C 于点 D，得到 $\triangle ABD$；再分别过弦 AD，BD 的中点作平行于 x 轴的直线依次交抛物线 C 于点 E，F，得到 $\triangle ADE$ 和 $\triangle BDF$；按此方法继续下去（见图 12-41）.解决下列问题：

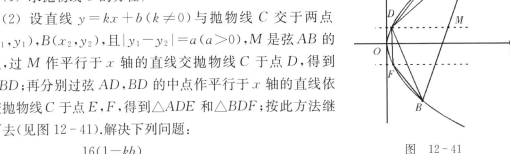

图 12-41

① 求证：$a^2=\dfrac{16(1-kb)}{k^2}$.

② 计算 $\triangle ABD$ 的面积 $S_{\triangle ABD}$.

③ 根据 $\triangle ABD$ 的面积 $S_{\triangle ABD}$ 的计算结果，写出 $\triangle ADE$，$\triangle BDF$ 的面积；请设计一种求抛物线 C 与线段 AB 所围成封闭图形面积的方法，并求出此封闭图形的面积.

解：（1）由抛物线定义，抛物线 $C:y^2=2px$，$(p>0)$ 上点 $P(4,y_0)$ 到焦点的距离等于它到准线 $x=-\dfrac{p}{2}$ 的距离，得 $5=4+\dfrac{p}{2}$，$\therefore$ $p=2$，所以抛物线 C 的方程为 $y^2=4x$；

（2）由 $\begin{cases} y^2=4x, \\ y=kx+b \end{cases}$ 得 $ky^2-4y+4b=0$（或 $k^2x^2+(2kb-4)x+b^2=0$），

当 $\Delta=16-16kb>0$，即 $kb<1$ 且 $k\neq 0$ 时，

$y_1+y_2=\dfrac{4}{k}$，$y_1y_2=\dfrac{4b}{k}$（或 $x_1+x_2=\dfrac{4-2kb}{k^2}$，$x_1x_2=\dfrac{b^2}{k^2}$）.

① 由 $|y_1-y_2|=a$，即 $(y_1+y_2)^2-4y_1y_2=a^2$，得 $\dfrac{16}{k^2}-\dfrac{16b}{k}=a^2$，所以 $a^2=\dfrac{16(1-kb)}{k^2}$.

② 由①知，AB 中点 M 的坐标为 $\left(\dfrac{2-kb}{k^2},\dfrac{2}{k}\right)$，点 $D\left(\dfrac{1}{k^2},\dfrac{2}{k}\right)$，

$S_{\triangle ABD}=\dfrac{1}{2}|MD|\cdot|y_1-y_2|=\dfrac{1}{2}\left|\dfrac{1-kb}{k^2}\right|\cdot a=\dfrac{a^3}{32}.$

③ 由问题②知，$\triangle ABD$ 的面积值仅与 $|y_1-y_2|=a$ 有关，由于 $|y_A-y_D|=\dfrac{a}{2}$，$|y_B-y_D|=\dfrac{a}{2}$，所以 $\triangle ADE$ 与 $\triangle BDF$ 的面积：

$$S_{\triangle ADE} = S_{\triangle BDF} = \frac{\left(\dfrac{a}{2}\right)^3}{32} = \frac{a^3}{32 \times 8} = \frac{a^3}{256}.$$

设 $a_n = 2^{n-1} \cdot \dfrac{a^3}{32 \times 8^{n-1}} = \dfrac{a^3}{32 \times 4^{n-1}}.$

由题设当中构造三角形的方法,可以将抛物线 C 与线段 AB 所围成的封闭图形的面积看成无穷多个三角形的面积的和,即数列 $\{a_n\}$ 的无穷项和,

所以 $S = \dfrac{a^3}{32} + 2 \cdot \dfrac{a^3}{32 \times 8} + 2^2 \cdot \dfrac{a^3}{32 \times 8^2} + 2^3 \cdot \dfrac{a^3}{32 \times 8^3} + \cdots + 2^n \dfrac{a^3}{32 \times 8^n} + \cdots,$

即 $S = \dfrac{a^3}{32} + \dfrac{a^3}{32 \times 4} + \dfrac{a^3}{32 \times 4^2} + \dfrac{a^3}{32 \times 4^3} + \cdots + \dfrac{a^3}{32 \times 4^n} + \cdots = \dfrac{a^3}{24},$

因此,所求封闭图形的面积为 $\dfrac{a^3}{24}.$

§12.6　直线与圆锥曲线的位置关系

1. 若 a, b, c 成等差数列,则直线 $ax + by + c = 0$ 被椭圆 $\dfrac{x^2}{2} + \dfrac{y^2}{8} = 1$ 截得线段的中点的轨迹方程为_____.

解:由 $a - 2b + c = 0$ 知 $ax + by + c = 0$ 过定点 $P(1, -2).$ 又点 P 在椭圆 $\dfrac{x^2}{2} + \dfrac{y^2}{8} = 1$ 上,

所以 P 为所截线段的一个端点,设另一个端点为 $Q(x_1, y_1)$,线段 PQ 的中点为 $M(x_0, y_0)$,

则 $\begin{cases} x_0 = \dfrac{x_1 + 1}{2}, \\ y_0 = \dfrac{y_1 - 2}{2}, \end{cases}$ 即 $\begin{cases} x_1 = 2x_0 - 1, \\ y_1 = 2y_0 + 2, \end{cases}$ 因为点 $Q(x_1, y_1)$ 在椭圆 $\dfrac{x^2}{2} + \dfrac{y^2}{8} = 1$ 上,

所以 $\dfrac{(2x_0 - 1)^2}{2} + \dfrac{(2y_0 + 2)^2}{8} = 1.$

故得中点的轨迹方程为:$2\left(x - \dfrac{1}{2}\right)^2 + \dfrac{(y+1)^2}{2} = 1.$

2. 过原点 O 引抛物线 $y = x^2 + ax + 4a^2$ 的切线,当 a 变化时,两个切点分别在抛物线 （　　）.

(A) $y = \dfrac{1}{2}x^2, y = \dfrac{3}{2}x^2$ 　　　　　　(B) $y = \dfrac{3}{2}x^2, y = \dfrac{5}{2}x^2$

(C) $y = x^2, y = 3x^2$ 　　　　　　　　　(D) $y = 3x^2, y = 5x^2$

解:设切线方程为 $y = kx$(显然直线的斜率存在).

联立 $\begin{cases} y = x^2 + ax + 4a^2, \\ y = kx, \end{cases}$ 得 $x^2 + (a - k)x + 4a^2 = 0.$

由于切线与抛物线有且仅有一个交点,所以上述方程 $\Delta = (a - k)^2 - 16a^2 = 0.$

所以 $k=5a$ 或 $k=-3a$.分别代入方程中可得切点坐标为 $(2a,10a)$ 或 $(-2a,6a)$.

所以两个切点分别在抛物线 $y=\dfrac{3}{2}x^2$，$y=\dfrac{5}{2}x^2$ 上.故正确选项为 B.

3. 若在抛物线 $y=ax^2(a>0)$ 的上方可作一个半径为 r 的圆与抛物线相切于原点 O，且该圆与抛物线没有别的公共点，求 r 的最大值.

解： $\begin{cases} y=ax^2, \\ x^2+(y-r)^2=r^2 \end{cases} \Rightarrow a^2x^4+(1-2ar)x^2=0 \Rightarrow x^2=0,\dfrac{2ar-1}{a^2},$

$$\dfrac{2ar-1}{a^2}\leqslant 0 \Rightarrow r\leqslant \dfrac{1}{2a} \Rightarrow r_{\max}=\dfrac{1}{2a}.$$

4. 在平面直角坐标系 xOy 中，经过点 $(0,\sqrt{2})$ 且斜率为 k 的直线 l 与椭圆 $\dfrac{x^2}{2}+y^2=1$ 有两个不同的交点 P 和 Q.

（1）求 k 的取值范围；

（2）设椭圆与 x 轴正半轴、y 轴正半轴的交点分别为 A,B，是否存在常数 k，使得向量 $\overrightarrow{OP}+\overrightarrow{OQ}$ 与 $\overrightarrow{AB}$ 共线？如果存在，求 k 值；如果不存在，请说明理由.

解：（1）由已知条件，直线 l 的方程为 $y=kx+\sqrt{2}$，代入椭圆方程得 $\dfrac{x^2}{2}+(kx+\sqrt{2})^2=1$.

整理得 $\qquad \left(\dfrac{1}{2}+k^2\right)x^2+2\sqrt{2}kx+1=0$ ①

直线 l 与椭圆有两个不同的交点 P 和 Q 等价于 $\Delta=8k^2-4\left(\dfrac{1}{2}+k^2\right)=4k^2-2>0$，

解得 $k<-\dfrac{\sqrt{2}}{2}$ 或 $k>\dfrac{\sqrt{2}}{2}$.即 k 的取值范围为 $\left(-\infty,-\dfrac{\sqrt{2}}{2}\right)\cup\left(\dfrac{\sqrt{2}}{2},+\infty\right)$；

（2）设 $P(x_1,y_1),Q(x_2,y_2)$，则 $\overrightarrow{OP}+\overrightarrow{OQ}=(x_1+x_2,y_1+y_2)$，

由方程① $\qquad x_1+x_2=-\dfrac{4\sqrt{2}k}{1+2k^2}$ ②

又 $\qquad y_1+y_2=k(x_1+x_2)+2\sqrt{2}$ ③

而 $A(\sqrt{2},0),B(0,1),\overrightarrow{AB}=(-\sqrt{2},1)$.所以 $\overrightarrow{OP}+\overrightarrow{OQ}$ 与 $\overrightarrow{AB}$ 共线等价于 $x_1+x_2=-\sqrt{2}(y_1+y_2)$，

将②③代入上式，解得 $k=\dfrac{\sqrt{2}}{2}$.

由（1）知 $k<-\dfrac{\sqrt{2}}{2}$ 或 $k>\dfrac{\sqrt{2}}{2}$，故没有符合题意的常数 k.

5. 若抛物线 $y=ax^2-1$ 上存在关于直线 $x+y=0$ 成轴对称的两点，试求 a 的取值范围.

解： 抛物线 $y=ax^2-1$ 的顶点为 $(0,-1)$，对称轴为 y 轴，存在关于直线 $x+y=0$ 对称两点的条件是存在一对点 $P(x_1,y_1),P'(-y_1,-x_1)$，满足 $y_1=ax_1^2-1$ 且 $-x_1=a(-y_1)^2-1$ 相减得 $x_1+y_1=a(x_1^2-y_1^2)$，因为 P 不在直线 $x+y=0$ 上，所以 $x_1+y_1\neq 0$，所以 $1=a(x_1-y_1)$，即 $x_1=y_1+\dfrac{1}{a}$.

所以 $ay_1^2+y_1+\dfrac{1}{a}-1=0$.此方程有不等实根,所以 $\Delta=1-4a\left(\dfrac{1}{a}-1\right)>0$,求得 $a>\dfrac{3}{4}$,即为所求.

6. 若直线 $y=2x+b$ 与椭圆 $\dfrac{x^2}{4}+y^2=1$ 相交.

（1）求 b 的范围；

（2）当截得弦长最大时,求 b 的值.

解: 联立 $\begin{cases} y=2x+b, \\ \dfrac{x^2}{4}+y^2=1 \end{cases} \Rightarrow 17x^2+16bx+4b^2-4=0,\qquad \Delta=16^2b^2-16(b^2-1)\cdot 17>0.$

（1）$16b^2-17(b^2-1)>0 \Rightarrow b^2<17 \Rightarrow -\sqrt{17}<b<\sqrt{17}$；

（2）$|PQ|=\sqrt{1+2^2}\,|x_1-x_2|=\sqrt{5}\cdot\dfrac{4\sqrt{17-b^2}}{17}$,显然当 $b=0$ 时,$|PQ|$ 最大.

7. 设双曲线 $C:\dfrac{x^2}{a^2}-y^2=1(a>0)$ 与直线 $l:x+y=1$ 相交于两个不同的点 A,B.

（1）求双曲线 C 的离心率 e 的取值范围；

（2）设直线 l 与 y 轴的交点为 P,且 $\overrightarrow{PA}=\dfrac{5}{12}\overrightarrow{PB}$.求 a 的值.

解:（1）由 C 与 t 相交于两个不同的点,故知方程组

$\begin{cases} \dfrac{x^2}{a^2}-y^2=1, \\ x+y=1 \end{cases}$ 有两个不同的实数解.消去 y 并整理得 $(1-a^2)x^2+2a^2x-2a^2=0$.

① $\begin{cases} 1-a^2\neq 0, \\ 4a^4+8a^2(1-a^2)>0 \end{cases} \Rightarrow 0<a<\sqrt{2}$ 且 $a\neq 1$.

双曲线的离心率 $e=\dfrac{\sqrt{1+a^2}}{a}=\sqrt{\dfrac{1}{a^2}+1}$.

$\because\ 0<a<\sqrt{2}$ 且 $a\neq 1$,则 $e>\dfrac{\sqrt{6}}{2}$,$e\neq\sqrt{2}$.

离心率 e 的取值范围为 $\left(\dfrac{\sqrt{6}}{2},\sqrt{2}\right)\cup(\sqrt{2},+\infty)$.

（2）设 $A(x_1,y_1)$,$B(x_2,y_2)$,$P_1(0,1)$

由于 $\overrightarrow{PA}=\dfrac{5}{12}\overrightarrow{PB}$,则 $(x_1,y_1-1)=\dfrac{5}{12}(x_2,y_2-1)\Rightarrow x_1=\dfrac{5}{12}x_2$.

由于 x_1,x_2 都是方程①的根,且 $1-a^2\neq 0$,

$$\dfrac{17}{12}x_2=-\dfrac{2a^2}{1-a^2},\ \dfrac{5}{12}x_2^2=-\dfrac{2a^2}{1-a^2}.$$

消去 x_2 得 $-\dfrac{2a^2}{1-a^2}=\dfrac{289}{60}\Rightarrow a=\dfrac{17}{13}$.

8. 过椭圆 $C: \dfrac{y^2}{a^2} + \dfrac{x^2}{b^2} = 1 (a > b > 0)$ 上一动点 P 引圆 $O: x^2 + y^2 = b^2$ 的两条切线 PA 与 PB, A 与 B 为切点, 直线 AB 与 x 轴, y 轴分别交于 M 与 N 两点 (如图 12-47).

(1) 已知 P 点坐标为 (x_0, y_0) 且 $x_0 y_0 \neq 0$, 试求直线 AB 的方程;

(2) 若椭圆的短轴长为 8, 且 $\dfrac{a^2}{|OM|^2} + \dfrac{b^2}{|ON|^2} = \dfrac{25}{16}$, 求椭圆 C 的方程;

(3) 椭圆 C 上是否存在点 P, 由 P 向圆 O 所引的两条切线互相垂直? 若存在, 请求出存在的条件; 若不存在, 请说明理由.

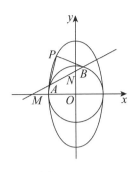

图 12-47

解: (1) 设 $A(x_1, y_1)$, $B(x_2, y_2)$ 切线 $PA: x_1 x + y_1 y = b^2$, $PB: x_2 x + y_2 y = b^2$.

由于 P 点在切线 PA, PB 上, $\therefore$ $x_1 x_0 + y_1 y_0 = b^2$, $x_2 x_0 + y_2 y_0 = b^2$,

则直线 AB 的方程为 $x_0 x + y_0 y = b^2 (x_0 y_0 \neq 0)$.

(2) 在直线 AB 方程中, 令 $y = 0$, 则 $M\left(\dfrac{b^2}{x_0}, 0\right)$; 令 $x = 0$, 则 $N\left(0, \dfrac{b^2}{y_0}\right)$,

则 $\dfrac{a^2}{|OM|^2} + \dfrac{b^2}{|ON|^2} = \dfrac{a^2}{b^2}\left(\dfrac{y_0^2}{a^2} + \dfrac{x_0^2}{b^2}\right) = \dfrac{a^2}{b^2} = \dfrac{25}{16}$.

由于 $2b = 8$ 则 $b = 4$.

则椭圆 C 方程: $\dfrac{y^2}{25} + \dfrac{x^2}{16} = 1 (xy \neq 0)$.

(3) 假设存在点 $P(x_0, y_0)$ 满足 $PA \perp PB$, 连接 OA, OB 由 $|PA| = |PB|$ 知,

四边形 $PAOB$ 为正方形, $|OP| = \sqrt{2}|OA|$, 则 $x_0^2 + y_0^2 = 2b^2$ ①

又由于 P 点在椭圆 C 上, 则 $a^2 x_0^2 + b^2 y_0^2 = a^2 b^2$ ②

由①②知 $x_0^2 = \dfrac{b^2(a^2 - 2b^2)}{a^2 - b^2}$, $y_0^2 = \dfrac{a^2 b^2}{a^2 - b^2}$.

由于 $a > b > 0$, 则 $a^2 - b^2 > 0$.

当 $a^2 - 2b^2 > 0$, 即 $a^2 - 2b^2 > 0$, $a > \sqrt{2}b$ 时, 椭圆 C 上存在点, 由 P 点向圆所引两切线互相垂直.

当 $a^2 - 2b^2 < 0$, 即 $b < a \leqslant \sqrt{2}b$ 时, 椭圆 C 上不存在满足条件的 P 点.

9. 设 A, B 是椭圆 $3x^2 + y^2 = \lambda$ 上的两点, 点 $N(1, 3)$ 是线段 AB 的中点, 线段 AB 的垂直平分线与椭圆相交于 C 与 D 两点.

(1) 确定 λ 的取值范围, 并求直线 AB 的方程;

(2) 试判断是否存在这样的 λ, 使得 A, B, C, D 四点在同一个圆上? 并说明理由.

解: (1) 依题意, 可设直线 AB 的方程为 $y = k(x - 1) + 3$, 代入 $3x^2 + y^2 = \lambda$, 整理得

$$(k^2 + 3)x^2 - 2k(k - 3)x + (k - 3)^2 - \lambda = 0$$ ①

解法一: 设 $A(x_1, y_1)$, $B(x_2, y_2)$, 则 x_1, x_2 是方程①的两个不同的根,

则 $\Delta = 4[\lambda(k^2 + 3) - 3(k - 3)^2] > 0$ ②

且 $x_1 + x_2 = \dfrac{2k(k - 3)}{k^2 + 3}$, 由 $N(1, 3)$ 是线段 AB 的中点, 得

$\dfrac{x_1 + x_2}{2} = 1$, 则 $k(k - 3) = k^2 + 3$.

解得 $k=-1$，代入②得，$\lambda>12$，即 λ 的取值范围是 $(12,+\infty)$.

于是，直线 AB 的方程为 $y-3=-(x-1)\Rightarrow x+y-4=0$.

解法二：设 $A(x_1,y_1)$，$B(x_2,y_2)$，则有

$$\begin{cases}3x_1^2+y_1^2=\lambda,\\ 3x_2^2+y_2^2=\lambda\end{cases}\Rightarrow(x_1-x_2)(x_1+x_2)+(y_1-y_2)(y_1+y_2)=0.$$

依题意，$x_1\neq x_2$，则 $k_{AB}=-\dfrac{3(x_1+x_2)}{y_1+y_2}$.

由于 $N(1,3)$ 是 AB 的中点，则 $x_1+x_2=2$，$y_1+y_2=6$，从而 $k_{AB}=-1$.

又由 $N(1,3)$ 在椭圆内，则 $\lambda>3\times 1^2+3^2=12$.

则 λ 的取值范围是 $(12,+\infty)$.

直线 AB 的方程为 $y-3=-(x-1)\Rightarrow x+y-4=0$.

(2) 由于 CD 垂直平分 AB，则直线 CD 的方程为 $y-3=x-1$，即 $x-y+2=0$，

代入椭圆方程，整理得 $\qquad 4x^2+4x+4-\lambda=0$ ③

又设 $C(x_3,y_3)$，$D(x_4,y_4)$，CD 的中点为 $C(x_0,y_0)$，则 x_3,x_4 是方程③的两根，

则 $x_3+x_4=-1$，且 $x_0=\dfrac{1}{2}(x_3+x_4)=-\dfrac{1}{2}$，$y_0=x_0+2=\dfrac{3}{2}$，即 $M\left(-\dfrac{1}{2},\dfrac{3}{2}\right)$.

于是由弦长公式可得 $|CD|=\sqrt{1+\left(-\dfrac{1}{k}\right)^2}\cdot|x_3-x_4|=\sqrt{2(\lambda-3)}$ ④

将直线 AB 的方程 $x+y-4=0$，代入椭圆方程得 $4x^2-8x+16-\lambda=0$ ⑤

同理可得 $\qquad\qquad |AB|=\sqrt{1+k^2}\cdot|x_1-x_2|=\sqrt{2(\lambda-12)}$ ⑥

由于当 $\lambda>12$ 时，$\sqrt{2(\lambda-3)}>\sqrt{2(\lambda-12)}$，$\quad\therefore\quad|AB|<|CD|$.

假设存在 $\lambda>12$，使得 A,B,C,D 四点共圆，则 CD 必为圆的直径，点 M 为圆心.

点 M 到直线 AB 的距离为 $d=\dfrac{|x_0+y_0-4|}{\sqrt{2}}=\dfrac{\left|-\dfrac{1}{2}+\dfrac{3}{2}-4\right|}{\sqrt{2}}=\dfrac{3\sqrt{2}}{2}$ ⑦

于是，由④、⑥、⑦式和勾股定理可得

$$|MA|^2=|MB|^2=d^2+\left|\dfrac{AB}{2}\right|^2=\dfrac{9}{2}+\dfrac{\lambda-12}{2}=\dfrac{\lambda-3}{2}=\left|\dfrac{CD}{2}\right|^2.$$

故当 $\lambda>12$ 时，A,B,C,D 四点均在以 M 为圆心，$\dfrac{|CD|}{2}$ 为半径的圆上.

10. 如图 12-48，已知抛物线 $x^2=2py(p>0)$ 和直线 $y=b(b<0)$，点 $P(t,b)$ 在直线 $y=b$ 上移动，过点 P 作抛物线的两条切线，切点分别为 A,B，线段 AB 的中点为 M.

(1) 求点 M 的轨迹；

(2) 求 $|AB|$ 的最小值；

(3) 求证：直线 PM 的倾斜角为定值，并求 $\displaystyle\lim_{t\to\infty}\dfrac{|AB|}{|PM|}$ 的值.

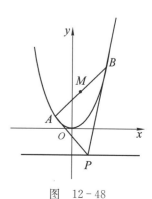

图 12-48

解：(1) 由 $x^2=2py(p>0)$ 得 $y=\dfrac{1}{2p}x^2$，则 $y'=\dfrac{1}{p}x$.

设 $A\left(x_1,\dfrac{1}{2p}x_1^2\right),B\left(x_2,\dfrac{1}{2p}x_2^2\right)$，则 $k_{PA}=\dfrac{x_1}{p},k_{PB}=\dfrac{x_2}{p}$，

则 $\dfrac{x_1}{p}=\dfrac{\dfrac{x_1^2}{2p}-b}{x_1-t}$ 即 $x_1^2-2tx_1+2pb=0$.

同理，有 $x_2^2-2tx_2+2pb=0$.

则 x_1,x_2 为方程 $x^2-2tx+2pb=0$ 的两根，则 $x_1+x_2=2t,x_1\cdot x_2=2pb$.

设 $M(x,y)$，则 $x=\dfrac{x_1+x_2}{2}=t$ ①

$$y=\dfrac{y_1+y_2}{2}=\dfrac{1}{4p}(x_1^2+x_2^2)=\dfrac{t^2}{p}-b$$ ②

由①②消去 t 得点 M 的轨迹方程为 $x^2=p(y+b)$；

(2) $|AB|=\sqrt{(x_1-x_2)^2+\dfrac{(x_1+x_2)^2}{4p^2}}=\sqrt{(4t^2-8pb)\left(1+\dfrac{t^2}{p^2}\right)}$，

又 $b<0$ 则当 $t=0$ 时，$|AB|_{\min}=2\sqrt{-2pb}$；

(3) 由于 P 坐标为 (t,b)，$M\left(t,\dfrac{1}{p}t^2-b\right)$ 则对任意 $t\in\mathbf{R}$，恒有 $PM\perp x$ 轴，

则 PM 的倾斜角为定值 $\dfrac{\pi}{2}$. 则 $|PM|=\dfrac{1}{p}t^2-2b$

又由(2)得 $|AB|=2\sqrt{(t^2-2pb)\left(1+\dfrac{t^2}{p^2}\right)}$.

则 $\lim\limits_{t\to\infty}\dfrac{|AB|}{|PM|}=\lim\limits_{t\to\infty}\dfrac{2\sqrt{(t^2-2pb)\left(1+\dfrac{t^2}{p^2}\right)}}{\dfrac{1}{p}t^2-2b}=2.$

§12.7 圆锥曲线的应用

1. 在周长为定值的 $\triangle ABC$ 中，已知 $|AB|=6$，且当顶点 C 位于定点 P 时，$\cos C$ 有最小值为 $\dfrac{7}{25}$.

(1) 建立适当的坐标系，求顶点 C 的轨迹方程；

(2) 过点 A 作直线与(1)中的曲线交于 M、N 两点，求 $\overrightarrow{BM}\cdot\overrightarrow{BN}$ 的最小值的集合.

解：(1) 以 AB 所在直线为 x 轴，线段 AB 的中垂线为 y 轴建立直角坐标系，设 $|CA|+|CB|=2a\ (a>3)$ 为定值，所以 C 点的轨迹是以 A,B 为焦点的椭圆，所以焦距 $2c=|AB|=6$.

由于 $\cos C=\dfrac{|CA|^2+|CB|^2-6^2}{2|CA||CB|}=\dfrac{(|CA|+|CB|)^2-2|CA||CB|-36}{2|CA||CB|}=\dfrac{2a^2-18}{|CA||CB|}-1$

又 $|CA|\cdot|CB|\leqslant\left(\dfrac{2a}{2}\right)^2=a^2$，所以 $\cos C\geqslant 1-\dfrac{18}{a^2}$，由题意得 $1-\dfrac{18}{a^2}=\dfrac{7}{25}$，$a^2=25$.

此时 $|PA|=|PB|$，P 点坐标为 $P(0,\pm4)$．故 C 点的轨迹方程为 $\dfrac{x^2}{25}+\dfrac{y^2}{16}=1(y\neq0)$；

（2）不妨设 A 点坐标为 $A(-3,0)$，$M(x_1,y_1)$，$N(x_2,y_2)$．当直线 MN 的倾斜角不为 $90°$ 时，

设其方程为 $y=k(x+3)$ 代入椭圆方程化简，得 $\left(\dfrac{1}{25}+\dfrac{k^2}{16}\right)x^2+\dfrac{3}{8}k^2x+\left(\dfrac{9k^2}{16}-1\right)=0$．

显然有 $\Delta\geqslant0$，所以 $x_1+x_2=-\dfrac{150k^2}{16+25k^2}$，$x_1x_2=\dfrac{225k^2-400}{16+25k^2}$．

而由椭圆第二定义可得 $|\overrightarrow{BM}|\cdot|\overrightarrow{BN}|=\left(5-\dfrac{3}{5}x_1\right)\left(5-\dfrac{3}{5}x_2\right)=25-3(x_1+x_2)+$

$\dfrac{9}{25}x_1x_2=25+\dfrac{450k^2}{16+25k^2}+\dfrac{81k^2-144}{16+25k^2}=25+\dfrac{531k^2-144}{16+25k^2}=25+\dfrac{531}{25}\cdot\dfrac{k^2-\dfrac{144}{531}}{k^2+\dfrac{16}{25}}$．

只要考虑 $\dfrac{k^2-\dfrac{144}{531}}{k^2+\dfrac{16}{25}}$ 为最小值，即考虑 $1-\dfrac{\dfrac{16}{25}+\dfrac{144}{531}}{k^2+\dfrac{16}{25}}$ 为最小值，则

$k=0$ 时，$|\overrightarrow{BM}|\cdot|\overrightarrow{BN}|$ 得最小值 16．

当直线 MN 的倾斜角为 $90°$ 时，$x_1=x_2=-3$，得 $|\overrightarrow{BM}|\cdot|\overrightarrow{BN}|=\left(\dfrac{34}{5}\right)^2>16$，

但 $\dfrac{x^2}{25}+\dfrac{y^2}{16}=1(y\neq0)$，故 $k\neq0$，这样的 M，N 不存在，即 $|\overrightarrow{BM}|\cdot|\overrightarrow{BN}|$ 的最小值的集合为空集．

2. 已知向量 $\vec{a}=(x,y+2)$，$\vec{b}=(x,y-2)$，且 $|\vec{a}|+|\vec{b}|=8$，

（1）求点 $M(x,y)$ 的轨迹方程；

（2）过点 $(0,3)$ 的直线 l，与轨迹 C 交于 A，B 两点，设 $\overrightarrow{OP}=\overrightarrow{OA}+\overrightarrow{OB}$，问是否存在这样的直线 l，使四边形 $OAPB$ 是矩形？若存在，求出直线方程；若不存在，说明理由．

解：（1）由 $\sqrt{x^2+(y+2)^2}+\sqrt{x^2+(y-2)^2}=8$ 知，M 的轨迹是以 $(0,\pm2)$ 为焦点，4 为长轴长的椭圆，故所求轨迹方程为：$\dfrac{y^2}{16}+\dfrac{x^2}{12}=1$；

（2）事实上，四边形 $OAPB$ 是平行四边形，故只需 $\overrightarrow{OA}\cdot\overrightarrow{OB}=0$ 即得矩形 $OAPB$．

设直线 $l:y=kx+3(k$ 不存在时显然不成立$)$，联立 $\begin{cases}y=kx+3,\\[1mm]\dfrac{y^2}{16}+\dfrac{x^2}{12}=1,\end{cases}$ 整理得：

$$(3k^2+4)x^2+18kx-21=0$$

设 $A(x_1,y_1)$，$B(x_2,y_2)$，则 $x_1x_2+y_1y_2=0\Rightarrow x_1x_2+(kx_1+3)(kx_2+3)$，整理得：

$$(1+k^2)x_1x_2+3k(x_1+x_2)+9=0,$$

由韦达定理知：$(1+k^2)\cdot\dfrac{-21}{3k^2+4}+3k\dfrac{-18k}{3k^2+4}+9=0\Rightarrow k^2=\dfrac{5}{16}\Rightarrow k=\pm\dfrac{\sqrt{5}}{4}$，

故所求直线 l 的方程为 $y = \pm \frac{\sqrt{5}}{4}x + 3$.

3. 在平面直角坐标系 xOy 中,给定三点 $A\left(0, \frac{4}{3}\right)$,$B(-1, 0)$,$C(1, 0)$,点 P 到直线 BC 的距离是该点到直线 AB,AC 距离的等比中项.

(1) 求点 P 的轨迹方程;

(2) 若直线 L 经过 $\triangle ABC$ 的内心(设为 D),且与 P 点的轨迹恰好有 3 个公共点,求 L 的斜率 k 的取值范围.

解: (1) 直线 AB,AC,BC 的方程依次为 $y = \frac{4}{3}(x+1)$,$y = -\frac{4}{3}(x-1)$,$y = 0$.

点 $P(x, y)$ 到 AB,AC,BC 的距离依次为 $d_1 = \frac{1}{5}|4x - 3y + 4|$,$d_2 = \frac{1}{5}|4x + 3y - 4|$,$d_3 = |y|$.

依设,$d_1 d_2 = d_3^2$,得 $|16x^2 - (3y - 4)^2| = 25y^2$,

即 $16x^2 - (3y - 4)^2 + 25y^2 = 0$,或 $16x^2 - (3y - 4)^2 - 25y^2 = 0$,

化简,得点 P 的轨迹方程为圆 $S: 2x^2 + 2y^2 + 3y - 2 = 0$ 与双曲线 $T: 8x^2 - 17y^2 + 12y - 8 = 0$;

(2) 由前知,点 P 的轨迹包含两部分圆 $S: 2x^2 + 2y^2 + 3y - 2 = 0$ ①

与双曲线 $T: 8x^2 - 17y^2 + 12y - 8 = 0$ ②

因为 $B(-1, 0)$ 和 $C(1, 0)$ 是适合题设条件的点,所以点 B 和点 C 在点 P 的轨迹上,且点 P 的轨迹曲线 S 与 T 的公共点只有 B,C 两点.

$\triangle ABC$ 的内心 D 也是适合题设条件的点,由 $d_1 = d_2 = d_3$,解得 $D\left(0, \frac{1}{2}\right)$,且知它在圆 S 上.

直线 L 经过 D,且与点 P 的轨迹有 3 个公共点,

所以,L 的斜率存在,设 L 的方程为 $y = kx + \frac{1}{2}$ ③

(i) 当 $k = 0$ 时,L 与圆 S 相切,有唯一的公共点 D;此时,直线 $y = \frac{1}{2}$ 平行于 x 轴,表明 L 与双曲线有不同于 D 的两个公共点,所以 L 恰好与点 P 的轨迹有 3 个公共点.

(ii) 当 $k \neq 0$ 时,L 与圆 S 有两个不同的交点.

这时,L 与点 P 的轨迹恰有 3 个公共点只能有两种情况:

情况 1:直线 L 经过点 B 或点 C,此时 L 的斜率 $k = \pm \frac{1}{2}$,直线 L 的方程为 $x = \pm(2y - 1)$.

代入方程②得 $y(3y - 4) = 0$,解得 $E\left(\frac{5}{3}, \frac{4}{3}\right)$ 或 $F\left(-\frac{5}{3}, \frac{4}{3}\right)$.表明直线 BD 与曲线 T 有 2 个交点 B,E;

直线 CD 与曲线 T 有 2 个交点 C,$E\left(\frac{5}{3}, \frac{4}{3}\right)$,故当 $k = \pm \frac{1}{2}$ 时,L 恰好与点 P 的轨迹有 3 个公共点.

情况 2:直线 L 不经过点 B 和点 $C\left(\text{即 } k \neq \pm \frac{1}{2}\right)$,因为 L 与 S 有两个不同的交点,

所以 L 与双曲线 T 有且只有一个公共点.即方程组 $\begin{cases} 8x^2-17y^2+12y-8=0, \\ y=kx+\dfrac{1}{2} \end{cases}$ 有且只有

一组实数解,消去 y 并化简得 $(8-17k^2)x^2-5kx-\dfrac{25}{4}=0$,

该方程有唯一实数解的充要条件是 $8-17k^2=0$ ④

或 $\Delta=(-5k)^2+4(8-17k^2)\dfrac{25}{4}=0$ ⑤

解方程④得 $k=\pm\dfrac{2\sqrt{34}}{17}$.解方程⑤得 $k=\pm\dfrac{\sqrt{2}}{2}$.

综合得直线 L 的斜率 k 的取值范围是有限集 $\left\{0,\pm\dfrac{1}{2},\pm\dfrac{2\sqrt{34}}{17},\pm\dfrac{\sqrt{2}}{2}\right\}$.

4. 如图 $12-50$ 所示,设椭圆 $C:\dfrac{x^2}{a^2}+y^2=1(a>0)$ 的两个焦点是 $F_1(-c,0)$ 和 $F_2(c,0)(c>0)$,且椭圆 C 与圆 $x^2+y^2=c^2$ 有公共点 (见图 $12-41$).

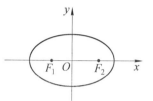

图 $12-50$

(1) 求 a 的取值范围;

(2) 若椭圆上的点到焦点的最短距离为 $\sqrt{3}-\sqrt{2}$,求椭圆的方程;

(3) 对(2)中的椭圆 C,直线 $l:y=kx+m(k\neq0)$ 与 C 交于不同的两点 M 与 N,若线段 MN 的垂直平分线恒过点 $A(0,-1)$,求实数 m 的取值范围.

解:(1) 由已知,$a>1$,

则方程组 $\begin{cases} \dfrac{x^2}{a^2}+y^2=1, \\ x^2+y^2=c^2 \end{cases}$ 有实数解,从而 $\left(1-\dfrac{1}{a^2}\right)x^2=c^2-1\geqslant0$,

故 $c^2\geqslant1$,所以 $a^2\geqslant2$,即 a 的取值范围是 $[\sqrt{2},+\infty)$;

(2) 设椭圆上的点 $P(x,y)$ 到一个焦点 $F_2(c,0)$ 的距离为 d,

则 $d^2=(x-c)^2+y^2=x^2-2cx+c^2+1-\dfrac{x^2}{a^2}=\dfrac{c^2}{a^2}x^2-2cx+c^2+1=\dfrac{c^2}{a^2}\left(x-\dfrac{a^2}{c}\right)^2(-a\leqslant x\leqslant a)$.

由于 $\dfrac{a^2}{c}>a$,则当 $x=a$ 时,$d_{\min}=a-c$,

于是 $\begin{cases} a-c=\sqrt{3}-\sqrt{2}, \\ a^2-c^2=1, \end{cases}$ 解得 $\begin{cases} a=\sqrt{3}, \\ c=\sqrt{2}, \end{cases}$ 则所求椭圆方程为 $\dfrac{x^2}{3}+y^2=1$;

(3) 由 $\begin{cases} y=kx+m, \\ x^2+3y^2=3 \end{cases}$ 得 $(3k^2+1)x^2+6mkx+3(m^2-1)=0$ （＊）

由于直线 l 与椭圆交于不同两点 $\begin{cases} a=\sqrt{3}, \\ c=\sqrt{2}, \end{cases}$ 则 $\Delta>0$,即 $m^2<3k^2+1$ ①

设 $M(x_1,y_1)$、$N(x_2,y_2)$，则 x_1、x_2 是方程($*$)的两个实数解.

则 $x_1+x_2=-\dfrac{6mk}{3k^2+1}$，则线段 MN 的中点为 $Q\left(-\dfrac{3mk}{3k^2+1},\dfrac{m}{3k^2+1}\right)$，

又由于线段 MN 的垂直平分线恒过点 $A(0,-1)$，$\therefore$ $AQ\perp MN$，

即 $-\dfrac{m+3k^2+1}{3mk}=-\dfrac{1}{k}$，即 $2m=3k^2+1$ ②

由①②得 $m^2<2m$，$0<m<2$，又由②得 $m>\dfrac{1}{2}$，

则实数 m 的取值范围是 $\left(\dfrac{1}{2},2\right)$.

5. 设斜率为 k_1 的直线 L 交椭圆 $C:\dfrac{x^2}{2}+y^2=1$ 于 A、B 两点，点 M 为弦 AB 的中点，直线 OM 的斜率为 k_2（其中 O 为坐标原点，假设 k_1、k_2 都存在）.

（1）求 $k_1\cdot k_2$ 的值；

（2）把上述椭圆 C 一般化为 $\dfrac{x^2}{a^2}+\dfrac{y^2}{b^2}=1(a>b>0)$，其他条件不变，试猜想 k_1 与 k_2 关系（不需要证明）.请你给出在双曲线 $\dfrac{x^2}{a^2}-\dfrac{y^2}{b^2}=1(a>0,b>0)$ 中相类似的结论，并证明你的结论；

（3）分析（2）中的探究结果，并作出进一步概括，使上述结果都是你所概括命题的特例.如果概括后的命题中的直线 L 过原点，P 为概括后命题中曲线上一动点，借助直线 L 及动点 P，请你提出一个有意义的数学问题，并予以解决.

解：（1）设直线方程为 $y=k_1x+b$，代入椭圆方程并整理，得 $(1+2k_1^2)x^2+4k_1bx+2b^2-2=0$，

$x_1+x_2=-\dfrac{4k_1b}{1+2k_1^2}$，又中点 M 在直线上，所以 $\dfrac{y_1+y_2}{2}=k_1\left(\dfrac{x_1+x_2}{2}\right)+b$，从而可得弦中点 M 的坐标为 $\left(-\dfrac{2k_1b}{1+2k_1^2},\dfrac{2b}{1+2k_1^2}\right)$，$k_2=-\dfrac{1}{2k_1}$，所以 $k_1\cdot k_2=-\dfrac{1}{2}$；

（2）对于椭圆，$k_1\cdot k_2=-\dfrac{b^2}{a^2}$，

已知斜率为 k_1 的直线 L 交双曲线 $\dfrac{x^2}{a^2}-\dfrac{y^2}{b^2}=1(a>0,b>0)$ 于 A、B 两点，点 M 为弦 AB 的中点，直线 OM 的斜率为 k_2（其中 O 为坐标原点，假设 k_1、k_2 都存在）.则 $k_1\cdot k_2$ 的值为 $\dfrac{b^2}{a^2}$.

设直线方程为 $y=k_1x+d$，代入 $\dfrac{x^2}{a^2}-\dfrac{y^2}{b^2}=1(a>0,b>0)$ 方程并整理，得

$(b^2-a^2k_1^2)x^2-2k_1a^2dx-a^2d^2-a^2b^2=0$，$\dfrac{y_1+y_2}{2}=k_1\left(\dfrac{x_1+x_2}{2}\right)+d=$

$\dfrac{b^2d}{b^2-a^2k_1^2}$，所以 $k_2=\dfrac{y_1+y_2}{x_1+x_2}=\dfrac{b^2}{k_1a^2}$，即 $k_1\cdot k_2=\dfrac{b^2}{a^2}$；

（3）对（2）的概括：设斜率为 k_1 的直线 L 交二次曲线 $C: mx^2+ny^2=1(mn\neq0)$ 于 A、B 两点，点 M 为弦 AB 的中点，直线 OM 的斜率为 k_2（其中 O 为坐标原点，假设 k_1、k_2 都存在），则 $k_1k_2=-\dfrac{m}{n}$.

提出的问题如：直线 L 过原点，P 为二次曲线 $mx^2+ny^2=1(mn\neq0)$ 上一动点，设直线 L 交曲线于 A、B 两点，当 P 异于 A、B 两点时，如果直线 PA、PB 的斜率都存在，则它们斜率的积为与点 P 无关的定值.

设直线方程为 $y=kx$，A、B 两点坐标分别为 (x_1,y_1)、$(-x_1,-y_1)$，则 $y_1=kx_1$.

把 $y=kx$ 代入 $mx^2+ny^2=1$ 得 $(m+nk^2)x^2=1$，

$$k_{PA}\cdot k_{PB}=\frac{(y_0-y_1)(y_0+y_1)}{(x_0-x_1)(x_0+x_1)}=\frac{y_0^2-y_1^2}{x_0^2-x_1^2},$$

所以 $k_{PA}\cdot k_{PB}=\dfrac{\dfrac{1-mx_0^2}{n}-\dfrac{k^2}{m+nk^2}}{x_0^2-\dfrac{1}{m+nk^2}}=\dfrac{m-m(m+nk^2)x_0^2}{n(m+nk^2)x_0^2-n}=-\dfrac{m}{n}$.

6. 已知点 $F(0,1)$，一动圆过点 F 且与圆 $x^2+(y+1)^2=8$ 内切.

（1）求动圆圆心的轨迹 C 的方程；

（2）设点 $A(a,0)$，点 P 为曲线 C 上任一点，求点 A 到点 P 距离的最大值 $d(a)$；

（3）在 $0<a<1$ 的条件下，设 $\triangle POA$ 的面积为 S_1（O 是坐标原点，P 是曲线 C 上横坐标为 a 的点），以 $d(a)$ 为边长的正方形的面积为 S_2. 若正数 m 满足 $S_1\leqslant mS_2$，问 m 是否存在最小值，若存在，请求出此最小值，若不存在，请说明理由.

解：（1）设动圆圆心为 $M(x,y)$，半径为 r，圆 $x^2+(y+1)^2=8$ 的圆心为 $E(0,-1)$，

由题意知 $|MF|=r$，$|ME|=2\sqrt{2}-r$，于是 $|ME|+|MF|=2\sqrt{2}$，

所以点 M 的轨迹 C 是以 E、F 为焦点，长轴长为 $2\sqrt{2}$ 的椭圆，其方程为 $x^2+\dfrac{y^2}{2}=1$；

（2）设 $P(x,y)$，则 $|PA|^2=(x-a)^2+y^2=(x-a)^2+2-2x^2=-x^2-2ax+a^2+2$

$=-(x+a)^2+2a^2+2$，令 $f(x)=-(x+a)^2+2a^2+2$，$x\in[-1,1]$，所以，

当 $-a<-1$，即 $a>1$ 时 $f(x)$ 在 $[-1,1]$ 上是减函数，$[f(x)]_{\max}=f(-1)=(a+1)^2$；

当 $-1\leqslant-a\leqslant1$，即 $-1\leqslant a\leqslant1$ 时，$f(x)$ 在 $[-1,-a]$ 上是增函数，在 $[-a,1]$ 上是减函数，则 $[f(x)]_{\max}=f(a)=2a^2+2$；

当 $-a>1$，即 $a<-1$ 时，$f(x)$ 在 $[-1,1]$ 上是增函数，$[f(x)]_{\max}=f(1)=(a-1)^2$.

所以，$d(a)=\begin{cases}1-a & (a<-1),\\ \sqrt{2a^2+2} & (-1\leqslant a\leqslant1),\\ 1+a & (a>1);\end{cases}$

（3）当 $0<a<1$ 时，$P(a,\pm\sqrt{2-2a^2})$，于是 $S_1=\dfrac{1}{2}a\sqrt{2(1-a^2)}$，$S_2=2a^2+2$，

若正数 m 满足条件,则 $\dfrac{1}{2}a\sqrt{2(1-a^2)}\leqslant m(2a^2+2)$,即 $m\geqslant\dfrac{a\sqrt{2(1-a^2)}}{4(a^2+1)}$,

$m^2\geqslant\dfrac{a^2(1-a^2)}{8(a^2+1)^2}$,令 $f(a)=\dfrac{a^2(1-a^2)}{8(a^2+1)^2}$,设 $t=a^2+1$,则 $t\in(1,2)$,$a^2=t-1$,

于是 $f(a)=\dfrac{(t-1)(2-t)}{8t^2}=\dfrac{1}{8}\left(\dfrac{-t^2+3t-2}{t^2}\right)=\dfrac{1}{8}\left(-\dfrac{2}{t^2}+\dfrac{3}{t}-1\right)=-\dfrac{1}{4}\left(\dfrac{1}{t}-\dfrac{3}{4}\right)^2+$

$\dfrac{1}{64}$.所以,当 $\dfrac{1}{t}=\dfrac{3}{4}$,即 $t=\dfrac{4}{3}\in(1,2)$时,$[f(a)]_{\max}=\dfrac{1}{64}$,

即 $m^2\geqslant\dfrac{1}{64}$,$m\geqslant\dfrac{1}{8}$.所以,$m$ 存在最小值 $\dfrac{1}{8}$.

7. 已知焦点在 x 轴上的双曲线 C 的两条渐近线过坐标原点,且两条渐近线与以点 $A(0,\sqrt{2})$ 为圆心,1 为半径的圆相切,又知 C 的一个焦点与 A 关于直线 $y=x$ 对称.

（1）求双曲线 C 的方程;

（2）若 Q 是双曲线 C 上的任一点,F_1、F_2 为双曲线 C 的左、右两个焦点,从 F_1 引 $\angle F_1QF_2$ 的平分线的垂线,垂足为 N,试求点 N 的轨迹方程;

（3）设直线 $y=mx+1$ 与双曲线 C 的左支交于 A、B 两点,另一直线 L 经过 $M(-2,0)$ 及 AB 的中点,求直线 L 在 y 轴上的截距 b 的取值范围.

解:（1）设双曲线 C 的渐近线方程为 $y=kx$,即 $kx-y=0$.

由于该直线与圆 $x^2+(y-\sqrt{2})^2=1$ 相切,则双曲线 C 的两条渐近线方程为 $y=\pm x$,

故设双曲线 C 的方程为 $\dfrac{x^2}{a^2}-\dfrac{y^2}{a^2}=1$.

又由于双曲线 C 的一个焦点为 $(\sqrt{2},0)$,

则 $2a^2=2$,$a^2=1$,则双曲线 C 的方程为 $x^2-y^2=1$;

（2）若 Q 在双曲线的右支上,则延长 QF_2 到 T,使 $|QT|=|OF_1|$,

若 Q 在双曲线的左支上,则在 QF_2 上取一点 T,使 $|QT|=|QF_1|$,

根据双曲线的定义 $|TF_2|=2$,所以点 T 在以 $F_2(\sqrt{2},0)$ 为圆心,2 为半径的圆上,

即点 T 的轨迹方程是 $(x-\sqrt{2})^2+y^2=4(x\neq 0)$ ①

由于点 N 是线段 F_1T 的中点,设 $N(x,y)$,$T(x_T,y_T)$,

则 $\begin{cases} x=\dfrac{x_T-\sqrt{2}}{2}, \\ y=\dfrac{y_T}{2}, \end{cases}$ 即 $\begin{cases} x_T=2x+\sqrt{2}, \\ y_T=2y. \end{cases}$

代入①并整理得点 N 的轨迹方程为 $x^2+y^2=1$,$\left(x\neq\dfrac{\sqrt{2}}{2}\right)$;

（3）由 $\begin{cases} y=mx+1, \\ x^2-y^2=1 \end{cases}$ 得 $(1-m^2)x^2-2mx-2=0$,令 $f(x)=(1-m^2)x^2-2mx-2$,

直线与双曲线左支交于两点,等价于方程 $f(x)=0$ 在 $(-\infty,0)$ 上有两个不等实根.

因此 $\begin{cases}\Delta>0,\\\dfrac{2m}{1-m^2}<0,\\\dfrac{-2}{1-m^2}>0,\end{cases}$ 解得 $1<m<\sqrt2$，又 AB 中点为 $\left(\dfrac{m}{1-m^2},\dfrac{1}{1-m^2}\right)$，

则直线 L 的方程为 $y=\dfrac{1}{-2m^2+m+2}(x+2)$．

令 $x=0$，得 $b=\dfrac{2}{-2m^2+m+2}=\dfrac{2}{-2\left(m-\frac14\right)^2+\frac{17}{8}}$，

由于 $m\in(1,\sqrt2)$，则 $-2\left(m-\frac14\right)^2+\dfrac{17}{8}\in(-2+\sqrt2,1)$．

则故 b 的取值范围是 $(-\infty,-2-\sqrt2)\bigcup(2,+\infty)$．

8. 已知椭圆 $C_1:\dfrac{x^2}{a^2}+\dfrac{y^2}{b^2}=1(a>b>0)$ 的离心率为 $\dfrac{\sqrt3}{3}$，直线 $l:y=x+2$ 与以原点为圆心，椭圆 C_1 的短半轴长为半径的圆相切．

（1）求椭圆 C_1 的方程；

（2）设椭圆 C_1 的左焦点为 F_1，右焦点为 F_2，直线 l_1 过点 F_1 且垂直于椭圆的长轴，动直线 l_2 垂直于直线 l_1，垂足为点 P，线段 PF_2 的垂直平分线交 l_2 于点 M，求点 M 的轨迹 C_2 的方程；

（3）设 C_2 与 x 轴交于点 Q，不同的两点 R,S 在 C_2 上，且满足 $\overrightarrow{QR}\cdot\overrightarrow{RS}=0$，求 $|\overrightarrow{QS}|$ 的取值范围．

解：（1）$e=\dfrac{c}{a}=\dfrac{\sqrt3}{3}\Rightarrow a=\sqrt3c$，$\because$ $l:y=x+2$ 与圆 $x^2+y^2=b^2$ 相切，

$\therefore$ $d_{O-l}=\dfrac{2}{\sqrt2}=b$．$\therefore$ $b=\sqrt2$．

$\because$ $a=\sqrt3c$，$\therefore$ $b^2=a^2-c^2=2c^2$，即 $c^2=1$，解得 $c=1$．$\therefore$ $a=\sqrt3$．

$\therefore$ $C_1:\dfrac{x^2}{3}+\dfrac{y^2}{2}=1$；

（2）由（1）可得 $l_1:x=-1$，由于线段 PF_2 的垂直平分线交 l_2 于点 M，

$\therefore$ $|PM|=|MF_2|$，即 $d_{M-l_1}=|MF_2|$．

$\therefore$ M 的轨迹为以 F_2 为焦点，l_1 为准线的抛物线，设为 $y^2=2px(p>0)$．

$\because$ $F_2(1,0)$，$\therefore$ $p=2$．$\therefore$ $C_2:y^2=4x$；

（3）C_2 与椭圆的交点为 $Q(0,0)$，设 $R\left(\dfrac{y_1^2}{4},y_1\right),S\left(\dfrac{y_2^2}{4},y_2\right)$，

$\therefore$ $\overrightarrow{QR}=\left(\dfrac{y_1^2}{4},y_1\right),\overrightarrow{RS}=\left(\dfrac{y_2^2-y_1^2}{4},y_2-y_1\right)$．

$\therefore$ $\overrightarrow{QR}\cdot\overrightarrow{RS}=\dfrac{y_1^2(y_2^2-y_1^2)}{16}+y_1(y_2-y_1)=0$，因为 $y_1\neq y_2$，化简可得：$y_2=-\left(y_1+\dfrac{16}{y_1}\right)$ ①

考虑 $|\overrightarrow{QS}|=\sqrt{\left(\dfrac{y_2^2}{4}\right)+y_2^2}=\dfrac{1}{4}\sqrt{(y_2^2+8)^2-64}$，

由①可得 $y_2^2=\left(y_1+\dfrac{16}{y_1}\right)^2=y_1^2+\dfrac{256}{y_1^2}+32\geqslant2\sqrt{y_1^2\cdot\dfrac{256}{y_1^2}}+32=64$．

∴　$y_2^2\geqslant64$ 时，可得 $|\overrightarrow{QS}|=\dfrac{1}{4}\sqrt{(y_2^2+8)^2-64}\geqslant8\sqrt{5}$．

∴　$|\overrightarrow{QS}|\in[8\sqrt{5},+\infty)$．

9. 平面内一动点 $P(x,y)$ 到两定点 $F_1(-1,0)$，$F_2(1,0)$ 的距离之积等于 1．

（1）求动点 $P(x,y)$ 的轨迹 C 方程，用 $y^2=f(x)$ 形式表示；

（2）研究曲线 C 的性质，请直接写出答案；

（3）求 $\triangle PF_1F_2$ 周长的取值范围．

解：（1）∵　$|PF_1|\cdot|PF_1|=1$，列式：$\sqrt{(x+1)^2+y^2}\cdot\sqrt{(x-1)^2+y^2}=1$，化简 $y^2=\sqrt{4x^2+1}-x^2-1$；

（2）性质：对称性：关于原点对称，关于 x 轴对称，关于 y 轴对称；顶点：$(0,0)$，$(\pm\sqrt{2},0)$，x 的范围：$-\sqrt{2}\leqslant x\leqslant\sqrt{2}$，$y$ 的范围：$-\dfrac{1}{2}\leqslant y\leqslant\dfrac{1}{2}$；

（3）$C_{\triangle PF_1F_2}=|PF_1|+|PF_2|+|F_1F_2|=|PF_1|+\dfrac{1}{|PF_1|}+2$，$PF_1^2=(x+1)^2+y^2=\sqrt{4x^2+1}+2x$，$x\in(\sqrt{2},0)\bigcup(0,\sqrt{2})$，　∴　$PF_1\in(\sqrt{2}-1,1)\bigcup(1,\sqrt{2}+1)$，

∴　$C_{\triangle PF_1F_2}=|PF_1|+|PF_2|+|F_1F_2|\in(4,2+2\sqrt{2})$．

$$C_{\triangle PF_1F_2}=|PF_1|+|PF_2|+|F_1F_2|=|PF_1|+\dfrac{1}{|PF_1|}+2,$$

形成三角形则$\begin{cases}|F_1P|\neq1,\\[2mm]|F_1P|+2>\dfrac{1}{|F_2P|},\\[2mm]\dfrac{1}{|F_2P|}+2>|F_1P|,\end{cases}$ 所以

∴　$PF_1\in(\sqrt{2}-1,1)\bigcup(1,\sqrt{2}+1)$．

10. 如图 12-51 所示，圆 O 与直线 $x+\sqrt{3}y+2=0$ 相切于点 P，与 x 正半轴交于点 A，与直线 $y=\sqrt{3}x$ 在第一象限的交点为 B．点 C 为圆 O 上任一点，且动点 D 满足 $\overrightarrow{OC}=x\overrightarrow{OA}+y\overrightarrow{OB}$，动点 $D(x,y)$ 的轨迹记为曲线 $\varGamma$．

（1）求圆 O 的方程及曲线 $\varGamma$ 的方程；

（2）若两条直线 $l_1:y=kx$ 和 $l_2:y=-\dfrac{1}{k}x$ 分别交曲线 $\varGamma$ 于点 E，F 和 M，N，求四边形 $EMFN$ 面积的最大值，并求此时的 k 的值；

（3）证明：曲线 $\varGamma$ 为椭圆，并求椭圆 $\varGamma$ 的焦点坐标．

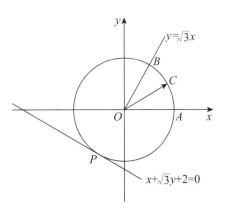

图 12-51

解： 由题意圆 O 的半径 $r = \dfrac{2}{\sqrt{1^2 + (\sqrt{3})^2}} = 1$，

故圆 O 的方程为 $x^2 + y^2 = 1$.

由 $\overrightarrow{OC} = x\overrightarrow{OA} + y\overrightarrow{OB}$ 得，$\overrightarrow{OC}^2 = (x\overrightarrow{OA} + y\overrightarrow{OB})^2$，

即 $\overrightarrow{OC}^2 = x^2\overrightarrow{OA}^2 + y^2\overrightarrow{OB}^2 + 2xy|\overrightarrow{OA}||\overrightarrow{OB}|\cos 60°$，得

$x^2 + y^2 + xy = 1\left(x, y \in \left[-\dfrac{2\sqrt{3}}{3}, \dfrac{2\sqrt{3}}{3}\right]\right)$ 为曲线 $\varGamma$ 的方程；

(2) 由 $\begin{cases} y = kx, \\ x^2 + y^2 + xy = 1 \end{cases}$ 得 $E\left(\dfrac{1}{\sqrt{k^2 + k + 1}}, \dfrac{k}{\sqrt{k^2 + k + 1}}\right)$，$F\left(-\dfrac{1}{\sqrt{k^2 + k + 1}}, -\dfrac{k}{\sqrt{k^2 + k + 1}}\right)$，

所以 $|EF| = 2\sqrt{\dfrac{k^2 + 1}{k^2 + k + 1}}$，同理 $|MN| = 2\sqrt{\dfrac{\dfrac{1}{k^2} + 1}{\dfrac{1}{k^2} - \dfrac{1}{k} + 1}} = 2\sqrt{\dfrac{k^2 + 1}{k^2 - k + 1}}$.

由题意知 $l_1 \perp l_2$，所以四边形 $EMFN$ 的面积 $S = \dfrac{1}{2}|EF| \cdot |MN|$.

$\dfrac{2}{S} = \sqrt{\dfrac{k^2 + k + 1}{k^2 + 1}} \cdot \sqrt{\dfrac{k^2 - k + 1}{k^2 + 1}} = \sqrt{\left(1 + \dfrac{k}{k^2 + 1}\right)\left(1 - \dfrac{k}{k^2 + 1}\right)} = \sqrt{1 - \dfrac{k^2}{(k^2 + 1)^2}} = \sqrt{1 - \dfrac{1}{k^2 + \dfrac{1}{k^2} + 2}}$，

$\because k^2 + \dfrac{1}{k^2} + 2 \geqslant 2\sqrt{k^2 \cdot \dfrac{1}{k^2}} + 2 = 4$，$\therefore \dfrac{2}{S} \geqslant \sqrt{1 - \dfrac{1}{4}} = \dfrac{\sqrt{3}}{2}$，$S \leqslant \dfrac{4\sqrt{3}}{3}$.

当且仅当 $k^2 = \dfrac{1}{k^2}$ 时等号成立，此时 $k = \pm 1$.

$\therefore$ 当 $k \pm 1$ 时，四边形 $EMFN$ 的面积最大值为 $\dfrac{4\sqrt{3}}{3}$；

(3) 曲线 $\varGamma$ 的方程为 $x^2 + y^2 + xy = 1\left(x, y \in \left[-\dfrac{2\sqrt{3}}{3}, \dfrac{2\sqrt{3}}{3}\right]\right)$，它关于直线 $y = x$、

$y = -x$ 和原点对称，下面证明：

设曲线 $\varGamma$ 上任一点的坐标为 $P(x_0, y_0)$，则 $x_0^2 + y_0^2 + x_0 y_0 = 1$，点 P 关于直线 $y = x$ 的对称点为 $P_1(y_0, x_0)$，显然 $y_0^2 + x_0^2 + y_0 x_0 = 1$，所以点 P_1 在曲线 $\varGamma$ 上，故曲线 $\varGamma$ 关于直线 $y = x$ 对称，

可以求得 $x^2 + y^2 + xy = 1$ 和直线 $y = x$ 的交点坐标为 $B_1\left(-\dfrac{\sqrt{3}}{3}, -\dfrac{\sqrt{3}}{3}\right)$，$B_2\left(\dfrac{\sqrt{3}}{3}, \dfrac{\sqrt{3}}{3}\right)$.

$x^2 + y^2 + xy = 1$ 和直线 $y = -x$ 的交点坐标为 $A_1(-1, 1)$，$A_2(1, 1)$，

$|OA_1| = \sqrt{2}$，$|OB_1| = \dfrac{\sqrt{6}}{3}$，$\sqrt{|OA_1|^2 - |OB_1|^2} = \dfrac{2\sqrt{3}}{3}$，$\dfrac{\sqrt{|OA_1|^2 - |OB_1|^2}}{\sqrt{2}} = \dfrac{\sqrt{6}}{3}$.

在 $y = -x$ 上取点 $F_1\left(-\dfrac{\sqrt{6}}{3}, \dfrac{\sqrt{6}}{3}\right)$，$F_2\left(\dfrac{\sqrt{6}}{3}, -\dfrac{\sqrt{6}}{3}\right)$.

下面证明曲线 $\varGamma$ 为椭圆：

① 设 $P(x, y)$ 为曲线 $\varGamma$ 上任一点，则

$$
\begin{aligned}
|PF_1|+|PF_2| &= \sqrt{\left(x+\frac{\sqrt{6}}{3}\right)^2+\left(y-\frac{\sqrt{6}}{3}\right)^2}+\sqrt{\left(x-\frac{\sqrt{6}}{3}\right)^2+\left(y+\frac{\sqrt{6}}{3}\right)^2} \\
&= \sqrt{x^2+y^2+\frac{4}{3}+\frac{2\sqrt{6}}{3}(x-y)}+\sqrt{x^2+y^2+\frac{4}{3}-\frac{2\sqrt{6}}{3}(x-y)} \\
&= \sqrt{1-xy+\frac{4}{3}+\frac{2\sqrt{6}}{3}(x-y)}+\sqrt{1-xy+\frac{4}{3}-\frac{2\sqrt{6}}{3}(x-y)} \\
&= \sqrt{\frac{7}{3}-xy+\frac{2\sqrt{6}}{3}(x-y)+\frac{7}{3}-xy-\frac{2\sqrt{6}}{3}(x-y)+2\sqrt{\left(\frac{7}{3}-xy\right)^2-\left[\frac{2\sqrt{6}}{3}(x-y)\right]^2}} \\
&= \sqrt{\frac{14}{3}-2xy+2\sqrt{\left(xy+\frac{5}{3}\right)^2}} \\
&= \sqrt{\frac{14}{3}-2xy+2\left(xy+\frac{5}{3}\right)} \quad \left(因为 |xy|\leqslant\frac{4}{3}\right) \\
&= 2\sqrt{2}=|A_1A_2|.
\end{aligned}
$$

即曲线 Γ 上任一点 P 到两定点 $F_1\left(-\dfrac{\sqrt{6}}{3},\dfrac{\sqrt{6}}{3}\right),F_2\left(\dfrac{\sqrt{6}}{3},-\dfrac{\sqrt{6}}{3}\right)$ 的距离之和为定值 $2\sqrt{2}$.

② 若点 P 到两定点 $F_1\left(-\dfrac{\sqrt{6}}{3},\dfrac{\sqrt{6}}{3}\right),F_2\left(\dfrac{\sqrt{6}}{3},-\dfrac{\sqrt{6}}{3}\right)$ 的距离之和为定值 $2\sqrt{2}$,可以求得点 P 的轨迹方程为 $x^2+y^2+xy=1$(过程略).

故曲线 Γ 是椭圆,其焦点坐标为 $F_1\left(-\dfrac{\sqrt{6}}{3},\dfrac{\sqrt{6}}{3}\right),F_2\left(\dfrac{\sqrt{6}}{3},-\dfrac{\sqrt{6}}{3}\right)$.

11. 已知点 $F(0,1)$,直线 $l:y=-1$,P 为平面上的动点,过点 P 作直线 l 的垂线,垂足为 Q,且 $\overrightarrow{QP}\cdot\overrightarrow{QF}=\overrightarrow{FP}\cdot\overrightarrow{FQ}$.

(1) 求动点 P 的轨迹 C 的方程;

(2) 已知圆 M 过定点 $D(0,2)$,圆心 M 在轨迹 C 上运动,且圆 M 与 x 轴交于 A、B 两点,设 $|DA|=l_1,|DB|=l_2$,求 $\dfrac{l_1}{l_2}+\dfrac{l_2}{l_1}$ 的最大值.

解:(1) 设 $P(x,y)$,则 $Q(x,-1)$, $\because$ $\overrightarrow{QP}\cdot\overrightarrow{QF}=\overrightarrow{FP}\cdot\overrightarrow{FQ}$,

$\therefore$ $(0,y+1)\cdot(-x,2)=(x,y-1)\cdot(x,-2)$.即 $2(y+1)=x^2-2(y-1)$,即 $x^2=4y$,所以动点 P 的轨迹 C 的方程 $x^2=4y$;

(2) 设圆 M 的圆心坐标为 $M(a,b)$,则 $a^2=4b$ ①

圆 M 的半径为 $|MD|=\sqrt{a^2+(b-2)^2}$.圆 M 的方程为 $(x-a)^2+(y-b)^2=a^2+(b-2)^2$.

令 $y=0$,则 $(x-a)^2+b^2=a^2+(b-2)^2$,

整理得,$x^2-2ax+4b-4=0$ ②

由①、②解得,$x=a\pm2$.不妨设 $A(a-2,0),B(a+2,0)$,

$\therefore$ $l_1=\sqrt{(a-2)^2+4},l_2=\sqrt{(a+2)^2+4}$.

$\therefore$ $\dfrac{l_1}{l_2}+\dfrac{l_2}{l_1}=\dfrac{l_1^2+l_2^2}{l_1l_2}=\dfrac{2a^2+16}{\sqrt{a^4+64}}=2\sqrt{\dfrac{(a^2+8)^2}{a^4+64}}=2\sqrt{1+\dfrac{16a^2}{a^4+64}}$ ③

当 $a \neq 0$ 时,由③得,$\dfrac{l_1}{l_2} + \dfrac{l_2}{l_1} = 2\sqrt{1 + \dfrac{16}{a^2 + \dfrac{64}{a^2}}} \leqslant 2\sqrt{1 + \dfrac{16}{2 \times 8}} = 2\sqrt{2}$.

当且仅当 $a = \pm 2\sqrt{2}$ 时,等号成立.当 $a = 0$ 时,由③得,$\dfrac{l_1}{l_2} + \dfrac{l_2}{l_1} = 2$.

故当 $a = \pm 2\sqrt{2}$ 时,$\dfrac{l_1}{l_2} + \dfrac{l_2}{l_1}$ 的最大值为 $2\sqrt{2}$.

12. 如图 12-52 所示,平面直角坐标系 xOy 中,已知圆 $C_1 : (x+3)^2 + (y-1)^2 = 4$ 和圆 $C_2 : (x-4)^2 + (y-5)^2 = 4$.

（1）若直线 l 过点 $A(4,0)$,且被圆 C_1 截得的弦长为 $2\sqrt{3}$,求直线 l 的方程;

（2）设 P 为平面上的点,满足:存在过点 P 的无穷多对互相垂直的直线 l_1 和 l_2,它们分别与圆 C_1 和圆 C_2 相交,且直线 l_1 被圆 C_1 截得的弦长与直线 l_2 被圆 C_2 截得的弦长相等,试求所有满足条件的点 P 的坐标.

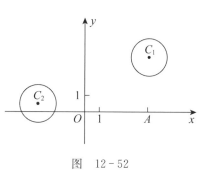

图 12-52

解:（1）设直线 l 的方程为:$y = k(x-4)$,即 $kx - y - 4k = 0$

由垂径定理,得:圆心 C_1 到直线 l 的距离 $d = \sqrt{4^2 - \left(\dfrac{2\sqrt{3}}{2}\right)^2} = 1$,

结合点到直线距离公式,得:$\dfrac{|-3k-1-4k|}{\sqrt{k^2+1}} = 1$,

化简得:$24k^2 + 7k = 0$,$k = 0$,或 $k = -\dfrac{7}{24}$.

求直线 l 的方程为:$y = 0$ 或 $y = -\dfrac{7}{24}(x-4)$,即 $y = 0$ 或 $7x + 24y - 28 = 0$;

（2）设点 P 坐标为 (m,n),直线 l_1、l_2 的方程分别为:

$$y - n = k(x-m),\quad y - n = -\dfrac{1}{k}(x-m),$$

即 $kx - y + n - km = 0$,$-\dfrac{1}{k}x - y + n + \dfrac{1}{k}m = 0$.

因为直线 l_1 被圆 C_1 截得的弦长与直线 l_2 被圆 C_2 截得的弦长相等,两圆半径相等.

由垂径定理,得:圆心 C_1 到直线 l_1 与 C_2 直线 l_2 的距离相等.

故有 $\qquad \dfrac{|-3k-1+n-km|}{\sqrt{k^2+1}} = \dfrac{\left|-\dfrac{4}{k}-5+n+\dfrac{1}{k}m\right|}{\sqrt{\dfrac{1}{k^2}+1}}$,

化简得 $\qquad (2-m-n)k = m - n - 3$,或 $(m-n+8)k = m + n - 5$.

关于 k 的方程有无穷多解,有 $\begin{cases} 2-m-n=0, \\ m-n-3=0, \end{cases}$ 或 $\begin{cases} m-n+8=0, \\ m+n-5=0. \end{cases}$

解之得:点 P 坐标为 $\left(-\dfrac{3}{2}, \dfrac{13}{2}\right)$ 或 $\left(\dfrac{5}{2}, -\dfrac{1}{2}\right)$.

坐标变换、参数方程和极坐标方程

Coordinate Transformation, Parametric Equations and Polar Equations

§13.1 坐标轴的平移

1. 已知双曲线的两条渐近线方程分别是 $3x-4y-2=0, 3x+4y-10=0$，实轴在平行于 y 轴的直线上，且实轴长为 6，求双曲线方程，并写出顶点坐标和焦点坐标.

解：$\dfrac{(y-1)^2}{9}-\dfrac{(x-2)^2}{16}=1$，顶点坐标 $(2,4),(2,-2)$，焦点坐标为 $(2,6),(2,-4)$.

2. 证明：二次函数 $y=ax^2+bx+c$ 的图形是一条抛物线.

解：（提示：把原方程化简，如果能化成抛物线的标准方程，就可以证明它是抛物线.）

设 $x'=x+\dfrac{b}{2a}, y'=y-\dfrac{4ac-b^2}{4a}$，得 $x'^2=\dfrac{1}{a}y'$.

3. 已知抛物线的对称轴平行于 y 轴，顶点是 $(1,2)$，且过点 $(3,6)$，求抛物线方程.

解：设 $y+c=a(x-b)^2$ 由顶点的定义知 $b=1, c=-2$，

再将点的坐标代入可得 $y=x^2-2x+3$.

4. 已知双曲线两顶点坐标是 $(2,1),(2,-5)$，虚轴长为 8，求双曲线方程.

解：两个顶点的中点坐标 $M(2,-2)$，所以双曲线的中心为 $(2,-2)$，从而可以设双曲线为 $\dfrac{(y+2)^2}{a^2}-\dfrac{(x-2)^2}{b^2}=1$，继而可得双曲线方程为 $\dfrac{(y+2)^2}{9}-\dfrac{(x-2)^2}{16}=1$.

5. 已知两个定圆 $C_1:(x-8)^2+y^2=4$ 和 $C_2:x^2+y^2=25$，一动圆 P 和它们都相外切，求动圆的圆心 P 的轨迹方程.

解：由题，动圆的圆心到两圆圆心 $(8,0),(0,0)$ 的距离之差等于两圆的半径之差 3，所以其轨迹为一双曲线的右支，其中心为 $(4,0)$，两焦点为 $(8,0),(0,0)$，从而可得轨迹方程为

$$\frac{4(x-4)^2}{9}-\frac{4y^2}{55}=1\left(x\geqslant\frac{11}{2}\right).$$

6. 椭圆 $\dfrac{(x+2)^2}{4}+\dfrac{y^2}{2}=1$ 的中心在直线 $y=3x+6$ 上滑动，对称轴作平行移动，

（1）求滑动时椭圆的方程；

(2) 中心滑到何位置时,椭圆与直线 $y=-x+6$ 相交所得的弦长为 $\frac{4}{3}\sqrt{2}$.

解: (1) $\frac{(x+k)^2}{4}+\frac{(y+3k-6)^2}{2}=1$;

(2) $k=\pm\frac{1}{2}$,即中心为 $\left(-\frac{1}{2},\frac{9}{2}\right)$ 或 $\left(\frac{1}{2},\frac{15}{2}\right)$.

7. 已知 $\triangle ABC$ 的两个顶点 A,B 是椭圆 $\frac{(x-2)^2}{13^2}+\frac{(y+1)^2}{5^2}=1$ 的两个焦点,顶点 C 在抛物线 $y=x^2+1$ 上移动.求 $\triangle ABC$ 的重心轨迹方程.

解: 由题可得,$A(-10,-1)$,$B(14,-1)$,设 $C(a,a^2+1)$,由重心坐标公式,重心 $G\left(\frac{4+a}{3},\frac{-2+a^2+1}{3}\right)$,所以 $\triangle ABC$ 的重心轨迹方程为 $(3x-4)^2=3y+1$.

8. 已知抛物线 $y^2=-8(x-2)$ 的焦点和准线分别是椭圆 E 的一个焦点和对应的准线,求这个椭圆的短轴端点的轨迹方程.

解: 通过坐标变换分析,易知焦点为 $F(0,0)$,准线为 $x=4$.

设椭圆短轴的一个端点为 $P(x,y)$,则 $a=\sqrt{x^2+y^2}$,$c=|x|$,

由点 P 到焦点 F 的距离与到准线的距离之比是 $e=\frac{c}{a}$ 知:

$\frac{\sqrt{x^2+y^2}}{|x-4|}=\frac{|x|}{\sqrt{x^2+y^2}}$,化简得 $x^2+y^2=|x|\cdot|x-4|(x<0)$,即 $y^2=-4x(x<0)$.

§13.2 坐标轴的旋转变换

1. 设旋转角 $\theta=-\frac{\pi}{4}$,求新坐标系中的两点 $A(-3,2)$,$B(2,0)$ 在原坐标系中的坐标.

解: 由坐标轴的旋转公式 $A\left(-\frac{\sqrt{2}}{2},\frac{5\sqrt{2}}{2}\right)$,$B(\sqrt{2},-\sqrt{2})$.

2. 设旋转角 $\theta=\frac{\pi}{6}$,求原坐标系中的两点 $C(2,-1)$,$D(0,2)$ 在新坐标系中的坐标.

解: 由坐标轴的旋转公式可得 $C\left(\frac{2\sqrt{3}-1}{2},-\frac{\sqrt{3}+2}{2}\right)$,$D(1,\sqrt{3})$.

3. 按所给的角 θ 旋转坐标轴,变换下列各方程:

(1) $x+y=0\left(\theta=\frac{\pi}{4}\right)$;   (2) $x-2y=0\left(\theta=-\frac{\pi}{2}\right)$;

(3) $x^2+y^2=4\left(\theta=\frac{\pi}{6}\right)$;   (4) $x^2-2\sqrt{3}xy+3y^2=8\left(\theta=-\frac{\pi}{3}\right)$.

解: 直接利用坐标旋转公式:

(1) 将 $\begin{cases}\cos\theta x'+\sin\theta y'=x,\\ \sin\theta y'-\cos\theta x'=y\end{cases}$ 代入得 $x'=0$;

(2) 将 $\begin{cases} \cos\theta x' + \sin\theta y' = x, \\ \sin\theta y' - \cos\theta x' = y \end{cases}$ 代入得 $2x' + y' = 0$;

(3) 将 $\begin{cases} \cos\theta x' + \sin\theta y' = x, \\ \sin\theta y' - \cos\theta x' = y \end{cases}$ 代入得 $x'^2 + y'^2 = 4$;

(4) 将 $\begin{cases} \cos\theta x' + \sin\theta y' = x, \\ \sin\theta y' - \cos\theta x' = y \end{cases}$ 代入得 $x'^2 = 2$.

4. 利用坐标轴的旋转,化简下列方程,使其不含 $x'y'$ 项.

(1) $x^2 + 2xy + y^2 - 2\sqrt{2}\,x + 2\sqrt{2}\,y = 0$;　　(2) $2x^2 + 4xy + 5y^2 - 22 = 0$;

(3) $x^2 + 4xy + y^2 = 16$;　　(4) $21x^2 - 10\sqrt{3}\,xy + 31y^2 = 144$.

解: 为使其不含 $x'y'$ 项,对二次曲线 $Ax^2 + Bxy + Cy^2 + Dx + Ey + F = 0$,旋转角 θ 满足 $\cot 2\theta = \dfrac{A-C}{B}$.

(1) $\cot 2\theta = \dfrac{A-C}{B} \Rightarrow \theta = \dfrac{\pi}{4}$,

将 $\begin{cases} \cos\theta x' + \sin\theta y' = x; \\ \sin\theta y' - \cos\theta x' = y \end{cases}$ 代入得 $x'^2 + 2y' = 0$;

(2) $\cot 2\theta = \dfrac{A-C}{B} \Rightarrow \sin\theta = \dfrac{2}{\sqrt{5}},\cos\theta = \dfrac{1}{\sqrt{5}}$,

将 $\begin{cases} \cos\theta x' + \sin\theta y' = x; \\ \sin\theta y' - \cos\theta x' = y \end{cases}$ 代入得 $3y'^2 - x'^2 = 16$;

(3) $\cot 2\theta = \dfrac{A-C}{B} \Rightarrow \theta = \dfrac{\pi}{4}$,

将 $\begin{cases} \cos\theta x' + \sin\theta y' = x; \\ \sin\theta y' - \cos\theta x' = y \end{cases}$ 代入得 $5x'^2 - y'^2 = 16$;

(4) $\cot 2\theta = \dfrac{A-C}{B} \Rightarrow \theta = \dfrac{\pi}{6}$,

将 $\begin{cases} \cos\theta x' + \sin\theta y' = x; \\ \sin\theta y' - \cos\theta x' = y \end{cases}$ 代入得 $\dfrac{x'^2}{9} + \dfrac{y'^2}{4} = 1$.

§13.3　直线与圆锥曲线的参数方程

1. 若参数方程 $\begin{cases} x = m + 2t^2, \\ y = 2m + 2\sqrt{2}\,t \end{cases}$ (t 为参数)表示的抛物线焦点总在一条定直线上,这条直线的方程是_____.

解: 消去 t,可得 $(y-2m)^2 = 4(x-m)$,从而其焦点所在定直线为 $y = 2(x-1)$.

2. 给定椭圆 $\dfrac{x^2}{a^2}+\dfrac{y^2}{b^2}=1$，如果存在过左焦点 F 的直线交椭圆于 P,Q 两点，且 $OP\perp OQ$，则离心率 e 的取值范围是_____.

解： 直接联立直线与椭圆方程求解，e 的取值范围为 $\left[\dfrac{\sqrt{5}-1}{2},1\right)$.

3. 设一椭圆中心为原点，长轴在 x 轴上，离心率为 $\dfrac{\sqrt{3}}{2}$，若圆 $C:x^2+\left(y-\dfrac{3}{2}\right)^2=1$ 上点与这椭圆上点的最大距离为 $1+\sqrt{7}$，试求这个椭圆的方程.

解： 等价于圆心 $C:\left(0,\dfrac{3}{2}\right)$ 到椭圆上的点最大距离为 $\sqrt{7}$，

设椭圆方程为 $\dfrac{x^2}{a^2}+\dfrac{y^2}{b^2}=1$，$e=\dfrac{\sqrt{3}}{2}\Rightarrow a=2b$，则 $\dfrac{x^2}{4b^2}+\dfrac{y^2}{b^2}=1$.

任取椭圆上一点 $M(x,y)$，则 $|CM|^2=x^2+\left(y-\dfrac{3}{2}\right)^2=-3\left(y+\dfrac{1}{2}\right)^2+4b^2+3(-b\leqslant y\leqslant b)$，若 $b<\dfrac{1}{2}$，则当 $y=-b$ 时，$|CM|^2$ 取最大值，即 $\left(-b-\dfrac{3}{2}\right)^2=7.b=\sqrt{7}-\dfrac{3}{2}>\dfrac{1}{2}$，故矛盾.

若 $b\geqslant\dfrac{1}{2}$，则当 $y=-\dfrac{1}{2}$ 时，$|CM|^2$ 取最大值，即 $4b^2+3=7$.

$b^2=1,a^2=4$，则椭圆的方程为 $\dfrac{x^2}{4}+y^2=1$.

4. 已知抛物线 $y^2=2px$ 及定点 $A(a,b),B(-a,0),ab\neq0,b^2\neq2pa,M$ 是抛物线上的点，设直线 AM,BM 与抛物线的另一个交点分别为 M_1,M_2，当 M 变动时，直线 M_1M_2 恒过一个定点，此定点坐标为_____.

解： 设 $M\left(\dfrac{y_0^2}{2p},y_0\right),M_1\left(\dfrac{y_1^2}{2p},y_1\right),M_2\left(\dfrac{y_2^2}{2p},y_2\right)$，

由 A,M,M_1 共线得 $y_1=\dfrac{by_0-2pa}{y_0-b}$，同理 B,M,M_2 共线得 $y_2=\dfrac{2pa}{y_0-b}$，

设 (x,y) 是直线 M_1M_2 上的点，则 $y_1y_2=y(y_1+y_2)-2px$，

将以上三式中消去 y_1,y_2，得：$y_0^2(2px-by)+2pby_0(a-x)+2pa(by-2pa)$.

当 $x=a,y=\dfrac{2pa}{b}$ 时上式恒成立，即定点为 $\left(a,\dfrac{2pa}{b}\right)$.

5. 已知：设 a,b 为正实数，θ 为参变量，则满足 $x\sin\theta-y\cos\theta=\sqrt{x^2+y^2}$ 且 $\dfrac{\sin^2\theta}{a^2}+\dfrac{\cos^2\theta}{b^2}=\dfrac{1}{x^2+y^2}$ 的点 (x,y) 的轨迹方程是_____.

解： 由辅助角公式，$\sin\left(\theta-\arctan\dfrac{y}{x}\right)=1$，知 $\sin^2\theta=\dfrac{x^2}{x^2+y^2}$，$\cos^2\theta=\dfrac{y^2}{x^2+y^2}$，所以点

(x,y) 的轨迹方程为 $\dfrac{x^2}{a^2}+\dfrac{y^2}{b^2}=1$.

6. 实数 x,y 满足 $4x^2-5xy+4y^2=5$,设 $S=x^2+y^2$,则 $\dfrac{1}{S_{max}}+\dfrac{1}{S_{min}}$ 的值为 _____.

解:易知 $S=x^2+y^2>0$,设 $\begin{cases}x=\sqrt{s}\cos\theta,\\ y=\sqrt{s}\sin\theta,\end{cases}$ 代入 $4x^2-5xy+4y^2=5$,得 $\sin2\theta=\dfrac{8s-10}{5s}$.

于是 $\left|\dfrac{8s-10}{5s}\right|\leqslant1$,得 $\dfrac{10}{13}\leqslant S\leqslant\dfrac{10}{3}$,故 $S_{max}=\dfrac{10}{3}$,$S_{min}=\dfrac{10}{13}$,故 $\dfrac{1}{S_{max}}+\dfrac{1}{S_{min}}=\dfrac{3}{10}+\dfrac{13}{10}=\dfrac{8}{5}$.

7. 已知 $x^2-y^2=4$,求 $S=\dfrac{1}{x^2}-\dfrac{y}{x}$ 的值域.

解:设 $x=2\sec\theta$,$y=2\tan\theta$,则 $S=\dfrac{1}{4}\cos^2\theta-\sin\theta=-\dfrac{1}{4}(\sin\theta+2)^2+\dfrac{5}{4}$,

由此可知 $S\in(-1,1)$.

8. 过椭圆 $\dfrac{x^2}{a^2}+\dfrac{y^2}{b^2}=1(a>b>0)$ 中心 O 作互相垂直的两条弦 AC,BD,设点 A,B 的离心角分别为 θ_1 和 θ_2[这里 A 的离心角是 θ_1,等于说 A 的坐标为 $(a\cos\theta_1,b\sin\theta_1)$],求 $|\cos(\theta_1-\theta_2)|$ 的取值范围.

解:当 AC,BD 恰与坐标轴重合时,$|\cos(\theta_1-\theta_2)|=0$;

当 AC,BD 与坐标轴不重合时,令 $\angle xOA=\varphi_1$,$\angle xOB=\varphi_2$,则 $\varphi_1=\varphi_2\pm\dfrac{\pi}{2}+2k\pi(k\in\mathbf{Z})$,故 $\tan\varphi_1\cdot\tan\varphi_2=-1$.

由题意知 $A(b\cos\theta_1,a\sin\theta_1)$,$B(b\cos\theta_2,a\sin\theta_2)$,

则 $\tan\varphi_1=\dfrac{a}{b}\tan\theta_1$,$\tan\varphi_2=\dfrac{a}{b}\tan\theta_2$.故

$$|\cot(\theta_1-\theta_2)|=\left|\dfrac{1+\tan\theta_1\cdot\tan\theta_2}{\tan\theta_1-\tan\theta_2}\right|=\left|\dfrac{a^2+b^2\tan\varphi_1\cdot\tan\varphi_2}{ab(\tan\varphi_1-\tan\varphi_2)}\right|$$

$$=\dfrac{a^2-b^2}{ab}\cdot\dfrac{1}{|-\cot\varphi_2-\tan\varphi_2|}\leqslant\dfrac{a^2-b^2}{2ab};$$

$$|\cos(\theta_1-\theta_2)|=\sqrt{1-\dfrac{1}{1+\cot^2(\theta_1-\theta_2)}}\leqslant\sqrt{1-\dfrac{1}{1+\left(\dfrac{a^2-b^2}{2ab}\right)^2}}=\dfrac{a^2-b^2}{a^2+b^2}.$$

取等号条件是 $|\tan\varphi_2|=1$,即 BD 的倾斜角为 $\dfrac{\pi}{4}$ 或 $\dfrac{3\pi}{4}$ 时,故 $0\leqslant|\cos(\theta_1-\theta_2)|\leqslant\dfrac{a^2-b^2}{a^2+b^2}$.

9. 设动点 $P(1,1)$ 在椭圆 $\dfrac{x^2}{a^2}+\dfrac{y^2}{b^2}=1$ 的内部 $(a>b)$,过 P 作椭圆的弦 AB,证明:$|PA|$,$|PB|$ 中必有一个不超过 $\dfrac{1}{b}\sqrt{a^2b^2-a^2-b^2}$.

证明:弦 AB 所在直线的参数方程是 $\begin{cases}x=1+t\cos\alpha,\\ y=1+t\sin\alpha,\end{cases}$

代入椭圆方程得 $(b^2\cos^2\alpha+a^2\sin^2\alpha)t^2+2(b\cos\alpha+a\sin\alpha)t+a^2+b^2-a^2b^2=0$,

由韦达定理,上面方程两根 t_1t_2 满足: $t_1t_2=\dfrac{a^2+b^2-a^2b^2}{b^2\cos^2\alpha+a^2\sin^2\alpha}$,

$|PA||PB|=|t_1||t_2|=|t_1t_2|=\dfrac{a^2b^2-a^2-b^2}{b^2\cos^2\alpha+a^2\sin^2\alpha}=\dfrac{a^2b^2-a^2-b^2}{(a^2-b^2)\sin^2\alpha+b^2}\leqslant\dfrac{1}{b^2}(a^2b^2-a^2-b^2).$

所以, $|PA|$, $|PB|$ 中必有一个不超过 $\dfrac{1}{b}\sqrt{(a^2b^2-a^2-b^2)}$.

§13.4 极坐标系

1. 在极坐标系中,作出下列各点的点:

(1) $A\left(3,\dfrac{\pi}{2}\right),B(2,-135°),C\left(5,\dfrac{\pi}{2}\right),D(4,\pi),E\left(3.5,-\dfrac{2\pi}{3}\right)$;

(2) $A\left(2,\dfrac{\pi}{6}\right),B\left(2,\dfrac{\pi}{4}\right),C\left(2,\dfrac{\pi}{2}\right),D(2,\pi),E\left(2,\dfrac{3\pi}{2}\right)$,并说明这五

个点有什么关系;

(3) $A\left(-1,\dfrac{\pi}{3}\right),B\left(-2,\dfrac{\pi}{3}\right),C\left(2,\dfrac{\pi}{3}\right),D\left(3.6,\dfrac{\pi}{3}\right),E\left(7,\dfrac{\pi}{3}\right)$,并说明这五个点有什么关系.

解:(1) 略;

(2) 五个点在以极点为圆心半径为 2 的圆上;

(3) 五个点在倾斜角为 $\dfrac{\pi}{3}$ 且过极点的直线上.

2. 若 $\rho\in\mathbf{R}$,请判断极坐标方程 $\rho=f(\theta)$ 和方程 $\rho=-f(\theta+\pi)$ 的关系.

解:这两个方程是等价的, (ρ,θ), $(-\rho,\theta+\pi)$, $(-\rho,\theta-\pi)$ 均表示同一点.

3. 已知 $A\left(-3,\dfrac{\pi}{6}\right),B\left(3,\dfrac{\pi}{2}\right),O$ 为极点,求 $\triangle AOB$ 的面积.

解: $S_{\triangle AOB}=\dfrac{1}{2}|AO||BO|\sin\angle AOB$,易得 $S_{\triangle AOB}=\dfrac{9\sqrt{3}}{4}$.

4. 从极点 O 作直线 l 与直线 $\rho\cos\theta=4$ 相交于 M,在 OM 上取点 P,使得 $|OM|\cdot|OP|=12$,求点 P 的轨迹方程.

解: $\rho=3\cos\theta(\rho\neq0)$.

5. 在直角坐标平面内,以坐标原点 O 为极点, x 轴的非负半轴为极轴建立极坐标系. 已知点 M 的极坐标为 $\left(4\sqrt{2},\dfrac{\pi}{4}\right)$,曲线 C 的参数方程为 $\begin{cases}x=1+\sqrt{2}\cos\alpha,\\y=\sqrt{2}\sin\alpha\end{cases}$ (α 为参数).

(1) 求直线 OM 的直角坐标系方程;

(2) 求点 M 到曲线 C 上的点的距离的最小值.

解:(1) 由点 M 的极坐标为 $\left(4\sqrt{2},\dfrac{\pi}{4}\right)$ 得点 M 的直角坐标为 $(4,4)$,

所以直线 OM 的直角坐标方程为 $y=x$;

（2）由曲线 C 的参数方程 $\begin{cases} x=1+\sqrt{2}\cos\alpha, \\ y=\sqrt{2}\sin\alpha \end{cases}$ （α 为参数），

化为普通方程为 $(x-1)^2+y^2=2$，圆心为 $A(1,0)$，半径为 $r=\sqrt{2}$．

由于点 M 在曲线 C 外，故点 M 到曲线 C 上的点的距离最小值为 $MA-r=5-\sqrt{2}$

6. 在直角坐标系 xOy 中，直线 l 的参数方程为 $\begin{cases} x=3-\dfrac{\sqrt{2}}{2}t, \\ y=\sqrt{5}+\dfrac{\sqrt{2}}{2}t \end{cases}$ （t 为参数）．在极坐标系（与

直角坐标系 xOy 取相同的长度单位，且以原点 O 为极点，以 x 轴正半轴为极轴）中，圆 C 的方程为 $\rho=2\sqrt{5}\sin\theta$．

（1）求圆 C 的直角坐标系方程；

（2）设圆 C 与直线 l 交于点 A,B．若点 P 的坐标为 $(3,\sqrt{5})$，求 $|PA|+|PB|$ 与 $||PA|-|PB||$．

解：（1）由 $\rho=2\sqrt{5}\sin\theta$，得

所以 $x^2+(y^2-2\sqrt{5}y+5)=5 \Rightarrow x^2+(y-\sqrt{5})^2=5$；

（2）直线的一般方程为 $x-3=y-\sqrt{5} \Rightarrow x-y+\sqrt{5}-3=0$，容易知道 P 在直线上，又 3^2+ $(\sqrt{5}-\sqrt{5})^2>5$，

所以 P 在圆外，联立圆与直线方程可以得到：$A(2,\sqrt{5}-1),B(1,\sqrt{5}-2)$，

所以 $|PA|+|PB|=|AB|+2|PA|=\sqrt{2}+2\sqrt{2}=3\sqrt{2}$．

同理，可得 $||PA|-|PB||=\sqrt{2}$．

7. 求圆心为 $C\left(a,\dfrac{\pi}{2}\right)$，半径为 a 的圆的极坐标方程．

解： $\rho=2a\sin\theta(0\leqslant\theta<\pi)$．

8. 如图 13-15，求经过点 $M(a,0)$ $(a>0)$，且与极轴垂直的直线 l 的极坐标方程．

解： $a=\rho\cos\theta$．

9. 已知直线 l 上三点的极坐标分别为 $A(\rho_1,\theta_1),B(\rho_2,\theta_2),C(\rho_3,\theta_3)$，且 ρ_1,ρ_2,ρ_3 均为正数．求证：

$$\frac{\sin(\theta_2-\theta_3)}{\rho_1}+\frac{\sin(\theta_3-\theta_1)}{\rho_2}+\frac{\sin(\theta_1-\theta_2)}{\rho_3}=0.$$

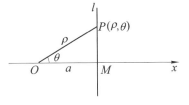

图 13-15

证：若 l 过极点 O，则 $\theta_1=\theta_2=\theta_3$，结论成立．若 l 不过极点 O，不妨设 $0<\theta_1<\theta_2<\theta_3$，则由三角形面积公式得 $\dfrac{1}{2}\rho_1\rho_2\sin(\theta_2-\theta_1)+\dfrac{1}{2}\rho_2\rho_3\sin(\theta_3-\theta_2)=\dfrac{1}{2}\rho_1\rho_3\sin(\theta_3-\theta_1)$，移项，两边

除以 $\dfrac{1}{2}\rho_1\rho_2\rho_3$ 即得．

§13.5 圆锥曲线的极坐标方程

1. 求双曲线 $\rho=\dfrac{3}{1-2\cos\theta}$ 的实轴长.

解： 对照圆锥曲线的统一极坐标方程,知实轴长为 2.

2. 在极坐标系下,和圆 $\rho=4\sin\theta$ 相切的一条直线方程为 （ ）.

（A）$\rho\sin\theta=1$ （B）$\rho\cos\theta=2$ （C）$\rho\sin\theta=3$ （D）$\rho\cos\theta=4$

解： 由题,该圆的直角坐标方程为 $x^2+(y-2)^2=4$,所以 $x=2$ 与该圆相切,故选 B.

3. 请判断极坐标方程 $\rho=\dfrac{5}{3-4\cos\theta+4\sin\theta}$ 所确定的曲线.

解： $\rho=\dfrac{\dfrac{5}{3}}{1-\dfrac{4\sqrt{2}}{3}\cos\left(\theta+\dfrac{\pi}{4}\right)}$,故曲线的离心率大于 1,所以为双曲线.

4. 曲线 $\rho=\dfrac{3}{2\cos\theta+5\sin\theta}$ 与曲线 C 关于直线 $\theta=\dfrac{\pi}{6}$ 对称,求曲线 C 的方程.

解： θ 为极角,由极坐标的对称可得,$\rho=\dfrac{3}{2\cos\left(\dfrac{\pi}{3}-\theta\right)+5\sin\left(\dfrac{\pi}{3}-\theta\right)}$.

5. 求双曲线 $\rho=\dfrac{6}{1-2\cos\theta}$ 的直角坐标方程.

解： 对照圆锥曲线的统一极坐标方程:$ep=6$,$e=2$,同时注意到其右焦点位于原点处,故为 $\dfrac{(x+4)^2}{4}-\dfrac{y^2}{12}=1$.

6. 过抛物线 $y^2=2px\,(p>0)$ 的焦点 F 作弦 P_1P_2,求 $\dfrac{1}{|FP_1|}+\dfrac{1}{|FP_2|}$ 的值.

解： 由统一方程 $\rho=\dfrac{p}{1-\cos\theta}$,设 $P_1(\rho_1,\theta_1)$,$P_2(\rho_2,\theta_1+\pi)$,

故 $\rho_1=\dfrac{p}{1-\cos\theta}$,$\rho_2=\dfrac{p}{1+\cos\theta}$,得 $\dfrac{1}{\rho_1}+\dfrac{1}{\rho_2}=\dfrac{1-\cos\theta}{p}+\dfrac{1+\cos\theta}{p}=\dfrac{2}{p}$.

7. 已知椭圆 $\dfrac{x^2}{2}+y^2=1$,F 为其左焦点,过 F 作两直线 l_1,l_2 分别交椭圆于 P、Q 和 M、N 且 $l_1\perp l_2$,求四边形 $PMQN$ 面积最大值和最小值.

解： 由 $\dfrac{x^2}{2}+y^2=1$ 得 $a=\sqrt{2}$,$b=1$,$c=1$,$e=\dfrac{\sqrt{2}}{2}$,$P=1$,

以 F 为极点、Fx 为极轴建立极坐标系,则椭圆方程为 $\rho=\dfrac{1}{\sqrt{2}-\cos\theta}$.

依题意,不妨设 $P(\rho_1,\theta)$,则 $Q(\rho_2,\theta+\pi)$,$M\left(\rho_3,\theta+\dfrac{\pi}{2}\right)$,$N\left(\rho_4,\theta+\dfrac{3\pi}{2}\right)$,其中 $\theta\in[0,2\pi)$.

所以 $|PQ|=\rho_1+\rho_2=\dfrac{1}{\sqrt{2}-\cos\theta}+\dfrac{1}{\sqrt{2}+\cos\theta}=\dfrac{2\sqrt{2}}{2-\cos^2\theta}$,

$|MN|=\rho_3+\rho_4=\dfrac{1}{\sqrt{2}-\cos\left(\theta+\dfrac{\pi}{2}\right)}+\dfrac{1}{\sqrt{2}+\cos\left(\theta+\dfrac{\pi}{2}\right)}=\dfrac{2\sqrt{2}}{2-\sin^2\theta}$,

$S=\dfrac{1}{2}|PQ|\cdot|MN|=\dfrac{16}{8+\sin^2 2\theta}$,又由 $0\leqslant\sin^2 2\theta\leqslant1$ 得:$\dfrac{16}{9}\leqslant S\leqslant2$.

当 $\sin^2 2\theta=0$ 时,S 取最大值 2;

当 $\sin^2 2\theta=1$ 时,S 取最小值 $\dfrac{16}{9}$.

8. 已知椭圆 $\dfrac{x^2}{24}+\dfrac{y^2}{16}=1$,直线 $l:\dfrac{x}{12}+\dfrac{y}{8}=1$,$P$ 是 l 上的一点,射线 OP 交椭圆于点 R,又 Q 在 OP 上且满足 $|OQ|\cdot|OP|=|OR|^2$,当点 P 在 l 上移动时,求 Q 的轨迹方程,并说明轨迹是什么曲线.

解: 以原点 O 为极点,x 轴正方向为极轴建立极坐标系,

则椭圆和直线 l 的极坐标方程分别是 $\rho^2=\dfrac{48}{2+\sin^2\theta}$,$\rho=\dfrac{24}{2\cos\theta+3\sin\theta}$.

设 $P(\rho_1,\theta)$,$Q(\rho,\theta)$,$R(\rho_2,\theta)$,则由 $|OQ|\cdot|OP|=|OR|^2$ 得 $\rho\cdot\rho_1=\rho_2^2$,

即 $\dfrac{24\rho}{2\cos\theta+3\sin\theta}=\dfrac{48}{2+\sin^2\theta}$.

变形整理 $24\rho^2(2+\sin^2\theta)=48\rho(2\cos\theta+3\sin\theta)$.

将其转换成直角坐标系即 $2x^2+3y^2-4x-6y=0$.

所以所求点轨迹是中心为 $(1,1)$,长轴长为 $\sqrt{10}$,短轴长为 $\dfrac{2\sqrt{15}}{3}$ 的椭圆(除去原点).

§13.6　综合运用

1. 已知两曲线 $C_1:(2A+2)x^2+(A+D)y^2+(A+D+C)x+(B+2D)y+2=0$ 与 $C_2:(2A-2)x^2+(C-D)y^2+(C-B)x+(4D-2)y+1=0$ 关于 y 轴对称,试判断它们是什么曲线.

解: $C_1:f(x,y)$,$C_2:g(x,y)$,$f(x,y)=g(-x,y)\Rightarrow\begin{cases}A=3,\\B=-\dfrac{14}{23},\\C=\dfrac{54}{23},\\D=\dfrac{13}{23}\end{cases}\Rightarrow 2A-2\neq C+D$,

所以是椭圆.

2. 一抛物线的顶点和焦点分别是椭圆 $25x^2+169y^2-100x+338y-3956=0$ 的左右焦

点,求此抛物线的方程.

解:椭圆方程为$\dfrac{(x-2)^2}{169}+\dfrac{(y+1)^2}{25}=1$,所以其左右焦点为$(-10,-1),(14,-1)$.

所以抛物线方程为$(y+1)^2=96(x+10)$.

3. 将曲线$x^2-3y^2+2x+12y-23=0$先向右平移一个单位,再向下平移两个单位,得曲线C.在直线$x+y=8$上取一点M,过M作与曲线C共焦点的椭圆,则所作的椭圆长轴最短时,求M点的坐标.

解:曲线C为$x^2-3y^2=12$,焦点为$F_1(4,0),F_2(-4,0)$.

点M的选取为到两焦点距离之和最小的点,作$F_1(4,0)$关于直线$x+y=8$的对称点$B(8,4)$,连接F_1B,交直线$x+y=8$于$(5,3)$,故M点的坐标为$(5,3)$.

4. 如果双曲线$x^2-y^2-2x-2y-1=0$经过平移坐标轴后得新方程$x'^2-y'^2=1$,求新坐标系下的坐标原点在原坐标系下的坐标.

解:原双曲线为$(x-1)^2-(y+1)^2=1$,经平移后双曲线中心变为$(0,0)$,

故新坐标下的坐标原点在原坐标系下的坐标为$(1,-1)$.

5. 已知圆$C:x^2+y^2+4x-12y+39=0$和直线$l:3x-4y=-5$,求圆C关于直线l对称的圆方程.

解:考虑圆心的对称,$(x-4)^2+(y+2)^2=1$.

6. 抛物线$y=x^2$沿x轴平移_____个单位(正方向为正),沿y轴平移_____个单位(正方向为正)后,与直线$l:2x-y-5=0$相切于点$(3,1)$.

解:$\begin{cases}y-y_0=(x-x_0)^2,\\2x-y-5=0\end{cases}\Rightarrow 2x-5-y_0=(x-x_0)^2$的判别式等于零,又$y-y_0=(x-x_0)^2$过点$(3,1)$,所以$(x_0,y_0)=(2,0)$.

7. 设抛物线$y^2=4x$向右平移一个单位,向上平移两个单位后与直线$x-2y-b=0$相切,求切点坐标.

解:$\begin{cases}(y-2)^2=4(x-1),\\x-2y-b=0\end{cases}\Rightarrow(y-2)^2=4(2y+b)-1$的判别式等于零,解得$\begin{cases}b=-7,\\x=5,\\y=6.\end{cases}$

8. 已知椭圆$5(x-3)^2+30y^2=150$,试求对称中心到准线的距离.

解:中心$(3,0)$,准线$x=3\pm\dfrac{30}{\sqrt{30-5}}$,可得距离为6.

9. 将椭圆$C:\dfrac{(x+2)^2}{4}+\dfrac{y^2}{2}=1$在坐标平面上平行移动,使它的中心保持在$y=3x+6$上,当椭圆在$l:y=6-x$截得弦长为1时,求中心的坐标.

解:椭圆$C:\dfrac{(x-k)^2}{4}+\dfrac{(y-3k-6)^2}{2}=1$,联立$l:y=6-x$与椭圆方程,可以解得中心坐标为$\left(\dfrac{\sqrt{87}}{16},\dfrac{3\sqrt{87}}{16}+6\right)$或$\left(-\dfrac{\sqrt{87}}{16},-\dfrac{3\sqrt{87}}{16}+6\right)$.

10. 已知两个定圆$C_1:x^2+y^2=25$和$C_2:(x-8)^2+y^2=4$,一动圆P与它们都相外切,求

圆心 P 的轨迹.

解： 由题意,动圆的圆心到两圆圆心 $(8,0)$,$(0,0)$ 的距离之差等于两圆的半径之差 3,
所以其轨迹为一双曲线的右支,其中心为 $(4,0)$,两焦点为 $(8,0)$,$(0,0)$,

从而可得轨迹为双曲线 $\dfrac{4}{9}(x-4)^2-\dfrac{4}{55}y^2=1$ 的右支.

11. 直线 l 到直线 $\dfrac{x}{3}+\dfrac{y}{2}=1$ 的角为 $135°$ 且和圆 $x^2+y^2=1$ 相切,求 l 的方程.

解： $\dfrac{x}{3}+\dfrac{y}{2}=1 \Rightarrow k_0=-\dfrac{2}{3}$.

利用直线之间的到角公式可得：$\dfrac{k_0-k}{1+k_0 k}=-1 \Rightarrow k=\dfrac{1}{5}$.

设直线方程为：$x-5y+m=0$.

则 $\dfrac{|m|}{\sqrt{1+25}}=1 \Rightarrow m=\pm\sqrt{26}$,所以 l 的方程为 $x-5y-\sqrt{26}=0$ 或 $x-5y+\sqrt{26}=0$.

12. 将曲线 $x^2-3y^2=12$ 先向左平移 1 个单位,再向上平移 2 个单位,得曲线 C.在直线 l：$x+y-8=0$ 上任取点 M,以曲线 C 的焦点为焦点,过 M 作椭圆,问：点 M 何处时,所作椭圆的长轴最短,并求出具有最短长轴的椭圆方程.

解： 平移后曲线 C 的方程为 $\dfrac{(x+1)^2}{12}-\dfrac{(y-2)^2}{4}=1$ 两焦点为 $(-5,2)$,$(3,2)$ M 点到以

上两点距离和最小,且在直线上,故 $M\left(\dfrac{51}{14},\dfrac{61}{14}\right)$,$\dfrac{2(x+1)^2}{65}+\dfrac{2(y-2)^2}{33}=1$.

13. 设圆与双曲线 $b^2x^2-a^2y^2=a^2b^2$ 有四个交点,依顺时针方向排列为 A,B,C,D.若直线 AC、BD 的倾角分别为 α,β,求证：$\alpha+\beta=\pi$.

解： 设圆的圆心为 $M(x_0,y_0)$,

设直线 AC 的参数方程为：$\begin{cases} x=x_0+t\cos\alpha, \\ y=y_0+t\sin\alpha \end{cases}$ $(\alpha\in[0,2\pi))$,

与双曲线的方程联立,可得：$b^2(x_0+t\cos\alpha)^2-a^2(y_0+t\sin\alpha)^2=a^2b^2$,

化简得：

$(b^2\cos^2\alpha-a^2\sin^2\alpha)t^2+(2\cos\alpha x_0 b^2-2\sin\alpha y_0 a^2)x+x_0^2 b^2-y_0^2 a^2-a^2b^2=0$,

则 $|MA||MC|=-t_1 t_2=-\dfrac{x_0^2 b^2-y_0^2 a^2-a^2b^2}{b^2\cos^2\alpha-a^2\sin^2\alpha}$.

同理,设直线 BD 的参数方程为 $\begin{cases} x=x_0+t\cos\beta, \\ y=y_0+t\sin\beta \end{cases}$ $(\alpha\in[0,2\pi))$,

与双曲线的方程联立,可得 $b^2(x_0+t\cos\beta)^2-a^2(y_0+t\sin\beta)^2=a^2b^2$.

化简,得

$(b^2\cos^2\beta-a^2\sin^2\beta)t^2+(2\cos\beta x_0 b^2-2\sin\beta y_0 a^2)x+x_0^2 b^2-y_0^2 a^2-a^2b^2=0$,

则 $|MB||MD|=-t_3 t_4=-\dfrac{x_0^2 b^2-y_0^2 a^2-a^2b^2}{b^2\cos^2\beta-a^2\sin^2\beta}$.

由相交线定理可知

$|MA||MC|=|MB||MD| \Rightarrow \dfrac{x_0^2 b^2 - y_0^2 a^2 - a^2 b^2}{b^2 \cos^2\beta - a^2 \sin^2\beta} = \dfrac{x_0^2 b^2 - y_0^2 a^2 - a^2 b^2}{b^2 \cos^2\alpha - a^2 \sin^2\alpha}$,

得 $b^2 \cos^2\beta - a^2 \sin^2\beta = b^2 \cos^2\alpha - a^2 \sin^2\alpha$,

$b^2 - (a^2 + b^2)\sin^2\beta = b^2 \cos^2\alpha - (a^2 + b^2)\sin^2\alpha \Rightarrow \sin^2\alpha = \sin^2\beta$,

得 $\alpha + \beta = \pi$.

14. 用旋转的方法证明曲线 $C: x^2 + (6+4y)x + 4y^2 + 9y + 17 = 0$ 为抛物线.

解： 提示：利用坐标旋转公式即可.

$\begin{cases} x = x'\cos\theta - y'\sin\theta, \\ y = x'\sin\theta + y'\cos\theta. \end{cases}$

代入方程，可得

$A'x'^2 + B'x'y' + C'y'^2 + D'x' + E'y' + F' = 0$,

其中 $A' = \cos^2\theta + 4\sin\theta\cos\theta + 4\sin^2\theta$,

$B' = 4\cos2\theta + 3\sin2\theta$,

$C' = \sin^2\theta - 2\sin2\theta + 4\cos^2\theta$,

$D' = 9\sin\theta + 6\cos\theta$, 　$E' = -6\sin\theta + 9\cos\theta$, $F' = 17$.

为了使 $B' = 0$，则得 $B' = 4\cos2\theta + 3\sin2\theta = 0$,

只要取 θ 满足 $\tan2\theta = -\dfrac{4}{3}$，$\tan\theta = 2$ 即可.

则取 $\sin\theta = \dfrac{2}{\sqrt{5}}$，$\cos\theta = \dfrac{1}{\sqrt{5}}$,

则 $C' = \sin^2\theta - 2\sin2\theta + 4\cos^2\theta = \dfrac{4}{5} - \dfrac{8}{5} + \dfrac{4}{5} = 0$,

$A' = \cos^2\theta + 4\sin\theta\cos\theta + 4\sin^2\theta = 5$,

则方程为：$5x'^2 + \dfrac{24}{\sqrt{5}}x' - \dfrac{3}{\sqrt{5}}y' + 17 = 0$，此方程显然为抛物线方程，获证.

第十四章 数列、数学归纳法与数列的极限

Sequences, Mathematical Induction and the Limits of Sequences

§14.1 数列

1. 写出下面数列的一个通项公式:

(1) $90,70,40,0,-50\cdots$

(2) $-\dfrac{1}{3},\dfrac{1}{8},-\dfrac{1}{15},\dfrac{1}{24},-\dfrac{1}{35}\cdots$

(3) $\dfrac{1}{2},2,\dfrac{9}{2},8,\dfrac{25}{2}\cdots$

(4) $7,77,777,7777,77777\cdots$

(5) $1,0,\dfrac{1}{3},0,\dfrac{1}{5}\cdots$

解: 直接代入检验即可.(1) $100-5n^2-5n$; (2) $\dfrac{(-1)^n}{n(n+2)}$; (3) $\dfrac{n^2}{2}$; (4) $\dfrac{7}{9}(10^n-1)$;

(5) $\dfrac{(-1)^{n+1}+1}{2n}$.

2. 已知数列 $\{a_n\}$ 的通项公式 $a_n=\dfrac{2}{n^2-4n+5}$,则 $\{a_n\}$ 的最大项是第几项,值是多少?

解: $a_n=\dfrac{2}{n^2-4n+5}=\dfrac{2}{(n-2)^2+1}$,最大项是 $a_2=2$.

3. 已知数列 $\sqrt{2},\sqrt{5},2\sqrt{2},\sqrt{11},\cdots$,则 $2\sqrt{5}$ 是这个数列的第几项?

解: $a_n=\sqrt{3n-1}$,数列第 7 项.

4. 数列 $\{a_n\}$ 中,$a_1=1$,对所有的 $n\geqslant2$,都有 $a_1 \cdot a_2 \cdot a_3 \cdot \cdots \cdot a_n=n^2$.

(1) 求 a_3+a_5; (2) $\dfrac{256}{225}$ 是此数列中的项吗?

解: (1) $a_n=\begin{cases}1,n=1,\\\dfrac{n^2}{(n-1)^2},n\geqslant2,n\in\mathbf{N}^*;\end{cases}$

(2) $\dfrac{n^2}{(n-1)^2}=\dfrac{256}{225}\Rightarrow n=16$.

5. 已知数列 $\{a_n\}$ 的通项公式是 $a_n = \dfrac{2n+3}{n+1}$, 为使 $n > N$ 时, 恒有 $|a_n - 2| < \dfrac{1}{100}$ 成立, 则正整数 N 的最小值是多少?

解: $a_n - 2 = \dfrac{1}{n+1} < \dfrac{1}{100} \Rightarrow n > 99$, 故所求的最小的 N 是 99.

6. 设数列 $\{a_n\}$ 满足: $a_1 = 1$, $a_2 = 2$, 且对于其中任意三个连续的项 a_{n-1}, a_n, a_{n+1}, 都有: $a_n = \dfrac{(n-1)a_{n-1} + (n+1)a_{n+1}}{2n}$, 求 $\{a_n\}$ 通项公式.

解: $a_n = \dfrac{(n-1)a_{n-1} + (n+1)a_{n+1}}{2n} \Rightarrow 2na_n = (n-1)a_{n-1} + (n+1)a_{n+1}$

$\therefore \quad (n+1)(a_{n+1} - a_n) = (n-1)(a_n - a_{n-1})$,

$\therefore \quad \dfrac{(a_{n+1} - a_n)}{(a_n - a_{n+1})} = \dfrac{(n-1)}{(n+1)}$ 设 $b_n = a_{n+1} - a_n$, 即 $\dfrac{b_n}{b_{n-1}} = \dfrac{(n-1)}{(n+1)}$,

$\therefore \quad \dfrac{b_n}{b_{n-1}} \cdot \dfrac{b_{n-1}}{b_{n-2}} \cdots \dfrac{b_2}{b_1} = \dfrac{n-1}{n+1} \cdot \dfrac{n-2}{n} \cdots \dfrac{1}{3} \Rightarrow \dfrac{b_n}{b_1} = \dfrac{2}{n(n+1)}$

$\therefore \quad b_n = \dfrac{2}{n(n+1)} b_1.$ $\because \quad b_1 = a_2 - a_1 = 1$,

$\therefore \quad a_{n+1} - a_n = b_n = \dfrac{2}{n(n+1)} = 2\left(\dfrac{1}{n} - \dfrac{1}{n+1}\right)$,

$\therefore \quad (a_n - a_{n-1}) + (a_{n-1} - a_{n-2}) + \cdots + (a_2 - a_1)$

$\quad = 2\left(\dfrac{1}{n-1} - \dfrac{1}{n} + \dfrac{1}{n-2} - \dfrac{1}{n-1} + \cdots + 1 - \dfrac{1}{2}\right) = 2\left(1 - \dfrac{1}{n}\right).$

即 $a_n - a_1 = 2\left(1 - \dfrac{1}{n}\right)$ $\therefore \quad a_n = 3 - \dfrac{2}{n}.$

7. 已知数列 $\{a_n\}$ 的前 n 项和为 S_n, 且 $S_n = \dfrac{1}{2}n^2 + \dfrac{11}{2}n$ $(n \in \mathbf{N}^*)$.

(1) 求数列 $\{a_n\}$ 的通项公式;

(2) 设 $f(n) = \begin{cases} a_n & (n = 2k-1, k \in \mathbf{N}^*) \\ 3a_n - 13 & (n = 2k, k \in \mathbf{N}^*) \end{cases}$, 是否存在 $m \in \mathbf{N}^*$, 使得 $f(m+15) = 5f(m)$ 成立? 若存在, 求出 m 的值; 若不存在, 请说明理由.

解: $S_n = \dfrac{1}{2}n^2 + \dfrac{11}{2}n$, $S_{n-1} = \dfrac{1}{2}(n-1)^2 + \dfrac{11}{2}(n-1)$ $(n \geq 2)$,

$\therefore \quad a_n = S_n - S_{n-1} = n + 5 \, (n \geq 2)$ ①

$\therefore \quad a_1 = S_1 \dfrac{1}{2} + \dfrac{11}{2} = 6$ 符合① $\therefore \quad a_n = n + 5$;

(2) $f(n) = \begin{cases} a_n = n + 5, n = 2k-1, \\ 3a_n - 13 = 3n + 2, n = 2k, \end{cases}$

当 m 为奇数时, $m + 15$ 为偶数.

$\therefore \quad f(m+15) = 5f(m) \Rightarrow (m+15) + 5 = 5(3m+2)$, 解得: $m = \dfrac{5}{7}$ (舍).

综上所述: $m=11$.

8. 已知函数 $f(x)=\dfrac{1}{4^x+2}$ ($x\in\mathbf{R}$),点 $P_1(x_1,y_1)$,$P_2(x_2,y_2)$ 是函数 $f(x)$ 图像上的两

个点,且线段 P_1P_2 的中点 P 的横坐标为 $\dfrac{1}{2}$.

(1) 求证:点 P 的纵坐标是定值;

(2) 若数列 $\{a_n\}$ 的通项公式为 $a_n=f\left(\dfrac{n}{m}\right)$ ($m\in\mathbf{N}$, $n=1,2,\cdots,m$),求数列 $\{a_n\}$ 的前 m 项的

和 S_m.

解: (1) 由题可知: $x_1+x_2=2\times\dfrac{1}{2}=1$,所以

$$y_1+y_2=f(x_1)+f(x_2)=\frac{1}{4^{x_1}+2}+\frac{1}{4^{x_2}+2}=\frac{4^{x_1}+4^{x_2}+4}{(4^{x_1}+2)(4^{x_2}+2)}$$

$$=\frac{4^{x_1}+4^{x_2}+4}{4^{x_1+x_2}+2(4^{x_1}+4^{x_2})+4}=\frac{4^{x_1}+4^{x_2}+4}{2(4^{x_1}+4^{x_2}+4)}=\frac{1}{2},$$

点 P 的纵坐标 $y_P=\dfrac{y_1+y_2}{2}=\dfrac{1}{4}$ 是定值,问题得证;

(2) 由(1)可知:对任意自然数 m, n, $f\left(\dfrac{n}{m}\right)+f\left(\dfrac{m-n}{m}\right)=\dfrac{1}{2}$ 恒成立.

由于 $S_m=f\left(\dfrac{1}{m}\right)+f\left(\dfrac{2}{m}\right)+\cdots+f\left(\dfrac{m-2}{m}\right)+f\left(\dfrac{m-1}{m}\right)+f\left(\dfrac{m}{m}\right)$,故可考虑利用倒写求和

的方法.即由

$$S_m=f\left(\frac{1}{m}\right)+f\left(\frac{2}{m}\right)+\cdots+f\left(\frac{m-2}{m}\right)+f\left(\frac{m-1}{m}\right)+f\left(\frac{m}{m}\right)$$

$$=f\left(\frac{m}{m}\right)+f\left(\frac{m-1}{m}\right)+f\left(\frac{m-2}{m}\right)+\cdots+f\left(\frac{2}{m}\right)+f\left(\frac{1}{m}\right),$$

$$2S_m=\left[f\left(\frac{1}{m}\right)+f\left(\frac{m-1}{m}\right)\right]+\left[f\left(\frac{2}{m}\right)+f\left(\frac{m-2}{m}\right)\right]+\cdots+\left[f\left(\frac{m-1}{m}\right)+f\left(\frac{1}{m}\right)+2f\left(\frac{m}{m}\right)\right]$$

$$\frac{1}{2}(m-1)+2f(1)=\frac{1}{6}(3m-1),$$

所以, $S_m=\dfrac{1}{12}(3m-1)$.

9. 已知无穷数列 $\{a_n\}$ ($a_n\in\mathbf{Z}$) 的前 n 项和为 S_n,记 $S_1,S_2,\cdots,S_n$ 中奇数的个数为 b_n.

(1) 若 $a_n=n$,请写出数列 $\{b_n\}$ 的前五项;

(2) 求证:"a_1 为奇数, a_i ($i=2,3,4,\cdots$) 为偶数"是"数列 $\{b_n\}$ 是单调递增数列"的充分不

必要条件;

(3) 若 $a_i=b_i$, $i=1,2,3,\cdots$,求数列 $\{a_n\}$ 的通项公式.

解: (1) $b_1=1$, $b_2=2$, $b_3=2$, $b_4=2$, $b_5=3$;

(2) 证明:(充分性)

因为 a_1 为奇数, a_i ($i=2,3,4,\cdots$) 为偶数,

所以,对于任意 $i \in \mathbf{N}^*$,S_i 都为奇数.

所以 $b_n = n$.

所以数列 $\{b_n\}$ 是单调递增数列.

(不必要性)当数列 $\{a_n\}$ 中只有 a_2 是奇数,其余项都是偶数时,S_1 为偶数,$S_i(i=2,3,$ $4,\cdots)$ 均为奇数,

所以 $b_n = n - 1$,数列 $\{b_n\}$ 是单调递增数列.

所以"a_1 为奇数,$a_i(i=2,3,4,\cdots)$ 为偶数"不是"数列 $\{b_n\}$ 是单调递增数列"的必要条件.

综上所述,"a_1 为奇数,$a_i(i=2,3,4,\cdots)$ 为偶数"是"数列 $\{b_n\}$ 是单调递增数列"的充分不必要条件;

(3) 解:先证明:

(a) a_k 与 S_k 同奇偶.

(i) 当 a_k 为奇数时,如果 S_k 为偶数,

若 a_{k+1} 为奇数,则 S_{k+1} 为奇数,所以 $b_{k+1}=b_k+1=a_k+1$ 为偶数,与 $a_{k+1}=b_{k+1}$ 矛盾;

若 a_{k+1} 为偶数,则 S_{k+1} 为偶数,所以 $b_{k+1}=b_k=a_k$ 为奇数,与 $a_{k+1}=b_{k+1}$ 矛盾.

所以当 a_k 为奇数时,S_k 不能为偶数.

(ii) 当 a_k 为偶数时,如果 S_k 为奇数,

若 a_{k+1} 为奇数,则 S_{k+1} 为偶数,所以 $b_{k+1}=b_k=a_k$ 为偶数,与 $a_{k+1}=b_{k+1}$ 矛盾;

若 a_{k+1} 为偶数,则 S_{k+1} 为奇数,所以 $b_{k+1}=b_k+1=a_k+1$ 为奇数,与 $a_{k+1}=b_{k+1}$ 矛盾.

所以当 a_k 为偶数时,S_k 不能为奇数.

综上可得 a_k 与 S_k 同奇偶.

(b) 再证明 a_n 为偶数.

因为 $S_n = S_{n+1} - a_{n+1}$ 为偶数,所以 a_n 为偶数.

因为 $a_1 = b_1 = S_1(\leqslant 1)$ 为偶数,且 $0 \leqslant b_1 \leqslant 1$,所以 $b_1 = a_1 = 0$.

因为 $a_2 = b_2 \leqslant b_1 + 1 = 1$,且 $b_2 \geqslant 0$,所以 $b_2 = a_2 = 0$.

设 $a_{k-1} = b_{k-1} = 0$

因为 $a_k = b_k \leqslant b_{k-1} + 1 = 1$,且 $b_k \geqslant 0$,所以 $b_k = a_k = 0$.

以此类推,可得 $a_n = 0$.

10. 对于数列 $A:a_1,a_2,\cdots,a_n$,记 M_i 表示实数 $a_1,a_2,\cdots,a_i$ 中最大的数,m_i 表示实数 $a_i,a_{i+1},\cdots,a_n$ 中最小的数,$d_i = M_i - m_i$,其中 $i=1,2,\cdots,n$.定义变换 T,T 将数列 A 变换成数列 $T(A):d_1,d_2,\cdots,d_n$.

(1) 已知数列 $A:2,0,4,-1,1$ 和数列 $B:b_k=3k-2,k=1,2,\cdots,n$,写出数列 $T(A)$ 和 $T(B)$;

(2) 已知数列 $A:a_1,a_2,a_3,a_4$ 中任意两项互不相等,证明:数列 $T(A):d_1,d_2,d_3,d_4$ 中必有两个相邻的项相等;

(3) 证明:对于有穷数列 A,$T(A)$ 与 A 是相同的数列的充要条件是 $a_k=0,k=1,2,\cdots,n$.

解: (1) 由 $T(A)$ 的定义可知:$T(A):3,3,5,5,3$,

同理:$T(B):0,0,\cdots,0$ 即 $d_k=0,k=1,2,\cdots,n$;

(2) 如果存在 i,使得 $a_i > a_{i+1}(i \in \{1,2,3\})$,则 $M_{i+1}=M_i$,$M_{i+1}=m$,所以 $d_{i+1}=d_i$,

反之则有 $a_1 < a_2 < a_3 < a_4$,则 $d_1 = d_2 = d_3 = d_4 = 0$,

所以命题成立.

(3) 先证充分性:$\because$ $a_k = 0, k = 1, 2, \cdots, n$, $\therefore$ $M_i = 0, m_i = 0, i = 1, 2, \cdots, n$.

$\therefore$ $d_i = a_i, i = 1, 2, \cdots, n$,即 $T(A) = A$.

再证明必要性:

首先,证明 A 中的各项都是非负的.

$\because$ $m_i \leqslant a_i \leqslant M_i$, $\therefore$ $d_i = M_i - m_i \geqslant 0, i = 1, 2, \cdots, n$.

又 $T(A) = A$,则 $a_i = d_i \geqslant 0$.

然后,用反证法证明 A 中的各项都是 0.

假设 $a_1, a_2, \cdots, a_n$ 中有一个正数,设 a_k 为 $a_1, a_2, \cdots, a_n$ 中从左至右的第一个正数,则由定义知:$M_k = a_k$,从而 $a_k = d_k = M_k - m_k \Rightarrow m_k = 0$,

这说明在 $a_{k+1}, a_{k+2}, \cdots, a_n$ 中最小值为 0,不妨设 $a_l = 0 (k \leqslant l \leqslant n)$,

由定义知:$m_l = 0$,则 $d_l = M_l - m_l = a_l$,得 $M_l = 0$.

由 M_l 的定义有:$a_k \leqslant M_l = 0$,这与 $a_k > 0$ 矛盾.故 $a_n = 0, n \in \mathbf{N}^*$.

§14.2 等差数列

1. $x \neq y$,且两数列 x, a_1, a_2, a_3, y 和 b_1, x, b_2, b_3, y, b_4 均为等差数列,求 $\dfrac{b_4 - b_3}{a_2 - a_1}$.

解: $a_2 - a_1 = d_1 = \dfrac{y-x}{4}$,$b_4 - b_3 = 2d_2 = 2 \dfrac{y-x}{3}$,则 $\dfrac{b_4 - b_3}{a_2 - a_1} = \dfrac{8}{3}$.

2. 已知数列 $\{a_n\}$ 的前 n 项和为 S_n,且满足 $a_n + 2S_n \cdot S_{n-1} = 0 (n \geqslant 2)$,$a_1 = \dfrac{1}{2}$.

(1) 求证:数列 $\left\{\dfrac{1}{S_n}\right\}$ 是等差数列;(2) 求 a_n.

解: (1) 将 $a_n = S_n - S_{n-1} (n \geqslant 2)$ 代入即可,$2S_n \cdot S_{n-1} = -(S_n - S_{n-1})$

$\Rightarrow \dfrac{1}{S_n} - \dfrac{1}{S_{n-1}} = 2 (n \geqslant 2)$,显然数列 $\left\{\dfrac{1}{S_n}\right\}$ 是等差数列;

(2) $\dfrac{1}{S_n} = \dfrac{1}{S_1} + 2(n-1) = 2n \Rightarrow S_n = \dfrac{1}{2n}$,利用公式:$a_n = \begin{cases} S_n - S_{n-1} & (n \geqslant 2), \\ S_1 & (n = 1), \end{cases}$

则 $a_n = \begin{cases} \dfrac{1}{2} & (n = 1), \\ -\dfrac{1}{2n(n-1)} & (n \geqslant 2). \end{cases}$

3. 在正项数列 $\{a_n\}$ 中,令 $S_n = \displaystyle\sum_{i=1}^{n} \dfrac{1}{\sqrt{a_i} + \sqrt{a_{i+1}}}$.

(1) 若 $\{a_n\}$ 是首项为 25,公差为 2 的等差数列,求 S_{100};

(2) 若 $S_n = \dfrac{np}{\sqrt{a_1} + \sqrt{a_{n+1}}}$ (p 为正常数) 对正整数 n 恒成立,求证 $\{a_n\}$ 为等差数列.

解：(1)：由题意得，$\dfrac{1}{\sqrt{a_i}+\sqrt{a_{i+1}}}=\dfrac{\sqrt{a_{i+1}}-\sqrt{a_i}}{2}$，所以 $S_{100}=\dfrac{\sqrt{a_{101}}-\sqrt{a_1}}{2}=5.$

(2) 证：令 $n=1$，$\dfrac{p}{\sqrt{a_1}+\sqrt{a_2}}=\dfrac{1}{\sqrt{a_1}+\sqrt{a_2}}$，则 $p=1.$

所以 $S_n=\displaystyle\sum_{i=1}^{n}\dfrac{1}{\sqrt{a_i}+\sqrt{a_{i+1}}}=\dfrac{np}{\sqrt{a_1}+\sqrt{a_{n+1}}}$ ①

$S_{n+1}=\displaystyle\sum_{i=1}^{n+1}\dfrac{1}{\sqrt{a_i}+\sqrt{a_{i+1}}}=\dfrac{(n+1)p}{\sqrt{a_1}+\sqrt{a_{n+2}}}$ ②

②$-$①，得 $\dfrac{(n+1)}{\sqrt{a_1}+\sqrt{a_{n+2}}}-\dfrac{n}{\sqrt{a_1}+\sqrt{a_{n+1}}}=\dfrac{1}{\sqrt{a_{n+1}}+\sqrt{a_{n+2}}}$，

化简得 $(n+1)a_{n+1}-na_{n+2}=a_1(n\geqslant 1)$ ③

$(n+2)a_{n+2}-(n+1)a_{n+3}=a_1(n\geqslant 1)$ ④

④$-$③，得 $a_{n+1}+a_{n+3}=2a_{n+2}(n\geqslant 1).$

在③中令 $n=1$，得 $a_1+a_3=2a_2$，从而 $\{a_n\}$ 为等差数列.

4. 设无穷等差数列 $\{a_n\}$ 的前 n 项和 $S_n.$

(1) 若首项 $a_1=\dfrac{3}{2}$，公差 $d=1$，求满足 $S_{k^2}=(S_k)^2$ 的正整数 k；

(2) 求所有无穷等差数列 $\{a_n\}$，使得对于一切正整数 k 都有 $S_{k^2}=(S_k)^2$ 成立.

解：(1) $S_n=\dfrac{n(n+2)}{2}\Rightarrow k=4$；

(2) $S_k=k\left(a_1+\dfrac{k-1}{2}d\right)$，$S_{k^2}=k^2\left(a_1+\dfrac{k^2-1}{2}d\right)$，

把 $k=1,2,3$ 带入解出 $\begin{cases}a_1=0,\\ d=0,\end{cases}$ 或 $\begin{cases}a_1=1,\\ d=2,\end{cases}$ 或 $\begin{cases}a_1=1\\ d=0\end{cases}$，经检验符合要求.

5. 已知等差数列 $\{a_n\}$ 中，$S_3=21$，$S_6=64$，求数列 $\{|a_n|\}$ 的前 n 项的和.

解：$S_n=na_1+\dfrac{n(n-1)}{2}d$，则 $\begin{cases}S_3=3a_1+3d=21,\\ S_6=6a_1+15d=64\end{cases}\Rightarrow\begin{cases}a_1=\dfrac{41}{9},\\ d=\dfrac{22}{9}.\end{cases}$

$a_n=\dfrac{22}{9}n+\dfrac{19}{9}>0$，则 $|a_n|=a_n$. 则 $T_n=S_n=n\dfrac{41}{9}+\dfrac{n(n-1)}{2}\dfrac{22}{9}=\dfrac{11}{9}n^2+\dfrac{10}{3}n.$

6. 设数列 $\{a_n\}$ 为正项数列，前 n 项的和为 S_n，且有 a_n、S_n、a_n^2 成等差数列.

(1) 求通项 a_n；(2) 设 $f(n)=\dfrac{S_n}{(n+50)S_{n+1}}$，求 $f(n)$ 的最大值.

解：(1) $a_n+a_n^2=2S_n$，$a_{n-1}+a_{n-1}^2=2S_{n-1}$，作差，利用 $S_n-S_{n-1}=a_n$，得到

$a_n+a_{n-1}=(a_n+a_{n-1})(a_n-a_{n-1})\Rightarrow a_n-a_{n-1}=1\Rightarrow a_n=n$；

(2) $f(n)=\dfrac{1}{n+\dfrac{100}{n}+52}$，$n=10$ 时，$f(n)$ 有最大值 $\dfrac{1}{72}.$

7. 等差数列的前 n 项和 $S_n=m$,前 m 项和 $S_m=n(m>n)$,求前 $m+n$ 项和 S_{m+n}.

解: 由于 S_n 是等差数列的前 n 项和,设:$S_n=an^2+bn$,

$\begin{cases} am^2+bm=n, \\ an^2+bn=m, \end{cases}$ 两式相减,可得 $\Rightarrow a(m^2-n^2)+b(m-n)=n-m \Rightarrow a(m+n)+b=-1 \Rightarrow$

$S_{m+n}=a(m+n)^2+b(m+n)=-(m+n)$.

8. 已知数列 $\{a_n\}$,$\{b_n\}$ 满足 $a_1=2,2a_n=1+a_n a_{n+1}$,$b_n=a_n-1$,$b_n\neq 0$.

(1) 求证数列 $\left\{\dfrac{1}{b_n}\right\}$ 是等差数列,并求数列 $\{a_n\}$ 的通项公式;

(2) 令 $c_n=\dfrac{1}{b_n 2^n}$ 求数列 $\{c_n\}$ 的前 n 项和 T_n.

解: $\because$ $b_n=a_n-1$, $\therefore$ $a_n=b_n+1$,由 $2a_n=1+a_n a_{n-1}$,

$\therefore$ $2(b_n+1)=1+(b_n+1)(b_{n+1}+1)$,化简得:$b_n-b_{n+1}=b_n b_{n+1}$, $\because$ $b_n\neq 0$,

$\therefore$ $\dfrac{b_n}{b_n b_{n+1}}-\dfrac{b_{n+1}}{b_n b_{n+1}}=1$,即 $\dfrac{1}{b_{n+1}}-\dfrac{1}{b_n}=1(n\in \mathbf{N}^*)$,

而 $\dfrac{1}{b_1}=\dfrac{1}{a_1-1}=\dfrac{1}{2-1}=1$, $\therefore$ 数列 $\left\{\dfrac{1}{b_n}\right\}$ 是以 1 为首项,1 为公差的等差数列.

$\therefore$ $\dfrac{1}{b_n}=1+(n-1)\times 1=n$,即 $b_n=\dfrac{1}{n}(n\in\mathbf{N}^*)$, $\therefore$ $a_n=\dfrac{1}{n}+1=\dfrac{n+1}{n}(n\in\mathbf{N}^*)$.

9. (1) 若等差数列 $\{a_n\}$,$\{b_n\}$ 的前 n 项和为 A_n 与 B_n,满足 $\dfrac{A_n}{B_n}=\dfrac{7n+1}{4n+27}(n\in\mathbf{N}^*)$,求 $\dfrac{a_{11}}{b_{11}}$ 的值;

(2) 若关于 x 的方程 $x^2-x+a=0$ 和 $x^2-x+b=0(a\neq b)$ 的四个根可组成首项为 $\dfrac{1}{4}$ 的等差数列,求 $a+b$ 的值;

(3) 在等差数列 $\{a_n\}$ 中,它的前 n 项和为 S_n,已知 $S_n=8,S_{2n}=14$,求 S_{3n}.

解: (1) $21a_{11}=A_{21}$,$21b_{11}=B_{21} \Rightarrow \dfrac{a_{11}}{b_{11}}=\dfrac{4}{3}$;

(2) 由根与系数关系,这四项分别为 $\dfrac{1}{4},\dfrac{5}{12},\dfrac{7}{12},\dfrac{3}{4},a=\dfrac{3}{16},b=\dfrac{35}{144},a+b=\dfrac{31}{72}$;

(3) $S_n,S_{2n}-S_n,S_{3n}-S_{2n}$ 成等差数列,$\Rightarrow S_{3n}=18$.

10. 若对任意的正整数 n,总存在正整数 m,使得数列 $\{a_n\}$ 的前 n 项和 $S_n=a_m$,则称 $\{a_n\}$ 是"回归数列".

(1) ① 前 n 项和为 $S_n=2^n$ 的数列 $\{a_n\}$ 是否是"回归数列"? 并请说明理由;

② 通项公式为 $b_n=2n$ 的数列 $\{b_n\}$ 是否是"回归数列"? 并请说明理由;

(2) 设 $\{a_n\}$ 是等差数列,首项 $a_1=1$,公差 $d<0$,若 $\{a_n\}$ 是"回归数列",求 d 的值;

(3) 是否对任意的等差数列 $\{a_n\}$,总存在两个"回归数列"$\{b_n\}$ 和 $\{c_n\}$,使得 $a_n=b_n+c_n$ $(n\in\mathbf{N}^*)$ 成立,请给出你的结论,并说明理由.

解: (1) ① $\because$ $S_n=2^n$,作差法可得 $a_n=S_n-S_{n-1}=2^{n-1}(n\geqslant 2)$,

当 $n=1$ 时,$S_1=a_1$;

当 $n\geqslant2$ 时,$S_n=a_{n+1}$,存在 $m=n+1$,使得 $S_n=a_m$

∴　数列 $\{a_n\}$ 是"回归数列".

② ∵ $b_n=2n$,∴　前 n 项和 $T_n=n^2+n$,根据题意 $n^2+n=2m$

∵ $n(n+1)$ 一定是偶数,∴　存在 $m=\dfrac{n(n+1)}{2}$,使得 $T_n=b_m$

∴　数列 $\{b_n\}$ 是"回归数列";

(2) $S_n=n+\dfrac{n(n-1)}{2}d$,根据题意,存在正整数 m,使得 $S_2=a_m$ 成立

即 $2+d=1+(m-1)d$,$d=\dfrac{1}{m-2}<0$,$m<2$,$m\in\mathbf{N}^*$

∴ $m=1$,即 $d=-1$;

(3) 设等差数列 $a_n=a_1+(n-1)d$

总存在两个回归数列 $b_n=a_1-(n-1)a_1$,$c_n=(n-1)(a_1+d)$ 使得 $a_n=b_n+c_n$

证明如下:
$$b_n+c_n=a_1-(n-1)a_1+(n-1)a_1+(n-1)d=a_n$$

数列 $\{b_n\}$ 前 n 项和 $B_n=na_1-\dfrac{n(n-1)}{2}a_1$,

$n=1$ 时,$m=1$;$n=2$ 时,$m=1$;

$n\geqslant3$ 时,$2+\dfrac{(n-3)^n}{2}$ 为正整数,当 $m=2+\dfrac{(n-3)^n}{2}$ 时,$b_m=B_n$.

∴　存在正整数 $m=2+\dfrac{(n-3)^n}{2}$,使得 $B_n=b_m$,∴ $\{b_n\}$ 是"回归数列"

数列 $\{c_n\}$ 前 n 项和 $C_n=\dfrac{n(n-1)}{2}(a_1+d)$ 存在正整数 $m=\dfrac{n(n-1)}{2}+1$,使得 $C_n=c_n$,

∴ $\{c_n\}$ 是"回归数列",所以结论成立.

11. 已知数列 $\{a_n\}$,$\{b_n\}$,$\{c_n\}$,对于给定的正整数 k,记 $b_n=a_n-a_{n+k}$,$c_n=a_n+a_{n+k}$,$(n\in\mathbf{N}^*)$.若对任意的正整数 n 满足:$b_n\leqslant b_{n+1}$,且 $\{c_n\}$ 是等差数列,则称数列 $\{a_n\}$ 为"$H(k)$"数列.

(1) 若数列 $\{a_n\}$ 的前 n 项和为 $S_n=n^2$,证明:$\{a_n\}$ 为 $H(k)$ 数列;

(2) 若数列 $\{a_n\}$ 为 $H(1)$ 数列,且 $a_1=1$,$b_1=-1$,$c_2=5$,求数列 $\{a_n\}$ 的通项公式;

(3) 若数列 $\{a_n\}$ 为 $H(2)$ 数列,证明:$\{a_n\}$ 是等差数列.

解:(1) 当 $n\geqslant2$ 时,$a_n=S_n-S_{n-1}=n^2-(n-1)^2=2n-1$.

当 $n=2$ 时,$a_1=S_1=1$ 符合上式,则 $a^2=2n-1(n\geqslant1)$.

∴ $b_n=-2k$,$c_n=4n-2k-2$.

则 $b_n\leqslant b_{n+1}$,$c_{n+1}-c_n=4$.

对任意的正整数 n 满足 $b_n\leqslant b_{n+1}$,且 $\{c_n\}$ 是公差为 4 的等差数列,

∴ $\{a_n\}$ 为 $H(k)$ 数列;

(2) ∵ $a_1=1$,$b_1=-1$ ∴ $a_2=2$.

由数列 $\{a_n\}$ 为 $H(1)$ 数列,则 $\{c_n\}$ 是等差数列,且 $c_1=3,c_2=5$,$\therefore$ $c_2=2n+1$.

即 $a_n+a_{n+1}=2n+1$,

$\therefore$ $a_{n+1}-(n+1)=a_n-n$.

则 $\{a_n-n\}$ 是常数列.$\because$ $a_1-1=0$,$\therefore$ $a_n=n$.

验证:$b_n=a_n-a_{n+1}=-1$,$\therefore$ $b_n\leqslant b_{n+1}$ 对任意正整数 n 都成立,$\therefore$ $a_n=n$.

附:$a_n+a_{n+1}=2n+1$, $a_{n+1}+a_{n+2}=2n+3$,

得:$a_{n+2}-a_n=2$.

$\therefore$ $a_{2k-1}=a_1+2(k-1)=2k-1,a_{2k}=a_2+2(k-1)=2k$,$\therefore$ $a_n=n$;

(3) 由数列 $\{a_n\}$ 为 $H(2)$ 数列可知:$\{c_n\}$ 是等差数列,记公差为 d.

$\therefore$ $c_{n+2}-c_n=(a_{n+2}+a_{n+4})-(a_n+a_{n+2})=-b_n-b_{n+2}=2d$,$\therefore$ $-b_{n+1}-b_{n+3}=2d$.

则 $(b_n-b_{n+1})+(b_{n+2}-b_{n+3})=2d-2d=0$.

又 $b_n\leqslant b_{n+1}$,$\therefore$ $b_n=b_{n+1}$;$\therefore$ 数列 $\{b_n\}$ 为常数列,则 $b_n=a_n-a_{n+2}=b_1$.

$\therefore$ $c_n=a_n+a_{n+2}=2a_n-b_1$.

由 $c_{n+1}-c_n=2(a_{n+1}-a_n)=d$,$\therefore$ $a_{n+1}-a_n=\dfrac{d}{2}$.

$\therefore$ $\{a_n\}$ 是等差数列.

§14.3 等比数列

1. 等比数列 $\{a_n\}$ 中,(1) 已知 $a_2=4,a_5=-\dfrac{1}{2}$,求通项公式;(2) 已知 $a_3\cdot a_4\cdot a_5=8$,求 $a_2\cdot a_3\cdot a_4\cdot a_5\cdot a_6$ 的值.

解:(1) $a_n=\left(-\dfrac{1}{2}\right)^{n-4}$;(2) 32.

2. 数列 $\{a_n\}$ 是等比数列,其中 $S_n=48,S_{2n}=60$,求 S_{3n}.

解:$S_n,S_{2n}-S_n,S_{3n}-S_{2n}$ 成等比数列,$(S_{2n}-S_n)^2=(S_{3n}-S_{2n})S_n$,得出 $S_{3n}=63$.

3. 已知等差数列 $\{a_n\}$ 的公差和等比数列 $\{b_n\}$ 的公比都是 d,又知 $d\neq 1$,且 $a_4=b_4$,$a_{10}=b_{10}$.

(1) 求 a_1 与 d 的值;(2) b_{16} 是 $\{a_n\}$ 中的第几项.

解:(1) $a_1=\sqrt[3]{2},d=-\sqrt[3]{2}$;(2) b_{16} 是 $\{a_n\}$ 中的第 34 项.

4. 求数列的通项公式:(1) 在数列 $\{a_n\}$ 中,$a_1=2,a_{n+1}=3a_n+2$;(2) 在数列 $\{a_n\}$ 中,$a_1=2,a_2=5,a_{n+2}-3a_{n+1}+2a_n=0$.

解:(1) $a_{n+1}+1=3(a_n+1)$,得出:$a_n=3^n-1$;

(2) $a_{n+2}-a_{n+1}=2(a_{n+1}-a_n)$,得出:$a_n-a_{n-1}=(a_2-a_1)\cdot 2^{n-2}=3\cdot 2^{n-2}$.

利用累加法可得:$a_n-a_1=\displaystyle\sum_{k=2}^{n}3\cdot 2^{k-2}$,得出:$a_n=3(2^{n-1}-1)$.

5. 等比数列 $\{a_n\}$ 的公比大于零且不等于 1,且数列的第 17 项的平方等于第 24 项,求使

$a_1+a_2+a_3+\cdots+a_n>\dfrac{1}{a_1}+\dfrac{1}{a_2}+\cdots+\dfrac{1}{a_n}$ 成立的正整数 n 的取值范围.

解：设等比数列 $\{a_n\}$ 的公比为 $q(q>0,q\neq1)$，

则由 $a_{17}^2=a_{24}$ 得 $(a_1q^{16})^2=a_1q^{23}$ ①

则 $a_1q^9=1$.

又 $\{a_n\}$ 和 $\left\{\dfrac{1}{a_n}\right\}$ 分别是以 a_1 为首项，q 为公比以及 $\dfrac{1}{a_1}$ 为首项，$\dfrac{1}{q}$ 为公比的等比数列，

则 $a_1+a_2+\cdots+a_n=\dfrac{a_1(q^n-1)}{q-1}=\dfrac{q^n-1}{q^9(q-1)}$，

$\dfrac{1}{a_1}+\dfrac{1}{a_2}+\cdots+\dfrac{1}{a_n}=\dfrac{\dfrac{1}{a_1}\left[1-\left(\dfrac{1}{q}\right)^n\right]}{1-\dfrac{1}{q}}=\dfrac{q^n-1}{a_1q^{n-1}(q-1)}=\dfrac{q^9(q^n-1)}{q^{n-1}(q-1)}$.

于是已知不等式即为 $\dfrac{q^n-1}{q^9(q-1)}>\dfrac{q^9(q^n-1)}{(q-1)q^{n-1}}$ ②

由于 $q>0,q\neq1$，当 $q>1$ 时，有 $q^n>1$，

此时，②$\Leftrightarrow\dfrac{1}{q^9}>\dfrac{q^9}{q^{n-1}}\Leftrightarrow q^{n-1}>q^{18}\Leftrightarrow n-1>18\Leftrightarrow n>19$.

因此，当 $q>1$ 时，n 为大于 19 的任意自然数.

当 $0<q<1$ 时，有 $q^n<1$，

此时，②$\Leftrightarrow\dfrac{1}{q^9}>\dfrac{q^9}{q^{n-1}}\Leftrightarrow q^{n-1}>q^{18}\Leftrightarrow n-1<18\Leftrightarrow n<19$.

因此，当 $0<q<1$ 时，n 为 $1,2,3,4,\cdots,18$ 这 18 个自然数.

6. 已知 $a>0$，且 $a\neq1$，数列 $\{a_n\}$ 的前 n 项和为 S_n，它满足条件 $\dfrac{a^n-1}{S_n}=1-\dfrac{1}{a}$.

数列 $\{b_n\}$ 中，$b_n=a_n\cdot\lg a^n$.

(1) 求数列 $\{b_n\}$ 的前 n 项和 T_n；

(2) 若对一切 $n\in\mathbf{N}^*$ 都有 $b_n<b_{n+1}$，求 a 的取值范围.

解：(1) $T_n=\lg a\cdot\left[\dfrac{na^{n+1}}{a-1}-\dfrac{a(a^n-1)}{(a-1)^2}\right]$；(2) $0<a<\dfrac{1}{2}$ 或 $a>1$.

7. 从社会效益和经济效益出发，某地投入资金进行生态环境建设，并以此发展旅游产业，根据规划，本年度投入资金 800 万元，以后每年投入资金比上年减少 $\dfrac{1}{5}$.本年度当地旅游产业收入估计为 400 万元，由于该项建设对旅游的促进作用，预计今后的旅游业收入每年会比上年增加 $\dfrac{1}{4}$.

(1) 设 n 年内(本年度为第 1 年)总投入为 a_n 万元，旅游业总收入为 b_n 万元.写出 a_n、b_n 的表达式；

(2) 至少经过几年旅游业的总收入才能超过总投入？

解：(1) 第 1 年投入 800 万元，第 2 年投入 $800\times\left(1-\dfrac{1}{5}\right)$ 万元 $\cdots$，第 n 年投入 $800\times$

$\left(1-\dfrac{1}{5}\right)^{n-1}$ 万元,

所以 n 年内总投入 $a_n=800+800\left(1-\dfrac{1}{5}\right)+\cdots+800\left(1-\dfrac{1}{5}\right)^{n-1}=a_n=4000\left[1-\left(\dfrac{4}{5}\right)^n\right]$,

同理,第 1 年收入 400 万元,第 2 年收入 $400\times\left(1+\dfrac{1}{4}\right)$ 万元,$\cdots$,第 n 年收入 $400\times$

$\left(1+\dfrac{1}{4}\right)^{n-1}$ 万元,所以 n 年内的旅游总收入为

$$b_n=400+400\times\left(1+\dfrac{1}{4}\right)+\cdots+400\times\left(1+\dfrac{1}{4}\right)^{n-1}=b_n=1600\left[1-\left(\dfrac{5}{4}\right)^n\right];$$

(2) 当 $b_n-a_n>0$,即 $1600\times\left[\left(\dfrac{5}{4}\right)^n-1\right]-4000\times\left[1-\left(\dfrac{4}{5}\right)^n\right]>0$ 时旅游业的总收入才

能超过总投入.

化简得 $5\times\left(\dfrac{4}{5}\right)^n+2\times\left(\dfrac{5}{4}\right)^n-7>0$.

设 $x=\left(\dfrac{4}{5}\right)^n$,$5x^2-7x+2>0$,则 $x<\dfrac{2}{5}$,$x>1$(舍),即 $\left(\dfrac{4}{5}\right)^n<\dfrac{2}{5}$,解得 $n\geqslant5$.

所以至少经过 5 年旅游业的总收入才能超过总投入.

8. 已知数列 $\{a_n\}$ 的通项为 $a_n=\begin{cases}2n+3,&n\text{ 为奇数},\\4^n,&n\text{ 为偶数},\end{cases}$ 求这个数列的前 $2m(m\in\mathbf{N}^*)$ 项的和.

解: 分组求和法,$2m^2+3m+\dfrac{16^{m+1}}{15}-\dfrac{16}{15}$.

9. 已知各项均为整数的数列 $\{a_n\}$ 满足 $a_3=-1$,$a_7=4$,前 6 项依次成等差数列,从第五项起依次成等比数列.

(1) 求数列 $\{a_n\}$ 的通项公式;

(2) 求出所有的正整数 m,使得 $a_m+a_{m+1}+a_{m+2}=a_ma_{m+1}a_{m+2}$.

解: 设前 6 项的公差为 d,则 $a_5=a_3+2d=-1+2d$,$a_6=a_3+4d=-1+4d$

∵ a_5,a_6,a_7 成等比数列,∴ $a_6^2=a_5\cdot a_7\Rightarrow(4d-1)^2=4(2d-1)$ 解得:$d=1$

∴ $n\leqslant6$ 时,$a_n=a_3+(n-3)d=n-4$

∴ $a_5=1$,$a_6=2$,则 $q=2$,∴ $n>7$ 时,$a_n=a_6\cdot q^{n-6}=2^{n-5}$.

∴ $a_n=\begin{cases}n-4,&n\leqslant6,\\2^{n-5},&n>7;\end{cases}$

(2) 由(1)可得:$\{a_n\}$:-3,-2,-1,0,1,2,4,8,$\cdots$

则当 $m=1$ 时,$a_1+a_2+a_3=-6=a_1a_2a_3$.

当 $m=2$ 时,$a_2+a_3+a_4=-2$,$a_2a_3a_4=0$,$a_2+a_3+a_4\neq a_2a_3a_4$.

当 $m=3$ 时,$a_3+a_4+a_5=0=a_3a_4a_5$.

当 $m=4$ 时,$a_4+a_5+a_6=3$,$a_4a_5a_6=0$,$a_4+a_5+a_6\neq a_4a_5a_6$.

当 $m\geqslant5$ 时,假设存在 m,使得 $a_m+a_{m+1}+a_{m+2}=a_ma_{m+1}a_{m+2}$.

则有 $2^{m-5}(1+2+4)2^{3m-12}$,即:$7\cdot2^{m-5}=2^{3m-12}\Rightarrow7=2^{2m-7}$.

$\because$　$m\geqslant5$，$\therefore$　$2m-7\geqslant3$．$\therefore$　$2^{2m-7}\geqslant2^3=8>7$，从而 $7=2^{2m-7}$ 无解．

$\therefore$　$m\geqslant5$ 时，不存在这样的 m，使得 $a_m+a_{m+1}+a_{m+2}=a_ma_{m+1}a_{m+2}$．

综上所述：$m=1$ 或 $m=3$．

10. 已知首项大于 0 的等差数列 $\{a_n\}$ 的公差 $d=1$，且 $\dfrac{1}{a_1a_2}+\dfrac{1}{a_2a_3}=\dfrac{2}{3}$．

（1）求数列 $\{a_n\}$ 的通项公式；

（2）若数列 $\{b_n\}$ 满足：$b_1=-1$，$b_2=\lambda$，$b_{n+1}=\dfrac{1-n}{n}b_n+\dfrac{(-1)^{n-1}}{a_n}$，其中 $n\geqslant2$．

① 求数列 $\{b_n\}$ 的通项 b_n；

② 是否存在实数 λ，使得数列 $\{b_n\}$ 为等比数列？若存在，求出 λ 的值；若不存在，请说明理由．

解：（1）$\because$　数列 $\{a_n\}$ 的首项 $a_1>0$，公差 $d=1$，

$\therefore$　$a_n=a_1+(n-1)$，$\dfrac{1}{a_na_{n+1}}=\dfrac{1}{a_n}-\dfrac{1}{a_{n+1}}$，

$\therefore$　$\dfrac{1}{a_1a_2}+\dfrac{1}{a_2a_3}=\left(\dfrac{1}{a_1}-\dfrac{1}{a_2}\right)+\left(\dfrac{1}{a_2}-\dfrac{1}{a_3}\right)=\dfrac{1}{a_1}-\dfrac{1}{a_3}=\dfrac{1}{a_1}-\dfrac{1}{a_1+2}=\dfrac{2}{3}$，

整理得 $a_1^2+2a_1-3=0$ 解得 $a_1=1$ 或 $a_1=-3$（舍去）．

因此，数列 $\{a_n\}$ 的通项 $a_n=n$；

（2）① $\because$　$b_{n+1}=\dfrac{1-n}{n}b_n+\dfrac{(-1)^{n-1}}{n}$，$\therefore$　$\dfrac{nb_{n+1}}{(-1)^{n+1}}=\dfrac{(n-1)b_n}{(-1)^n}+1$．

令 $c_n=\dfrac{(n-1)b_n}{(-1)^n}$，则有 $c_2=\lambda$，$c_{n+1}=c_n+1(n\geqslant2)$．

$\therefore$　当 $n\geqslant2$ 时，$c_n=c_2+(n-2)=n-2+\lambda$，$b_n=\dfrac{(n-2+\lambda)(-1)^n}{n-1}$．

因此，数列 $\{b_n\}$ 的通项 $b_n=\begin{cases}-1，&n=1，\\\dfrac{(n-2+\lambda)(-1)^n}{n-1}&(n\geqslant2)．\end{cases}$

② $\because$　若数列 $\{b_n\}$ 为等比数列，则有 $b_2^2=b_1b_3$，即 $\lambda^2=(-1)\left(-\dfrac{1+\lambda}{2}\right)$，解得 $\lambda=1$ 或 $\lambda=-\dfrac{1}{2}$．

当 $\lambda=-\dfrac{1}{2}$ 时，$b_n=\dfrac{(2n-5)(-1)^n}{2(n-1)}(n\geqslant2)$，$\dfrac{b_{n+1}}{b_n}$ 不是常数，数列 $\{b_n\}$ 不是等比数列，

当 $\lambda=1$ 时，$b_1=-1$，$b_n=(-1)^n(n\geqslant2)$，数列 $\{b_n\}$ 为等比数列．

所以，存在实数 $\lambda=1$ 使得数列 $\{b_n\}$ 为等比数列．

11. 无穷正实数数列 $\{x_n\}$ 具有以下性质：$x_0=1$，$x_{i+1}<x_i(i=0,1,2,\cdots)$．

（1）求证：对具有上述性质的任一数列，总能找到一个 $n\geqslant1$，使 $\dfrac{x_0^2}{x_1}+\dfrac{x_1^2}{x_2}+\cdots+\dfrac{x_{n-1}^2}{x_n}\geqslant$ 3.999均成立；

（2）寻求这样的一个数列使不等式 $\dfrac{x_0^2}{x_1}+\dfrac{x_1^2}{x_2}+\cdots+\dfrac{x_{n-1}^2}{x_n}<4$ 对任一 n 均成立．

解：（1）不断反复利用二元均值不等式

$$\frac{x_0^2}{x_1}+\frac{x_1^2}{x_2}+\cdots+\frac{x_{n-1}^2}{x_n}\geqslant\frac{x_0^2}{x_1}+\frac{x_1^2}{x_2}+\cdots+\frac{x_{n-2}^2}{x_{n-1}}+\frac{x_{n-1}^2}{1}\geqslant\frac{x_0^2}{x_1}+\frac{x_1^2}{x_2}+\cdots+\frac{x_{n-3}^2}{x_{n-2}}+$$

$$2\cdot x_{n-2}\geqslant\frac{x_0^2}{x_1}+\frac{x_1^2}{x_2}+\cdots+\frac{x_{n-4}^2}{x_{n-3}}+2\sqrt{2}\,x_{n-3}\geqslant\cdots\geqslant\frac{x_0^2}{x_1}+2^{1+\frac{1}{2}+\cdots+\frac{1}{2^{n-3}}}x_1$$

$$\geqslant 2^{1+\frac{1}{2}+\cdots+\frac{1}{2^{n-2}}}x_0=2^{1+\frac{1}{2}+\cdots+\frac{1}{2^{n-2}}}=2^{2-\frac{1}{2^{n-2}}}\to 4.$$

因此,当 n 足够大时,就有 $\dfrac{x_0^2}{x_1}+\dfrac{x_1^2}{x_2}+\cdots+\dfrac{x_{n-1}^2}{x_n}\geqslant 3.999$;

(2) 取无穷等比数列 $x_n=\left(\dfrac{1}{2}\right)^n,n=1,2,\cdots$,则

$$\frac{x_0^2}{x_1}+\frac{x_1^2}{x_2}+\cdots+\frac{x_{n-1}^2}{x_n}=2+1+0.5+\cdots+\left(\frac{1}{2}\right)^{n-2}=4\left(1-\frac{1}{2^n}\right)<4.$$

12. 已知数列 $\{a_n\}$ 的前 n 项和为 S_n,且满足 $a_1=a(a\neq 3)$,$a_{n+1}=S_n+3^n$,设 $b_n=S_n-3^n,n\in\mathbf{N}^*$.

(1) 求证:数列 $\{b_n\}$ 是等比数列;

(2) 若 $a_{n+1}\geqslant a_n,n\in\mathbf{N}^*$,求实数 a 的最小值;

(3) 当 $a=4$ 时,给出一个新数列 $\{e_n\}$,其中 $e_n=\begin{cases}3,n=1,\\ b_n,n\geqslant 2.\end{cases}$ 设这个新数列的前 n 项和为 C_n,若 C_n 可以写成 $t^p(t,p\in\mathbf{N}^*$ 且 $t>1,p>1)$ 的形式,则称 C_n 为"指数型和".问 $\{C_n\}$ 中的项是否存在"指数型和",若存在,求出所有"指数型和";若不存在,请说明理由.

解: (1) $b_n=S_n-3^n$,

$\therefore\ b_{n+1}=S_{n+1}-3^{n+1}=S_n+a_{n+1}-3^{n+1}$.

$\because\ a_{n+1}=S_n+3^n,b_n=S_n-3^n\Rightarrow S_n=b_n+3^n$,

$\therefore\ b_{n+1}=S_{n+1}-3^{n+1}=2S_n+3^n-3^{n+1}=2(b_n+3^n)+3^n-3^{n+1}=2b_n$.

$\therefore\ \{b_n\}$ 为公比是 2 的等比数列

$b_1=S_1-3=a_1-3=a-3$.

$\therefore\ b_n=b_1\cdot 2^{n-1}=(a-3)\cdot 2^{n-1}$;

(2) 由(1)可得:$S_n=b_n+3^n=(a-3)\cdot 2^{n-1}+3^n$

$\therefore\ n\geqslant 2$ 时,$a_n=S_n-S_{n-1}=[(a-3)\cdot 2^{n-1}+3^n]-[(a-3)\cdot 2^{n-2}+3^{n-1}]=2\cdot 3^{n-1}+(a-3)\cdot 2^{n-2}$.

$\therefore\ a_n=\begin{cases}a,n=1,\\ 2\cdot 3^{n-1}+(a-3)\cdot 2^{n-2},n\geqslant 2.\end{cases}$

$\because\ a_{n+1}\geqslant a_n$ $\therefore\ n\geqslant 2$ 时,$a_{n+1}\geqslant a_n\Leftrightarrow 2\cdot 3^n+(a-3)\cdot 2^{n-1}\geqslant 2\cdot 3^{n-1}+(a-3)$ $\cdot 2^{n-2}$.

即 $4\cdot 3^{n-1}\geqslant(a-3)\cdot(-2^{n-2})$, $\therefore\ a-3\geqslant-\dfrac{4\cdot 3^{n-1}}{2^{n-2}}=-8\cdot\left(\dfrac{3}{2}\right)^{n-1}$.

$\therefore\ a\geqslant\left[3-8\cdot\left(\dfrac{3}{2}\right)^{n-1}\right]_{\max}=-9.$

当 $n=1$ 时,$a_2=6+a-3=a+3>a$ 成立, $\therefore\ a\geqslant-9$;

（3）由（1）可得：当 $a=4$ 时，$b_n=2^{n-1}$，$\therefore\ e_n=\begin{cases}3,n=1,\\2^{n-1},n\geqslant2.\end{cases}$

$\therefore$ 当 $n\geqslant2$ 时，$C_n=3+2+4+\cdots+2^{n-1}=3+\dfrac{2(2^{n-1}-1)}{2-1}=2^n+1.$

$n=1$ 时，$C_1=3=2^1+1$，$\therefore\ \ C_n=2^n+1.$

假设 $\{C_n\}$ 中的项存在"指数型和"，则 $(t,p\in\mathbf{N}^*,t>1,p>1).$

使得：$t^p=2^n-1\Rightarrow t^p-1=2^n.$

当 p 为偶数时：$t^p-1=(t^{\frac{p}{2}}-1)(t^{\frac{p}{2}}+1)$，

$\therefore$ 设 $t^{\frac{p}{2}}+1=2^g,t^{\frac{p}{2}}-1=2^h$，则 $g>h.$

$\therefore\ 2^g-2^h=2\Rightarrow2^h(2^{g-h}-1)=2.$

可解得：$\begin{cases}2^h=2,\\2^{g-h}-1=1\end{cases}\Rightarrow\begin{cases}h=1,\\g=2.\end{cases}$

$\therefore\ n=3$，即 $C_3=9=3^2$，为"指数型和".

当 p 为奇数时，$t^p-1=(t-1)(t^{p-1}+t^{p-2}+\cdots+t+1)$，

若 t 为偶数，则 $t-1$ 为奇数，$t^{p-1}+t^{p-2}+\cdots+t+1$ 为奇数.

$\therefore\ t^p-1$ 为奇数，$t^p-1\neq2^n.$

若 t 为奇数，则 $t-1$ 为偶数，$t^{p-1}+t^{p-2}+\cdots+t+1$ 为 p 个奇数之和也为奇数.

$\therefore\ t^p-1\neq2^n.$

$\therefore$ 当 p 为奇数时，不存在"指数型和".

综上所述：只有 C_3 为"指数型和".

13. 已知数列 $\{a_n\}$，设 $\Delta a_n=a_{n+1}-a_n(n=1,2,3,\cdots)$，若数列 $\{\Delta a_n\}$ 为单调增数列或常数列时，则 $\{a_n\}$ 为凸数列.

（1）判断首项 $a_1>0$，公比 $q>0$，且 $q\neq1$ 的等比数列 $\{a_n\}$ 是否为凸数列，并说明理由；

（2）若 $\{a_n\}$ 为凸数列，求证：对任意的 $1\leqslant k<m<n$，且 $k,m,n\in\mathbf{N}$，均有

$\dfrac{a_n-a_m}{n-m}\geqslant a_{m+1}-a_m\geqslant\dfrac{a_m-a_k}{m-k}$，且 $a_m\leqslant\max\{a_1,a_n\}$；其中 $\max\{a_1,a_n\}$ 表示 a_1,a_n 中较大的数；

（3）若 $\{a_n\}$ 为凸数列，且存在 $t(1<t<n\ ,t\in\mathbf{N})$，使得 $a_1\leqslant a_t,a_n\leqslant a_t$，求证：$a_1=a_2=\cdots=a_n.$

解：（1）因为 $\Delta a_{n+1}=a_{n+2}-a_{n+1},\Delta a_n=a_{n+1}-a_n$，

所以 $\Delta a_{n+1}-\Delta a_n=a_{n+2}+a_n-2a_{n+1}=a_nq^2+a_n-2a_nq=a_n(q^2+1-2q)=a_n(q-1)^2.$

因为 $a_1>0$，公比 $q>0$，且 $q\neq1$，所以 $a_n>0,(q-1)^2>0.$

所以 $a_n(q-1)^2>0.$

所以等比数列 $\{a_n\}$ 为凸数列；

（2）因为数列 $\{a_n\}$ 为凸数列，

所以 $a_{m+1}-a_m=a_{m+1}-a_m,a_{m+2}-a_{m+1}\geqslant a_{m+1}-a_m,a_{m+3}-a_{m+2}\geqslant a_{m+1}-a_m,\cdots,$

$a_{m+n-m}-a_{m+n-m-1}\geqslant a_{m+1}-a_m.$

叠加得 $a_n-a_m\geqslant(n-m)(a_{m+1}-a_m).$ 所以 $\dfrac{a_n-a_m}{n-m}\geqslant a_{m+1}-a_m.$

同理可证 $\dfrac{a_m - a_k}{m - k} \leqslant a_{m+1} - a_m$.

综上所述, $\dfrac{a_n - a_m}{n - m} \geqslant a_{m+1} - a_m \geqslant \dfrac{a_m - a_k}{m - k}$.

因为 $\dfrac{a_n - a_m}{n - m} \geqslant \dfrac{a_m - a_k}{m - k}$, 所以 $(m - k)a_n + (k - m)a_m \geqslant (n - m)a_m + (m - n)a_k$.

所以 $(m - k)a_n + (n - m)a_k \geqslant (n - k)a_m$.

令 $k - 1$, $(m - 1)a_n + (n - m)a_1 \geqslant (n - 1)a_m$. 所以 $a_m \leqslant \dfrac{m - 1}{n - 1}a_n + \left(\dfrac{n - m}{n - 1}\right)a_1$.

若 $a_1 \leqslant a_n$, 则 $a_m \leqslant \dfrac{m - 1}{n - 1}a_n + \left(\dfrac{n - m}{n - 1}\right)a_1 \leqslant \dfrac{m - 1}{n - 1}a_n + \left(\dfrac{n - m}{n - 1}\right)a_n = a_n$.

若 $a_1 \leqslant a_n$, 则 $a_m \leqslant \dfrac{m - 1}{n - 1}a_n + \left(\dfrac{n - m}{n - 1}\right)a_1 \leqslant \dfrac{m - 1}{n - 1}a_n + \left(\dfrac{n - m}{n - 1}\right)a_1 = a_1$.

所以 $a_m \leqslant \max\{a_1, a_n\}$;

(3) 设 a_p 为凸数列 $\{a_n\}$ 中任意一项, 由(II)可知, $a_p \leqslant \max\{a_1, a_n\} \leqslant a_t$.

再由(II)可知, 对任意的 $1 \leqslant p < m < n$ 均有 $\dfrac{a_n - a_m}{n - m} \geqslant a_{m+1} - a_m \geqslant \dfrac{a_m - a_p}{m - p}$.

① 当 $1 \leqslant p < t < n$ 时, $\dfrac{a_n - a_t}{n - t} \geqslant \dfrac{a_t - a_p}{t - p}$.

又因为 $a_n \leqslant a_t$, 所以 $0 \geqslant \dfrac{a_n - a_t}{n - t} \geqslant \dfrac{a_t - a_p}{t - p}$, 所以 $a_p \geqslant a_t$.

② 当 $1 < t < p \leqslant n$ 时, $\dfrac{a_p - a_t}{p - t} \geqslant \dfrac{a_t - a_1}{t - 1}$.

又因为 $a_1 \leqslant a_t$, 所以 $\dfrac{a_p - a_t}{p - t} \geqslant \dfrac{a_t - a_1}{t - 1} \geqslant 0$. 所以 $a_p \geqslant a_t$.

③ 当 $p = t$ 时, $a_p = a_t$. 所以 $a_p \geqslant a_t$.

综上所述, $a_p = a_t$. 所以 $a_1 = a_a = \cdots = a_n$.

§14.4 递推数列与递推方法

1. 求下列递推数列的通项公式:

(1) $a_1 = \dfrac{1}{2}$, $a_{n+1} = a_n + \dfrac{1}{n^2 + n}$;

(2) $a_1 = 1$, $a_n = 2a_{n-1} + 1 (n \geqslant 2)$;

(3) $a_1 = 1$, $a_2 = 2$, $a_{n+2} = 3a_{n+1} + 2a_n (n \in \mathbf{N}^*)$;

(4) $a_1 = \dfrac{2}{3}$, $a_{n+1} = \dfrac{n}{n+1}a_n$;

(5) $a_1 = \dfrac{5}{6}$, $a_{n+1} = \dfrac{1}{3}a_n + \left(\dfrac{1}{2}\right)^{n+1}$;

(6) $a_1 = 4$, $a_n = 3a_{n-1} + 2n - 1, (n \geqslant 2)$.

解： (1) $a_{n+1}=a_n+\dfrac{1}{n}-\dfrac{1}{n+1}$，令 $b_n=a_n+\dfrac{1}{n}$，$b_{n+1}=b_n$，$b_1=\dfrac{3}{2}$

$\Rightarrow a_n=b_n-\dfrac{1}{n}=b_1-\dfrac{1}{n}=\dfrac{3}{2}-\dfrac{1}{n}$；

(2) $a_n+1=2(a_{n-1}+1)\Rightarrow a_n=2^{n-1}(a_1+1)-1=2^n-1$；

(3) 由特征根法可知：$x^2=3x+2\Rightarrow x=\dfrac{3+\sqrt{17}}{2},\dfrac{3-\sqrt{17}}{2}$，

则 $a_n=p\left(\dfrac{3+\sqrt{17}}{2}\right)^{n-1}+q\left(\dfrac{3-\sqrt{17}}{2}\right)^{n-1}$．

因为 $a_1=1,a_2=2$，解得：$p=\dfrac{\sqrt{17}+17}{34},q=\dfrac{-\sqrt{17}+17}{34}$，

则 $a_n=\dfrac{\sqrt{17}+17}{34}\left(\dfrac{3+\sqrt{17}}{2}\right)^{n-1}+\dfrac{-\sqrt{17}+17}{34}\left(\dfrac{3-\sqrt{17}}{2}\right)^{n-1}$；

(4) 令 $b_n=na_n$，则 $b_{n+1}=b_n\Rightarrow b_n=b_1=\dfrac{2}{3}$，故 $a_n=\dfrac{b_n}{n}=\dfrac{2}{3n}$；

(5) $3^{n+1}a_{n+1}=3^n a_n+\dfrac{3^{n+1}}{2^{n+1}}$，则 $3^n a_n=3a_1+\displaystyle\sum_{k=2}^{n}\left(\dfrac{3}{2}\right)^k=\dfrac{5}{2}+\dfrac{3^{n+1}}{2^n}-\dfrac{9}{2}$

$\Rightarrow a_n=3\left(\dfrac{1}{2}\right)^n-2\left(\dfrac{1}{3}\right)^n$；

(6) $a_n+n+1=3(a_{n-1}+n)\Rightarrow a_n=3^{n-1}(a_1+2)-n-1=2\times3^n-n-1$.

2. 已知数列 $\{a_n\}$ 各项都是正数，且满足：$a_0=1,a_{n+1}=\dfrac{1}{2}a_n(4-a_n),(n\in\mathbf{N})$，求数列 $\{a_n\}$ 的通项公式.

解： $2-a_{n+1}=\dfrac{1}{2}(2-a_n)^2$，两边取对数，可得：$a_n=2-\left(\dfrac{1}{2}\right)^{2^n-1}$.

3. 已知数列 $\{a_n\}$ 中，$a_1=2,a_{n+1}=\dfrac{2a_n}{a_n+3}$，求 $\{a_n\}$ 的通项公式.

解： 取倒数法 $\dfrac{1}{a_{n+1}}+1=\left(\dfrac{3}{2a_n}+\dfrac{1}{2}\right)+1=\dfrac{3}{2}\left(\dfrac{1}{a_n}+1\right)\Rightarrow a_n=\dfrac{2^n}{3^n-2^n}$.

4. 已知数列 $\{a_n\}$ 满足性质：对于 $n\in\mathbf{N},a_{n+1}=\dfrac{a_n+4}{2a_n+3}$，且 $a_1=3$，求 $\{a_n\}$ 的通项公式.

解： 不动点法，$x=\dfrac{x+4}{2x+3}\Rightarrow x=1,-2$.

$a_{n+1}-1=-\dfrac{a_n-1}{2a_n+3}$，$a_{n+1}+2=\dfrac{5(a_n+2)}{2a_n+3}$.

两式相除，可得：$\dfrac{a_{n+1}-1}{a_{n+1}+2}=-\dfrac{1}{5}\times\dfrac{a_n-1}{a_n+2}\Rightarrow\dfrac{a_n-1}{a_n+2}=\dfrac{a_1-1}{a_1+2}\cdot\left(-\dfrac{1}{5}\right)^{n-1}$，

得 $a_n=\dfrac{(-5)^n-4}{2+(-5)^n},n\in\mathbf{N}^*$.

5. 若 $f(x_0)=x_0$ 则称 x_0 为 $f(x)$ 的不动点，函数 $f(x)=\dfrac{2x+3}{x}$.

（1）求 $f(x)$ 的不动点；（2）数列 $\{a_n\}$ 满足 $a_{n+1}=f(a_n)$，$a_1=5$，求数列 $\{a_n\}$ 的通项公式.

解：（1）$x_0=3,-1$；

（2）$a_{n+1}-3=-\dfrac{a_n-3}{a_n}$，$a_{n+1}+1=3\,\dfrac{a_n+1}{a_n}$.

两式相除，可得 $\dfrac{a_n-3}{a_n+1}=\left(-\dfrac{1}{3}\right)^{n-1}\dfrac{a_1-3}{a_1+1}=(-1)^{n-1}\dfrac{1}{3^n}\Rightarrow a_n=\dfrac{3^{n+1}+(-1)^{n-1}}{3^n-(-1)^{n-1}}$.

6. 已知数列 $\{a_n\}$ 中，$a_1=4$，$a_{n+1}=\dfrac{a_n^2}{2(a_n-1)}$，$b_n=\dfrac{a_n-2}{a_n}$（$n\in\mathbf{N}^*$），求数列 $\{b_n\}$ 的通项公式.

解：$b_n=b_{n-1}^2=b_{n-2}^{2^2}=\cdots=b_1^{2^{n-1}}=\left(\dfrac{1}{2}\right)^{2^{n-1}}$.

7. 已知数列 x_n，满足 $(n+1)x_{n+1}=x_n+n$，且 $x_1=2$，求 x_n.

解：$x_{n+1}-1=\dfrac{x_n-1}{n+1}=\dfrac{x_{n-1}-1}{(n+1)n}=\dfrac{x_{n-2}-1}{(n+1)n(n-1)}=\cdots=\dfrac{x_1-1}{(n+1)n(n-1)\cdots2}=\dfrac{1}{(n+1)!}$.

$x_{n+1}=\dfrac{1}{(n+1)!}+1$.

8. 已知数列 $\{a_n\}$ 满足 $a_1=p$，$a_2=p+1$，$a_{n+2}-2a_{n+1}+a_n=n-20$，其中 p 是给定的实数，n 是正整数，试求 n 的值，使得 a_n 的值最小.

解：令 $b_n=a_{n+1}-a_n$，$n=1,2,\cdots$

由题设 $a_{n+2}-2a_{n+1}+a_n=n-20$，有 $b_{n+1}-b_n=n-20$，且 $b_1=1$.

于是 $\displaystyle\sum_{i=1}^{n-1}(b_{i+1}-b_i)=\sum_{i=1}^{n-1}(i-20)$，即 $b_n-b_1=[1+2+\cdots+(n-1)]-2n(n-1)$.

则 $b_n=\dfrac{(n-1)(n-40)}{2}+1$ ①

又 $a_1=p$，$a_2=p+1$，则 $a_3=2a_2-a_1+1-20=p-17<a_1<a_2$.

则当 a_n 的值最小时，应有 $n\geqslant3$，$a_n\leqslant a_{n+1}$，且 $a_n\leqslant a_{n-1}$.

即 $b_n=a_{n+1}-a_n\geqslant0$，$b_{n-1}=a_n-a_{n-1}\leqslant0$.

由①式，得 $\begin{cases}(n-1)(n-40)\geqslant2,\\(n-2)(n-41)\leqslant-2,\end{cases}$

由于 $n\geqslant3$，且 $n\in\mathbf{N}^*$，解得 $\begin{cases}n\geqslant40,\\n\leqslant40,\end{cases}$

则当 $n=40$ 时，a_{40} 的值最小.

9. 将 m 位性别相同的客人，按如下方法入住 $A_1,A_2,\cdots,A_n$ 共 n 个房间.首先，安排 1 位客人和余下的客人 $\dfrac{1}{7}$ 的入住房间 A_1；然后，从余下的客人中安排 2 位和再次余下的客人 $\dfrac{1}{7}$ 的入住房间 A_2；依此类推，第几号房间就安排几位客人和余下的客人 $\dfrac{1}{7}$ 的入住；这样，最后一间房间 A_n 正好安排最后余下的 n 位客人.试求客人的数目和客房的数目，以及每间客房入住客人的数目.

解：设安排完第 k 号客房 A_k 后还剩下 a_k 位客人，则 $a_0=m$，$a_n=0$.

因为第 k 号客房 A_k 入住的客人数为 $k+\dfrac{a_{k-1}-k}{7}$，所以 $a_{k-1}-a_k=k+\dfrac{a_{k-1}-k}{7}$，

即 $a_k = \frac{6}{7}(a_{k-1}-k)$，变形得 $a_k + 6k - 36 = \frac{6}{7}(a_{k-1}+6(k-1)-36)$.

这表明数列 $b_k = a_k + 6k - 36$ 是等比数列，公比 $q = \frac{6}{7}$，

其中 $b_0 = a_0 - 36 = m - 36$，$b_{n-1} = a_{n-1} + 6(n-1) - 36 = 7n - 42$.

代入通项公式得 $7n - 42 = (m-6)\left(\frac{6}{7}\right)^{n-1}$，即 $m = 36 + \frac{7^n(n-6)}{6^{n-1}}$.

由于 m 为正整数，并且 7^n 与 6^{n-1} 互质，故 $6^{n-1} \left| (n-6) \right.$，但 $0 \le \left| \frac{n-6}{6^{n-1}} \right| < 1$，$(n>1)$

解得 $n=6$，从而 $m=36$. 由此可知，客房 A_1 入住 $1 + \frac{36-1}{7} = 6$ 位客人；

客房 A_2 入住 $2 + \frac{30-2}{7} = 6$ 位客人；客房 A_3 入住 $3 + \frac{24-3}{7} = 6$ 位客人；

客房 A_4 入住 $4 + \frac{18-4}{7} = 6$ 位客人；客房 A_5 入住 $5 + \frac{12-5}{7} = 6$ 位客人；

最后一间客房入住了剩下的 6 位客人.

综上可知，共有客人 36 人，客房 6 间，每间客房均入住 6 位客人.

10. 已知数列 $\{a_n\}$ 中，$a_1 = 1$；数列 $\{b_n\}$ 中，$b_1 = 0$. 当 $n \ge 2$ 时，$a_n = \frac{1}{3}(2a_{n-1}+b_{n-1})$，$b_n = \frac{1}{3}(a_{n-1}+2b_{n-1})$，求 a_n，b_n.

解： 因 $a_n + b_n = \frac{1}{3}(2a_{n-1}+b_{n-1}) + \frac{1}{3}(a_{n-1}+2b_{n-1}) = a_{n-1} + b_{n-1}$，

所以 $a_n + b_n = a_{n-1} + b_{n-1} = a_{n-2} + b_{n-2} = \cdots = a_2 + b_2 = a_1 + b_1 = 1$，

即 $a_n + b_n = 1$ ①

又因为 $a_n - b_n = \frac{1}{3}(2a_{n-1}+b_{n-1}) - \frac{1}{3}(a_{n-1}+2b_{n-1}) = \frac{1}{3}(a_{n-1}-b_{n-1})$，

所以 $a_n - b_n = \frac{1}{3}(a_{n-1}-b_{n-1}) = \left(\frac{1}{3}\right)^2(a_{n-2}-b_{n-2}) = \cdots = \left(\frac{1}{3}\right)^{n-1}(a_1 - b_1) = \left(\frac{1}{3}\right)^{n-1}$.

即 $a_n - b_n = \left(\frac{1}{3}\right)^{n-1}$ ②

由①②得：$a_n = \frac{1}{2}\left[1 + \left(\frac{1}{3}\right)^{n-1}\right]$，$b_n = \frac{1}{2}\left[1 - \left(\frac{1}{3}\right)^{n-1}\right]$.

11. 已知正项数列 $\{a_n\}$ 的首项 $a_1 = 1$，前 n 项和 S_n 满足 $a_n^2 + a_n = 2S_n$.

(1) 求数列 $\{a_n\}$ 的通项公式；

(2) 若数列 $\{b_n\}$ 是公比为 4 的等比数列，且 $b_1 - a_1$，$b_2 - a_2$，$b_3 - a_3$ 也是等比数列，若数列 $\frac{a_n + \lambda}{b_n}$ 单调递增，求实数 λ 的取值范围；

(3) 若数列 $\{b_n\}$、$\{c_n\}$ 都是等比数列，且满足 $c_n = b_n - a_n$，试证明：数列 $\{c_n\}$ 中只存在三项.

解：(1) $a_n^2 + a_n = 2S_n$，故当 $n \ge 2$ 时 $a_{n-1}^2 + a_{n-1} = 2S_{n-1}$，两式做差得

$$(a_{n-1}+a_n)(a_n-a_{n-1})=a_{n-1}+a_n,$$

由 $\{a_n\}$ 为正项数列知，$a_n+a_{n-1}=1$，即 $\{a_n\}$ 为等差数列，故 $a_n=n$；

（2）由题意，$(4b_1-2)^2=(b_1-1)(16b_1-3)$，化简得 $b_1=-\dfrac{1}{3}$，所以 $b_n=-\dfrac{1}{3}\cdot 4^{n-1}$，

所以 $\dfrac{a_n+\lambda}{b_n}=\dfrac{n+\lambda}{-\dfrac{1}{3}\cdot 4^{n-1}}$，由题意知 $\dfrac{a_{n+1}+\lambda}{b_{n+1}}-\dfrac{a_n+\lambda}{b_n}=\dfrac{n+1+\lambda}{-\dfrac{1}{3}\cdot 4^n}-\dfrac{n+\lambda}{-\dfrac{1}{3}\cdot 4^{n-1}}=$

$-\dfrac{3[(n+1+\lambda)-4(n+\lambda)]}{4^n}=\dfrac{3(3n+3\lambda-1)}{4^n}>0$ 恒成立，即 $3n>1-3\lambda$ 恒成立，所以 $1-3\lambda<$

3，解得 $\lambda>-\dfrac{2}{3}$；

（3）不妨设 $\{c_n\}$ 超过 3 项，令 $b_n=bp^n$，$c_n=cq^n$，由题意 $a_n=b_n-c_n$，则有 $2a_{n+1}=a_n+$

a_{n+2}，即 $2(b_{n+1}-c_{n+1})=(b_n-c_n)+(b_{n+2}-c_{n+2})$。

带入 $b_n=bp^n$，$c_n=cq^n$，可得 $bp^n(p-1)^2=cq^n(q-1)^2$，

若 $p=q=1$ 则 $b_n-c_n=b-c$，即 $\{a_n\}$ 为常数数列，与条件矛盾；

若 $p\neq1,q\neq1$，令 $n=1$，得 $bp(p-1)^2=cq(q-1)^2$，令 $n=2$，得 $bp^2(p-1)^2=cq^2(q-$

$1)^2$，两式作商，可得 $p=q$，带入（*）得 $b=c$，即 $\{a_n\}$ 为常数数列，与条件矛盾，故这样的 $\{c_n\}$

只有 3 项.

12. 数列 $\{a_n\}$ 定义如下：$a_1=1$，且当 $n\geqslant 2$ 时，

$$a_n=\begin{cases} a_{\frac{n}{2}}+1, & \text{当 } n \text{ 为偶数时,} \\ \dfrac{1}{a_{n-1}}, & \text{当 } n \text{ 为奇数时.} \end{cases}$$

已知 $a_n=\dfrac{30}{19}$，求正整数 n.

解： 由题设易知，$a_n>0$，$n=1,2,\cdots$．又由 $a_1=1$，可得，当 n 为偶数时，$a_n>1$；

当 $(n>1)$ 是奇数时，$a_n=\dfrac{1}{a_{n-1}}<1$.

由 $a_n=\dfrac{30}{19}>1$，所以 n 为偶数，于是 $a_{\frac{n}{2}}=\dfrac{30}{19}-1=\dfrac{11}{19}<1$，所以，$\dfrac{n}{2}$ 是奇数.

于是依次可得：

$$a_{\frac{n}{2}-1}=\dfrac{19}{11}>1,\ \dfrac{n}{2}-1 \text{ 是偶数,}$$

$$a_{\frac{n-2}{4}}=\dfrac{19}{11}-1=\dfrac{8}{11}<1,\ \dfrac{n-2}{4} \text{ 是奇数,}$$

$$a_{\frac{n-2}{4}-1}=\dfrac{11}{8}>1,\ \dfrac{n-6}{4} \text{ 是偶数,}$$

$$a_{\frac{n-6}{8}}=\dfrac{11}{8}-1=\dfrac{3}{8}<1,\ \dfrac{n-6}{8} \text{ 是奇数,}$$

$$a_{\frac{n-6}{8}-1}=\dfrac{8}{3}>1,\ \dfrac{n-14}{8} \text{ 是偶数,}$$

$$a\frac{n-14}{16}=\frac{8}{3}-1=\frac{5}{3}>1,\frac{n-14}{16}\text{是偶数},$$

$$a\frac{n-14}{32}=\frac{5}{3}-1=\frac{2}{3}<1,\frac{n-14}{32}\text{是奇数},$$

$$a\frac{n-14}{32}-1=\frac{3}{2}>1,\frac{n-46}{32}\text{是偶数},$$

$$a\frac{n-46}{64}=\frac{3}{2}-1=\frac{1}{2}<1,\frac{n-46}{64}\text{是奇数},$$

$$a\frac{n-46}{64}-1=2>1,\frac{n-110}{64}\text{是偶数},$$

$$a\frac{n-110}{128}=2-1=1,$$

所以，$\dfrac{n-110}{128}=1$，解得，$n=238$.

13. 数列 $\{x_n\}$，$\{y_n\}$ 定义如下：$x_1=1$，$y_1=39$，且

$$x_{n+1}=23x_n+y_n+2,y_{n+1}=551x_n+24y_n+64,n=1,2,\cdots$$

证明：对一切正整数 n，x_n 是完全平方数.

证明： 由题设得：$24x_{n+1}=24\times23x_n+24y_n+48$，$y_{n+1}=551x_n+24y_n+64$.

两式相减得：$24x_{n+1}=y_{n+1}+x_n-16$，又 $x_{n+2}=23x_{n+1}+y_{n+1}+2$，消去 y_{n+1} 得

$x_{n+2}=47x_{n+1}-x_n+18$，所以 $x_{n+3}=47x_{n+2}-x_{n+1}+18$.两式相减得

$x_{n+3}=48x_{n+2}-48x_{n+1}+x_n$，记 $a_n=\sqrt{x_n}$，由 $x_1=1$，$y_1=39$，可得 $x_2=64$，$x_3=3025$，故

$a_1=1$，$a_2=8$，$a_3=55$，且

$$a_{n+3}^2=48a_{n+2}^2-48a_{n+1}^2+a_n^2 \tag{①}$$

下证明 $\{a_n\}$ 是正整数数列.

①式为 $a_{n+3}^2-(49a_{n+2}^2-14a_{n+2}a_{n+1}+a_{n+1}^2)=a_n^2-(49a_{n+1}^2-14a_{n+1}a_{n+2}+a_{n+2}^2)$，

所以 $(a_{n+3}+a_{n+1}-7a_{n+2})(a_{n+3}+7a_{n+2}-a_{n+1})=(a_{n+2}+a_n-7a_{n+1})(a_n+7a_{n+1}-a_{n+2})$，

由于 $a_3+a_1-7a_2=\sqrt{3025}+\sqrt{1}-7\sqrt{64}=0$，

故 $(a_{n+3}+a_{n+1}-7a_{n+2})(a_{n+3}+7a_{n+2}-a_{n+1})=0$.

而 $\{x_n\}$ 是严格递增数列，故 $\{a_n\}$ 也是严格递增数列，从而 $a_{n+3}+7a_{n+2}-a_{n+1}>0$，

故 $a_{n+3}+a_{n+1}-7a_{n+2}=0$，即 $a_{n+3}=7a_{n+2}-a_{n+1}$，$a_1=1$，$a_2=8$，

则 $\{a_n\}$ 是正整数数列，从而对一切正整数 n，x_n 是完全平方数.

§14.5　数学归纳法及其应用

1. 下面对于命题"任何 n 个女孩都有相同颜色的眼睛"的证明是否正确，请说明理由.

证明：（1）当 $n=1$ 时，命题显然成立.

（2）假设 $n=k(k\in\mathbf{N}^*,k\geqslant1)$ 时，命题成立，即任何 k 个女孩都有相同颜色的眼睛.则当 $n=k+1$ 时，不妨设这 $k+1$ 个女孩分别为 $a_1,a_2,a_3,\cdots,a_k,a_{k+1}$，去掉 a_1，则剩

下的 $a_2,a_3,\cdots,a_k,a_{k+1}$ 有 k 个,由归纳假设,她们眼睛颜色相同,若去掉 a_2,则剩下的 $a_1,a_3,\cdots,$ a_k,a_{k+1} 有 k 个,由归纳假设,她们眼睛颜色也相同,由等量代换原理可知,$a_1,a_2,a_3,\cdots,a_k,a_{k+1}$ 这 $k+1$ 个女孩眼睛颜色也相同.

根据(1)(2)可以断定,对任何 $n \in \mathbf{N}^*$ 命题"任何 n 个女孩都有相同颜色的眼睛"都成立.

答:不正确.$n=k$ 时的命题仅对 $a_1,a_2,\cdots,a_k$ 成立,与第 a_{k+1} 个女孩无关.

2. 用数学归纳法证明:

(1) $\dfrac{1}{\sin 2x}+\dfrac{1}{\sin 4x}+\cdots+\dfrac{1}{\sin 2^n x}=\cot x-\cot 2^n x\,(n \in \mathbf{N}^*)$;

(2) $(n^2-1)+2(n^2-2^2)+\cdots+n(n^2-n^2)=\dfrac{n^2(n-1)(n+1)}{4}\,(n \in \mathbf{N}^*)$;

(3) $\tan\alpha \cdot \tan 2\alpha+\tan 2\alpha \cdot \tan 3\alpha+\cdots+\tan(n-1)\alpha \cdot \tan n\alpha=\dfrac{\tan n\alpha}{\tan\alpha}-n\,(n \geqslant 2$, $n \in \mathbf{N}^*)$.

证明:(1) 对 n 归纳,$n=1$ 时 $\cot x-\cot 2x=\dfrac{\cos x}{\sin x}-\dfrac{\cos 2x}{\sin 2x}=\dfrac{2\cos^2 x-\cos 2x}{\sin 2x}=\dfrac{1}{\sin 2x}$ 显然成立,

设 $n-1$ 时命题成立,n 时由归纳假设只需证明:

$$\frac{1}{\sin 2x}+\frac{1}{\sin 4x}+\cdots+\frac{1}{\sin 2^n x}=\cot x-\cot 2^{n-1}x+\frac{1}{\sin 2^n x}.$$

因为 $\dfrac{1}{\sin 2^n x}=\dfrac{2\cos^2(2^{n-1}x)-\cos 2^n x}{\sin 2^n x}=\cot 2^{n-1}x-\cot 2^n x$,

则 $\dfrac{1}{\sin 2x}+\dfrac{1}{\sin 4x}+\cdots+\dfrac{1}{\sin 2^n x}=\cot x-\cot 2^{n-1}x+\cot 2^{n-1}x-\cot 2^n x=\cot x-\cot 2^n x$;

(2) 对 n 归纳,$n=1$ 时 $0=0$ 显然成立,设 $n-1$ 时命题成立,n 时由归纳假设只需证明

$$\sum_{k=1}^{n-1}k(n^2-(n-1)^2)=\frac{n^2(n-1)(n+1)-(n-1)^2(n-2)n}{4}.$$

上式左边 $=(2n-1) \cdot \dfrac{(n-1)n}{2}$,

右边 $=\dfrac{n(n-1)}{4}((n^2+n)-(n^2-3n+2))=\dfrac{n(n-1)(2n-1)}{2}$,左边 $=$ 右边,故原命题成立;

(3) 对 n 归纳,我们将定义域延拓为 $n>0$,n 为整数,可以看出不影响归纳过度.

$n=1$ 时命题显然成立,设 $n-1$ 时命题成立,n 时只需证明:

$\tan(n-1)\alpha \cdot \tan n\alpha=\dfrac{\tan n\alpha-\tan(n-1)\alpha}{\tan\alpha}-1$,由 $\tan n\alpha=\dfrac{\tan\alpha+\tan(n-1)\alpha}{1-\tan\alpha\tan(n-1)\alpha}$,

欲证上式右边

$=\dfrac{1+\tan^2(n-1)\alpha}{(1-\tan\alpha\tan(n-1)\alpha)}-1=\dfrac{(\tan\alpha+\tan(n-1)\alpha)\tan(n-1)\alpha}{(1-\tan\alpha\tan(n-1)\alpha)}=\tan n\alpha\tan(n-1)\alpha$

$=$ 左边,获证.

3. 用数学归纳法证明：

(1) $(3n+1)\cdot 7^n-1(n\in\mathbf{N}^*)$ 能被 9 整除；

(2) 当 n 为正奇数时，$n^4+7(2n^2+7)$ 能被 64 整除；

(3) $(x+1)^{n+1}+(x+2)^{2n-1}$ 能被 x^2+3x+3 整除.

证明：(1) 对 n 归纳，$n=1$ 时 $9|27$，$n-1$ 时命题成立，n 时只需证明：

$9|7^n(3n+1)-7^{n-1}(3n-2)$，而右边 $=7^{n-1}(21n+7-3n+2)=9\cdot 7^n(2n+1)$ 被 9 整除；

(2) 对 n 归纳，$n=1$ 时容易验证.设 $n-2$ 时成立，n 时，因为

$n^4+7(2n^2+7)-(n-2)^4-7[2(n-2)^2+7]=2(2n-2)(2n^2-4n+4)+56(n-1)$

$=8(n-1)((n-1)^2+8)$，由于 n 为奇数，所以 $8|(n-1)^2+8$，所以上式被 64 整除，从而完成了归纳过程，命题成立；

(3) 对 n 归纳，$n=1$ 时命题成立，设 $n-1$ 时命题成立，n 时：

$(x+1)^{n+1}+(x+2)^{2n-1}=((x+1)^n-(x+2)^{2n-3})(x+1)+(x+2)^{2n-3}(x^2+3x+3)$，

用归纳假设命题对 n 也成立，故原命题成立.

4. 用数学归纳法证明：

(1) $\dfrac{1}{n+1}+\dfrac{1}{n+2}+\dfrac{1}{n+3}+\cdots+\dfrac{1}{2n}>\dfrac{13}{24}(n\geqslant 2,n\in\mathbf{N}^*)$；

(2) $1+\dfrac{1}{2}+\dfrac{1}{3}+\cdots+\dfrac{1}{2^n}\leqslant\dfrac{1}{2}+n(n\in\mathbf{N}^*)$；

(3) $|\sin nx|\leqslant n|\sin x|(n\in\mathbf{N}^*)$.

证明：(1) $a_n=\sum\limits_{k=1}^{n}\dfrac{1}{n+k}$，$a_2>\dfrac{13}{24}$，$a_n-a_{n-1}=\dfrac{1}{2n}+\dfrac{1}{2n-1}-\dfrac{1}{n}>0$，故利用归纳可知结论对所有大于 1 的正整数成立；

(2) $n=1$ 是结论成立，设 n 时结论成立，$n+1$ 时，

$\sum\limits_{k=1}^{2^{n+1}}\dfrac{1}{k}=\sum\limits_{k=1}^{2^n}\dfrac{1}{k}+\sum\limits_{k=2^n+1}^{2^{n+1}}\dfrac{1}{k}<\sum\limits_{k=1}^{2^n}\dfrac{1}{k}+2^n\dfrac{1}{2^n+1}<\dfrac{1}{2}+n+1$ 命题对 $n+1$ 成立，故原命题成立；

(3) $n=1$ 时结论显然成立，设 $1,2,3,\cdots,n$ 时结论成立，$n+1$ 时，

$|\sin(n+1)x|\leqslant|\sin nx\cos x|+|\sin x\cos nx|\leqslant n|\sin x|+|\sin x|=(n+1)|\sin x|$ 最后一个不等号用了归纳假设.于是命题得证.

5. 设 $\alpha_1,\alpha_2,\cdots,\alpha_n$ 和 $\alpha_1+\alpha_2+\cdots+\alpha_n$ 均为锐角，求证：

$$\tan(\alpha_1+\alpha_2+\cdots+\alpha_n)>\tan\alpha_1+\tan\alpha_2+\cdots+\tan\alpha_n(n\geqslant 2).$$

证明：$\tan x+\tan y<\tan(x+y)\Leftrightarrow\dfrac{\sin(x+y)}{\cos x\cos y}<\dfrac{\sin(x+y)}{\cos(x+y)}$

$\Leftrightarrow\sin x\sin y>0$，$x,y,x+y$ 均为锐角.

利用 $\tan x+\tan y<\tan(x+y)$，$x,y,x+y$ 均为锐角，证明本题.

当 $n=2$ 时，$\tan(\alpha_1+\alpha_2)>\tan\alpha_1+\tan\alpha_2$，显然成立.

假设当 $n=k$ 时，命题成立，

即 $\tan(\alpha_1+\alpha_2+\cdots+\alpha_k)>\tan\alpha_1+\tan\alpha_2+\cdots+\tan\alpha_k(k\geqslant2)$.

当 $n=k+1$ 时,$\tan(\alpha_1+\alpha_2+\cdots+\alpha_k+\alpha_{k+1})>\tan(\alpha_1+\alpha_2+\cdots+\alpha_k)+\tan\alpha_{k+1}>$

$\tan\alpha_1+\tan\alpha_2+\cdots+\tan\alpha_k+\tan\alpha_{k+1}$.

显然得证.

6. 已知 $\triangle ABC$ 的三边长为有理数

(1) 求证:$\cos A$ 是有理数;

(2) 求证:对任意的正整数 n,$\cos nA$ 是有理数.

证明: (1) $\because\quad \cos A=\dfrac{b^2+c^2-a^2}{2bc}$,

又 $\because\quad a$,b,$c\in\mathbf{Q}$.

$\therefore\quad \dfrac{b^2+c^2-a^2}{2bc}\in\mathbf{Q}$,即 $\cos A$ 是有理数;

(2) 证明:使用数学归纳法证明 $\cos nA$ 与 $\sin nA\sin A$ 均为有理数.

当 $n=1$ 时,由(1)可得 $\cos A\in\mathbf{Q}$,且 $\sin^2 A=1-\cos^2 A\in\mathbf{Q}$,

假设 $n=k$ 时,命题成立,即 $\cos kA$,$\sin nA\sin A\in\mathbf{Q}$,则 $n=k$ 时,

$\sin(k+1)A\sin A=(\sin kA\cos A+\sin A\cos kA)\sin A=\sin kA\sin A\cos A+\cos A\sin^2 A$.

$\because\quad (\sin kA\sin A)\cos A\in\mathbf{Q}$,$\cos A\sin^2 A\in\mathbf{Q}$,

$\therefore\quad \sin(k+1)A\sin A\in\mathbf{Q}$.

$\cos(k+1)A=\cos kA\cos A+\sin kA\sin A$,由假设可得 $\cos kA$,$\sin nA\sin A\in\mathbf{Q}$,

$\cos(k+1)A\in\mathbf{Q}$.

综上所述:$n=k+1$ 时,命题成立.

$\therefore\quad n\in\mathbf{N}^*$ 时,$\cos nA$ 为有理数.

7. 已知等比数列 $\{a_n\}$ 的首项 $a_1=2$,公比 $q=3$,设 S_n 是它的前 n 项和,求证:

$\dfrac{S_{n+1}}{S_n}\leqslant\dfrac{3n+1}{n}$.

证明: $S_n=\dfrac{a_1(q^n-1)}{q-1}=3^n-1$,所证不等式为:$\dfrac{S^{n+1}-1}{S^n-1}\leqslant\dfrac{3n+1}{n}$.

$\therefore\quad n(3^{n+1}-1)\leqslant(3n+1)(3^n-1)\Leftrightarrow n\cdot 3^{n+1}-n\leqslant n\cdot 3^{n+1}+3^n-3n-1\Leftrightarrow 3^n\geqslant 2n+1$.

下面用数学归纳法证明:

(1) 验证:$n=1$ 时,左边=右边,不等式成立;

(2) 假设 $n=k(k\geqslant 1,k\in\mathbf{N})$ 时,不等式成立,则 $n=k+1$ 时,

$$3^{k+1}=3\cdot 3^k\geqslant 3(2k+1)=6k+3>2(k+1)+1,$$

所以 $n=k+1$ 时,不等式成立.

$\therefore\quad n\in\mathbf{N}^*$,均有 $\dfrac{S_{n+1}}{S_n}\leqslant\dfrac{3n+1}{n}$.

8. 已知数列 $\{a_n\}$ 满足 $a_n>0$,其前 n 项和 $S_n>1$,且 $S_n=\dfrac{1}{6}(a_n+1)(a_n+2)$,$n\in\mathbf{N}^*$.

（1）求数列 $\{a_n\}$ 的通项公式；

（2）设 $b_n=\log_2\left(1+\dfrac{1}{a_n}\right)$，并记 T_n 为数列 $\{b_n\}$ 的前 n 项和，求证：$3T_n>\log_2\left(\dfrac{a_n+3}{2}\right)$，$n\in\mathbf{N}^*$.

解：（1）$6S_n=a_n^2+3a_n+2$，

$$6a_n=a_n^2-a_{n-1}^2+3a_n-3a_{n-1}\Rightarrow3(a_n+a_{n-1})=a_n^2-a_{n-1}^2.$$

$\because$　$a_n>0$　所以两边同除以 a_n+a_{n-1} 可得：$a_n-a_{n-1}=3$，

$\therefore$　$\{a_n\}$ 是公差为 3 的等差数列.

$\therefore$　$a_n=a_1+3(n-1)$，在 $6S_n=a_n^2+3a_n+2$ 中令 $n=1$ 可得：

$$6S_1=a_1^2+3a_1+2\Rightarrow a_1=1(舍)或\ a_1=2,$$

$\therefore$　$a_n=3n-1$；

（2）由（1）可得：$b_n=\log_2\left(1+\dfrac{1}{3n-1}\right)=\log_2\dfrac{3n}{3n-1}$.

$\therefore$　$T_n=b_1+b_2+\cdots+b_n=\log_2\left(\dfrac{3}{2}\cdot\dfrac{6}{5}\cdots\dfrac{3n}{3n-1}\right).$

所证不等式为：$3\log_2\left(\dfrac{3}{2}\cdot\dfrac{6}{5}\cdots\dfrac{3n}{3n-1}\right)>\log_2\dfrac{3n+2}{2}$

$$\Leftrightarrow\log_2\left(\dfrac{3}{2}\cdot\dfrac{6}{5}\cdots\dfrac{3n}{3n-1}\right)^3>\log_2\dfrac{3n+2}{2}$$

$$\Leftrightarrow\left(\dfrac{3}{2}\cdot\dfrac{6}{5}\cdots\dfrac{3n}{3n-1}\right)^3>\dfrac{3n+2}{2}.$$

下面用数学归纳法证明：

当 $n=1$ 时，不等式为 $\left(\dfrac{3}{2}\right)^3>\dfrac{5}{2}\Rightarrow\dfrac{27}{8}>\dfrac{5}{2}$ 成立，

假设当 $n=k(k\geqslant1,k\in\mathbf{N}^*)$ 时成立，则 $n=k+1$ 时，

$$\left(\dfrac{3}{2}\cdot\dfrac{6}{5}\cdots\dfrac{3k}{3k-1}\cdot\dfrac{3k+3}{3k+2}\right)^3=\left(\dfrac{3}{2}\cdot\dfrac{6}{5}\cdots\dfrac{3k}{3k-1}\right)^3\cdot\left(\dfrac{3k+3}{3k+2}\right)^3$$

$$>\dfrac{3k+2}{2}\cdot\left(\dfrac{3k+3}{3k+2}\right)^3=\dfrac{(3k+3)^3}{2(3k+2)^2}.$$

所以只需证：$\dfrac{(3k+3)^3}{2(3k+2)^2}>\dfrac{3k+5}{2}$ 即可，尝试进行等价变形：

$$\dfrac{(3k+3)^3}{2(3k+2)^2}>\dfrac{3k+5}{2}\Leftrightarrow(3k+3)^3>(3k+2)^2(3k+5)$$

$$\Leftrightarrow27k^3+81k^2+81k+27>27k^3+81k^2+72k+20\Leftrightarrow9k+7>0$$

所以 $3T_n>\log_2\left(\dfrac{a_n+3}{2}\right)$，$n\in\mathbf{N}^*$.

9. 平面内有 n 个圆，其中每两个圆都相交于两点，且每三个圆都不相交于同一点，求证：这 n 个圆把平面分成 n^2-n+2 个部分.

证明：（1）当 $n=1$ 时，一个圆把平面分成两部分，此时 $n^2-n+2=2$，即命题成立；

（2）假设当 $n=k$ 时命题成立，即 k 个圆把平面分成 k^2-k+2 个部分；

（3）那么当 $n=k+1$ 时，这个圆中的 k 个圆把平面分成 k^2-k+2 个部分.第 $k+1$ 个圆被前 k 个圆分成 $2k$ 条弧，这 $2k$ 条弧中的每一条把所在的部分分成了 2 个部分，这时共增加了 $2k$ 个部分，故 $k+1$ 个圆把平面分成 $k^2-k+2+2k=(k+1)^2-(k+1)+2$ 个部分，这说明当 $n=k+1$ 时命题也成立.

综上所述，对一切 $n\in\mathbf{N}^*$，命题都成立.

10. 设数列 $\{a_n\}$ 的前 n 项和为 S_n，满足 $S_n=2na_{n+1}-3n^2-4n,n\in\mathbf{N}^*$，且 $S_3=15$.

（1）求 a_1,a_2,a_3；

（2）求数列 $\{a_n\}$ 的通项公式.

解：（1）在 $S_n=2na_{n+1}-3n^2-4n$ 中，$n=1$ 时，有 $a_1=2a_2-7$

$n=2$ 时，$S_2=a_1+a_2=4a_3-20$，另有 $S_3=a_1+a_2+a_3=15$

$\therefore \begin{cases} a_1=2a_2-7, \\ a_1+a_2=4a_3-20, \\ a_1+a_2+a_3=15, \end{cases}$ 解得：$\begin{cases} a_1=3, \\ a_2=5, \\ a_3=7; \end{cases}$

（2）证明：由 $a_1=3,a_2=5,a_3=7$ 猜想 $a_n=2n+1$，下面用数学归纳法进行证明：

① 验证当 $n=1$ 时，$a_1=3$ 符合题意.

② 假设 $n=k(k\geqslant1,k\in\mathbf{N}^*)$ 时，$a_k=2k+1$，则 $n=k+1$ 时，

$S_n=2na_{n+1}-3n^2-4n$，

$S_{n-1}=2(n-1)a_n-3(n-1)^2-4(n-1),n\geqslant2$，

则 $(2n-1)a_n=2na_{n+1}-6n-1$.

$\therefore (2k-1)a_k=2ka_{k+1}-6k-1$

$\Rightarrow(2k-1)(2k+1)=2ka_{k+1}-6k-1$

$\Rightarrow4k^2-1=2ka_{k+1}-6k-1$

$\Rightarrow2ka_{k+1}=4k^2+6k\Rightarrow a_{k+1}=2k+3=2(k+1)+1$.

所以 $n=k+1$，a_{k+1} 满足通项公式.

$\therefore a_n=2n+1$.

11. 设实数 $c>0$，整数 $p>1$，$n\in\mathbf{N}^*$.

（1）证明：当 $x>-1$ 且 $x\neq0$ 时，$(1+x)^p>1+px$；

（2）数列 $\{a_n\}$ 满足 $a_1>c^{\frac{1}{p}}$，$a_{n+1}=\dfrac{p-1}{p}a_n+\dfrac{c}{p}a_n^{1-p}$，求证：$a_n>a_{n+1}>c^{\frac{1}{p}}$.

解：（1）证明：用数学归纳法证明：

当 $p=2$ 时，$(1+x)^2=1+2x+x^2>1+2x$，原不等式成立.

假设 $p=k(k\geqslant2,k\in\mathbf{N}^*)$ 时，不等式成立，即 $(1+x)^k>1+kx$，则 $p=k+1$ 时，

$$(1+x)^{k+1}=(1+x)(1+x)^k>(1+x)(1+kx)=1+(k+1)x+kx^2,$$
$$>1+(k+1)x.$$

所以 $p=k+1$ 时，不等式成立.

$\therefore \quad p \geqslant 2, p \in \mathbf{N}^*$ 时, $(1+x)^p > 1 + px$；

（2）证明：用数学归纳法证明 $a_n > c^{\frac{1}{p}}$．

当 $n=1$ 时，$a_1 > c^{\frac{1}{p}}$．

假设 $n=k(k \geqslant 1, k \in \mathbf{N}^*)$，命题成立，即 $a_k > c^{\frac{1}{p}}$，则 $n=k+1$ 时，

$$a_{k+1} = \frac{p-1}{p} a_k + \frac{c}{p} a_k^{1-p}, \quad \therefore \quad \frac{a_{k+1}}{a_k} = \frac{p-1}{p} + \frac{c}{p} a_k^{-p} = 1 + \frac{1}{p}\left(\frac{c}{a_k^p} - 1\right).$$

由（1）可得：$\left(\dfrac{a_{k+1}}{a_k}\right)^p = \left[1 + \dfrac{1}{p}\left(\dfrac{c}{a_k^p} - 1\right)\right]^p > 1 + p \cdot \dfrac{1}{p}\left(\dfrac{c}{a_k^p} - 1\right) = \dfrac{c}{a_k^p}$，

即 $\dfrac{a_{k+1}^p}{a_k^p} > \dfrac{c}{a_k^p} \Rightarrow a_{k+1}^p > c, \quad \therefore \quad a_{k+1} > c^{\frac{1}{p}}$．

$\therefore \quad n=k+1$ 时，命题成立．

$\therefore \quad n \geqslant 1, n \in \mathbf{N}^*$ 时，$a_n > c^{\frac{1}{p}}$．

下面证明：$a_n > a_{n+1}$．

考虑 $\dfrac{a_{n+1}}{a_n} = 1 + \dfrac{1}{p}\left(\dfrac{c}{a_n^p} - 1\right)$，$\quad \because \quad a_n > c^{\frac{1}{p}} \Rightarrow a_n^p > c \Rightarrow \dfrac{c}{a_n^p} - 1 < 0$，

$\therefore \quad a_{n+1} a_n < 1 \Rightarrow a_n > a_{n+1}, \quad \therefore \quad a_n > a_{n+1} > c^{\frac{1}{p}}$．

12. 设 $a_1, a_2, \cdots, a_n$ 为正数，证明

$$\sqrt{a_1 + a_2 + \cdots + a_n} + \sqrt{a_2 + a_3 + \cdots + a_n} + \sqrt{a_3 + \cdots + a_n} + \cdots + \sqrt{a_n}$$
$$\geqslant \sqrt{a_1 + 4a_2 + 9a_3 + \cdots + n^2 a_n}.$$

证明： 对 n 归纳，$n=1$ 时显然成立等号；设 $n=k$ 时结论对于任意 k 个正数成立，

当 $n=k+1$ 时，对于任意 $k+1$ 个正数 $a_1, a_2, \cdots, a_k, a_{k+1}$，据假设有

$$\sqrt{a_2 + a_3 + \cdots + a_{k+1}} + \sqrt{a_3 + \cdots + a_{k+1}} + \cdots + \sqrt{a_{k+1}} \geqslant \sqrt{a_2 + 4a_3 + 9a_4 + \cdots + k^2 a_{k+1}},$$

所以 $\sqrt{a_1 + a_2 + \cdots + a_{k+1}} + \sqrt{a_2 + a_3 + \cdots + a_{k+1}} + \cdots + \sqrt{a_{k+1}}$

$$\geqslant \sqrt{a_1 + a_2 + \cdots + a_{k+1}} + \sqrt{a_2 + 4a_3 + 9a_4 + \cdots + k^2 a_{k+1}},$$

只要证

$$\sqrt{a_1 + a_2 + \cdots + a_{k+1}} + \sqrt{a_2 + 4a_3 + \cdots + k^2 a_{k+1}} \geqslant \sqrt{a_1 + 4a_2 + \cdots + (k+1)^2 a_{k+1}} \qquad ①$$

平方整理，只要证

$$\sqrt{a_1 + a_2 + \cdots + a_{k+1}} \cdot \sqrt{a_2 + 4a_3 + \cdots + k^2 a_{k+1}} \geqslant a_2 + 2a_3 + 3a_4 + \cdots + k a_{k+1} \qquad ②$$

由柯西不等式

$$\left[(\sqrt{a_2})^2 + (\sqrt{a_3})^2 + \cdots + (\sqrt{a_{k+1}})^2\right] \cdot \left[(\sqrt{a_2})^2 + (2\sqrt{a_3})^2 + \cdots + (k\sqrt{a_{k+1}})^2\right]$$
$$\geqslant (\sqrt{a_2} \cdot \sqrt{a_2} + \sqrt{a_3} \cdot 2\sqrt{a_3} + \sqrt{a_4} \cdot 3\sqrt{a_4} + \cdots + \sqrt{a_{k+1}} \cdot k\sqrt{a_{k+1}})^2,$$

即 $(a_2 + \cdots + a_{k+1}) \cdot (a_2 + 4a_3 + \cdots + k^2 a_{k+1}) \geqslant (a_2 + 2a_3 + 3a_4 + \cdots + k a_{k+1})^2$

所以 $(a_1 + a_2 + \cdots + a_{k+1}) \cdot (a_2 + 4a_3 + \cdots + k^2 a_{k+1}) \geqslant (a_2 + 2a_3 + 3a_4 + \cdots + k a_{k+1})^2$，

即②成立，因此当 $n=k+1$ 时结论成立．故由归纳法知，所证不等式成立．

§14.6 归纳—猜想—论证

1. 数列 $\{a_n\}$ 满足 $a_1=\dfrac{1}{2}$，$a_2=\dfrac{1}{6}$，$a_n+a_{n+1}+a_{n+2}=\dfrac{3}{n(n+3)}$ $(n\in\mathbf{N}^*)$.

（1）求 a_3，a_4；（2）猜测 a_n，并用数学归纳法证明.

解：（1）$a_3=\dfrac{1}{12}$，$a_4=\dfrac{1}{20}$；

（2）$a_n=\dfrac{1}{n(n+1)}$.

① 当 $k=1$ 时，命题显然成立；

② 假设当 $n\leqslant k$ 时命题成立；

③ 那么当 $n=k+1$ 时，$a_{k+1}=\dfrac{3}{(k-1)(k+2)}-(a_k+a_{k-1})$

$$=\dfrac{3}{(k-1)(k+2)}-\left[\dfrac{1}{k(k+1)}+\dfrac{1}{k(k-1)}\right]$$

$$=\dfrac{3}{(k-1)(k+2)}-\dfrac{2}{(k-1)(k+1)}$$

$$=\dfrac{3(k+1)-2(k+2)}{(k-1)(k+1)(k+2)}=\dfrac{1}{(k+1)(k+2)}.$$

当 $n=k+1$ 时命题也成立.

综上所述，对一切 $n\in\mathbf{N}^*$，命题都成立.

2. 对于数列 $\{a_n\}$，若 $a_1=a+\dfrac{1}{a}$（$a>0$ 且 $a\neq1$），$a_{n+1}=a_1-\dfrac{1}{a_n}$.

（1）求 a_2，a_3，a_4；（2）猜测 $\{a_n\}$ 的通项公式，并证明你的结论.

解：（1）$a_2=\dfrac{a^6-1}{a^5-a}$，$a_3=\dfrac{a^8-1}{a^7-a}$，$a_4=\dfrac{a^{10}-1}{a^9-a}$；

（2）$a_n=\dfrac{a^{2n+2}-1}{a(a^{2n}-1)}$，数学归纳法证明.

当 $n=1$ 时，$a_1=\dfrac{a^4-1}{a(a^2-1)}=\dfrac{a^2+1}{a}=a+\dfrac{1}{a}$，显然成立.

假设当 $n=k$ 时，命题也成立，即：$a_k=\dfrac{a^{2k+2}-1}{a(a^{2k}-1)}$.

当 $n=k+1$ 时，$a_{k+1}=a_1-\dfrac{1}{a_k}=\dfrac{a^2+1}{a}-\dfrac{a(a^{2k}-1)}{a^{2k+2}-1}=\dfrac{(a^2+1)(a^{2k+2}-1)-a^2(a^{2k}-1)}{a(a^{2k+2}-1)}$

$$=\dfrac{a^{2k+4}-1}{a(a^{2k+2}-1)}，显然得证.$$

3. 已知数列 $\{a_n\}$ 的通项公式是 $a_n=n^2+n$，试问是否存在常数 p，q，r 使等式 $\dfrac{1}{1+a_1}+$

$\dfrac{1}{2+a_2}+\cdots+\dfrac{1}{n+a_n}=\dfrac{pn^2+qn+r}{4(n+1)(n+2)}$ 对一切正整数 n 都成立.

解：先猜想，联立三个方程，用待定系数法解得：$p=3,q=5,r=0$，

后用数学归纳法证明：$\dfrac{1}{1+a_1}+\dfrac{1}{2+a_1}+\cdots+\dfrac{1}{n+a_n}=\dfrac{3n^2+5n}{4(n+1)(n+2)}$.

当 $n=1$ 时，左边 $=\dfrac{1}{1+2}=\dfrac{1}{3}$，右边 $=\dfrac{8}{4\cdot2\cdot3}=\dfrac{1}{3}$；

假设 $n=k$ 时，命题成立. 即 $\dfrac{1}{1+a_1}+\dfrac{1}{2+a_1}+\cdots+\dfrac{1}{k+a_k}=\dfrac{3k^2+5k}{4(k+1)(k+2)}$；

当 $n=k+1$ 时，左边 $=\dfrac{1}{1+a_1}+\dfrac{1}{2+a_1}+\cdots+\dfrac{1}{k+a_k}+\dfrac{1}{k+1+a_{k+1}}$

$=\dfrac{3k^2+5k}{4(k+1)(k+2)}+\dfrac{1}{k+1+(k+1)^2+k+1}=\dfrac{3k^2+5k}{4(k+1)(k+2)}+\dfrac{1}{(k+1)(k+3)}$

$=\dfrac{3k^2+5k}{4(k+1)(k+2)}+\dfrac{1}{(k+1)(k+3)}$

$=\dfrac{(3k^2+5k)(k+3)}{4(k+1)(k+2)(k+3)}+\dfrac{4(k+2)}{4(k+1)(k+2)(k+3)}$

$=\dfrac{(k+1)(3k^2+11k+8)}{4(k+1)(k+2)(k+3)}=\dfrac{3(k+1)^2+5(k+1)}{4(k+2)(k+3)}$，

右边 $=\dfrac{3(k+1)^2+5(k+1)}{4(k+2)(k+3)}$，

显然，左边等于右边. 得证.

4. 设 a_n 为 $f_n(x)=(1+2x)(1+2^2x)(1+2^3x)\cdots(1+2^nx)$ 的展开式中 x^2 的系数，试问是否存在实数 a,b，使得对于不小于 2 的自然数 n，关系式 $a_n=\dfrac{8}{3}(2^{n-1}-1)\cdot(a\cdot2^n+b)$ 成立，并加以证明.

解：$a_n=\displaystyle\sum_{1\leqslant i<j\leqslant n}2^{i+j}=\sum_{j=2}^n\sum_{i=1}^{j-1}2^{j+i}=\sum_{j=2}^n(2^{2j}-2^{j+1})=\dfrac{4^{n+1}-16}{3}-2^{n+2}+8$

$=\dfrac{8}{3}(2^{n-1}-1)\cdot(2^n-1),a=1,b=-1.$

5. 设 $P_1,P_2,P_3,\cdots,P_n$ 是曲线 $y=\sqrt{x}$ 上的点列，$Q_1,Q_2,Q_3,\cdots,Q_n$ 是 x 轴正半轴上的点列，且三角形 OQ_1P_1，三角形 $Q_1Q_2P_2$，$\cdots$，三角形 $Q_{n-1}Q_nP_n$ 都是正三角形，设它们的边长为 $a_1,a_2,a_3,\cdots,a_n$. S_n 表示前 n 项的和. 求 S_1,S_2,S_3,S_n，并加以证明.

解：$S_1=\dfrac{2}{3},S_2=2,S_3=4$，

三角形 $Q_{n-1}Q_nP_n$ 中，P_n 点坐标为 $\left(S_n-\dfrac{a_n}{2},\sqrt{S_n-\dfrac{a_n}{2}}\right)$，

则 $\sqrt{S_n-\dfrac{a_n}{2}}=\dfrac{\sqrt{3}}{2}a_n\Rightarrow S_n=\dfrac{3}{4}a_n^2+\dfrac{a_n}{2},S_{n-1}=\dfrac{3}{4}a_{n-1}^2+\dfrac{a_{n-1}}{2}$.

两式相减，可得 $a_n-a_{n-1}=\dfrac{2}{3}(n\geqslant2)$，则 $a_n=\dfrac{2}{3}n$，则 $S_n=\dfrac{1}{3}n(n+1)$.

6. 设函数 $f(x)$ 的定义域、值域均为 $\mathbf{R}$，$f(x)$ 的反函数为 $f^{-1}(x)$，且对于任意实数 x，均有 $f(x)+f^{-1}(x)<\dfrac{5}{2}x$，定义数列 $\{a_n\}$：$a_0=8$，$a_1=10$，$a_n=f(a_{n-1})$，$n=1,2,\cdots$。

（1）求证：$a_{n+1}+a_{n-1}<\dfrac{5}{2}a_n$；

（2）设 $b_n=a_{n+1}-2a_n$，$n=0,1,2,\cdots$，求证：$b_n<(-6)\left(\dfrac{1}{2}\right)^n$（$n\in\mathbf{N}^*$）；

（3）是否存在常数 A 和 B，同时满足：① 当 $n=0$ 及 $n=1$ 时，有 $a_n=\dfrac{A\cdot 4^n+B}{2^n}$；② 当 $n=2,3,\cdots$ 时，有 $a_n<\dfrac{A\cdot 4^n+B}{2^n}$ 成立，如果存在满足上述条件的实数 A、B，求出 A、B 的值；如果不存在，证明你的结论。

解：（1）证明：由于 $f(x)+f^{-1}(x)<\dfrac{5}{2}x$，设 $x=a_n$ 则 $f(a_n)+f^{-1}(a_n)<\dfrac{5}{2}a_n$

即 $a_{n+1}+a_{n-1}<\dfrac{5}{2}a_n$；

（2）证明：由于 $a_{n+1}<\dfrac{5}{2}a_n-a_{n-1}$ 则 $a_{n+1}-2a_n<\dfrac{1}{2}(a_n-2a_{n-1})$

即 $b_n<\dfrac{1}{2}b_{n-1}$ 　　由于 $b_0=a_1-2a_0=-6$ 则 $b_n<\left(\dfrac{1}{2}\right)^n b_0=(-6)\left(\dfrac{1}{2}\right)^n$（$n\in\mathbf{N}^*$）；

（3）解：由（2）可知：$a_{n+1}<2a_n+(-6)\left(\dfrac{1}{2}\right)^n$ 假设存在常数 A 和 B，

使得 $a_n=\dfrac{A\cdot 4^n+B}{2^n}$ 对 $n=0,1$ 成立，则

$\begin{cases} a_0=A+B=8, \\ a_1=\dfrac{4A+B}{2}=10, \end{cases}$ 　　解得 $A=B=4$。

数学归纳法证明 $a_n<\dfrac{4\times 4^n+4}{2^n}$ 对一切 $n\geqslant 2$，$n\in\mathbf{N}$ 成立。

① 当 $n=2$ 时，由 $a_{n+1}+a_{n-1}<\dfrac{5}{2}a_n$ 得

$a_2<\dfrac{5}{2}a_1-a_0=\dfrac{5}{2}\times 10-8=17=\dfrac{4\times 4^2+4}{2^2}$ 则 $n=2$ 时，$a_n<\dfrac{4\times 4^2+4}{2^2}$ 成立；

② 假设 $n=k$（$k\geqslant 2$）时，不等式成立，即 $a_k<\dfrac{4\times 4^k+4}{2^k}$，

则 $a_{k+1}<2a_k+(-6)\left(\dfrac{1}{2}\right)^k<2\times\dfrac{4\times 4^k+4}{2^k}+(-6)\left(\dfrac{1}{2}\right)^k=\dfrac{4\times 4^{k+1}+4}{2^{k+1}}$，

这说明 $n=k+1$ 时，不等式成立；

综合①②，可知 $a_n<\dfrac{4\times 4^n+4}{2^n}$（$n\geqslant 2$，$n\in\mathbf{N}$）成立。

则 $A=B=4$ 满足题设.

7. 已知函数 $f(x)$ 与函数 $y=\sqrt{a(x-1)}$,$(a>0)$ 的图像关于直线 $y=x$ 对称.

（1）试用含 a 的代数式表示函数 $f(x)$ 的解析式,并指出它的定义域；

（2）数列 $\{a_n\}$ 中,$a_1=1$,当 $n\geqslant2$ 时,$a_n>a_1$.数列 $\{b_n\}$ 中,$b_1=2$,$S_n=b_1+b_2+\cdots+b_n$.点 $P_n\left(a_n,\dfrac{S_n}{n}\right)(n=1,2,3,\cdots)$ 在函数 $f(x)$ 的图像上,求 a 的值；

（3）在（2）的条件下,过点 P_n 作倾斜角为 $\dfrac{\pi}{4}$ 的直线 l_n,则 l_n 在 y 轴上的截距为 $\dfrac{1}{3}(b_n+1)$ $(n=1,2,3,\cdots)$,求数列 $\{a_n\}$ 的通项公式.

解：（1）由题可知：$f(x)$ 与函数 $y=\sqrt{a(x-1)}$ $(a>0)$ 互为反函数,

所以,$f(x)=\dfrac{x^2}{a}+1$,$(x\geqslant0)$；

（2）因为点 $P_n\left(a_n,\dfrac{S_n}{n}\right)(n=1,2,3,\cdots)$ 在函数 $f(x)$ 的图像上,所以,

$$\dfrac{S_n}{n}=\dfrac{a_n^2}{a}+1(n=1,2,3,\cdots)\qquad\qquad ⊛$$

在上式中令 $n=1$ 可得：$S_1=\dfrac{a_1^2}{a}+1$,又因为,$a_1=1$,$S_1=b_1=2$,

代入可解得：$a=1$.所以 $f(x)=x^2+1$,

⊛式可化为：$\dfrac{S_n}{n}=a_n^2+1$ $(n=1,2,3,\cdots)$ ①

（3）直线 l_n 的方程为：$y-\dfrac{S_n}{n}=x-a_n$,$(n=1,2,3,\cdots)$,

在其中令 $x=0$,得 $y=\dfrac{S_n}{n}-a_n$,又因为 l_n 在 y 轴上的截距为 $\dfrac{1}{3}(b_n+1)$,

所以,$\dfrac{S_n}{n}-a_n=\dfrac{1}{3}(b_n+1)$.

结合①式可得 $b_n=3a_n^2-3a_n+2$ ②

由①可知当自然数 $n\geqslant2$ 时,$S_n=na_n^2+n$,$S_{n-1}=(n-1)a_{n-1}^2+n-1$,

两式之差得：$b_n=na_n^2-(n-1)a_{n-1}^2+1$.结合②式得

$(n-3)a_n^2+3a_n=(n-1)a_{n-1}^2+1$ $(n\geqslant2,n\in\mathbf{N})$ ③

在③中,令 $n=2$,结合 $a_1=1$,可解得 $a_2=1$ 或 2,

又因为：当 $n\geqslant2$ 时,$a_n>a_1$,所以,舍去 $a_2=1$,得 $a_2=2$.

同上,在③中,依次令 $n=3$,$n=4$,可解得 $a_3=3$,$a_4=4$.

猜想 $a_n=n$ $(n\in\mathbf{N})$.下面用数学归纳法证明.

（A）$n=1,2,3$ 时,由已知条件及上述求解过程知显然成立.

（B）假设 $n=k$ 时命题成立,即 $a_k=k(k\in\mathbf{N}$,且 $k\geqslant3)$,

则由③式可得$(k-2)a_{k+1}^2+3a_{k+1}=ka_k^2+1$.

把 $a_k=k$ 代入上式并解方程得 $a_{k+1}=-\dfrac{k^2-k+1}{k-2}$ 或 $k+1$,

由于 $k\geqslant3$,所以 $-\dfrac{k^2-k+1}{k-2}=\dfrac{k(k-1)+1}{2-k}<0$,

所以,$a_{k+1}=-\dfrac{k^2-k+1}{k-2}$ 不符合题意,应舍去,

故只有 $a_{k+1}=k+1$.所以,$n=k+1$ 时命题也成立.

综上可知:数列 $\{a_n\}$ 的通项公式为 $a_n=n\ (n\in\mathbf{N})$.

8. 已知数列 $\{a_n\}$ 对任意的 $n\in\mathbf{N}^*$ 满足:$a_{n+2}+a_n>2a_{n+1}$,则称数列 $\{a_n\}$ 为"T 数列".

(1) 求证:数列 $\{2^n\}$ 是"T 数列";

(2) 若 $a_n=n^2\cdot\left(\dfrac{1}{2}\right)^n$,试判断数列 $\{a_n\}$ 是否是"T 数列",并说明理由;

(3) 若数列 $\{a_n\}$ 是各项均为正的"T 数列",

求证:$\dfrac{a_1+a_3+\cdots+a_{2n+1}}{a_2+a_4+\cdots+a_{2n}}>\dfrac{n+1}{n}$.

解:(1) ∵ $2^n+2^{n+2}=5\cdot2^n$,$2\cdot2^{n+1}=4\cdot2^n$

∴ $a_{n+2}+a_n-2a_{n+1}=2^{n+2}+2^n-2\cdot2^{n+1}=2^n>0$

∴ $a_{n+2}+a_n>2a_{n+1}$;

(2) $a_{n+2}+a_n-2a_{n+1}=(n+2)^2\cdot\left(\dfrac{1}{2}\right)^{n+2}+n^2\cdot\left(\dfrac{1}{2}\right)^n-2(n+1)^2\cdot\left(\dfrac{1}{2}\right)^{n+1}$

$$=\left(\dfrac{1}{2}\right)^n\cdot\left[\dfrac{(n+2)^2}{4}+n^2-(n+1)^2\right]=\left(\dfrac{1}{2}\right)^n\cdot\left(\dfrac{n^2-4n}{4}\right)>0$$

解得,$n>4$,$n\in\mathbf{N}^*$,故数列 $\{a_n\}$ 不是 T 数列;

(3) 要证 $\dfrac{a_1+a_3+\cdots+a_{2n+1}}{a_2+a_4+\cdots+a_{2n}}>\dfrac{n+1}{n}$,

只需证 $n(a_1+a_3+\cdots+a_{2n+1})>(n+1)(a_2+a_4+\cdots+a_{2n})$.

下面运用数学归纳法证明:

① 当 $n=1$ 时,$a_1+a_3>2a_2$ 成立.

② 假设当 $n=k$ 时,不等式成立,

即 $k(a_1+a_3+\cdots+a_{2k+1})>(k+1)a_2+a_4+\cdots+a_{2k}$.

那么当 $n=k+1$ 时,

$\quad(k+1)(a_1+a_3+\cdots+a_{2k+3})-(k+2)(a_2+a_4+\cdots+a_{2k+2})$

$=[k(a_1+a_3+\cdots+a_{2k+1})+(a_1+a_3+\cdots+a_{2k+1})+(k+1)a_{2k+3}]$

$\quad-[(k+1)(a_2+a_4+\cdots+a_{2k})+(a_2+a_4+\cdots+a_{2k})+(k+2)a_{2k+2}]$

$>(k+1)a_{2k+3}-(k+2)a_{2k+2}+(a_1+a_3+\cdots+a_{2k+1})-(a_2+a_4+\cdots+a_{2k})$

$=(k+1)(a_{2k+3}-a_{2k+2})+(a_1+a_3+\cdots+a_{2k+1})-(a_2+a_4+\cdots+a_{2k}+a_{2k+2})$

∵ $\{a_n\}$ 是 T 数列,∴ $a_{n+2}+a_n>2a_{n+1}$,∴ $a_{n+2}-a_{n+1}>a_{n+1}-a_n$,

∴ $a_{n+2}-a_{n+1}>a_{n+1}-a_n>a_n-a_{n-1}>\cdots>a_2-a_1$.

$\therefore$ $(a_{2k+3}-a_{2k+2})>(a_{2k+2}-a_{2k+1}).(a_{2k+3}-a_{2k+2})>(a_{2k}-a_{2k-1}).$

以此类推

……

$(a_{2k+3}-a_{2k+2})>(a_2-a_1).$

将上述式子相加,得

$(k+1)(a_{2k+3}-a_{2k+2})+(a_1+a_3+\cdots+a_{2k+1})-(a_2+a_4+\cdots+a_{2k}+a_{2k+2})>0$

所以当 $n=k+1$ 不等式成立,

根据①和②可知,

对于任意 $n\in\mathbf{N}^*$ 不等式 $\dfrac{a_1+a_3+\cdots+a_{2n+1}}{a_2+a_4+\cdots+a_{2n}}>\dfrac{n+1}{n}$ 均成立.

9. 统计学中将 $n(n\geqslant2,n\in\mathbf{N}^*)$ 个数 $x_1,x_2,\cdots,x_n$ 的和记作 $\displaystyle\sum_{i=1}^{n}x_i$.

(1) 设 $b_n=|3n-13|(n\in\mathbf{N}^*)$,求 $\displaystyle\sum_{i=1}^{10}b_i$;

(2) 是否存在互不相等的非负整数 $a_1,a_2,a_3,\cdots,a_n,0\leqslant a_1<a_2<a_3\cdots<a_n$,使得 $\displaystyle\sum_{i=1}^{n}2^{a_i}=2019$ 成立,若存在,请写出推理的过程;若不存在请证明;

(3) 设 $x_1,x_2,x_3,\cdots,x_n(n\geqslant3)$ 是不同的正实数,$x_1=a$,对任意的 $n\in\mathbf{N}^*(n\geqslant3)$,都有 $\dfrac{x_1}{x_2}\displaystyle\sum_{i=1}^{n-1}\dfrac{x_n{}^2}{x_ix_{i+1}}=\dfrac{x_n^2-x_1^2}{x_2^2-x_1^2}$,判断 $x_1,x_2,x_3,\cdots,x_n$ 是否为一个等比数列,请说明理由.

解:(1) 因为 $b_n=|3n-13|,n\in\mathbf{N}^*$,所以 $b_n=\begin{cases}13-3n,n\leqslant4,\\3n-13,n\geqslant5,\end{cases}n\in\mathbf{N}^*$.

所以 $\displaystyle\sum_{i=1}^{10}b_i=(b_1+b_2+b_3+b_4)+(b_5+b_6+\cdots+b_{10})=79$;

(2) 因为 $a_n\geqslant0,2^{a_n}>0$,

又 $2^{11}=2048>2019$,所以 a_n 中最大可能是 10,

因为 $2^0+2^1+2^2+2^3+2^4+\cdots+2^{10}=2047>2019$,

$2^0+2^1+2^2+2^3+2^4+\cdots+2^9=2^{10}-1=1023<2019$,

所以 $(a_n)_{\max}=10$.

又 $2^0+2^1+2^2+2^3+\cdots+2^8+2^{10}=2^9-1+1024=1535<2019$,

所以必有 $a_{n-1}=9$.

又因为 $2^0+2^1+2^2+2^3+2^4+\cdots+2^{10}=2047$,所以 $2019=2047-28$.

所以必然存在某几项 $a^p+a^q+a^r=28<2^5$,其中 $1\leqslant p<q<r\leqslant4$,

只有 $2^2+2^3+2^4=28$,

所以存在这样互不相等的非负整数 $a_1,a_2,a_3,\cdots a_n,0\leqslant a_1<a_2<a_3\cdots<a_n$,

使得 $2^0+2^1+2^5+2^6+2^7+2^8+2^9+2^{10}=2019$ 成立;

(3) 数学归纳法证明:

当 $n=3$，代入 $\dfrac{x_1}{x_2}\sum\limits_{i=1}^{2}\dfrac{x_3^2}{x_ix_{i+1}}=\dfrac{x_1}{x_2}\left(\dfrac{x_3^2}{x_1x_2}+\dfrac{x_3^2}{x_2x_3}\right)=\dfrac{x_3^2-x_1^2}{x_2^2-x_1^2}$，

化简得 $x_1x_3=x_2^2$ 所以 x_1,x_2,x_3 成等比数列.

假设当 $n=k\geqslant 4$ 时 $x_1,x_2,x_3,\cdots,x_k$ 成等比数列，$x_1,x_2,x_3,\cdots,x_k,x_{k+1}$ 是不同的正实数.

记 $x_k=ar^{k-1}$，设 $x_k=au_k$，

$$\dfrac{x_1}{x_2}\sum\limits_{i=1}^{k}\dfrac{x_{k+1}^2}{x_kx_{k+1}}=\dfrac{x_{k+1}^2}{r}\left(\dfrac{1}{x_1x_2}+\dfrac{1}{x_2x_3}+\dfrac{1}{x_{k-1}x_k}+\dfrac{1}{x_kx_{k+1}}\right)=\dfrac{x_{k+1}^2-x_1^2}{x_2^2-x_1^2}.$$

化简整理得：

$$\dfrac{u_{k+1}^2}{r}\left(\dfrac{1}{r}+\dfrac{1}{r^3}+\cdots+\dfrac{1}{r^{2k-3}}++\dfrac{1}{r^{k-1}u_{k+1}}\right)=\dfrac{u_{k+1}^2-1}{r^2-1}.$$

去分母同乘以 $(r^2-1)r^{2k-2}$ 得

$$u_{k+1}^2(1+r^2+r^4+\cdots+r^{2k-2})(r^2-1)+r^{k-2}u_{k+1}=(u_{k+1}^2-1)r^{2k-2},$$

整理 $u_{k+1}^2-(r^k-r^{k-2})u_{n+1}-r^{2k-2}=0,(u_{k+1}-r^k)(u_{k+1}+r^{k-2})=0.$

因为 $x_k=au_k>0$，得 $u_{k+1}=r^k$，从而 $x_{k+1}=ar^k$，

所以 $n=k+1$ 时 $x_1,x_2,x_3,\cdots,x_{n+1}$ 是等比数列.

10. 对于数列 $\{a_n\}$，定义 $T_n=a_1a_2+a_2a_3+\cdots+a_na_{n+1},n\in\mathbf{N}^*$.

(1) 若 $a_1=3,T_n=6^n-1$，求数列 $\{a_n\}$ 的通项公式；

(2) 令 $b_n=\begin{cases}T_2-2T_1 & (n=1),\\ T_{n+1}+T_{n-1}-2T_n & (n\geqslant 2,n\in\mathbf{N}^*).\end{cases}$

命题 **P**：" $\{a_n\}$ 的前 4 项为等差数列，且 $\{b_n\}$ 为等差数列".

命题 **Q**：" $\{a_n\}$ 为等差数列".

判断并说明命题真假：命题 **P** 是命题 **Q** 的充要条件.

解： (1) 由 $T_n=6^n-1$，可以得到当 $n\geqslant 2,n\in\mathbf{N}^*$ 时，

$a_na_{n+1}=T_n-T_{n-1}=(6^n-1)-(6^{n-1}-1)=5\cdot 6^{n-1}$，

又因为 $a_1a_2=T_1=5$，

所以 $a_na_{n+1}=5\cdot 6^{n-1},n\in\mathbf{N}^*$，进而得到 $a_{n+1}a_{n+2}=5\cdot 6^n,n\in\mathbf{N}^*$，

两式相除得 $\dfrac{a_{n+2}}{a_n}=6,n\in\mathbf{N}^*$，

所以数列 $\{a_{2k-1}\},\{a_{2k}\}$ 均为公比为 6 的等比数列，

由 $a_1=3$，得 $a_2=\dfrac{5}{3}$，

所以 $a_n=\begin{cases}3\cdot 6^{\frac{n-1}{2}}, & n=2k-1,k\in\mathbf{N}^*,\\ \dfrac{5}{3}\cdot 6^{\frac{n-2}{2}}, & n=2k,k\in\mathbf{N}^*;\end{cases}$

(2) 真命题。

证明：由题意 $b_1=T_2-2T_1=a_2a_3-a_1a_2$，

当 $n\geqslant 2,n\in\mathbf{N}^*$ 时，$b_n=T_{n+1}+T_{n-1}-2T_n=a_{n+1}a_{n+2}-a_na_{n+1}$，

因此，对任意 $n \in \mathbf{N}^*$，都有 $b_n = a_{n+1}a_{n+2} - a_n a_{n+1}$。

必要性($\Rightarrow$)：若 $\{a_n\}$ 为等差数列，不妨设 $a_n = bn + c$，其中 b, c 为常数，

显然 $a_2 - a_1 = a_3 - a_2 = a_4 - a_3$，

由于 $b_n = a_{n+1}a_{n+2} - a_n a_{n+1} = a_{n+1}(a_{n+2} - a_n) = 2b^2 n + 2b^2 + 2bc$，

所以对于 $n \in \mathbf{N}^*$，$b_{n+1} - b_n = 2b^2$ 为常数，

故 $\{b_n\}$ 为等差数列；

充分性($\Leftarrow$)：由于 $\{a_n\}$ 的前 4 项为等差数列，不妨设公差为 d

由 $\{b_n\}$ 为等差数列，得 $b_{k+2} + b_k = 2b_{k+1}$，

即：$(a_{k+3}a_{k+4} - a_{k+2}a_{k+3}) + (a_{k+1}a_{k+2} - a_k a_{k+1}) = 2(a_{k+2}a_{k+3} - a_{k+1}a_{k+2})$，

所以 $a_{k+4} = \dfrac{3a_{k+2}a_{k+3} - 3a_{k+1}a_{k+2} + a_k a_{k+1}}{a_{k+3}}$

数学归纳法：

当 $n = k+3$，$(k=1)$ 时，有 $a_4 = a_1 + 3d$，$a_3 = a_1 + 2d$，$a_2 = a_1 + d$ 成立。

假设 $n \leqslant k+3(k>1, k \in \mathbf{N}^*)$ 时 $\{a_n\}$ 为等差数列，

即 $a_{k+3} = a_k + 3d$，$a_{k+2} = a_k + 2d$，$a_{k+1} = a_k + d$

当 $n = k+4(k>1, k \in \mathbf{N}^*)$ 时，由 $\{b_n\}$ 为等差数列，得 $b_{k+2} + b_k = 2b_{k+1}$，

即：$(a_{k+3}a_{k+4} - a_{k+2}a_{k+3}) + (a_{k+1}a_{k+2} - a_k a_{k+1}) = 2(a_{k+2}a_{k+3} - a_{k+1}a_{k+2})$，

所以 $\quad a_{k+4} = \dfrac{3a_{k+2}a_{k+3} - 3a_{k+1}a_{k+2} + a_k a_{k+1}}{a_{k+3}}$

$\qquad = \dfrac{3(a_k + 2d)(a_k + 3d) - 3(a_k + d)(a_k + 2d) + a_k(a_k + d)}{a_k + 3d}$

$\qquad = \dfrac{a_k^2 + 7a_k d + 12d^2}{a_k + 3d} = a_k + 4d$，

因此 $a_{k+4} - a_{k+3} = d$，

综上所述：数列 $\{a_n\}$ 为等差数列.

11. 设 $f_{(k,t)}(x) = \dfrac{kx + t}{x}$（这里的 $k, t, x \in \mathbf{R}$ 且 $x \neq 0$）

(1) $f_{(1,2)}(1)$，$f_{(2,2)}(x)$，$f_{(1,3)}(3)$ 成等差数列，求 x 的值；

(2) 已知 $\left\{ f_{(0,1)}\left(\dfrac{1}{x_n}\right) \right\}$，$n \in \mathbf{N}^*$ 是公比为 $\dfrac{3}{2}$ 的等比数列，$x_1, x_5 \in \mathbf{N}^*$ 是否存在正整数 u，使得 $x_1 \geqslant u^4$，且 $x_5 \leqslant (u+1)^4$？若存在，求出 u 的值，若不存在，请说明理由；

(3) 如果存在正常数 M，使得 $|y_n| \leqslant M$ 对于一切 $n \in \mathbf{N}^*$ 的成立，那么称数列 $\{y_n\}$ 有界，

已知 $a > 0$，m 为正偶数，数列 $\{x_n\}$ 满足 $x_1 = b < 0$，且 $x_{n+1} = f_{(b,a)}\left(\dfrac{1}{x_n^m}\right)$，$n \in \mathbf{N}^*$，

证明：数列 $\{x_n\}$ 有界的充要条件是 $ab^{m-1} + 2 \geqslant 0$.

解：(1) 由已知可得 $f_{(1,2)}(1) = 3$，$f_{(2,2)}(x) = \dfrac{2x + 2}{x}$，$f_{(1,3)}(3) = 2$，

$\because$ $f_{(1,2)}(1)$，$f_{(2,2)}(x)$，$f_{(1,3)}(3)$ 成等差数列，

$\therefore$ $2f_{(2,2)}(x) = f_{(1,2)}(1) + f_{(1,3)}(3)$，即 $2 \cdot \dfrac{2x + 2}{x} = 3 + 2$，解得 $x = 4$；

（2）设正整数 u 满足题设要求，则 $x_5 = x_1\left(\dfrac{3}{2}\right)^4$，$\because$ $x_1, x_5 \in \mathbf{N}^*$，

$\therefore$ $x_1 = 2^4 \cdot k(k \in \mathbf{N}^*)$，从而 $x_5 = 3^4 \cdot k$.

由 $x_1 \geqslant u^4$ 可得 $u \leqslant 2 \cdot \sqrt[4]{k}$ （a）

由 $x_5 \leqslant (u+1)^4$ 可得 $u+1 \geqslant 3 \cdot \sqrt[4]{k}$ （b）

消去 k 得 $u+1 \geqslant 3 \cdot \dfrac{u}{2}$，解得 $u \leqslant 2$，再由（b）得 $u+1 \geqslant 3$，得 $u \geqslant 2$，这样，便有 $u=2$.

（3）易得 $x_{n+1} = a x_n^m + b(n \in \mathbf{N}^*)$.

充分性：设 $ab^{m-1}+2 \geqslant 0$，即 $ab^{m-1} \geqslant -2$，

则由 $b<0$，且 $ab^{m-1}+2 \geqslant 0$ 可得 $ab^m + b \leqslant -b$ （c）

现用数学归纳法证明：数列 $\{x_n\}$ 的每一项都落在区间 $[b, -b]$ 中.

① 当 $n=1$ 时，$x_1 = b \in [b, -b]$，结论成立；

② 假设当 $n=k$ 时，结论成立，即 $x_k \in [b, -b] \Leftrightarrow b \leqslant x_k \leqslant -b$，

那么，当 $n=k+1$ 时，因为 $b<0$，且 m 为正偶数，所以，$0 \leqslant x_k^m \leqslant b^m$，又 $a>0$，并利用（c），便得 $b \leqslant a x_k^m + b \leqslant ab^m + b \leqslant -b$，即 $b \leqslant x_{k+1} \leqslant -b \Leftrightarrow x_{k+1} \in [b, -b]$，

这就是说，当 $n=k+1$ 时，结论也成立.

综上，数列 $\{x_n\}$ 的每一项都落在区间 $[b, -b]$ 中，因而，数列 $\{x_n\}$ 有界.

必要性：假设 $ab^{m-1}+2 < 0$，即 $ab^{m-1} < -2$，

则由 $b<0$ 且 m 为正偶数，可得 $a(-b)^{m-1} > 2$ （d）

注意到 $ab^m + b > -b > 0$，且 $a>0$，故 $a(ab^m + b)^m + b > a(-b)^m + b = ab^m + b > -b > 0$，

即 $x_3 > x_2 > -b > 0 > b = x_1$，进而 $x_4 = a x_3^m + b > a x_2^m + b = x_3$，即 $x_4 > x_3$，

于是，$x_4 > x_3 > x_2 > -b > 0 > x_1$，$\cdots\cdots$

利用函数 $ax^m + b$ 在 $x \in (0, +\infty)$ 上递增，可知：

$\cdots > x_{n+1} > x_n > x_{n-1} > \cdots > x_3 > x_2 > -b > 0 > x_1$，

即 数列 $\{x_n\}$ 单调递增，并且从第二项起的每一项都大于 $-b$.

对于 $n=2,3,\cdots$，利用（d）便有

$$x_{n+2} - x_{n+1} = a(x_{n+1}^m - x_n^m) = a(x_{n+1} - x_n)(x_{n+1}^{m-1} + x_{n+1}^{m-2} x_n + x_{n+1}^{m-3} x_n^2 + x_{n+1}^{m-4} x_n^3 + \cdots + x_n^{m-1})$$
$$> a(x_{n+1} - x_n) \cdot m x_n^{m-1} > am(-b)^{m-1}(x_{n+1} - x_n)$$
$$> 2m(x_{n+1} - x_n) > x_{n+1} - x_n,$$

即 $x_{n+2} - x_{n+1} > x_{n+1} - x_n (n=2,3,\cdots)$，

这表明，数列 $\{x_n\}$ 中相邻两项的差距总体呈现出越来越大，与数列 $\{x_n\}$ 有界矛盾！

所以，假设不成立，即 $ab^{m-1}+2 \geqslant 0$ 成立.

综上，数列 $\{x_n\}$ 有界的充要条件是 $ab^{m-1}+2 \geqslant 0$.

§14.7 数列的极限

1. 判断下面计算是否正确，并说明理由：

$$\lim_{n \to \infty}\left(\frac{1}{n^2} + \frac{4}{n^2} + \frac{7}{n^2} + \cdots + \frac{3n-2}{n^2}\right)$$

$$=\lim_{n\to\infty}\frac{1}{n^2}+\lim_{n\to\infty}\frac{4}{n^2}+\lim_{n\to\infty}\frac{7}{n^2}+\cdots+\lim_{n\to\infty}\left(\frac{3n-2}{n^2}\right)$$

$$=0+0+0+\cdots+0=0.$$

解：不正确，$\lim\limits_{n\to\infty}\left(\dfrac{1}{n^2}+\dfrac{4}{n^2}+\dfrac{7}{n^2}+\cdots+\dfrac{3n-2}{n^2}\right)=\lim\limits_{n\to\infty}\dfrac{\frac{1}{2}(3n-1)n}{n^2}=\dfrac{3}{2}.$

2. 判断下面问题的解答过程是否正确，并说明理由：

已知数列 $\{x_n\}$，$\{y_n\}$ 满足 $\lim\limits_{n\to\infty}(2x_n+y_n)=1$，$\lim\limits_{n\to\infty}(x_n-2y_n)=1$，求 $\lim\limits_{n\to\infty}(x_n\cdot y_n)$ 的值.

解：由于 $\lim\limits_{n\to\infty}(2x_n+y_n)=2\lim\limits_{n\to\infty}x_n+\lim\limits_{n\to\infty}y_n=1$　　　　　　　①

$\qquad\quad\lim\limits_{n\to\infty}(x_n-2y_n)=\lim\limits_{n\to\infty}x_n-2\lim\limits_{n\to\infty}y_n=1$　　　　　　　②

① $\times2+$ ②　$5\lim\limits_{n\to\infty}x_n=3$，$\lim\limits_{n\to\infty}x_n=\dfrac{3}{5}$，

①$-$②$\times2$　$5\lim\limits_{n\to\infty}y_n=-1$，$\lim\limits_{n\to\infty}y_n=-\dfrac{1}{5}$，

则 $\lim\limits_{n\to\infty}(x_n\cdot y_n)=-\dfrac{3}{25}.$

解①，②的做法不对，这样做必须先要证明 $\lim\limits_{n\to\infty}x_n$，$\lim\limits_{n\to\infty}y_n$ 存在.

3. 计算：

(1) $\lim\limits_{n\to\infty}\dfrac{(2n+1)(3n^2-2)}{4n^3-5n^2+6n-7}$；

(2) $\lim\limits_{n\to\infty}\left(\dfrac{1}{n^2+1}+\dfrac{2}{n^2+1}+\dfrac{3}{n^2+1}+\cdots+\dfrac{2n}{n^2+1}\right)$；

(3) $\lim\limits_{n\to\infty}\left(1+\dfrac{1}{1+2}+\dfrac{1}{1+2+3}+\cdots+\dfrac{1}{1+2+3+\cdots+n}\right)$；

(4) $\lim\limits_{n\to\infty}\left(1-\dfrac{1}{2^2}\right)\left(1-\dfrac{1}{3^2}\right)\left(1-\dfrac{1}{4^2}\right)\cdots\left(1-\dfrac{1}{n^2}\right)$；

(5) $\lim\limits_{n\to\infty}n^2\left[\dfrac{100}{n}-\left(\dfrac{1}{n+1}+\dfrac{1}{n+2}+\cdots+\dfrac{1}{n+100}\right)\right]$；

(6) $\lim\limits_{n\to\infty}\dfrac{1+3+3^2+\cdots+3^n}{3^n+a^{n+1}}$；

(7) $\lim\limits_{n\to\infty}\left(\dfrac{2n+3}{2n+1}\right)^{4n-1}$；

(8) $\lim\limits_{n\to\infty}\left[\left(1+\dfrac{1}{2}\right)\left(1+\dfrac{1}{2^2}\right)\left(1+\dfrac{1}{2^4}\right)\cdots\left(1+\dfrac{1}{2^{2n-1}}\right)\right]$.

解：(1) 上下同除以 n^3，$\lim\limits_{n\to\infty}\dfrac{(2n+1)(3n^2-2)}{4n^3-5n^2+6n-7}=\lim\limits_{n\to\infty}\dfrac{\left(2+\frac{1}{n}\right)\left(3-\frac{2}{n^2}\right)}{4-5\frac{1}{n}+6\frac{1}{n^2}-7\frac{1}{n^3}}=\dfrac{3}{2}$；

(2) $\lim\limits_{n\to\infty}\left(\dfrac{1}{n^2+1}+\dfrac{2}{n^2+1}+\dfrac{3}{n^2+1}+\cdots+\dfrac{2n}{n^2+1}\right)=\lim\limits_{n\to\infty}\dfrac{(2n+1)n}{n^2+1}=2$；

（3）利用裂项求和，$\dfrac{1}{1+2+3+\cdots+n}=\dfrac{2}{n(n+1)}=2\left(\dfrac{1}{n}-\dfrac{1}{n+1}\right)$

$$1+\dfrac{1}{1+2}+\dfrac{1}{1+2+3}+\cdots+\dfrac{1}{1+2+3+\cdots+n}=2\left(1-\dfrac{1}{n+1}\right)$$

$$\lim_{n\to\infty}\left(1+\dfrac{1}{1+2}+\dfrac{1}{1+2+3}+\cdots+\dfrac{1}{1+2+3+\cdots+n}\right)=2\lim_{n\to\infty}\left(1-\dfrac{1}{n+1}\right)=2;$$

（4）$1-\dfrac{1}{n^2}=\dfrac{n-1}{n}\cdot\dfrac{n+1}{n}$，

$$\left(1-\dfrac{1}{2^2}\right)\left(1-\dfrac{1}{3^2}\right)\left(1-\dfrac{1}{4^2}\right)\cdots\left(1-\dfrac{1}{n^2}\right)=\dfrac{1}{n}\cdot\dfrac{n+1}{2}$$

$$\lim_{n\to\infty}\left(1-\dfrac{1}{2^2}\right)\left(1-\dfrac{1}{3^2}\right)\left(1-\dfrac{1}{4^2}\right)\cdots\left(1-\dfrac{1}{n^2}\right)=\lim_{n\to\infty}\left(\dfrac{1}{n}\cdot\dfrac{n+1}{2}\right)=\dfrac{1}{2};$$

（5）$\dfrac{1}{n}-\dfrac{1}{n+k}=\dfrac{k}{n(n+k)}$

则，原式 $=\lim_{n\to\infty}\sum\limits_{k=1}^{100}k\,\dfrac{n}{n+k}=\sum\limits_{k=1}^{100}k\lim_{n\to\infty}\dfrac{n}{n+k}=\sum\limits_{k=1}^{100}k=5050;$

（6）$\lim_{n\to\infty}\dfrac{1+3+3^2+\cdots+3^n}{3^n+a^{n+1}}=\dfrac{1}{2}\lim_{n\to\infty}\dfrac{3^{n+1}-1}{3^n+a^{n+1}}=\dfrac{1}{2}\lim_{n\to\infty}\dfrac{3-\dfrac{1}{3^n}}{1+a\left(\dfrac{a}{3}\right)^n}=\dfrac{1}{2}\lim_{n\to\infty}\dfrac{3}{1+a\left(\dfrac{a}{3}\right)^n},$

$|a|>3$ 时，原式 $=0$；$|a|<3$ 时，原式 $=\dfrac{3}{2}$；$a=3$ 时，原式 $=\dfrac{3}{8}$；

（7）$\lim_{n\to\infty}\left(\dfrac{2n+3}{2n+1}\right)^{4n-1}\leqslant\lim_{n\to\infty}\left(1+\dfrac{1}{n}\right)^{4n}=e^4,$

$$\lim_{n\to\infty}\left(\dfrac{2n+3}{2n+1}\right)^{4n-1}\geqslant\lim_{n\to\infty}\left(1+\dfrac{1}{n+1}\right)^{4(n+1)\frac{4n-1}{4n+4}}=e^{4\lim_{n\to\infty}\frac{4n-1}{4n+4}}=e^4,$$ 故原式 $=e^4;$

（8）$\dfrac{1-\dfrac{1}{2}}{1-\dfrac{1}{2}}\left(1+\dfrac{1}{2}\right)\left(1+\dfrac{1}{2^2}\right)\left(1+\dfrac{1}{2^4}\right)\cdots\left(1+\dfrac{1}{2^{2n-1}}\right)=\dfrac{1-\dfrac{1}{2^{2n}}}{1-\dfrac{1}{2}}$，

$$\lim_{n\to\infty}\left[\left(1+\dfrac{1}{2}\right)\left(1+\dfrac{1}{2^2}\right)\left(1+\dfrac{1}{2^4}\right)\cdots\left(1+\dfrac{1}{2^{2n-1}}\right)\right]=\lim_{n\to\infty}\dfrac{1-\dfrac{1}{2^{2n}}}{1-\dfrac{1}{2}}=2.$$

4.（1）已知 $\lim\limits_{n\to\infty}\dfrac{5^n}{5^{n+3}+(m+3)^n}=\dfrac{1}{125}$，求实数 m 的取值范围；

（2）已知 $\lim\limits_{n\to\infty}(3n-\sqrt{9n^2+kn+7})=1$，求实数 k 的取值范围.

解：（1）$\lim\limits_{n\to\infty}\dfrac{5^n}{5^{n+3}+(m+3)^n}=\lim\limits_{n\to\infty}\dfrac{1}{125+\left(\dfrac{m+3}{5}\right)^n}=\dfrac{1}{125}$

所以，$\left|\dfrac{m+3}{5}\right|<1$，得出：$-8<m<2$；

（2）$\lim\limits_{n\to\infty}(3n-\sqrt{9n^2+kn+7})=\lim\limits_{n\to\infty}\dfrac{-(kn+7)}{3n+\sqrt{9n^2+kn+7}}=\dfrac{-k}{6}=1$，得出：$k=-6$.

5.（1）若数列$\{a_n\}$与$\{b_n\}$满足$\lim\limits_{n\to\infty}(a_n+b_n)=2$，$\lim\limits_{n\to\infty}(a_n-b_n)=1$，求$\lim\limits_{n\to\infty}\dfrac{a_n}{b_n}$的值；

（2）若$\lim\limits_{n\to\infty}2na_n=1$，求$\lim\limits_{n\to\infty}(1-n)a_n$的值；

（3）若$\lim\limits_{n\to\infty}\left(\dfrac{n}{n+2}\right)^{an+b}=e^{-3}$，求$a$，$b$的值.

解：（1）$2\lim\limits_{n\to\infty}a_n=\lim\limits_{n\to\infty}2a_n=\lim\limits_{n\to\infty}\left[(a_n+b_n)+(a_n-b_n)\right]$

$=\lim\limits_{n\to\infty}(a_n+b_n)+\lim\limits_{n\to\infty}(a_n-b_n)=3$，

$\lim\limits_{n\to\infty}a_n=\dfrac{3}{2}$，

$2\lim\limits_{n\to\infty}b_n=\lim\limits_{n\to\infty}2b_n=\lim\limits_{n\to\infty}\left[(a_n+b_n)-(a_n-b_n)\right]$

$=\lim\limits_{n\to\infty}(a_n+b_n)-\lim\limits_{n\to\infty}(a_n-b_n)=1$，

$\lim\limits_{n\to\infty}b_n=\dfrac{1}{2}$，

则$\lim\limits_{n\to\infty}\dfrac{a_n}{b_n}=\dfrac{\lim\limits_{n\to\infty}a_n}{\lim\limits_{n\to\infty}b_n}=3$；

（2）容易证明$\lim\limits_{n\to\infty}a_n=\lim\limits_{n\to\infty}\dfrac{1}{2n}2na_n=\lim\limits_{n\to\infty}\dfrac{1}{2n}\cdot\lim\limits_{n\to\infty}2na_n=0$，

原式$=\lim\limits_{n\to\infty}(1-n)a_n=\lim\limits_{n\to\infty}a_n-\lim\limits_{n\to\infty}na_n=-\dfrac{1}{2}$；

（3）$\lim\limits_{n\to\infty}\left(\dfrac{n}{n+2}\right)^{an+b}=e^{-3}\Leftrightarrow\lim\limits_{n\to\infty}\left(\dfrac{n+2}{n}\right)^{an+b}=e^{3}$，

$e^{3}=\lim\limits_{n\to\infty}\left(\dfrac{n+2}{n}\right)^{an+b}=\lim\limits_{n\to\infty}\left[\left(1+\dfrac{1}{\frac{n}{2}}\right)^{\frac{n}{2}}\right]^{\frac{2(an+b)}{n}}=e^{\lim\limits_{n\to\infty}\frac{2(an+b)}{n}}=e^{2a}$，

得出：$a=\dfrac{3}{2}$，$b\in\mathbf{R}$.

6. 已知a_n，b_n分别是$(3-x)^n$和$(2p+3q)^n$展开式的系数和，求$\lim\limits_{n\to\infty}\dfrac{3a_n-b_n}{2a_n+b_n}$的值.

解：分别令$x=1$，$p=q=1$，则$a_n=2^n$，$b_n=5^n$，$\lim\limits_{n\to\infty}\dfrac{3a_n-b_n}{2a_n+b_n}=-1$.

7. 设数列$\{a_n\}$，$\{b_n\}$满足$a_1=1$，$b_1=0$且

$\begin{cases}a_{n+1}=2a_n+3b_n,\\b_{n+1}=a_n+2b_n,\end{cases}\quad n=1,2,3,\cdots.$

（1）求λ的值，使得数列$\{a_n+\lambda b_n\}$为等比数列；

（2）求数列$\{a_n\}$和$\{b_n\}$的通项公式；

（3）令数列$\{a_n\}$和$\{b_n\}$的前n项和分别为S_n和S_n'，求极限$\lim\limits_{n\to\infty}\dfrac{S_n}{S_n'}$的值.

解：令 $c_n = a_n + \lambda b_n$，其中 λ 为常数，若 $\{c_n\}$ 为等比数列，则存在 $q \neq 0$ 使得 $c_{n+1} = a_{n+1} + \lambda b_{n+1} = q(a_n + \lambda_{n+1})$.

又 $a_{n+1} + \lambda b_{n+1} = 2a_n + 3a_n + \lambda(a_n + 2b_n) = (2+\lambda)a_n + (3+2\lambda)b_n$.

所以 $q(a_n + \lambda b_n) = (2+\lambda)a_n + (3+2\lambda)b_n$.

由此得 $(2+\lambda-q)a_n + (3+2\lambda-\lambda q)b_n = 0, n = 1, 2, 3, \cdots$

由 $a_1 = , b_1 = 0$ 及已知递推式可求得 $a_2 = 2, b_2 = 1$，把它们代入上式后得方程组

$$\begin{cases} 2+\lambda-q=0, \\ 3+2\lambda-\lambda q=0, \end{cases} \text{消去 } q \text{ 解得 } \lambda = \pm\sqrt{3}.$$

下面验证当 $\lambda = \sqrt{3}$ 时，数列 $\{a_n + \sqrt{3}b_n\}$ 为等比数列.

$a_{n+1} + \sqrt{3}b_{n+1} = (2+\sqrt{3})a_n + (3+2\sqrt{3})b_n = (2+\sqrt{3})(a_n + \sqrt{3}b_n)(n=1,2,3,\cdots)$,

$a_1 + \sqrt{3}b_1 = 1 \neq 0$，从而 $\{a_n + \sqrt{3}b_n\}$ 是公比为 $2+\sqrt{3}$ 的等比数列.

同理可知 $\{a_n - \sqrt{3}b_n\}$ 是公比为 $2-\sqrt{3}$ 的等比数列，于是 $\lambda = \pm\sqrt{3}$ 为所求；

(2) 由(1)的结果得 $a_n + \sqrt{3}b_n = (2+\sqrt{3})^{n-1}, a_n - \sqrt{3}b_n = (2-\sqrt{3})^{n-1}$，解得

$$a_n = \frac{1}{2}\left[(2+\sqrt{3})^{n-1} + (2-\sqrt{3})^{n-1}\right], b_n = \frac{\sqrt{3}}{6}\left[(2+\sqrt{3})^{n-1} - (2-\sqrt{3})^{n-1}\right];$$

(3) 令数列 $\{d_n\}$ 的通项公式为 $d_n = (2+\sqrt{3})^{n-1}$，它是公比为 $p = 2+\sqrt{3}$ 的等比数列，令其前 n 项和为 p_n；

令数列 $\{e_n\}$ 的通项公式为 $e_n = (2-\sqrt{3})^{n-1}$，它是公比为 $P' = 2-\sqrt{3}$ 的等比数列，令其前 n 项和为 P'_n.

由第(2)问得 $S_n = \frac{1}{2}(p_n + P'_n), S'_n = \frac{\sqrt{3}}{6}(p_n - P'_n)$.

$$\frac{S_n}{S'_n} = \sqrt{3} \cdot \frac{p_n + P'_n}{p_n - P'_n} = \sqrt{3} \cdot \frac{1 + \dfrac{P'_n}{p_n}}{1 - \dfrac{P'_n}{p_n}}.$$

由于数列 $\{e_n\}$ 的公比 $0 < 2-\sqrt{3} < 1$，则 $\lim\limits_{n \to \infty} P'_n = \frac{1}{1-(2-\sqrt{3})}$.

$$\frac{1}{P_n} = \frac{1-P}{P^n} = \frac{\left(\frac{1}{P}\right)^n - \left(\frac{1}{P}\right)^{n-1}}{\left(\frac{1}{P}\right)^n - 1}, \text{由于 } \frac{1}{P} = \frac{1}{2+\sqrt{3}} = 2-\sqrt{3}, \text{则 } \lim\limits_{n \to \infty} \frac{1}{P_n} = 0,$$

于是 $\lim\limits_{n \to \infty} \frac{P'_n}{P_n} = 0$，所以 $\lim\limits_{n \to \infty} \frac{S_n}{S'_n} = \sqrt{3}$.

8. 相交于点 O 点的两条不互相垂直的直线 OA、OB，在 OA 上取一点 A_1，作 $AB_1 \perp OB$. 作 $B_1A_2 \perp OA$，作 $A_2B_2 \perp OB, \cdots$，一直无限地作下去，若已知 $A_1B_1 = 7, B_1A_2 = 6$，求所有垂线段的长度和.

解：用等比数列求和公式，49.

9. 设数列 $\{a_n\}$ 的首项 $a_1 = 1$，前 n 项和为 S_n，满足关系式 $3tS_n - (2t+3)S_{n-1} = 3t (t > 0,$

$n=2,3,4,\cdots)$.

(1) 求证:数列 $\{a_n\}$ 是等比数列;

(2) 数列 $\{a_n\}$ 的公比为 $f(t)$,作数列 $\{b_n\}$,使 $b_1=1,b_n=f\left(\dfrac{1}{b_{n-1}}\right),(n=2,3,4,\cdots)$,求

$\lim\limits_{n\to\infty}\dfrac{\lg a_n}{b_n}$;

(3) 求和:$b_1b_2-b_2b_3+b_3b_4-\cdots+(-1)^{n-1}b_nb_{n+1}$.

解:(1) $S_n=\left(\dfrac{2t+3}{3t}\right)S_{n-1}+1$,令 $q=\dfrac{2t+3}{3t}$,得 $a_n=\left(\dfrac{2t+3}{3t}\right)^{n-1}$ 为等比数列;

(2) $b_n=b_{n-1}+\dfrac{2}{3}$,求出 $b_n=\dfrac{2n+1}{3}$,

则 $\lim\limits_{n\to\infty}\dfrac{\lg a_n}{b_n}=\lim\limits_{n\to\infty}\dfrac{(n-1)\lg\left(\dfrac{2t+3}{3t}\right)}{\dfrac{2n+1}{3}}=\dfrac{3}{2}\lg\dfrac{2t+3}{3t}$;

(3) 求出 $b_n=\dfrac{2n+1}{3}$,再计算得到 $S_n=\begin{cases}-\dfrac{2n}{9}(n+3),\ n\ \text{为偶数};\\[2mm]\dfrac{1}{9}(2n^2+6n+7),\ n\ \text{为奇数}.\end{cases}$

10. 某公司全年的纯利润为 b 元,其中一部分作为奖金发给 n 位职工.奖金分配方案如下:首先将职工按工作业绩(工作业绩均不相同)从大到小.由 1 至 n 排序,第 1 位职工得奖金 $\dfrac{b}{n}$ 元,然后再将余额除以 n 发给第 2 位职工,按此方法将奖金逐一发给每位职工.并将最后剩余部分作为公司发展基金.

(1) 设 $a_k(1\leqslant k\leqslant n)$ 为第 k 位职工所得奖金额,试求 a_2,a_3,并用 k、n 和 b 表示 a_k(不必证明);

(2) 证明 $a_k>a_{k+1}(k=1,2,\cdots,n-1)$,并解释此不等式关于分配原则的实际意义;

(3) 发展基金与 n 和 b 有关,记为 $P_n(b)$.对常数 b,当 n 变化时,求 $\lim\limits_{n\to\infty}P_n(b)$.

解:(1) 第 1 位职工的奖金 $a_1=\dfrac{b}{n}$,第 2 位职工的奖金 $a_2=\dfrac{1}{n}\cdot\left(1-\dfrac{1}{n}\right)\cdot b$,

第 3 位职工的奖金 $a_3=\dfrac{1}{n}\cdot\left(1-\dfrac{1}{n}\right)^2\cdot b,\cdots$,

第 k 位职工的奖金为 $a_k=\dfrac{1}{n}\cdot\left(1-\dfrac{1}{n}\right)^{k-1}\cdot b$;

(2) $a_k-a_{k+1}=\dfrac{1}{n^2}\cdot\left(1-\dfrac{1}{n}\right)^{k-1}\cdot b>0$,此奖金分配方案体现了"按劳分配"或"不吃大锅饭"等原则;

(3) 设 $f_k(b)$ 表示奖金发给第 k 位职工后所剩余款,

则 $f_1(b)=\left(1-\dfrac{1}{n}\right)\cdot b,f_2(b)=\left(1-\dfrac{1}{n}\right)^2\cdot b,\cdots$,

$$f_k(b) = \left(1 - \frac{1}{n}\right)^k \cdot b, 得\, P_n(b) = f_n(b) = \left(1 - \frac{1}{n}\right)^n \cdot b, 故\, \lim_{n\to\infty} P_n(b) = \frac{b}{e}.$$

11. 冬天,洁白的雪花飘落时十分漂亮. 为研究雪花的形状,1904 年,瑞典数学家科克 (Koch Heige Von)把雪花理想化,得到了雪花曲线,也叫科克曲线. 它的形成过程如下(参见图 14-5):(ⅰ)将正三角形(图①)的每边三等分,并以中间的那一条线段为一底边向形外作等边三角形,然后去掉底边,得到图②;(ⅱ)将图②的每边三等分,重复上述作图方法,得到图③; (ⅲ)再按上述方法无限多次继续作下去,所得到的曲线就是雪花曲线.

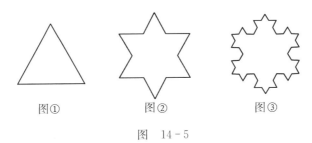

图①　　　　　　图②　　　　　　图③

图　14-5

将图①,图②,图③……中的图形依次记作 $M_1, M_2, \cdots, M_n \cdots$ 设 M_1 的边长为 1.

求:(1) 写出 M_n 的边数 a_n、边长 b_n、周长 L_n;

(2) M_n 的面积 S_n;

(3) 观察上述求解的结果,数列 $\{L_n\}$,$\{S_n\}$ 有怎样的特性? 它们的极限是否存在? 若存在,求出极限. 并归纳雪花曲线的特性.

解: (1) $a_n = 3 \cdot 4^{n-1}$; $b_n = \left(\dfrac{1}{3}\right)^{n-1}$; $L_n = 3 \cdot \left(\dfrac{4}{3}\right)^{n-1}$;

(2) 当由 M_{n-1} 生成 M_n 时,每条边上多了一个面积 $\dfrac{\sqrt{3}}{4} b_n^2$ 的小等边三角形,共有 a_{n-1} 个;

则 $S_n = S_{n-1} + \dfrac{\sqrt{3}}{4} a_{n-1} b_n^2 = S_{n-2} + \dfrac{\sqrt{3}}{4} a_{n-2} b_{n-1}^2 + \dfrac{\sqrt{3}}{4} a_{n-1} b_n^2 = \cdots$

$= S_1 + \dfrac{\sqrt{3}}{4} a_1 b_2^2 + \dfrac{\sqrt{3}}{4} a_2 b_3^2 + \cdots + \dfrac{\sqrt{3}}{4} a_{n-1} b_n^2 \, (n \geqslant 2).$

由于 $S_1 = \dfrac{\sqrt{3}}{4}$,

则 $S_n = \dfrac{\sqrt{3}}{4}\left(1 + 3 \cdot \left(\dfrac{1}{3}\right)^2 + 3 \cdot 4 \cdot \left(\dfrac{1}{3}\right)^4 + \cdots + 3 \cdot 4^{n-2} \left(\dfrac{1}{3}\right)^{2n-2}\right)$

$= \dfrac{\sqrt{3}}{4} \times \dfrac{3}{4}\left(\dfrac{4}{3} + \left(\dfrac{4}{9}\right) + \left(\dfrac{4}{9}\right)^2 + \cdots + \left(\dfrac{4}{9}\right)^{n-1}\right)$

$= \dfrac{2\sqrt{3}}{5} - \dfrac{3\sqrt{3}}{20}\left(\dfrac{4}{9}\right)^{n-1};$

(3) $\{L_n\}$,$\{S_n\}$ 都是等比数列,且是单调递增的数列;

$\{L_n\}$ 极限不存在;$\{S_n\}$ 极限存在,$\displaystyle\lim_{n\to\infty} S_n = \dfrac{2\sqrt{3}}{5}.$

雪花曲线的特性是周长无限增大而面积有限的图形.

12. 考察数列 $x_n=(1+\sqrt{2}+\sqrt{3})^n$，$x_n=q_n+r_n\sqrt{2}+s_n\sqrt{3}+t_n\sqrt{6}$，$q_n,r_n,s_n,t_n\in\mathbf{Z}$，

求：$\lim\limits_{n\to\infty}\dfrac{r_n}{q_n}$，$\lim\limits_{n\to\infty}\dfrac{s_n}{q_n}$，$\lim\limits_{n\to\infty}\dfrac{t_n}{q_n}$.

解：由于 $(1+\sqrt{2}+\sqrt{3})^n=q_n+r_n\sqrt{2}+s_n\sqrt{3}+t_n\sqrt{6}$，

所以 $(1+\sqrt{2}-\sqrt{3})^n=q_n+r_n\sqrt{2}-s_n\sqrt{3}-t_n\sqrt{6}$；

$(1-\sqrt{2}+\sqrt{3})^n=q_n-r_n\sqrt{2}+s_n\sqrt{3}-t_n\sqrt{6}$；

$(1-\sqrt{2}-\sqrt{3})^n=q_n-r_n\sqrt{2}-s_n\sqrt{3}+t_n\sqrt{6}$.

这是一个关于 $q_n,r_n\sqrt{2},s_n\sqrt{3},t_n\sqrt{6}$ 的一元四次线性方程，

解得 $q_n=\dfrac{(1+\sqrt{2}+\sqrt{3})^n+(1+\sqrt{2}-\sqrt{3})^n+(1-\sqrt{2}+\sqrt{3})^n+(1-\sqrt{2}-\sqrt{3})^n}{4}$；

$r_n=\dfrac{(1+\sqrt{2}+\sqrt{3})^n+(1+\sqrt{2}-\sqrt{3})^n-(1-\sqrt{2}+\sqrt{3})^n-(1-\sqrt{2}-\sqrt{3})^n}{4\sqrt{2}}$；

$s_n=\cdots,t_n=\cdots$

于是 $\lim\limits_{n\to\infty}\dfrac{r_n}{q_n}=\dfrac{1}{\sqrt{2}}\lim\limits_{n\to\infty}\dfrac{(1+\sqrt{2}+\sqrt{3})^n+(1+\sqrt{2}-\sqrt{3})^n-(1-\sqrt{2}+\sqrt{3})^n-(1-\sqrt{2}-\sqrt{3})^n}{(1+\sqrt{2}+\sqrt{3})^n+(1+\sqrt{2}-\sqrt{3})^n+(1-\sqrt{2}+\sqrt{3})^n+(1-\sqrt{2}-\sqrt{3})^n}$.

由于上式分母的四个数中，$(1+\sqrt{2}+\sqrt{3})$ 的绝对值最大，因此上式极限等于 $\dfrac{1}{\sqrt{2}}$.

另两个类似，所以，$\lim\limits_{n\to\infty}\dfrac{r_n}{q_n}=\dfrac{1}{\sqrt{2}}$，$\lim\limits_{n\to\infty}\dfrac{s_n}{q_n}=\dfrac{1}{\sqrt{3}}$，$\lim\limits_{n\to\infty}\dfrac{t_n}{q_n}=\dfrac{1}{\sqrt{6}}$.

§14.8 无穷等比数列各项的和

1. 化混循环小数 $0.3\overset{\cdot\cdot}{24}\overset{\cdot\cdot}{5}$ 为分数.

解：$0.3\overset{\cdot\cdot}{24}\overset{\cdot\cdot}{5}=0.32+\dfrac{0.0045}{1-\dfrac{1}{100}}=\dfrac{357}{1100}$.

2. 计算：(1) $\lim\limits_{n\to\infty}\dfrac{1+\dfrac{1}{3}+\dfrac{1}{3^2}+\cdots+\dfrac{1}{3^n}}{1-\dfrac{1}{3}+\dfrac{1}{3^2}+\cdots+(-1)^n\dfrac{1}{3^n}}$；

(2) $\lim\limits_{n\to\infty}\left(\dfrac{2+5}{10}+\dfrac{2^2+5^2}{10^2}+\cdots+\dfrac{2^n+5^n}{10^n}\right)$.

解：(1) $\lim\limits_{n\to\infty}\dfrac{1+\dfrac{1}{3}+\dfrac{1}{3^2}+\cdots+\dfrac{1}{3^n}}{1-\dfrac{1}{3}+\dfrac{1}{3^2}+\cdots+(-1)^n\dfrac{1}{3^n}}=\dfrac{\dfrac{1}{1-\dfrac{1}{3}}}{\dfrac{1}{1+\dfrac{1}{3}}}=2$；

(2) $\lim\limits_{n\to\infty}\left(\dfrac{2+5}{10}+\dfrac{2^2+5^2}{10^2}+\cdots+\dfrac{2^n+5^n}{10^n}\right)=\dfrac{\dfrac{2}{10}}{1-\dfrac{2}{10}}+\dfrac{\dfrac{5}{10}}{1-\dfrac{5}{10}}=\dfrac{5}{4}.$

3. 等比数列 $\{a_n\}$ 的首项为 $a_1=-1$，前 n 项和为 S_n，且 $\dfrac{S_{12}}{S_6}=\dfrac{793}{729}$，则 $\lim\limits_{n\to\infty}S_n=$ _____.

解：$S_n=a_1\dfrac{q^{n+1}-1}{q-1}$，$q$ 为公比，利用条件求出 $q=\dfrac{2}{3}$，$\lim\limits_{n\to\infty}S_n=-3.$

4. 无穷等比数列 $\{a_n\}$ 的所有项的和是 9，各项平方和是 27，则此数列的公比 $q=$ _____.

解：$\begin{cases}\dfrac{a_1}{1-q}=9 & ①,\\[2mm] \dfrac{a_1^2}{1-q^2}=27 & ②,\end{cases}$ $\dfrac{①^2}{②}\Rightarrow\dfrac{1+q}{1-q}=3\Rightarrow q=\dfrac{1}{2}.$

5. 在等比数列 $\{a_n\}$ 中，$a_1>1$，且前 n 项和 S_n 满足 $\lim\limits_{n\to\infty}S_n=\dfrac{1}{a_1}$，则 a_1 的取值范围是 _____.

解：$\lim\limits_{n\to\infty}S_n=\dfrac{1}{a_1}=\dfrac{a_1}{1-q}(-1<q<1)\Rightarrow a_1\in(1,\sqrt{2}).$

6. 无穷数列 $\{a_n\}$ 的前 n 项和 S_n 满足关系式 $S_n=1+ma_n(m\in\mathbf{R},m\neq1)$，当 $m<\dfrac{1}{2}$ 且 $m\neq0$ 时，求无穷数列 $\{a_n\}$ 的各项和 S.

解：$\begin{cases}S_n=1+ma_n & ①\\ S_{n-1}=1+ma_{n-1} & ②\end{cases}$

①－②得 $a_n=m(a_n-a_{n-1})(n\geq2,n\in\mathbf{N}^*)$，

得出：$a_n=\dfrac{m}{m-1}a_{n-1}(n\geq2,n\in\mathbf{N}^*)$，首项为 $\dfrac{1}{1-m}$，公比为 $\dfrac{m}{m-1}$，且 $-1<\dfrac{m}{m-1}<1$，

则 $S=\dfrac{\dfrac{1}{1-m}}{1-\dfrac{m}{m-1}}=1$，答案为 1.

7. 已知等比数列 $\{a_n\}$ 的首项为 a_1，公比为 q，且 $\lim\limits_{n\to\infty}\left(\dfrac{a_1}{1+q}-q^n\right)=\dfrac{1}{2}$，求首项 a_1 的取值范围.

解：$\lim\limits_{n\to\infty}\left(\dfrac{a_1}{1+q}-q^n\right)=\dfrac{a_1}{1+q}-\lim\limits_{n\to\infty}q^n=\dfrac{1}{2}.$

$\begin{cases}\lim\limits_{n\to\infty}q^n=0,\\ \dfrac{a_1}{1+q}=\dfrac{1}{2}\end{cases}\Rightarrow\begin{cases}-1<q<1,q\neq0,\\ a_1=\dfrac{1}{2}(1+q),\end{cases}$ 或 $\begin{cases}q=1,\\ \dfrac{a_1}{1+q}=\dfrac{3}{2}\end{cases}\Rightarrow a_1=3.$

得出 $0<a_1<1$ 且 $a_1\neq\dfrac{1}{2}$ 或 $a_1=3.$

8. 数列 $\{a_n\}$ 的前 n 项和记为 S_n，已知 $a_n=5S_n-3(n\in\mathbf{N}^*)$，求 $\lim\limits_{n\to\infty}(a_1+a_3+a_5+\cdots+a_{2n-1}).$

解：先求数列通项，$a_n = \dfrac{3}{4}\left(-\dfrac{1}{4}\right)^{n-1}$，再利用无穷等比数列求和公式计算，

$\lim\limits_{n\to\infty}(a_1 + a_3 + a_5 + \cdots + a_{2n-1}) = \dfrac{4}{5}$.

9. 设 $(5+\sqrt{3})^n = a_n + b_n\sqrt{3}$，$a_n, b_n \in \mathbf{Z}$.

(1) 猜测用 a_n, b_n 表示 $(5-\sqrt{3})^n$ 的表达式；

(2) 若点 P_n 的坐标是 (a_n, b_n)，求当 $n\to\infty$ 时，直线 $P_{n+1}P_n$ 斜率的极限.

解：(1) $(5-\sqrt{3})^n = a_n - b_n\sqrt{3}$；

(2) $\begin{cases} (5+\sqrt{3})^n = a_n + b_n\sqrt{3}, \\ (5-\sqrt{3})^n = a_n - b_n\sqrt{3} \end{cases} \Rightarrow \begin{cases} a_n = \dfrac{(5+\sqrt{3})^n + (5-\sqrt{3})^n}{2}, \\ b_n = \dfrac{(5+\sqrt{3})^n - (5-\sqrt{3})^n}{2\sqrt{3}}, \end{cases}$

得出 $\lim\limits_{n\to\infty}\left(\dfrac{b_{n+1}-b_n}{a_{n+1}-a_n}\right) = \dfrac{\sqrt{3}}{3}$.

10. 已知函数 $f(x) = kx + m$，当 $x \in [a_1, b_1]$ 时，$f(x)$ 的值域为 $[a_2, b_2]$，当 $x \in [a_2, b_2]$ 时，$f(x)$ 的值域为 $[a_3, b_3]$，以此类推，一般地，当 $x \in [a_{n-1}, b_{n-1}]$ 时，$f(x)$ 的值域为 $[a_n, b_n]$，其中 k, m 为常数，且 $a_1 = 0, b_1 = 1$.

(1) 若 $k=1$，求数列 $\{a_n\}, \{b_n\}$ 的通项公式；

(2) 项 $m=2$，问是否存在常数 $k>0$，使得数列 $\{b_n\}$ 满足 $\lim\limits_{n\to\infty}b_n = 4$？若存在，求 k 的值；若不存在，请说明理由；

(3) 若 $k<0$，设数列 $\{a_n\}, \{b_n\}$ 的前 n 项和分别为 S_n, T_n，求：

$$(T_1 + T_2 + \cdots + T_{2010}) - (S_1 + S_2 + \cdots + T_{2010}).$$

解：(1) 因为 $f(x) = x + m$，当 $x \in [a_{n-1}, b_{n-1}]$ 时，$f(x)$ 为单调增函数，

所以其值域为 $[a_{n-1}+m, b_{n-1}+m]$

于是 $a_n = a_{n-1} + m$，$b_n = b_{n-1} + m(n \in \mathbf{N}^*, n \geqslant 2)$

又 $a_1 = 0, b_1 = 1$，所以 $a_n = (n-1)m$，$b_n = 1 + (n-1)m$；

(2) 因为 $f(x) = x + mf(x) = kx + m(k>0)$，当 $x \in [a_{n-1}, b_{n-1}]$ 时，$f(x)$ 为单调增函数

所以 $f(x)$ 的值域为 $[ka_{n-1}+m, kb_{n-1}+m]$，因 $m=2$，则 $b_n = kb_{n-1} + 2(n \geqslant 2)$

假设存在常数 $k>0$，使得数列 $\{b_n\}$ 满足 $\lim\limits_{n\to\infty}b_n = 4$，则 $\lim\limits_{n\to\infty}b_n = k\lim\limits_{n\to\infty}b_{n-1} + 2$，

得 $4 = 4k + 2$，则 $k = \dfrac{1}{2}$ 符合；

(3) 因为 $k<0$，当 $x \in [a_{n-1}, b_{n-1}]$ 时，$f(x)$ 为单调减函数，

所以 $f(x)$ 的值域为 $[kb_{n-1}+m, ka_{n-1}+m]$

于是 $a_n = kb_{n-1} + m$，$b_n = ka_{n-1} + m(n \in \mathbf{N}^*, n \geqslant 2)$

则 $b_n - a_n = -k(b_{n-1} - a_{n-1})$ 又 $b_1 - a_1 = 1$

则有 $T_i - S_i = \begin{cases} i, (k=-1), \\ \dfrac{1-(-k)^2}{1+k} (k<0, k \neq -1), \end{cases}$ 进而有：

$(T_1 + T_2 + \cdots + T_{2010}) - (S_1 + S_2 + \cdots + S_{2010}) = \begin{cases} 2021055, (k=-1), \\ \dfrac{2010 + 2011k - k^{2011}}{(1+k)^2} (k<0, k \neq -1). \end{cases}$

11. 定义：将一个数列中部分项按原来的先后次序排列所成的一个新数列称为原数列的一个子数列.已知无穷等比数列 $\{a_n\}$ 的首项和公比均为 $\dfrac{1}{2}$.

（1）试求无穷等比子数列 $\{a_{3k-1}\}$ $(k \in \mathbf{N}^*)$ 各项的和；

（2）已知数列 $\{a_n\}$ 的一个无穷等比子数列各项的和为 $\dfrac{1}{7}$，求这个子数列的通项公式；

（3）证明：在数列 $\{a_n\}$ 的所有子数列中，不存在两个不同的无穷等比子数列，使得它们各项的和相等.

解：（1）依条件得 $a_{3k-1} = \dfrac{1}{2^{3k-1}}$ $(k \in \mathbf{N}^*)$ 则无穷等比数列 $\{a_{3k-1}\}$ 各项的和为：

$$\frac{a_2}{1-\dfrac{1}{2^3}} = \frac{\dfrac{1}{2^2}}{\dfrac{7}{8}} = \frac{2}{7};$$

（2）设子数列的首项为 b_1，公比为 q，由条件得：$0 < q \leqslant \dfrac{1}{2}$，

则 $\dfrac{1}{2} \leqslant 1-q < 1$，即 $1 < \dfrac{1}{1-q} \leqslant 2$，则 $b_1 = \dfrac{1}{7}(1-q) \in \left[\dfrac{1}{14}, \dfrac{1}{7}\right)$.

而 $b_1 = \dfrac{1}{2^m}$ $(m \in \mathbf{N}^*)$，则 $b_1 = \dfrac{1}{8}$，$q = \dfrac{1}{8}$.

所以，满足条件的无穷等比子数列存在且唯一，它的首项、公比均为 $\dfrac{1}{8}$，

其通项公式为 $b_n = \left(\dfrac{1}{8}\right)^n$，$n \in \mathbf{N}^*$；

（3）假设存在原数列的两个不同的无穷等比子数列，使它们的各项和相等.设这两个子数列的首项与公比分别为 $\dfrac{1}{2^a}$、$\dfrac{1}{2^m}$ 和 $\dfrac{1}{2^b}$、$\dfrac{1}{2^n}$，其中 a、b、m、$n \in \mathbf{N}^*$ 且 $a \neq b$ 或 $m \neq n$，则

$$\frac{\dfrac{1}{2^a}}{1-\dfrac{1}{2^m}} = \frac{\dfrac{1}{2^b}}{1-\dfrac{1}{2^n}} \Rightarrow \frac{1}{2^a}\left(1-\frac{1}{2^n}\right) = \frac{1}{2^b}\left(1-\frac{1}{2^m}\right) \qquad ①$$

若 $a=b$ 且 $m \neq n$，则 $① \Leftrightarrow \dfrac{1}{2^m} = \dfrac{1}{2^n} \Leftrightarrow m=n$，矛盾；若 $a \neq b$ 且 $m=n$，则 $① \Leftrightarrow \dfrac{1}{2^a} = \dfrac{1}{2^b} \Leftrightarrow a=b$，矛盾；故必有 $a \neq b$ 且 $m \neq n$，不妨设 $a > b$，则

$$\frac{1}{2^a} < \frac{1}{2^b} \Rightarrow 1-\frac{1}{2^n} > 1-\frac{1}{2^m} \Leftrightarrow 2^n > 2^m \Leftrightarrow n > m.$$

$$① \Leftrightarrow 1 - \frac{1}{2^n} = 2^{a-b}\left(1 - \frac{1}{2^m}\right) \Leftrightarrow 1 - \frac{1}{2^n} = 2^{a-b} - \frac{2^{a-b}}{2^m} \qquad ②$$

$$② \Leftrightarrow 2^m - 2^{m-n} = 2^{a-b+m} - 2^{a-b}$$

$\Leftrightarrow 2^n + 2^{(a-b)-(m-n)} - 2^{a-b+n} = 1$ 等式的左、右端的奇偶性均矛盾.

故不存在原数列的两个不同的无穷等比子数列,使得它们的各项和相等.

12. 如果数列 $\{a_n\}$、$\{b_n\}$ 满足 $|a_{n+1} - a_n| = b_n (n \in \mathbf{N}^*)$,那么就称 $\{b_n\}$ 为数列 $\{a_n\}$ 的"偏差数列".

(1) 若 $\{b_n\}$ 为常数列,且为 $\{a_n\}$ 的"偏差数列",试判断 $\{a_n\}$ 是否一定为等差数列,并说明理由;

(2) 若无穷数列 $\{a_n\}$ 是各项均为正整数的等比数列,且 $a_3 - a_2 = 6$,$\{b_n\}$ 为数列 $\{a_n\}$ 的"偏差数列",求 $\lim\limits_{n \to \infty}\left(\frac{1}{b_1} + \frac{1}{b_2} + \frac{1}{b_3} + \cdots + \frac{1}{b_n}\right)$ 的值;

(3) 设 $b_n = 6 - \left(\frac{1}{2}\right)^{n+1}$,$\{b_n\}$ 为数列 $\{a_n\}$ 的"偏差数列",$a_1 = 1$,$a_{2n} \leqslant a_{2n-1}$ 且 $a_{2n} \leqslant a_{2n+1}$,若 $|a_n| \leqslant M$ 对任意 $n \in \mathbf{N}^*$ 恒成立,求实数 M 的最小值.

解:(1) 如 $a_n = (-1)^n$,则 $b_n = 2$ 为常数列,但 $\{a_n\}$ 不是等差数列;

(2) 设数列 $\{a_n\}$ 的公比为 q,则由题意,a_1、q 均为正整数,

因为 $a_3 - a_2 = 6$,所以 $a_1 q(q-1) = 6 = 1 \times 2 \times 3$,

解得 $\begin{cases} a_1 = 1, \\ q = 3, \end{cases}$ 或 $\begin{cases} a_1 = 3, \\ q = 2. \end{cases}$

故 $a_n = 3^{n-1}$ 或 $a_n = 3 \times 2^{n-1} (n \in \mathbf{N}^*)$.

① 当 $a_n = 3^{n-1}$ 时,$b_n = 2 \times 3^{n-1}$,$\frac{1}{b_n} = \frac{1}{2}\left(\frac{1}{3}\right)^{n-1}$,$\lim\limits_{n \to \infty}\left(\frac{1}{b_1} + \frac{1}{b_2} + \cdots + \frac{1}{b_n}\right) = \frac{3}{4}$,

② 当 $a_n = 3 \times 2^{n-1}$ 时,$b_n = 3 \times 2^{n-1}$,$\frac{1}{b_n} = \frac{1}{3}\left(\frac{1}{2}\right)^{n-1}$,$\lim\limits_{n \to \infty}\left(\frac{1}{b_1} + \frac{1}{b_2} + \cdots + \frac{1}{b_n}\right) = \frac{2}{3}$

综合,$\lim\limits_{n \to \infty}\left(\frac{1}{b_1} + \frac{1}{b_2} + \frac{1}{b_3} + \cdots + \frac{1}{b_n}\right)$ 的值为 $\frac{3}{4}$ 或 $\frac{2}{3}$;

(3) 由 $a_{2n} \leqslant a_{2n-1}$ 且 $a_{2n} \leqslant a_{2n+1}$ 得,$a_{n+1} - a_n = (-1)^n\left[6 - \left(\frac{1}{2}\right)^{n+1}\right] = 6 \cdot (-1)^n + \left(-\frac{1}{2}\right)^{n+1}$

故有:$a_n - a_{n-1} = 6 \cdot (-1)^{n-1} + \left(-\frac{1}{2}\right)^n$,

$a_{n-1} - a_{n-2} = 6 \cdot (-1)^{n-2} + \left(-\frac{1}{2}\right)^{n-1}$,

$\cdots \cdots$

$a_2 - a_1 = 6 \cdot (-1)^1 + \left(-\frac{1}{2}\right)^2$,

累加得:$a_n - a_1 = 6\left[(-1)^1 + (-1)^2 + \cdots + (-1)^{n-1}\right]$

$$+ \left[\left(-\frac{1}{2}\right)^2 + \left(-\frac{1}{2}\right)^3 + \cdots + \left(-\frac{1}{2}\right)^n\right]$$

$$= 6 \times \frac{-1\left[1 - (-1)^{n-1}\right]}{2} + \frac{\frac{1}{4}\left[1 - \left(-\frac{1}{2}\right)^{n-1}\right]}{1 + \frac{1}{2}}$$

$$=-3[1-(-1)^{n-1}]+\frac{1-\left(-\frac{1}{2}\right)^{n-1}}{6},$$

又 $a_1=1$, 所以 $a_n=\begin{cases}\dfrac{7}{6}-\dfrac{1}{6}\left(-\dfrac{1}{2}\right)^{n-1}, & n=2m-1, m\in\mathbf{N}^*, \\[3mm] -\dfrac{29}{6}-\dfrac{1}{6}\left(-\dfrac{1}{2}\right)^{n-1}, & n=2m, m\in\mathbf{N}^*.\end{cases}$

当 n 为奇数时, $\{a_n\}$ 单调递增, $a_n>0$, $\lim\limits_{n\to\infty}a_n=\dfrac{7}{6}$,

当 n 为偶数时, $\{a_n\}$ 单调递增, $a_n>0$, $\lim\limits_{n\to\infty}a_n=\dfrac{29}{6}$,

从而 $|a_n|\leqslant\dfrac{29}{6}$, 所以 $M\geqslant\dfrac{29}{6}$, 即 M 的最小值为 $\dfrac{29}{6}$.

§14.9 数列的综合应用

1. 设等差数列 $\{a_n\}$, $\{b_n\}$ 的前 n 项和分别为 S_n 和 T_n, $\dfrac{S_n}{T_n}=\dfrac{An+1}{2n+7}$, 且 $\dfrac{a_3}{b_4+b_6}+\dfrac{a_7}{b_2+b_8}=\dfrac{2}{5}$, $S_2=6$; 函数 $y=g(x)$ 是函数 $f(x)=2x+1$ 的反函数, 且 $c_n=g(c_{n-1})(n\in\mathbf{N}, n>1)$, $c_1=1$.

(1) 求常数 A 的值及函数 $y=g(x)$ 的解析式;

(2) 求数列 $\{a_n\}$ 及 $\{c_n\}$ 的通项公式;

(3) 若 $d_n=\begin{cases}a_n(n \text{ 为奇数}), \\ c_n(n \text{ 为偶数}),\end{cases}$ 试求 $d_1+d_2+\cdots+d_n$.

解: (1) 由 $\dfrac{a_3}{b_4+b_6}+\dfrac{a_7}{b_2+b_8}=\dfrac{2}{5}$ 知: $\dfrac{a_5}{b_5}=\dfrac{2}{5}$, 而 $\dfrac{S_9}{T_9}=\dfrac{\frac{a_1+a_9}{2}\times 9}{\frac{b_1+b_9}{2}\times 9}=\dfrac{a_5}{b_5}=\dfrac{2}{5}$,

$\therefore$ $\dfrac{9A+1}{2\times 9+7}=\dfrac{2}{5}$, 解得 $A=1$. 令 $y=2x+1$, 得 $x=\dfrac{y-1}{2}$, 即 $g(x)=\dfrac{x-1}{2}$;

(2) 令 $S_n=kn(n+1)$, $\because$ $S_2=6$, 得 $k=1$, 即 $S_n=n^2+n$.

当 $n=1$ 时, $a_1=S_1=2$, 当 $n\geqslant 2$ 时, $a_n=S_n-S_{n-1}=n^2+n-[(n-1)^2+(n-1)]=2n$,

综合之: $a_n=2n$.

由题意, $c_n=\dfrac{1}{2}(c_{n-1}-1)$ 变形得: $c_n+1=\dfrac{1}{2}(c_{n-1}+1)$.

$\therefore$ 数列 $\{c_n+1\}$ 是 $\dfrac{1}{2}$ 为公比, 以 $c_1+1=2$ 为首项的等比数列.

$c_n+1=2\cdot\left(\dfrac{1}{2}\right)^{n-1}$, 即 $c_n=\left(\dfrac{1}{2}\right)^{n-2}-1$;

(3) 当 $n=2k+1$ 时, $d_1+d_2+\cdots+d_n=(a_1+a_3+\cdots+a_{2k+1})+(c_2+c_4+\cdots+c_{2k})$

$$= 2(k+1)^2 + \frac{4}{3}\left[1-\left(\frac{1}{4}\right)^k\right] - k = 2k^2 + 3k + 2 + \frac{4}{3}\left[1-\left(\frac{1}{4}\right)^k\right]$$

$$= 2\left(\frac{n-1}{2}\right)^2 + 3 \times \frac{n-1}{2} + 2 + \frac{4}{3}\left[1-\left(\frac{1}{4}\right)^{\frac{n-1}{2}}\right]$$

$$= \frac{n^2+n+2}{2} + \frac{4}{3}\left[1-\left(\frac{1}{2}\right)^{n-1}\right].$$

当 $n=2k$ 时，$d_1+d_2+\cdots+d_n = (a_1+a_3+\cdots+a_{2k-1}) + (c_2+c_4+\cdots+c_{2k})$

$$= 2k^2 + \frac{4}{3}\left[1-\left(\frac{1}{4}\right)^k\right] - k$$

$$= 2k^2 - k + \frac{4}{3}\left[1-\left(\frac{1}{4}\right)^k\right] = \frac{n^2-n}{2} + \frac{4}{3}\left[1-\left(\frac{1}{2}\right)^n\right].$$

综合之：$d_1+d_2+\cdots+d_n = \begin{cases} \dfrac{n^2+n+2}{2} + \dfrac{4}{3}\left[1-\left(\dfrac{1}{2}\right)^{n-1}\right] & (n \text{ 为正奇数}), \\[3mm] \dfrac{n^2-n}{2} + \dfrac{4}{3}\left[1-\left(\dfrac{1}{2}\right)^n\right] & (n \text{ 为正偶数}). \end{cases}$

2. 已知正整数列 $\{a_n\}$ 满足条件：对于任意正整数 n，从集合 $\{a_1,a_2,\cdots,a_n\}$ 中不重复地任取若干个数，这些数之间经加减运算后所得的数绝对值为互不相同的正整数，且这些正整数与 $a_1,a_2,\cdots,a_n$ 一起恰好是 1 至 S_n 全体自然数组成的集合，其中 S_n 为数列 $\{a_n\}$ 的前 n 项和.

（1）求 a_1,a_2 的值；

（2）求数列 $\{a_n\}$ 的通项公式.

解：（1）记 $A_n = \{1,2,\cdots,S_n\}$，显然 $a_1 = S_1 = 1$. 对于 $S_2 = a_1 + a_2 = 1 + a_2$，有

$A_2 = \{1,2,\cdots,S_2\} = \{1,a_2,1+a_2,|1-a_2|\} = \{1,2,3,4\}$，

故 $1+a_2 = 4$，所以 $a_2 = 3$；

（2）由题意知，集合 $\{a_1,a_2,\cdots,a_n\}$ 按上述规则，共产生 S_n 个正整数；

而集合 $\{a_1,a_2,\cdots,a_n,a_{n+1}\}$ 按上述规则产生的 S_{n+1} 个正整数中，除 $1,2,\cdots,S_n$ 这 S_n 个正整数外，还有 $a_{n+1},a_{n+i}+i,|a_{n+1}-i|(i=1,2,\cdots,S_n)$，共 $2S_n+1$ 个数.

所以，$S_{n+1} = S_n + (2S_n+1) = 3S_n + 1$.

因为 $S_{n+1} + \dfrac{1}{2} = 3\left(S_n + \dfrac{1}{2}\right)$，所以 $S_{n+1} = \left(S_1 + \dfrac{1}{2}\right) \times 3^n - \dfrac{1}{2} = \dfrac{1}{2} \times 3^{n+1} - \dfrac{1}{2}$.

又因为当 $n \geqslant 2$ 时，$a_n = S_n - S_{n-1} = \left(\dfrac{1}{2} \times 3^n - \dfrac{1}{2}\right) - \left(\dfrac{1}{2} \times 3^{n-1} - \dfrac{1}{2}\right) = 3^{n-1}$.

而 $a_1 = 1$ 也满足 $a_n = 3^{n-1}$. 所以，$a_n = 3^{n-1}(n \geqslant 1)$.

3. A 是定义在 $[2,4]$ 上且满足如下条件的函数 $\varphi(x)$ 组成的集合：① 对任意的 $x \in [1,2]$，都有 $\varphi(2x) \in (1,2)$；② 存在常数 $L(0<L<1)$，使得对任意的 $x_1,x_2 \in [1,2]$，都有 $|\varphi(2x_1)-\varphi(2x_2)| \leqslant L|x_1-x_2|$.

（1）设 $\varphi(2x) = \sqrt[3]{1+x}$，$x \in [2,4]$，证明：$\varphi(x) \in A$；

（2）设 $\varphi(x) \in A$，如果存在 $x_0 \in (1,2)$，使得 $x_0 = \varphi(2x_0)$，那么这样的 x_0 是唯一的；

（3）设 $\varphi(x) \in A$，任取 $x_1 \in (1,2)$，令 $x_{n-1} = \varphi(2x_n)$，$n=1,2,\cdots$，证明：给定正整数 k，对

任意的正整数 p,成立不等式 $|x_{k+p}-x_k|\leqslant\dfrac{L^{k-1}}{1-L}|x_2-x_1|$.

解:(1) 对任意 $x\in[1,2]$,$\varphi(2x)=\sqrt[3]{1+2x}$,$x\in[1,2]$,$\sqrt[3]{3}\leqslant\varphi(2x)\leqslant\sqrt[3]{5}$,$1<\sqrt[3]{3}<\sqrt[3]{5}<$

2,所以 $\varphi(2x)\in(1,2)$,

对任意的 $x_1,x_2\in[1,2]$,

$$|\varphi(2x_1)-(\varphi 2x_2)|=|x_1-x_2|\dfrac{2}{\sqrt[3]{(1+2x_1)^2}+\sqrt[3]{(1+2x_1)(1+x_2)}+\sqrt[3]{(1+x_2)^2}},$$

$$3<\sqrt[3]{(1+2x_1)^2}+\sqrt[3]{(1+2x_1)(1+x_2)}+\sqrt[3]{(1+x_2)^2},$$

所以 $0<\dfrac{2}{\sqrt[3]{(1+2x_1)^2}+\sqrt[3]{(1+2x_1)(1+x_2)}+\sqrt[3]{(1+x_2)^2}}<\dfrac{2}{3}$,

令 $\dfrac{2}{\sqrt[3]{(1+2x_1)^2}+\sqrt[3]{(1+2x_1)(1+x_2)}+\sqrt[3]{(1+x_2)^2}}=L$,$0<L<1$,

$|\varphi(2x_1)-\varphi(2x_2)|\leqslant L|x_1-x_2|$.

所以 $\varphi(x)\in A$;

(2) 反证法:设存在两个 $x_0,x_0'\in(1,2)$,$x_0\neq x_0'$ 使得 $x_0=\varphi(2x_0)$,$x_0'=\varphi(2x_0')$,则

由 $|\varphi(2x_0)-\varphi(2x_0')|\leqslant L|x_0-x_0'|$,得 $|x_0-x_0'|\leqslant L|x_0-x_0'|$,所以 $L\geqslant 1$,矛盾,故结论

成立;

(3) $|x_3-x_2|=|\varphi(2x_2)-\varphi(2x_1)|\leqslant L|x_2-x_1|$,所以 $|x_{n+1}-x_n|\leqslant L^{n-1}|x_2-x_1|$

$|x_{k+p}-x_k|=|(x_{k+p}-x_{k+p-1})+(x_{k+p-1}-x_{k+p-2})+\cdots+(x_{k+1}-x_k)|\leqslant\dfrac{L^{k-1}}{1-L}|x_2-x_1|$

$\leqslant|x_{k+p}-x_{k+p-1}|+|x_{k+p-1}-x_{k+p-2}|+\cdots+|x_{k+1}-x_k|\leqslant L^{k+p-2}|x_2-x_1|+L^{k+p-3}$

$|x_2-x_1|+\cdots+L^{k-1}|x_2-x_1|\leqslant\dfrac{L^{k-1}}{1-L}|x_2-x_1|$.

4. 对于项数为 $m(m\geqslant 3)$ 的有穷数列 $\{a_n\}$,若存在项数为 $m+1$,公差为 d 的等差数列 $\{b_n\}$,使得 $b_k<a_k<b_{k+1}$,其中 $k=1,2,\cdots,m$,则称数列 $\{a_n\}$ 为"等差分割数列".

(1) 判断数列 $\{a_n\}$:$1,4,8,13$ 是否为"等差分割数列",并说明理由;

(2) 若数列 $\{a_n\}$ 的通项公式为 $a_n=2^n(n=1,2,\cdots,m)$,求证:当 $m\geqslant 5$ 时,数列 $\{a_n\}$ 不是"等差分割数列";

(3) 已知数列 $\{a_n\}$ 的通项公式为 $a_n=4n+3(n=1,2,\cdots,m)$,且数列 $\{a_n\}$ 为"等差分割数列".若数列 $\{b_n\}$ 的首项 $b_1=3$,求数列 $\{b_n\}$ 的公差 d 的取值范围(用 m 表示).

解:(1) 因为存在等差数列 $-1,3,7,11,15$,

满足 $-1<1<3<4<7<8<11<13<15$,

所以数列 $\{a_n\}$:$1,4,8,13$ 是"等差分割数列";

(2) 当 $m\geqslant 5$ 时,若存在公差为 d,项数为 $m+1$ 项的等差数列 $\{b_n\}$ 满足:$b_k<a_k<b_{k+1}$,其中 $k=1,2,\cdots,m$,则有 $b_1<2<b_2<4<b_3<8<b_4<16<b_5<32<b_6<\cdots<b_m$,

于是 $d=b_3-b_2<8-2=6$,

所以 $b_6<b_3+3\times 6<8+18=26$,与 $b_6>32$ 矛盾,

即 $m\geqslant 5$ 时,$\{a_n\}$ 不是"等差分割数列";

（3）由题意知，

$b_1 < a_1 < b_1 + d < a_2 < b_1 + 2d < a_3 < b_1 + 3d < a_4 < b_1 + 4d < a_5 < b_1 + 5d < \cdots < b_1 + (m-1)d < a_m < b_1 + md$，

于是一方面 $d > a_1 - b_1 = 4, d > \dfrac{1}{2}(a_2 - b_1) = 4, d > \dfrac{1}{3}(a_3 - b_1) = 4, \cdots, d > \dfrac{1}{m}(a_m - b_1) = 4$，所以 $d > 4$.

另一方面，$d > a_2 - b_1, d < \dfrac{1}{2}(a_3 - b_1), d < \dfrac{1}{3}(a_4 - b_1), \cdots, d < \dfrac{1}{m-1}(a_m - b_1)$，

由于 $\dfrac{1}{m-1}(a_m - b_1) - \dfrac{1}{m-2}(a_{m-1} - b_1) = \dfrac{-4}{(m-1)(m-2)}$，又因为 $m \geqslant 3$，

于是 $\dfrac{1}{m-1}(a_m - b_1) < \dfrac{1}{m-2}(a_{m-1} - b_1)$ 所以 $d < \dfrac{1}{m-1}(a_m - b_1) = \dfrac{4m}{m-1}$.

综上所述，$4 < d < \dfrac{4m}{m-1}$.

5. 已知函数 $f(x)$ 定义域为 $[0,1]$，且同时满足①对于任意 $x \in [0,1], f(x) \geqslant 3$；② $f(1) = 4$；③ 若 $x_1 \geqslant 0, x_2 \geqslant 0, x_1 + x_2 \leqslant 1$，则有 $f(x_1 + x_2) \geqslant f(x_1) + f(x_2) - 3$.

（1）试求 $f(0)$ 的值；

（2）试求函数 $f(x)$ 的最大值；

（3）设数列 $\{a_n\}$ 的前 n 项和为 S_n，满足 $a_1 = 1, S_n = \dfrac{1}{2}(a_n - 3), n \in \mathbf{N}^*$.

求证：$f(a_1) + f(a_2) + \cdots + f(a_n) < \dfrac{3}{2} \log_3 \dfrac{27}{a_n^2}$.

解：（1）令 $x_1 = x_2 = 0$，则有 $f(0) \geqslant 2f(0) - 3$，即 $f(0) \leqslant 3$.

又对任意 $x \in [0,1]$，总有 $f(x) \geqslant 3$，所以 $f(0) = 3$；

（2）任取 $x_1, x_2 \in [0,1], x_1 < x_2, f(x_2) = f[x_1 + (x_2 - x_1)] \geqslant f(x_1) + f(x_2 - x_1) - 3$.

因为 $0 < x_2 - x_1 \leqslant 1$，则 $f(x_2 - x_1) \geqslant 3$.则 $f(x_2) \geqslant f(x_1) + 3 - 3 = f(x_1)$.

则当 $x \in [0,1]$ 时，$f(x) \leqslant f(1) = 4$，所以函数 $f(x)$ 的最大值为 4；

（3）当 $n > 1$ 时，$a_n = S_n - S_{n-1} = \dfrac{1}{2}(a_n - 3) - \dfrac{1}{2}(a_{n-1} - 3)$，则 $\dfrac{a_n}{a_{n-1}} = \dfrac{1}{3}$.

则数列 $\{a_n\}$ 是以 $a_1 = 1$ 为首项，公比为 $\dfrac{1}{3}$ 的等比数列. $a_n = 1 \cdot \left(\dfrac{1}{3}\right)^{n-1} = \dfrac{1}{3^{n-1}}$.

$f(1) = f\left[3^{n-1} \cdot \dfrac{1}{3^{n-1}}\right] = f\left[\dfrac{1}{3^{n-1}} + (3^{n-1} - 1) \cdot \dfrac{1}{3^{n-1}}\right] \geqslant f\left(\dfrac{1}{3^{n-1}}\right) + f\left[(3^{n-1} - 1)\dfrac{1}{3^{n-1}}\right] - 3$

$4 \geqslant 3^{n-1} f\left(\dfrac{1}{3^{n-1}}\right) - 3^n + 3$.

则 $f\left(\dfrac{1}{3^{n-1}}\right) \leqslant \dfrac{3^n + 1}{3^{n-1}} = 3 + \dfrac{1}{3^{n-1}}$，即 $f(a_n) \leqslant 3 + \dfrac{1}{3^{n-1}}$.

则 $f(a_1) + f(a_2) + \cdots + f(a_n) \leqslant \left(3 + \dfrac{1}{3^{1-1}}\right) + \left(3 + \dfrac{1}{3^{2-1}}\right) + \cdots + \left(3 + \dfrac{1}{3^{n-1}}\right)$

$$=3n+\frac{1\cdot\left[1-\left(\frac{1}{3}\right)^n\right]}{1-\frac{1}{3}}=3n+\frac{3}{2}-\frac{1}{2\times3^{n-1}}<3n+\frac{3}{2}=3\left(n+\frac{1}{2}\right).$$

又 $\frac{3}{2}\log_3\frac{27}{a_n^2}=\frac{3}{2}\log_3(3^3\cdot3^{2n-1})=\frac{3}{2}(2n+1)=3\left(n+\frac{1}{2}\right)$,则原不等式成立.

6. 无穷数列 $\{a_n\}$,$\{b_n\}$,$\{c_n\}$ 满足:$n\in\mathbf{N}^*$,$a_{n+1}=|b_n-c_n|$,$b_{n+1}=|c_n-a_n|$,$c_{n+1}=|a_n-b_n|$,记 $d_n=\max\{a_n,b_n,c_n\}$($\max\{a_n,b_n,c_n\}$ 表示 3 个实数 a_n,b_n,c_n 中的最大数).

(1) 若 $a_1=8,b_1=4,c_1=2$,求数列 $\{b_n\}$ 的前 n 项和 S_n;

(2) 若 $a_1=-1,b_1=1,c_1=x$,当 $x\in\mathbf{R}$ 时,求满足条件 $d_2=d_3$ 的 x 的取值范围;

(3) 证明:对于任意正整数 a_1,b_1,c_1,必存在正整数 k,使得 $a_{k+1}=a_k$,$b_{k+1}=b_k$,$c_{k+1}=c_k$.

解:(1) 可求 $a_2=2,b_2=6,c_2=4$;

$a_3=2,b_3=2,c_3=4$;$a_n=2,b_n=2,c_n=0(n\geq4)$;

所以 $d_1=8,d_2=6,d_3=4,d_n=2(n\geq4)$;

所以 $s_n=\begin{cases}-n^2+9n & (n\leq4),\\ 2n+12 & (n\geq5);\end{cases}$

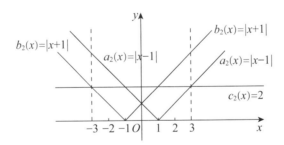

题 6 解析图

(2) $a_2=|x-1|$,$b_2=|x+1|$,$c_2=2$

$$\Rightarrow d_2=\begin{cases}x+1, & x\geq1,\\ 2, & -1<x<1,\\ -x+1, & x\leq-1;\end{cases}$$

$a_3=||x+1|-2|$,$b_3=||x-1|-2|$,$c_3=||x-1|-|x+1||$

$$\Rightarrow d_3=\begin{cases}|x+1|, & 0\leq x\leq1\ \text{或}\ x\leq-3,\\ 2, & -3<x<-1\ \text{或}\ 1<x<3,\\ |x-1|, & -1\leq x\leq0\ \text{或}\ x\geq3.\end{cases}$$

所以满足条件 $d_2=d_3$ 的 x 的取值范围为 $\{-1,1\}$;

(3) 证明:(I) 先证明"若 $a_k,b_k,c_k(k\geq2)$ 中至少有一个为 0,则另两个数相等"不妨设 $a_k=0$,假设 $b_k\neq c_k$,因为 $a_k=0$,所以 $b_{k-1}=c_{k-1}$,

所以 $b_k=|c_{k-1}-a_{k-1}|=|b_{k-1}-a_{k-1}|=c_k$ 与 $b_k\neq c_k$ 矛盾,所以 $b_k=c_k$

所以有 $a_{k+1}=0=a_k$,$b_{k+1}=c_{k+1}=b_k=c_k$.

所以此时必存在正整数 k ,使得 $a_{k+1}=a_k$, $b_{k+1}=b_k$, $c_{k+1}=c_k$.

(Ⅱ) 再证明:"若 a_k , b_k , $c_k(k\geqslant 2)$ 都不为 0 ,则: $d_{k+1}<d_k$ "

不妨设 $a_k=d_k$,则 $a_{k+1}=|b_k-c_k|<\max\{b_k,c_k\}<a_k$,

$b_{k+1}=|a_k-c_k|<a_k$, $c_{k+1}=|b_k-a_k|<a_k$,所以 $d_{k+1}=\max\{a_{k+1},b_{k+1},c_{k+1}\}<a_k=d_k$

所以此时 d_k 一定严格递减下去,直至存在正整数 m ,使得 $d_{m+1}=d_m$,此时 a_m , b_m , c_m 中有一个为 0 ,由(Ⅰ)可知此时命题也成立.

所以对于任意正整数 a_1 , b_1 , c_1 ,必存在正整数 k ,

使得: $a_{k+1}=a_k$, $b_{k+1}=b_k$, $c_{k+1}=c_k$.

7. 设 m 个不全相等的正数 a_1 , a_2 , $\cdots$, $a_m(m\geqslant 7)$ 依次围成一个圆圈.

(1) 若 $m=2009$,且 a_1 , a_2 , $\cdots$, a_{1005} 是公差为 d 的等差数列,而 a_1 , a_{2009} , a_{2008} , $\cdots$, a_{1006} 是公比为 $q=d$ 的等比数列;数列 a_1 , a_2 , $\cdots$, a_m 的前 n 项和 $S_n(n\leqslant m)$ 满足: $S_3=15$, $S_{2009}=S_{2007}+12a_1$,求通项 $a_n(n\leqslant m)$;

(2) 若每个数 $a_n(n\leqslant m)$ 是其左右相邻两数平方的等比中项,求证:因此由⑤得 $a_1+\cdots+a_6+a_7^2+\cdots+a_m^2>ma_1a_2\cdots a_m$.

解: (1) 因 a_1 , a_{2009} , a_{2008} , $\cdots$, a_{1006} 是公比为 d 的等比数列,从而 $a_{2009}=a_1d$, $a_{2008}=a_1d^2$,由 $S_{2007}=S_{2008}+12a_1$ 得 $a_{2008}+a_{2009}=12a_1$,

故解得 $d=3$ 或 $d=-4$ (舍去).因此 $d=3$.

又 $S_3=3a_1+3d=15$.解得 $a_1=2$.

从而当 $n\leqslant 1005$ 时, $a_n=a_1+(n-1)d=2+3(n-1)=3n-1$.

当 $1006\leqslant n\leqslant 2009$ 时,由 a_1 , a_{2009} , a_{2008} , $\cdots$, a_{1006} 是公比为 d 的等比数列得

$a_n=a_1d^{2009-(n-1)}=a_1d^{2010-n}(1006\leqslant n\leqslant 2009)$,因此 $a_n=\begin{cases}3n-1,n\leqslant 1005,\\2\cdot 3^{2009-n},1006\leqslant n\leqslant 2009;\end{cases}$

(2) 由题意 $a_n^2=a_{n-1}^2a_{n+1}^2(1<n<m)$, $a_m=a_{m-1}^2a_1^2$, $a_1^2=a_m^2a_2^2$ 得

$$\begin{cases}a_n=a_{n-1}a_{n+1}(1<n<m) & ① \\ a_m=a_{m-1}a_1 & ② \\ a_1=a_ma_2 & ③\end{cases}$$

由①得 $a_3=\dfrac{a_2}{a_3}$, $a_4=\dfrac{1}{a_1}$, $a_5=\dfrac{1}{a_2}$, $a_6=\dfrac{a_1}{a_2}$ ④

由①②③得 $a_1a_2\cdots a_n=(a_1a_2\cdots a_n)^2$,故 $a_1a_2\cdots a_n=1$ ⑤

又 $a_{r+3}=\dfrac{a_{r+2}}{a_{r+1}}=\dfrac{a_{r+1}}{a_r}\cdot\dfrac{1}{a_{r+1}}=\dfrac{1}{a_r}(1\leqslant r\leqslant m-3)$,

故有 $a_{r+6}=\dfrac{1}{a_{r+3}}=a_r(1\leqslant r\leqslant m-6)$ ⑥

下面反证法证明: $m=6k$.

若不然,设 $m=6k+p$,其中 $1\leqslant p\leqslant 5$.

若取 $p=1$ 即 $m=6k+1$,则由⑥得 $a_m=a_{6k+1}=a_1$,而由③得 $a_m=\dfrac{a_1}{a_2}$,故 $a_1=\dfrac{a_1}{a_2}$,

得 $a_2=1$,由②得 $a_{m-1}=\dfrac{a_m}{a_1}$,从而 $a_6=a_{6k}=a_{m-1}$,而 $a_6=\dfrac{a_1}{a_2}$,故 $a_1=a_2=1$,

由④及⑥可推得 $a_n=1(1\leqslant n\leqslant m)$ 与题设矛盾.

同理若 $p=2,3,4,5$ 均可得 $a_n=1(1\leqslant n\leqslant m)$ 与题设矛盾,因此 $m=6k$ 为 6 的倍数

由均值不等式得

$$a_1+a_2+\cdots+a_6=\left(a_1+\frac{1}{a_1}\right)+\left(a_2+\frac{1}{a_2}\right)+\left(\frac{a_2}{a_1}+\frac{a_1}{a_2}\right)\geqslant 6.$$

由上面三组数内必有一组不相等(否则 $a_1=a_2=a_3=1$,从而 $a_4=a_5=\cdots=a_m=1$ 与题设矛盾),故等号不成立,

从而 $a_1+a_2+\cdots+a_6>6$ 又 $m=6k$,由④和⑥得

$$a_7^2+\cdots+a_m^2=(a_7^2+\cdots+a_{12}^2)+\cdots+(a_{6k-1}^2+\cdots+a_{6k}^2)$$

$$=(k-1)(a_1^2+\cdots+a_6^2)=(k-1)\left(a_1^2+\frac{1}{a_1^2}+a_2^2+\frac{1}{a_2^2}+a_3^2+\frac{1}{a_3^2}\right)\geqslant 6(k-1).$$

因此由⑤得 $a_1+\cdots+a_6+a_7^2+\cdots+a_m^2>6+6(k-1)=m=ma_1a_2\cdots a_m.$

8. 若数列 $\{a_n\}$ 满足:对任意 $n\in\mathbf{N}^*$,均有 $a_n=b_n+c_n$ 成立,且 $\{b_n\}$、$\{c_n\}$ 都是等比数列,则称 (b_n,c_n) 是数列 $\{a_n\}$ 的一个等比拆分.

(1) 若 $a_n=2^n$,且 (b_n,b_{n+1}) 是数列 $\{a_n\}$ 的一个等比拆分,求 $\{b_n\}$ 的通项公式;

(2) 设 (b_n,c_n) 是数列 $\{a_n\}$ 的一个等比拆分,且记 $\{b_n\}$、$\{c_n\}$ 的公比分别为 q_1,q_2.

① 若 $\{a_n\}$ 是公比为 q 的等比数列,求证:$q_1=q_2=q$;

② 若 $a_1=1,a_2=2,q_1\cdot q_2=-1$,且对任意 $n\in\mathbf{N}$,$a_{n+1}^3<a_na_{n+1}a_{n+2}+a_{n+2}-a_n$ 恒成立,求 a_3 的取值范围.

解:(1) 设数列 $\{b_n\}$ 的公比为 q_0,则 $\begin{cases}b_1+b_1q_0=2,\\b_1q_0+b_1q_0^2=4\end{cases}(b_1\cdot q_0\neq 0)$,对任意 $n\in\mathbf{N}$ 成立,

令 $n=1,2$ 可得:$\begin{cases}b_1+b_1q_0=2,\\b_1q_0+b_1q_0^2=4,\end{cases}$ 解得:$\begin{cases}b_1=\dfrac{2}{3},\\q_0=2.\end{cases}$

$\therefore a_1q^{n-1}=2^n=b_1q_1^{n-1}+c_1q_2^{n-1}$,经检验符合题意;

(2) ① 由 $a_n=b_n+c_n$,令 $n=1,2,3$ 可得 $\begin{cases}a_1=b_1+c_1 & \text{(A)}\\a_1q=b_1q_1+c_1q_2 & \text{(B)}\\a_1q^2=b_1q_1^2+c_1q_2^2 & \text{(C)}\end{cases}$,$a_1b_1c_1\neq 0$

(A)代入(B)得 $b_1(q_1-q)=c_1(q-q_2)$,(B)代入(C)得 $b_1q_1(q_1-q)=c_1q_2(q-q_2)$,

如果 q_1,q_2 不全等于 q,显然它们一定都不等于 q,

因此考虑 $q_1\neq q$ 且 $q_2\neq q$ 的情况,此时用后式除以前式可得 $q_1=q_2$,

再将其代入到 $a_1=b_1+c_1$,$a_1q=b_1q_1+c_1q_2$,可得 $q_1=q_2=q$,矛盾,

因此只能 $q_1=q_2=q$,经验证符合题意;

② 分析:对任意 $n\in\mathbf{N}$,$a_{n+1}^3<a_na_{n+1}a_{n+2}+a_{n+2}-a_n$ 恒成立

要得原不等式恒成立,显然必有 $a_n>0$,若 $a_3<0$ 结论不成立.

得 $a_{n+1}(a_{n+1}^2-a_na_{n+2})\leqslant a_{n+2}-a_n$,所以 $a_{n+1}^2<a_na_{n+2}+\dfrac{a_{n+2}-a_n}{a_{n+1}}$,

令 $T_n=a_n^2-a_{n+1}a_{n-1}=\left[b_1q_1^n+c_1\dfrac{1}{(-q_1)^n}\right]^2-\left[b_1q_1^{n-1}-c_1\dfrac{1}{(-q_1)^{n-1}}\right]$

$$\left[b_1 q_1^{n+1}-c_1\ \frac{1}{(-q_1)^{n+1}}\right],$$

则当 n 为偶数时, $T_n=-b_1 c_1\left(q_1-\dfrac{1}{q_1}\right)^2,$

同理, 当 n 为奇数时, $T_n=-b_1 c_1\left(q_1-\dfrac{1}{q_1}\right)^2$

可算的 $a_{n+2}^2-a_{n+1}a_{n+3}=-a_{n+1}^2+a_n a_{n+2}\Rightarrow a_{n+1}^2-a_n a_{n+2}=a_{n+2}^2-a_{n+1}a_{n+3},$

所以对任意 $n\in \mathbf{N}$, 均有 $T_{n+1}=-T_n$ 成立

由 $T_{N+1}=-T_n$ 可得 $\dfrac{a_{n+2}-a_n}{a_{n+1}}=\dfrac{a_{n+3}-a_{n+1}}{a_{n+2}},$

因为 $a_n\neq 0$, 因此可化简得 $\dfrac{a_{n+2}-a_n}{a_{n+1}}=\dfrac{a_3-a_1}{a_2}=\dfrac{a_3-1}{2},$

所以 $a_{n+1}^2<a_n a_{n+2}+\dfrac{a_{n+2}-a_n}{a_{n+1}}\Rightarrow a_{n+1}^2-a_n a_{n+2}<\dfrac{a_{n+2}-a_n}{a_{n+1}}=\dfrac{a_3-1}{2},$

要使原不等式恒成立, 显然必有 $a_n>0$,

而 $T_1=4-a_3$, 因此可得 $\begin{cases} T_1=4-a_3<\dfrac{a_3-1}{2}, \\ T_2=-T_1=a_3-4<\dfrac{a_3-1}{2}, \end{cases}$ 解得 $3<a_3<7,$

综上所述, a_3 的取值范围为 $(3,7)$.

9. 给定有限单调递增数列 $\{x_n\}$ $(n\in \mathbf{N}^*, n\geqslant 2)$ 且 $x_i\neq 0$ $(1\leqslant i\leqslant n)$, 定义集合 $A=\{(x_i,x_j)\,|\,1\leqslant i,j\leqslant n, i,j\in \mathbf{N}^*\}$. 若对任意点 $A_1\in A$, 存在 $A_2\in A$ 使得 $OA_1\perp OA_2$ (O 为坐标原点), 则称数列 $\{x_n\}$ 具有性质 P.

(1) 判断数列 $\{x_n\}$: $-2,2$ 和数列 $\{y_n\}$: $-2,-1,1,3$ 是具有性质 P, 简述理由.

(2) 若数列 $\{x_n\}$ 具有性质 P, 求证:

① 数列中一定存在两项 x_i, x_j 使得 $x_i+x_j=0$;

② 若 $x_1=-1, x_2>0$ 且 $x_n>1$, 则 $x_2=1$.

(3) 若数列 $\{x_n\}$ 只有 2013 项且具有性质 P, $x_1=-1, x_3=2$, 求 $\{x_n\}$ 的所有项和 S_{2013}.

解: (1) 数列 $\{x_n\}$ 具有性质 P, 数列 $\{y_n\}$ 不具有性质 P.

对于数列 $\{x_n\}$, 若 $A_1(-2,-2)$, 则 $A_2=(-2,2)$; 若 $A_1(-2,2)$, 则 $A_2=(2,2)$; 若 $A_1(2,-2)$, 则 $A_2=(2,2)$; 若 $A_1(2,2)$, 则 $A_2=(-2,2)$ 所有 $\{x_n\}$ 具有性质 P.

对于数列 $\{y_n\}$, 若 $A_1(-2,3)$, 设 $A_2=(x,y)$; 由 $OA_1\perp OA_2$, 得: $2x=3y$, 得 $\dfrac{x}{y}=\dfrac{3}{2}$, 数列 $\{y_n\}$ 中不存在这样的数, 所有 $\{y_n\}$ 不具有性质 P.

(2) ① 取 $A_1(x_k,x_k)$, 又数列 $\{x_n\}$ 具有性质 P, 所以存在点 $A_2(x_i,x_j)$ 使得 $OA_1\perp OA_2$, 即 $x_k(x_i,x_j)=0$, 又 $x_k\neq 0$, 所以 $x_i+x_j=0$.

② 由①可知: 列中一定存在两项 x_i, x_j 使得 $x_i+x_j=0$, 因为 $x_1=-1$, 所以 1 一定是数列 $\{x_n\}$ 中的一项.

假设 $x_2\neq 1$, 则存在 k $(2<k<n, k\in \mathbf{N}^*)$ 有 $x_k=1$, 所以 $0<x_2<1$.

此时取 $A_1(x_2,x_n)(n>2)$，数列 $\{x_n\}$ 具有性质 P，所以存在点 $A_{(x_i,x_j)}$，使得 $OA_1\perp OA_2$，所以 $x_2x_i+x_nx_j=0$；$\{x_n\}$ 只有一个负值项为 $x_1=-1$，所以 $x_i=-1$ 或 $x_j=-1$.

当 $x_i=-1$，则 $x_2=x_nx_j>x_j\geqslant x_2$，矛盾；

当 $x_j=-1$，则 $x_2=\dfrac{x_n}{x_i}\geqslant 1$，矛盾.

所以 $x_2=1$.

（3）由（2）中的①结论可知：数列中一定存在两项 x_i,x_j 使得 $x_i+x_j=0$

若 $x_2+x_j=0$，则 $x_2=-x_j\leqslant -2$，与数列单调递增矛盾；

若 $x_1+x_j=0$，只能是 $x_1+x_2=0$，所以 $x_2=1$.

当 A_1 分别为 $(x_3,x_{2013}),(x_4,x_{2013}),(x_5,x_{2013}),\cdots,(x_{2012},x_{2013})$ 时，存在 A_2 分别为 $(y_3,-1),(y_4,-1),(y_5,-1),\cdots,(y_{2012},-1)$.

所以 $y_3=\dfrac{x_{2013}}{x_3},y_4=\dfrac{x_{2013}}{x_4},y_5=\dfrac{x_{2013}}{x_5},\cdots,y_{2012}=\dfrac{x_{2013}}{x_{2012}}$，也在集合 A 中.

$y_3=x_{2012},y_4=x_{2011},y_5=x_{2010},\cdots,y_{2012}=x_3$

所以 $x_ix_{2015-i}=x_{2013}(i=3,4,5,\cdots,2012)$ $\hspace{2cm}$ (1)

同理：当 A_1 分别为 $(x_3,x_{2012}),(x_4,x_{2012}),(x_5,x_{2012}),\cdots,(x_{2011},x_{2012}),(x_{2012},x_{2012})$ 时，存在 A_2 分别为 $(y_3,-1),(y_4,-1),(y_5,-1),\cdots,(y_{2011},-1),(y_{2012},-1)$.

所以 $x_ix_{2014-i}=x_{2012}(i=3,4,5,\cdots,2012)$ $\hspace{2cm}$ (2)

(1)/(2)

所以 $\dfrac{x_{2015-i}}{x_{2014-i}}=\dfrac{x_{2013}}{x_{2012}}$ 成立，所以从 x_2 开始为等比数列，

$x_n\begin{cases}-1,n=1,\\2^{n-2},n\geqslant 2,\end{cases}$ 所以 $S_{2013}=2^{2012}-2$.

10. 设 S_n 是各项均为非零实数的数列 $\{a_n\}$ 的前 n 项和，给出如下两个命题：

命题 p：$\{a_n\}$ 是等差数列；命题 q：等式 $\dfrac{1}{a_1a_2}+\dfrac{1}{a_2a_3}+\cdots+\dfrac{1}{a_na_{n+1}}=\dfrac{kn+b}{a_1a_{n+1}}$ 对任意 $n(n\in\mathbf{N^*})$ 恒成立，其中 k,b 是常数.

（1）若 p 是 q 的充分条件，求 k,b 的值；

（2）对于（1）中的 k 与 b，问 p 是否为 q 的必要条件，请说明理由；

（3）若 p 为真命题，对于给定的正整数 $n(n>1)$ 和正数 M，数列 $\{a_n\}$ 满足条件 $a_1^2+a_{n+1}^2\leqslant M$，试求 S_n 的最大值.

解：（1）设 $\{a_n\}$ 的公差为 d，则原等式可化为

$$\dfrac{1}{d}\left(\dfrac{1}{a_1}-\dfrac{1}{a_2}+\dfrac{1}{a_2}-\dfrac{1}{a_3}+\cdots+\dfrac{1}{a_n}-\dfrac{1}{a_{n+1}}\right)=\dfrac{kn+b}{a_1a_{n+1}}，$$ 所以 $\dfrac{1}{d}\cdot\dfrac{nb}{a_1a_{n+1}}=\dfrac{kn+b}{a_1a_{n+1}}$，

即 $(k-1)n+b=0$ 对于 $n\in\mathbf{N^*}$ 恒成立，所以 $k=1,b=0$；

（2）当 $k=1,b=0$ 时，假设 p 是否为 q 的必要条件，即"若 $\dfrac{1}{a_1a_2}+\dfrac{1}{a_2a_3}+\cdots+\dfrac{1}{a_na_{n+1}}=$

$\dfrac{n}{a_1a_{n+1}}$①对于任意的 $n(n\in\mathbf{N^*})$ 恒成立，则 $\{a_n\}$ 为等差数列".

当 $n=1$ 时，$\dfrac{1}{a_1 a_2}=\dfrac{1}{a_1 a_2}$ 显然成立，当 $n\geqslant 2$ 时，$\dfrac{1}{a_1 a_2}+\dfrac{1}{a_2 a_3}+\cdots+\dfrac{1}{a_{n-1}a_n}=\dfrac{n-1}{a_1 a_{n+1}}$②，由

①-②得，$\dfrac{1}{a_n a_{n+1}}=\dfrac{1}{a_1}\left(\dfrac{n}{a_{n+1}}-\dfrac{n-1}{a_n}\right)$，即 $na_n-(n-1)a_{n+1}=a_1$ ③

当 $n=2$ 时，$a_1+a_3=2a_2$，即 a_1,a_2,a_3 成等差数列，

当 $n\geqslant 3$ 时，$(n-1)a_{n-1}-(n-2)a_n=a_1$④，即 $2a_n=a_{n-1}+a_{n+1}$．所以 $\{a_n\}$ 为等差数列，

即 p 是否为 q 的必要条件；

(3) 由 $a_1^2+a_{n+1}^2\leqslant M$，可设 $a_1=r\cos\theta,a_{n+1}=r\sin\theta$，所以 $r\leqslant\sqrt{M}$．

设 $\{a_n\}$ 的公差为 d，则 $a_{n+1}-a_1=nd=r\sin\theta-r\cos\theta$，所以 $d=\dfrac{r\sin\theta-r\cos\theta}{n}$，

所以　$a_n=r\sin\theta-\dfrac{r\sin\theta-r\cos\theta}{n}$，$S_n=\dfrac{(a_1+a_n)^n}{2}=\dfrac{(n+1)\cos\theta+(n-1)\sin\theta}{2}r$

$$\leqslant\dfrac{\sqrt{(n+1)^2+(n-1)^2}}{2}\cdot\sqrt{M}=\dfrac{\sqrt{2}}{2}\sqrt{M(n^2+1)},$$

所以 S_n 的最大值为 $\dfrac{\sqrt{2}}{2}\sqrt{M(n^2+1)}$．

11. 设数列 $\{a_n\}$ 的各项都是正数，且对任意 $n\in\mathbf{N}^+$，都有 $a_1^3+a_2^3+a_3^3+\cdots+a_n^3=S_n^2$，其中 S_n 为数列 $\{a_n\}$ 的前 n 项和．

(1) 求证：$a_n^2=2S_n-a_n$；

(2) 求数列 $\{a_n\}$ 的通项公式；

(3) 若 $b_n=3^n+(-1)^{n-1}\lambda\cdot 2^{a_n}$（$\lambda$ 为非零常数，$n\in\mathbf{N}^+$），问是否存在整数 λ，使得对任意 $n\in\mathbf{N}^+$，都有 $b_{n+1}>b_n$，若存在，求出 λ 的值；若不存在，说明理由．

解：(1) 证明：在已知式中，当 $n=1$ 时，$a_1^3=a_1^2$，$\because$　$a_1>0$，$\therefore$　$a_1=1$，

当 $n\geqslant 2$ 时，　　　　　　　$a_1^3+a_2^3+a_3^3+\cdots+a_n^3=S_n^2$ ①

　　　　　　　　　　　$a_1^3+a_2^3+a_3^3+\cdots+a_{n-1}^3=S_{n-1}^2$ ②

①-②得　　　　$a_n^3=a_n(2a_1+2a_2+\cdots+2a_{n-1}+a_n)$

$\because$　$a_n>0$，$\therefore$　$a_n^2=2a_1+2a_2+\cdots+2a_{n-1}+a_n$，即 $a_n^2=2S_n-a_n$

$\because$　$a_1=1$ 适合上式，$\therefore$　$a_n^2=2S_n-a_n(\in\mathbf{N}^+)$；

(2) 解由(1)知　　　　　　　$a_n^2=2S_n-a_n(n\in\mathbf{N}^+)$ ③

当 $n\geqslant 2$ 时，　　　　　　$a_{n-1}^2=2S_{n-1}-a_{n-1}$ ④

③-④得 $a_n^2-a_{n-1}^2=2(S_n-S_{n-1})-a_n+a_{n-1}=2a_n-a_n+a_{n-1}=a_n+a_{n-1}$

$\because$　$a_n+a_{n-1}^2>0$，$\therefore$　$a_n-a_{n-1}^2=1$

$\therefore$　数列 $\{a_n\}$ 是等差数列，首项为 1，公差为 1，可得 $a_n=n$；

(3) 解　$\because$　$a_n=n$，$\therefore$　$b_n=3^n+(-1)^{n-1}\lambda\cdot 2^{a_n}=3^n+(-1)^{n-1}\lambda\cdot 2^n$，

$\therefore$　$b_{n+1}-b_n=[3^{n+1}+(-1)^n\lambda\cdot 2^{n+1}]-[3^n+(-1)^{n-1}\lambda\cdot 2^n]=2\cdot 3^n-3\lambda(-1)^{n-1}\cdot 2^n$

若 $b_{n+1}>b_n$，则 $(-1)^{n-1}\cdot\lambda<\left(\dfrac{3}{2}\right)^{n-1}$ ⑤

当 $n=2k-1,k=1,2,3,\cdots$ 时，⑤式即为 $\lambda<\left(\dfrac{3}{2}\right)^{2k-2}$ ⑥

依题意,⑥式对 $k=1,2,3,\cdots$ 都成立, $\therefore$ $\lambda<1$;

当 $n=2k$, $k=1,2,3,\cdots$ 时,⑤式即为 $\lambda>-\left(\dfrac{3}{2}\right)^{2k-1}$ ⑦

依题意,⑦式对 $k=1,2,3,\cdots$ 都成立, $\therefore$ $\lambda>-\dfrac{3}{2}$ $\therefore$ $-\dfrac{3}{2}<\lambda<1$,

又 $\lambda\neq0$, $\therefore$ 存在整数 $\lambda=-1$,使得对任意 $n\in\mathbf{N}^{+}$,都有 $b_{n+1}>b_n$.

12. 已知数列 $\{a_n\}$ 与 $\{b_n\}$ 的前 n 项和分别为 A_n 和 B_n,且对任意 $n\in\mathbf{N}^*$, $a_{n+1}-a_n=2(b_{n+1}-b_n)$ 恒成立.

(1) 若 $A_n=n^2$, $b_n=2$,求 B_n;

(2) 若对任意 $n\in\mathbf{N}^*$,都有 $a_n=B_n$ 及 $\dfrac{b_2}{a_1a_2}+\dfrac{b_3}{a_2a_3}+\dfrac{b_4}{a_3a_4}+\cdots+\dfrac{b_{n+1}}{a_na_{n+1}}<\dfrac{1}{3}$ 成立,求正实数 b_1 的取值范围;

(3) 若 $a_1=2$, $b_n=2^n$,是否存在两个互不相等的整数 $s,t(1<s<t)$,使 $\dfrac{A_1}{B_1}$, $\dfrac{A_s}{B_s}$, $\dfrac{A_t}{B_t}$ 成等差数列?若存在,求出 s,t 的值;若不存在,请说明理由.

解: 因为 $A_n=n^2$,所以 $a_n=\begin{cases}1,n=1,\\ n^2-(n-1)^2,n\geqslant2,\end{cases}$ 即 $a_n=2n-1$.

故 $b_{n+1}-b_n=\dfrac{1}{2}(a_{n+1}-a_n)=1$,所以数列 $\{b_n\}$ 是以 2 为首项,1 为公差的等差数列,

$b_n=n+1$,所以 $B_n=n\cdot2+\dfrac{1}{2}\cdot n\cdot(n-1)\cdot1=\dfrac{1}{2}n^2+\dfrac{3}{2}n$;

(2) 依题意 $B_{n+1}-B_n=2(b_{n+1}-b_n)$,即 $b_{n+1}=2(b_{n+1}-b_n)$,即 $\dfrac{b_{n+1}}{b_n}=2$,

所以数列 $\{b_n\}$ 是以 b_1 为首项,2 为公比的等比数列,

所以 $b_n=b_12^{n+1}$, $a_n=B_n=\dfrac{1-2^n}{1-2}\times b_1=b_1(2^n-1)$,

所以 $\dfrac{b_{n+1}}{a_na_{n+1}}=\dfrac{2^n}{b_1(2^n-1)\cdot(2^{n+1}-1)}$.

因为 $\dfrac{b_{n+1}}{a_na_{n+1}}=\dfrac{b_1\cdot2^n}{b_1(2^n-1)\cdot b_1(2^{n+1}-1)}=\dfrac{1}{b_1}\left(\dfrac{1}{2^n-1}-\dfrac{1}{2^{n+1}-1}\right)$,

所以 $\dfrac{b_2}{a_1a_2}+\dfrac{b_3}{a_2a_3}+\dfrac{b_4}{a_3a_4}+\cdots+\dfrac{b_{n+1}}{a_na_{n+1}}=\dfrac{1}{b_1}\left(\dfrac{1}{2^1-1}-\dfrac{1}{2^{n+1}-1}\right)$,所以

$\dfrac{1}{b_1}\left(\dfrac{1}{2^1-1}-\dfrac{1}{2^{n+1}-1}\right)<\dfrac{1}{3}$ 恒成立,

即 $b_1>3\left(1-\dfrac{1}{2^{n+1}-1}\right)$,所以 $b_1\geqslant3$;

(3) 由 $a_{n+1}-a_n=2(b_{n+1}-b_n)$ 得: $a_{n+1}-a_n=2^{n+1}$,

所以当 $n\geqslant2$ 时, $a_n=(a_n-a_{n-1})+(a_{n-1}-a_{n-2})+\cdots+(a_3-a_2)+(a_2-a_1)+a_1$

$\qquad\qquad =2^n+2^{n+1}+\cdots+2^3+2^2+2=2^{n+1}-2$,

当 $n=1$ 时,上式也成立,所以 $a_n=2^{n+1}-2$, $n\in\mathbf{N}^*$;

所以 $A_n = 2^{n+2} - 4 - 2n$，又 $B_n = 2^{n+1} - 2$，

所以 $\dfrac{A_n}{B_n} = \dfrac{2^{n+2} - 4 - 2n}{2^{n+1} - 2} = 2 - \dfrac{n}{2^n - 1}$，

假设存在两个互不相等的整数 $s, t\ (1 < s < t)$，使 $\dfrac{A_1}{B_1}, \dfrac{A_s}{B_s}, \dfrac{A_t}{B_t}$ 成等差数列，

等价于 $\dfrac{1}{2^1 - 1}, \dfrac{s}{2^s - 1}, \dfrac{t}{2^t - 1}$ 成等差数列，即 $\dfrac{2s}{2^s - 1}, \dfrac{1}{2^1 - 1}, \dfrac{t}{2^t - 1}$

即 $\dfrac{2s}{2^s - 1} = 1 + \dfrac{t}{2^t - 1}$，因为 $1 + \dfrac{t}{2^t - 1} > 1$，所以 $\dfrac{2s}{2^s - 1} > 1$，即 $2^s < 2s + 1$

令 $h(s) = 2^s - 2s - 1\ (s \geqslant 2, s \in \mathbf{N}^*)$，则 $h(s+1) - h(s) = 2^s - 2 > 0$，所以 $h(s)$ 递增，

若 $s \geqslant 3$，则 $h(s) \geqslant h(3) = 1 > 0$，不满足 $2^s < 2s + 1$，所以 $s = 2$，

代入 $\dfrac{2s}{2^s - 1} = \dfrac{1}{2^1 - 1} + \dfrac{t}{2^t - 1}$ 得 $2^t - 3t - 1 = 0\ (t \geqslant 3)$，

当 $t = 3$ 时，显然不符合要求；

当 $t \geqslant 4$ 时，令 $\varphi(t) = 2^t - 3t - 1\ (t \geqslant 3, t \in \mathbf{N}^*)$，则同理可证 $\varphi(t)$ 递增，所以 $\varphi(t) \geqslant \varphi(4) = 3 > 0$，

所以不符合要求.

所以，不存在正整数 $s, t\ (1 < s < t)$，使 $\dfrac{A_1}{B_1}, \dfrac{A_s}{B_s}, \dfrac{A_t}{B_t}$ 成等差数列.

13. 若 $A_n = \overline{a_1 a_2 \cdots a_n}\ (a_i = 0$ 或 $1, i = 1, 2, \cdots, n)$，则称 A_n 为 0 和 1 的一个 n 位排列. 对于 A_n，将排列 $\overline{a_n a_1 a_2 \cdots a_{n-1}}$ 记为 $R^1(A_n)$；将排列 $\overline{a_{n-1} a_n a_1 \cdots a_{n-2}}$ 记为 $R^2(A_n)$；依此类推，直至 $R^n(A_n) = A_n$.

对于排列 A_n 和 $R^i(A_n)\ (i = 1, 2, \cdots, n-1)$，它们对应位置数字相同的个数减去对应位置数字不同的个数，叫作 A_n 和 $R^i(A_n)$ 的相关值，记作 $t(A_n, R^i(A_n))$. 例如 $A_3 = \overline{110}$，则 $R^1(A_3) = \overline{011}, t(A_3, R^1(A_3)) = -1$. 若 $t(A_n, R^i(A_n)) = -1\ (i = 1, 2, \cdots, n-1)$，则称 A_n 为最佳排列.

(1) 写出所有的最佳排列 A_3；

(2) 证明：不存在最佳排列 A_5；

(3) 若某个 A_{2k+1}（k 是正整数）为最佳排列，求排列 A_{2k+1} 中 1 的个数.

解：(1) 最佳排列 A_3 为 $\overline{110}, \overline{101}, \overline{100}, \overline{011}, \overline{010}, \overline{001}$；

(2) 证明：设 $A_5 = \overline{a_1 a_2 a_3 a_4 a_5}$，则 $R^1(A_5) = \overline{a_5 a_1 a_2 a_3 a_4}$，

因为 $t(A_5, R^1(A_5)) = -1$，

所以 $|a_1 - a_5|, |a_2 - a_1|, |a_3 - a_2|, |a_4 - a_3|, |a_5 - a_4|$ 之中有 2 个 0，3 个 1.

按 $a_5 \to a_1 \to a_2 \to a_3 \to a_4 \to a_5$ 的顺序研究数码变化. 由上述分析可知有 2 次数码不发生改变，有 3 次数码发生了改变.

但是 a_5 经过奇数次数数码改变不能回到自身，

所以不存在 A_5，使得 $t(A_5, R^1(A_5)) = -1$，从而不存在最佳排列 A_5；

(3) 解：由 $A_{2k+1} = \overline{a_1 a_2 \cdots a_{2k+1}}\ (a_i = 0$ 或 $1, i = 1, 2, \cdots, 2k+1)$，得

$$R^1(A_{2k+1})=\overline{a_{2k+1}a_1a_2\cdots a_{2k}},$$

$$R^2(A_{2k+1})=\overline{a_{2k}a_{2k+1}a_1a_2\cdots a_{2k-1}},$$

$$\cdots\cdots$$

$$R^{2k-1}(A_{2k+1})=\overline{a_3a_4\cdots a_{2k+1}a_1a_2},$$

$$R^{2k}(A_{2k+1})=\overline{a_2a_3\cdots a_{2k+1}a_1}.$$

因为 $t(A_{2k+1},R^i(A_{2k+1}))=-1(i=1,2,\cdots 2k)$,

所以 A_{2k+1} 与每个 $R^i(A_{2k+1})$ 有 k 个对应位置数码相同,有 $k+1$ 个对应位置数码不同,因此有

$$|a_1-a_{2k+1}|+|a_2-a_1|+\cdots+|a_{2k}-a_{2k-1}|+|a_{2k+1}-a_{2k}|=k+1,$$

$$|a_1-a_{2k}|+|a_2-a_{2k+1}|+\cdots+|a_{2k}-a_{2k-2}|+|a_{2k+1}-a_{2k-1}|=k+1,$$

$$\cdots\cdots,$$

$$|a_1-a_3|+|a_2-a_4|+\cdots+|a_{2k}-a_1|+|a_{2k+1}-a_2|=k+1,$$

$$|a_1-a_2|+|a_2-a_3|+\cdots+|a_{2k}-a_{2k+1}|+|a_{2k+1}-a_1|=k+1.$$

以上各式求和得,$S=(k+1)\times2k$.

另一方面,S 还可以这样求和:设 $a_1,a_2,\cdots,a_{2k},a_{2k+1}$ 中有 x 个 0,y 个 1,则 $S=2xy$.

所以 $\begin{cases}x+y=2k+1,\\2xy=2k(k+1).\end{cases}$ 解得 $\begin{cases}x=k,\\y=k+1,\end{cases}$ 或 $\begin{cases}x=k+1,\\y=k.\end{cases}$

所以排列 A_{2k+1} 中 1 的个数是 k 或 $k+1$.

第十五章 导数及其应用

导数及其应用
Derivative and Its Applications

§15.1 函数的极限

基础练习

1. 判断下列函数的极限是否存在,并说明理由:

(1) $\lim\limits_{x\to+\infty}\left(\dfrac{1}{\pi}\right)^x$; (2) $\lim\limits_{x\to-\infty}2^x$; (3) $\lim\limits_{x\to\infty}\dfrac{1}{x^3}$.

解: (1) $\lim\limits_{x\to+\infty}\left(\dfrac{1}{\pi}\right)^x=0$; (2) $\lim\limits_{x\to-\infty}2^x=0$; (3) $\lim\limits_{x\to\infty}\dfrac{1}{x^3}=0$(理由说明略).

2. 根据函数极限的 $\varepsilon-\delta$ 定义,求下列函数的极限:

(1) $\lim\limits_{x\to1}\dfrac{3x-2}{x+1}$; (2) $\lim\limits_{x\to2}\sqrt{2x-1}$.

解: (1) $\lim\limits_{x\to1}\dfrac{3x-2}{x+1}=\dfrac{1}{2}$; (2) $\lim\limits_{x\to2}\sqrt{2x-1}=\sqrt{3}$.

3. 求下列函数的极限:

(1) $\lim\limits_{x\to2}(x^2-3x-3)$; (2) $\lim\limits_{x\to-1}\dfrac{2x^2-x+3}{x^2-1}$; (3) $\lim\limits_{x\to-\infty}\dfrac{2x^2-x+4}{3x^2-2x+1}$;

(4) $\lim\limits_{x\to0}\dfrac{x-x^2-6x^3}{2x-5x^2-3x^3}$; (5) $\lim\limits_{x\to1}\dfrac{x^m-1}{x^n-1}(m,n\in\mathbf{N}^*)$; (6) $\lim\limits_{x\to0^-}\dfrac{|x|}{x-x^3}$;

(7) $\lim\limits_{x\to-1^-}(x-[x])$; (8) $\lim\limits_{x\to1}\left(\dfrac{2x+1}{x^2+x-2}-\dfrac{1}{x-1}\right)$.

解: (1) $\lim\limits_{x\to2}(x^2-3x-3)=-5$;

(2) 不存在;

(3) $\lim\limits_{x\to-\infty}\dfrac{2x^2-x+4}{3x^2-2x+1}=\lim\limits_{x\to-\infty}\dfrac{2-\dfrac{1}{x}+\dfrac{4}{x^2}}{3-\dfrac{2}{x}+\dfrac{1}{x^2}}=\dfrac{2}{3}$;

(4) $\lim\limits_{x\to0}\dfrac{x-x^2-6x^3}{2x-5x^2-3x^3}=\lim\limits_{x\to0}\dfrac{1-x-6x^2}{2-5x-3x^2}=\dfrac{1}{2}$;

(5) $\lim\limits_{x\to1}\dfrac{x^m-1}{x^n-1}=\lim\limits_{x\to1}\dfrac{(x-1)(x^{m-1}+x^{m-2}+\cdots+1)}{(x-1)(x^{n-1}+x^{n-2}+\cdots+1)}=\lim\limits_{x\to1}\dfrac{x^{m-1}+x^{m-2}+\cdots+1}{x^{n-1}+x^{n-2}+\cdots+1}=\dfrac{m}{n}$;

(6) $\lim\limits_{x\to0^-}\dfrac{|x|}{x-x^3}=\lim\limits_{x\to0^-}\dfrac{-x}{x-x^3}=\lim\limits_{x\to0^-}\dfrac{1}{x^2-1}=-1$;

(7) $\lim\limits_{x\to-1^-}(x-[x])=\lim\limits_{x\to-1^-}(x+2)=1$;

(8) $\lim\limits_{x\to1}\left(\dfrac{2x+1}{x^2+x-2}-\dfrac{1}{x-1}\right)=\lim\limits_{x\to1}\left(\dfrac{2x+1}{x^2+x-2}-\dfrac{x+2}{x^2+x-2}\right)=\lim\limits_{x\to1}\dfrac{1}{x+2}=\dfrac{1}{3}$.

4. 设正数 a,b 满足 $\lim\limits_{x\to2}(x^2+ax-b)=4$，求 $\lim\limits_{n\to\infty}\dfrac{a^{n+1}+ab^{n-1}}{a^{n-1}+2b^n}$.

解：$\lim\limits_{x\to2}(x^2+ax-b)=4\Rightarrow2a=b$，

$$\lim\limits_{n\to\infty}\dfrac{a^{n+1}+ab^{n-1}}{a^{n-1}+2b^n}=\lim\limits_{n\to\infty}\dfrac{a^2\left(\dfrac{a}{b}\right)^{n-1}+a}{\left(\dfrac{a}{b}\right)^{n-1}+2b}=\dfrac{a}{2b}=\dfrac{1}{4}.$$

5. 把 $1+(1+x)+(1+x)^2+\cdots+(1+x)^n$ 展开成关于 x 的多项式，其各项系数和为 a_n，求 $\lim\limits_{n\to\infty}\dfrac{2a_n-1}{a_n+1}$.

解：令 $x=1$，得到各项系数和：$a_n=1+2+2^2+\cdots+2^n=2^{n+1}-1$.

则 $\lim\limits_{n\to\infty}\dfrac{2a_n-1}{a_n+1}=\lim\limits_{n\to\infty}\dfrac{2^{n+2}-3}{2^{n+1}}=2$.

6. 若 $\lim\limits_{x\to\infty}\left(\dfrac{4x^2+1}{x+1}-ax+b\right)=0$，求 a,b 的值.

解：$\dfrac{4x^2+1}{x+1}-ax+b=\dfrac{(4-a)x^2+(b-a)x+b+1}{x+1}$，

$\lim\limits_{x\to\infty}\left(\dfrac{4x^2+1}{x+1}-ax+b\right)=\lim\limits_{x\to\infty}\left[\dfrac{(4-a)x^2+(b-a)x+b+1}{x+1}\right]=0$.

则 $4-a=0,b-a=0$，得出 $a=4,b=4$.

7. 设 $f(x)$ 为多项式，且 $\lim\limits_{x\to\infty}\dfrac{f(x)-4x^3}{x}=\lim\limits_{x\to0}\dfrac{f(x)}{x}=1$，求 $f(x)$ 的表达式.

解：$\lim\limits_{x\to\infty}\dfrac{f(x)-4x^3}{x}=1\Rightarrow f(x)=4x^3+x+m,(m\in\mathbf{R})$，

$\lim\limits_{x\to0}\dfrac{f(x)}{x}=1\Rightarrow\lim\limits_{x\to0}\left(4x^2+1+\dfrac{m}{x}\right)=1\Rightarrow m=0$，则 $f(x)$ 的表达式为 $f(x)=4x^3+x$.

8. 已知函数 $f(x)=\begin{cases}x^2-1,&x\le1,\\2x^3+a,&x>1,\end{cases}$ 试确定常数 a，使 $\lim\limits_{x\to1}f(x)$ 存在.

解：$\lim\limits_{x\to1^-}f(x)=\lim\limits_{x\to1^+}f(x)\Rightarrow0=2+a$，则 $a=-2$.

9. 设函数 $f(x)=\begin{cases}2x^2+1,&x>0,\\x+b,&x\le0,\end{cases}$ 当 b 取什么值时，$\lim\limits_{x\to0}f(x)$ 存在?

解：$\lim\limits_{x\to0^-}f(x)=\lim\limits_{x\to0^+}f(x)\Rightarrow b=1$，当 $b=1$ 时，$\lim\limits_{x\to0}f(x)$ 存在.

§15.2 两个重要极限

1. 求下列函数的极限：

(1) $\lim\limits_{x\to0}\dfrac{\tan x}{x}$；

(2) $\lim\limits_{x\to0}\dfrac{\tan kx}{x}$；

$(3)\ \lim\limits_{x\to 0}\dfrac{1+\sin x-\cos x}{1+\sin tx-\cos tx}$；　　　$(4)\ \lim\limits_{x\to\infty}\left(1+\dfrac{2}{x}\right)^{2x-1}$.

解：$(1)\ \lim\limits_{x\to 0}\dfrac{\tan x}{x}=\lim\limits_{x\to 0}\dfrac{\sin x}{x}\cdot\dfrac{1}{\cos x}=\lim\limits_{x\to 0}\dfrac{\sin x}{x}\cdot\lim\limits_{x\to 0}\dfrac{1}{\cos x}=1$；

$(2)\ \lim\limits_{x\to 0}\dfrac{\sin kx}{kx}\dfrac{k}{\cos kx}=\lim\limits_{x\to 0}\dfrac{\sin kx}{kx}\cdot\lim\limits_{x\to 0}\dfrac{k}{\cos kx}=k$；

$(3)\ \lim\limits_{x\to 0}\dfrac{1+\sin x-\cos x}{1+\sin tx-\cos tx}=\lim\limits_{x\to 0}\dfrac{\sin x+2\sin^2\dfrac{x}{2}}{\sin tx+2\sin^2\dfrac{tx}{2}}=\lim\limits_{x\to 0}\dfrac{2\sin\dfrac{x}{2}\left(\sin\dfrac{x}{2}+\cos\dfrac{x}{2}\right)}{2\sin\dfrac{tx}{2}\left(\sin\dfrac{tx}{2}+\cos\dfrac{tx}{2}\right)}$

$=\lim\limits_{x\to 0}\dfrac{\sin\dfrac{x}{2}}{\sin\dfrac{tx}{2}}\cdot\lim\limits_{x\to 0}\dfrac{\sin\dfrac{x}{2}+\cos\dfrac{x}{2}}{\sin\dfrac{tx}{2}+\cos\dfrac{tx}{2}}=\dfrac{1}{t}$；

$(4)\ \lim\limits_{x\to\infty}\left(1+\dfrac{2}{x}\right)^{2x-1}=\lim\limits_{x\to\infty}\left[\left(1+\dfrac{1}{\frac{x}{2}}\right)^{\frac{x}{2}}\right]^{2\frac{(2x-1)}{x}}=e^4$.

2. 证明$\lim\limits_{x\to 0}\dfrac{\ln(1+x)}{x}=1$.

证明：$\lim\limits_{x\to 0}\dfrac{\ln(1+x)}{x}=\lim\limits_{x\to 0}\ln(1+x)^{\frac{1}{x}}=\ln\lim\limits_{x\to 0}(1+x)^{\frac{1}{x}}=\ln e=1$.

3. 证明$\lim\limits_{x\to 0}\dfrac{e^x-1}{x}=1$.

证明：令$t=e^x-1$，则$x=\ln(1+t)$，当$x\to 0$时，$t\to 0$，$\lim\limits_{x\to 0}\dfrac{e^x-1}{x}=\lim\limits_{t\to 0}\dfrac{t}{\ln(1+t)}=1$.

§15.3　函数的连续性

1. 试判断下列函数在给定点处是否连续？并说明理由.

$(1)\ f(x)=\dfrac{2^{\frac{1}{x}}-1}{2^{\frac{1}{x}}+1}$，在$x_0=0$处；

$(2)\ f(x)=\begin{cases}\ln x，&x>0,\\x^2，&x\leqslant 0,\end{cases}$ 在$x_0=0$处；

$(3)\ y=|\operatorname{sgn}x|=\begin{cases}1，&x\neq 0,\\0，&x=0,\end{cases}$ 点$x=0$.

解：(1) 左、右极限都存在，$\lim\limits_{x\to 0^-}\dfrac{2^{\frac{1}{x}}-1}{2^{\frac{1}{x}}+1}=-1$，$\lim\limits_{x\to 0^+}\dfrac{2^{\frac{1}{x}}-1}{2^{\frac{1}{x}}+1}=1$，但不相等，在$x=0$处不连续；

(2) 左极限都存在，右极限不存在，在$x=0$处不连续；

$(3)\ \because\lim\limits_{x\to 0^-}f(x)=1=\lim\limits_{x\to 0^+}f(x)$，$\therefore\lim\limits_{x\to 0}f(x)=1\neq 0=f(0)$，所以函数$y=|\operatorname{sgn}x|$在$x=0$处不连续.

2. 求下列函数的极限：

（1）$\lim\limits_{x\to\frac{\pi}{4}}\lg\tan x$；

（2）$\lim\limits_{x\to0}(1+\tan x)^{\sec x\cot x}$；

（3）$\lim\limits_{x\to+\infty}(\sin\sqrt{x+1}-\sin\sqrt{x})$；

（4）$\lim\limits_{x\to+\infty}\arccos(\sqrt{x^2+x}-x)$.

解：（1）$\lim\limits_{x\to\frac{\pi}{4}}\lg\tan x=\lg1=0$；

（2）$\lim\limits_{x\to0}(1+\tan x)^{\sec x\cot x}=\lim\limits_{x\to0}\left(\left(1+\frac{1}{\cot x}\right)^{\cot x}\right)^{\sec x}=e$；

（3）$\sin\sqrt{x+1}-\sin\sqrt{x}=2\sin\left(\dfrac{\sqrt{x+1}+\sqrt{x}}{2}\right)\cos\left(\dfrac{1}{2(\sqrt{x+1}+\sqrt{x})}\right)$，

$\lim\limits_{x\to+\infty}\cos\left[\dfrac{1}{2(\sqrt{x+1}+\sqrt{x})}\right]=0$，则 $\lim\limits_{x\to+\infty}(\sin\sqrt{x+1}-\sin\sqrt{x})=0$；

（4）$\lim\limits_{x\to+\infty}(\sqrt{x^2+x}-x)=\lim\limits_{x\to+\infty}\left(\dfrac{x}{\sqrt{x^2+x}+x}\right)=\lim\limits_{x\to+\infty}\left(\dfrac{1}{\sqrt{1+\dfrac{1}{x}}+1}\right)=\dfrac{1}{2}$，

则 $\lim\limits_{x\to+\infty}\arccos(\sqrt{x^2+x}-x)=\dfrac{\pi}{3}$.

3. 求函数在 $x=0$ 处的极限：

（1）$f(x)=\begin{cases}2^x, & x>0,\\ 0, & x=0,\\ 1+x^2, & x<0;\end{cases}$

（2）$f(x)=\ln\cos5x$；

（3）$f(x)=\dfrac{\sqrt{a^2+x}-a}{x}\,(a>0)$；

（4）$f(x)=\dfrac{\arctan\dfrac{x}{2}}{x}$；

（5）$f(x)=\dfrac{\sin2x}{\sqrt{x+1}-1}$；

（6）$f(x)=\dfrac{(a^x+1)\sqrt{1-\cos^2x}}{1-\cos x}$.

解：（1）$\lim\limits_{x\to0^-}f(x)=\lim\limits_{x\to0^+}f(x)=1$，则极限为 $\lim\limits_{x\to0}f(x)=1$；

（2）极限为 $\lim\limits_{x\to0}f(x)=\lim\limits_{x\to0}(\ln\cos5x)=0$；

（3）极限为 $\lim\limits_{x\to0}f(x)=\lim\limits_{x\to0}\dfrac{\sqrt{a^2+x}-a}{x}=\lim\limits_{x\to0}\dfrac{1}{\sqrt{a^2+x}+a}=\dfrac{1}{2a}$；

（4）极限为 $\lim\limits_{x\to0}f(x)=\lim\limits_{x\to0}\dfrac{\arctan\dfrac{x}{2}}{x}=\lim\limits_{x\to0}\dfrac{\dfrac{x}{2}}{x}=\dfrac{1}{2}$；

（5）极限为 $\lim\limits_{x\to0}f(x)=\lim\limits_{x\to0}\dfrac{\sin2x}{\sqrt{x+1}-1}=\lim\limits_{x\to0}\dfrac{\sin2x}{x}(\sqrt{x+1}+1)=\lim\limits_{x\to0}\dfrac{\sin2x}{x}\cdot\lim\limits_{x\to0}(\sqrt{x+1}+1)=$

$2\cdot2=4$；

（6）$\lim\limits_{x\to0^-}f(x)=\lim\limits_{x\to0^-}\dfrac{(a^x+1)\cdot(-\sin x)}{1-\cos x}=2\lim\limits_{x\to0^-}\dfrac{(-\sin x)}{2\sin^2\dfrac{x}{2}}=-2\lim\limits_{x\to0^-}\cot\dfrac{x}{2}$ 不存在，则极

限不存在.

4. 求下列函数的极限：

(1) $\lim\limits_{x\to4}\dfrac{\sqrt{1+2x}-3}{\sqrt{x}-2}$；

(2) $\lim\limits_{x\to\frac{\pi}{2}}2(\sin x-\cos x-x^2)$；

(3) $\lim\limits_{x\to2}\dfrac{x^2+\sin x}{e^x\sqrt{1+x^2}}$；

(4) $\lim\limits_{x\to0}(1+x)^{\frac{1}{x}-1}$；

(5) $\lim\limits_{x\to+\infty}\arcsin(\sqrt{x^2+x}-x)$；

(6) $\lim\limits_{x\to a}\dfrac{\sin^2x-\sin^2a}{x-a}$．

解： (1) $\lim\limits_{x\to4}\dfrac{\sqrt{1+2x}-3}{\sqrt{x}-2}=\lim\limits_{x\to4}\dfrac{2x-8}{x-4}\cdot\dfrac{\sqrt{x}+2}{\sqrt{1+2x}+3}=2\lim\limits_{x\to4}\dfrac{\sqrt{x}+2}{\sqrt{1+2x}+3}=\dfrac{4}{3}$；

(2) $\lim\limits_{x\to\frac{\pi}{2}}2(\sin x-\cos x-x^2)=2\left(1-\dfrac{\pi^2}{4}\right)=2-\dfrac{\pi^2}{2}$；

(3) $\lim\limits_{x\to2}\dfrac{x^2+\sin x}{e^x\sqrt{1+x^2}}=\lim\limits_{x\to2}\dfrac{4+\sin2}{\sqrt{5}\,e^2}$；

(4) $\lim\limits_{x\to0}(1+x)^{\frac{1}{x}-1}=\lim\limits_{x\to0}\left(1+\dfrac{1}{\frac{1}{x}}\right)^{\frac{1}{x}}\cdot\lim\limits_{x\to0}\left(1+\dfrac{1}{\frac{1}{x}}\right)^{-1}=e$；

(5) $\lim\limits_{x\to+\infty}(\sqrt{x^2+x}-x)=\lim\limits_{x\to+\infty}\left(\dfrac{x}{\sqrt{x^2+x}+x}\right)=\lim\limits_{x\to+\infty}\left(\dfrac{1}{\sqrt{1+\frac{1}{x}}+1}\right)=\dfrac{1}{2}$，

则 $\lim\limits_{x\to+\infty}\arcsin(\sqrt{x^2+x}-x)=\dfrac{\pi}{6}$；

(6) $\lim\limits_{x\to a}\dfrac{\sin^2x-\sin^2a}{x-a}=\lim\limits_{x\to a}\dfrac{(\sin x+\sin a)(\sin x-\sin a)}{x-a}$

$=\lim\limits_{x\to a}\dfrac{\sin x-\sin a}{x-a}\lim\limits_{x\to a}(\sin x+\sin a)=2\sin a\lim\limits_{x\to a}\dfrac{\cos\dfrac{x+a}{2}\sin\dfrac{x-a}{2}}{\dfrac{x-a}{2}}=2\sin a\cos a=\sin2a$．

5. 求 $\lim\limits_{x\to0}\left[\lim\limits_{n\to\infty}\left(\cos x\cos\dfrac{x}{2}\cos\dfrac{x}{2^2}\cdots\cos\dfrac{x}{2^n}\right)\right]$ 的值.

解： $\cos x\cos\dfrac{x}{2}\cos\dfrac{x}{2^2}\cdots\cos\dfrac{x}{2^n}$

$=\dfrac{\cos x\cos\dfrac{x}{2}\cos\dfrac{x}{2^2}\cdots\cos\dfrac{x}{2^n}\sin\dfrac{x}{2^n}}{\sin\dfrac{x}{2^n}}=\dfrac{\dfrac{1}{2^{n+1}}\sin2x}{\sin\dfrac{x}{2^n}}$，

$\lim\limits_{n\to\infty}\left(\cos x\cos\dfrac{x}{2}\cos\dfrac{x}{2^2}\cdots\cos\dfrac{x}{2^n}\right)=\lim\limits_{n\to\infty}\dfrac{\dfrac{1}{2^{n+1}}\sin2x}{\sin\dfrac{x}{2^n}}=\lim\limits_{n\to\infty}\dfrac{\dfrac{1}{2^{n+1}}\sin2x}{\dfrac{x}{2^n}}=\dfrac{\sin2x}{2x}$，

$\lim\limits_{x\to0}\left[\lim\limits_{n\to\infty}\left(\cos x\cos\dfrac{x}{2}\cos\dfrac{x}{2^2}\cdots\cos\dfrac{x}{2^n}\right)\right]=\lim\limits_{n\to\infty}\left(\cos x\cos\dfrac{x}{2}\cos\dfrac{x}{2^2}\cdots\cos\dfrac{x}{2^n}\right)=\lim\limits_{x\to0}\dfrac{\sin2x}{2x}=1$．

6. 研究函数 $f(x)=\lim\limits_{n\to+\infty}\dfrac{1-x^{2n}}{1+x^{2n}}\cdot x$ 的连续性.

解: 当 $|x|>1$ 时, $f(x)=\lim\limits_{n\to+\infty}\dfrac{1-x^{2n}}{1+x^{2n}}\cdot x=\lim\limits_{n\to+\infty}\dfrac{\left(\dfrac{1}{x}\right)^{2n}-1}{\left(\dfrac{1}{x}\right)^{2n}+1}\cdot x=-x;$

当 $|x|<1$ 时, $f(x)=\lim\limits_{n\to+\infty}\dfrac{1-x^{2n}}{1+x^{2n}}\cdot x=x;$

当 $|x|=1$ 时, $f(x)=0.$ 则 $f(x)=\begin{cases}x, & |x|<1,\\0, & |x|=1,\\-x, & |x|>1.\end{cases}$

由于 $\lim\limits_{x\to-1^-}f(x)=\lim\limits_{x\to-1^-}(-x)=1,$ $\lim\limits_{x\to-1^+}f(x)=\lim\limits_{x\to-1^+}x=-1,$ 则 $\lim\limits_{x\to-1}f(x)$ 不存在;

又 $\lim\limits_{x\to1^-}f(x)=\lim\limits_{x\to1^-}x=1,$ $\lim\limits_{x\to1^+}f(x)=\lim\limits_{x\to1^+}(-x)=-1$ 则 $\lim\limits_{x\to1}f(x)$ 不存在.

则 $f(x)$ 在 $x=\pm1$ 处不连续, $f(x)$ 在定义域内的其余点都连续, 即在区间 $(-\infty,-1)$、$(-1,1)$ 和 $(1,+\infty)$ 上分别连续.

7. 讨论 $[0,1]$ 上黎曼函数 $R(x)=\begin{cases}\dfrac{1}{q}, & x=\dfrac{p}{q},\text{（其中 }1\le p<q,(p,q)=1,p,q\in\mathbf{N}^*\text{）}\\0, & x=0,1,\end{cases}$ 无理数的连续性.

证明: 设 $\xi\in(0,1)$ 为无理数, 任给 $\varepsilon>0\left(\text{不妨设 }\varepsilon<\dfrac{1}{2}\right)$,

满足 $\dfrac{1}{q}\ge\varepsilon$ 正数显然只有有限个 q（但至少有一个, 如 $q=2$）,

从而使 $R(x)\ge\varepsilon$ 的有理数 $x\in(0,1)$ 只有有限个$\left(\text{至少有一个, 如 }\dfrac{1}{2}\right)$, 设为 $x_1,\cdots,x_n$, 取

$$\delta=\min(|x_1-\xi|,\cdots,|x_n-\xi|,\xi,1-\xi),(\text{显然 }\delta>0)$$

则对任何 $x\in U(\xi,\delta)(\subset(0,1))$, 当 x 为有理数时有 $R(x)<\varepsilon$, 当 x 为无理数时 $R(x)=0.$

于是, 对任何 $x\in U(\xi,\varepsilon)$, 总有 $|R(x)-R(\xi)|=R(x)<\varepsilon$,

这就证明了 $R(x)$ 在无理点 ξ 处连续.

现设 $\dfrac{p}{q}$ 为 $(0,1)$ 内任一有理数, 取 $\varepsilon_0=\dfrac{1}{2q}$, 对任何正数 δ（无论多么小）,

在 $U\left(\dfrac{p}{q},\delta\right)$ 内总可取无理数 $x_0(\in(0,1))$, 使得 $\left|R(x_0)-R\left(\dfrac{p}{q}\right)\right|=\dfrac{1}{q}>\varepsilon_0$,

所以 $R(x)$ 在任何有理点处都不连续.

§15.4 导数的概念与运算

1. 求下列函数的导数:

(1) $y=x^4-3x^2-5x+6;$　　　　　(2) $y=x\cdot\tan x;$

（3）$y=(x+1)(x+2)(x+3)$；

（4）$y=\dfrac{x-1}{x+1}$.

解：（1）$y'=4x^3-6x-5$；

（2）$y'=\tan x+\dfrac{x}{\cos^2 x}$；

（3）$y'=3x^2+12x+11$；

（4）$y'=\dfrac{2}{(x+1)^2}$.

2. 求下列函数的导数：

（1）$y=\dfrac{\sqrt{x^5}+\sqrt{x^7}+\sqrt{x^9}}{\sqrt{x}}$；

（2）$y=\sin^4\dfrac{x}{4}+\cos^4\dfrac{x}{4}$；

（3）$y=\dfrac{1+\sqrt{x}}{1-\sqrt{x}}+\dfrac{1-\sqrt{x}}{1+\sqrt{x}}$；

（4）$y=-\sin\dfrac{x}{2}\left(1-2\cos^2\dfrac{x}{4}\right)$.

解：（1）$y'=4x^3+3x^2+2x$；

（2）$y'=-\dfrac{1}{4}\sin x$；

（3）$y'=\dfrac{4}{(1-x)^2}$；

（4）$y'=\dfrac{1}{2}\cos x$.

3. 求下列函数的导数：

（1）$y=x\sqrt{1+x^2}$；

（2）$y=(x^2-2x+3)\cdot e^{2x}$；

（3）$y=\dfrac{3x-2}{2x+3}$；

（4）$y=\sqrt[3]{\dfrac{x}{1-x}}$.

解：（1）$y'=\dfrac{2x^2+1}{\sqrt{1+x^2}}$；

（2）$y'=(2x^2-2x+4)\cdot e^{2x}$；

（3）$y'=\dfrac{13}{(2x+3)^2}$；

（4）$y'=\dfrac{1}{3}\left(\dfrac{x}{1-x}\right)^{-\frac{2}{3}}\dfrac{1}{(1-x)^2}$.

4. 如图 15-5，函数 $f(x)$ 的图像是折线段 ABC，其中 A，B，C 的坐标分别为$(0,4)$，$(2,0)$，$(6,4)$，则 $f(f(0))=$ _____；函数 $f(x)$ 在 $x=1$ 处的导数 $f'(1)=$ _____.

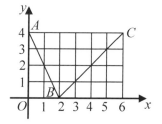

解：$f[f(0)]=f(4)=2$，$f'(1)=\dfrac{0-4}{2-0}=-2$.

图　15-5

5. 若 $f'(x_0)=2$，求 $\lim\limits_{k\to 0}\dfrac{f(x_0-k)-f(x_0)}{2k}$.

解：$\lim\limits_{k\to 0}\dfrac{f(x_0-k)-f(x_0)}{2k}=-\dfrac{1}{2}\lim\limits_{k\to 0}\dfrac{f(x_0-k)-f(x_0)}{-k}=-1$.

6. 求下列函数的导数：

（1）$y=(x-1)(2x^2+3x-1)$；

（2）$y=\dfrac{2x^3-3x+\sqrt{x}+1}{x\sqrt{x}}$；

（3）$y=\cos^2(ax+b)$；

（4）$y=\sqrt{\dfrac{1-\sin 2x}{1+\sin 2x}}$；

（5）$y=\ln\sqrt{\dfrac{x-1}{x+1}}(x>1)$；   （6）$y=\ln\dfrac{x^4}{\sqrt{x^2+1}}$.

解：（1）$y'=6x^2+10x+2$；   （2）$y'=3x^{\frac{1}{2}}+\dfrac{3}{2}x^{-\frac{3}{2}}-x^{-2}+\dfrac{3}{2}x^{-\frac{5}{2}}$；

（3）$y'=-a\cdot\sin[2(ax+b)]$；   （4）$y'=\dfrac{-2\cos2x}{|\cos2x|(1+\sin2x)}$；

（5）$y'=\dfrac{1}{x^2-1}$；   （6）$y'=\dfrac{4}{x}-\dfrac{x}{x^2+1}$.

7. 已知函数 $y=f(x)$ 是可导的周期函数，试求证其导函数 $y=f'(x)$ 也为周期函数.

证明：$f'(x)=\lim\limits_{\delta x\to0}\dfrac{f(x+\delta x)-f(x)}{\delta x}=\lim\limits_{\delta x\to0}\dfrac{f(x+\delta x+T)-f(x+T)}{\delta x}=f'(x+T)$.

8. 若可导函数 $f(x)$ 是奇函数，求证：其导函数 $f'(x)$ 是偶函数.

证明：函数 $f(x)$ 是奇函数，所以 $-f(x)=f(-x)$，

$\dfrac{\mathrm{d}[-f(x)]}{\mathrm{d}x}=\dfrac{\mathrm{d}[f(-x)]}{\mathrm{d}x}\Rightarrow-f'(x)=-f'(-x)\Rightarrow f'(x)=f'(-x)$

所以导函数 $f'(x)$ 是偶函数，显然得证.

§15.5 导数的应用

1. （1）曲线 $y=x^3-3x^2+1$ 在点 $(1,-1)$ 处的切线方程为 _____ ___；

（2）过曲线 $y=\dfrac{1}{x+1}$ 上点 $P\left(1,\dfrac{1}{2}\right)$ 且与过 P 点的切线夹角最大的直线的方程为 _____；

（3）曲线 $y=\sin3x$ 在点 $P\left(\dfrac{\pi}{3},0\right)$ 处切线的斜率为 _____；

（4）函数 $y=x^2$ 的曲线上点 A 处的切线与直线 $3x-y+1=0$ 的夹角为 $45°$，则点 A 的坐标为 _____；

（5）曲线 $y=2-\dfrac{1}{2}x^2$ 与 $y=\dfrac{1}{4}x^3-2$ 在交点处的切线夹角是 _____.

解：（1）$y'=3x^2-6x\Rightarrow y'=-3$，则切线方程为 $y=-3x+2$；

（2）$y'=-\dfrac{1}{(x+1)^2}\Rightarrow y'=-\dfrac{1}{4}$，则夹角最大为 $\dfrac{\pi}{2}$，所以过曲线 $y=\dfrac{1}{x+1}$ 上点 $P\left(1,\dfrac{1}{2}\right)$ 且与过 P 点的切线夹角最大的直线的斜率为 4，则直线方程为：$2y-8x+7=0$；

（3）$y'=3\cos3x\Rightarrow y'=-3$；

（4）设切线的斜率为 k，$\left|\dfrac{k-3}{1+3k}\right|=1\Rightarrow2k^2+3k-2=0$，$k=-2,\dfrac{1}{2}$，

因为 $y'=2x=-2,\dfrac{1}{2}\Rightarrow x=-1,\dfrac{1}{4}$，所以点 A 的坐标为 $\left(\dfrac{1}{4},\dfrac{1}{16}\right)$ 或 $(-1,1)$；

(5) $\begin{cases} y=2-\dfrac{1}{2}x^2, \\ y=\dfrac{1}{4}x^3-2 \end{cases} \Rightarrow x^3+2x^2-16=0 \Rightarrow (x-2)(x^2+4x+8)=0 \Rightarrow x=2.$

$y=2-\dfrac{1}{2}x^2 \Rightarrow y'=-x \Rightarrow y'=-2,\ y=\dfrac{1}{4}x^3-2 \Rightarrow y'=\dfrac{3}{4}x^2 \Rightarrow y'=3.$

则夹角是 $\arctan\left|\dfrac{3-(-2)}{1+3\cdot(-2)}\right|=\dfrac{\pi}{4}.$

2. (1) 设函数 $y=ax^3+bx^2+cx+d$ 的图像与 y 轴交点为 P 点,且曲线在 P 点处的切线方程为 $12x-y-4=0$.若函数在 $x=2$ 处取得极值 0,试确定函数的解析式;

(2) 若函数 $f(x)$ 在区间 $[a,b]$ 内恒有 $f'(x)<0$,则求函数在 $[a,b]$ 上的最小值;

(3) 求曲线 $y=\dfrac{1}{4}x^4+\dfrac{1}{3}x^3-\dfrac{1}{2}x^2-x+1$ 的极值点.

解:(1) 令 $y=f(x)=ax^3+bx^2+cx+d$,则 $f'(x)=3ax^2+2bx+c$,

则 $f'(2)=12a+4b+c=0,\ f'(0)=c=12$

$f(2)=8a+4b+2c+d=0,\ 12\cdot0-d-4=0$

解得:$\begin{cases} a=2, \\ b=-9, \\ c=12, \\ d=-4. \end{cases}$

则函数的解析式为 $y=2x^3-9x^2+12x-4$;

(2) 函数 $f(x)$ 在区间 $[a,b]$ 内恒有 $f'(x)<0$,所以 $f(x)$ 在区间 $[a,b]$ 单调递减,因此函数在 $[a,b]$ 上的最小值为 $f(b)$;

(3) $y'=x^3+x^2-x^2-1=(x-1)(x^2+1)$,因此在 $x=1$ 时有极小值.

3. 求下列函数的单调区间:

(1) $y=(x+1)^2(x+2)$;　　　　　(2) $y=\dfrac{x}{1+x^2}$;

(3) $y=xe^x$;　　　　　(4) $y=x\lg x.$

解:(1) $y'=(x+1)(3x+5)$,单调递增区间为 $\left(-\infty,-\dfrac{5}{3}\right]$ 和 $[-1,+\infty)$,单调递减区间为 $\left(-\dfrac{5}{3},-1\right)$;

(2) $y'=\dfrac{1-x^2}{(1+x^2)^2}$,单调递增区间为 $(-1,1)$,单调递减区间为 $(-\infty,-1]$ 和 $[1,+\infty)$;

(3) $y'=e^x(x+1)$,单调递增区间为 $[-1,+\infty)$,单调递减区间为 $(-\infty,-1]$;

(4) $y'=\dfrac{\ln x+1}{\ln 10}$,单调递增区间为 $\left(\dfrac{1}{e},+\infty\right)$,单调递减区间为 $\left(0,\dfrac{1}{e}\right).$

4. 求下列函数的极值或最值:

(1) $y=x^3-3x^2-9x+5,\ x\in[-4,4]$;　　　(2) $y=x+2\sin x,\ x\in[0,2\pi]$;

(3) $y=(x-1)x^{\frac{2}{3}}$;　　　　　　　　　　(4) $y=\dfrac{2x}{\ln x}$.

解：(1) $y'=3x^2-6x-9$，单调递增区间为$(-\infty,-1]$和$[3,+\infty)$，单调递减区间为$(-1,3)$，

当$x=-1$时取到极大值$y=10$，当$x=3$时取到极小值$y=-22$；

(2) $y'=1+2\cos x$，单调递增区间为$\left[0,\dfrac{2\pi}{3}\right]$和$\left[\dfrac{4\pi}{3},2\pi\right]$，单调递减区间为$\left(\dfrac{2\pi}{3},\dfrac{4\pi}{3}\right)$，

当$x=\dfrac{2\pi}{3}$时取到极大值$y=\dfrac{2\pi}{3}+\sqrt{3}$，当$x=\dfrac{2\pi}{3}$时取到极小值$y=\dfrac{4\pi}{3}-\sqrt{3}$.

当$x=0$时取到最小值$y=0$，当$x=2\pi$时取到最大值$y=2\pi$；

(3) $y'=\dfrac{x^{-\frac{1}{3}}}{3}(5x-2)$，单调递增区间为$\left(\dfrac{2}{5},+\infty\right)$，单调递减区间为$\left(0,\dfrac{2}{5}\right)$，

当$x=\dfrac{2}{5}$时取到极小值$y=-\dfrac{3\sqrt[3]{20}}{25}$；

(4) $y'=2\dfrac{\ln x-1}{\ln^2 x}$，单调递增区间为$(e,+\infty)$，单调递减区间为$(0,e)$，

当$x=e$时取到极小值$y=2e$.

5. 当$x>0$时，证明下列不等式成立：

(1) $\ln(x+1)>x-\dfrac{x^2}{2}$;　　　　　　　　(2) $\cos x<1-\dfrac{x^2}{2}+\dfrac{x^4}{24}$.

证明：(1) 令$f(x)=\ln(x+1)-\left(x-\dfrac{x^2}{2}\right)$，$f'(x)=\dfrac{1}{x+1}+x-1=\dfrac{x^2}{x+1}>0$，

所以$f(x)$在区间$(0,+\infty)$上单调递增，则$f(x)=\ln(x+1)-\left(x-\dfrac{x^2}{2}\right)>f(0)=0$，

则$\ln(x+1)>x-\dfrac{x^2}{2}$，显然得证；

(2) 令$f(x)=1-\dfrac{x^2}{2}+\dfrac{x^4}{24}-\cos x$，$g(x)=f'(x)=-x+\dfrac{x^3}{6}+\sin x$，

$h(x)=g'(x)=\dfrac{x^2}{2}+\cos x-1$，$\varphi(x)=h'(x)=x-\sin x$，$\varphi'(x)=1+\cos x\geqslant 0$，

则$\varphi(x)=x-\sin x$在区间$(0,+\infty)$上单调递增，所以$\varphi(x)=x-\sin x>\varphi(0)=0$，

则$h(x)=\dfrac{x^2}{2}+\cos x-1$在区间$(0,+\infty)$上单调递增，所以$h(x)=\dfrac{x^2}{2}+\cos x-1>h(0)=0$，

则$g(x)=-x+\dfrac{x^3}{6}+\sin x$在区间$(0,+\infty)$上单调递增，所以$g(x)=-x+\dfrac{x^3}{6}+\sin x>g(0)=0$，

则$f(x)=1-\dfrac{x^2}{2}+\dfrac{x^4}{24}-\cos x$在区间$(0,+\infty)$上单调递增，所以$f(x)=1-\dfrac{x^2}{2}+\dfrac{x^4}{24}-\cos x>f(0)=0$，

即$\cos x<1-\dfrac{x^2}{2}+\dfrac{x^4}{24}$得证.

6. 设 $f(x)=(ax^2+x-1)\cdot e^{-x}$（e 为自然对数的底，$a$ 为常数且 $a<0$，$x\in\mathbf{R}$），则 $f(x)$ 何时取得极小值？

解：$f'(x)=[-ax^2+(2a-1)x+2]e^{-x}=-a\left(x+\dfrac{1}{a}\right)(x-2)e^{-x}$，

当 $-\dfrac{1}{2}<a<0$ 时，$x=-\dfrac{1}{a}$ 时，$f(x)$ 取得极小值；当 $a<-\dfrac{1}{2}$ 时，$x=2$ 时，$f(x)$ 取得极小值.

7. 求抛物线 $y=\dfrac{1}{2}x^2$ 上与点 $A(6,0)$ 距离最近的点.

解：任取抛物线上一点 $\left(x,\dfrac{1}{2}x^2\right)$，则 $z=d^2=(x-6)^2+\dfrac{1}{4}x^4=\dfrac{1}{4}x^4+x^2-12x+36$.

$z'=x^3+2x-12=(x-2)(x^2+2x+6)$，则在 $(-\infty,2)$ 单调递减，$(2,+\infty)$ 单调递增，

则抛物线 $y=\dfrac{1}{2}x^2$ 上与点 $A(6,0)$ 距离最近的点是 $(2,2)$.

8. 已知函数 $f(x)=ax^3+bx^2-3x$ 在 $x=\pm1$ 处取得极值.

（1）讨论 $f(1)$ 和 $f(-1)$ 是函数 $f(x)$ 的极大值还是极小值；

（2）过点 $A(0,16)$ 作曲线 $y=f(x)$ 的切线，求此切线方程.

解：（1）函数 $f(x)=ax^3+bx^2-3x$ 在 $x=\pm1$ 处取得极值 $\Leftrightarrow f'(x)$
$=0$ 的解为 $x=\pm1\Leftrightarrow\begin{cases}3a+2b-3=0,\\3a-2b-3=0\end{cases}\Leftrightarrow\begin{cases}a=1,\\b=0,\end{cases}$ 则 $f(x)=x^3-3x$，

则 $f(-1)=2$ 是极大值，$f(1)=-2$ 是极小值；

（2）设切点为 $M(m,m^3-3m)$，则切线方程为 $y=(3m^2-3)(x-m)+m^3-3m$.

过点 $A(0,16)$，则 $16=(3m^2-3)(0-m)+m^3-3m\Leftrightarrow m^3=-8\Rightarrow m=-2$，

则切点为 $M(-2,-2)$，则切线方程为 $9x-y+16=0$.

9. 设函数 $f(x)=ax^2+bx+k(k>0)$ 在 $x=0$ 处取得极值，且曲线 $y=f(x)$ 在点 $(1,f(1))$ 处的切线垂直于直线 $x+2y+1=0$.（1）求 a,b 的值；（2）若函数 $g(x)=\dfrac{e^x}{f(x)}$，讨论 $g(x)$ 的单调性.

解：（1）因 $f(x)=ax^2+bx+k(k>0)$，故 $f'(x)=2ax+b$；

又 $f(x)$ 在 $x=0$ 处取得极限值，故 $f'(x)=0$，从而 $b=0$.

由曲线 $y=f(x)$ 在 $(1,f(1))$ 处的切线与直线 $x-2y+1=0$ 相互垂直可知：

该切线斜率为 2，即 $f'(1)=2$，有 $2a=2$，从而 $a=1$；

（2）由（1）知，$g(x)=\dfrac{e^x}{x^2+k}(k>0)$，$g'(x)=\dfrac{e^x(x^2-2x+k)}{(x^2+k)^2}(k>0)$.

令 $g'(x)=0$，有 $x^2-2x+k=0$.

① 当 $\Delta=4-4k<0$，即当 $k>1$ 时，$g'(x)>0$ 在 $\mathbf{R}$ 上恒成立，故函数 $g(x)$ 在 $\mathbf{R}$ 上为增函数.

② 当 $\Delta=4-4k=0$，即当 $k=1$ 时，$g'(x)=\dfrac{e^x(x-1)^2}{(x^2+k)^2}>0(x\neq0)$，

$k=1$ 时，$g(x)$ 在 **R** 上为增函数.

③ $\triangle=4-4k>0$，即当 $0<k<1$ 时，方程 $x^2-2x+k=0$ 有两个不相等实根，

$x_1=1-\sqrt{1-k}$，$x_2=1+\sqrt{1-k}$.

当 $x\in(-\infty,1-\sqrt{1-k})$ 是 $g'(x)>0$，故 $g(x)$ 在 $(-\infty,1-\sqrt{1-k})$ 上为增函数，

当 $x\in(1-\sqrt{1-k},1+\sqrt{1-k})$ 时，$g'(x)<0$，故 $g(x)$ 在 $(1-\sqrt{1-k},1+\sqrt{1-k})$ 上为减函数，

当 $x\in(1+\sqrt{1-k},+\infty)$ 时，$g'(x)>0$，故 $g(x)$ 在 $(1+\sqrt{1-k},+\infty)$ 上为增函数.

10. 已知函数 $f(x)=\dfrac{1}{3}x^3+ax^2+bx$，且 $f'(-1)=0$.（1）试用含 a 的代数式表示 b；

（2）求 $f(x)$ 的单调区间.（3）令 $a=-1$，设函数 $f(x)$ 在 $x_1,x_2(x_1<x_2)$ 处取得极值，记点 $M(x_1,f(x_1))$，$N(x_2,f(x_2))$，证明：线段 MN 与曲线 $f(x)$ 存在异于 M、N 的公共点.

解：（1）依题意，得 $f'(x)=x^2+2ax+b$，由 $f'(-1)=1-2a+b=0$ 得 $b=2a-1$；

（2）由（1）得 $f(x)=\dfrac{1}{3}x^3+ax^2+(2a-1)x$，

故 $f'(x)=x^2+2ax+2a-1=(x+1)(x+2a-1)$，

令 $f'(x)=0$，则 $x=-1$ 或 $x=1-2a$.

① 当 $a>1$ 时，$1-2a<-1$

当 x 变化时，$f'(x)$ 与 $f(x)$ 的变化情况如下表：

x	$(-\infty,1-2a)$	$(-2a,-1)$	$(-1,+\infty)$
$f'(x)$	$+$	$-$	$+$
$f(x)$	单调递增	单调递减	单调递增

由此得，函数 $f(x)$ 的单调增区间为 $(-\infty,1-2a)$ 和 $(-1,+\infty)$，单调减区间为 $(1-2a,-1)$.

② 由 $a=1$ 时，$1-2a=-1$，此时，$f'(x)\geqslant0$ 恒成立，且仅在 $x=-1$ 处 $f'(x)=0$，故函数 $f(x)$ 的单调区间为 **R**.

③ 当 $a<1$ 时，$1-2a>-1$，同理可得函数 $f(x)$ 的单调增区间为 $(-\infty,-1)$ 和 $(1-2a,+\infty)$，单调减区间为 $(-1,1-2a)$.

综上：

当 $a>1$ 时，函数 $f(x)$ 的单调增区间为 $(-\infty,1-2a)$ 和 $(-1,+\infty)$，单调减区间为 $(1-2a,-1)$；

当 $a=1$ 时，函数 $f(x)$ 的单调增区间为 **R**；

当 $a<1$ 时，函数 $f(x)$ 的单调增区间为 $(-\infty,-1)$ 和 $(1-2a,+\infty)$，单调减区间为 $(-1,1-2a)$；

（3）当 $a=-1$ 时，得 $f(x)=\dfrac{1}{3}x^3-x^2-3x$，由 $f'(x)=x^2-2x-3=0$，得 $x_1=-1$，$x_2=3$，

由（2）得 $f(x)$ 的单调增区间为 $(-\infty,-1)$ 和 $(3,+\infty)$，单调减区间为 $(-1,3)$，

所以函数 $f(x)$ 在 $x_1=-1$，$x_2=3$ 处取得极值.

故 $M\left(-1,\dfrac{5}{3}\right)$, $N(3,-9)$.所以直线 MN 的方程为 $y=-\dfrac{8}{3}x-1$.

由 $\begin{cases} y=\dfrac{1}{3}x^3-x^2-3x, \\ y=-\dfrac{8}{3}x-1, \end{cases}$ 得 $x^3-3x^2-x+3=0$.

令 $F(x)=x^3-3x^2-x+3$,

易得 $F(0)=3>0$, $F(2)=-3<0$,而 $F(x)$ 的图像在 $(0,2)$ 内是一条连续不断的曲线,

故 $F(x)$ 在 $(0,2)$ 内存在零点 x_0,这表明线段 MN 与曲线 $f(x)$ 有异于 M,N 的公共点.

11. 设定义在 $\mathbf{R}$ 上的函数 $f(x)=a_0x^4+a_1x^3+a_2x^2+a_3x$ $(a_i\in\mathbf{R},i=0,1,2,3)$,当 $x=-\dfrac{\sqrt{2}}{2}$ 时,$f(x)$ 取得极大值 $\dfrac{\sqrt{2}}{3}$,并且函数 $y=f'(x)$ 的图像关于 y 轴对称.

(1) 求 $f(x)$ 的表达式;

(2) 试在函数 $f(x)$ 的图像上求两点,使以这两点为切点的切线互相垂直,且切点的横坐标都在区间 $[-1,1]$ 上;

(3) 求证:$|f(\sin x)-f(\cos x)|\leqslant\dfrac{2\sqrt{2}}{3}$ $(x\in\mathbf{R})$.

解: (1) 由于 $f'(x)=4a_0x^3+3a_1x^2+2a_2x+a_3$ 为偶函数,则 $f'(-x)=f'(x)$,

则 $-4a_0x^3+3a_1x^2-2a_2x+a_3=4a_0x^3+3a_1x^2+2a_2x+a_3$,

则 $4a_0x^3+2a_2x=0$ 对一切 $x\in\mathbf{R}$ 恒成立,

则 $a_0=a_2=0$,则 $f(x)=a_1x^3+a_3x$,

又当 $x=-\dfrac{\sqrt{2}}{2}$ 时,$f(x)$ 取得极大值 $\dfrac{\sqrt{2}}{3}$,

则 $\begin{cases} f\left(-\dfrac{\sqrt{2}}{2}\right)=\dfrac{\sqrt{2}}{3}, \\ f'\left(-\dfrac{\sqrt{2}}{2}\right)=0, \end{cases}$ 解得 $\begin{cases} a_1=\dfrac{2}{3}, \\ a_3=-1, \end{cases}$ 则 $f(x)=\dfrac{2}{3}x^3-x$,$f'(x)=2x^2-1$;

(2) 设所求两点的横坐标为 x_1,x_2 $(x_1<x_2)$,则 $(2x_1^2-1)\cdot(2x_2^2-1)=-1$,

又由于 $x_1,x_2\in[-1,1]$,则 $2x_1^2-1,2x_2^2-1\in[-1,1]$,

则 $2x_1^2-1,2x_2^2-1$ 中有一个为 1,一个为 -1,

则 $\begin{cases} x_1=0, \\ x_2=1, \end{cases}$ 或 $\begin{cases} x_1=-1, \\ x_2=0, \end{cases}$ 则所求的两点为 $(0,0)$ 与 $\left(1,-\dfrac{1}{3}\right)$ 或 $(0,0)$ 与 $\left(-1,\dfrac{1}{3}\right)$;

(3) 证明:易知 $\sin x,\cos x\in[-1,1]$.

当 $x\in\left[0,\dfrac{\sqrt{2}}{2}\right]$ 时,$f'(x)<0$;当 $x\in\left[\dfrac{\sqrt{2}}{2},1\right]$ 时,$f'(x)>0$.

则 $f(x)$ 在 $\left[0,\dfrac{\sqrt{2}}{2}\right]$ 为减函数,在 $\left[\dfrac{\sqrt{2}}{2},1\right]$ 上为增函数,

又 $f(0)=0$,$f\left(\dfrac{\sqrt{2}}{2}\right)=-\dfrac{\sqrt{2}}{3}$,$f(1)=-\dfrac{1}{3}$,而 $f(x)$ 在 $[-1,1]$ 上为奇函数,

则 $f(x)$ 在 $[-1,1]$ 上最大值为 $\dfrac{\sqrt{2}}{3}$,最小值为 $-\dfrac{\sqrt{2}}{3}$,即 $|f(x)| \leqslant \dfrac{\sqrt{2}}{3}$,

则 $|f(\sin x)| \leqslant \dfrac{\sqrt{2}}{3}$,$|f(\cos x)| \leqslant \dfrac{\sqrt{2}}{3}$,

则 $|f(\sin x) - f(\cos x)| \leqslant |f(\sin x)| + |f(\cos x)| \leqslant \dfrac{2\sqrt{2}}{3}$.

12. 已知函数 $f(x) = x - \sin x$,

(1) 若 $x \in [0, \pi]$,试求函数 $f(x)$ 的值域;

(2) 若 $x \in [0, \pi]$,$\theta \in (0, \pi)$,求证:$\dfrac{2f(\theta) + f(x)}{3} \geqslant f\left(\dfrac{2\theta + x}{3}\right)$;

(3) 若 $x \in [k\pi, (k+1)\pi]$,$\theta \in [k\pi, (k+1)\pi]$,$k \in \mathbf{Z}$,猜想 $\dfrac{2f(\theta) + f(x)}{3}$ 与 $f\left(\dfrac{2\theta + x}{3}\right)$ 的

大小关系(不必写出比较过程).

解:(1) 当 $x \in (0, \pi)$ 时,$f'(x) = 1 - \cos x > 0$,则 $f(x)$ 为增函数.

又 $f(x)$ 在区间 $[0, \pi]$ 上连续,所以 $f(0) \leqslant f(x) \leqslant f(\pi)$,求得 $0 \leqslant f(x) \leqslant \pi$,即 $f(x)$ 的值域为 $[0, \pi]$;

(2) 设 $g(x) = -\dfrac{2f(\theta) + f(x)}{3} - f\left(\dfrac{2\theta + x}{3}\right)$,

即 $g(x) = -\dfrac{2f(\theta) + \sin x}{3} + \sin \dfrac{2\theta + x}{3}$,$g'(x) = \dfrac{1}{3}\left(-\cos x + \cos \dfrac{2\theta + x}{3}\right)$,

由于 $x \in [0, \pi]$,$\theta \in (0, \pi)$,则 $\dfrac{2\theta + x}{3} \in (0, \pi)$,由 $g'(x) = 0$,得 $x = \theta$,

则当 $x \in (0, \theta)$ 时,$g'(x) < 0$,$g(x)$ 为减函数,当 $x \in (\theta, \pi)$ 时,$g'(x) > 0$,$g(x)$ 为增函数.

由于 $g(x)$ 在区间 $[0, \pi]$ 上连续,则 $g(\theta)$ 为 $g(x)$ 的最小值

对 $x \in [0, \pi]$ 有 $g(x) \geqslant g(\theta) = 0$,因而 $\dfrac{2f(\theta) + f(x)}{3} \geqslant f\left(\dfrac{2\theta + x}{3}\right)$;

(3) 在题设条件下,当 k 为偶数时,$\dfrac{2f(\theta) + f(x)}{3} \geqslant f\left(\dfrac{2\theta + x}{3}\right)$,

当 k 为奇数时,$\dfrac{2f(\theta) + f(x)}{3} \leqslant f\left(\dfrac{2\theta + x}{3}\right)$.

13. 已知函数 $f(x) = x^2 + x - 1$,α,β 是方程 $f(x) = 0$ 的两个根($\alpha > \beta$),$f'(x)$ 是 $f(x)$ 的

导数;设 $a_1 = 1$,$a_{n+1} = a_n - \dfrac{f(a_n)}{f'(a_n)}$($n = 1, 2, \cdots$)

(1) 求 α,β 的值;

(2) 证明:对任意的正整数 n,都有 $a_n > \alpha$;

(3) 记 $b_n = \ln \dfrac{a_n - \beta}{a_n - \alpha}$($n = 1, 2, \cdots$),求数列 $\{b_n\}$ 的前 n 项和 S_n.

解:(1) $\because$ $f(x) = x^2 + x - 1$,α,β 是方程 $f(x) = 0$ 的两个根($\alpha > \beta$),

$\therefore$ $\alpha = \dfrac{-1 + \sqrt{5}}{2}$,$\beta = \dfrac{-1 - \sqrt{5}}{2}$;

(2) $f'(x)=2x+1$, $a_{n+1}=a_n\dfrac{a_n^2+a_n-1}{2a_n+1}=a_n-\dfrac{\dfrac{1}{2}a_n(2a_n+1)+\dfrac{1}{4}(2a_n+1)-\dfrac{5}{4}}{2a_n+1}=$

$\dfrac{1}{4}(2a_n+1)+\dfrac{\dfrac{5}{4}}{2a_n+1}-\dfrac{1}{2}$,

$\because$ $a_1=1$, $\therefore$ 有基本不等式可知 $a_2\geqslant\dfrac{\sqrt{5}-1}{2}>0\left(\text{当且仅当}\ a_1=\dfrac{\sqrt{5}-1}{2}\ \text{时取等号}\right)$,

$\therefore$ $a_2>\dfrac{\sqrt{5}-1}{2}>0$,同样 $a_3>\dfrac{\sqrt{5}-1}{2}$,$\cdots$,$a_n>\dfrac{\sqrt{5}-1}{2}=\alpha(n=1,2,\cdots)$;

(3) $a_{n+1}-\beta=a_n-\beta-\dfrac{(a_n-\alpha)(a_n-\beta)}{2a_n+1}=\dfrac{(a_n-\beta)}{2a_n+1}(a_n+1+\alpha)$,

而 $\alpha+\beta=-1$,即 $\alpha+1=-\beta$,$a_{n+1}-\beta=\dfrac{(a_n-\beta)^2}{2a_n+1}$,

同理 $a_{n+1}-\alpha=\dfrac{(a_n-\alpha)^2}{2a_n+1}$,$b_{n+1}=2b_n$,又 $b_1=\ln\dfrac{1-\beta}{1-\alpha}=\ln\dfrac{3+\sqrt{5}}{3-\sqrt{5}}=2\ln\dfrac{3+\sqrt{5}}{2}$

$\therefore$ $S_n=2(2^n-1)\ln\dfrac{3+\sqrt{5}}{2}$.

14. 已知函数 $f(x)=\ln x$.

(1) 求函数 $g(x)=f(x+1)-x$ 的最大值;

(2) 当 $0<a<b$ 时,求证: $f(b)-f(a)>\dfrac{2a(b-a)}{a^2+b^2}$.

解:(1) $\because$ $f(x)=\ln x$,$g(x)=f(x+1)-x$

$\therefore$ $g(x)=\ln(x+1)-x$ $(x>-1)$ $g'(x)=\dfrac{1}{x+1}-1$,令 $g'(x)=0$,得 $x=0$

当 $-1<x<0$ 时,$g'(x)>0$ 当 $x>0$ 时 $g'(x)<0$,又 $g(0)=0$

$\therefore$ 当且仅当 $x=0$ 时,$g(x)$ 取得最大值 0;

(2) 证明: $f(b)-f(a)=\ln b-\ln a=\ln\dfrac{b}{a}=-\ln\dfrac{a}{b}=-\ln\left(1+\dfrac{a-b}{b}\right)$

由(1)知 $\ln(1+x)\leqslant x$ $f(b)-f(a)\geqslant-\dfrac{a-b}{b}=\dfrac{b-a}{b}$

又 $\because$ $0<a<b$,$\therefore$ $a^2+b^2>2ab$

$\therefore$ $\dfrac{1}{b}>\dfrac{2a}{a^2+b^2}$ $\therefore$ $\dfrac{b-a}{b}>\dfrac{2b(b-a)}{a^2+b^2}$ $\therefore$ $f(b)-f(a)>\dfrac{2b(b-a)}{a^2+b^2}$.

15. 设函数 $f(x)=\left(1+\dfrac{1}{n}\right)^x$,$(n\in\mathbf{N}^*,n>1,x\in\mathbf{N})$.

(1) 当 $x=6$ 时,求 $\left(1+\dfrac{1}{n}\right)^x$ 的展开式中二项式系数最大的项;

(2) 对任意的实数 x,证明 $\dfrac{f(2x)+f(2)}{2}>f'(x)(f'(x)$ 是 $f(x)$ 的导函数);

(3) 是否存在 $a\in\mathbf{N}$,使得 $an<\displaystyle\sum_{k=1}^{n}\left(1+\dfrac{1}{k}\right)^k<(a+1)n$ 恒成立?若存在,试证明你的结论

并求出 a 的值;若不存在,请说明理由.

解:(1)展开式中二项式系数最大的项是第 4 项,这项是 $C_6^3(1)^5\left(\dfrac{1}{n}\right)^3=\dfrac{20}{n^3}$;

(2)(证法一)因 $f(2x)+f(2)=\left(1+\dfrac{1}{n}\right)^{2n}+\left(1+\dfrac{1}{n}\right)^2$

$$\geqslant 2\sqrt{\left(1+\dfrac{1}{n}\right)^{2n}\cdot\left(1+\dfrac{1}{n}\right)^2}=2\left(1+\dfrac{1}{n}\right)^n\cdot\left(1+\dfrac{1}{n}\right)>2\left(1+\dfrac{1}{n}\right)^n$$

$$>2\left(1+\dfrac{1}{n}\right)^n\ln\left(1+\dfrac{1}{2}\right)\geqslant 2\left(1+\dfrac{1}{n}\right)^n\ln\left(1+\dfrac{1}{n}\right)=2f'(x).$$

(证法二)因 $f(2x)+f(2)=\left(1+\dfrac{1}{n}\right)^{2n}+\left(1+\dfrac{1}{n}\right)^2\geqslant 2\sqrt{\left(1+\dfrac{1}{n}\right)^{2n}\cdot\left(1+\dfrac{1}{n}\right)^2}=$

$2\left(1+\dfrac{1}{n}\right)^n\cdot\left(1+\dfrac{1}{n}\right)$

而 $2f'(x)=2\left(1+\dfrac{1}{n}\right)^n\ln\left(1+\dfrac{1}{n}\right)$,

故只需对 $\left(1+\dfrac{1}{n}\right)$ 和 $\ln\left(1+\dfrac{1}{n}\right)$ 进行比较.

令 $g(x)=x-\ln x(x\geqslant 1)$.有 $g'(x)=1-\dfrac{1}{x}=\dfrac{x-1}{x}$.

由 $\dfrac{x-1}{x}=0$,得 $x=1$.

因为当 $0<x<1$ 时,$g'(x)<0$,$g(x)$ 单调递减;当 $1<x<+\infty$ 时,$g'(x)>0$,$g(x)$ 单调递增,所以在 $x=1$ 处 $g(x)$ 有极小值 1.

故当 $x>1$ 时,$g(x)>g(1)=1$,

从而有 $x-\ln x>1$,亦即 $x>\ln x+1>\ln x$

故有 $\left(1+\dfrac{1}{n}\right)>\left(1+\dfrac{1}{n}\right)$ 恒成立.

所以 $f(2x)+f(2)\geqslant 2f'(x)$,原不等式成立;

(3)对 $m\in\mathbf{N}$,且 $m>1$,

有 $\left(1+\dfrac{1}{m}\right)^m=C_m^0+C_m^1\left(\dfrac{1}{m}\right)+\cdots+C_m^2\left(\dfrac{1}{m}\right)^2+\cdots+C_m^k\left(\dfrac{1}{m}\right)^k+\cdots+C_m^m\left(\dfrac{1}{m}\right)^m$

$$=1+1++\dfrac{m(m-1)}{2!}\left(\dfrac{1}{m}\right)^2+\cdots+\dfrac{m(m-1)\cdots(m-k+1)}{k!}\left(\dfrac{1}{m}\right)^k+\cdots+\dfrac{m(m-1)\cdots 2\cdot 1}{m!}\left(\dfrac{1}{m}\right)^m$$

$$=2+\dfrac{1}{2!}\left(1-\dfrac{1}{m}\right)+\cdots+\dfrac{1}{k!}\left(1-\dfrac{1}{m}\right)\left(1-\dfrac{2}{m}\right)\cdots\left(1-\dfrac{k-1}{m}\right)+\cdots+\dfrac{1}{m!}\left(1-\dfrac{1}{m}\right)\cdots\left(1-\dfrac{m-1}{m}\right)$$

$$<2+\dfrac{1}{2!}+\dfrac{1}{3!}+\cdots+\dfrac{1}{k!}+\cdots+\dfrac{1}{m!}$$

$$<2+\dfrac{1}{2\times 1}+\dfrac{1}{3\times 2}+\cdots+\dfrac{1}{k(k-1)}+\cdots+\dfrac{1}{m(m-1)}$$

$$=2+\left(1-\dfrac{1}{2}\right)+\left(\dfrac{1}{2}-\dfrac{1}{3}\right)+\cdots+\left(\dfrac{1}{k-1}-\dfrac{1}{k}\right)+\cdots+\left(\dfrac{1}{m-1}-\dfrac{1}{m}\right)$$

$$=3-\frac{1}{m}<3.$$

又因 $C_m^k\left(\frac{1}{m}\right)^k>0(k=2,3,4,\cdots,m)$，故 $2<\left(1+\frac{1}{m}\right)^m<3.$

$\because$　$2<\left(1+\frac{1}{m}\right)^m<3$，从而有 $2n<\sum_{k=1}^{n}\left(1+\frac{1}{k}\right)^k<3n$ 成立.

即存在 $a=2$，使得 $2n<\sum_{k=1}^{n}\left(1+\frac{1}{k}\right)^k<3n$ 恒成立.

16. 设 $f(x)$ 的定义域为 $(0,+\infty)$，$f(x)$ 的导函数为 $f'(x)$，且对任意正数 x 均有 $f'(x)>\dfrac{f(x)}{x}.$

(1) 判断函数 $F(x)=\dfrac{f(x)}{x}$ 在 $(0,+\infty)$ 上的单调性；

(2) 设 $x_1,x_2\in(0,+\infty)$，比较 $f(x_1)+f(x_2)$ 与 $f(x_1+x_2)$ 的大小，并证明你的结论；

(3) 设 $x_1,x_2,\cdots\cdot x_n\in(0,+\infty)$，若 $n\geqslant2$，比较 $f(x_1)+f(x_2)+\cdots+f(x_n)$ 与 $f(x_1+x_2+\cdots+x_n)$ 的大小，并证明你的结论.

解: (1) 由于 $f'(x)>\dfrac{f(x)}{x}$，得 $\dfrac{xf'(x)-f(x)}{x}>0$，而 $x>0$，则 $xf'(x)-f(x)>0$，

则 $F'(x)=\dfrac{xf'(x)-f(x)}{x^2}>0$，因此 $F(x)=\dfrac{f(x)}{x}$ 在 $(0,+\infty)$ 上是增函数；

(2) 由于 $x_1,x_2\in(0,+\infty)$，则 $0<x_1<x_1+x_2$，而 $F(x)=\dfrac{f(x)}{x}$ 在 $(0,+\infty)$ 上是增函数，

则 $F(x_1)<F(x_1+x_2)$，即 $\dfrac{f(x_1)}{x_1}<\dfrac{f(x_1+x_2)}{x_1+x_2}$，$\therefore$　$(x_1+x_2)f(x_1)<x_1f(x_1+x_2)$　①

同理 $(x_1+x_2)f(x_2)<x_2f(x_1+x_2)$　②

①+②得：$(x_1+x_2)[f(x_1)+f(x_2)]<(x_1+x_2)f(x_1+x_2)$，而 $x_1+x_2>0$，

因此 $f(x_1)+f(x_2)<f(x_1+x_2)$；

(3) (证法一) 由于 $x_1,x_2\in(0,+\infty)$，则 $0<x_1<x_1+x_2+\cdots+x_n$，而 $F(x)=\dfrac{f(x)}{x}$ 在

$(0,+\infty)$ 上是增函数，则 $F(x_1)<F(x_1+x_2+\cdots+x_n)$，即 $\dfrac{f(x_1)}{x_1}<\dfrac{f(x_1+x_2+\cdots+x_n)}{x_1+x_2\cdots+x_n}$，

$\therefore$　$(x_1+x_2+\cdots+x_n)f(x_1)>x_1f(x_1+x_2+\cdots+x_n)$.

同理 $(x_1+x_2+\cdots+x_n)f(x_2)>x_2f(x_1+x_2+\cdots+x_n)$，

$\cdots\cdots$

$(x_1+x_2+\cdots+x_n)f(x_n)>x_nf(x_1+x_2+\cdots+x_n)$，

以上 n 个不等式相加得：

$(x_1+x_2+\cdots+x_n)[f(x_1)+f(x_2)+\cdots f(x_n)]>(x_1+x_2+\cdots+x_n)f(x_1+x_2+\cdots+x_n)$

而 $x_1+x_2+\cdots+x_n>0$.

$f(x_1)+f(x_2)+\cdots+f(x_n)>f(x_1+x_2+\cdots+x_n)$.

(证法二) 数学归纳法

(1) 当 $n=2$ 时，由 (2) 知，不等式成立；

(2) 当 $n=k(n\geqslant2)$ 时，不等式 $f(x_1)+f(x_2)+\cdots+f(x_n)>f(x_1+x_2+\cdots+x_n)$ 成立

即 $f(x_1)+f(x_2)+f(x_k)>f(x_1+x_2+\cdots+x_k)$ 成立,

则当 $n=k+1$ 时, $f(x_1)+f(x_2)+\cdots f(x_k)+f(x_{k+1})>f(x_1+x_2+\cdots+x_k)+f(x_{k+1})$

再由(2)的结论, $f(x_1+x_2+\cdots+x_k)+f(x_{k+1})>f[(x_1+x_2+\cdots+x_k)+x_{k+1}]$

$f(x_1+x_2+\cdots+x_k)+f(x_{k+1})>f(x_1+x_2+\cdots+x_{k+1})$,

因此,不等式 $f(x_1)+f(x_2)+\cdots f(x_n)>f(x_1+x_2+\cdots+x_n)$ 对任意 $n \geqslant 2$ 的自然数均成立.

§15.6 不定积分与定积分

1. $\int_0^2 \sqrt{2x-x^2}\,\mathrm{d}x = $ _____.

解: $\int_0^2 \sqrt{2x-x^2}\,\mathrm{d}x = \dfrac{\pi}{2}$.

2. (1) 若 $f(x)=\int_x^{x^2} e^{-t^2}\,\mathrm{d}t$, 则 $f'(x) = $ _____;(2) 若 $f(x)=\int_0^x xf(t)\,\mathrm{d}t$, 求 $f'(x) = $ _____.

解: (1) $f'(x)=2xe^{-x^4}-e^{-x^2}$;

(2) 由于在被积函数中 x 不是积分变量,故可提到积分号外即 $f(x)=x\int_0^x f(t)\,\mathrm{d}t$, 则可得 $f'(x)\int_0^x f(t)\,\mathrm{d}t+xf(x)$.

3. 设 $f(x)$ 连续,且 $\int_0^{x^3-1} f(t)\,\mathrm{d}t=x$, 则 $f(26) = $ _____.

解: 对等式 $\int_0^{x^3-1} f(t)\,\mathrm{d}t=x$ 两边关于 x 求导得 $f(x^3-1)\cdot 3x^2=1$, 故 $f(x^3-1)=\dfrac{1}{3x^2}$,

令 $x^3-1=26$ 得 $x=3$, 所以 $f(26)=\dfrac{1}{27}$.

4. 函数 $F(x)=\int_1^x \left(3-\dfrac{1}{\sqrt{t}}\right)\mathrm{d}t\,(x>0)$ 的单调递减开区间为 _____.

解: $F'(x)=3-\dfrac{1}{\sqrt{x}}$, 令 $F'(x)<0$ 得 $\dfrac{1}{\sqrt{x}}>3$, 解之得 $0<x<\dfrac{1}{9}$, 即 $\left(0,\dfrac{1}{9}\right)$ 为所求.

5. 判断下列等式是否正确:

(1) $\mathrm{d}\int \dfrac{1}{\sqrt{1-x^2}}\,\mathrm{d}x = \dfrac{1}{\sqrt{1-x^2}}\,\mathrm{d}x$;   (2) $\int (\sin x)'\,\mathrm{d}x = -\cos x + c$.

解: (1) 依照不定积分的性质 $\mathrm{d}\int f(x)\,\mathrm{d}x = f(x)\,\mathrm{d}x$, 等式 $\mathrm{d}\int \dfrac{1}{\sqrt{1-x^2}}\,\mathrm{d}x = \dfrac{1}{\sqrt{1-x^2}}\,\mathrm{d}x$ 成立;

(2) 依照不定积分的性质 $\int f'(x)\,\mathrm{d}x = f(x)+c$

所以,等式 $\int (\sin x)'\,\mathrm{d}x = -\cos x + c$ 不成立.正确的应为 $\int (\sin x)'\,\mathrm{d}x = \sin x + c$.

6. 计算下列积分:

(1) $\int\left(\sqrt{x}+\dfrac{1}{\sqrt{x^3}}\right)^2 \mathrm{d}x$；　　(2) $\int e^x\left(3^x+\dfrac{e^{-x}}{\sin^2 x}\right)\mathrm{d}x$；　　(3) $\int_0^{2\pi}|\sin x|\,\mathrm{d}x$.

解： (1) 将被积函数变形为 $\left(\sqrt{x}+\dfrac{1}{\sqrt{x^3}}\right)^2=x+\dfrac{2}{x}+\dfrac{1}{x^3}$

$$\int\left(\sqrt{x}+\frac{1}{\sqrt{x^3}}\right)^2\mathrm{d}x=\int\left(x+\frac{2}{x}+\frac{1}{x^3}\right)\mathrm{d}x=\int x\,\mathrm{d}x+\int\frac{2}{x}\mathrm{d}x+\int\frac{1}{x^3}\mathrm{d}x$$

$$=\frac{1}{2}x^2+2\ln|x|-\frac{1}{2x^2}+c;$$

(2) 将被积函数变形为 $e^x\left(3^x+\dfrac{e^{-x}}{\sin^2 x}\right)=(3e)^x+\dfrac{1}{\sin^2 x}$

再利用积分公式和积分运算性质得

$$\int e^x\left(3^x+\frac{e^{-x}}{\sin^2 x}\right)\mathrm{d}x=\int(3e)^x\,\mathrm{d}x+\int\frac{1}{\sin^2 x}\mathrm{d}x$$

$$=\frac{(3e)^x}{\ln 3+1}-\cot x+c;$$

(3) $\displaystyle\int_0^{2\pi}|\sin x|\,\mathrm{d}x=\int_0^\pi\sin^2 x\,\mathrm{d}x+\int_\pi^{2\pi}-\sin^2 x\,\mathrm{d}x$

$$=-\cos x\,|_0^\pi+\cos x\,|_\pi^{2\pi}=-[-1-1]+[1-(-1)]$$
$$=4.$$

7. 计算下列积分：

(1) $\int\dfrac{x}{\sqrt{1-x^2}}\mathrm{d}x$；　　(2) $\int\dfrac{e^x}{(1+e^x)^2}\mathrm{d}x$；　　(3) $\int_1^e\dfrac{\ln^2 x}{x}\mathrm{d}x$；　　(4) $\int_0^{\frac{\pi}{2}}\sin^3 x\,\mathrm{d}x$.

解： (1) $\displaystyle\int\frac{x}{\sqrt{1-x^2}}\mathrm{d}x=-\frac{1}{2}\int\frac{1}{\sqrt{1-x^2}}\mathrm{d}(1-x^2)=-\frac{1}{2}\int\frac{1}{\sqrt{u}}\mathrm{d}u$　　　　$(u=1-x^2)$

$$=-\sqrt{u}+c=-\sqrt{1-x^2}+c;$$

(2) $\displaystyle\int\frac{e^x}{(1+e^x)^2}\mathrm{d}x=\int\frac{1}{(1+e^x)^2}\mathrm{d}(1+e^x)=\int\frac{1}{u^2}\mathrm{d}u$　　　　　　$(u=1+e^x)$

$$=-\frac{1}{u}+c=-\frac{1}{1+e^x}+c;$$

(3) ［方法 1］换元换限.

令 $u=\ln x$，则 $\mathrm{d}u=\dfrac{1}{x}\mathrm{d}x$，且当 $x=1$ 时，$u=0$，$x=e$ 时，$u=1$，于是有

$$\int_1^e\frac{\ln^2 x}{x}\mathrm{d}x=\int_0^1 u^2\,\mathrm{d}u=\frac{1}{3}u^3\,|_0^1=\frac{1}{3}(1^3-0^3)=\frac{1}{3};$$

(4) 因为 $\displaystyle\int_0^{\frac{\pi}{2}}\sin^3 x\,\mathrm{d}x=\int_0^{\frac{\pi}{2}}[1-\cos^2 x]\sin x\,\mathrm{d}x=\int_0^{\frac{\pi}{2}}\sin x\,\mathrm{d}x-\int_0^{\frac{\pi}{2}}\cos^2 x\sin x\,\mathrm{d}x$

对于积分 $\displaystyle\int_0^{\frac{\pi}{2}}\sin x\,\mathrm{d}x=-\cos x\,\mathrm{d}x\left.\right|_0^{\frac{\pi}{2}}=1.$

对于积分 $\displaystyle\int_0^{\frac{\pi}{2}}\cos^2 x\sin x\,\mathrm{d}x$ 用凑微分法.

（方法一）令 $u=\cos x$，则 $\mathrm{d}u=-\sin x\,\mathrm{d}x$，且当 $x=0$ 时，$u=1$，$x=\dfrac{\pi}{2}$ 时，$u=0$，于是有

$$\int_0^{\frac{\pi}{2}}\cos^2 x\sin x\,\mathrm{d}x=-\int_1^0 u^2\,\mathrm{d}u=\frac{1}{3}u^3\Big|_0^1=\frac{1}{3}.$$

（方法二）只凑微分不换元，不换积分限.

$$\int_0^{\frac{\pi}{2}}\cos^2 x\sin x\,\mathrm{d}x=-\int_0^{\frac{\pi}{2}}\cos^2 x\,\mathrm{d}\cos x=-\frac{1}{3}\cos^3 x\Big|_0^{\frac{\pi}{2}}=\frac{1}{3}.$$

8. 计算下列积分：

(1) $\displaystyle\int(x+1)\sin 2x\,\mathrm{d}x$ ；　　　(2) $\displaystyle\int_0^2 x\mathrm{e}^{\frac{x}{2}}\,\mathrm{d}x$ ；　　　(3) $\displaystyle\int_{\frac{1}{e}}^e |\ln x|\,\mathrm{d}x$.

解：(1) 设 $u=x+1$，$v'=\sin 2x$，则 $v=-\dfrac{1}{2}\cos 2x$，由分部积分公式有

$$\int(x+1)\sin 2x\,\mathrm{d}x=-\frac{1}{2}(x+1)\cos 2x+\frac{1}{2}\int\cos 2x\,\mathrm{d}x$$

$$=-\frac{1}{2}(x+1)\cos 2x+\frac{1}{4}\sin 2x+c;$$

(2) 设 $u=x$，$v'=e^{\frac{x}{2}}$，则 $v=2e^{\frac{x}{2}}$，由定积分分部积分公式有

$$\int_0^2 x\mathrm{e}^{\frac{x}{2}}\,\mathrm{d}x=2x\mathrm{e}^{\frac{x}{2}}\Big|_0^2-2\int_0^2 \mathrm{e}^{\frac{x}{2}}\,\mathrm{d}x=4\mathrm{e}-4\mathrm{e}^{\frac{x}{2}}\Big|_0^2=4\mathrm{e}-4\mathrm{e}+4=4;$$

(3) 因为 $|\ln x|=\begin{cases}-\ln x & \dfrac{1}{e}\leqslant x<1 \\ \ln x & 1\leqslant x\leqslant e\end{cases}$，

利用积分区间的可加性得到

$$\int_{\frac{1}{e}}^e |\ln x|\,\mathrm{d}x=-\int_{\frac{1}{e}}^1 \ln x\,\mathrm{d}x+\int_1^e \ln x\,\mathrm{d}x$$

其中第一个积分为 $\displaystyle\int_{\frac{1}{e}}^1 \ln x\,\mathrm{d}x=x\ln x\Big|_{\frac{1}{e}}^1-\int_{\frac{1}{e}}^1 \frac{x}{x}\,\mathrm{d}x$

$$=\frac{1}{e}-1+\frac{1}{e}=\frac{2}{e}-1$$

第二个积分为 $\displaystyle\int_1^e \ln x\,\mathrm{d}x=x\ln x\Big|_1^e-\int_1^e \mathrm{d}x=e-e+1=1$，

最后结果为 $\displaystyle\int_{\frac{1}{e}}^e |\ln x|\,\mathrm{d}x=-\int_{\frac{1}{e}}^1 \ln x\,\mathrm{d}x+\int_1^e \ln x\,\mathrm{d}x=1-\frac{2}{e}+1=2-\frac{2}{e}.$

9. 设 $f(x)$ 是连续函数，且 $f(x)=x+3\displaystyle\int_0^1 f(t)\,\mathrm{d}t$，则 $f(x)=$ _____.

解：因 $f(x)$ 连续，$f(x)$ 必可积，从而 $\displaystyle\int_0^1 f(t)\,\mathrm{d}t$ 是常数，记

$\displaystyle\int_0^1 f(t)\,\mathrm{d}t=a$，则

$$f(x)=x+3a, \text{且} \int_0^1 (x+3a)\mathrm{d}x = \int_0^1 f(t)\mathrm{d}t = a.$$

所以

$$\left[\frac{1}{2}x^2+3ax\right]_0^1 = a, \text{即} \frac{1}{2}+3a = a,$$

从而 $a=-\dfrac{1}{4}$,所以 $f(x)=x-\dfrac{3}{4}$.

10. 计算 $\displaystyle\int_{-1}^1 \frac{2x^2+x}{1+\sqrt{1-x^2}}\mathrm{d}x$.

分析 由于积分区间关于原点对称,因此首先应考虑被积函数的奇偶性.

解: $\displaystyle\int_{-1}^1 \frac{2x^2+x}{1+\sqrt{1-x^2}}\mathrm{d}x = \int_{-1}^1 \frac{2x^2}{1+\sqrt{1-x^2}}\mathrm{d}x + \int_{-1}^1 \frac{x}{1+\sqrt{1-x^2}}\mathrm{d}x$.

由于 $\dfrac{2x^2}{1+\sqrt{1-x^2}}$ 是偶函数,而 $\dfrac{x}{1+\sqrt{1-x^2}}$ 是奇函数,有 $\displaystyle\int_{-1}^1 \frac{x}{1+\sqrt{1-x^2}}\mathrm{d}x = 0$,

于是

$$\int_{-1}^1 \frac{2x^2+x}{1+\sqrt{1-x^2}}\mathrm{d}x = 4\int_0^1 \frac{x^2}{1+\sqrt{1-x^2}}\mathrm{d}x = 4\int_0^1 \frac{x^2(1-\sqrt{1-x^2})}{x^2}\mathrm{d}x$$

$$= 4\int_0^1 \mathrm{d}x - 4\int_0^1 \sqrt{1-x^2}\,\mathrm{d}x$$

由定积分的几何意义可知 $\displaystyle\int_0^1 \sqrt{1-x^2}\,\mathrm{d}x = \frac{\pi}{4}$,故

$$\int_{-1}^1 \frac{2x^2+x}{1+\sqrt{1-x^2}}\mathrm{d}x = 4\int_0^1 \mathrm{d}x - 4\cdot\frac{\pi}{4} = 4-\pi.$$

11. 如图 $15-9$ 所示,求由直线 $y=0, x=e, y=2x$ 及曲线 $y=\dfrac{2}{x}$ 所围成的封闭的图形的面积.

解: $S = \displaystyle\int_0^1 2x\,\mathrm{d}x + \int_1^e \frac{2}{x}\mathrm{d}x = x^2\,|_0^1 + 2\ln x\,|_1^e = 1+2 = 3.$

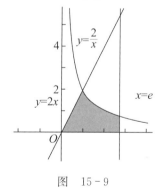

图 $15-9$

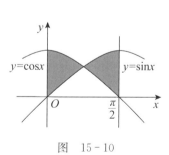

图 $15-10$

12. 求由曲线 $y=\sin x, y=\cos x$ 与直线 $x=0, x=\dfrac{\pi}{2}$ 所围成的平面图形(图 $15-10$ 中的阴影部分)的面积.

解: $S = 2\displaystyle\int_0^{\frac{\pi}{4}} (\cos x - \sin x)\,\mathrm{d}x = 2\cdot(\sin x + \cos x)\Big|_0^{\frac{\pi}{4}}$

$$= 2 \cdot \left(\frac{\sqrt{2}}{2} + \frac{\sqrt{2}}{2} - 1 \right) = 2\sqrt{2} - 2.$$

13. 设直线 $y = ax$ 与抛物线 $y = x^2$ 所围成图形的面积为 S_1，它们与直线 $x = 1$ 所围成的图形面积为 S_2，并且 $a < 1$．试确定 a 的值，使 $S_1 + S_2$ 达到最小，并求出最小值．

解： 当 $0 < a < 1$ 时，

$$S = S_1 + S_2 = \int_0^a (ax - x^2) \, \mathrm{d}x + \int_a^1 (x^2 - ax) \, \mathrm{d}x$$

$$= \left(\frac{ax^2}{2} - \frac{x^3}{3} \right) \Big|_0^a + \left(\frac{x^3}{3} - \frac{ax^2}{2} \right) \Big|_a^1 = \frac{a^2}{3} - \frac{a}{2} + \frac{1}{3}.$$

令 $S' = a^2 - \dfrac{1}{2} = 0$，得 $a = \dfrac{1}{\sqrt{2}}$，又 $S'' \left(\dfrac{1}{\sqrt{2}} \right) = \sqrt{2} > 0$，

则 $S \left(\dfrac{1}{\sqrt{2}} \right)$ 是极小值及最小值．其值为 $S \left(\dfrac{1}{\sqrt{2}} \right) = \dfrac{1}{6\sqrt{2}} - \dfrac{1}{2\sqrt{2}} + \dfrac{1}{3} = \dfrac{2 - \sqrt{2}}{6}.$

当 $a \leqslant 0$ 时，$S = S_1 + S_2 = \int_a^0 (ax - x^2) \, \mathrm{d}x + \int_0^1 (x^2 - ax) \, \mathrm{d}x - \dfrac{a^3}{6} - \dfrac{a}{2} + \dfrac{1}{3}$，

$$S' = -\frac{a^2}{2} - \frac{1}{2} = -\frac{1}{2}(a^2 + 1) < 0,$$

S 单调减少，故 $a = 0$ 时，S 取得最小值，此时 $S = \dfrac{1}{3}$．

综合上述，当 $a = \dfrac{1}{\sqrt{2}}$ 时，$S \left(\dfrac{1}{\sqrt{2}} \right)$ 为所求最小值，最小值为 $\dfrac{2 - \sqrt{2}}{6}$．

14. 由两条抛物线 $y^2 = x, y = x^2$ 所围成的图形：

（1）计算所围成图形的面积 A；

（2）将此图形绕 x 轴旋转，计算旋转体的体积．

解：（1）$A = \int_0^1 (\sqrt{x} - x^2) \, \mathrm{d}x = \left(\dfrac{2}{3} x^{\frac{3}{2}} - \dfrac{x^3}{3} \right) \Big|_0^1 = \dfrac{1}{3}$；

（2）$V = \int_0^1 \pi (x - x^4) \, \mathrm{d}x = \pi \left(\dfrac{x^2}{2} - \dfrac{x^5}{5} \right) \Big|_0^1 = \dfrac{3\pi}{10}$．

15. 由曲线 $y = 3x^2$，直线 $x = 2$ 及 x 轴所围图形记作 D．

（1）求 D 绕 y 轴旋转所得旋转体的体积；

（2）求 D 绕直线 $x = 3$ 旋转所得旋转体的体积；

（3）求以 D 为底且每个与 x 轴垂直的截面均为等边三角形的立体的体积．

解：（1）D 绕 y 轴旋转所得旋转体的体积

$$V_1 = \pi \int_0^{12} \left(4 - \frac{y}{3} \right) \mathrm{d}y = 24\pi;$$

（2）D 绕直线 $x = 3$ 旋转所得旋转体的体积

$$V_2 = 2\pi \int_0^2 (3 - x) \cdot 3x^2 \mathrm{d}y = 24\pi;$$

（3）以 D 为底且与 x 轴垂直呈等边三角形的的立体的平行截面的面积为

$$S(x) = \frac{1}{2} \cdot 3x^2 \cdot 3x^2 \cdot \sin\frac{\pi}{3} = \frac{9}{4}\sqrt{3}\, x^4.$$

因此,平行截面的面积为 $S(x)$ 的立体体积

$$V_3 = \int_0^2 \frac{9}{4}\sqrt{3}\, x^4 \mathrm{d}x = \frac{72\sqrt{3}}{5}.$$

16. 求曲线 $y = x^2 - 2x$,$y = 0$,$x = 1$,$x = 3$ 所围成的平面图形的面积 S,并求该平面图形绕 y 轴旋转一周所得的旋转体的体积.

解: 由题 16 解析图可见,所求面积

$$S_1 = \int_1^2 (2x - x^2)\mathrm{d}x = \left(x^2 - \frac{1}{3}x^3\right)\Big|_1^2$$

$$= \left(4 - \frac{8}{3}\right) - \left(1 - \frac{1}{3}\right) = \frac{2}{3}.$$

$$S_2 = \int_2^3 (x^2 - 2x)\mathrm{d}x = \left(\frac{1}{3}x^3 - x^2\right)\Big|_2^3$$

$$= (9 - 9) - \left(\frac{8}{3} - 4\right) = \frac{4}{3}.$$

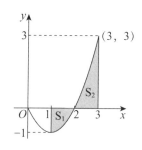

题 16 解析图

$S = S_1 + S_2 = 2.$

平面图形 S_1 绕 y 轴旋转一周所得旋转体体积

$$V_1 = \pi\int_{-1}^0 (1 + \sqrt{1+y})^2 \mathrm{d}y - \pi = \pi\int_{-1}^0 (2 + y + 2\sqrt{1+y})\mathrm{d}y - \pi$$

$$= \pi\left[2y + \frac{1}{2}y^2 + \frac{4}{3}(1+y)^{\frac{3}{2}}\right]\Big|_{-1}^0 - \pi = \pi\left[\frac{4}{3} - \left(-2 + \frac{1}{2}\right)\right] - \pi = \frac{11}{6}\pi,$$

平面图形 S_2 绕 y 轴旋转一周所得旋转体体积

$$V_2 = 27\pi - \pi\int_0^3 (1 + \sqrt{1+y})^2 \mathrm{d}y = 27\pi - \pi\int_0^3 (2 + y + 2\sqrt{1+y})\mathrm{d}y$$

$$= 27\pi - \pi\left[2y + \frac{1}{2}y^2 + \frac{4}{3}(1+y)^{\frac{3}{2}}\right]\Big|_0^3 = 27\pi - \pi\left(6 + \frac{9}{2} + \frac{32}{3} - \frac{4}{3}\right) = \frac{43}{6}\pi,$$

故所求旋转体的体积 $V = V_1 + V_2 = \frac{11\pi}{6} + \frac{43\pi}{6} = 9\pi.$

第十六章 排列组合与二项式定理

Permutation. Combination and the Binominal Theorem

§16.1 乘法原理和加法原理

1. 5 位应届高中毕业生报考三所重点院校,每人报一所且只能报一所院校,则共有_____种不同的报名方法.

解:每位学生可以有 3 种报考重点院校的方式,由乘法原理可得:$3^5 = 243$.

2. 在所有三位数中,有且只有两个数字相同的三位数有_____个.

解:(1) 百位和十位一样,有 $9 \times 9 = 81$ 种,

(2) 百位和个位一样,有 $9 \times 9 = 81$ 种,

(3) 十位和个位一样,有 $9 + 8 \times 9 = 81$ 种,

一共 243 种.

3. 由 $0,1,2,3,4,5$ 组成的没有重复数字的六位奇数的个数是_____.

解:首先末尾必须排奇数,其次最高位不排 0,则 $3 \times 4 \times 4 \times 3 \times 2 \times 1 = 288$.

4. 从 0 到 8 这 9 个数字中选 4 个数字组成没有重复数字的四位数,按下列要求分别求符合条件的个数.

① 四位数中奇数的个数;② 四位数中偶数的个数;③ 四位数中能被 25 整除的个数;④ 四位数中大于 4500 的个数;⑤ 四位数中小于 3570 的个数.

解:① $4 \times 7 \times 7 \times 6 = 1176$;② 按首位是否为零分类,$8 \times 7 \times 6 + 4 \times 7 \times 7 \times 6 = 1512$;③ $6 \times 6 \times 2 + 7 \times 6 = 114$;④ $4 \times 8 \times 7 \times 6 + 4 \times 7 \times 6 = 1512$;⑤ $2 \times 8 \times 7 \times 6 + 4 \times 7 \times 6 + 5 \times 6 = 870$.

5. 从 $2,3,5,7$ 这四个数字中,任取两个分别作为分数的分子和分母.有几个是真分数?几个是假分数?

解:(1) 按照分母可以取 $7,5,3$ 分类,则 $3 + 2 + 1 = 6$;

(2) 按照分母可以取 $2,3,5$ 分类,$3 + 2 + 1 = 6$.

6. 已知 $m \in \{-2,-1,0,1,2,3\}$,$n \in \{-3,-2,-1,0,1,2\}$,且方程 $\dfrac{x^2}{m} + \dfrac{y^2}{n} = 1$ 是表示中心在原点的双曲线,则表示不同的双曲线最多有多少条?

解:$mn < 0$,则分 $m > 0,n < 0$ 和 $m < 0,n > 0$,则 $2 \times 2 + 3 \times 3 = 13$.

7. 在一张平面上画了 2007 条互不重合的直线 $l_1,l_2,\cdots,l_{2007}$，始终遵循垂直、平行交替的规则进行：$l_1\perp l_2,l_2/\!/l_3,l_3\perp l_4,\cdots$．这 2007 条互不重合的直线的交点共有多少个？

解：$1003\times1004=1007012$．

8. 4 位同学各写一张贺卡放在一起，然后每人从中各取一张，但不能取自己写的那一张贺卡，则不同的取法共有多少种？

解：由于先让一人甲去拿一种有 3 种方法，假设甲拿的是乙写的贺卡，接下来让乙去拿，乙此时也有 3 种方法，剩下两人中必定有一人自己写的贺卡还没有发出去．

这样两人只有一种拿法，$3\times3\times1=9$，故答案为 9．

9. 一天要排语文、数学、英语、生物、体育、班会六节课（上午四节，下午二节），要求上午第一节不排体育，数学课排在上午，班会课排在下午，有多少种不同排课方法？

解：数学课排第一节，班会课排在下午，然后再排体育，则 $2\times4\times3\times2\times1=48$，

数学课不排第一节，先排数学，再排班会，再排体育课，则 $3\times2\times3\times3\times2\times1=108$，

则有 156 种不同排课方法．

10. 如果一个三位正整数形如"$\overline{a_1a_2a_3}$"满足 $a_1<a_2$ 且 $a_3<a_2$，则称这样的三位数为凸数，求这样的凸数的个数．

解：对 a_2 进行分类讨论，

由题意，当中间数是 2 时，首位可取 1，个位可取 0,1，故总的种数有 $2=1\times2$，

当中间数为 3 时，首位可取 1,2，个位可取 0,1,2，故总的种数共有 $6=2\times3$，

$\cdots$，

当中间数为 9 时，首位可取 $1,2,\cdots,8$，个位可取 $0,1,2,\cdots,8$，故总的种数共有 $72=8\times9$，

故所有凸数个数为 $1\times2+2\times3+3\times4+\cdots+8\times9=2+6+12+20+30+42+56+72=240$，故答案为：240．

11. 将前九个正整数 $1,2,\cdots,9$ 分成三组，每组三个数，使得每组中的三数之和皆为质数；求出所有不同分法的种数．

解：(1°)、由于在 $1,2,\cdots,9$ 中，三个不同的数之和介于 6 和 24 之间，其中的质数有 7,11,13,17,19,23 这六个数，今将这六数按被 3 除的余数情况分为两类：

$A=\{7,13,19\}$，其中每个数被 3 除余 1；$B=\{11,17,23\}$，其中每个数被 3 除余 2；

假若所分成的 A,B,C 三组数对应的和 p_a,p_b,p_c 为互异质数，则因

$p_a+p_b+p_c=1+2+\cdots+9=45$ 被 3 整除，故三个和数 p_a,p_b,p_c 必为同一类数，因为 A 类三数和 $7+13+19=39<45$，B 类三数和 $11+17+23=51>45$，矛盾！

故三个和数中必有两个相等．

(2°)、据 (1°) 知，将 45 表成 7,11,13,17,19,23 中的三数和（其中有两数相等），只有四种情况：$(1)19+19+7$；$(2)17+17+11$；$(3)13+13+19$；$(4)11+11+23$．

由于在 $1,2,\cdots,9$ 中有 5 个奇数，故分成的三组中必有一组，三数全为奇数，另两组各有一个奇数．

对于情形(1),和为 7 的组只有 $\{1,2,4\}$,剩下六数 $3,5,6,7,8,9$,分为和为 19 的两组,且其中一组全为奇数,只有唯一的分法:$\{3,7,9\}$ 与 $\{5,6,8\}$;

对于情形 (2),若三奇数的组为 $\{1,7,9\}$,则另两组为 $\{4,5,8\}$,$\{2,3,6\}$;或 $\{3,6,8\}$,$\{2,4,5\}$;

若三奇数的组为 $\{3,5,9\}$,则另两组为 $\{2,8,7\}$,$\{1,4,6\}$ 或 $\{4,6,7\}$,$\{1,2,8\}$;

若三奇数的组为 $\{1,3,7\}$,则另两组为 $\{2,6,9\}$,$\{4,5,8\}$;共得分法 5 种;

对于情形(3),若三奇数的组为 $\{3,7,9\}$,则另两组为 $\{1,4,8\}$,$\{2,5,6\}$;

若三奇数的组为 $\{1,3,9\}$,则另两组为 $\{2,4,7\}$,$\{5,6,8\}$ 或 $\{2,5,6\}$,$\{4,7,8\}$;

若三奇数的组为 $\{1,5,7\}$,则另两组为 $\{3,4,6\}$,$\{2,8,9\}$ 或 $\{2,3,8\}$,$\{4,6,9\}$;

共得分法 5 种;

对于情形(4),和为 23 的组只有 $\{6,8,9\}$,则另两组为 $\{1,3,7\}$,$\{2,4,5\}$;

据以上,共计得到 $1+5+5+1=12$ 种分法.

§16.2 排列

1. 解方程:(1) $3P_x^3=2P_{x+1}^2+6P_x^2$; (2) $P_{13}^x=17160$.

解: (1) 将排列写为分数形式,则 $3x(x-1)(x-2)=2(x+1)x+6x(x-1)\Rightarrow x=5$;(2) $x=4$.

2. 10 个人站成一排,要求甲,乙之间必须站 4 个人,则共有多少种不同的站法?

解: 甲,乙之间选 4 个人,然后把这 6 个人视为一个整体,则 $P_2^2\times P_8^4\times P_5^5=5\times 2\times P_8^8=403200$.

3. 一场晚会有 5 个唱歌节目和 3 个舞蹈节目.3 个舞蹈节目在节目单中的先后顺序固定,可排出多少种不同的节目单?

解: 3 个舞蹈节目无先后顺序,则一共 P_8^8 种,

3 个舞蹈节目在节目单中的先后顺序固定,则有 $\dfrac{P_8^8}{P_3^3}=6720$ 种.

4. 一铁路线上原有 n 个车站.为适应客运需要,新增加了 m 个车站$(m>1)$,客运车票因此增加了 62 种.问现有多少个车站?(来回的车票不同)

解: $P_{n+m}^2-P_n^2=62\Rightarrow 2n=1-m+\dfrac{62}{m}\Rightarrow m=2,n=15$,则 $m+n=17$.

5. 4 个男生和 4 个女生围成一个圆圈,如果男女相间表演舞蹈,有多少种排法?

解: $3!\times 4!=144$.

6. 6 颗不同珍珠与 6 颗不同的玛瑙相隔串成一串项链,有多少种不同的串法?

解: $\dfrac{1}{2}\times 5!\times 6!=43200$(项链可以翻转).

7. 有 8 个队比赛,采取淘汰制,在赛前抽签时,实际上可得到多少种不同的安排法?

解: $\dfrac{8!}{2^4\times 4!}\times 3=315$.

8. 2010 年广州亚运会组委会要从小张、小赵、小李、小罗、小王 5 名志愿者中选派 4 人分别从事翻译、导游、礼仪、司机四项不同工作,若其中小张和小赵只能从事前两项工作,其余 3 人均能从事这四项工作,求不同的选派方案数.

解: 由题意知本题需要分类,

若小张或小赵入选,则有选法 $C_2^1 C_2^1 P_3^3 = 24$;

若小张、小赵都入选,则有选法 $P_2^2 P_3^3 = 12$,

根据分类计数原理知共有选法 36 种.

故答案为:36.

9. 甲、乙、丙 3 人站到共有 7 级的台阶上,若每级台阶最多站 2 人,同一级台阶上的人不区分站的位置,求不同站法的总数.

解: 由题意知本题需要分组解决,

由于对于 7 个台阶上每一个只站一人有 P_7^3 种;

若有一个台阶有 2 人,另一个是 1 人共有 $C_3^1 P_7^2$ 种,

则根据分类计数原理知共有不同的站法种数是 336 种.

故答案为:336.

10. 在 9×9 的黑白相间的棋盘上,有多少种方法将 8 只互不攻击的车放在同色的格子里?(称放在棋盘的同一行或同一列的 2 只车是互相攻击的)

解: 先考虑 8 只互不攻击的车放在黑色格里的方法种数,再考虑放在白色格里的方法种数.注意到,放在奇数行的黑格的车与放在偶数行的黑格的车不能互相攻击;同理:放在奇数行的白格的车与放在偶数行的白格的车不能互相攻击.

(1) 将原棋盘中奇数行的黑格拼成一个 5×5 的棋盘,有 5! 种方法放置 5 只互不攻击的车在此棋盘里.将原棋盘中偶数行的黑格拼成一个 4×4 的棋盘,有 4! 种方法放置 4 只互不攻击的车在此棋盘里.

从而,共有 5! ×4! 种方法将 9 只互不攻击的车放在原棋盘的黑格里.再从 9 只车中拿走任意一只车满足条件且其中没有重复,于是共有 9×5! ×4! 种方法将 8 只互不攻击的车放在原棋盘的黑格里.

(2) 将原棋盘中奇数行的白格,偶数行的白格分别拼成一个 5×4 的棋盘,有 5! 种方法放置 4 只互不攻击的车在各自棋盘里,于是,共有 $(5 \times 4 \times 3 \times 2)^2 = (5!)^2$ 种方法将 8 只互不攻击的车放在棋盘的白格里.

于是一共有 9×5! ×4! ＋(5!)² ＝40320 种方法.

§16.3　组合

1. 圆上有 8 个点,任意两点可连成弦,两弦交点在圆内的有_____个.

解: 两弦的交点就是两弦的四个顶点构成的四边形的对角线的交点.于是两弦的交点数就是四边形的个数.于是,两弦交点在圆内的有

$C_8^4 = 70$ 个.

2. 以正方体的顶点为顶点的四面体个数是_____个.

解：正方体的八个顶点构成 12 个矩形，于是 $C_8^4 - 12 = 58$.

3. 10 个名额分配到八个班，每班至少一个名额，则有多少种不同的分配方法？

解：由挡板法可得，$C_9^7 = 36$.

4. 100 件产品中有 4 件次品，现抽取 3 件检查，

（1）恰好有一件次品的取法有_____种；

（2）既有正品又有次品的取法有_____种.

解：（1）$C_4^1 C_{96}^2 = 18240$；（2）$C_4^1 C_{96}^2 + C_4^2 C_{96}^1 = 18816$.

5. 12 名同学分别到三个不同的路口进行车流量的调查，若每个路口 4 人，则不同的分配方案共有_____种.

解：$C_{12}^4 C_8^4 C_4^4 = 34650$.

6. 从 5 双不同尺码的鞋子中任取 4 只，使其中至少有 2 只能配成一双，则有多少种不同的取法？

解：4 只鞋配成一双或配成两双，则 $C_5^1 C_4^2 C_2^1 C_2^1 + C_5^2 = 130$.

7. $m, n, r \in \mathbf{N}^+$，试证明：$C_{n+m}^r = C_n^0 C_m^r + C_n^1 C_m^{r-1} + C_n^2 C_m^{r-2} + \cdots + C_n^r C_m^0$.

解：构造数学模型证明.全班有 $n+m$ 个人，从中选出 r 个人当志愿者。原式等价于先把全班人分成两组，A 组人数为 n，B 组人数为 m.然后从 A，B 组中共选出 r 人.

8. 将两个 a 和两个 b 共 4 个字母填在 4×4 的小方格内，每个小方格内至多填 1 个字母，若使用相同字母既不同行也不同列，则不同的填法共有多少种？

解：$(C_4^2 P_4^2)^2 - C_4^2 P_4^2 - C_{16}^1 P_9^2 = 3960$.

9. 平面上给定 5 个点，已知连接这些点的直线互不平行，互不垂直，也不重合.过每个点向其余四点的连线作垂线，这些垂线的交点最多能有多少个（不计已知的 5 个点）？

解：垂线共有 $6 \times 5 = 30$ 条，交点共有 $C_{30}^2 = 435$ 个，由于同一点所作垂线无交点，且同一直线的垂线无交点.共扣除 $(15+10) \times 5 = 125$ 个点.则实际有 $435 - 125 = 310$ 个.

10. 某校年终将校办工厂全年纯利润 b 元中的一部分作为奖金发给 n 位教职工，编号为 i $(i=1,2,\cdots,n)$ 的教职工所得奖金为 $f(i) \in \{a_1, a_2, \cdots, a_m\} (m \geqslant n)$，奖金按下列方案分配：

$$a_1 = \frac{b}{m}, a_2 = \frac{b}{m}\left(1 - \frac{1}{m}\right), \cdots, a_k = \frac{1}{m}(b - a_1 - a_2 - \cdots - a_{k-1}), \cdots,$$

并将最后剩余部分作为教育发展基金.若 $f(1) \leqslant f(2) \leqslant f(3) \leqslant \cdots \leqslant f(n)$，这 n 位教职工所得奖金的所有可能情况有多少种？

解：（1）在连接 $f(1), f(2), \cdots, f(n)$ 的 "<"、"=" 中，考虑 "=" 的个数的各种情况：

情况一：$n-1$ 个连接符号中含 0 个等号，有 $C_{n-1}^0 C_m^n$ 种可能；

情况二：$n-1$ 个连接符号中含 1 个等号，有 $C_{n-1}^1 C_m^{n-1}$ 种可能；

情况三:$n-1$ 个连接符号中含 2 个等号,有 $C_{n-1}^2 C_m^{n-2}$ 种可能;……

情况 n:$n-1$ 个连接符号中含 $n-1$ 个等号,有 $C_{n-1}^{n-1} C_m^1$ 种可能.故可能情况共有:

$$\sum_{i=0}^{n-1} C_{n-1}^i C_m^{n-1} = C_{n+m-1}^n 种.$$

§16.4　其他几种排列组合

1. 有一排 5 个信号的显示窗,每个窗可亮红灯、绿灯或不亮灯,则共可发出的不同信号有多少种?

解:每个窗有 3 种亮灯方式,由乘法原理可知:一共 $3^5 = 243$ 种方式.

2. 组成 mathematician 的 13 个字母,可以组成多少个不同的 13 字母的单词?

解:mathematician 中有 2 个 m,2 个 t,2 个 i,3 个 a,于是共有 $\dfrac{13!}{2! \cdot 2! \cdot 2! \cdot 3!}$ 个不同的单词.

3. 晚会上共有 9 个演唱节目和 4 个舞蹈节目,要求每两个舞蹈节目之间至少有两个演唱节目.则有多少种不同的节目顺序表?

解:$4! \cdot 9! \cdot C_7^4$.

4. 求 $x_1 + x_2 + x_3 + x_4 \leqslant 13$ 的正整数解的组数.

解:$x_1 + x_2 + x_3 + x_4 = 4, 5, 6, \cdots, 13$.

然后用挡板法解题,得到:$C_3^3 + C_4^3 + \cdots + C_{12}^3 = 715$.

5. $x + 8y + 8z = n, x, y, z \in \mathbf{N}^*$ 有 666 组正整数解,求 n 的最大值.

解:$n_{max} = 8 + 8 \times 37 = 304$.

6. 在 1 到 10^6 之间有多少个整数的各位数字之和等于 9?

解:转化成方程 $x_1 + x_2 + x_3 + x_4 + x_5 + x_6 = 9$ 的自然数解个数的问题,

等价于方程 $y_1 + y_2 + y_3 + y_4 + y_5 + y_6 = 15$ 的正整数解个数的问题,$C_{14}^5 = 2002$.

7. 3570 有多少不同的偶数因子?

解:$3570 = 2 \times 3 \times 5 \times 7 \times 17$,偶数因子里一定有 2,3,5,7,17 四个质数的每一个质数可能有,可能没有.则 $2^4 = 16$.

8. 如果从 $1, 2, \cdots, 14$ 中,按从小到大的顺序依次取出 a_1, a_2, a_3 使同时满足:$a_2 - a_1 \geqslant 3, a_3 - a_2 \geqslant 3$,那么所有符合要求的不同取法有多少种?

解:$\sum_{n=1}^{8} \sum_{k=1}^{n} k = 120$ 种.

9. 有多少种方法将 100 表示成 3 的非负幂次的和的形式?(加数的不同排列是作同一种的表示方法)

解:402.

10. 由数字 1, 2, 3 组成 n 位数($n \geqslant 3$),且在 n 位数中,1, 2, 3 每一个至少出现 1 次,那么,这样的 n 位数有多少个?

解:n 位数有 $|I| - |A_1 \cup A_2 \cup A_3| = 3^n - 3 \times 2^n + 3$ 个.

§16.5　排列与组合的综合应用

1. 电梯里有 7 名乘客,在 10 层楼房的每一层停留,如果恰有 3 个乘客在同一层出去,有 2 个乘客在另一层同时出去,这样的下客方法有多少种?

解: 1058400.

2. 把 2000 个不加区分的小球分别放在 10 个不同的盒子里,使得第 i 个盒子里至少有 i 个球($i=1,2,\cdots,10$),则不同的方法总数是多少?

解: $x_1+x_2+x_3+\cdots+x_{10}=2000\Rightarrow x_1+(x_2-1)+(x_3-2)+\cdots+(x_{10}-9)=1955$,

即 $x_1+(x_2-1)+(x_3-2)+\cdots+(x_{10}-9)=1955$ 的正整数解的组数,等价于把 1955 个一样的球分给 10 个人,每人至少得一个球.然后再利用挡板法解题,C_{1954}^9.

3. 路上有编号为 $1,2,3,\cdots,10$ 共十个路灯,为节约用电又看清路面,可以把其中的三只灯关掉,但不能同时关掉相邻的两只或三只,且两端的灯也不能关掉,则满足条件的关灯方法共有多少种?

解: 插空法解题,$C_6^3=20$.

4. 7 粒相同的骰子扔在桌面上,可能出现多少种不同的结果?

解: 此问题为可重取组合数问题,用证明多元一次方程非负整数解的隔板模型做.

此问题即是求:$\{1,2,3,4,5,6\}$ 的七元可重组合数的个数.

建立模型:7 个相同的球排成一排,向八个间隔中插入 5 块隔板,一个间隔中可插多块.此时,第一块隔板左侧球的个数为 1 的个数,第一块和第二块间的球的个数为 2 的个数,以此类推.求插法总数.

为简化问题,在每块隔板左侧加一个球,题目变成 12 个球排成一排,向除了第一个球左边的间隔以外的 12 个间隔中插 5 块隔板,每个间隔只能插一块,求插法总数.$C_{12}^5=792$.

5. 从 $1,2,3,\cdots,21$ 中任取若干个数相加,使其和为偶数,问共有多少种不同的取法?

解: $(C_{11}^0+C_{11}^2+\cdots\cdots+C_{11}^{10})\cdot 2^{10}-1$.

6. 8 个人围圆桌聚餐,甲、乙两人必须相邻,而乙、丙两人不得相邻,问有几种不同的坐法?

解: 将甲乙两人视作一个整体,$\dfrac{P_7^7}{7}-2\times\dfrac{P_6^6}{6}=1200$.

7. 在圆周上顺时针方向依次放置着数 $1,2,\cdots,10$,从中取三个数,要求其中任意两个都不是圆周上相邻的数,则共有多少种取法?

解: 由容斥原理得 $C_{10}^3-10\times(10-2)+10=50$ $(1\leqslant x_1<x_2<x_3\leqslant 10,x_2-x_1\geqslant 2,x_3-x_2\geqslant 2,10+x_1-x_3\geqslant 2)$.

8. 如图 16-2 所示,平面被分成六个区域,进行六染色,旋转后重合视为同一种,求染法总数.

解: $C_6^3C_3^1+C_6^4(C_4^1C_3^1+P_4^2)+C_6^5(C_5^1\cdot 6+P_5^2C_3^1)+C_6^6P_6^2\cdot 6=1140$.

9. 空间有 n 个平面,其中任意 2 个不平行,任意 3 个不共线,任意 4 个不共点,则空间被划分成多少个区域?

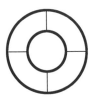

图 16-2

解：$\dfrac{n^3+5n+6}{6}$.

10. 在平面直角坐标系内，画出同时满足以下条件的所有矩形：

（1）这些矩形的各边均与两坐标轴平行或重合；

（2）这些矩形的所有顶点（重复的只计算一次）恰好为 100 个整点（横、纵坐标均为整数的点称为整点）

问：最多能画出多少个这样的矩形，说明你的理由.

证明：（1）先证明这样的矩形不超过 2025 个.

任取定 100 个整点。设 O 为所取定的 100 个整点中的一个，我们称以 O 为一个顶点，另外三个也取自 100 个整点，且边均与两坐标轴平行或重合的矩形为"好的".下证：至多有 81 个"好的"矩形.

事实上，过 O 作平行于两坐标轴的直线 l_1,l_2，并设 $l_1\backslash\{O\}$ 上有 m 个点取自所取定的 100 个整点，$l_2\backslash\{O\}$ 上有 n 个点取自所取定的 100 个整点，设点 P 为所取定的 100 个整点中的一个，且不在 l_1 和 l_2 上，则至多有一个"好的"矩形以 P 为其一个顶点，而这样的点至多有 $99-m-n$ 个，且每一个"好的"矩形必有一个顶点为这样的点，于是

① 若 $m+n\geqslant18$，则"好的"矩形至多有 $99-m-n\leqslant81$ 个；

② 若 $m+n\leqslant18$，考虑点对 (P,Q)，其中 $P\in l_1\backslash\{O\}$，$Q\in l_2\backslash\{O\}$，可知每一对 (P,Q) 至多形成一个"好的"矩形，故"好的"矩形的个数 $\leqslant mn\leqslant m(18-m)\leqslant9\times9=81$ 个.

综上可知，对所取定的 100 个整点中的任意一点 Q，以 O 为其一个顶点的"好的"矩形至多 81 个，于是，满足条件的矩形的个数 $\leqslant\dfrac{81\times100}{4}=2025$（这里除以 4 是因为每个矩形有 4 个顶点）；

（2）设点集 $A=\{(x,y)\mid1\leqslant x\leqslant10,1\leqslant y\leqslant10,x,y\in\mathbf{N}\}$，取点集 A 中的 100 个点，则恰好可以画出满足题设的 2025 个矩形.

综上可知最多能画出 2025 个这样的矩形.

§16.6　二项式定理

1. 求 $\left(x^2-\dfrac{1}{x}\right)^{10}$ 的展开式中系数最大的项.

解： $C_{10}^4=C_{10}^6=210$.则该项为 $210x^2$ 或 $210x^8$.

2. 已知 $\left(\dfrac{a}{x}-\sqrt{\dfrac{x}{2}}\right)^9$ 的展开式中 x^3 的系数为 $\dfrac{9}{4}$，求常数 a 的值.

解： $T_{r+1}=C_9^r\left(\dfrac{a}{x}\right)^{9-r}\left(\sqrt{\dfrac{x}{2}}\right)^r=C_9^r\dfrac{a^{9-r}}{\sqrt{2}^r}x^{\frac{3}{2}r-9}$，则 $r=8$，

$C_9^8\dfrac{a^1}{\sqrt{2}^8}=\dfrac{9}{4}\Rightarrow\dfrac{9a}{16}=\dfrac{9}{4}$，得出：$a=4$.

3. $\left(\sqrt{x}+\dfrac{1}{\sqrt[3]{x}}\right)^{10}$ 的展开式的第 3 项小于第 4 项，求 x 的取值范围.

解：$T_{r+1}=C_{10}^r(\sqrt{x})^{10-r}\left(\dfrac{1}{\sqrt[3]{x}}\right)^r=C_{10}^r x^{5-\frac{5}{6}r}$，则 $T_3<T_4\Rightarrow C_{10}^2 x^{5-\frac{5}{3}}<C_{10}^3 x^{5-\frac{5}{2}}$，

$45x^{\frac{10}{3}}<120x^{\frac{5}{2}}\Rightarrow 0<x<\dfrac{8}{9}\sqrt[5]{648}$.

4. 若 $\left(x+\dfrac{1}{x}-2\right)^n$ 的展开式的常数项为 -20，求 n.

解：当 x 为正数时，$\left(x+\dfrac{1}{x}-2\right)^n=\left(\sqrt{x}-\dfrac{1}{\sqrt{x}}\right)^{2n}$，

常数项为 $C_{2n}^n(-1)^n=-20$，解得：$n=3$.

当 x 为负数时，$\left(x+\dfrac{1}{x}-2\right)^n=(-1)^n\left(\sqrt{-x}+\dfrac{1}{\sqrt{-x}}\right)^{2n}$，

常数项为 $C_{2n}^n(-1)^n=-20$，解得：$n=3$.

综上：$n=3$.

5. 求在 $\left(x^2+\dfrac{1}{x^2}-2\right)^3$ 的展开式中含 x^2 项的系数.

解：$\left(x^2+\dfrac{1}{x^2}-2\right)^3=\left(x-\dfrac{1}{x}\right)^6$，则 $T_{r+1}=C_6^r(-1)^r x^{6-2r}$，则 $r=2$，则含 x^2 项的系数为 15.

6. 求 $(1+x+x^2)(1-x)^{10}$ 展开式中含 x^4 项的系数.

解：$C_{10}^4-C_{10}^3+C_{10}^2=135$.

7. 在二项式 $\left(\sqrt{x}+\dfrac{1}{2\sqrt[4]{x}}\right)^n$ 的展开式中，前三项的系数成等差数列，求展开式中所有有理项.

解：$2C_n^1\dfrac{1}{2}=C_n^0+C_n^2\left(\dfrac{1}{2}\right)^2\Rightarrow n=8$，则 $T_{r+1}=C_8^r\left(\dfrac{1}{2}\right)^r x^{8-\frac{5}{4}r}$，则

$r=0,4,8$，

有理项为 $T_1=x^8$，$T_5=C_8^4\dfrac{1}{2^4}x^3=\dfrac{35}{8}x^3$，$T_9=C_8^8\dfrac{1}{2^8}x^{-2}=\dfrac{1}{256x^2}$.

8. 已知 $(x\sin\alpha+1)^6$ 的展开式中 x^2 项的系数与 $\left(x-\dfrac{15}{2}\cos\alpha\right)^4$ 的展开式中 x^3 项的系数相等，求角 α.

解：$C_6^4\sin^2\alpha=C_4^1\left(-\dfrac{15}{2}\cos\alpha\right)\Rightarrow 2\cos^2\alpha-2\cos\alpha-1=0\Rightarrow\alpha=2k\pi\pm\arccos(1-\sqrt{2})$，$k\in\mathbf{Z}$.

9. $(1+2x)^n$ 的展开式中第 6 项与第 7 项的系数相等，求展开式中二项式系数最大的项和系数最大的项.

解：$T_6=C_n^5(2x)^5$，$T_7=C_n^6(2x)^6$，依题意有 $C_n^5 2^5=C_n^6 2^6\Rightarrow n=8$.　∴　$(1+2x)^8$ 的展开式中，二项式系数最大的项为 $T_5=C_8^4(2x)^4=1120x^4$.

设第 $r+1$ 项系数最大，则有

$\begin{cases}C_8^r\cdot 2^r\geqslant C_8^{r-1}\cdot 2^{r-1}，\\ C_8^r\cdot 2^r\geqslant C_8^{r+1}\cdot 2^{r+1}\end{cases}\Rightarrow 5\leqslant r\leqslant 6$.

则系数最大的项为 $T_6=1792x^5$，$T_7=1792x^6$. 最大的项为：$T_6=1792x^5$，$T_7=1792x^6$.

10. 已知 $(x^{\log_2 x}+1)^n$ 的展开式中有连续三项的系数之比为 $1:2:3$,这三项是第几项? 若展开式的倒数第二项为 112,求 x 的值.

解: $C_n^{k-1}:C_n^k:C_n^{k+1}=1:2:3$

$$\Rightarrow \frac{n!}{(n-k+1)!\,(k-1)!}:\frac{n!}{(n-k)!\,k!}:\frac{n!}{(n-k-1)!\,(k+1)!}=1:2:3,$$

$$\frac{n!}{(n-k+1)!\,(k-1)!}:\frac{n!}{(n-k)!\,k!}=1:2\Rightarrow\frac{k}{n-k+1}=\frac{1}{2}\Rightarrow n=3k-1,$$

$$\frac{n!}{(n-k)!\,k!}:\frac{n!}{(n-k-1)!\,(k+1)!}=2:3\Rightarrow\frac{k+1}{n-k}=\frac{2}{3}\Rightarrow 2n=5k+3,$$

联立 $\begin{cases} n=3k-1 \\ 2n=5k+3 \end{cases} \Rightarrow \begin{cases} n=14 \\ k=5 \end{cases}$.这三项是第 $5,6,7$ 项.

展开式的倒数第二项为:$C_{14}^{13}x^{\log_2 x}=112\Rightarrow x^{\log_2 x}=8\Rightarrow(\log_2 x)^2=3\Rightarrow\log_2 x=\pm\sqrt{3}$.

则 $x=2^{\sqrt{3}}$,或 $x=2^{-\sqrt{3}}$.

§16.7　二项式定理的性质与应用

1. 记 $(1-2x)^n$ 展开式中 x^i 项系数为 a_i,$i=0,1,2,\cdots,n$.求 $\dfrac{a_1}{2}+\dfrac{a_2}{2^2}+\cdots+\dfrac{a_n}{2^n}$.

解: $a_i=C_n^i\,(-2)^i$,则 $\dfrac{a_1}{2}+\dfrac{a_2}{2^2}+\cdots+\dfrac{a_n}{2^n}=\displaystyle\sum_{i=1}^{n}(-1)^i C_n^i=-C_n^0=-1$.

2. 若 $(3x+1)^7=a_0+a_1x+a_2x^2+\cdots+a_7x^7$,(1) 求 $a_0+a_1+a_2+\cdots+a_7$ 的值;(2) 求 $a_0+a_2+a_4+a_6$ 的值;(3) 求 $a_1+a_3+a_5+a_7$ 的值.

解:(1) 求二项展开式中各项系数之和,相当于去掉展开式中的未知字母 x,这可由赋值 法令 $x=1$ 实现.则 $a_0+a_1+a_2+\cdots+a_7=(3+1)^7=16384$ ①

(2) 若要求二项展开式中奇数项系数之和,可由赋值法令 $x=-1$,

则 $a_0-a_1+a_2-a_3+\cdots-a_7=(-3+1)^7=-128$ ②

将①,②两式相加得:$2(a_0+a_2+a_4+a_6)=16384-128$,

则 $a_0+a_2+a_4+a_6=8128$;

(3) 将①,②两式相减得:$2(a_1+a_3+a_5+a_7)=16384+128$,

则 $a_1+a_3+a_5+a_7=8256$.

3. 在二项式 $(3-2x)^n$ 的展开式中,

(1) 若前 3 项的二项式系数和等于 67,求二项式系数最大的项;

(2) 若第 3 项的二项式系数等于第 18 项的二项式系数,求奇次项系数和.

解:(1) $\because$ $C_n^0+C_n^1+C_n^2=67$,$\therefore$ $n=11$,

所以展开式中二项式系数最大的项是第 6 项和第 7 项:

$$T_6=C_{11}^5 3^6 (-2x)^5=-10777536x^5,\quad T_7=C_{11}^6 3^5 (-2x)^6=7185024x^6;$$

(2) $\because$ $C_n^2=C_n^{17}$,$\therefore$ $n=19$,设 $(3-2x)^{19}=a_0+a_1x+a_2x^2+\cdots+a_{19}x^{19}$,

当 $x=1$ 时,$a_0+a_1+a_2+\cdots+a_{19}=1$;当 $x=-1$ 时,$a_0-a_1+a_2-a_3\cdots+a_{19}=5^{19}$,

$\therefore$　$a_1+a_3+\cdots+a_{19}=\dfrac{1-5^{19}}{2}$，　$\therefore$　奇次项系数和为$\dfrac{1-5^{19}}{2}$．

4. (1) 求证：$1+2+2^2+\cdots+2^{5n-1}$能被31整除（$n\in\mathbf{N}^*$）；

(2) 求$S=\mathrm{C}_{27}^1+\mathrm{C}_{27}^2+\cdots+\mathrm{C}_{27}^{27}$除以9的余数．

解：(1) 由于$1+2+2^2+\cdots+2^{5n-1}=\dfrac{2^{5n}-1}{2-1}=2^{5n}-1=32^n-1=(31+1)^n-1$

$=\mathrm{C}_n^0\times31^n+\mathrm{C}_n^1\times31^{n-1}+\cdots+\mathrm{C}_n^{n-1}\times31+\mathrm{C}_n^n-1$

$=31(\mathrm{C}_n^0\times31^{n-1}+\mathrm{C}_n^1\times31^{n-2}+\cdots+\mathrm{C}_n^{n-1})$，

则原式能被31整除；

(2) $S=\mathrm{C}_{27}^1+\mathrm{C}_{27}^2+\cdots+\mathrm{C}_{27}^{27}=2^{27}-1=8^9-1=(9-1)^9-1$

$=\mathrm{C}_9^0\times9^9-\mathrm{C}_9^1\times9^8+\cdots+\mathrm{C}_9^8\times9-\mathrm{C}_9^9-1=9(\mathrm{C}_9^0\times9^8-\mathrm{C}_9^1\times9^7+\cdots+\mathrm{C}_9^8)-2$

$=9(\mathrm{C}_9^0\times9^8-\mathrm{C}_9^1\times9^7+\cdots+\mathrm{C}_9^8-1)+7$，

故S被9除的余数为7．

5. $101^{10}-1$的末尾连续零的个数是几个．

解：$101^{10}-1=(100+1)^{10}-1=\mathrm{C}_{10}^0\times100^{10}+\mathrm{C}_{10}^1\times100^9+\cdots+\mathrm{C}_{10}^9\times100+\mathrm{C}_{10}^{10}-1$

$=100^2(\mathrm{C}_{10}^0\times100^8+\mathrm{C}_{10}^1\times100^7+\cdots+\mathrm{C}_{10}^8)+1000$

则$101^{10}-1$的末尾连续零的个数是3个．

6. 若$(\sqrt5+2)^{2r+1}=m+\alpha(r,m\in\mathbf{N}^*,0<\alpha<1)$，求证：$\alpha(m+\alpha)=1$．

解：$(\sqrt5+2)^{2r+1}-(\sqrt5-2)^{2r+1}=\mathrm{C}_{2r+1}^0(\sqrt5)^{2r+1}+\mathrm{C}_{2r+1}^1(\sqrt5)^{2r}\cdot2+\mathrm{C}_{2r+1}^2(\sqrt5)^{2r-1}\cdot2^2+\cdots+$

$2^{2r+1}-[\mathrm{C}_{2r+1}^0(\sqrt5)^{2r+1}-\mathrm{C}_{2r+1}^1(\sqrt5)^{2r}\cdot2+\mathrm{C}_{2r+1}^2(\sqrt5)^{2r-1}\cdot2^2+\cdots-2^{2r+1}]$

$=2[\mathrm{C}_{2r+1}^1(\sqrt5)^{2r}\cdot2+\mathrm{C}_{2r+1}^3(\sqrt5)^{2r-2}\cdot2^3+\cdots+2^{2r+1}]$

$=2[\mathrm{C}_{2r+1}^1 5^r\cdot2+\mathrm{C}_{2r+1}^3\cdot5^{r-1}\cdot2^3+\cdots+\mathrm{C}_{2r+1}^{2r-1}5^{2r-1}+2^{2r+1}]\in\mathbf{N}^*$．

又$\sqrt5-2\in(0,1)$，从而$(\sqrt5-2)^{2r+1}\in(0,1)$．

所以$m=2(\mathrm{C}_{2r+1}^1\cdot5^r\cdot2+\mathrm{C}_{2r+1}^3\cdot5^{r-1}\cdot2^3+\cdots+\mathrm{C}_{2r+1}^{2r-1}\cdot5^r\cdot2^{2r-1}+2^{2r+1})$

$\alpha=(\sqrt5-2)^{2r+1}$．

故$\alpha(m+\alpha)=(\sqrt5-2)^{2r+1}\cdot(\sqrt5+2)^{2r+1}=(5-4)^{2r+1}=1$．

7. 设$x=(15+\sqrt{220})^{19}+(15+\sqrt{220})^{82}$，求数$x$的个位数字．

解：令$y=(15-\sqrt{220})^{19}+(15-\sqrt{220})^{82}$，则$x+y=[(15+\sqrt{220})^{19}+(15+\sqrt{220})^{82}]+$

$[(15-\sqrt{220})^{19}+(15-\sqrt{220})^{82}]$．

由二项式定理知，对任意正整数n，

$(15+\sqrt{220})^n+(15-\sqrt{220})^n=2(15^n+\mathrm{C}_n^2\cdot15^{n-2}\cdot220+\cdots)$为整数，且个位数字为零．

因此，$x+y$是个位数字为零的整数．下面对y估值．

因为$0<15-\sqrt{220}=\dfrac{5}{15+\sqrt{220}}<\dfrac{5}{25}=0.2$，且$(15-\sqrt{220})^{88}<(15-\sqrt{220})^{19}$，

所以$0<y<2(15-\sqrt{220})^{19}<2\times0.2^{19}<0.4$．故$x$的个位数字为9．

8. 已知$x^{10}-px+q$能被$(x+1)^2$整除，求p,q．

解：$x^{10}-px+q=(-1+x+1)^{10}-p(x+1)+p+q$

$$=1+C_{10}^1(-1)(x+1)+C_{10}^2(x+1)^2+\cdots+(x+1)^{10}-p(x+1)+p+q$$
$$=1+p+q-(10+p)(x+1)+C_{10}^2(x+1)^2+\cdots+(x+1)^{10}$$
$$\begin{cases}1+p+q=0,\\10+p=0\end{cases}\Rightarrow\begin{cases}p=-10,\\q=9.\end{cases}$$

9. 设 $a_n=1+q+q^2+\cdots+q^{n-1}$ $(n\in\mathbf{N}^*,q\neq\pm1)$，$A_n=a_1C_n^1+a_2C_n^2+\cdots+a_nC_n^n$.

（1）用 q,n 表示 A_n；

（2）当 $-3<q<1$ 时，求 $\lim\limits_{n\to\infty}\dfrac{A_n}{2^n}$；

（3）设 $b_1+b_2+\cdots+b_n=\dfrac{A_n}{2^n}$，证明：数列 $\{b_n\}$ 是等比数列.

解：（1）$a_n=\dfrac{q^n-1}{q-1}$，

$$A_n=\sum_{i=1}^{n}\frac{q^i-1}{q-1}C_n^i=\frac{1}{q-1}\cdot\left(\sum_{i=1}^{n}q^iC_n^i-\sum_{i=1}^{n}C_n^i\right)=\frac{(1+q)^n-2^n}{q-1};$$

（2）$\lim\limits_{n\to\infty}\dfrac{A_n}{2^n}=\lim\limits_{n\to\infty}\left\{\dfrac{1}{q-1}\cdot\left[\left(\dfrac{1+q}{2}\right)^n-1\right]\right\}=\lim\limits_{n\to\infty}\left[\dfrac{1}{q-1}\cdot(0-1)\right]=\dfrac{1}{1-q}$；

（3）$b_{n+1}=\dfrac{A_{n+1}}{2^{n+1}}-\dfrac{A_n}{2^n}=\dfrac{1}{q-1}\cdot\left[\left(\dfrac{1+q}{2}\right)^{n+1}-\left(\dfrac{1+q}{2}\right)^n\right]=\dfrac{1}{2}\cdot\left(\dfrac{1+q}{2}\right)^n$，$b_1=\dfrac{1}{2}\cdot\dfrac{1+q}{2}$.

故数列 $\{b_n\}$ 是等比数列.

10. 已知 a,b 均为正整数，且 $a>b$，$\sin\theta=\dfrac{2ab}{a^2+b^2}$ $\left(\text{其中 }0<\theta<\dfrac{\pi}{2}\right)$，$A_n=(a^2+b^2)^n\cdot\sin n\theta$，求证：对一切 $n\in\mathbf{N}^*$，A_n 均为整数.

证明： 因为 $\sin\theta=\dfrac{2ab}{a^2+b^2}$，且 $0<\theta<\dfrac{\pi}{2}$，$a>b$，所以 $\cos\theta=\sqrt{1-\sin^2\theta}=\dfrac{a^2-b^2}{a^2+b^2}$.

显然 $\sin n\theta$ 为 $(\cos\theta+i\sin\theta)^n$ 的虚部，

$$(\cos\theta+i\sin\theta)^n=\left(\frac{a^2-b^2}{a^2+b^2}+\frac{2ab}{a^2+b^2}i\right)^n=\frac{1}{(a^2+b^2)^n}(a^2-b^2+2abi)^n$$
$$=\frac{1}{(a^2+b^2)^n}(a+bi)^{2n}.$$

所以 $(a^2+b^2)^n(\cos n\theta+i\sin n\theta)=(a+bi)^{2n}$. 从而 $A_n=(a^2+b^2)^n\sin n\theta$ 为 $(a+bi)^{2n}$ 的虚部. 因为 a、b 为整数，根据二项式定理，$(a+bi)^{2n}$ 的虚部当然也为整数，所以对一切 $n\in\mathbf{N}^*$，A_n 为整数.

11. 求证：（1）$C_n^0C_m^p+C_n^1C_m^{p-1}+\cdots+C_n^pC_m^0=C_{m+n}^p$；

（2）$C_n^0+3^2C_n^2+3^4C_n^4+\cdots+3^nC_n^n=2\cdot4^{n-1}+2^{n-1}$ $(n=2K,n\in\mathbf{N}^*)$.

证明：（1）（方法一）$\because$ $(1+x)^{m+n}=(1+x)^m\cdot(1+x)^n$，

$\therefore$ $(1+x)^{m+n}=(1+C_m^1x+C_m^2x^2+\cdots+C_m^mx^m)\cdot(1+C_n^1x+C_n^2x^2+\cdots+C_n^nx^n)$.

$\therefore$ 此式左右两边展开式中 x^p 的系数必相等.

左边 x^p 的系数是 C_{m+n}^p，右边 x^p 的系数是

$C_n^0\cdot C_n^p+C_n^1\cdot C_n^{p-1}+C_n^2\cdot C_n^{p-2}+\cdots+C_n^p\cdot C_n^0$，

$\therefore \quad C_n^0 \cdot C_n^P + C_n^1 \cdot C_n^{P-1} + C_n^2 \cdot C_n^{P-2} + \cdots + C_n^P \cdot C_n^0 = C_{m+n}^P$.

等式成立.

（方法二）设想有下面一个问题：要从 $m+n$ 个不同元素中取出 P 个元素，共有多少种取法？该问题可有两种解法.一种解法是明显的，即直接由组合数公式可得出结论：有 C_{m+n}^P 种不同取法.第二种解法，可将 $m+n$ 个元素分成两组，第一组有 m 个元素，第二组有 n 个元素，则从 $m+n$ 个元素中取出 P 个元素，可看成由这两组元素中分别取出的元素组成，取法可分成 $P+1$ 类；从第一组取 P 个，第二组不取，有 $C_m^P \cdot C_n^0$ 种取法；从第一组取 $P-1$ 个，从第二组取 1 个，有 $C_m^{P-1} \cdot C_n^1$ 种取法，$\cdots$，第一组不取，从第二组取 P 个，因此取法总数是 $C_m^P \cdot C_n^0 + C_m^{P-1} \cdot C_n^1 + C_m^{P-2} \cdot C_n^2 + \cdots + C_m^0 \cdot C_n^P$.

而该问题的这两种解法答案应是一致的，故有

$$C_n^0 \cdot C_n^P + C_n^1 \cdot C_n^{P-1} + C_n^2 \cdot C_n^{P-2} + \cdots + C_n^P \cdot C_m^0 = C_{m+n}^P;$$

（2）$\because \quad n$ 为偶数，$\therefore \quad (1+3)^n = C_n^0 + 3C_n^1 + 3^2C_n^2 + \cdots + 3^nC_n^n;$

$$(1-3)^n = C_n^0 + 3C_n^1 + 3^2C_n^2 - \cdots + 3^nC_n^n,$$

两式相加得 $4^n + 2^n = 2(C_n^0 + 3^2C_n^2 + 3^4C_n^4 + \cdots + 3^nC_n^n)$,

$\therefore \quad C_n^0 + 3^2C_n^2 + 3^4C_n^4 + \cdots + 3^nC_n^n = 2 \cdot 4^{n-1} + 2^{n-1}$.

说明：构造函数赋值法，构造问题双解法，拆项法、倒序相加法都是证明一些组合数恒等式（或求和）的常用方法.

12. 已知函数 $f(x) = \dfrac{1}{2}\left(x + \dfrac{1}{x}\right)$, $g(x) = \dfrac{1}{2}\left(x - \dfrac{1}{x}\right)$.

（1）求函数 $h(x) = f(x) + 2g(x)$ 的零点；

（2）若直线 $l: ax + by + c = 0$（a, b, c 是常数）与 $f(x)$ 的图像交于不同的两点 A、B，与 $g(x)$ 的图像交于不同的两点 C、D，求证：$|AC| = |BD|$；

（3）求函数 $F(x) = [f(x)]^{2n} - [g(x)]^{2n}$（$n \in \mathbf{N}^*$）的最小值.

解：（1）由题 $h(x) = \dfrac{3x}{2} - \dfrac{1}{2x} = 0 \Rightarrow x = \pm\dfrac{\sqrt{3}}{3}$，函数 $h(x)$ 的零点为 $x = \pm\dfrac{\sqrt{3}}{3}$；

（2）设 $A(x_1, y_1)$, $B(x_2, y_2)$, $C(x_3, y_3)$, $D(x_4, y_4)$

$$\begin{cases} ax + by + c = 0, \\ y = \dfrac{1}{2}\left(x + \dfrac{1}{x}\right) \end{cases} \Rightarrow (2a+b)x^2 + 2cx + b = 0, 则 \ x_1 + x_2 = -\dfrac{2c}{2a+b} \cdots$$

同理由 $\begin{cases} ax + by + c = 0, \\ y = \dfrac{1}{2}\left(x - \dfrac{1}{x}\right) \end{cases} \Rightarrow (2a+b)x^2 + 2cx - b = 0, 则 \ x_3 + x_4 = -\dfrac{2c}{2a+b}$

则 AB 中点与 CD 中点重合，即 $|AC| = |BD|$；

（3）由题 $F(x) = \dfrac{1}{2^{2n}}\left[\left(x + \dfrac{1}{x}\right)^{2n} - \left(x - \dfrac{1}{x}\right)^{2n}\right]$

$$= \dfrac{1}{2^{2n}}(2C_{2n}^1 x^{2n-2} + 2C_{2n}^3 x^{2n-6} + \cdots + 2C_{2n}^{2n-3} x^{6-2n} + 2C_{2n}^{2n-1} x^{2-2n})$$

$$= \dfrac{1}{2^{2n}}\left[C_{2n}^1(x^{2n-2} + x^{2-2n}) + C_{2n}^3(x^{2n-6} + x^{6-2n}) + \cdots + C_{2n}^{2n-3}(x^{6-2n} + x^{2n-6}) + C_{2n}^{2n-1}(x^{2-2n} + x^{2n-2})\right]$$

$$\geqslant \frac{1}{2^{2n}}(2C_{2n}^1+2C_{2n}^3+\cdots+2C_{2n}^{2n-3}+2C_{2n}^{2n-1})$$

$\geqslant 1$,当且仅当 $x=\pm 1$ 时,等号成立

所以函数 $F(x)$ 的最小值为 $1\cdots$.

13. 在等差数列 $\{a_n\}$ 和等比数列 $\{b_n\}$ 中,$a_1=b_1=2$,$a_2=b_2=2+b$,S_n 是 $\{b_n\}$ 前 n 项和.

(1) 若 $\lim\limits_{n\to\infty}S_n=3-b$,求实数 b 的值;

(2) 是否存在正整数 b,使得数列 $\{b_n\}$ 的所有项都在数列 $\{a_n\}$ 中? 若存在,求出所有的 b,若不存在,说明理由;

(3) 是否存在正实数 b,使得数列 $\{b_n\}$ 中至少有三项在数列 $\{a_n\}$ 中,但 $\{b_n\}$ 中的项不都在数列 $\{a_n\}$ 中? 若存在,求出一个可能的 b 的值,若不存在,请说明理由.

解:(1) 对等比数列 $\{b_n\}$ 公比 $q=\dfrac{2+b}{2}=1+\dfrac{b}{2}$.

因为 $0<|q|<1$,所以 $-4<b<0$.

解方程 $\dfrac{2}{1-\left(1+\dfrac{b}{2}\right)}=3-b$,

得 $b=4$ 或 -1.

因为 $-4<b<0$,所以 $b=-1$;

(2) 当 b 取偶数($b=2k,k\in\mathbf{N}^*$)时,$\{b_n\}$ 中所有项都是 $\{a_n\}$ 中的项.

证:$b_n=2\left(\dfrac{2+b}{2}\right)^{n-1}=2(k+1)^{n-1}=2(C_{n-1}^0k^{n-1}+C_{n-1}^1k^{n-2}+\cdots+C_{n-1}^{n-2}k^1+C_{n-1}^{n-1})$

$=2+2k\left[(C_{n-1}^0k^{n-2}+C_{n-1}^1k^{n-3}+\cdots+C_{n-1}^{n-2}+1)-1\right]$

说明 $\{b_n\}$ 的第 n 项是 $\{a_n\}$ 中的第 $C_{n-1}^0k^{n-2}+C_{n-1}^1k^{n-3}+\cdots+C_{n-1}^{n-2}+1$ 项.

当 b 取奇数($b=2k+1,k\in\mathbf{N}^*$)时,因为 b_n 不是整数,所以数列 $\{b_n\}$ 的所有项都不在数列 $\{a_n\}$ 中.

综上,所有的符合题意的 $b=2k(k\in\mathbf{N}^*)$;

(3) 由题意,因为 b_1,b_2 在 $\{a_n\}$ 中,所以 $\{b_n\}$ 中少存在一项 $b_m(m\geqslant 3)$ 在 $\{a_n\}$ 中,另一项 $b_t(t\neq m)$ 不在 $\{a_n\}$ 中.

由 $b_m=a_k$ 得 $2\left(1+\dfrac{b}{2}\right)^{m-1}=2+(k-1)b$,

取 $m=3$ 得 $b=2(k-3)$,即使 b_3 在 $\{a_n\}$ 中,b 必取偶数,由(2)当 b 取偶数时 $\{b_n\}$ 所有项都在 $\{a_n\}$ 中,所以 $m\neq 3$.

取 $m=4$ 得 $2\left(1+\dfrac{b}{2}\right)^3=2+(k-1)b$,

取 $k=5$,得 $b=\sqrt{13}-3$(舍负值).此时 $b_4=a_3$.

当 $b=\sqrt{13}-3$ 时,对任意 n,$a_n\neq b_3$.

综上,取 $b=\sqrt{13}-3$.(此问答案不唯一)

第十七章 概率论初步与基本统计方法

Initial Probability and Basic Statistical Methods

§17.1 随机事件和古典概型

1. 在 60 件产品中，有 30 件是一等品，20 件是二等品，10 件是三等品，从中任取 3 件，试计算：

（1）3 件都是一等品的概率；

（2）2 件是一等品、1 件是二等品的概率；

（3）一等品、二等品、三等品各有 1 件的概率.

解：（1）$\dfrac{C_{30}^3}{C_{60}^3}=\dfrac{7}{59}$；（2）$\dfrac{C_{30}^2 \cdot C_{20}^1}{C_{60}^3}=\dfrac{15}{59}$；（3）$\dfrac{C_{30}^1 \cdot C_{20}^1 \cdot C_{10}^1}{C_{60}^3}=\dfrac{300}{1711}$.

2. 盒中有规格相同的红、白、黑手套各 3 只，从中任意摸出 2 只恰好配成同色的概率为多少？

解：先选一个颜色出来，然后从同色中的 3 只中任选 2 只出来，则 $\dfrac{C_3^1 C_3^2}{C_9^2}=\dfrac{1}{4}$.

3. 某班 36 人的血型情况为：A 型血 12 人，B 型血 10 人，AB 型血 8 人，O 型血 6 人，若从班里随机叫出两人，两人血型相同的概率是多少？

解：$\dfrac{C_{12}^2+C_{10}^2+C_8^2+C_6^2}{C_{36}^2}=\dfrac{11}{45}$.

4. 一枚硬币连掷四次，试求：

（1）恰好出现两次是正面的概率；

（2）最后两次出现正面的概率.

解：（1）$P(A)=\dfrac{C_4^2}{2^4}=\dfrac{3}{8}$；（2）$P(B)=\dfrac{2^2}{2^4}=\dfrac{1}{4}$.

5. 从一副去掉王牌的牌（52 张）中，任取 4 张，求下列情况的概率：

（1）取出 4 张全是 A；

（2）取出 4 张的数字相同；

（3）取出 4 张全是黑桃；

（4）取出 4 张的花色相同.

解：取出 4 张有 C_{52}^4 个结果.

(1) 4 张全是"A"记为随机事件 A,只有一个结果,4 张为 4 个花色的 A,

故 $P(A) = \dfrac{1}{C_{52}^4} = \dfrac{1}{270725}$;

(2) 取出 4 张的数字相同记为随机事件 B,52 张牌中共有 13 种数字,每种数字有 4 个花色.

所以随机事件 B 包括 C_{13}^1 个基本事件,故所求随机事件概率为 $P(B) = \dfrac{C_{13}^1}{C_{52}^4} = \dfrac{1}{20825}$;

(3) 取出 4 张全是黑桃记为随机事件 C,13 张黑桃中取出 4 张,所以有 $P(C) = \dfrac{C_{13}^4}{C_{52}^4}$ $= \dfrac{11}{4165}$;

(4) 取出 4 张相同花色记为随机事件 D,4 种花色选一种 C_4^1,在选出的花色中 13 张牌再选出 4 张相同花色 C_{13}^4,故随机事件 D 共有 $C_4^1 C_{13}^4$ 个基本事件,故 $P(D) = \dfrac{C_4^1 C_{13}^4}{C_{52}^4}$.

6. 把 4 个相同的球放进 3 个不同的盒子,每个球进盒子都是等可能的.求:
(1) 没有一个空盒子的概率;
(2) 恰有一个空盒子的概率.

解:4 个相同球放进 3 个不同的盒子,先加进 3 个球,变成 7 个相同球,放进 3 个不同盒子,保证每个盒子至少一个球,用隔板法解决,有 C_6^2 个结果,再将多加进的球取出.

(1) "没有一个空盒子"记为随机事件 A,4 个相同球放进 3 个不同的盒子,每个盒子至少一个球,用隔板法解决,有 C_3^2 个结果,故 $P(A) = \dfrac{C_3^2}{C_6^2} = \dfrac{1}{5}$;

(2) "恰好有一个空盒子"记为随机事件 B,先选一个盒子 C_3^1,4 个相同球放进 2 个不同盒子,每个盒子至少一个球,所以随机事件 B 包含 C_3^1 个结果,故 $P(B) = \dfrac{C_3^1 C_3^1}{C_6^2} = \dfrac{3}{5}$.

7. 抛掷两颗骰子,计算:(1) 事件"两颗骰子点数相同"的概率;(2) 事件"点数之和小于 7"的概率.

解:(1) $P = \dfrac{6}{36} = \dfrac{1}{6}$;(2) 事件"点数之和小于 7"为 $(1,1),(1,2),(1,3),(1,4),(1,5),$ $(2,1),(2,2),(2,3),(2,4),(3,1),(3,2),(3,3),(4,1),(4,2),(5,1)$,则概率为 $P = \dfrac{15}{36}$.

8. A、B、C、D、E 五人分四本不同的书,每人至多分一本.求:
(1) A 不分甲书,B 不分乙书的概率;(2) 甲书不分给 A、B,乙书不分给 C 的概率.

解:(1) $\dfrac{A_4^4 + A_3^1 A_3^3}{A_5^5} = \dfrac{13}{20}\left(\text{或 } 1 - \dfrac{A_4^4}{A_5^5} - \dfrac{A_4^4}{A_5^5} + \dfrac{A_3^3}{A_5^5}\right)$;(2) $\dfrac{A_4^4 + A_2^1 A_3^1 A_3^3}{A_5^5} = \dfrac{1}{2}$.

9. 一批产品共有 82 只,其中 6 只特级品,现任意取出 2 只,求:
(1) 全是特级品的概率;(2) 只有 1 只是特级品的概率;(3) 都不是特级品的概率.

解:(1) $P(A) = \dfrac{C_6^2}{C_{82}^2} = \dfrac{5}{1107}$; (2) $P(B) = \dfrac{C_6^1 C_{76}^1}{C_{82}^2} = \dfrac{152}{1107}$; (3) $P(C) = \dfrac{C_{76}^2}{C_{82}^2}$.

10. 有九张卡片分别写着数字 1、2、3、4、5、6、7、8、9，甲、乙两人依次从中各抽取一张卡片（不放回）．

（1）求甲抽到写有奇数数字卡片，且乙抽到写有偶数数字的概率；

（2）求甲、乙两人至少抽到一张奇数数字卡片的概率．

解：（1）$P(A) = \dfrac{C_5^1 C_4^1}{P_9^2} = \dfrac{20}{72} = \dfrac{5}{18}$；（2）$P(A) = 1 - P(\bar{A}) = 1 - \dfrac{P_4^2 \cdot 7!}{9!} = \dfrac{5}{6}$．

11. 设有 n 个人，每个人都等可能地被分配到 N 个房间中的任意一间去住（$n \leqslant N$），求下列事件的概率：

（1）指定的 n 个房间各有一个人住；

（2）恰好有 n 个房间，每间各住一个人．

解： 由于每个人有 N 个房间可供选择，所以 n 个人住的方式共有 N^n 种，它们是等可能的，

则（1）指定 n 个房间各有一个人住记作事件 A：可能的总数为 $n!$，则 $P(A) = \dfrac{n!}{N^n}$；

（2）恰好有 n 个房间其中各住一人记作事件 B，则这 n 个房间从 N 个房间中任选共有 C_N^n 个，由（1）可知：$P(B) = \dfrac{C_N^n \cdot n!}{N^n} = \dfrac{N!}{N^n (N-n)!}$．

12. 有 5 个 1 克砝码，3 个 3 克砝码和 2 个 5 克砝码，任意取出 3 个砝码，求：

（1）其中至少有 2 个砝码同样重量的概率；

（2）3 个砝码总重量为 7 克的概率．

解：（1）$\dfrac{C_{10}^3 - C_5^1 C_3^1 C_2^1}{C_{10}^3} = \dfrac{3}{4}$；（2）$\dfrac{C_3^2 C_5^1 + C_5^2 C_2^1}{C_{10}^3} = \dfrac{7}{24}$．

13. 由数据 1，2，3 组成可重复数字的三位数，试求三位数中至多出现两个不同数字的概率．

解： $\dfrac{2 \times 3 \times 3}{27} + \dfrac{3}{27} = \dfrac{7}{9}$．

14. 从一箱产品中随机地抽取一件产品，设事件 $A =$ "抽到的是一等品"，事件 $B =$ "抽到的是二等品"，事件 $C =$ "抽到的是三等品"，且已知 $P(A) = 0.7$，$P(B) = 0.1$，$P(C) = 0.05$，求下列事件的概率：

（1）事件 $D =$ "抽到的是一等品或二等品"；

（2）事件 $E =$ "抽到的是二等品或三等品"．

解：（1）$P(D) = P(A+B) = P(A) + P(B) = 0.7 + 0.1 = 0.8$；

（2）$P(E) = P(B+C) = P(B) + P(C) = 0.1 + 0.05 = 0.15$．

15. 从 1 到 9 九个数字中不重复地取出 3 个组成 3 位数，求：

（1）这个 3 位数是偶数的概率；

（2）这个 3 位数是 5 的倍数的概率；

（3）这个 3 位数是 4 的倍数的概率；

（4）这个 3 位数是 3 的倍数的概率．

解：9 个数字中取出 3 个组成 3 位数，有 P_9^3 个结果．

（1）"3 位数是偶数"记为随机事件 A，有 $P_4^1 P_8^2$ 个结果，$P(A) = \dfrac{P_4^1 P_8^2}{P_9^3}$；

（2）"3 位数是 5 的倍数"记为随机事件 B，末尾须是 5，故随机事件 B 包含 P_8^2 个结果，

所以 $P(B) = \dfrac{P_8^2}{P_9^3} = \dfrac{1}{9}$；

（3）"3 位数是 4 的倍数"记为随机事件 C，3 位数是 4 的倍数须后两位能被 4 整除，

后两位可以是 12、16、24、28、32、36、48、52、56、64、68、72、76、84、94、98，只要定下百位即

可，所以随机事件 C 包含 $16 P_7^1$ 个结果，故 $P(C) = \dfrac{16 P_7^1}{P_9^3}$；

（4）"3 位数是 3 的倍数"记为随机事件 D，3 位数是 3 的倍数须各个位置上的数字之和

能被 3 整除，9 个数字，其中 3、6、9 能被 3 整除，1、4、7 被 3 除余 1，2、5、8 被 3 除余 2，

所以 3 位数被 3 整除包括 4 种情况：三个数字均被 3 整除；三个数字都被 3 除余 1；

三个数字都被 3 除余 2；三个数字一个被 3 整除、一个被 3 除余 1、一个被 3 除余 2，故

$P(D) = \dfrac{P_3^3 (C_3^3 + C_3^3 + C_3^3 + C_3^1 C_3^1 C_3^1)}{P_9^3} = \dfrac{5}{14}$．

16. 某条公共汽车线路沿线共有 11 个车站（包括起点站和终点站），在起点站开出的一辆
公共汽车上有 6 位乘客，假设每位乘客在起点站之外的各个车站下车是等可能的．求：

（1）这 6 位乘客在互不相同的车站下车的概率；

（2）这 6 位乘客中恰有 3 人在终点站下车的概率．

解：（1）$P = \dfrac{P_{10}^6}{10^6} = \dfrac{1512}{10^4}$；（2）$P = \dfrac{C_6^3 \cdot 9^3}{10^6} = \dfrac{1458}{10^5}$．

17. 某高校数学系计划在周六和周日各举行一次主题不同的心理测试活动，分别由李老
师和张老师负责，已知该系共有 n 位学生，每次活动均需该系 k 位学生参加（n 和 k 都是固定
的正整数）．假设李老师和张老师分别将各自活动通知的信息独立、随机地发给该系 k 位学生，
且所发信息都能收到．记该系收到李老师或张老师所发活动通知信息的学生人数为 X：

（1）求该系学生甲收到李老师或张老师所发活动通知信息的概率；

（2）求使 $P(X = m)$ 取得最大值的整数 m．

解：（1）设事件 A 表示：学生甲收到李老师的通知信息，则 $P(A) = \dfrac{k}{n}$，$P(\bar{A}) = 1 - \dfrac{k}{n}$．

设事件 B 表示：学生甲收到张老师的通知信息，则 $P(B) = P(A)$，$P(\bar{B}) = P(\bar{A})$．

设事件 C 表示：学生甲收到李老师或张老师的通知信息．

则 $P(C) = 1 - P(\bar{A}) \cdot P(\bar{B}) = 1 - \left(1 - \dfrac{k}{n}\right)^2 = \dfrac{2k}{n} - \left(\dfrac{k}{n}\right)^2$．

所以，学生甲收到李老师或张老师的通知信息为 $\dfrac{2k}{n} - \left(\dfrac{k}{n}\right)^2$；

（2）当 $k = n$ 时，m 只能取 n，有 $P(X = m) = P(X = n) = 1$．

当 $k < n$ 时，整数 m 满足 $k \leqslant m \leqslant t$，其中 t 是 $2k$ 和 n 中的较小者．由于"李老师和张老师
各自独立、随机地发活动通知信息给 k 位同学"所包含的基本事件总数为 $(C_n^k)^2$．当 $X = m$ 时，

同时收到李老是和张老师转发信息的学生人数恰为 $2k-m$.仅收到李老师转发信息的学生人数均为 $m-k$,仅收到张老师转发信息的学生人数也为 $m-k$.

李老师转发信息有 $\mathrm{C}_n^k\mathrm{C}_k^{2k-m}$,张老师转发信息与、已有 $2k-m$ 人确定,从剩下选 $m-k$ 人,C_{n-k}^{m-k}

由乘法计数原理知:事件 $|X=m|$ 所含基本事件数为 $\mathrm{C}_n^k\mathrm{C}_k^{2k-m}\mathrm{C}_{n-k}^{m-k}=\mathrm{C}_n^k\mathrm{C}_k^{m-k}\mathrm{C}_{n-k}^{m-k}$.

此时 $P(X=m)=\dfrac{\mathrm{C}_n^k\mathrm{C}_k^{2k-m}\mathrm{C}_{n-k}^{m-k}}{\mathrm{C}_n^{k\ 2}}=\dfrac{\mathrm{C}_k^{m-k}\mathrm{C}_{n-k}^{m-k}}{\mathrm{C}_n^k}$.

当 $k\leqslant m<t$ 时,$P(X=m)\leqslant P(X=m+1)\Leftrightarrow \mathrm{C}_k^{m-k}\mathrm{C}_{n-k}^{m-k}\leqslant \mathrm{C}_k^{m+1-k}\mathrm{C}_{n-k}^{m+1-k}\Leftrightarrow (m-k+1)^2\leqslant (n-m)(2k-m)\Leftrightarrow m\leqslant 2k-\dfrac{(k+1)^2}{n+2}$.假如 $k\leqslant 2k-\dfrac{(k+1)^2}{n+2}<t$ 成立.

则当 $(k+1)^2$ 能被 $n+2$ 整除时.$k\leqslant 2k-\dfrac{(k+1)^2}{n+2}<2k+1-\dfrac{(k+1)^2}{n+2}\leqslant t$.

故 $P(X=m)$ 在 $m=2k-\dfrac{(k+1)^2}{n+2}$ 和 $m=2k+1-\dfrac{(k+1)^2}{n+2}$ 处达最大值;

当 $(k+1)^2$ 不能被 $n+2$ 整除时.

$P(X=m)$ 在 $m=2k-\left[\dfrac{k+1^2}{n+2}\right]$ 处达最大值.

(注:$[x]$ 表示不超过 x 的最大整数).

下面证明 $k\leqslant 2k-\dfrac{(k+1)^2}{n+2}<t$.

因为 $1\leqslant k<n$,所以 $2k-\dfrac{(k+1)^2}{n+2}-k=\dfrac{kn-k^2-1}{n+2}\geqslant \dfrac{k(k+1)-k^2-1}{n+2}=\dfrac{k-1}{n+2}\geqslant 0$.

而 $2k-\dfrac{(k+1)^2}{n+2}-n=-\dfrac{n-(k+1)^2}{n+2}<0$.

故 $2k-\dfrac{(k+1)^2}{n+2}<n$.显然 $2k-\dfrac{(k+1)^2}{n+2}<2t$.

因此 $k\leqslant 2k-\dfrac{(k+1)^2}{n+2}<t$.

§17.2　频率与概率

1. 一个容量为 20 的样本数据,分组后,组距与频数如下:$(10,20]$,2;$(20,30]$,3;$(30,40]$,4;$(40,50]$,5;$(50,60]$,4;$(60,70]$,2.则样本在区间 $(-\infty,50]$ 上的频率为_____.

解:0.7.

2. 一个容量为 40 的样本数据分组后组数与频数如下:$(25,25.3]$,6;$(25.3,25.6]$,4;$(25.6,25.9]$,10;$(25.9,26.2]$,8;$(26.2,26.5]$,8;$(26.5,26.8]$,4;则样本在 $(25,25.9]$ 上的频率为_____.

解:0.5.

3. 为了了解中学生的体能情况,抽取了某校一个年级的部分学生进行一分钟跳绳次数测试,将所得数据整理后,画出频率分布直方图(如图 17 - 3),已知图中从左到右前三个小组的频率分别为0.1,0.3,0.4,第一小组的频数为5.

则第四小组的频率_____;

参加这次测试的学生有_____人.

解: 0.2;25.

4. 下列说法正确的是 ( ).

(A) 任何事件的概率总是在(0,1)之间

(B) 概率是随机的,在试验前不能确定

(C) 频率是客观存在的,与试验次数无关

(D) 随着试验次数的增加,频率一定会越来越接近概率

解: 正确选项为 D.

5. 连续抛掷 10 次硬币,出现 5 次"正面朝上"的概率是 ( ).

(A) 变化的量,不同的人得到的概率也不同

(B) 模拟的次数不同,其概率也不同

(C) $\dfrac{1}{2}$

(D) 是个确定的值,但不是$\dfrac{1}{2}$

解: 正确选项为 D.

6. 某射击手在同一条件下进行射击,结果如下:

射击次数(n)	10	20	50	100	200	500
击中靶心次数(m)	9	19	45	91	179	456
击中靶心的频率($\dfrac{m}{n}$)						

(1) 计算表中击中靶心的各个频率;

(2) 这个射击手射击一次,击中靶心的概率约是多少?

解: (1) 0.9,0.95,0.9,0.91,0.90,0.91; (2) 0.91.

7. 从正方体的八个顶点中随机选取三点,构成直角三角形的概率是_____.

解: 从矩形中选三角形,正方体中一共有 12 个矩形.$\dfrac{12\mathrm{C}_4^3}{\mathrm{C}_8^3}=\dfrac{6}{7}$.

8. 设 b 和 c 分别是先后抛掷一枚骰子得到的点数,用随机变量 ξ 表示方程 $x^2+bx+c=0$ 实根的个数(重根按一个计).

(1) 求方程 $x^2+bx+c=0$ 有实根的概率;

(2) 求在先后两次出现的点数中有 5 的条件下,方程 $x^2+bx+c=0$ 有实根的概率.

解: (1) 基本事件总数为 $6\times 6=36$,

若使方程有实根,则 $\Delta=b^2-4c\geq 0$,即 $b\geq 2\sqrt{c}$.

当 $c=1$ 时，$b=2,3,4,5,6$；

当 $c=2$ 时，$b=3,4,5,6$；

当 $c=3$ 时，$b=4,5,6$；

当 $c=4$ 时，$b=4,5,6$；

当 $c=5$ 时，$b=5,6$；

当 $c=6$ 时，$b=5,6$，

目标事件个数为 $5+4+3+3+2+2=19$，

因此方程 $x^2+bx+c=0$ 有实根的概率为 $\dfrac{19}{36}$；

（2）记"先后两次出现的点数中有 5"为事件 M，"方程 $ax^2+bx+c=0$ 有实根"为事件 N，

则 $P(M)=\dfrac{11}{36}$，$P(MN)=\dfrac{7}{36}$，$P(N\,|\,M)=\dfrac{P(MN)}{P(M)}=\dfrac{7}{11}$.

§17.3 几何概型

1. 如图 $17-11$，是由一个圆、一个三角形和一个长方形构成的组合体，现用红、蓝两种颜色为其涂色，每个图形只能涂一种颜色，则三个形状颜色全相同的概率为（ ）.

图 $17-11$

(A) $\dfrac{3}{4}$ (B) $\dfrac{3}{8}$

(C) $\dfrac{1}{4}$ (D) $\dfrac{1}{8}$

解：正确选项为 C.

2. 如图 $17-12$ 所示：向边长为 2 的正方形内随机地投飞镖，假设飞镖都能投入正方形内，且投到每个点的可能性相等，则飞镖落在阴影部分的概率是（ ）.

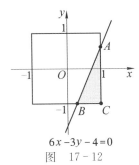

$6x-3y-4=0$
图 $17-12$

(A) $\dfrac{11}{144}$ (B) $\dfrac{25}{144}$

(C) $\dfrac{37}{144}$ (D) $\dfrac{41}{144}$

解：正确选项为 B.

3. 在 1 升高产小麦种子中混入了一种带麦锈病的种子，从中随机取出 10 毫升，求取出的种子中含有麦锈病的种子的概率.

解：0.01.

4. 平面上画了一些彼此相距 $2d$ 的平行线，把一枚半径 $r<d$ 的硬币任意掷在这平面上，求硬币不与任一条平行线相碰的概率.

解：由于硬币的半径为 r，则当硬币的中心到直线的距离 $r<d$ 时，硬币与直线不相

碰. $P=\dfrac{2(d-r)}{2d}=\dfrac{d-r}{d}$.

5. 如图 17-13 所示,在 $\triangle ABC$ 中,$\angle B=60°$,$\angle C=45°$,高 $AD=\sqrt{3}$. 在 $\angle BAC$ 内作射线 AM 交 BC 于 M 点,求 $BM<1$ 的概率.

解: 由几何概率模型可知,$\angle BAM=30°$,$P(A)=\dfrac{30°}{75°}=\dfrac{2}{5}$.

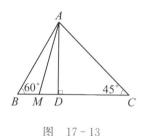

图 17-13

图 17-14

6. 某人午觉醒来,发现表停了(见图 17-14),他打开收音机,想听电台报时,求他等待的时间不多于 10 分钟的概率.

解: 由几何概率模型可知,$P(A)=\dfrac{60-50}{60}=\dfrac{1}{6}$.

7. 在坐标系中 D 是 $|x|\leqslant 2$ 且 $|y|\leqslant 2$ 的点构成的区域,E 是由到原点的距离不大于 1 的点构成的区域.向 D 中随机投一点,求落入 E 中的概率.

解: 由几何概率模型可知,落入 E 中的概率为 $\dfrac{\pi}{16}$.

8. 若连续掷两颗骰子分别得到的点数 m,n 作为点 P 的坐标,求点 P 落在圆 $x^2+y^2=16$ 内的概率.

解: 基本事件的总数为 $6\times6=36$ 个,记事件 $A=\{$点 $P(m,n)$ 落在圆 $x^2+y^2=16$ 内$\}$,则 A 所包含的基本事件为 $(1,1),(2,2),(1,3),(1,2),(2,3),(3,1),(3,2),(2,1)$,共 8 个.则概率为 $\dfrac{2}{9}$.

9. 有五条线段长度为 $1,3,5,7,9$ 从中任取 3 条.求不能构成三角形的概率.

解: 能构成三角形的组数为 $(3,5,7),(3,7,9),(5,7,9)$,$P=1-\dfrac{3}{C_5^3}=\dfrac{7}{10}$.

10. 在面积为 S 的 $\triangle ABC$ 的边 AB 上任取一点 P,求 $\triangle PBC$ 的面积大于 $\dfrac{S}{3}$ 的概率.

解: 由几何概率模型可知,概率为 $\dfrac{2}{3}$.

11. 一个骰子掷两次,记第一次出现的点数为 a,第二次出现的点数为 b.试就方程组 $\begin{cases}ax+by=3,\\x+2y=2,\end{cases}$ 解答下列各题:

(1) 求方程组只有一个解的概率;

(2) 求方程组只有正数解的概率.

解：事件(a,b)的基本事件有 36 个.

由方程组$\begin{cases} ax+by=3, \\ x+2y=2, \end{cases}$可得$\begin{cases} (2a-b)x=6-2b, \\ (2a-b)y=2a-3. \end{cases}$

（1）方程组只有一个解,需满足 $2a\neq b$,

而 $2a=b$ 的事件有$(1,2),(2,4),(3,6)$共 3 个.

所以方程组只有一个解的概率为

$$P_1=1-\frac{3}{36}=\frac{11}{12};$$

（2）方程组只有正数解,需 $2a\neq b$ 且

$$\begin{cases} x=\dfrac{6-2b}{2a-b}>0, \\ y=\dfrac{2a-3}{2a-b}>0, \end{cases} 即 \begin{cases} 2a>b, \\ a>\dfrac{3}{2}, \\ b<3, \end{cases} 或 \begin{cases} 2a<b, \\ a<\dfrac{3}{2}, \\ b>3. \end{cases}$$

其包含的事件有 13 个:$(2,1),(3,1),(4,1),(5,1),(6,1),(2,2),(3,2),(4,2),(5,2),$
$(6,2),(1,4),(1,5),(1,6).$

因此所求的概率为$\dfrac{13}{36}.$

§17.4　概率的加法公式和乘法公式

1. 抛掷一颗骰子,观察掷出的点数.设事件 A 为"出现偶数点",B 为"出现 3 点",求:

（1）$P(A),P(B)$;（2）求"出现偶数点或 3 点"的概率.

解：（1）$P(A)=\dfrac{3}{6}=\dfrac{1}{2}.P(B)=\dfrac{1}{6}$;（2）$\dfrac{2}{3}.$

2. 甲、乙两人各进行一次射击,如果两人击中目标的概率是 0.8.计算：

（1）两人都击中目标的概率;

（2）其中恰有 1 人击中目标的概率;

（3）至少有 1 人击中目标的概率.

解：（1）$P(A\cdot B)=P(A)\cdot P(B)=0.8\times0.8=0.64$;

（2）$P=P(A\cdot\overline{B})+P(\overline{A}\cdot B)=P(A)\cdot P(\overline{B})+P\overline{A})\cdot P(B)=0.8\times(1-0.8)+$
$(1-0.8)\times0.8=0.16+0.16=0.32$;

（3）$P=P(A\cdot B)+[P(A\cdot\overline{B})+P(\overline{A}\cdot B)]=0.64+0.32=0.96.$

3. 甲、乙等五名奥运志愿者被随机地分到 A,B,C,D 四个不同的岗位服务,每个岗位至少有一名志愿者.求:

（1）甲、乙两人同时参加 A 岗位服务的概率;

（2）甲、乙两人不在同一个岗位服务的概率.

解：（1）$\dfrac{\mathrm{P}_3^3}{\mathrm{C}_5^2\mathrm{P}_4^1}=\dfrac{1}{40}$;　（2）$1-\dfrac{\mathrm{C}_4^1}{\mathrm{C}_5^2\mathrm{P}_4^1}=1-\dfrac{4}{40}=\dfrac{9}{10}.$

4. 从 $1,2,3,\cdots,30$ 中任意选一个数,求下列事件的概率:

(1) 是偶数;

(2) 能被 3 整除;

(3) 是偶数且能被 3 整除;

(4) 是偶数或能被 3 整除.

解:(1) $P=\dfrac{15}{30}=\dfrac{1}{2}$; (2) $P=\dfrac{10}{30}=\dfrac{1}{3}$; (3) $P=\dfrac{5}{30}=\dfrac{1}{6}$; (4) $P=\dfrac{15+10-5}{30}=\dfrac{2}{3}$.

5. 某游戏中,一个珠子从如图 $17-15$ 所示的通道由上至下滑下,从最大面的六个出口出来,规定猜中出口者为胜.如果你在该游戏中,猜得珠子从出口 3 出来,求你取胜的概率.

解:$\dfrac{C_5^2}{C_5^0+C_5^1+C_5^2+C_5^3+C_5^4+C_5^5}=\dfrac{5}{16}$.

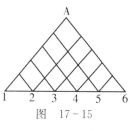

图 $17-15$

6. 一电路由电池 A 与两个并联的电池 B 和 C 串联而成,见图 $17-16$.设 A、B、C 损坏的概率分别为 $0.3,0.2,0.2$,求电路发生间断的概率.

解:通路的概率 $P=P_A[1-(1-P_B)(1-P_C)]=0.672$,电路发生间断的概率为 0.328.

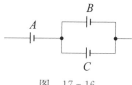

图 $17-16$

7. 两个人射击,甲射击一次中靶概率是 $\dfrac{1}{2}$,乙射击一次中靶概率是 $\dfrac{1}{3}$,求:

(1) 两人各射击 1 次,中靶至少 1 次就算完成目标,则完成目标概率是多少?

(2) 两人各射击 2 次,中靶至少 3 次就算完成目标,则完成目标的概率是多少?

(3) 两人各射击 5 次,是否有 99% 的把握断定他们至少中靶 1 次?

解:(1) $1-\left(1-\dfrac{1}{2}\right)\left(1-\dfrac{1}{3}\right)=\dfrac{2}{3}$;

(2) 中靶 3 次的概率 $P_3=C_2^1\left(\dfrac{1}{2}\right)\left(1-\dfrac{1}{2}\right)\left(\dfrac{1}{3}\right)^2+C_2^1\left(\dfrac{1}{3}\right)\left(1-\dfrac{1}{3}\right)\left(\dfrac{1}{2}\right)^2=\dfrac{6}{36}$,

中靶 4 次的概率 $P_4=\left(\dfrac{1}{2}\right)^2\left(\dfrac{1}{3}\right)^2=\dfrac{1}{36}$,则中靶至少 3 次的概率为 $\dfrac{7}{36}$;

(3) $1-C_5^0\left(\dfrac{1}{2}\right)^5 C_5^0\left(\dfrac{2}{3}\right)^5=1-\dfrac{1}{243}=\dfrac{242}{243}>0.99$,能断定.

8. 如图 $17-17$,已知电路中 4 个开关闭合的概率都是 $\dfrac{1}{2}$,且是相互独立的,求电路正常工作的概率.

解:上面一条线路通的概率为 $P_1=\dfrac{1}{4}$,

下面一条线路通的概率为 $P_2=1-\left(1-\dfrac{1}{2}\right)\cdot$

$\left(1-\dfrac{1}{2}\right)=\dfrac{3}{4}$,

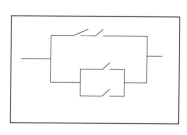

图 $17-17$

电路正常工作的概率为 $1-(1-P_1)(1-P_2)=\dfrac{13}{16}$.

9. 一个口袋中有 3 个黑球,2 个白球,1 个红球,规定从中摸出 1 个黑球记 1 分,摸出 1 个白球记 2 分,摸出 1 个红球记 3 分.

(1) 求从中摸出 2 个球,记 4 分的概率;

(2) 求从中摸出 3 个球,记 6 分的概率;

(3) 若每次摸出 1 个球,记分后再放回,求摸 3 次记 6 分的概率.

解:(1) 4 分的情况可能是 1+3 或 2+2,$\dfrac{C_2^2+C_3^1C_1^1}{C_6^2}=\dfrac{4}{15}$;

(2) 6 分的情况可能是 1+2+3,$\dfrac{C_3^1C_2^1C_1^1}{C_6^2}=\dfrac{3}{10}$;

(3) 6 分的情况可能是 1+2+3 或 2+2+2,$\dfrac{C_3^1C_2^1C_1^1P_3^3+(C_2^1)^3P_3^3}{6^3}=\dfrac{7}{18}$.

10. 用 A、B、C 三类不同元件连接成两个系统 N_1、N_2(见图 17-18),当元件 A、B、C 都正常工作时,系统 N_1 正常工作;当元件 A 正常工作且元件 B、C 至少有一个正常工作时,系统 N_2 正常工作.已知元件 A、B、C 正常工作的概率依次为 0.80、0.90、0.90,分别求系统 N_1、N_2 正常工作的概率 P_1、P_2.

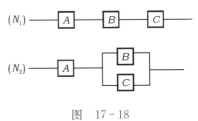

图　17-18

解:分别记元件 A、B、C 正常工作为事件 A、B、C,由已知条件,得

$P(A)=0.80$,$P(B)=0.90$,$P(C)=0.90$.

(1) 因为事件 A、B、C 是相互独立的,所以系统 N_1 正常工作的概率

$P_1=P(A\cdot B\cdot C)=P(A)\cdot P(B)\cdot P(C)=0.80\times0.90\times0.90=0.648$.

故系统 N_1 正常工作的概率为 0.648.

(2) 系统 N_2 正常工作的概率

$P_2=P(A)\cdot[1-P(\bar{B}\cdot\bar{C})]=P(A)\cdot[1-P(\bar{B})\cdot P(\bar{C})]$,

∵　$P(\bar{B})=1-P(B)=1-0.90=0.10$,$P(\bar{C})=1-P(C)=1-0.90=0.10$,

∴　$P_2=0.80\times(1-0.10\times0.10)=0.80\times0.99=0.792$.

故系统 N_2 正常工作的概率为 0.792.

11. 设每一架飞机引擎在飞行中故障率为 $1-P$,且各引擎是否发生故障是独立的,如果有至少 50% 的引擎能正常运行,飞机就可以成功地飞行.问对于多大的 P 而言,4 引擎飞机比 2 引擎飞机更安全?

解:4 引擎飞机成功飞行的概率为

$C_4^2P^2(1-P)^2+C_4^3P^2(1-P)+C_4^4P^4=6P^2(1-P)^2+4P^2(1-P)+P^4$.

2 引擎飞机成功飞行的概率为 $C_2^1P(1-P)+C_2^2P^2=2P(1-P)+P^2$.

要使 4 引擎飞机比 2 引擎飞机安全,只要 $6P^2(1-P)^2+4P^2(1-P)+P^4\geqslant2P(1-P)+P^2$.

化简,分解因式得 $(P-1)^2(3P-2)\geqslant0$.

所以 $3P-2\geqslant0$，即得 $P\geqslant\dfrac{2}{3}$.

即当引擎不出故障的概率不小于 $\dfrac{2}{3}$ 时，4 引擎飞机比 2 引擎飞机安全.

12. 对贮油器进行 8 次独立射击，且第一次命中只能使汽油流出而不燃烧，第二次命中才能使汽油燃烧起来，每次射击命中目标的概率为 0.2，求汽油燃烧起来的概率.（结果保留 3 个有效数字）

解：其概率为：$P=P_8(2)+P_8(3)+P_8(4)+\cdots+P_8(8)\approx0.516.$

13. 飞机俯冲时，每支步枪射击飞机的命中率为 $P=0.004$.求：

(1) 250 支步枪同时独立地进行一次射击，飞机被击中的概率；

(2) 要求步枪击中飞机的概率达到 99%，需要多少支步枪同时射击？（$\lg996\approx2.9983$）

解：(1) $1-(1-0.004)^{250}=0.6329$；

(2) $1-(1-0.004)^n\geqslant0.99$，得出：$n\geqslant1176.5$，故 $n=1177$.

14. 图 17-19 中甲、乙连接的 6 个元件，它们断电的概率第一个为 $P_1=0.6$，第二个为 $P_2=0.2$，其余四个都为 $P=0.3$.分别求甲断电、乙通电的概率.

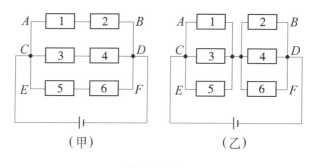

图　17-19

解：图甲：电器断电的概率 $P(M\cdot N\cdot G)=0.68\times0.51\times0.51=0.177.$

图乙：通路的概率 $=P_1\times P_2=0.946\times0.982=0.929.$

15. 工商局于 2003 年 3 月份，对全省流通领域的饮料进行了质量监督抽查，结果显示，某种刚进入市场的 x 饮料的合格率为 80%，现有甲，乙，丙 3 人聚会，选用 6 瓶 x 饮料，并限定每人喝 2 瓶，求：

(1) 甲喝 2 瓶合格的 x 饮料的概率；

(2) 甲，乙，丙 3 人中只有 1 人喝 2 瓶不合格的 x 饮料的概率（精确到 0.01）.

解：(1) 甲喝 2 瓶 x 饮料都合格的概率为 0.64；

(2) 甲，乙，丙 3 人中只有 1 人喝 2 瓶不合格的 x 饮料的概率为 0.44.

16. 三人分别独立解一道题，已知甲做对这道题的概率是 $\dfrac{3}{4}$，甲、丙两人都做错的概率是 $\dfrac{1}{12}$，乙、丙两人都做对的概率是 $\dfrac{1}{4}$.求：

(1) 乙、丙两人各自做对这道题的概率；

（2）甲、乙、丙三人中至少有两人做对这道题的概率.

解：（1）记甲、乙、丙三人独立做对这道题的事件依次为 A、B、C，

则由已知条件得 $P(A)=\dfrac{3}{4}$.

由于 $P(\overline{A}\cdot\overline{C})=[1-P(A)][1-P(C)]=\dfrac{1}{4}[1-P(C)]=\dfrac{1}{12}$，

又 $P(BC)=P(B)P(C)=\dfrac{1}{4}$，

解得 $P(B)=\dfrac{3}{8}$，$P(C)=\dfrac{2}{3}$.

则乙、丙两人各自做对这道题的概率分别为 $\dfrac{3}{8}$，$\dfrac{2}{3}$；

（2）甲、乙、丙三人中恰好有两人做对这道题的概率为

$\quad P(AB\overline{C}+BC\overline{A}+AC\overline{B})$

$=P(A)\cdot P(B)[1-P(C)]+P(B)\cdot P(C)[1-P(A)]+P(A)\cdot P(C)[1-P(B)]$

$=\dfrac{3}{4}\times\dfrac{3}{8}\times\dfrac{1}{3}+\dfrac{3}{8}\times\dfrac{2}{3}\times\dfrac{1}{4}+\dfrac{3}{4}\times\dfrac{2}{3}\times\dfrac{5}{8}=\dfrac{15}{32}$；

甲、乙、丙三人都做对这道题的概率为 $P(A)\cdot P(B)\cdot P(C)=\dfrac{3}{4}\times\dfrac{3}{8}\times\dfrac{2}{3}=\dfrac{3}{16}$；

则甲、乙、丙三人中至少有两人做对这道题的概率为

$P(A)\cdot P(B)\cdot P(C)+P(AB\overline{C}+BC\overline{A}+AC\overline{B})=\dfrac{21}{32}$.

17. 甲、乙两人各投篮1次，设甲的命中率是0.8，乙的命中率是0.7.求：

（1）两人都命中的概率；

（2）至少一人命中的概率；

（3）恰有一人命中的概率.

解：（1）$0.8\times0.7=0.56$；

（2）$1-(1-0.8)\times(1-0.7)=0.94$；

（3）$0.8\times(1-0.7)+0.7\times(1-0.8)=0.38$.

§17.5　随机变量和数学期望

1. 随机变量 ξ 的分布列如下：

ξ	-1	0	1
P	a	b	c

其中 a，b，c 成等差数列，若 $E\xi=\dfrac{1}{3}$，则 $D\xi$ 的值是_____.

解：$\begin{cases} a+b+c=1, \\ 2b=a+c, \\ c-a=\dfrac{1}{3}, \end{cases} \Rightarrow \begin{cases} a=\dfrac{1}{6}, \\ b=\dfrac{1}{3}, \\ c=\dfrac{1}{2}. \end{cases}$

则 $D_\xi = a(-1-E_\xi)^2 + b(0-E_\xi)^2 + c(1-E_\xi)^2 = \dfrac{5}{9}$.

2. 已知 $t=0$ 时刻一质点在数轴的原点，该质点每经过 1 秒就要向左或右跳动一个单位长度，已知每次跳动，该质点向左的概率为 $\dfrac{1}{3}$，向右的概率为 $\dfrac{2}{3}$.

（1）求 $t=3$ 秒时刻，该质点在数轴上 $x=1$ 处的概率；

（2）设 $t=3$ 秒时刻，该质点在数轴上 $x=\xi$ 处，求 E_ξ、D_ξ.

解：（1）$P = C_3^2 \cdot \left(\dfrac{2}{3}\right)^2 \cdot \dfrac{1}{3} = \dfrac{4}{9}$；（2）则 $E_\xi = 2E_\eta - 3 = 1$；$D_\xi = \dfrac{8}{3}$.

3. 甲、乙两人各进行 3 次射击，甲每次击中目标的概率为 $\dfrac{1}{2}$，乙每次击中目标的概率为 $\dfrac{2}{3}$，

（1）记甲击中目标的次数为 x，求 x 的概率分布及数学期望 $E(x)$；

（2）求乙至多击中目标 2 次的概率；

（3）求甲恰好比乙多击中目标 2 次的概率.

解：（1）x 的分布列为

x	0	1	2	3
P	$\dfrac{1}{8}$	$\dfrac{3}{8}$	$\dfrac{3}{8}$	$\dfrac{1}{8}$

$E_x = 0 \times \dfrac{1}{8} + 1 \times \dfrac{3}{8} + 2 \times \dfrac{3}{8} + 3 \times \dfrac{1}{8} = \dfrac{3}{2}$；

（2）$1 - \left(\dfrac{2}{3}\right)^3 = \dfrac{19}{27}$；

（3）甲击中目标 3 次，或甲击中目标 2 次，则概率为 $P = \left(\dfrac{1}{2}\right)^3 C_3^1 \dfrac{2}{3}\left(1-\dfrac{2}{3}\right)^2 + C_3^2 \left(\dfrac{1}{2}\right)^2 \left(1-\dfrac{1}{2}\right)\left(1-\dfrac{2}{3}\right)^3 = \dfrac{3}{72} = \dfrac{1}{24}$.

4. 高二(1)班的一个研究性学习小组在网上查知，某珍贵植物种子在一定条件下发芽成功的概率为 $\dfrac{1}{2}$，该研究性学习小组又分成两个小组进行验证性实验.

（1）第一组做了 5 次这种植物种子的发芽实验（每次均种下一粒种子），求他们的实验至少有 3 次成功的概率；

（2）第二小组做了若干次发芽试验（每次均种下一粒种子），如果在一次实验中种子发芽成功就停止实验，否则将继续进行下次实验，直到种子发芽成功为止，但发芽实验的次数最多不超过 5 次，求第二小组所做种子发芽实验的次数 x 的概率分布列和期望.

解:(1) $1-\dfrac{1}{4}\times2=\dfrac{1}{2}$;

(2) x 的概率分布列为

x	1	2	3	4	5
P	$\dfrac{1}{2}$	$\dfrac{1}{4}$	$\dfrac{1}{8}$	$\dfrac{1}{16}$	$\dfrac{1}{16}$

$E_x=1\times\dfrac{1}{2}+2\times\dfrac{1}{4}+3\times\dfrac{1}{8}+4\times\dfrac{1}{16}+5\times\dfrac{1}{16}=\dfrac{31}{16}$.

5. 某项选拔共有三轮考核,每轮设有一个问题,能正确回答问题者进入下一轮考试,否则即被淘汰,已知某选手能正确回答第一、二、三轮的问题的概率分别为 $\dfrac{4}{5}$、$\dfrac{3}{5}$、$\dfrac{2}{5}$,且各轮问题能否正确回答互不影响.

(1) 求该选手被淘汰的概率;

(2) 该选手在选拔中回答问题的个数记为 ξ,求随机变量 ξ 的分布列与数学期望.(注:本小题结果可用分数表示)

解:(1) $\dfrac{1}{5}+\dfrac{4}{5}\times\dfrac{2}{5}+\dfrac{4}{5}\times\dfrac{3}{5}\times\dfrac{3}{5}=\dfrac{101}{125}$;

(2) ξ 的分布列为

ξ	1	2	3
P	$\dfrac{1}{5}$	$\dfrac{8}{25}$	$\dfrac{12}{25}$

则 $E_\xi=1\times\dfrac{1}{5}+2\times\dfrac{8}{25}+3\times\dfrac{12}{25}=\dfrac{57}{25}$.

6. 厂家在产品出厂前,需对产品做检验,厂家将一批产品发给商家时,商家按合同规定也需随机抽取一定数量的产品做检验,以决定是否接收这批产品.

(1) 若厂家库房中的每件产品合格的概率为 0.8,从中任意取出 4 件进行检验.求至少有 1 件是合格品的概率;

(2) 若厂家发给商家 20 件产品,其中有 3 件不合格,按合同规定该商家从中任取 2 件,都进行检验,只有 2 件都合格时才接收这批产品,否则拒收.求该商家可能检验出不合格产品数 ξ 的分布列及期望 E_ξ,并求该商家拒收这批产品的概率.

解:(1) 0.9984;

(2)

ξ	0	1	2
P	$\dfrac{136}{190}$	$\dfrac{51}{190}$	$\dfrac{3}{190}$

$E_\xi=0\times\dfrac{136}{190}+1\times\dfrac{51}{190}+2\times\dfrac{3}{190}=\dfrac{3}{10}$,商家拒收这批产品的概率为 $\dfrac{27}{95}$.

7. 某商场经销某商品,根据以往资料统计,顾客采用的付款期数 ξ 的分布列为:

ξ	1	2	3	4	5
P	0.4	0.2	0.2	0.1	0.1

商场经销一件该商品,采用 1 期付款,其利润为 200 元;分 2 期或 3 期付款,其利润为 250 元;分 4 期或 5 期付款,其利润为 300 元.η 表示经销一件该商品的利润.

(1) 求事件 A:"购买该商品的 3 位顾客中,至少有 1 位采用 1 期付款"的概率 $P(A)$;

(2) 求 η 的分布列及期望 $E\eta$.

解:(1) 由 A 表示事件"购买该商品的 3 位顾客中至少有 1 位采用 1 期付款",

知 $\overline{A}$ 表示事件"购买该商品的 3 位顾客中无人采用 1 期付款".

$P(\overline{A})=(1-0.4)^3=0.216$,

$P(A)=1-P(\overline{A})=1-0.216=0.784$;

(2) η 的可能取值为 200 元,250 元,300 元.

$P(\eta=200)=P(\xi=1)=0.4$,$P(\eta=250)=P(\xi=2)+P(\xi=3)=0.2+0.2=0.4$,

$P(\eta=300)=1-P(\eta=200)-P(\eta=250)=1-0.4-0.4=0.2$.$\eta$ 的分布列为

η	200	250	300
P	0.4	0.4	0.2

$E\eta=200\times0.4+250\times0.4+300\times0.2=240$(元).

8. 某中学号召学生在今年春节期间至少参加一次社会公益活动(以下简称活动).该校合唱团共有 100 名学生,他们参加活动的次数统计如图 17-20 所示.

(1) 求合唱团学生参加活动的人均次数;

(2) 从合唱团中任意选两名学生,求他们参加活动次数恰好相等的概率;

(3) 从合唱团中任选两名学生,用 ξ 表示这两人参加活动次数之差的绝对值,求随机变量 ξ 的分布列及数学期望 $E\xi$.

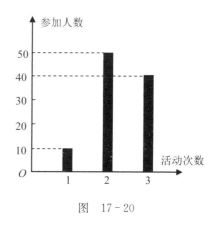

图 17-20

解:(1) 该合唱团学生参加活动的人均次数为

$$\frac{1\times10+2\times50+3\times40}{100}=\frac{230}{100}=2.3.$$

(2) 从合唱团中任选两名学生,他们参加活动次数恰好相等的概率为

$$P_0=\frac{C_{10}^2+C_{50}^2+C_{40}^2}{C_{100}^2}=\frac{41}{99}.$$

(3) ξ 的分布列:

ξ	0	1	2
P	$\frac{41}{99}$	$\frac{50}{99}$	$\frac{8}{99}$

ξ 的数学期望：$E_\xi = 0 \times \frac{41}{99} + 1 \times \frac{50}{99} + 2 \times \frac{8}{99} = \frac{2}{3}$.

9. 一个袋中有若干个大小相同的黑球、白球和红球.已知从袋中任意摸出 1 个球,得到黑球的概率是 $\frac{2}{5}$;从袋中任意摸出 2 个球,至少得到 1 个白球的概率是 $\frac{7}{9}$.

(1) 若袋中共有 10 个球:

① 求白球的个数;

② 从袋中任意摸出 3 个球,记得到白球的个数为 ξ,求随机变量 ξ 的数学期望 $E\xi$.

(2) 求证:从袋中任意摸出 2 个球,至少得到 1 个黑球的概率不大于 $\frac{7}{10}$,并指出袋中哪种颜色的球个数最少.

解:(1) ① 故白球有 5 个.

② 随机变量 ξ 的分布列是

ξ	0	1	2	3
P	$\frac{1}{12}$	$\frac{5}{12}$	$\frac{5}{12}$	$\frac{1}{12}$

ξ 的数学期望：$E_\xi = \frac{1}{12} \times 0 + \frac{5}{12} \times 1 + \frac{5}{12} \times 2 + \frac{1}{12} \times 3 = \frac{3}{2}$;

(2) 设总球数为 $5n$,则黑球数为 $2n$,则从袋中任意摸出 2 个球,至少得到 1 个黑球的概率为 $1 - \frac{C_{3n}^2}{C_{5n}^2} = 1 - \frac{3}{5} \cdot \frac{3n-1}{5n-1}$.

因为 $1 - \frac{3}{5} \cdot \frac{3n-1}{5n-1} = 1 - \frac{3}{5}\left[\frac{3}{5} - \frac{2}{5(5n-1)}\right]$ 为单调递减数列,

则 $1 - \frac{C_{3n}^2}{C_{5n}^2} = 1 - \frac{3}{5} \cdot \frac{3n-1}{5n-1} \leqslant 1 - \frac{3}{5} \cdot \frac{3-1}{5-1} = \frac{7}{10}$,得证.

从袋中任意摸出 2 个球,至少得到 1 个白球的概率是 $\frac{7}{9}$.从袋中任意摸出 2 个球,至少得到 1 个黑球的概率不大于 $\frac{7}{10}$,且 $\frac{7}{9} > \frac{7}{10}$.由此可知,袋中白球的数目多于黑球数目.

已知从袋中任意摸出 1 个球,得到黑球的概率是 $\frac{2}{5}$,则从袋中任意摸出 1 个球,得到白球的概率是大于 $\frac{2}{5}$,且从袋中任意摸出 1 个球,得到红球的概率是小于 $\frac{1}{5}$,因此袋中红球的数目最少.

10. 某项考试按科目 A、科目 B 依次进行,只有当科目 A 成绩合格时,才可继续参加科目 B 的考试.已知每个科目只允许有一次补考机会,两个科目成绩均合格方可获得证书.现某人参加这项考试,科目 A 每次考试成绩合格的概率均为 $\dfrac{2}{3}$,科目 B 每次考试成绩合格的概率均为 $\dfrac{1}{2}$.假设各次考试成绩合格与否均互不影响.

(1) 求他不需要补考就可获得证书的概率;

(2) 在这项考试过程中,假设他不放弃所有的考试机会,记他参加考试的次数为 ξ,求 ξ 的数学期望 E_{ξ}.

解: 设"科目 A 第一次考试合格"为事件 A_1,"科目 A 补考合格"为事件 A_2;"科目 B 第一次考试合格"为事件 B_1,"科目 B 补考合格"为事件 B_2.

(1) 不需要补考就获得证书的事件为 $A_1 \cdot B_1$,注意到 A_1 与 B_1 相互独立,则 $P(A_1 \cdot B_1)$
$= P(A_1) \times P(B_1) = \dfrac{2}{3} \times \dfrac{1}{2} = \dfrac{1}{3}$.

答:该考生不需要补考就获得证书的概率为 $\dfrac{1}{3}$;

(2) 由已知得,$\xi = 2, 3, 4$,注意到各事件之间的独立性与互斥性,可得
$$P(\xi = 2) = P(A_1 \cdot B_1) + P(\overline{A_1} \cdot \overline{A_2})$$
$$= \frac{2}{3} \times \frac{1}{2} + \frac{1}{3} \times \frac{1}{3} = \frac{1}{3} + \frac{1}{9} = \frac{4}{9}.$$
$$P(\xi = 3) = P(A_1 \cdot \overline{B_1} \cdot B_2) + P(A_1 \cdot \overline{B_1} \cdot \overline{B_2}) + P(\overline{A_1} \cdot A_2 \cdot B_2)$$
$$= \frac{2}{3} \times \frac{1}{2} \times \frac{1}{2} + \frac{2}{3} \times \frac{1}{2} \times \frac{1}{2} + \frac{1}{3} \times \frac{2}{3} \times \frac{1}{2} = \frac{1}{6} + \frac{1}{6} + \frac{1}{9} = \frac{4}{9},$$
$$P(\xi = 4) = P(\overline{A_1} \cdot A_2 \cdot \overline{B_2} \cdot B_2) + P(\overline{A_1} \cdot A_2 \cdot \overline{B_1} \cdot \overline{B_2})$$
$$= \frac{1}{3} \times \frac{2}{3} \times \frac{1}{2} \times \frac{1}{2} + \frac{1}{3} \times \frac{2}{3} \times \frac{1}{2} \times \frac{1}{2} = \frac{1}{18} + \frac{1}{18} = \frac{1}{9},$$
故 $E_{\xi} = 2 \times \dfrac{4}{9} + 3 \times \dfrac{4}{9} + 4 \times \dfrac{1}{9} = \dfrac{8}{3}$.

答:该考生参加考试次数的数学期望为 $\dfrac{8}{3}$.

11. 甲、乙、丙三人按下面的规则进行乒乓球比赛:第一局由甲、乙参加而丙轮空,以后每一局由前一局的获胜者与轮空者进行比赛,而前一局的失败者轮空.比赛按这种规则一直进行到其中一人连胜两局或打满 6 局时停止.设在每局中参赛者胜负的概率均为 $\dfrac{1}{2}$,且各局胜负相互独立.求:

(1) 打满 3 局比赛还未停止的概率;

(2) 比赛停止时已打局数 ξ 的分别列与期望 $E\xi$.

解: (1) 令甲、乙中胜者为 A,败者为 B.由题意可知 A 与丙中胜者必为丙,$P(丙) = \dfrac{1}{2}$,且 B 与丙中胜者必为 B,$P(B) = \dfrac{1}{2}$,所以 $P = P(B) \cdot P(丙) = \dfrac{1}{4}$;

（2）ξ 的分布列

ξ	2	3	4	5	6
P	$\frac{1}{2}$	$\frac{1}{4}$	$\frac{1}{8}$	$\frac{1}{16}$	$\frac{1}{16}$

从而 $E_\xi = 2 \times \frac{1}{2} + 3 \times \frac{1}{4} + 4 \times \frac{1}{8} + 5 \times \frac{1}{16} + 6 \times \frac{1}{16} = \frac{47}{16}$.

12. 某射击测试规则为:每人最多射击 3 次,击中目标即终止射击,第 i 次击中目标得 $1 \sim i$ （$i=1,2,3$)分,3 次均未击中目标得 0 分.已知某射手每次击中目标的概率为 0.8,其各次射击结果互不影响.

（1）求该射手恰好射击两次的概率；

（2）该射手的得分记为 ξ,求随机变量 ξ 的分布列及数学期望.

解:（1）0.16；

（2）ξ 的分布列为

ξ	0	1	2	3
P	0.008	0.032	0.16	0.8

$E_\xi = 0 \times 0.008 + 1 \times 0.032 + 2 \times 0.16 + 3 \times 0.8 = 2.752$.

13. 已知甲盒内有大小相同的 1 个红球和 3 个黑球,乙盒内有大小相同的 2 个红球和 4 个黑球.现从甲、乙两个盒内各任取 2 个球.

（1）求取出的 4 个球均为黑球的概率；

（2）求取出的 4 个球中恰有 1 个红球的概率；

（3）设 ξ 为取出的 4 个球中红球的个数,求 ξ 的分布列和数学期望.

解:（1）$P(A \cdot B) = P(A) \cdot P(B) = \frac{C_3^2}{C_4^2} \cdot \frac{C_4^2}{C_6^2} = \frac{1}{2} \times \frac{2}{5} = \frac{1}{5}$；

（2）$P(C+D) = P(C) + P(D) = \frac{4}{15} + \frac{1}{5} = \frac{7}{15}$；

（3）ξ 可能的取值为 0,1,2,3.由(1),(2)得 $P(\xi=0) = \frac{1}{5}$,$P(\xi=1) = \frac{7}{15}$,$P(\xi=3) = \frac{C_3^1}{C_4^2} \cdot \frac{1}{C_6^2} = \frac{1}{30}$,

从而 $P(\xi=2) = 1 - P(\xi=0) - P(\xi=1) - P(\xi=3) = \frac{3}{10}$.

ξ 的分布列为

ξ	0	1	2	3
P	$\frac{1}{5}$	$\frac{7}{15}$	$\frac{3}{10}$	$\frac{1}{30}$

ξ 的数学期望 $E_\xi = 0 \times \frac{1}{5} + 1 \times \frac{7}{15} + 2 \times \frac{3}{10} + 3 \times \frac{1}{30} = \frac{7}{6}$.

§17.6　总体和样本

1. 在用样本频率估计总体分布的过程中,下列说法中正确的是

（　　）.

（A）总体容量越大,估计越精确　　　（B）总体容量越小,估计越精确

（C）样本容量越大,估计越精确　　　（D）样本容量越小,估计越精确

解：正确选项为 C.

2. 已知某机床生产某种产品,每生产 1000 件这样的产品的次品数经观察得下表：

次品数	0	1	2	3
频率	0.7	0.1	0.1	0.1

则估计该机床生产这种产品 1000 件的次品数的方差.

解：1.04.

3. 甲、乙两支女子曲棍球队在去年的国际联赛中,甲队平均每场进球数为 3.2,全年比赛进球个数的标准差为 3;乙队平均每场进球数为 1.8,全年比赛进球个数的标准差为 0.3.下列说法正确的个数是_____.

① 甲队的技术比乙队好；② 乙队发挥比甲队稳定；

③ 乙队几乎每场都进球；④ 甲队的表现时好时坏.

解：4.

4. 甲、乙、丙三名射箭运动员在某次测试中各射箭 20 次,三人的测试成绩如下表：

甲的成绩			
环数	7	8	9	10
频数	5	5	5	5

乙的成绩			
环数	7	8	9	10
频数	6	4	4	6

丙的成绩			
环数	7	8	9	10
频数	4	6	6	4

s_1,s_2,s_3 分别表示甲、乙、丙三名运动员这次测试成绩的标准差,试比较 s_1,s_2,s_3 的大小.

解：$s_2^2>s_1^2>s_3^2 \Rightarrow s_2>s_1>s_3$.

5. 已知样本数据 $x_1,x_2,\cdots,x_n$ 的方差为 4,求数据 $2x_1+3,2x_2+3,2x_n+3$ 的标准差.

解：$S^2(2X+3)=4S^2(X)=16 \Rightarrow s(2X+3)=4$.

6. 在北京市"危旧房改造"中,小强一家搬进了回龙观小区.这个小区冬季用家庭燃气炉取暖.为了估算冬季取暖第一个月使用天然气的开支情况,从 11 月 15 日起,小强连续八天每天晚上记录了天然气表显示的读数,如下表(注：天然气表上先后两次显示的读数之差就是这段时间内使用天然气的数量)：

日期	15 日	16 日	17 日	18 日	19 日	20 日	21 日	22 日
天然气表显示读数 （单位：m³）	220	229	241	249	259	270	279	290

小强的妈妈 11 月 15 日买了一张面值 600 元的天然气使用卡,已知每立方米天然气 1.70 元,请你估算这张卡够小强家用一个月(按 30 天计算)吗? 为什么?

解：每天平均用量：$(290-220)\div 7=10(\mathrm{m^3})$,一个月用量：$10\times 30=300(\mathrm{m^3})$.

一个月费用：$300\times 1.70=510<600(元)$,所以够用.

7. 小明家准备五月一日到外地旅游,通过上网调查,小明发现：旅游目的地的气温与海拔

高度之间存在着密切关系.某日,该地日平均气温情况如下表所示(参见图 17-21):

海拔(单位:km)	0.5	1	1.2	1.5	2	2.4	2.6	3
气温(单位:℃)	18	15.1	13.8	12.1	9	6.6	5.3	3

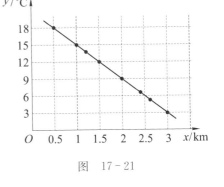

图 17-21

若小明家有一旅游目标景点处于该地海拔 4650 米处,问按气温与海拔高度之间的变化规律,当日该景点处的日平均气温应该约为多少摄氏度?

解: -7℃.

8. 从某校 2100 名学生随机抽取一个 30 名学生的样本,样本中每个学生用于课外作业的时间(单位:min)依次为:75,80,85,65,95,100,70,55,65,75,85,110,120,80,85,80,75,90,90,95,70,60,60,75,90,95,65,75,80,80.求该校的学生中作业时间超过一个半小时(含一个半小时)的学生有多少人.

解: $\frac{9}{30} \times 2100 = 630.$

§17.7　抽样技术与统计估计

1. 已知甲、乙两名同学在五次数学测验中的得分如下:甲:85,91,90,89,95;乙:95,80,98,82,95.则甲、乙两名同学数学学习成绩　　　　　(　　).

(A) 甲比乙稳定　　　　　　　　　　(B) 甲、乙稳定程度相同

(C) 乙比甲稳定　　　　　　　　　　(D) 无法确定

解:选项 A.

2. 假设吉利公司生产的"远景"、"金刚"、"自由舰"三种型号的轿车产量分别是 1600 辆、6000 辆和 2000 辆,为检验公司的产品质量,现从这三种型号的轿车中抽取 48 辆进行检验,这三种型号的轿车依次应抽取　　　　　　　　　　(　　).

(A) 16,16,16　　　　(B) 8,30,10　　　　(C) 4,33,11　　　　(D) 12,27,9

解:选项 B.

3. 从 2005 个编号中抽取 20 个号码入样,采用系统抽样的方法,则抽样的间隔为　(　　).

(A) 99　　　　　　(B) 99.5　　　　　(C) 100　　　　　(D) 100.5

解:选项 B.

4. 某公司甲、乙、丙、丁四个地区分别有 150 个、120 个、180 个、150 个销售点.公司为了调查产品销售的情况,需从这 600 个销售点中抽取一个容量为 100 的样本,记这项调查为①;在丙地区中有 20 个特大型销售点,要从中抽取 7 个调查其收入和售后服务等情况,记这项调查为②.则完成①、②这两项调查宜采用的抽样方法依次是　　　　　　　　　(　　).

(A) 分层抽样法,系统抽样法　　　　(B) 分层抽样法,简单随机抽样法

(C) 系统抽样法,分层抽样法　　　　(D) 简单随机抽样法,分层抽样法

解:选项 B.

5. 一个容量为 40 的样本数据分组后组数与频数如下：$(25,25.3]$，6；$(25.3,25.6]$，4；$(25.6,25.9]$，10；$(25.9,26.2]$，8；$(26.2,26.5]$，8；$(26.5,26.8]$，4.则样本在 $(25,25.9]$ 上的频率为（　　）.

(A) $\dfrac{3}{20}$　　　　　　(B) $\dfrac{1}{10}$　　　　　　(C) $\dfrac{1}{4}$　　　　　　(D) $\dfrac{1}{2}$

解：选项 D.

6. 由小到大排列的一组数据：x_1,x_2,x_3,x_4,x_5，其中每个数据都小于 -2，则样本 2，$-x_1,x_2,x_3,-x_4,x_5$ 的中位数可以表示为（　　）.

(A) $\dfrac{x_2+x_3}{2}$　　　　(B) $\dfrac{x_2-x_1}{2}$　　　　(C) $\dfrac{2+x_5}{2}$　　　　(D) $\dfrac{x_3-x_4}{2}$

解：选项 C.

7. 有一个简单的随机样本：$10,12,9,14,13$，则样本平均数 $\bar{x}=$＿＿＿＿＿＿＿；样本方差 $s^2=$＿＿＿＿＿＿＿.

解：11.6；3.44.

8. 某学校共有教师 490 人，其中不到 40 岁的有 350 人，40 岁及以上的有 140 人.为了了解普通话在该校中的推广普及情况，用分层抽样的方法，从全体教师中抽取一个容量为 70 人的样本进行普通话水平测试，其中在不到 40 岁的教师中应抽取的人数为＿＿＿＿＿＿＿.

解：50.

9. 为了了解中学生的体能情况，抽取了某校一个年级的部分学生进行一分钟跳绳次数测试，将所得数据整理后，画出频率分布直方图（如图 17 - 25），已知图中从左到右前三个小组的频率分别为 0.1,0.3,0.4，第一小组的频数为 5.则第四小组的频率＿＿＿＿＿＿＿；参加这次测试的学生有＿＿＿＿＿＿＿人.

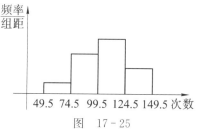

图　17 - 25

解：0.2；50.

10. 某地派出所要了解辖区平均每户的人口数，为方便实施抽样，规定先从 20 个居委会中抽取 4 个居委会，再从入样的居委会中等可能地抽取户.为了保证辖区内每户入样的概率相等，应等可能抽样还是不等可能抽样？ 如果不是等可能抽样，那么每个居委会入样的概率应是多少？ 现假定第 i 个居委会有 N_i 户，$i=1,2,\cdots,20$，N_i 各不相同，试问每户入样的概率是多少？

解：在抽居委会时，采用不等可能抽样，抽样的概率为 $P_i=\dfrac{N_i}{N}(N=N_1+N_2+\cdots+N_{20})$；而在第 i 个居委会抽取户时应是等可能地抽取，每户入样的概率为 $\dfrac{1}{N_i}$，$i=1,2,\cdots,20$，所以最终抽取样本入样的概率为 $P_i\cdot\dfrac{1}{N_i}=\dfrac{N_i}{N}\cdot\dfrac{1}{N_i}=\dfrac{1}{N}$，是等可能的.

11. 在生产过程中,测得纤维产品的纤度(表示纤维粗细的一种量)共有 100 个数据,将数据分组如右表:

分组	频数
[1.30,1.34)	4
[1.34,1.38)	25
[1.38,1.42)	30
[1.42,1.46)	29
[1.46,1.50)	10
[1.50,1.54)	2
合计	100

(1) 完成频率分布表,并画出频率分布直方图;

(2) 估计纤度落在 [1.38,1.50) 中的概率及纤度小于 1.40 的概率;

(3) 统计方法中,同一组数据常用该组区间的中点值(例如区间 [1.30,1.34) 的中点值是 1.32)作为代表.据此,估计纤度的期望.

解:(1) 频率分布直方图如题 11 解析图.

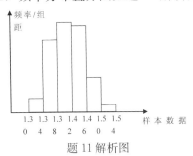

题 11 解析图

分组	频数	频率
[1.30,1.34)	4	0.04
[1.34,1.38)	25	0.25
[1.38,1.42)	30	0.30
[1.42,1.46)	29	0.29
[1.46,1.50)	10	0.10
[1.50,1.54)	2	0.02
合计	100	1.00

(2) 纤度落在 [1.38,1.50) 中的概率约为 $0.30+0.29+0.10=0.69$,纤度小于 1.40 的概率约为 $0.04+0.25+\dfrac{1}{2}\times0.30=0.44$;

(3) 总体数据的期望约为

$1.32\times0.04+1.36\times0.25+1.40\times0.30+1.44\times0.29+1.48\times0.10+1.52\times0.02=1.4088.$

12. 对某种电子元件进行寿命追踪调查,情况如下:

寿命(h)	100~200	200~300	300~400	400~500	500~600
个数	20	30	80	40	30

(1) 列出频率分布表;

(2) 画出频率分布直方图;

(3) 估计电子元件寿命在 100 h—400 h 以内的概率;

(4) 估计电子元件寿命在 400 h 以上的概率;

(5) 估计总体的数学期望值.

解:(1) 样本频率分布表:

分　组	频　数	频　率
[100,200)	20	0.10
[200,300)	30	0.15
[300,400)	80	0.40
[400,500)	40	0.20
[500,600)	30	0.15
合　计	200	1.00

(2) 样本频率分布直方图:略;

(3) $0.10+0.15+0.40=0.65$;

(4) 0.35;

(5) 365.

§17.8　概率的综合应用

1. 先后 2 次抛掷一枚骰子,将得到的点数分别记为 a,b.

(1) 求直线 $ax+by+5=0$ 与圆 $x^2+y^2=1$ 相切的概率;

(2) 将 a,b,5 的值分别作为三条线段的长,求这三条线段能围成等腰三角形的概率.

解:(1) 先后 2 次抛掷一枚骰子,将得到的点数分别记为 a,b,事件总数为 $6\times 6=36$.

由于直线 $ax+by+5=0$ 与圆 $x^2+y^2=1$ 相切的充要条件是

$\dfrac{5}{\sqrt{a^2+b^2}}=1$,即 $a^2+b^2=25$,$(a,b)=(3,4),(4,3)$.

直线 $ax+by+5=0$ 与圆 $x^2+y^2=1$ 相切的概率是 $\dfrac{2}{36}=\dfrac{1}{18}$;

(2) 先后 2 次抛掷一枚骰子,将得到的点数分别记为 a,b,事件总数为 $6\times 6=36$.

由于三角形的一边长为 5

则当 $a=1$ 时,$b=5$,$(1,5,5)$　　　　　　　　　　　　　　　　1 种

当 $a=2$ 时,$b=5$,$(2,5,5)$　　　　　　　　　　　　　　　　1 种

当 $a=3$ 时,$b=3,5$,$(3,3,5),(3,5,5)$　　　　　　　　　　　2 种

当 $a=4$ 时,$b=4,5$,$(4,4,5),(4,5,5)$　　　　　　　　　　　2 种

当 $a=5$ 时,$b=1,2,3,4,5,6$,$(5,1,5),(5,2,5),(5,3,5),(5,4,5),(5,5,5),(5,6,5)$ 6 种

当 $a=6$ 时,$b=5,6$,$(6,5,5),(6,6,5)$　　　　　　　　　　　2 种

故满足条件的不同情况共有 14 种,三条线段能围成不同的等腰三角形的概率为 $\dfrac{14}{36}=\dfrac{7}{18}$.

2. 某电路如图 17-26 所示,在某段时间内,开关 A,B,C,D 能接通的概率都是 P.计算这段时间内电灯不亮的概率 $f(P)$.

解:A 通的概率为 $P_1=P$,B,C 通的概率为 $P_2=P^2$,

B,C,D 形成的电路通的概率为 $P_3=1-(1-P_2)(1-P)=$

$1-(1-P^2)(1-P)=P+P^2-P^3$,

则 $f(P)=1-P_1P_3=P^4+1-P^3-P^2$.

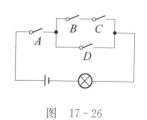

图 17-26

3. 在 $1,2,\cdots,2006$ 中随机选取三个数,求能构成递增等差数列的概率.

解:$a<b<c\Rightarrow a+c=2b$,则 a,c 同奇同偶,则 $\dfrac{2C_{1003}^2}{C_{2006}^3}=\dfrac{3}{4010}$.

4. 在添加剂的搭配使用中,为了找到最佳的搭配方案,需要对各种不同的搭配方式作比较.在试制某种牙膏新品种时,需要选用两种不同的添加剂.现有芳香度分别为 0,1,2,3,4,5

的六种添加剂可供选用.根据试验设计原理,通常首先要随机选取两种不同的添加剂进行搭配试验.用 ξ 表示所选用的两种不同的添加剂的芳香度之和.

（1）写出 ξ 的分布列(以列表的形式给出结论,不必写计算过程)；

（2）求 ξ 的数学期望 $E\xi$(要求写出计算过程或说明道理).

解：（1）

ξ	1	2	3	4	5	6	7	8	9
P	$\frac{1}{15}$	$\frac{1}{15}$	$\frac{2}{15}$	$\frac{2}{15}$	$\frac{3}{15}$	$\frac{2}{15}$	$\frac{2}{15}$	$\frac{1}{15}$	$\frac{1}{15}$

（2）$E_\xi = 1 \times \frac{1}{15} + 2 \times \frac{1}{15} + 3 \times \frac{2}{15} + 4 \times \frac{2}{15} + 5 \times \frac{3}{15} + 6 \times \frac{2}{15} + 7 \times \frac{2}{15} + 8 \times \frac{1}{15} + 9 \times \frac{1}{15} = 5.$

5. 甲、乙两队参加奥运知识竞赛,每队 3 人,每人回答一个问题,答对者为本队赢得一分,答错得零分.假设甲队中每人答对的概率均为 $\frac{2}{3}$,乙队中 3 人答对的概率分别为 $\frac{2}{3}, \frac{2}{3}, \frac{1}{2}$,且各人正确与否相互之间没有影响.用 ξ 表示甲队的总得分.

（1）求随机变量 ξ 分布列和数学期望；

（2）用 A 表示"甲、乙两个队总得分之和等于 3"这一事件,用 B 表示"甲队总得分大于乙队总得分"这一事件,求 $P(AB)$.

解：（1）所以 ξ 的分布列为

ξ	0	1	2	3
P	$\frac{1}{27}$	$\frac{2}{9}$	$\frac{4}{9}$	$\frac{8}{27}$

ξ 的数学期望为 $E\xi = 0 \times \frac{1}{27} + 1 \times \frac{2}{9} + 2 \times \frac{4}{9} + 3 \times \frac{8}{27} = 2$；

（2）对于乙 ξ 的分布列为

ξ	0	1	2	3
P	$\frac{1}{18}$	$\frac{5}{18}$	$\frac{4}{9}$	$\frac{2}{9}$

$P(AB) = P(C) + P(D) = \frac{4}{9} \times \frac{5}{18} + \frac{8}{27} \times \frac{1}{18} = \frac{10}{3^4} + \frac{4}{3^5} = \frac{34}{3^5} = \frac{34}{243}.$

6. 过三棱柱任意两个顶点的直线共 15 条,求任选两条为异面直线的概率.

解：全部情况有 $C_{15}^2 = 105$ 种,记"15 条直线中任选两条为异面直线"为事件 A,而要使两直线异面,只需四点不共面,且不共面的四点可连成 3 组异面直线,则事件 A 的可能情况有 $3(C_6^4 - 3) = 36$ 种,故 $P(A) = \frac{36}{105} = \frac{12}{35}$.即任选两条为异面直线的概率为 $\frac{12}{35}$.

7. 已知点 $P_1, P_2, \cdots, P_{10}$ 分别是四面体的顶点或棱的中点,求四点组 (P_1, P_i, P_j, P_k) $(1 < i < j < k \le 10)$ 在同一平面上的概率.

解：因均含 P_1,故全部的基本事件有 $C_9^3 = 84$ 种,

记"四点组 (P_1, P_i, P_j, P_k) $(1 < i < j < k \le 10)$ 在同一平面"为事件 A,可能的情况有

（1）从四个面选,有 $3C_5^3=30$ 种;（2）含 P_1 的每条棱上三个点与它异面的棱的中点组成四点共面,有三种情况.故事件 A 有 $30+3=33$ 种不同结果.所以 $P(A)=\dfrac{33}{84}=\dfrac{11}{28}$.

8. 现有 A、B、C、D 四个长方体容器,A、B 的底面积均为 x^2,高分别为 x,y;C、D 的底面积均为 y^2,高也分别为 x,y（其中 $x\leqslant y$ 的概率为 0.6）.现规定一种甲乙两人的游戏规则:每人从四种容器中取两个盛水,盛水多者为胜,如果盛水相同则先取者负,甲在未能确定 x 与 y 大小的情况下先取了 A,然后随机又取了一个,那么甲先取时胜乙的概率有多大?

解: 依题意可知,A、B、C、D 四个容器的容积分别为 x^3,x^2y,xy^2,y^3.

按照游戏规则,甲先取 A,则只有三种不同的取法:①取 A、B;②取 A、C;③取 A、D.

问题的实质是比较两个容器和的大小.

① 若先取 A、B,则后取者只能取 C、D.

由于 $(x^3+x^2y)-(xy^2+y^3)=x^2(x+y)-y^2(x+y)=(x-y)(x+y)^2$,显然 $(x+y)^2>0$,

则当 $x>y$ 时,$(x-y)(x+y)^2>0$,这时甲才胜.

② 若先取 A、C,则后取者只能取 B、D.

由于 $(x^3+xy^2)-(x^2y+y^3)=x(x^2+y^2)-y(x^2+y^2)=(x-y)(x^2+y^2)$,显然 $x^2+y^2>0$,

则当 $x>y$ 时,$(x-y)(x^2+y^2)>0$,这时甲才胜.

③ 若先取 A、D,则后取者只能取 B、C.

由于 $(x^3+y^3)-(x^2y+xy^2)=(x+y)(x^2-xy+y^2)-xy(x+y)$

$$=(x+y)(x^2-2xy+y^2)=(x+y)(x-y)^2$$

又 $x\neq y,x>0,y>0$,则 $(x+y)(x-y)^2>0$,即先取 A、D 时,甲必胜.

甲先取 A 再取 B 或 C 的事件发生的概率为 $\dfrac{C_2^1}{C_4^2}=\dfrac{1}{3}$,且 $x>y$ 的概率为 $1-0.6=0.4$,

此时甲胜的概率为 $\dfrac{1}{3}\times0.4=\dfrac{2}{15}$.

同样,若甲先取 A 再取 D 的事件发生的概率为 $\dfrac{1}{6}$,此时甲胜的概率为 $\dfrac{1}{6}$.

所以,甲取胜的概率为 $\dfrac{1}{6}+\dfrac{2}{15}=\dfrac{3}{10}$.

9. 猎人在距离 100 米时开始射击野兔,命中率是 0.5.如果第一次未射中,则进行第二次射击,但此时射击距离为 150 米.如果第二次未射中,则进行第三次射击,但此时射击距离为 200 米.若第三次未射中,则不再射击,已知猎人命中概率和距离的平方成反比,求猎人命中野兔的概率.

解: 设三次射击为事件 A,B,C.

$P(A)=0.5,P(x)=\dfrac{k}{x^2}$,令 $x=100$,则 $k=5000$,

所以 $P(B)=\dfrac{5000}{150^2}=\dfrac{2}{9}$,$P(C)=\dfrac{5000}{200^2}=\dfrac{1}{8}$,

故命中野兔概率为：$P(A)+P(\overline{A}\cdot B)+P(\overline{A}\cdot\overline{B}\cdot C)=\dfrac{1}{2}+\dfrac{1}{2}\times\dfrac{2}{9}+\dfrac{1}{2}\times\dfrac{7}{9}\times\dfrac{1}{8}$

$=\dfrac{95}{144}.$

10. 一个袋中有 a 个白球和 b 个黑球. 从中任取一球, 如果取出白球, 则把它放回袋中; 如果取出黑球, 则该黑球不再放回, 另补一个白球放到袋中. 在重复 n 次这样的操作后, 记袋中白球的个数为 x_n.

(1) 求 x_1 的数学期望 Ex_1;

(2) 设 $P(x_n=a+k)=p_k$, 求 $P(x_{n+1}=a+k)$, $k=0,1,\cdots,b$;

(3) 证明: x_{n+1} 的数学期望 $Ex_{n+1}=\left(1-\dfrac{1}{a+b}\right)Ex_n+1.$

解:（1）$n=1$ 时, 袋中白球的个数可能是 a 个（即取出的是白球）, 概率为 $\dfrac{a}{a+b}$; 也可能为 $a+1$ 个（即取出的是黑球）, 概率为 $\dfrac{b}{a+b}$, 故 $Ex_1=\dfrac{a}{a+b}+(a+1)\dfrac{b}{a+b}=\dfrac{a^2+ab+b}{a+b}$;

（2）首先 $P(x_{n+1}=a+0)=P_0\cdot\dfrac{a}{a+b}$; $k\geqslant1$ 时, 第 $n+1$ 次取出来有 $a+k$ 个白球的可能性有两种:

第 n 次袋中有 $a+k$ 个白球, 显然每次取球后, 球的总数保持不变, 即 $a+b$ 个,（故此时黑球有 $b-k$ 个.）第 $n+1$ 次取出来的也是白球, 这种情况发生的概率为 $P_k\cdot\dfrac{a+k}{a+b}$.

第 n 次袋中有 $a+k-1$ 个白球, 第 $n+1$ 次取出来的是黑球, 由于每次球的总数为 $a+b$ 个, 故此时黑球的个数是 $b-k+1$. 这种情况发生的概率为 $P_{k-1}\cdot\dfrac{b-k+1}{a+b}(k\geqslant1)$.

故 $P(x_{n+1}=a+k)=P_k\cdot\dfrac{a+k}{a+b}+P_{k-1}\cdot\dfrac{b-k+1}{a+b}(k\geqslant1)$;

（3）第 $n+1$ 次白球的个数 x_{n+1} 的数学期望 Ex_{n+1} 分为两类:

① 若第 $n+1$ 次取出来的是白球, 由于每次白球和黑球的总个数是 $a+b$, 这种情况发生的概率是 $\dfrac{Ex_n}{a+b}$, 此时白球的个数的数学期望为 Ex_n;

② 若第 $n+1$ 次取出来的是黑球, 这种情况发生的概率是 $\dfrac{a+b-Ex_n}{a+b}$, 此时白球的个数变为 Ex_n+1. 故

$$Ex_{n+1}=\dfrac{Ex_n}{a+b}Ex_n+\dfrac{a+b-Ex_n}{a+b}(Ex_n+1)=\dfrac{(Ex_n)^2}{a+b}+\left(1-\dfrac{Ex_n}{a+b}\right)(Ex_n+1)=\dfrac{(Ex_n)^2}{a+b}+$$

$$Ex_n-\dfrac{(Ex_n)^2}{a+b}+1-\dfrac{Ex_n}{a+b}=\left(1-\dfrac{1}{a+b}\right)Ex_n+1.$$

11. 已知基因型为 AA,Aa,aa 的比例为 $u:2v:w$, 且 $u+2v+w=1$.

(1) 求子一代 AA,Aa,aa 的比例;

(2) 子二代与子一代比例是否相同?

解：（1）父亲的基因有 AA、Aa、aa 三种情况，母亲的基因也有 AA、Aa、aa 三种情况，故搭配起来有 9 种情况，我们把它列表如下：

父母	AA,AA	AA,Aa	AA,aa	Aa,AA	Aa,Aa	Aa,aa	aa,AA	aa,Aa	aa,aa
AA	u^2	uv	0	uv	v^2	0	0	0	0
Aa	0	uv	uw	uv	$2v^2$	vw	wu	uv	0
aa	0	0	0	0	v^2	vw	0	uv	w^2

我们把每行数据相加可得

$$AA:Aa:aa=(u^2+2uv+v^2):(2uv+2uw+2vw+2v^2):(v^2+w^2+2vw)$$
$$=(u+v)^2:2(u+v)(v+w):(v+w)^2$$

这就是子一代三种基因型的比例．

设 $u+v=x,v+w=y$　　　　　　　　　　　　　　　　　　　　　　　①

上式即 $x^2:2xy:y^2$，且 $x+y=1$．由于 $x^2+2xy+y^2=1$，将 x^2,xy,y^2 分别看成 u,v，w，则由①式的结论可知，子二代的 AA、Aa、aa 的比例为

$$(x^2+xy)^2:2(x^2+xy)(xy+y^2):(xy+y^2)^2$$
$$=x^2(x+y)^2:2xy(x+y)(x+y):y^2(x+y)^2$$
$$=x^2(x+y)^2:2xy(x+y)(x+y):y^2(x+y)^2$$
$$=x^2:2xy:y^2$$

故子二代与子一代比例相同．

第十八章 矩阵与行列式初步

Matrices and Determinants Perliminary

§18.1 矩阵的定义及其运算

1. 设矩阵 $A=\begin{bmatrix} 1 & 2 \\ 3 & 1 \\ 5 & 6 \end{bmatrix}, B=\begin{bmatrix} 1 & 0 \\ 2 & 4 \\ 3 & 2 \end{bmatrix}, C=\begin{bmatrix} 5 & 2 \\ 3 & 2 \\ 4 & 1 \end{bmatrix},$

求 (1) $A+B$; (2) $A+(B+C)$; (3) $A-B+2C$; (4) $3B-2A$.

解: (1) $\begin{bmatrix} 2 & 2 \\ 5 & 5 \\ 8 & 8 \end{bmatrix}$; (2) $\begin{bmatrix} 7 & 4 \\ 8 & 7 \\ 12 & 9 \end{bmatrix}$; (3) $\begin{bmatrix} 10 & 6 \\ 7 & 1 \\ 10 & 6 \end{bmatrix}$; (4) $\begin{bmatrix} 1 & -4 \\ 0 & 10 \\ -1 & -6 \end{bmatrix}$.

2. 设矩阵 $A=\begin{bmatrix} -2 & 4 \\ 1 & -2 \end{bmatrix}, B=\begin{bmatrix} 2 & 4 \\ -3 & -6 \end{bmatrix},$ 求 AB 和 BA.

解: $AB=\begin{bmatrix} -2 & 4 \\ 1 & -2 \end{bmatrix} \cdot \begin{bmatrix} 2 & 4 \\ -3 & -6 \end{bmatrix} = \begin{bmatrix} -16 & -32 \\ 8 & 16 \end{bmatrix},$

$BA=\begin{bmatrix} 2 & 4 \\ -3 & -6 \end{bmatrix} \cdot \begin{bmatrix} -2 & 4 \\ 1 & -2 \end{bmatrix} = \begin{bmatrix} 0 & 0 \\ 0 & 0 \end{bmatrix}.$

3. 求下列矩阵的乘积:

(1) $(7 \quad 1 \quad 5)\begin{bmatrix} 3 & 1 \\ 6 & 4 \\ 2 & 5 \end{bmatrix}$; (2) $\begin{bmatrix} 2 & 1 & 0 \\ 3 & 2 & 1 \end{bmatrix}\begin{bmatrix} 2 & 1 \\ 3 & 0 \\ 4 & 1 \end{bmatrix}$; (3) $\begin{bmatrix} 3 & 0 & 1 \\ 0 & 5 & 4 \\ 2 & 1 & 5 \end{bmatrix}\begin{bmatrix} 6 & 0 & 1 \\ 2 & 3 & 4 \\ 3 & 2 & 1 \end{bmatrix}$.

解: (1) $(37 \quad 36)$; (2) $\begin{bmatrix} 7 & 2 \\ 16 & 4 \end{bmatrix}$; (3) $\begin{bmatrix} 21 & 2 & 4 \\ 22 & 23 & 24 \\ 29 & 13 & 11 \end{bmatrix}$.

4. 设矩阵 $A=\begin{bmatrix} -2 & 1 & 5 \\ 3 & 0 & 6 \\ -2 & 2 & 1 \end{bmatrix}, B=\begin{bmatrix} 0 & -3 & 1 \\ 7 & 6 & 0 \\ 2 & 1 & -5 \end{bmatrix}, C=\begin{bmatrix} 4 & 1 & 0 \\ 2 & -1 & 3 \\ -6 & 2 & 4 \end{bmatrix}.$

求: (1) $A(2B)-C$; (2) $3A+BC$.

$$\textbf{解：}(1)\begin{pmatrix} 30 & 33 & -54 \\ 22 & -5 & -57 \\ 38 & 36 & -18 \end{pmatrix}; \quad (2)\begin{pmatrix} -18 & 8 & 10 \\ 49 & 1 & 36 \\ 34 & -3 & -14 \end{pmatrix}.$$

5. 在一次校运会中，高二年级的三个夺冠热门班级获得前六名的项目数如表1所示，而每一种名次可获得如表2所示相应的积分．

表　1

名次	第一名	第二名	第三名	第四名	第五名	第六名
A 班	5	2	3	4	5	3
B 班	1	8	7	2	1	2
C 班	6	1	2	4	3	6

表　2

名次	第一名	第二名	第三名	第四名	第五名	第六名
积分	10	6	4	3	2	1

如果现在要求按前 6 名的得分统计各个班的团体总分，进而决定各班在年级中的名次，那么，哪个班最终获胜了呢？（要求用矩阵运算）

$$\textbf{解：}S_A=(5\quad 2\quad 3\quad 4\quad 5\quad 3)\begin{pmatrix} 10 \\ 6 \\ 4 \\ 3 \\ 2 \\ 1 \end{pmatrix}=50+12+12+12+10+3=99;$$

$$S_B=(1\quad 8\quad 7\quad 2\quad 1\quad 2)\begin{pmatrix} 10 \\ 6 \\ 4 \\ 3 \\ 2 \\ 1 \end{pmatrix}=10+48+28+6+2+2=92;$$

$$S_C=(6\quad 1\quad 2\quad 4\quad 3\quad 6)\begin{pmatrix} 10 \\ 6 \\ 4 \\ 3 \\ 2 \\ 1 \end{pmatrix}=60+6+8+12+6+6=98;$$

所以 A 班最终获胜了．

6. 设矩阵 $A=\begin{pmatrix}1 & 0 \\ 0 & -1\end{pmatrix}$，$B=\begin{pmatrix}x \\ y\end{pmatrix}$，求 AB；并说出矩阵 A 对矩阵 B 产生了怎样的变换？

解： $AB=\begin{pmatrix}x \\ -y\end{pmatrix}$，产生了一个镜像变换，类似于直角坐标系中关于 X 轴对称.

§18.2　矩阵变换求解线性方程组

1. 写出方程 $\begin{cases}x_1-\ x_2+2x_3=1 \\ x_1-5x_2-\ x_3=2 \\ 2x_1\ \ \ \ \ \ \ \ +3x_3=2 \\ 3x_1-\ x_2+5x_3=3\end{cases}$ 的系数矩阵和增广矩阵.

解： 系数矩阵 $\begin{pmatrix}1 & -1 & 2 \\ 1 & -5 & -1 \\ 2 & 0 & 3 \\ 3 & -1 & 5\end{pmatrix}$；增广矩阵 $\begin{pmatrix}1 & -1 & 2 & 1 \\ 1 & -5 & -1 & 2 \\ 2 & 0 & 3 & 2 \\ 3 & -1 & 5 & 3\end{pmatrix}$.

2. 对下列方阵施以初等变换，使之成为单位方阵：

(1) $\begin{pmatrix}1 & -1 & 3 \\ 3 & -2 & 7 \\ 1 & 3 & -3\end{pmatrix}$；　(2) $\begin{pmatrix}3 & 2 & 1 \\ 1 & -1 & 1 \\ 1 & -1 & -1\end{pmatrix}$.

解：（1）

$\begin{pmatrix}1 & -1 & 3 \\ 3 & -2 & 7 \\ 1 & 3 & -3\end{pmatrix}\xrightarrow[\text{第三行不变}]{\text{第一行乘以}(-2)\text{加到第二行}}\begin{pmatrix}1 & -1 & 3 \\ 1 & 0 & 1 \\ 1 & 3 & -3\end{pmatrix}\xrightarrow[\text{第二行不变}]{\substack{\text{第一行加到第三行} \\ \text{第三行乘以}\frac{1}{2}}}\begin{pmatrix}1 & -1 & 3 \\ 1 & 0 & 1 \\ 1 & 1 & 0\end{pmatrix}\xrightarrow[\text{第二行不变}]{\text{第三行加到第一行}}$

$\begin{pmatrix}2 & 0 & 3 \\ 1 & 0 & 1 \\ 1 & 1 & 0\end{pmatrix}\xrightarrow[\text{第三行不变}]{\text{第二行乘以}(-2)\text{加到第一行}}\begin{pmatrix}0 & 0 & 1 \\ 1 & 0 & 1 \\ 1 & 1 & 0\end{pmatrix}\xrightarrow[\text{第三行不变}]{\text{第一行乘以}(-1)\text{加到第二行}}\begin{pmatrix}0 & 0 & 1 \\ 1 & 0 & 0 \\ 1 & 1 & 0\end{pmatrix}\xrightarrow[\text{第一行不变}]{\text{第二行乘以}(-1)\text{加到第三行}}$

$\begin{pmatrix}0 & 0 & 1 \\ 1 & 0 & 0 \\ 0 & 1 & 0\end{pmatrix}\xrightarrow[\text{交换第二行和第三行}]{\text{交换第一行和第二行}}\begin{pmatrix}1 & 0 & 0 \\ 0 & 1 & 0 \\ 0 & 0 & 1\end{pmatrix}$；

（2）

$\begin{pmatrix}3 & 2 & 1 \\ 1 & -1 & 1 \\ 1 & -1 & -1\end{pmatrix}\xrightarrow[\text{第三行乘以}\left(-\frac{1}{2}\right)]{\text{第二行乘以}(-1)\text{加到第三行}}\begin{pmatrix}3 & 2 & 1 \\ 1 & -1 & 1 \\ 0 & 0 & 1\end{pmatrix}\xrightarrow[\text{第三行乘以}(-1)\text{加到第二行}]{\text{第三行乘以}(-1)\text{加到第一行}}\begin{pmatrix}3 & 2 & 0 \\ 1 & -1 & 0 \\ 0 & 0 & 1\end{pmatrix}$

$\xrightarrow[\text{第三行不变}]{\substack{\text{第二行乘以}2\text{加到第一行} \\ \text{第一行乘以}\frac{1}{5}}}\begin{pmatrix}1 & 0 & 0 \\ 1 & -1 & 0 \\ 0 & 0 & 1\end{pmatrix}\xrightarrow[\text{第三行不变}]{\substack{\text{第一行乘以}(-1)\text{加到第二行} \\ \text{第二行乘以}(-1)}}\begin{pmatrix}1 & 0 & 0 \\ 0 & 1 & 0 \\ 0 & 0 & 1\end{pmatrix}$.

3. 把矩阵 $A=\begin{pmatrix} 2 & -3 & 8 & 2 \\ 2 & 12 & -2 & 12 \\ 1 & 3 & 1 & 4 \end{pmatrix}$ 化为行最简形矩阵.

解： $\begin{pmatrix} 1 & 0 & 3 & 2 \\ 0 & 1 & -\dfrac{2}{3} & \dfrac{2}{3} \\ 0 & 0 & 0 & 0 \end{pmatrix}$.

4. 用矩阵的初等变换解下列线性方程组：

(1) $\begin{cases} x_1 + 3x_3 = -1, \\ 2x_1 + x_2 - 2x_3 = 3, \\ 4x_2 - 11x_3 = 5; \end{cases}$ (2) $\begin{cases} x_1 + x_2 + 2x_3 = 1, \\ -3x_1 + 5x_2 + x_3 = -2, \\ -x_1 + 7x_2 + 5x_3 = 2; \end{cases}$

(3) $\begin{cases} 2x_1 + 3x_3 = 2, \\ 3x_1 - 2x_2 = -8, \\ 2x_1 + x_2 + 3x_3 = 3; \end{cases}$ (4) $\begin{cases} x_1 - x_2 - x_3 = 2, \\ 2x_1 - x_2 - 3x_3 = 1, \\ -3x_1 - 2x_2 + 5x_3 = 0. \end{cases}$

解： (1) $\begin{cases} x = \dfrac{8}{7}, \\ y = -\dfrac{5}{7}, \\ z = -\dfrac{5}{7}; \end{cases}$ (2) 无解；　(3) $\begin{cases} x = -2, \\ y = 1, \\ z = 2; \end{cases}$ (4) $\begin{cases} x = 5, \\ y = 0, \\ z = 3. \end{cases}$

5. 线性方程组 $\begin{cases} 2x - z = -1, \\ x + 2y = 0, \\ y + z = 2 \end{cases}$ 的增广矩阵是 _____ .

解： $\begin{pmatrix} 2 & 0 & -1 & -1 \\ 1 & 2 & 0 & 0 \\ 0 & 1 & 1 & 2 \end{pmatrix}$.

6. 设 A 是一个 $n \times n$ 的矩阵 $\begin{cases} A^1 = A \\ A^{k+1} = A^k \cdot A (k \in \mathbf{N}^*) \end{cases}$. 若 $A = \begin{pmatrix} 1 & 1 \\ 0 & 1 \end{pmatrix}$，求：

(1) A^2, A^3；

(2) 猜测 $A^n (n \in \mathbf{N}^*)$，并用数学归纳法证明.

解： (1) $A^2 = \begin{pmatrix} 1 & 1 \\ 0 & 1 \end{pmatrix}^2 = \begin{pmatrix} 1 & 2 \\ 0 & 1 \end{pmatrix}, A^3 = \begin{pmatrix} 1 & 3 \\ 0 & 1 \end{pmatrix}$；　(2) $A^n = \begin{pmatrix} 1 & n \\ 0 & 1 \end{pmatrix} (n \in \mathbf{N}^*)$.

§18.3　二阶行列式与二元线性方程组

1. 计算下列二阶行列式的值：

(1) $\begin{vmatrix} 35 & -5 \\ 7 & -1 \end{vmatrix}$；　(2) $\begin{vmatrix} \sin\alpha & -\cos\alpha \\ \cos\alpha & -\sin\alpha \end{vmatrix}$.

解：(1) $\begin{vmatrix} 35 & -5 \\ 7 & -1 \end{vmatrix} = -35 - (-35) = 0;$

(2) $\begin{vmatrix} \sin\alpha & -\cos\alpha \\ \cos\alpha & -\sin\alpha \end{vmatrix} = -\sin^2\alpha + \cos^2\alpha = \cos 2\alpha.$

2. 用二阶行列式求解方程组 $\begin{cases} x_1 + x_2 = 3, \\ 2x_1 - 3x_2 = -4. \end{cases}$

解： $D = \begin{vmatrix} 1 & 1 \\ 2 & -3 \end{vmatrix} = -5, D_x = \begin{vmatrix} 3 & 1 \\ -4 & -3 \end{vmatrix} = -5, D_y = \begin{vmatrix} 1 & 3 \\ 2 & -4 \end{vmatrix} = -10;$

$x_1 = \dfrac{D_x}{D} = 1, x_2 = \dfrac{D_y}{D} = 2,$ 所以方程组的解为 $\begin{cases} x_1 = 1, \\ x_2 = 2. \end{cases}$

3. 设 $a \in \mathbf{R}$，若方程组 $\begin{cases} (1-a)x + 2y = 0, \\ 3x + (2-a)y = 0, \end{cases}$ 除 $x=0, y=0$ 外，还有其他解，求 a 的值.

解： $\begin{vmatrix} 1-a & 2 \\ 3 & 2-a \end{vmatrix} = 0 \Rightarrow 4$ 或 $-1.$

4. 已知方程组 $\begin{cases} (a-1)x + ay = 1, \\ (a+2)x + (a+3)y = 2, \end{cases}$ $a \in \mathbf{R}$ 恰有一解，求 $|x| + |y|$ 的最小值，并求此时 a 的范围.

解： $D = \begin{vmatrix} a-1 & a \\ a+2 & a+3 \end{vmatrix} = (a-1)(a+3) - a(a+2) = -3,$

$D_x = \begin{vmatrix} 1 & a \\ 2 & a+3 \end{vmatrix} = 3 - a, D_y = \begin{vmatrix} a-1 & 1 \\ a+2 & 2 \end{vmatrix} = a - 4.$

$x = \dfrac{3-a}{-3}, y = \dfrac{a-4}{-3}.$

$|x| + |y| = \dfrac{|a-3|}{3} + \dfrac{|a-4|}{3} = \dfrac{1}{3}(|a-3| + |a-4|) = \begin{cases} \dfrac{7-2a}{3} & (a < 3), \\ \dfrac{1}{3} & (3 \leqslant a \leqslant 4), \\ \dfrac{2a-7}{3} & (a > 4). \end{cases}$

$|x| + |y|$ 最小值为 $\dfrac{1}{3}$，此时 a 的范围是 $3 \leqslant a \leqslant 4.$

§18.4　三阶行列式

1. 用对角线法计算下列行列式：

(1) $\begin{vmatrix} 6 & -2 & 3 \\ -2 & 5 & -1 \\ 4 & -6 & 9 \end{vmatrix}$;　(2) $\begin{vmatrix} a & c & b \\ b & a & c \\ c & b & a \end{vmatrix}$.

解：(1) 182;　(2) $a^3 + b^3 + c^3 - 3abc.$

2. 利用行列式解下列方程组:

(1) $\begin{cases} 4(x+y)=1-5y, \\ 3(y+z)=3-2z; \end{cases}$ (2) $\begin{cases} 2x+y=5, \\ x-3z=-14, \\ 5y-z=10; \end{cases}$ (3) $\begin{cases} 3x_1+2x_2+3x_3=15, \\ 4x_1-3x_2+2x_3=9, \\ 5x_1-4x_2+x_3=7. \end{cases}$

解:(1) $\begin{cases} x=-2+\dfrac{15}{4}k, \\ y=1-\dfrac{5}{3}k, \\ z=k; \end{cases}$ (2) $\begin{cases} x=1, \\ y=3, \\ z=5; \end{cases}$ (3) $\begin{cases} x=\dfrac{5}{3}, \\ y=1, \\ z=\dfrac{8}{3}. \end{cases}$

3. 利用行列式性质,化简并计算下列行列式:

(1) $\begin{vmatrix} -6 & 8 & 2 \\ 15 & -20 & 5 \\ 3 & 4 & -1 \end{vmatrix}$; (2) $\begin{vmatrix} 1 & a & b+c \\ 1 & b & c+a \\ 1 & c & a+b \end{vmatrix}$; (3) $\begin{vmatrix} -\dfrac{2}{3} & \dfrac{1}{2} & \dfrac{5}{6} \\ \dfrac{1}{2} & \dfrac{2}{3} & \dfrac{1}{6} \\ \dfrac{1}{6} & \dfrac{3}{2} & -\dfrac{2}{3} \end{vmatrix}$.

解:(1) $\begin{vmatrix} -6 & 8 & 2 \\ 15 & -20 & 5 \\ 3 & 4 & -1 \end{vmatrix}=-6\cdot0-8\cdot(-30)+2\cdot(60+60)=480;$

(2) $\begin{vmatrix} 1 & a & b+c \\ 1 & b & c+a \\ 1 & c & a+b \end{vmatrix}=\begin{vmatrix} b & c+a \\ c & a+b \end{vmatrix}-a\begin{vmatrix} 1 & c+a \\ 1 & a+b \end{vmatrix}+(b+c)\begin{vmatrix} 1 & b \\ 1 & c \end{vmatrix}$

$=ab+b^2-ac-c^2-a(b-c)+(b+c)(c-b)=0;$

(3) $\begin{vmatrix} -\dfrac{2}{3} & \dfrac{1}{2} & \dfrac{5}{6} \\ \dfrac{1}{2} & \dfrac{2}{3} & \dfrac{1}{6} \\ \dfrac{1}{6} & \dfrac{3}{2} & -\dfrac{2}{3} \end{vmatrix}=-\dfrac{2}{3}\cdot\left(-\dfrac{4}{9}-\dfrac{1}{4}\right)-\dfrac{1}{2}\cdot\left(-\dfrac{1}{3}-\dfrac{1}{36}\right)+\dfrac{5}{6}\cdot\left(\dfrac{3}{4}-\dfrac{1}{9}\right)=\dfrac{127}{108}.$

4. 展开行列式,证明下列行列式的值为零:

(1) $\begin{vmatrix} 0 & -ma & nab \\ c & 0 & -nb \\ -c & m & 0 \end{vmatrix}$; (2) $\begin{vmatrix} 2 & 5 & 4 \\ -1 & 3 & 1 \\ 3 & 2 & 3 \end{vmatrix}+\begin{vmatrix} -1 & 2 & 3 \\ 3 & 5 & 2 \\ 1 & 4 & 3 \end{vmatrix}$.

解:(1) $\begin{vmatrix} 0 & -ma & nab \\ c & 0 & -nb \\ -c & m & 0 \end{vmatrix}=ma\begin{vmatrix} c & -nb \\ -c & 0 \end{vmatrix}+nab\begin{vmatrix} c & 0 \\ -c & m \end{vmatrix}=-mnabc+mnabc$

$=0;$

(2) $\begin{vmatrix} 2 & 5 & 4 \\ -1 & 3 & 1 \\ 3 & 2 & 3 \end{vmatrix} + \begin{vmatrix} -1 & 2 & 3 \\ 3 & 5 & 2 \\ 1 & 4 & 3 \end{vmatrix} = 2 \cdot 7 - 5 \cdot (-6) + 4 \cdot (-11) - 7 - 2 \cdot 7 + 3 \cdot 7 = 0.$

5. 用行列式性质证明：

(1) $\begin{vmatrix} b+c & c+a & a+b \\ b_1+c_1 & c_1+a_1 & a_1+b_1 \\ b_2+c_2 & c_2+a_2 & a_2+b_2 \end{vmatrix} = 2 \begin{vmatrix} a & b & c \\ a_1 & b_1 & c_1 \\ a_2 & b_2 & c_2 \end{vmatrix};$

(2) $\begin{vmatrix} 1 & a & a^2 \\ 1 & b & b^2 \\ 1 & c & c^2 \end{vmatrix} = (a-b)(b-c)(c-a).$

证明： (1) $\begin{vmatrix} b+c & c+a & a+b \\ b_1+c_1 & c_1+a_1 & a_1+b_1 \\ b_2+c_2 & c_2+a_2 & a_2+b_2 \end{vmatrix} = \begin{vmatrix} b+c & a-b & a+b \\ b_1+c_1 & a_1-b_1 & a_1+b_1 \\ b_2+c_2 & a_2-b_2 & a_2+b_2 \end{vmatrix}$

$= \begin{vmatrix} b+c & 2a & a+b \\ b_1+c_1 & 2a_1 & a_1+b_1 \\ b_2+c_2 & 2a_2 & a_2+b_2 \end{vmatrix} = -2 \begin{vmatrix} a & b+c & a+b \\ a_1 & b_1+c_1 & a_1+b_1 \\ a_2 & b_2+c_2 & a_2+b_2 \end{vmatrix}$

$= -2 \begin{vmatrix} a & b+c & b \\ a_1 & b_1+c_1 & b_1 \\ a_2 & b_2+c_2 & b_2 \end{vmatrix} = 2 \begin{vmatrix} a & b & b+c \\ a_1 & b_1 & b_1+c_1 \\ a_2 & b_2 & b_2+c_2 \end{vmatrix} = 2 \begin{vmatrix} a & b & c \\ a_1 & b_1 & c_1 \\ a_2 & b_2 & c_2 \end{vmatrix};$

(2) $\begin{vmatrix} 1 & a & a^2 \\ 1 & b & b^2 \\ 1 & c & c^2 \end{vmatrix} = bc^2 - b^2c - a(c^2 - b^2) + a^2(c-b)$

$= (b-c)(-bc + ab + ac - a^2) = (a-b)(b-c)(c-a).$

6. $\theta \in [0, \pi]$，且 $\begin{vmatrix} 1 & \cos\theta & \sin\theta \\ 0 & \cos\theta & -\sin\theta \\ 1 & \sin\theta & \cos\theta \end{vmatrix} = 0$，则 $\theta = $ _____.

解： $0 = \begin{vmatrix} 1 & \cos\theta & \sin\theta \\ 0 & \cos\theta & -\sin\theta \\ 1 & \sin\theta & \cos\theta \end{vmatrix} = 1 - 2\sin\theta\cos\theta = 1 - \sin 2\theta \Rightarrow \theta = \dfrac{\pi}{4}.$

7. 设行列式 $D = \begin{vmatrix} a_1 & b_1 & c_1 \\ a_2 & b_2 & c_2 \\ a_3 & b_3 & c_3 \end{vmatrix}$，则 $\begin{vmatrix} c_1 & b_1+2c_1 & a_1+2b_1+3c_1 \\ c_2 & b_2+2c_2 & a_2+2b_2+3c_2 \\ c_3 & b_3+2c_3 & a_3+2b_3+3c_3 \end{vmatrix} = ($ 　　　 $).$

(A) $-D$ 　　　　　(B) D 　　　　　(C) $2D$ 　　　　　(D) $-2D$

解： $\begin{vmatrix} c_1 & b_1+2c_1 & a_1+2b_1+3c_1 \\ c_2 & b_2+2c_2 & a_2+2b_2+3c_2 \\ c_3 & b_3+2c_3 & a_3+2b_3+3c_3 \end{vmatrix} = \begin{vmatrix} c_1 & b_1 & a_1+2b_1+3c_1 \\ c_2 & b_2 & a_2+2b_2+3c_2 \\ c_3 & b_3 & a_3+2b_3+3c_3 \end{vmatrix} = \begin{vmatrix} c_1 & b_1 & a_1 \\ c_2 & b_2 & a_2 \\ c_3 & b_3 & a_3 \end{vmatrix} = $

$$-\begin{vmatrix} a_1 & b_1 & c_1 \\ a_2 & b_2 & c_2 \\ a_3 & b_3 & c_3 \end{vmatrix} = -D,选 A.$$

8. 如行列式 $\begin{vmatrix} a_{11} & a_{12} & a_{13} \\ a_{21} & a_{22} & a_{23} \\ a_{31} & a_{32} & a_{33} \end{vmatrix} = D$，则 $\begin{vmatrix} 3a_{31} & 3a_{32} & 3a_{33} \\ 2a_{21} & 2a_{22} & 2a_{23} \\ -a_{11} & -a_{12} & -a_{13} \end{vmatrix} = (\qquad).$

(A) $-6D$ (B) $6D$ (C) $4D$ (D) $-4D$

解： $\begin{vmatrix} 3a_{31} & 3a_{32} & 3a_{33} \\ 2a_{21} & 2a_{22} & 2a_{23} \\ -a_{11} & -a_{12} & -a_{13} \end{vmatrix} = -6\begin{vmatrix} a_{31} & a_{32} & a_{33} \\ a_{21} & a_{22} & a_{23} \\ a_{11} & a_{12} & a_{13} \end{vmatrix} = 6\begin{vmatrix} a_{11} & a_{12} & a_{13} \\ a_{21} & a_{22} & a_{23} \\ a_{31} & a_{32} & a_{33} \end{vmatrix} = 6D$，选 B.

9. 一位同学对三元一次方程组 $\begin{cases} a_1 x + b_1 y + c_1 z = d_1, \\ a_2 x + b_2 y + c_2 z = d_2, \\ a_3 x + b_3 y + c_3 z = d_3 \end{cases}$ [其中实系数 $a_i, b_i, c_i (i=1,2,3)$

不全为零] 的解的情况进行研究后得到下列结论：

结论 1：当 $D=0$，且 $D_x = D_y = D_z = 0$ 时，方程组有无穷多解；

结论 2：当 $D=0$，且 D_x, D_y, D_z 都不为零时，方程组有无穷多解；

结论 3：当 $D=0$，且 $D_x = D_y = D_z = 0$ 时，方程组无解.

但是上述结论均不正确.下面给出的方程组可以作为结论 1、2 和 3 的反例依次为($\qquad$).

(1) $\begin{cases} x+2y+3z=0, \\ x+2y+3z=1, \\ x+2y+3z=2; \end{cases}$ (2) $\begin{cases} x+2y=0, \\ x+2y+z=0, \\ 2x+4y=0; \end{cases}$ (3) $\begin{cases} 2x+y=1, \\ -x+2y+z=0, \\ x+3y+z=2. \end{cases}$

(A) (1)(2)(3)   (B) (1)(3)(2)   (C) (2)(1)(3)   (D) (3)(2)(1)

解： 代入逐一检验即可,选 B.

10. 在 $\triangle ABC$ 中，A, B, C 所对的边分别为 a, b, c，已知 $a = 2\sqrt{3}, c = 2$，且

$\begin{vmatrix} \sin C & \sin B & 0 \\ 0 & b & -2c \\ \cos A & 0 & 1 \end{vmatrix} = 0$，求 $\triangle ABC$ 的面积.

解： $0 = \begin{vmatrix} \sin C & \sin B & 0 \\ 0 & b & -2c \\ \cos A & 0 & 1 \end{vmatrix} = b\sin C - 2c\sin B\cos A,$

$2R(\sin C\sin B - 2\sin C\sin B\cos A) = 0 \Rightarrow \cos A = \dfrac{1}{2}, A = \dfrac{\pi}{3},$

$\cos A = \dfrac{1}{2} = \dfrac{b^2 + c^2 - a^2}{2bc} \Rightarrow b = 4,$

$$S_{\triangle ABC}=\frac{1}{2}bc\sin A=2\sqrt{3}.$$

§18.5 三阶行列式的展开与三元齐次线性方程组

1. 利用代数余子式展开下列三阶行列式并求值,并用对角线法验算:

$$(1)\ \begin{vmatrix} 1 & 2 & 2 \\ 4 & 5 & 1 \\ 3 & -1 & 4 \end{vmatrix};\quad (2)\ \begin{vmatrix} 5 & 8 & -4 \\ 3 & -4 & 5 \\ -4 & 6 & 3 \end{vmatrix}.$$

解: (1) $\begin{vmatrix} 1 & 2 & 2 \\ 4 & 5 & 1 \\ 3 & -1 & 4 \end{vmatrix}=1\cdot21-2\cdot13+2\cdot(-19)=21-26-38=-43;$

$(2)\ \begin{vmatrix} 5 & 8 & -4 \\ 3 & -4 & 5 \\ -4 & 6 & 3 \end{vmatrix}=5\cdot(-12-30)-8\cdot(9+20)-4\cdot(18-16)=-210-232-8$

$=-450.$

2. 利用行列式按行或按列展开式计算三阶行列式: $D=\begin{vmatrix} 1 & 0 & 4 \\ 0 & 1 & 2 \\ 1 & 3 & 1 \end{vmatrix}.$

解: $\begin{vmatrix} 1 & 0 & 4 \\ 0 & 1 & 2 \\ 1 & 3 & 1 \end{vmatrix}=1\cdot\begin{vmatrix} 1 & 2 \\ 3 & 1 \end{vmatrix}+4\cdot\begin{vmatrix} 0 & 1 \\ 1 & 3 \end{vmatrix}=-5-4=-9.$

3. 计算下列行列式:

$$(1)\ \begin{vmatrix} 8 & 3 & -7 \\ 5 & 0 & 4 \\ -9 & -2 & 2 \end{vmatrix};\quad (2)\ \begin{vmatrix} 15 & -25 & 5 \\ -25 & 15 & 5 \\ 5 & -25 & 15 \end{vmatrix};\quad (3)\ \begin{vmatrix} 6 & 42 & 27 \\ 8 & -28 & 36 \\ 20 & 35 & 135 \end{vmatrix}.$$

解: (1) $\begin{vmatrix} 8 & 3 & -7 \\ 5 & 0 & 4 \\ -9 & -2 & 2 \end{vmatrix}=8\cdot8-3\cdot46-7\cdot(-10)=-4;$

$(2)\ \begin{vmatrix} 15 & -25 & 5 \\ -25 & 15 & 5 \\ 5 & -25 & 15 \end{vmatrix}=15\cdot(225+125)+25\cdot(-375-25)+5\cdot(625-75)=-2000;$

$(3)\ \begin{vmatrix} 6 & 42 & 27 \\ 8 & -28 & 36 \\ 20 & 35 & 135 \end{vmatrix}=-22680.$

4. 解下列齐次线性方程组:

$$(1)\ \begin{cases} x+y+z=0, \\ 2x+3y+2z=0, \\ 4x+5y+4z=0; \end{cases}\quad (2)\ \begin{cases} x+y+2z=0, \\ 2x+y+z=0, \\ x+2y+z=0; \end{cases}\quad (3)\ \begin{cases} 6x-y-7z=0, \\ 5x+10y+5z=0, \\ 4x-3y-7z=0. \end{cases}$$

解：(1) $\begin{cases} x=-k, \\ y=0, \\ z=k; \end{cases}$ (2) $\begin{cases} x=0, \\ y=0, \\ z=0; \end{cases}$ (3) $\begin{cases} x=k, \\ y=-k, \\ z=k. \end{cases}$

5. 已知 $\begin{vmatrix} 1 & 0 & 2 \\ x & 3 & 1 \\ 4 & x & 2 \end{vmatrix}$ 的代数余子式 $A_{12}=0$，则代数余子式 $A_{21}=$ _____.

解：$\begin{vmatrix} 1 & 0 & 2 \\ x & 3 & 1 \\ 4 & x & 2 \end{vmatrix}$，$A_{12}=(-1)\times(2x-4)=4-2x=0$，则 $x=2$，$A_{21}=(-1)\times(-2x)=2x$

$=4$.

6. $\begin{vmatrix} a & 1 & 0 \\ 1 & a & 0 \\ 4 & 1 & 1 \end{vmatrix}$ 大于零的充要条件为 _____.

解：$\begin{vmatrix} a & 1 & 0 \\ 1 & a & 0 \\ 4 & 1 & 1 \end{vmatrix}=a^2-1>0,a\in(-\infty,-1)\bigcup(1,+\infty)$.

7. 问 λ 取何值时，齐次线性方程组 $\begin{cases} (1-\lambda)x_1-2x_2+4x_3=0, \\ 2x_1+(3-\lambda)x_2+x_3=0, \\ x_1+x_2+(1-\lambda)x_3=0 \end{cases}$ 有非零解？

解：$\begin{vmatrix} (1-\lambda) & -2 & 4 \\ 2 & (3-\lambda) & 1 \\ 1 & 1 & (1-\lambda) \end{vmatrix}=0 \Rightarrow \lambda=0,2,3$.

8. 问 λ,μ 取何值时，齐次线性方程组 $\begin{cases} \lambda x_1+x_2+x_3=0, \\ x_1+\mu x_2+x_3=0, \\ x_1+2\mu x_2+x_3=0 \end{cases}$ 有非零解？

解：$\begin{vmatrix} \lambda & 1 & 1 \\ 1 & \mu & 1 \\ 1 & 2\mu & 1 \end{vmatrix}=0 \Rightarrow \lambda=1$ 或 $\mu=0$.

9. $n^2(n\geqslant 4,n\in \mathbf{N}^*)$ 个正数排成一个 n 行 n 列的矩阵 $A=\begin{bmatrix} a_{11} & a_{12} & \cdots & a_{1n} \\ a_{21} & a_{22} & \cdots & a_{2n} \\ \cdots & \cdots & \cdots & \cdots \\ a_{n1} & a_{n2} & \cdots & a_{nn} \end{bmatrix}$，其中 a_{ik}

$(1\leqslant i\leqslant n,1\leqslant k\leqslant n)$ 表示该数阵中位于第 i 行第 k 列的数，已知该数阵每一行的数成等差数列，每一列的数成公比为 2 的等比数列，且 $a_{23}=8,a_{34}=20$.

(1) 求 a_{11} 和 a_{ik}；

(2) 计算行列式 $\begin{vmatrix} a_{11} & a_{12} \\ a_{21} & a_{22} \end{vmatrix}$ 和 $\begin{vmatrix} a_{im} & a_{ik} \\ a_{jm} & a_{jk} \end{vmatrix}$；

(3) 设 $A_n=a_{1n}+a_{2(n-1)}+a_{3(n-2)}+\cdots+a_{n1}$，证明：当 n 是 3 的倍数时，A_n+n 能被 21

整除.

解：(1) $a_{11} = 2$；$a_{ik} = a_{1k}2^{i-1}$；

(2) $\begin{vmatrix} a_{11} & a_{12} \\ a_{21} & a_{22} \end{vmatrix} = \begin{vmatrix} 2 & 3 \\ 4 & 6 \end{vmatrix} = 0$，

$\begin{vmatrix} a_{im} & a_{ik} \\ a_{jm} & a_{jk} \end{vmatrix} = (m+1)2^{i-1}(k+1)2^{j-1} - (k+1)2^{i-1}(m+1)2^{j-1} = 0$；

(3) $A_n = (n+1) + n \cdot 2 + (n-1) \cdot 2^2 + \cdots + 2 \cdot 2^{n-1}$，$2A_n = (n+1) \cdot 2 + n \cdot 2^2 + (n-1) \cdot 2^3 + \cdots + 2 \cdot 2^n$，

两式相减，得 $A_n = 3 \cdot 2^n - (n+3)$，$A_n + n = 3(2^n - 1)$.

当 $n = 3m$，$m \in \mathbf{N}^*$ 时，$A_n + n = 3(8^m - 1)$.

① $m = 1$ 时，$3(8^m - 1) = 21$ 显然能被 21 整除；

② 假设 $m = k$ 时，$3(8^k - 1)$ 能被 21 整除，当 $m = k+1$ 时，

$3(8^{k+1} - 1) = 3[8(8^k - 1) + 7]$ 能被 21 整除.结论也成立.

由①、②可知，当 n 是 3 的倍数时，$A_n + n$ 能被 21 整除.

图书在版编目（CIP）数据

高中学科强基丛书. 数学习题详解 / 刘初喜，蔡东山，
施洪亮编著. — 上海：上海教育出版社，2022.11（2025.8重印）
ISBN 978-7-5720-1733-9

Ⅰ. ①高… Ⅱ. ①刘… ②蔡… ③施… Ⅲ. ①中学数学
课 – 高中 – 教学参考资料 Ⅳ. ①G634

中国版本图书馆CIP数据核字(2022)第214754号

责任编辑　方鸿辉　徐建飞
特约编辑　王　勤　吴月明
封面设计　陈　芸

高中学科强基丛书
方鸿辉　主编
数学习题详解
刘初喜　蔡东山　施洪亮　编著

出版发行　上海教育出版社有限公司
官　　网　www.seph.com.cn
地　　址　上海市闵行区号景路159弄C座
邮　　编　201101
印　　刷　上海普顺印刷包装有限公司
开　　本　787×1092　1/16　印张 31
字　　数　753 千字
版　　次　2022年11月第1版
印　　次　2025年8月第6次印刷
印　　数　25,001—30,000 册
书　　号　ISBN 978-7-5720-1733-9/G·1590
定　　价　96.00 元

如发现质量问题，读者可向本社调换　　电话：021-64373213